NEW YORK

GUIDES **GALLIMARD**

● Des clefs pour comprendre

■ **NATURE** Le patrimoine naturel : les milieux, ou biotopes, spécifiques au territoire couvert par le guide, commentés et mis en images par des auteurs et des illustrateurs naturalistes.
HISTOIRE L'incidence de la grande Histoire sur l'Histoire locale, de l'apparition de l'homme jusqu'à nos jours ; dans un bandeau chronologique, les principales dates repères.
ARTS ET TRADITIONS ET ART DE VIVRE Les us et coutumes propres au territoire couvert par le guide et leur expression dans la réalité contemporaine.
ARCHITECTURE Le patrimoine construit : l'habitat, rural ou urbain, et les grands monuments, civils, religieux ou militaires, présentés de manière typologique et stylistique.
VU PAR LES PEINTRES Un ensemble de tableaux de toutes les époques et de tous les pays, organisé chronologiquement ou selon des thèmes.
VU PAR LES ÉCRIVAINS Un florilège de textes, extraits d'œuvres de toutes les époques et de tous les pays, organisé selon des thèmes.

▲ Les itinéraires

Chaque itinéraire commence par une carte de la zone à parcourir.
★ **LES INCONTOURNABLES** Les sites universellement reconnus. Ils figurent en marge dans des encadrés gris. L'accent est mis sur les aspects pratiques de la visite de ces sites.
♥ **LES COUPS DE CŒUR** Les sites sélectionnés par l'éditeur.
LES ENCARTS Sur une double page très illustrée, gros plan sur un sujet qui mérite un développement.

◆ Informations pratiques

Tous les renseignements nécessaires au voyageur avant de partir et sur place.
LE CARNET D'ADRESSES Une sélection d'adresses proposée et signée par un spécialiste.
LES LIEUX DE VISITE Leur adresse et leurs horaires présentés sous forme de tableau.
LES ANNEXES Une bibliographie, une table des illustrations, un index général.
LE CAHIER CARTOGRAPHIQUE Un découpage cartographique du territoire couvert par le guide, précédé d'un index des rues ; chaque carte est quadrillée à l'aide de chiffres et de lettres, qui permettent au lecteur de localiser un site.

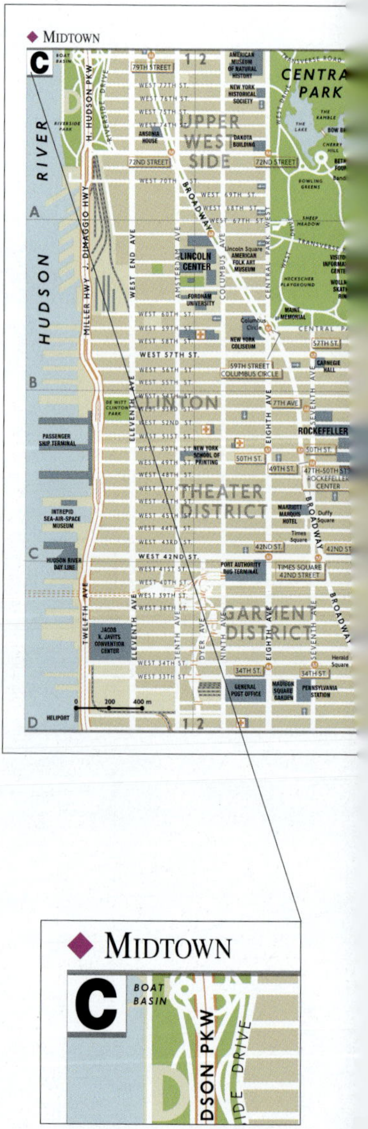

Chaque carte du cahier cartographique est désignée par une lettre. Dans les informations pratiques, chaque lieu est ainsi localisé sur la carte (exemple : ◆ **C** B2).

La minicarte situe l'itinéraire à l'intérieur d'une zone couverte par le guide.

La carte itinéraire présente les principaux sites du parcours ainsi que les coups de cœur de l'éditeur et les incontournables.

● ■ ▲ ◆ Les symboles, figurant dans le titre ou à l'intérieur du texte, renvoient à un lieu ou à un thème traité ailleurs dans le guide.

Au début de chaque itinéraire, le mode de déplacement et la durée du trajet sont signalés sous les minicartes ainsi que le renvoi au cahier cartographique.
À pied

★ L'étoile signale les centres d'intérêts incontournables.

♥ Le cœur désigne des sites pour lesquels l'éditeur éprouve un vrai coup de cœur.

Des clefs pour comprendre

▲ Itinéraires à New York

◆ Informations pratiques

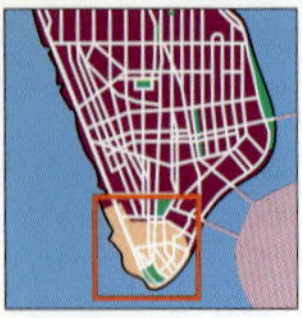

LOWER MANHATTAN ▲ 135

Le trépidant Financial District, où se côtoient la Bourse, les gratte-ciel d'hier et d'aujourd'hui, et les vieilles maisons coloniales. À Battery Park, embarquement pour la statue de la Liberté et la baie de New York.

AUTOUR DE CITY HALL ▲ 167

Visite au quartier général de monsieur le maire, puis balade à South Street Seaport pour admirer les vieux gréments.
Pour finir en beauté : une traversée à pied du Brooklyn Bridge.

LOWER EAST SIDE ▲ 189

Plongée dans le centre historique de l'immigration new-yorkaise : l'ancien quartier juif et la Petite Italie, qu'a grignoté l'emblématique Chinatown.

AUTOUR DE WASHINGTON SQUARE ▲ 197

New York fun et branché : Soho et Tribeca et leurs fabriques reconverties en lofts, boutiques et galeries ; Greenwich Village et son lacis de ruelles anciennes, ses bars et ses clubs de jazz ; Chelsea l'éclectique, avec ses puces, ses galeries et son vieux séminaire.

AUTOUR DE UNION SQUARE ▲ 221

Itinéraires contrastés : East Village, où règne toujours la bohème étudiante et artiste, Gramercy Park, tranquille oasis bourgeoise, et le quartier de Madison Square, ancien Ladies' Mile où paradaient jadis les élégantes.

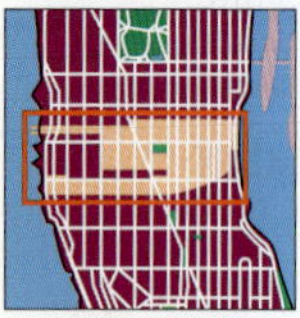

AUTOUR DE GRAND CENTRAL TERMINAL ▲ 235

Le cœur de Manhattan, dominé par la silhouette massive de l'Empire State Building. À l'ouest, l'effervescence de Times Square et du Broadway Theater District. À l'est, promenade vers l'East River et le quartier des Nations unies.

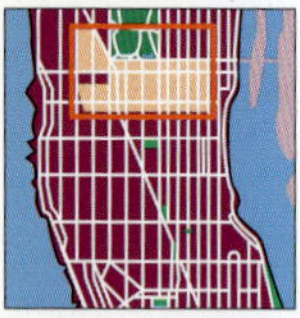

AUTOUR DU ROCKEFELLER CENTER ▲ 273

Midtown ou le quartier des affaires, des gratte-ciel contemporains, des hôtels et restaurants de luxe, des boutiques clinquantes de la 5th Avenue et de 57th Street.

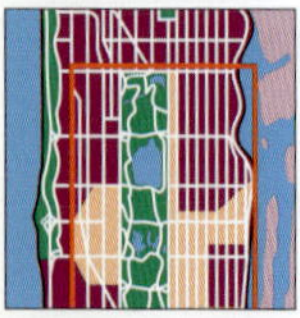

AUTOUR DE CENTRAL PARK ▲ 307

De part et d'autre du «poumon vert» de Manhattan, deux quartiers résidentiels très convoités : l'élégant Upper East Side, où sont concentrés la plupart des grands musées, et l'Upper West Side, au charme décontracté.

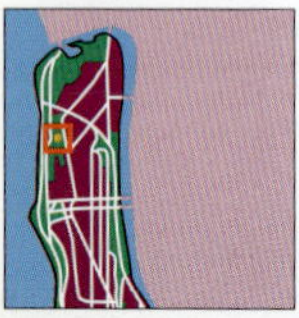

HARLEM ET BROOKLYN ▲ 349

Manhattan hors des sentiers battus : l'enclave étudiante de Columbia University ; le légendaire Harlem, aujourd'hui en pleine renaissance et la pointe nord de l'île, avec son insolite musée des Cloîtres. Mais aussi Brooklyn, un quartier populaire en plein essor.

→ DE NOMBREUX SPÉCIALISTES ET AMOUREUX DE NEW YORK ONT APPORTÉ LEUR CONTRIBUTION À LA RÉALISATION DE CET OUVRAGE. TOUTES LES INFORMATIONS ONT ÉTÉ SOUMISES À LEUR APPROBATION.

Des clefs pour comprendre

NATURE
Mr. G., Sidney Horenstein, John R. Waldman, Sarah Elliott, Philippe J. Dubois
HISTOIRE
Hélène Trocmé, Janette Sadik-Khan, Ed Stancik, Kim Hopper, Ken Sheppard, Véronique Dupont
ART DE VIVRE
Walter A. Friedman, Brooks McNamara, David Abrahamson, Louise Kerz, Michael Kerker, Peter Watrous, Doris Hering, Benoît Heimermann, Nina Gray, Cassie Springer
ARCHITECTURE
Isabelle Gournay, Andrew S. Dolkart
NEW YORK VUE PAR LES PEINTRES
Jonathan Weinberg
NEW YORK VUE PAR LES ÉCRIVAINS
Denis Hollier

Itinéraires à New York

Rod Knox, Norman Brouwer, Isabelle Gournay, Hélène Trocmé, Catherine Hodeir, Elisa Urbanelli, Andrew S. Dolkart, Michèle de Rosset, Edward O'Donnell, Anka Muhlstein, Seth Kamil, Sophie Body-Gendrot
La présentation des principaux musées de New York a été élaborée par les directeurs d'établissement et leurs équipes.
MUSEUM OF MODERN ART
Richard Oldenburg (Former Director), Jeanne Collins (Former Director, Public Information), Lucy O'Brien (Writer/Editor, Periodicals and Special Projects)
FRICK COLLECTION
Edgar Munhall (Former Director)
WHITNEY MUSEUM
David Ross (Former Director), Jack Kennedy (Public Relations)
METROPOLITAN MUSEUM
Philippe de Montebello (Director), Barbara Burn (Executive Editor), Kent Lydecker (Deputy Director for Education), Mary Doherty (Photo and Slide Library), Linda Komaroff (Assistant Museum Educator)
THE CLOISTERS
Mary Shepard
SOLOMON R. GUGGENHEIM
Thomas Krens (Director), Lisa Denison (Collections Curator), Samar Qandil (Rights and Reproductions), Joan Young (Administrative Curatorial Assistant)

Informations pratiques

Antoine Besse, Christine Barrely, Carole Behn, David Fauquemberg, Gabriela Gershenson, Leslie Price, Bruce Tantum

NEW YORK

■ **ILLUSTRATIONS**
NATURE : Gilbert Houbre, Jean Torton, Jean Chevallier, Bernard Duhem, John Wilkinson, François Desbordes, Philippe Biard, Patrick Mérienne
ART DE VIVRE : Pierre-Marie Valat
ARCHITECTURE : Bruno Lenormand, Claude Quiec, Jean-Marie Guillou, Valérie Malpart
ITINÉRAIRES : Bruno Lenormand, Donald Grant, Philippe Biard, Marc Lacaze, Hubert Goger, Pierre-Marie Valat

■ **PHOTOGRAPHES**
Laurence de Bélizal, Ted Hardin, John C. Fletcher

■ **TRADUCTEURS**
Pierre Alferi, Florence Austin, Danièle Berdoux, Bruno Krebs, Jean-Claude Garcia, Janine Hérisson, Jean-Marie Laclavetine, Gabriel Iaculli, Catherine Nusbaum, Mona de Pracontal

■ **CARTOGRAPHIE ET INFOGRAPHIE**
Bruno Lenormand et Olivier Verdy. Catherine Totems, Christine Adam, Claire Cormier, Jean-Claude Senée, Stéphanie Devaux
INFOGRAPHIE :
Paul Coulbois
CARTOGRAPHIE INFOGRAPHIQUE :
Touring Club Italiano, Édigraphie

Édition actualisée : L'ADÉ L'Atelier d'édition

→ **NOUS REMERCIONS TOUT PARTICULIÈREMENT POUR LEUR AIDE PRÉCIEUSE :**
Luis R. Cancel (Commissioner, City of New York Department of Cultural Affairs), Carole Sorelle (Assistant Commissioner for Public Affairs), Seymour Durst et Gordon McCollum à New York. Henri Peretz, Barry Bergdoll et Alain Dister à Paris.

1er dépôt légal : mars 2003. Dépôt légal : octobre 2013
Numéro d'édition : 250936. ISBN 978-2-74-243407-7
Photogravure : Idea Group (Italie).

Imprimé en Italie par Lego
Octobre 2013

Des clefs pour comprendre

“Sa fortune New York la doit à un site portuaire qui permit l'installation des premiers colons hollandais. Elle la doit aussi à son exceptionnelle vitalité. Opulence, misère, liberté, violence, mélange des races et des cultures...”
Hélène Trocmé

HOTEL
COLUMBU
ROOMS

“Mon souvenir de Manhattan est celui d’une ville plus simple et plus amicale […]. Il n’y avait pas de métro souterrain, mais en revanche les promenades en métro aérien étaient, pour un garçon, des plus délicieuses.”

Mirwin Edman

“Le métro, bien
souvent, rend les pensées fertiles,
à cause du mouvement, de la foule, de l’état d’esprit
subtil du voyageur, tandis qu’il passe, avec fracas,
sous les rues et les rivières, sous les fondations
d’immeubles énormes […]”
Saul Bellow

NATURE

La ville de New York est soumise à un schéma climatique typique de la zone nord-est de la côte atlantique, similaire à celui qui régit la côte nord-est de l'Asie. L'influence de grandes masses d'air combinée à la présence toute proche de l'océan concourent à accentuer les contrastes climatiques. Aussi, bien que New York se trouve à une latitude de zone tempérée, peuvent s'y développer ouragans, vagues de chaleur, tempêtes de neige ou violents orages et, d'un jour à l'autre, le temps peut changer de façon spectaculaire. Au cours d'une année normale, la courbe de températures connaît d'importantes variations, pouvant aller de -20 °C en hiver à plus de 30 °C en été, soit une amplitude de 50 °C.

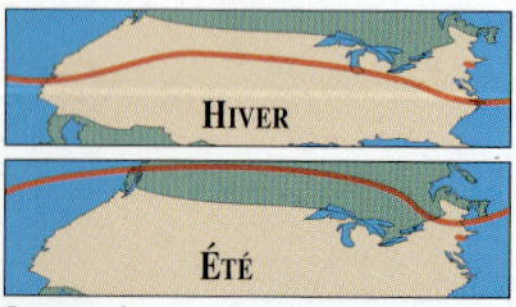

POSITION DU JET STREAM EN HIVER ET EN ÉTÉ

JET STREAM : vents violents à très haute altitude, allant d'ouest en est, et provoqués par la différence de pression due à la rencontre d'air chaud et d'air froid.

L'AIR ARCTIQUE
En provenance du pôle Nord, l'air arctique traverse le centre du Canada et s'engouffre dans la ville en y apportant un froid glacial.

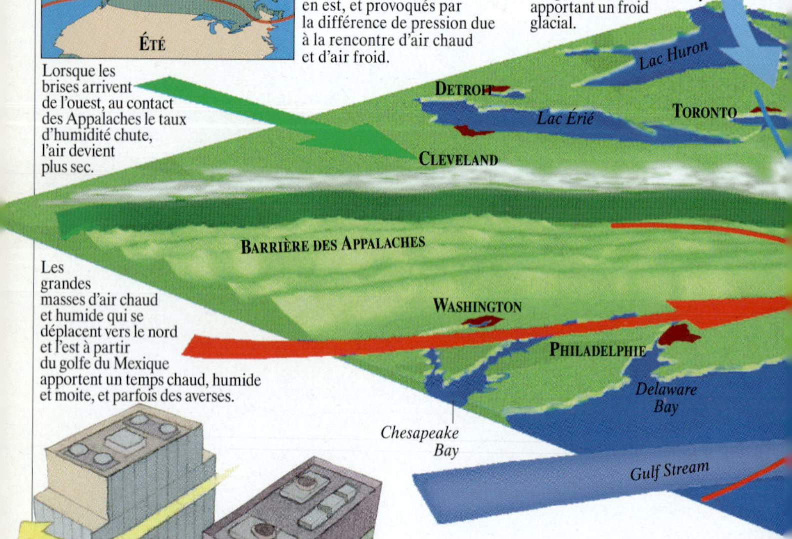

Lorsque les brises arrivent de l'ouest, au contact des Appalaches le taux d'humidité chute, l'air devient plus sec.

Les grandes masses d'air chaud et humide qui se déplacent vers le nord et l'est à partir du golfe du Mexique apportent un temps chaud, humide et moite, et parfois des averses.

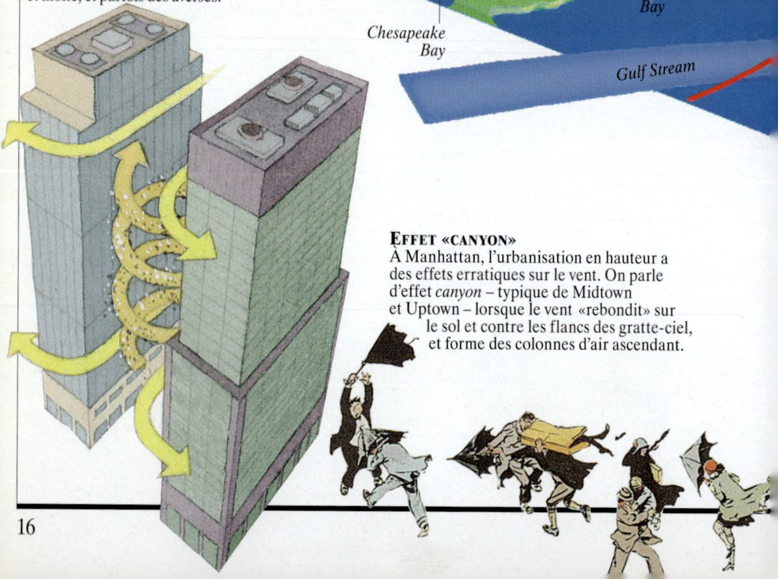

EFFET «CANYON»
À Manhattan, l'urbanisation en hauteur a des effets erratiques sur le vent. On parle d'effet *canyon* – typique de Midtown et Uptown – lorsque le vent «rebondit» sur le sol et contre les flancs des gratte-ciel, et forme des colonnes d'air ascendant.

Les épisodes de froid sévère peuvent entraîner un embâcle partiel de l'Hudson River.

L'océan est le vecteur de toutes les grandes tempêtes. Il fait parfois de la côte est de l'Amérique du Nord l'un des lieux les plus perturbés du monde.

Les températures peuvent atteindre et parfois dépasser 40 °C en juin et en juillet. Les jets, les fontaines et même les bouches d'incendie sont alors salutaires pour la population !

Lorsque les brouillards épais descendent sur la ville, la partie supérieure des plus hauts gratte-ciel de Manhattan disparaît, comme ici celle du Woolworth Building, et le skyline se modifie.

En mars 1993, une tempête de neige balaya la côte est du golfe du Mexique au Canada. Une masse d'air froid (-32 °C) était entrée en contact avec une masse d'air chaud (35,5 °C) et l'écart de température provoqua chutes de neige et tornades.

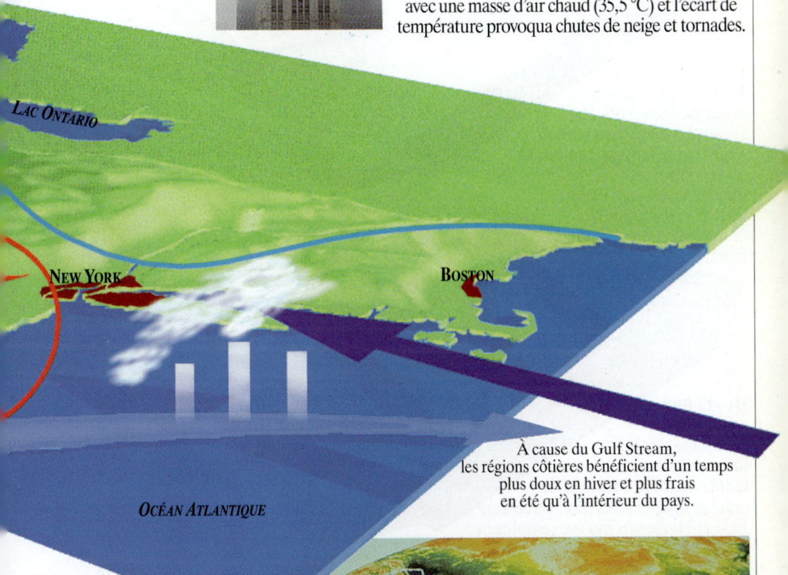

À cause du Gulf Stream, les régions côtières bénéficient d'un temps plus doux en hiver et plus frais en été qu'à l'intérieur du pays.

NAISSANCE D'UNE DÉPRESSION
L'air chaud déferlant du golfe du Mexique et l'air froid descendu du Canada entrent en collision et génèrent une tempête en bordure de côte ; elle capte l'humidité de l'océan et s'en sert comme d'un détonateur.

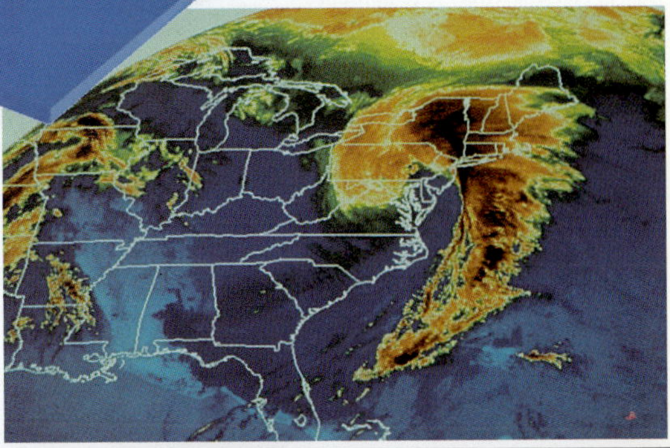

LE FORDHAM GNEISS
Formé il y a un milliard d'années, le gneiss est la plus ancienne roche du sous-sol de Manhattan. Il affleure à différents endroits de New York, comme ici sur la pointe nord de l'île.

Le passé géologique de la région a permis la formation de l'archipel à la pointe de la baie, une des principales échancrures de la côte est des États-Unis. Les voies navigables larges et profondes et la longueur considérable du littoral ont facilité l'accès et le mouillage des navires. La situation de la ville, à l'embouchure de l'Hudson River, et sa baie protégée, où débouchent plusieurs autres voies navigables, ont favorisé la croissance de New York et ont contribué à en faire l'un des principaux ports des États-Unis. Aujourd'hui, des cinq circonscriptions de New York, seul le Bronx est rattaché au continent.

IL Y A 17 000 ANS
Lors de la glaciation, le site de New York était recouvert de glace à hauteur de 300 m et le rivage en retrait de 160 km, vers l'est ; la limite sud du glacier est signalée par une série de collines : la moraine frontale.

DE -17 000 À -13 000 ANS
À la fonte des glaciers, la moraine frontale joua le rôle de digue et les vallées creusées par la glaciation (Hudson, East et Harlem River) se remplirent d'eau. Par la suite, la rupture du goulet de la moraine ouvrit les lacs à la mer.

DE - 13 000 ANS À NOS JOURS
La mer atteignit son niveau actuel, il y a 6 000 à 4 000 ans, et donna au rivage l'aspect que nous lui connaissons.

Isham Park, au nord de Manhattan, offre la face découverte d'une masse de marbre vieille de 500 millions d'années.

Depuis les débuts de la construction de Manhattan, le paysage s'est altéré et le rivage considérablement modifié. Certains sites e l'île ont été bâtis sur des remblais : Battery Park, le port de South Street, l'ancien World Trade Center et le World Financial Center.

Situé au point de rencontre des eaux douces de l'Hudson et de celles, salées, de la baie de New York, le port, bien qu'il soit devenu l'un des plus actifs du monde, demeure peuplé de nombreuses espèces. La faune aquatique locale y côtoie une faune marine saisonnière ; certains poissons migrateurs (bars, esturgeons) vont frayer plus en amont sur l'Hudson. Paradoxalement, beaucoup d'espèces sont ici communes : la pollution les a préservées de toute capture pour la consommation de masse. Crabes, homards et crevettes vivent sur le fond, tandis que le faucon pèlerin exécute des piqués vertigineux à partir des ponts !

De nombreux *piers* (pontons), souvent très vétustes, ont été réhabilités en parcs, tout en constituant d'extraordinaires micro-habitats.

MOUETTE ATRICILLE
Cette espèce migre en hiver vers le sud des États-Unis et l'Amérique centrale. Elle est commune dans le port au printemps et en été.

POISSON-PAPILLON À QUATRE YEUX
Dans la baie, le Gulf Stream apporte chaque année son lot de poissons tropicaux comme les mérous, les vivaneaux et les poissons-papillons.

CRABE BLEU
Il prolifère dans le port de New York, où on le pêche encore fréquemment.

MOUETTES ET GOÉLANDS
Certaines espèces sont présentes toute l'année comme les goélands marin et argenté. Les goélands à bec cerclé descendent un peu plus au sud à la mauvaise saison.

ALOSE D'AMÉRIQUE
Chaque printemps, les aloses transitent dans les eaux du port, en route vers leurs quartiers de reproduction, à l'intérieur des terres.

ANGUILLE D'AMÉRIQUE
Les eaux de New York sont un paradis pour les jeunes anguilles nées dans la mer des Sargasses. Elles remontent les eaux fluviales de l'Hudson et ses affluents.

BAR RAYÉ
Ce prédateur est pêché en automne autour de la statue de la Liberté.

La faune aquatique est très riche autour des *piers* du port sur lesquels s'accrochent des étoiles de mer, tandis que des hippocampes s'abritent parmi les algues fixées. Les poissons prédateurs (bars, anguilles) viennent chasser ici.

Central Park

Monarque
En route vers le Mexique, ce papillon séjourne chaque automne dans le parc.

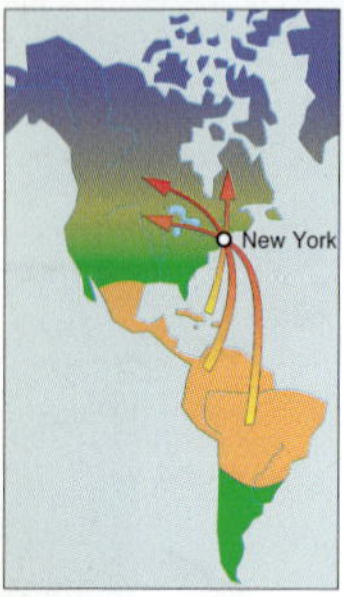

Pour bon nombre d'oiseaux migrateurs, New York se situe entre les quartiers d'hiver et ceux de reproduction.

Central Park fut créé à la fin du XIXe siècle pour permettre aux New-Yorkais les plus pauvres de profiter d'un coin de nature… D'une superficie de 340 ha, le parc est non seulement un «poumon vert» pour les citadins, mais il joue aussi un rôle considérable pour de nombreuses espèces : oiseaux, papillons, libellules. Au cœur d'une mer de béton éclairée la nuit, cette île de verdure est, pour quelques heures ou quelques jours, une escale pour les oiseaux migrateurs.

Paruline flamboyante
Avec sa queue étalée, elle ressemble à un grand papillon. C'est l'un des passereaux les plus communs d'Amérique du Nord.

Tangara écarlate
Cet amateur de chenilles quitte l'Amérique du Sud au printemps et vient nicher en mai dans les chênes de Central Park.

Le cardinal rouge, l'une des espèces emblématiques du parc, a étendu son aire de répartition vers le nord. On le trouve ici en plein hiver.

Cardinal rouge
Si le mâle est d'un rouge écarlate, la femelle possède un plumage d'un brun terne.

Oriole de Baltimore
Il construit un nid en forme de boule suspendu à une branche en utilisant parfois du… fil de pêche !

Geai bleu
Résident du parc toute l'année, il se repère aisément à ses cris, dont il tient son nom : «dchéy-dchéy-dchéy»… Peu farouche, le geai est friand de graines ou cacahuètes en hiver.

Paruline à croupion jaune
Elle est la seule représentante de sa famille à passer l'hiver à la latitude de New York.

Paruline tigrée
Considérée comme l'une des plus belles espèces de sa famille, la paruline tigrée est liée aux épicéas. Elle passe en migration dans Central Park.

Tourterelle triste
Son chant, plutôt mélancolique et proche de celui de la chouette, lui a valu son nom.

Quiscale bronzé
Solitaires en période de reproduction, l'hiver, ils cherchent leur nourriture en groupe.

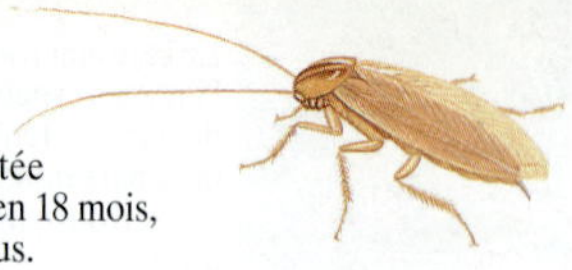

BLATTE GERMANIQUE
Elle est parfaitement adaptée à la ville. Un couple peut, en 18 mois, engendrer 130 000 individus.

Malgré son univers de béton et de gratte-ciel, New York est le refuge d'une faune et d'une flore qui, au fil des décennies, se sont progressivement adaptées à cet environnement artificiel. Il n'est donc pas étonnant de voir que ce «milieu» atypique a attiré d'abord des espèces hautement adaptables, notamment celles introduites par l'homme – comme les moineaux, les étourneaux ou les pigeons –, souvent originaires d'Europe. Sans concurrence directe, elles s'y sont multipliées, créant parfois de nouveaux problèmes à l'homme lui-même.

ÉTOURNEAU SANSONNET
Importé de Grande-Bretagne en 1890 et lâché dans Central Park, cet oiseau est aujourd'hui omniprésent dans la ville…

SURMULOT
Cet «immigrant» originaire d'Europe a investi le sous-sol new-yorkais. Il est devenu un véritable fléau.

CORNOUILLER
Le *dogwood*, peu exigeant, pousse ici et là entre le pavement du trottoir et sur les façades des maisons !

PIGEON BISET
Ses fientes salissent et abîment souvent les monuments anciens de la cité.

FAUCON PÈLERIN
Menacé de disparition il y a encore peu, ce faucon s'est adapté aux mégapoles américaines où il régule les populations de pigeons, de moineaux et d'étourneaux.

Histoire

1783 CENTENNIAL 1883
EVACUATION OF NEW YORK
BY THE BRITISH
November 25th 1783.

Ci-dessous une scène de la vie des Algonquins, par Théodore De Bry, au XVIe siècle.

DE LA PRÉHISTOIRE AU XVIe SIÈCLE

1000
Expédition des Vikings en Amérique du Nord, sous la conduite de Leif Erikson.

1492
Premier voyage de Christophe Colomb.

1519
Conquête du Mexique par Hernan Cortez.

LES INDIENS DE MANNAHATTA. Comme on ignore à quel moment les peuples venus d'Asie par le détroit de Béring ont atteint le nord-est des États-Unis actuels, il serait très hasardeux de vouloir assigner une date précise au peuplement du site de New York. Au XVIe siècle, l'archipel est occupé par des tribus de la famille des Algonquins qui vivent de la pêche et de la chasse, mais aussi de la culture du maïs, des courges et des haricots. La seule trace qu'ils aient laissée dans le New York moderne est le nom forgé à partir de Mannahatta ● *48*.

Giovanni Da Verrazano, le «découvreur» de New York en 1524.

LA DÉCOUVERTE DE LA BAIE DE NEW YORK. François Ier choisit le Florentin Verrazano pour rechercher un passage vers l'Asie, au nord du Nouveau Monde. Verrazano, parti de Dieppe à bord de *La Dauphine*, découvre et explore la baie en 1524. Il en apprécie immédiatement les avantages ■ *20*. Cette découverte reste sans suite et ce n'est que plus de quatre-vingts ans plus tard, en 1609, que l'Anglais Henry Hudson, alors au service de la Compagnie néerlandaise des Indes orientales, pénètre à son tour dans la baie et remonte le fleuve qui portera son nom.

XVIIe ET XVIIIe SIÈCLES

1607
Fondation de Jamestown, première colonie britannique, en Virginie.

LA FONDATION D'UN COMPTOIR. La Nouvelle Amsterdam, située sur l'île de Manhattan, est créée en 1624 par la Compagnie des Indes occidentales. Peter Minuit, premier gouverneur de la colonie, achète l'île à la tribu indienne des Canarsie en 1626 et y installe des colons flamands et wallons. La Nouvelle Amsterdam croît lentement. La prospérité de la colonie repose sur le commerce des peaux de castor, de loutre et de vison et la culture du tabac, qui se fait à l'emplacement des actuels Greenwich Village ▲ *210* et Upper East Side ▲ *308*. Avant 1630, les premiers esclaves africains arrivent à La Nouvelle Amsterdam. Des agriculteurs hollandais s'établissent dans les *bouweries* (fermes) ● *82* des environs, notamment à Brooklyn ▲ *366*, Harlem ▲ *350*, Yonkers et dans le Bronx.

Pour 60 florins, Peter Minuit achète Manhattan aux Indiens.

LA PRISE DE LA VILLE PAR LES ANGLAIS. La rivalité maritime entre Hollandais et Anglais s'achève par la victoire de ces derniers. Le roi d'Angleterre Charles II fait don à son frère, le duc d'York, d'un vaste territoire incluant la colonie hollandaise ; La Nouvelle Amsterdam se rend aux Anglais sans résistance en 1664. Elle est aussitôt rebaptisée New York. La ville se développe rapidement : en 1700, elle compte environ 7000 habitants. Le commerce se diversifie ; la farine est devenue l'une des principales denrées d'exportation. C'est pourquoi, aujourd'hui encore, les armes de New York portent des tonneaux de farine sur une volée de quatre ailes.

1630
Fondation de Boston par les puritains anglais.

1642
Fondation de Montréal par les Français.

Un Algonquin et un quaker encadrent les armes de la ville de New York, surmontées de l'aigle américain.

Le «Stamp Act». Cette loi imposant un droit de timbre sur les journaux et les documents officiels anglais provoque, en 1765, la réunion à New York des délégués de neuf des treize colonies britanniques d'Amérique qui protestent contre la taxe. Cet impôt inique sera abrogé l'année suivante. Les marchands new-yorkais jouent un rôle important dans les débuts de la lutte pour l'indépendance, organisant le boycott des produits anglais. La ville, qui se rallie aux douze colonies anglaises le 9 juillet 1776, devient le bastion des loyalistes. La fin des hostilités, en 1783, voit George Washington entrer en vainqueur à New York.

1776
Déclaration d'indépendance des treize colonies anglaises d'Amérique.

En 1783, Washington, victorieux, fait son entrée à New York.

New York est pour cinq ans la capitale des États-Unis. Cette période dure de 1785 à 1790. Le premier président, George Washington, en 1789, prête serment sur la Bible au balcon du Federal Hall ● *85* ▲ *162*, édifice rénové par l'architecte français Pierre Charles L'Enfant. En 1790, le siège du gouvernement fédéral est transféré à Philadelphie et, en 1797, le gouvernement de l'État de New York (différent de la ville) s'installe à Albany. Désormais, son seul rôle économique explique la croissance de New York.

1783
La guerre de 1776 se termine par le traité de Versailles qui reconnaît, en 1783, l'existence des États-Unis.

XIXe SIÈCLE

L'essor. En 1800, la ville compte 60 000 habitants. Le port connaît un développement foudroyant au cours des premières décennies du XIXe siècle et devient le premier du pays ● *42*. En 1807, Robert Fulton lance sur l'Hudson le premier navire à vapeur. En 1818, la première ligne régulière entre New York et Liverpool est créée. Les chantiers navals se développent sur l'East River. Les industries alimentaires et textiles prospèrent. En 1817, le Stock Exchange remplace la Bourse, qui se tenait en plein air sur Wall Street depuis 1792 ▲ *160*. Enfin, une Commission élabore un plan quadrillé qui prévoit l'extension de la ville sur toute l'île de Manhattan ● *32*.

1803
Napoléon vend la Louisiane aux États-Unis.

Sur East River, ont été installés des entrepôts et des manufactures, telle cette raffinerie de sucre.

1860
Élection de Lincoln.

L'ouverture du canal Érié. Première liaison par voie d'eau entre les Grands Lacs et l'Atlantique, le canal renforce la suprématie portuaire de New York. En 1830, Manhattan compte plus de deux cent mille habitants et Brooklyn, la ville voisine, dépasse les vingt mille résidents. Les premiers omnibus tirés par des chevaux apparaissent, et une voie ferrée reliant New York à Harlem est ouverte ● *36*.

1861
Début de la guerre de Sécession. Elle s'achève en 1865 par la victoire du Nord et l'abolition de l'esclavage.

La suprématie de New York. Vers 1860, elle est incontestée. Avec l'arrivée de nombreux immigrants, surtout Irlandais et Allemands, la population croît toujours – celle de Brooklyn a décuplé en trente ans, celle de Manhattan a quadruplé.

1865
Lincoln est assassiné.

1876
Exposition universelle à Philadelphie.

Durant la guerre de Sécession, New York est du côté des fédéraux et fournit d'importants contingents à l'armée du Nord ; les départs pour le front donnent lieu à d'impressionnantes parades.

1889
Construction de la tour Eiffel.

1898
Guerre hispano-américaine à Cuba et aux Philippines. Les États-Unis annexent Hawai.

Après des années d'impunité, Boss Tweed est recherché pour être jugé. Condamné pour vol, il mourra dans une prison new-yorkaise.

Dans le bas Manhattan (Downtown), les *cast-iron* ● *94* – des immeubles commerciaux à façades de fonte – et des «proto-gratte-ciel», situés sur Park Row et équipés d'ascenseurs, font leur apparition dans les années 1870. Plus de 300 ha ont été réservés en 1856, au centre de Manhattan, pour créer un vaste parc destiné à améliorer le cadre de vie, Central Park, achevé en 1880 ■ *22*, ▲ *314*. De violentes émeutes, les *Draft Riots*, qui font plusieurs centaines de victimes, éclatent pendant la guerre de Sécession, à l'occasion de l'établissement de la conscription. La mairie est occupée par la bande de William (dit Boss) Tweed qui, finalement convaincue de corruption, est chassée en 1872 ● *40*.

LA CONSTRUCTION DU PONT DE BROOKLYN. Inauguré en 1883, le pont réunit les deux parties les plus peuplées de l'agglomération ▲ *186*. Plus que jamais, New York est la porte du Nouveau Monde, et la statue de la Liberté ▲ *144*, offerte par la France en 1886, accueille les immigrants à leur entrée dans la rade. La ville a pris une telle extension que le problème des transports en commun devient primordial : les tramways du milieu du siècle et le métro aérien ● *36* mis en place dès 1867 seront électrifiés, entre 1890 et 1905, et complétés par un métro souterrain à partir de 1904 ▲ *236*.

L'ANNEXION DES COMMUNES VOISINES. En 1898, la ville est formée de cinq *boroughs* (districts) : Manhattan, quartier d'affaires mais aussi résidentiel, avec plus de 1,5 million d'habitants ; Brooklyn, ville très active de neuf cent mille habitants, et ceux, beaucoup moins peuplés, du Bronx, au nord, de Queens à l'est, et de Staten Island, au sud. Le tout forme le Grand New York, la ville la plus peuplée des États-Unis avec 3,5 millions d'habitants. Les classes aisées et moyennes ont déjà amorcé un mouvement vers le nord et l'ouest de Manhattan, quand elles n'ont pas quitté le centre pour habiter dans les banlieues du New Jersey ou de Long Island.

1901
Mort de la reine Victoria, qui régnait sur l'Empire britannique depuis 1837.

1914-1918
Première Guerre mondiale. Les États-Unis entrent en guerre en 1917.

XXe SIÈCLE

LE TEMPS DES GRATTE-CIEL.
Le Flatiron Building ● *96*, ▲ *234* datant de 1902 et haut de 95 m, est l'un des gratte-ciel qui se multiplient au cœur de Manhattan au début du XXe siècle et menacent d'obscurcir

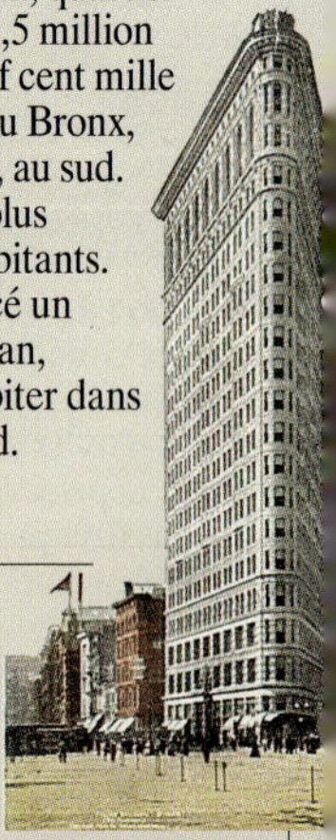

1917
Les communistes prennent le pouvoir en Russie.

«L'AMÉRIQUE EST GRANDE DÉJÀ. D'UNE GRANDEUR ANONYME, D'UNE IMMENSITÉ SIDÉRALE. IMMOBILES, REPLIÉS SUR EUX-MÊMES COMME UN GERME, CES LIEUX QUI SERONT NEW YORK ATTENDENT DE NAÎTRE.» PAUL MORAND

complètement les rues. La municipalité élabore, en 1916, un code d'urbanisme (*Zoning Resolution*) qui réglemente la hauteur des immeubles, ce qui va déterminer la forme des gratte-ciel en obligeant les architectes à dessiner des buildings à gradins ● *96*. Manhattan est maintenant desservie par deux autres ponts ▲ *188* sur East River, et deux nouvelles gares de chemin de fer sont aménagées en son centre : Pennsylvania Station ▲ *249*, en 1910, et Grand Central Station ▲ *236*, en 1913. Harlem ▲ *350*, au-delà de 125th Street, devient un quartier noir.

Panique à Wall St. Le krach d'octobre 1929 marque le début d'une longue crise.

LE KRACH DE WALL STREET. Il provoque, le 24 octobre 1929, un effondrement des cours, surévalués par une spéculation effrénée. La dépression économique des années 1930 est particulièrement sévère à New York en dépit de l'achèvement de grands projets, tels le premier pont sur l'Hudson (George Washington Bridge), l'Empire State ▲ *242* et le Chrysler Buildings ▲ *266*, et de la mise en chantier du Rockefeller Center ▲ *274*. Fiorello La Guardia, le maire populaire et intègre, élu en 1933, utilise au mieux les aides fédérales pour soulager la misère.

LA CAPITALE DU MONDE. De très nombreux intellectuels et artistes (parmi lesquels Albert Einstein, Marc Chagall, Pieter Mondrian, Arthur Rubinstein), chassés d'Europe par le totalitarisme et la guerre, trouvent refuge à New York. La victoire de 1945 accentue le rôle international de New York, siège de la toute jeune Organisation des Nations Unies, dont l'immeuble est inauguré en 1952 ▲ *264*. Si la population de la ville atteint presque 8 millions d'habitants en 1950, le déclin démographique de Manhattan est déjà amorcé : les activités portuaires se déplacent vers le New Jersey et l'industrie quitte la ville, qui souffre de congestion et de manque d'entretien. Un nouvel afflux de populations pauvres augmente les charges financières de la municipalité ● *44*.

LE NOUVEL ESSOR. New York est, en 1975, au bord de la faillite, car son maire, John Lindsay, a dépensé sans compter. L'État de New York impose à la ville une cure d'austérité. De nouvelles tours viennent cependant modifier le *skyline* («la ligne d'horizon») : le World Trade Center en 1973 ▲ *138*, et le World Financial Center en 1988, au sein de Battery Park City ▲ *103*, *141*. Les années 1990 voient le retour de la prospérité. Sous la poigne de fer du maire Rudy Giuliani, la sécurité s'améliore et la ville connaît une période de grands travaux : Midtown et Lower Manhattan se hérissent de nouveaux gratte-ciel, Times Square retrouve son lustre d'antan ▲ *254*, un vaste projet de réaménagement des rives de l'Hudson est lancé ▲ *141*, des quartiers de Harlem, du Bronx et de Brooklyn sont réhabilités, monuments et parcs sont restaurés, de nouveaux musées sont ouverts. Si les attentats du 11 septembre 2001 ● *46* ont brisé cet élan et profondément marqué la ville, les New-Yorkais souhaitent montrer leur dynamisme en réinvestissant le site du World Trade Center et en édifiant la Freedom Tower.

1933
Franklin Roosevelt lance le New Deal *destiné à faire repartir l'économie américaine embourbée depuis 1929 dans la récession.*

1941
Attaque japonaise sur Pearl Harbor et entrée en guerre des EUA.

1949-1953
Proclamation de la République populaire de Chine et guerre de Corée. Début de la guerre froide et du maccarthysme.

1963
John-F. Kennedy est assassiné à Dallas.

Fiorello La Guardia accueille Albert Einstein en 1936.

1969 *Les Américains Neil Armstrong et Edwin Aldrin marchent sur la Lune.*

1974 *Nixon démissionne à la suite du scandale du Watergate.*

1989 *Chute du mur de Berlin et dislocation du bloc communiste.*

1993 *Bill Clinton succède à George Bush.*

2000 *George W. Bush succède à Bill Clinton.*

2001 *Attentats de New York et de Washington.*

2009 *Barack Obama devient le premier président afro-américain des États-Unis.*

La Nouvelle Amsterdam, prospère et tranquille, est une petite ville qui se développe lentement sur un site – la pointe sud de Manhattan – acheté aux Indiens en 1626. Elle ressemble, avec ses moulins et ses maisons de brique, à sa cité mère, Amsterdam. En 1650, elle n'abrite guère plus d'un millier d'habitants, pour la plupart des Hollandais, des Anglais, mais aussi des Juifs venus du Brésil… et déjà quelques Noirs. Annexée par les Anglais en 1664, La Nouvelle Amsterdam prend alors le nom de New York.

Un comptoir de commerçants
Les Hollandais qui s'installent dans l'île sont employés par la nouvelle Compagnie des Indes occidentales, fondée à Amsterdam en 1621. Elle a l'exclusivité du commerce avec l'Amérique.

Pour une poignée de florins
En achetant l'île à la tribu indienne des Canarsie en échange de verroterie et d'articles divers d'une valeur totale de 60 florins – l'équivalent de 24 $ –, Peter Minuit se rend coupable, selon certains historiens, de la première spoliation des Indiens de l'histoire nord-américaine. Les indigènes continuèrent, pendant plusieurs années, à fréquenter le lieu pour négocier les précieuses peaux avec les Hollandais.

Le commerce des fourrures
La prospérité de La Nouvelle Amsterdam repose uniquement sur le commerce des peaux de castor, de loutre et de vison, très demandées en Europe. Entre 1629 et 1635, le commerce des fourrures croît en volume : on passe de 7 520 peaux de castor à 14891 et de 370 peaux d'otarie à 1413.

Les débuts d'une métropole culturelle
Au XVIIIe siècle, la vie intellectuelle à New York n'est pas aussi brillante qu'à Boston ou à Philadelphie. Mais l'ancêtre de Columbia University, King's College (ci-contre), est créé en 1754 et la presse, indépendante et dynamique, se développe. En 1775, New York compte déjà 25 000 habitants.

Pieter Stuyvesant - Gouverneur de La Nouvelle Hollande
«L'homme à la jambe de bois» s'attira l'antipathie des colons hollandais à la fois par son caractère autoritaire et sectaire et par sa reprise en main vigoureuse de La Nouvelle Amsterdam, qui allait à vau-l'eau (ci-dessus, une représentation satirique de son arrivée, en mai 1647). Il décida de fermer les tavernes le soir à partir de 21 h ainsi que le dimanche matin et, par souci d'hygiène, de faire tirer à vue sur les cochons qui encombraient les rues.

Enfin anglaise
À cause de sa position exceptionnelle, La Nouvelle Amsterdam excite la convoitise des Anglais, qui cherchent à s'en emparer. Une flotte venue de Boston suffit à intimider les Hollandais. Pieter Stuyvesant se rend, sans coup férir, le 8 septembre 1664. En 1672, après une brève et nouvelle occupation hollandaise, la colonie, rebaptisée New York en l'honneur de son nouveau propriétaire, le duc d'York, frère du roi Charles II, devient définitivement une possession britannique.

Tolérance
Les marchands hollandais s'accommodent fort bien de l'occupation anglaise, qui respecte leur culture, n'impose pas l'anglais comme langue officielle et laisse à la population toute liberté de culte. Ici, Trinity Church en 1737.

Le début du melting-pot
La ville grandit, son caractère cosmopolite s'accroît : des huguenots français y trouvent refuge après la révocation de l'édit de Nantes en 1685 ; des protestants allemands viennent rejoindre les Anglais, Écossais, Irlandais, Juifs et Noirs déjà installés.

De par ses origines commerçantes, New York est la colonie la moins homogène d'Amérique du Nord.

● UN PLAN D'URBANISME À L'AMÉRICAINE

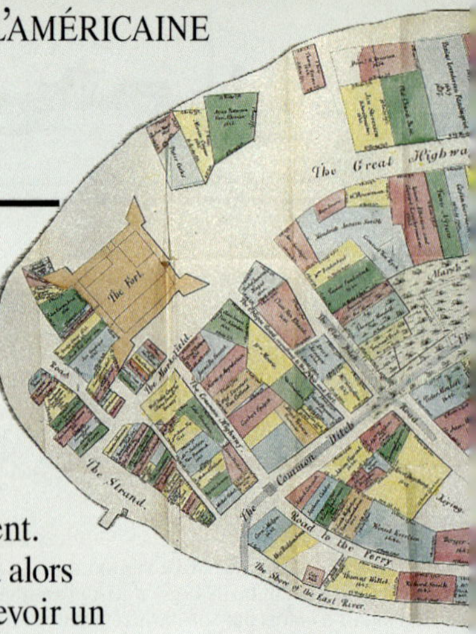

À La Nouvelle Amsterdam, les colons tracèrent les premières rues en fonction des mouvements des hommes et du bétail. Au début du XIXe siècle, avec l'expansion croissante de la ville vers le nord, il devint urgent de créer un plan d'urbanisme cohérent. Le gouvernement de l'État nomma alors une commission chargée de concevoir un plan «définitif» pour Manhattan : elle mit au point, entre 1807 et 1811, l'actuel système de quadrillage en rues et avenues. Seule une ville du Nouveau Monde, où tout était à créer, pouvait à cette époque se permettre un tel programme d'aménagement du territoire.

AU TEMPS DE LA NOUVELLE AMSTERDAM
Le premier découpage de Manhattan montre les lots attribués aux colons hollandais, le fort, les quelques rues, les marais et les pâturages ● *74*.

UN ESPACE RATIONNEL
La ville, après l'Indépendance, s'étendait anarchiquement, au gré des projets des promoteurs privés. Les membres de la Commission, créée en 1807, faisaient partie de l'élite marchande. Ils rendirent leurs conclusions quatre ans plus tard. Puisque New York était avant tout un centre commercial, il était inutile de s'encombrer des «prétendus embellissements» que l'on trouve dans les vieilles cités européennes et que l'ingénieur français L'Enfant a imposés pour la capitale fédérale, Washington. Il fallait à New York un plan simple, facilitant la mise en vente des terrains, la circulation dans l'île et surtout d'une rive à l'autre.

Sur *la Commissioners Map* de 1811, ci-contre, apparaît, en plus foncé, l'étendue de la ville à cette époque.

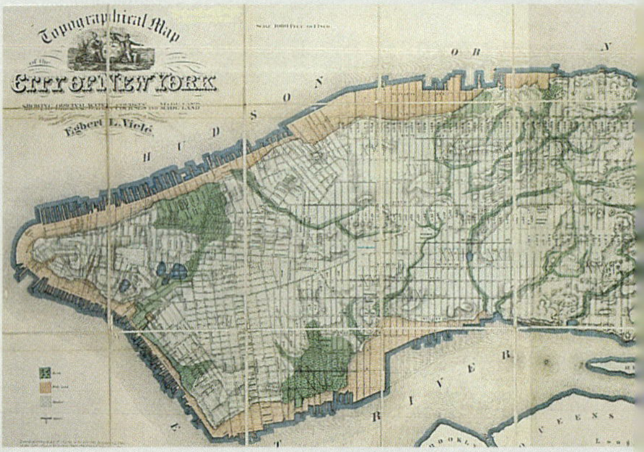

LA POLÉMIQUE
Si le quadrillage est efficace et plutôt facile à réaliser, des urbanistes, vers la moitié du XIXe siècle, se mirent à critiquer sa rigueur excessive mal adaptée à la topographie de Manhattan. En fait, ils aspiraient à un équilibre mariant les avantages de la vie urbaine à un cadre plus champêtre. Frederick Law Olmsted – le «père» de Central Park ■ *22*, ▲ *314*, (à droite) – réclamait pour les New-Yorkais des espaces verts comparables à ceux que l'on trouvait en Europe, notamment en Grande-Bretagne.

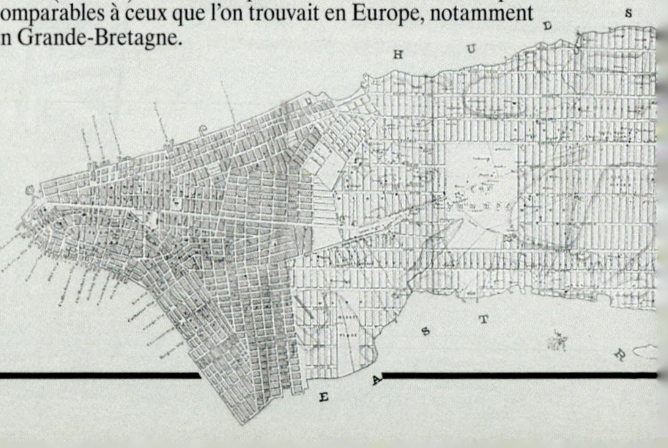

UN PEU D'AIR ET DE VERDURE
Au début du XXe siècle sont enfin tracées ces grandes artères dont rêvaient Olmsted et ses collègues : Riverside Drive et la future Henry Hudson Park Way ▲ *356* (ci-dessus, vue du début du XXe siècle) à Manhattan, ou encore Eastern Parkway et Ocean Parkway à Brooklyn. Des jeux de voies d'accès et de passerelles y permettent la superposition de divers moyens de transport. Par la suite, elles sont remplacées par des autoroutes, mieux adaptées au trafic automobile.

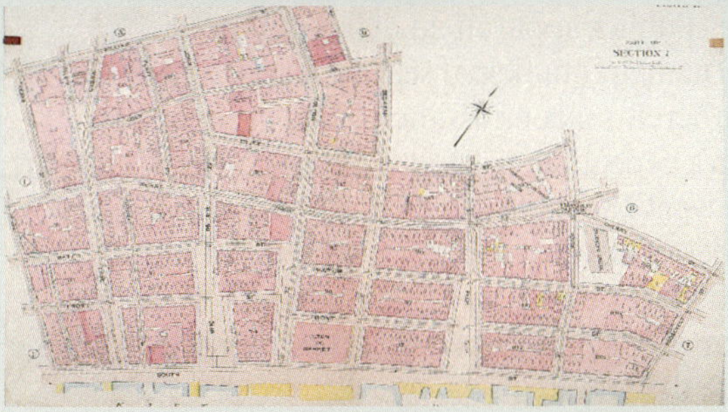

UNE GRILLE GÉOMÉTRIQUE
Douze avenues nord-sud, larges de 30 m, et dont la numérotation part de l'est, seront tracées et coupées par cent cinquante-cinq rues est-ouest, d'une largeur de 20 m, numérotées depuis le sud. Ces *blocks* (îlots) sont à leur tour subdivisés en lots dc taille à peu près constante (8 m sur 30 m). Places publiques et espaces verts sont rares car, selon l'avis des *Commissioners*, la présence de vastes étendues d'eau sur le pourtour du site urbain les rend inutilcs. Un marché, quelques squares et un carrousel pour les exercices militaires sont cependant visibles sur le plan de 1811. Ils seront vite lotis et envahis de constructions, ce qui explique la campagne menée par la presse pour la création d'un grand parc.

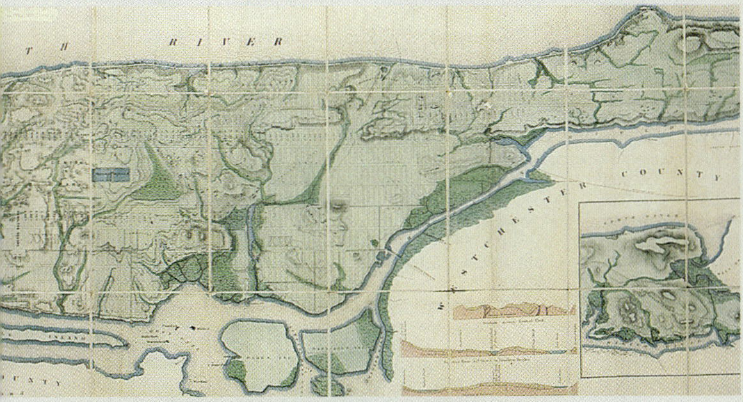

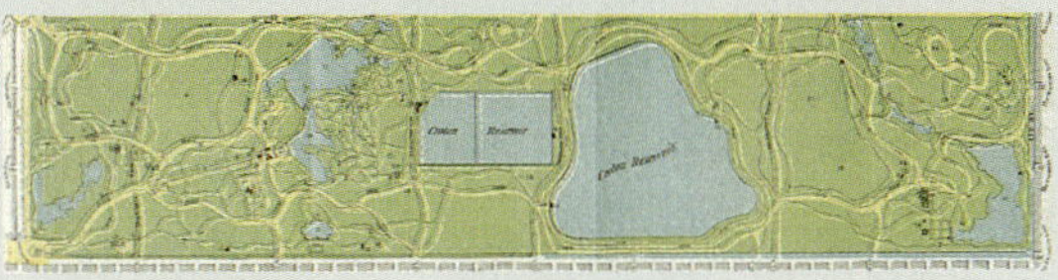

LA RUÉE VERS LE NORD
Le nouveau réseau doit se développer au nord de Houston St. jusqu'à 155th St. Aucun arbre, aucun cours d'eau, aucune colline ne sont épargnés (ci-dessus, une carte topographique). Vers 1850, le quadrillage a atteint 60th St. Il faudra attendre 1857 pour que soit entrepris le plus grand parc de Manhattan, Central Park (ci-contre) ■ *22*, ▲ *314*.

Les premiers services publics

L'idée de services publics apparaît au début du XIXe siècle, lorsque le gouvernement municipal se trouve confronté aux problèmes inhérents à la croissance d'une grande ville. La municipalité n'a cependant pas toute liberté d'agir : d'une part elle rencontre souvent l'hostilité des compagnies privées qui ne veulent pas être dessaisies des marchés fructueux ; d'autre part, elle doit se battre pour obtenir de l'État de New York le droit de créer des organes spécialisés pour gérer ses services publics ou d'entreprendre des travaux.

Adduction d'eau
Si le problème de l'alimentation en eau est l'un des plus importants – il touche à la fois à l'hygiène et à la lutte contre les incendies –, il faut attendre 1837 pour que la ville de New York entreprenne la construction de l'aqueduc et du réservoir Croton (ci-dessus), situé entre 5th et 6th Ave. et 40th et 42nd St., sur l'emplacement aujourd'hui occupé par la New York Public Library. L'eau courante dans les habitations apparaît après les années 1860.

Police
En 1844, un corps de police unique de 800 hommes remplace les unités hétéroclites du début du XXe siècle, constituées pour la plupart de bénévoles ou de gardes employés à temps partiel. En 1884, on leur impose de porter l'uniforme, ce qui provoque beaucoup de mécontentement. Mais, dès lors, la police new-yorkaise devient un modèle pour d'autres villes.

Téléphone
Le réseau téléphonique de New York fut inauguré en 1878, mais ne fut vraiment lancé que par l'installation, en 1885, des premiers réseaux longue distance New York-Boston, puis New York-Chicago, celui-ci ayant été créé à l'occasion de l'exposition Christophe Colomb de 1893.

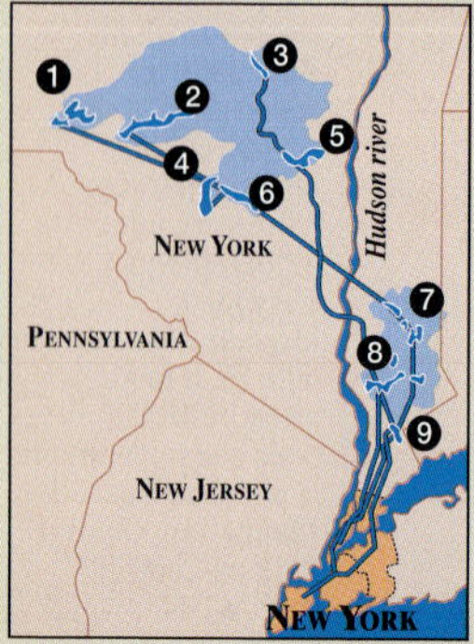

Systèmes d'alimentation en eau de la ville de New York : tunnels, aqueducs et réservoirs

1 : Cannonsville Reservoir
2 : Pepacton Reservoir
3 : Shoharie Reservoir
4 : Neversink Reservoir
5 : Ashokan Reservoir
6 : Rondout Reservoir
7 : West Branch Reservoir
8 : Croton Reservoir
9 : Kensico Reservoir

Gaz et électricité
Le gaz était, au début du XIXe siècle, la source principale d'éclairage (ci-dessous, un allumeur de réverbère à gaz, devant St Thomas). En 1880, un système d'éclairage électrique utilisant la lampe à arc est installé dans Broadway. Edison invente la lampe à incandescence et installe, en 1881, sa compagnie de production électrique à New York. 1882 voit les débuts

de la distribution d'électricité dans les immeubles et la généralisation de l'éclairage électrique des rues. Ci-dessous, installation des câbles souterrains vers 1900.

Cette coupe du sous-sol new-yorkais, à l'angle de 6th Ave. et de 50th St., a été dessinée en 1939. Elle montre le formidable réseau de conduites souterraines qui fait vivre la ville. Les câbles orange transportent l'énergie pour le métro, les violets, le téléphone et le télégraphe, les verts distribuent l'eau, les tuyaux roses la vapeur pour le chauffage urbain, les bleus, le gaz. La conduite d'égout est représentée en jaune.

Hygiène et santé
En 1866, New York réorganise son service de santé, le «Board of Health» (ci-contre, l'intérieur d'une ambulance au XIXe siècle) et le dote d'une équipe d'inspecteurs sanitaires chargés de faire appliquer des règlements parfois irréalistes, comme l'obligation pour chaque pièce d'habitation de disposer d'une fenêtre…

Éducation publique
L'enseignement est exclusivement privé, jusqu'en 1842 ; il devient alors un service municipal, sous la responsabilité du Board of Education (formé de 34 membres élus), qui répartit les fonds de la ville entre les circonscriptions (*wards*). Celles-ci nomment les instituteurs, choisissent manuels et programmes, bâtissent les écoles. L'enseignement devient gratuit pour tous à partir de 1868 et obligatoire en 1874. Les écoles publiques eurent longtemps pour tâche prioritaire d'alphabétiser les fils d'immigrés et de leur inculquer les valeurs fondatrices de la libre Amérique.

Des ferries circulent dès le XVIIIe siècle ; les omnibus à chevaux font leur apparition dans les années 1830, relayés par des tramways hippomobiles (*streetcars*) puis, à partir de 1860, par le chemin de fer surélevé (appelé *elevated,* ou *El*). Face aux problèmes de pollution et de congestion de la ville, le métro devient la seule issue : le IRT (Interborough Rapid Transit) ouvre sa première ligne en 1904. En 1953, la New York City Transit Authority, prend le contrôle de l'ensemble des moyens de transport.

CALÈCHES ET OMNIBUS
En plus des voitures individuelles, les premiers véhicules hippomobiles collectifs circulent à partir de 1831, créant d'immenses embouteillages, sans parler des nuisances causées par les chevaux eux-mêmes

(vers 1880, on en compte 80 000 à New York). C'est pourquoi le *El*, malgré le bruit et la pollution qu'il entraîne, apparaît aux yeux des New-Yorkais comme un immense progrès.

FERRIES
Ils furent le principal moyen de transport jusqu'à la construction des ponts, à la fin du XIXe siècle ▲ *186*. Le premier ferry apparut en 1712, et les lignes se multiplièrent à l'époque de la vapeur. Cornelius Vanderbilt, le futur magnat des chemins de fer, commença sa fortune en 1810 avec le Richmond Turnpike Ferry, entre Staten Island et Manhattan. Quatre des cinq *boroughs* de New York étant des îles, des liaisons en ferry sont assurées en permanence : avec Staten Island au départ de Battery Park (24 h sur 24) et entre le New Jersey, Midtown East et l'East River (tous les jours).

TAXIS
Ce n'est qu'en 1907 que la profession fut réglementée par la municipalité, qui imposa une inspection des compteurs et un montant minimal pour la course. Les licences se multiplièrent à tel point qu'en 1937 on dut ramener le nombre de taxis de 21 000 à 14 000 et obliger les chauffeurs à fixer un insigne sur le capot (d'où le nom de *medallion cab*). Ces taxis officiels sont jaunes depuis 1970 et, s'ils sont nombreux à Manhattan, ils sont plus difficiles à trouver dans les autres *boroughs* (districts). Leur nombre demeurant néanmoins insuffisant, les taxis sans plaque se sont multipliés. Leurs chauffeurs sont principalement issus des minorités ethniques.

Le *El* décrivait des courbes impressionnantes à la hauteur de 110th St., ou de Coenties Slip.

Du «El» au Métro

Le chemin de fer aérien (*Elevated Rail System*) desservait quatre itinéraires, le long des 2nd, 3rd, 6th et 9th Avenues, mettant Battery ▲ *142* à 40 min de Harlem ▲ *350*. La première ligne de métro pneumatique, la City Hall Line, allait de City Hall ▲ *168* à la 145th Street, par le West Side ▲ *342*. Depuis, le réseau new-yorkais, avec plus de 1 000 km de voies et 468 stations, est un des plus étendus du monde après celui de Tokyo. Fermée depuis 1945, la station de métro de City Hall (ci-dessus) est toujours dans son état d'origine. En revanche, plus une trace aujourd'hui, sur Bowery, du train aérien, qui, avec ses deux voies, obscurcissait complètement la rue (en haut). Pourtant, la dernière portion de la ligne de 3rd Avenue ne fut démontée qu'en 1955.

MTA NYC Transit

C'est la plus grande agence de la Metropolitan Transportation Authority, responsable du transport de plus de 5 millions de voyageurs par jour. Ses lignes de bus et de métro sillonnent les 5 *boroughs* de la ville 24 h/24 et 7 j/7.

Si, depuis plus d'un siècle, les voyageurs s'étonnent des *fire escapes*, ces escaliers métalliques qui défigurent les façades des immeubles de New York, c'est que le feu a, en provoquant plusieurs catastrophes, marqué profondément la mémoire collective. Alertés par les cloches et les sirènes des véhicules de pompiers, les badauds venaient s'agglutiner devant les immeubles en train de brûler. À New York, ils continuent de faire partie de la vie quotidienne.

L'INCENDIE DE LA TRIANGLE SHIRTWAIST COMPANY

Le 25 mars 1911, le feu se déclare dans cette fabrique de corsages qui emploie 500 ouvrières. Il fait suite à une série d'incendies qui avaient conduit le syndicat de la confection à réclamer, en vain, le déverrouillage des portes des ateliers et l'installation d'escaliers de secours. Les employées meurent asphyxiées ou tentent de sauter par les fenêtres (ci-dessus, peinture de Victor Joseph Gatto). Le bilan est lourd : 147 victimes.

LA PROIE DES FLAMMES

Pendant la guerre d'Indépendance, New York est dévastée en 1776 et 1778, par des incendies d'origine criminelle attribués tour à tour aux loyalistes et aux patriotes. En décembre 1835, alors que la ville commence à s'étendre vers le Nord, un incendie causé par l'éclatement d'une conduite de gaz se déclare à Hannover Square ▲ *166*, dans les ruelles étroites situées derrière le port. Un vent violent propage les flammes jusqu'à South St., Broad St. et Wall St. Pendant deux jours, le feu ravage le sud de la ville. Le froid très vif gêne les pompiers, l'eau gèle dans les tuyaux. Au total, près de vingt îlots du quartier commercial sont détruits, notamment tous les immeubles de l'époque hollandaise.

L'incendie du Crystal Palace

Édifié pour l'Exposition universelle de 1853, sur l'emplacement de Bryant Park, ce vaste bâtiment, réputé être à l'épreuve du feu, fut totalement détruit par les flammes en 1858. Il n'y eut pas de victimes.

Fire Department

Rouges, rapides, rutilants, rugissants, les camions peuvent aussi devenir totalement inefficaces lorsque les éléments sont contraires.

En mars 1908, lors de l'incendie de l'Equitable Building ● *97*, ▲ *153* sur Broadway, l'eau gèle en sortant des pompes.

Les pompiers

C'est seulement en 1865 que la ville de New York crée un corps de pompiers professionnels salariés. Jusqu'à cette date, en effet, comme partout ailleurs, la lutte contre le feu était confiée à des compagnies de volontaires, souvent rivales (il n'était pas rare de les voir se battre sur les lieux du sinistre), fières de leur matériel étincelant, de leurs emblèmes et de leurs traditionnels défilés.

Le FDNY (Fire Department of New York City) devient dès la fin du XIXe siècle un modèle pour d'autres villes par son organisation rigoureuse, son efficacité et son équipement sans cesse modernisé. Il compte aujourd'hui plus de 10 000 pompiers, qui répondent annuellement à des centaines de milliers d'appels, notamment pour lutter contre des incendies.

L'attentat du World Trade Center ● *46*

Le 11 septembre 2001, les pompiers de New York ont dû combattre l'un des plus gigantesques incendies de l'histoire de la ville, et sans doute le plus meurtrier. Près de 350 pompiers ont disparu dans l'effondrement des tours jumelles du World Trade Center, après en avoir monté les étages pendant plus d'une heure pour permettre l'évacuation de centaines de personnes. Pendant près de deux mois, ils ont participé aux opérations de secours et aux travaux de déblaiement du site. Ce sacrifice des «plus courageux» (*New York's bravest*) les a transformés pour longtemps en héros de la ville.

New York est, pour les amateurs de «polars», la métropole où les flics d'Ed McBain luttent contre le crime avec les moyens du bord ou encore, plus folklorique en apparence, le Harlem des années 1960 où opère le tandem de policiers noirs Ed Cercueil et Fossoyeur Johnson, imaginé par Chester Himes. De fait, New York qui a attiré les criminels les plus doués dans l'administration, les finances et la pègre, a longtemps eu la réputation d'une ville violente et dangereuse.

CHARLES LUCIANO
Dit Lucky Luciano (en haut, ses photos d'identité judiciaire), Charles Luciano se hissa au rang de parrain de tous les parrains en faisant assassiner deux chefs de gangs rivaux.

LA SAINT-SYLVESTRE AU COMMISSARIAT DE W. 47TH ST.
Des ivrognes, un enfant perdu, un fêtard avec sa trompette, des flics affairés et, au premier plan, un cercueil de fortune, contenant le corps d'une femme qui vient de se jeter de la fenêtre d'un hôtel voisin. C'est, dans une illustration de 1939, le poste de police du quartier de Times Square, l'un des plus chauds de la ville.

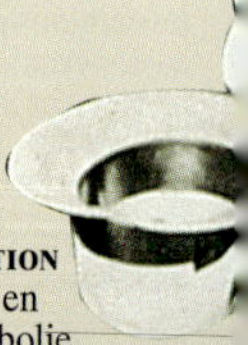

PROHIBITION
Instituée en 1920 (et abolie en 1932), elle fut un bienfait inespéré pour le syndicat du crime à New York. Les exemples de destruction massive, par la police, d'alcool de contrebande (ci-dessous, sur les quais de New York) n'empêchèrent pas les *bootleggers* (contrebandiers d'alcool) d'édifier d'immenses fortunes illicites.

«MEAN STREETS»
Dans *Les Rues chaudes* (1973), Martin Scorsese évoque ses expériences d'adolescent dans le quartier de Little Italy et son monde de paumés et de déracinés. Le crime imprègne tant la communauté urbaine qu'on ne peut le distinguer de la vie quotidienne.

BOSS TWEED
Au milieu du XIXe siècle, William Tweed, dit Boss Tweed fit de Tammany Hall, le comité new-yorkais du parti démocrate, le symbole parfait de la corruption. Avec un art consommé de la fraude électorale et du clientélisme, il parvint à contrôler et à piller systématiquement les fonds publics.

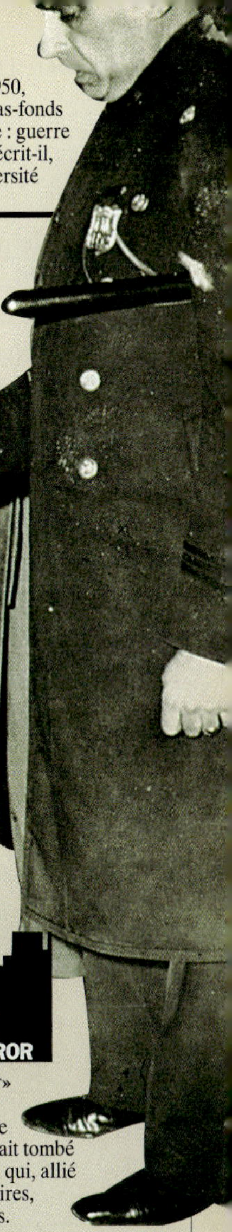

Sur les lieux du crime
Weegee, photographe new-yorkais des années 1930-1950, arrivait toujours le premier, armé de son flash, dans les bas-fonds de la ville où chaque jour apportait sa moisson de violence : guerre des gangs, fusillades, braquages, kidnappings… Ainsi, écrit-il, «le crime était mon extra, et j'aimais ça… mon université de la vie et de la photographie».

Mafia
L'empire criminel de la mafia étend ses tentacules à New York, des rackets de la drogue et du jeu jusqu'au sein d'industries, comme la confection ou le bâtiment. Les années 1980 virent la montée au pouvoir de John Gotti (ci-dessus), surnommé Dapper Don (le Pimpant) pour son élégance vestimentaire. Tout en défiant allégrement la loi, Gotti fut acquitté à trois procès successifs. La justice lui mettra finalement la main au collet en 1991, lorsqu'il fut condamné pour le meurtre d'un gros bras de la pieuvre new-yorkaise, dont il avait alors pris le contrôle. Le «King of New York» est mort le 10 juillet 2002 en prison. Ses obsèques à Brooklyn donnèrent lieu à une mise en scène digne du *Parrain*.

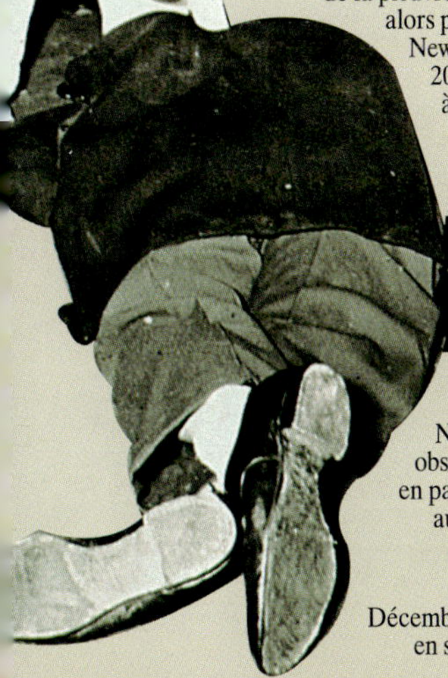

Émeutes du «black-out»
Le 13 juillet 1977, à 20 h 34, New York fut plongé dans une totale obscurité : le générateur de la ville était tombé en panne. D'où un affolement général qui, allié au pillage et aux incendies volontaires, dégénéra en de longues émeutes.

Meurtre au Dakota
Décembre 1980 : John Lennon, l'âme des Beatles, est assassiné en sortant de son immeuble, en face de Central Park.

«Mafia rouge»
Son fief historique se trouve à «Little Odessa», le quartier russe de Brooklyn, du côté de Brighton Beach. Mais la presse américaine a révélé, au cours des années 1990, que c'est dans les quartiers chics de Manhattan que vivent ses membres dirigeants, de riches hommes d'affaires accusés de corruption et de détournement de fonds. L'enquête a également démontré l'implication de banques américaines dans le blanchiment de l'argent des réseaux mafieux russes. Vyacheslov Ivankov, le «Petit Japonais», l'une des grandes figures de ces réseaux, a été assassiné en 2009.

Mafia asiatique
La violence des luttes entre les gangs chinois et vietnamiens a braqué les projecteurs sur le syndicat du crime d'origine asiatique. Un monde de sociétés secrètes, de groupes impliqués dans des réseaux de trafic en tout genre émerge peu à peu, avec le risque que cette mauvaise publicité ne rejaillisse sur l'ensemble des citoyens asiatiques.

Le port, fortune de la ville

Verrazano, le premier Européen à pénétrer dans la baie de New York, en 1524, en a tout de suite mesuré les avantages naturels. La vaste rade extérieure (Lower Bay), déjà abritée de l'océan, se prolonge en effet au nord des détroits (les Narrows) par la splendide baie intérieure (Upper Bay), elle-même ramifiée en plusieurs baies secondaires et chenaux balayés par la marée. L'importante activité qui fit de New York le premier port mondial au tout début du XXe siècle a désormais été transférée vers le New Jersey. Seul subsiste aujourd'hui le transport des voyageurs, en ferry et sur bateau croisière.

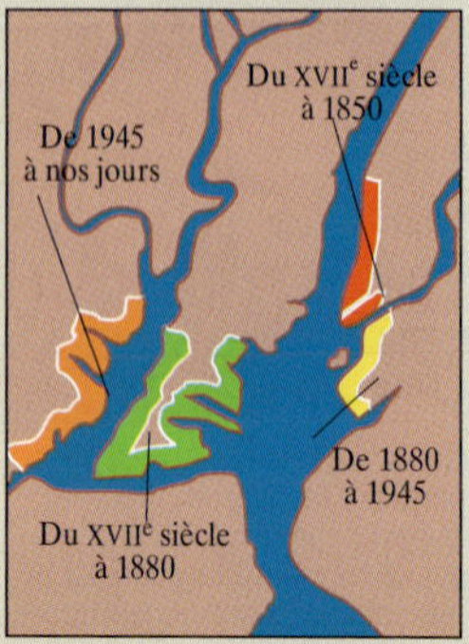

Des dockers affairés
Grâce au canal Érié, achevé en 1825, New York devient le débouché de la région des Grands Lacs et du Middlewest : 1 t de blé arrive de Buffalo en six jours au lieu de vingt, l'acheminement ne coûte plus que cinq dollars au lieu de cent.

Déplacement des activités portuaires dans la baie de New York.

Une rade en pleine activité

Les localisations successives des activités portuaires donnent une idée des multiples possibilités qu'offre le site. Aux XVIIe et XVIIIe siècles, elles se concentrent à la pointe sud de Manhattan, surtout à l'est. Peu à peu, au cours du XIXe siècle, les *piers* (jetées) construites perpendiculairement au rivage vont se développer sur l'East River et sur l'Hudson (jusqu'à 70th St.), sur la rive du New Jersey et à Brooklyn.

Vue satellite

Elle fait apparaître l'ensemble des côtes sur lesquelles s'est developpé le trafic du port de New York, c'est-à-dire Manhattan, Brooklyn ▲ *366*, Staten Island ▲ *144* et le New Jersey.

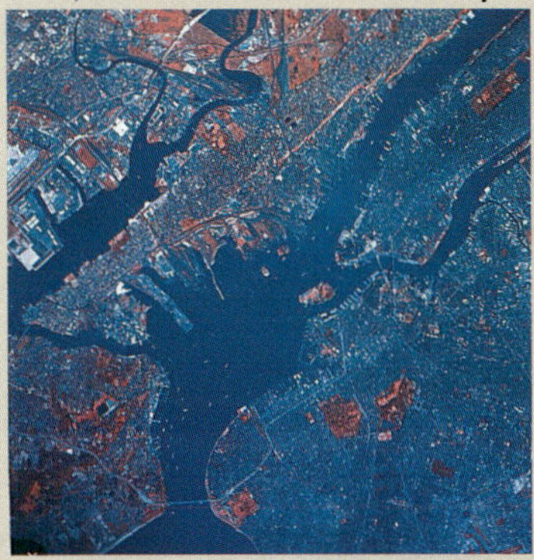

Les grands transatlantiques

Des armateurs new-yorkais organisent en 1818 la Black Ball Line, première ligne régulière entre New York et Liverpool. En 1848, la Cunard Line britannique donne l'exemple en remplaçant ses grands voiliers par des navires à vapeur. Aujourd'hui, environ un million de passagers transitent chaque année dans les terminaux de croisière de Manhattan et Brooklyn.

Un nouveau géant des mers

En 2004, le *Queen Mary 2* (ci-dessous), le plus grand paquebot jamais construit, sorti des chantiers de l'Atlantique à Saint-Nazaire, acheva sa traversée inaugurale le long des quais du West Side de Manhattan.

En première place

À la fin du XIXe siècle, près de la moitié du commerce extérieur des États-Unis passe par New York. La ville exporte du bois, de la viande, des céréales, de la farine et du coton en provenance du sud, et importe des denrées tropicales et des objets manufacturés.

The Port Authority

En 1921, les États de New York et du New Jersey créèrent la Port Authority of New York and New Jersey pour remédier à la trop grande dispersion des activités portuaires et pour coordonner les grands travaux nécessaires. Depuis la fin de la Seconde Guerre mondiale, pour des raisons d'exiguïté et de circulation difficile, la plupart des activités portuaires ont déserté Manhattan. Elles sont progressivement venues se fixer à Brooklyn ▲ *366*, ainsi que dans la baie de Newark et jusqu'à Perth Amboy, sur la côte du New Jersey.

Depuis la fondation de l'ex-comptoir néerlandais, la ville a accueilli des millions d'étrangers venus des quatre coins du monde, chassés par les conflits, les persécutions, la misère, ou tout simplement attirés par le rêve américain. Cette mosaïque de communautés revitalise New York génération après génération et modifie le visage de l'agglomération au gré des courants migratoires. La ville se recompose, les quartiers se transforment : Juifs soviétiques, Chinois, Cubains, Dominicains, Coréens remplacent les anciens groupes qui émigrent vers les *boroughs* (districts) voisins, les banlieues et les autres États.

Du XVIe au XVIIe siècle
Les premiers colons de La Nouvelle Amsterdam sont essentiellement des protestants venus de Wallonie, de France, d'Allemagne et de Hollande. Ils sont rejoints et dépassés en nombre par les Britanniques à la fin du XVIIe siècle et forment la majorité démographique WASP (White Anglo-Saxon Protestant). Les catholiques irlandais représentent un quart de la population new-yorkaise en 1790. Esclaves noirs africains et Juifs d'Europe du Sud font également partie des premiers habitants de la ville.

Le XIXe siècle
En 1830, 90 % des New-Yorkais sont Américains. Ils ne sont plus que 60 % à la fin du siècle. À partir de 1890, les Juifs d'Europe de l'Est arrivent en masse et s'installent dans le quartier de Lower East Side, tandis que quelques rues plus haut, des dizaines de milliers d'Italiens reconstituent l'atmosphère de leur mère patrie dans Little Italy. Immigrés des empires russes et austro-hongrois s'installent plus volontiers à Brooklyn.

Les Noirs Américains qui représentent un Américain sur dix en 1820, ne forment plus que 2 % de la population de la métropole en 1890. À l'aube du XXe siècle, New York est une ville blanche.

«Cet eldorado des temps modernes, où, racontait-on aux petits enfants d'Europe, les rues étaient pavées d'or, et la terre si vaste et si généreuse que tout le monde pouvait y trouver sa place» Franz Kafka

1900-1950
Les Juifs d'Europe centrale continuent d'affluer vers New York, fuyant la montée de l'antisémitisme. Les Italiens constituent alors l'une des principales «minorités» de la ville. Une importante communauté grecque s'installe près d'Astoria,

les Arméniens dans le Bronx, les Polonais à Green Point, les Chinois commencent à grignoter du terrain dans le Lower East Side. Vers 1940, c'est la population de Porto Rico qui connaît la plus forte croissance. Parallèlement, la population noire augmente de façon considérable : les Noirs Américains quittent le Sud des États-Unis pour la Big Apple et s'installent à Harlem, tandis qu'une vague d'immigrants des Caraïbes s'installe dans l'East Harlem, le Bronx ou à Brooklyn.

1950 à nos jours
La guerre froide puis l'effondrement du bloc communiste provoquent l'arrivée de très nombreux russophones qui transforment les alentours de Coney Island en «Little Odessa». En 1965, l'Immigration Act assouplit les règles et permet l'arrivée de centaines de milliers d'Asiatiques, en majorité Chinois ou Coréens. Peu à peu, Little Italy cède la place à Chinatown. La plupart des immigrants boudent Manhattan pour Brooklyn, le Queens ou le Bronx, à l'instar des Sud-Américains ainsi que des Indiens, Pakistanais, Bangladais... Aujourd'hui, les Noirs Américains et ceux originaires des Caraïbes représentent 24,5 % des New-Yorkais, pour 35 % de Blancs. Pour la première fois, on recense plus d'Hispaniques que de Noirs. Malgré les crises économiques, New York demeure un eldorado pour le monde entier.

Le 11 septembre 2001, les États-Unis connaissent l'attentat terroriste le plus meurtrier de leur histoire. Dix-neuf pirates de l'air s'emparent d'avions de lignes et percutent les Twin Towers, emblèmes du pouvoir économique américain, et le Pentagone, symbole de sa puissance militaire. Les images de l'attaque sont retransmises en temps réel par les télévisions du monde entier. Cet acte de guerre, revendiqué par l'organisation islamiste Al-Qaida, déclenche une riposte militaire en Afghanistan, qui se solde par la chute des talibans.

8 h 46
L'avion du vol American Airlines 11 en provenance de Boston est détourné. Il percute la tour nord du World Trade Center et s'encastre sur plusieurs étages, provoquant un gigantesque incendie.

9 h 02
Un deuxième appareil du vol United Airlines 175, également en provenance de Boston, s'écrase contre la tour sud du World Trade Center (ci-dessus). L'évacuation des 50 000 personnes qui travaillent dans le site commence.

Tout le quartier est bouclé. Le New York Stock Exchange, la bourse de Wall Street, demeurera fermé pendant la durée exceptionnelle de quatre séances. Dans les Twin Towers, quasiment aucune des personnes se trouvant au-dessus de la zone d'impact des avions ne survivra.

Des dizaines de victimes, prisonnières du brasier, se jettent dans le vide depuis le sommet des tours.

9 h 40
Le trafic aérien est suspendu sur tout le territoire américain pour la première fois dans l'histoire des États-Unis.

Ci-contre, décombres d'une des tours du World Trade Center

9 h 43
Un troisième avion du vol American Airlines 77, en provenance de Washington, s'écrase sur l'aile ouest du Pentagone. Le bâtiment est immédiatement évacué, de même que les ministères et la Maison Blanche.

9 h 59
La tour sud du World Trade Center s'effondre (ci contre, à gauche), submergeant le quartier dans un nuage de fumée qui mettra des semaines à se dissiper. L'extrême sud de Manhattan sera classé zone interdite pendant des semaines.

10 h 03
Un quatrième avion détourné du vol United Airlines 93 en provenance de New York s'écrase en Pennsylvanie, au sud-est de Pittsburgh. On saura plus tard qu'une rébellion des passagers à bord aura empêché les pirates d'atteindre leur cible.

10 h 28
La tour nord s'écroule à son tour, pulvérisée. Les victimes sont ensevelies sous une montagne de débris.

17 h 20
Le bâtiment de 47 étages du 7 World Trade Center, endommagé et mis à feu par les tours, cède également. Secouristes, pompiers et ouvriers s'acharnent à sortir d'hypothétiques survivants de ce cimetière de métal et de ciment. Des centaines de pompiers tentent de maîtriser les incendies qui se déclarent simultanément dans la zone. Plus de 350 d'entre eux périssent dans la catastrophe. Le bilan des attentats est très lourd. 3 053 personnes ont perdu la vie : 2 819 d'entre elles dans l'attaque du World Trade Center, 189 dans celle du Pentagone, 45 dans le vol United Airlines 93. Un grand nombre de victimes n'ont pas été identifiées. Huit mois seront nécessaires pour déblayer tout le site. Du World Trade Center, il ne reste plus que «Ground Zero», surnom donné à l'épicentre du drame et au périmètre du désastre. La ville, touchée en plein cœur, restera en deuil pendant des mois.

“C’était un refuge magique. New York avait un baragouin et une langue bien à elle.”
Jerome Charyn,
Les Mésaventures de Fantomas

«BIG APPLE»
On parle couramment de New York comme de la «Grosse Pomme» depuis une campagne publicitaire lancée par le New York Convention and Visitors Bureau au début des années 1970. L’origine de cette expression vient du monde du jazz des années 1930.

Elle fut reprise sur les champs de courses au sens de «mener grand train». «Big Apple» est devenue peu à peu le symbole de la ville.

L’anglais se généralisa dans la colonie lorsque le duc d’York en devint propriétaire à la place des Hollandais, en 1674 ● *26*, mais en 1760, une dame de Manhattan pouvait encore écrire : «La langue anglaise commence à être plus généralement comprise ici.» Toutes sortes de langues et de dialectes se développèrent progressivement avec le commerce et l’immigration et enrichirent l’anglais parlé à New York.

PLURILINGUISME

On parle aujourd’hui à New York plus de quatre-vingts langues. L’espagnol a incontestablement pris la deuxième place, derrière l’anglais, à cause du grand nombre de résidents venus de Porto Rico, des Caraïbes, de l’Amérique centrale et du Sud. Les langues «nationales» sont couramment utilisées dans la pratique quotidienne du commerce, que ce soit le yiddish dans le quartier des diamantaires (West 40th Street) ▲ *299*, l’arabe marocain, le philippin, le farsi et le bengali chez les marchands de journaux, le coréen dans les magasins de fruits et légumes, ou le wolof entre colporteurs sénégalais. De toutes les enclaves ethniques éparpillées dans la ville fusent diverses langues : le cantonais à Chinatown ▲ *190*, le créole d’Haïti dans l’Upper West Side, l’ukrainien et le polonais dans l’East Village, le hongrois à Yorkville, l’arménien à Murray Hill et l’espagnol à East Harlem. Aussi les enfants apprennent-ils souvent dans le même temps l’anglais et leur langue maternelle.

NOMS DE LIEUX ET DE RUES

Quantité de noms de lieux et de rues portent encore aujourd’hui la trace linguistique des peuples qui s’implantèrent successivement à New York. Ainsi, Manhattan doit son nom aux Indiens Delaware, la première tribu établie dans l’île. Les théories abondent sur le sens originel de «Manhattan», qui signifiait probablement «l’île», ou «l’île aux collines». Les colons hollandais léguèrent les noms de Harlem, Grammercy (du mot hollandais *krum-marisje*, petit marais sinueux), Spuyten Duyvil («gargouille du diable», vraisemblablement attribué à cause de la traîtrise des flots à la jonction de l’Hudson ■ *20* et de Harlem River), Bowery (de *bouwerij*, ferme ▲ *82*) et Brooklyn ▲ *366* (*breukelen*, terre défrichée). Les rues du Lower Manhattan ▲ *158* portent des noms anglais dérivés du hollandais ; ainsi «De Wall» fut transformé en Wall Street, «Maagde Paetje», en «Maiden Lane» (ruelle de la Jeune-Fille).

Ci-dessous, une rue de Chinatown.

ART DE VIVRE

ELIZABETH SETON
C'est la première sainte née sur le sol américain. Elle vit le jour en 1774 à New York et fut canonisée en 1975. Elizabeth Seton fonda l'ordre des Sœurs de la Charité.

Peter Stuyvesant, gouverneur de La Nouvelle-Amsterdam et fervent protestant, tenta en 1656 d'imposer à la colonie l'unité religieuse. La Compagnie occidentale des Indes s'y opposa, de crainte que cela ne nuise au commerce, car, déjà à cette époque, New York était une mosaïque de religions. De nos jours, plus de cent confessions s'y côtoient. Le catholicisme est la religion prépondérante, même si la communauté juive y est la plus importante en dehors d'Israël.

SAINT PATRICK'S CATHEDRAL
Siège de l'archevêque catholique de la ville, la cathédrale, située sur 5th Ave, entre 50th et 51st Sts., fut achevée en 1906 ▲ *283*. Elle est dédiée à saint Patrick, le patron des Irlandais. On estime aujourd'hui que 42 % des New-Yorkais sont catholiques.

LES TÉMOINS DE JÉHOVAH
Ils représentent l'un des plus importants mouvements évangéliques de New York et publient deux magazines, *Awake* et *The Watchtower*, depuis leur siège à Brooklyn. Diffusés à plus de 10 millions d'exemplaires, ils existent en 112 langues et sont distribués porte à porte ou dans la rue.

LE JUDAÏSME
Plus d'un million de juifs orthodoxes d'Europe de l'Est parlant yiddish se sont installés à New York entre 1880 et 1910. Ils ont fondé des quotidiens, des compagnies théâtrales, des associations politiques socialistes et des syndicats. Après la Seconde Guerre mondiale, les juifs de New York ont soutenu la création d'un État juif en Palestine et se sont mobilisés pour obtenir du gouvernement une aide pour Israël.

LES PROTESTANTS NATIVISTES
Le protestantisme demeura jusqu'au milieu du XIXe siècle la religion dominante. Après l'immigration massive de catholiques irlandais et allemands, la moitié de la population pratiquait le catholicisme vers 1864. Cette bande dessinée de Thomas Nast – où des évêques catholiques immolent de jeunes Américains – traduit la méfiance des protestants nativistes à l'égard des catholiques, auxquels ils reprochaient de vouloir modifier le système scolaire en supprimant la lecture de la Bible et de rechercher les subventions de l'État.

«NEW YORK EST À LA NATION CE QUE LE CLOCHER DE L'ÉGLISE EST AU VILLAGE – LE SYMBOLE VISIBLE DE L'ASPIRATION ET DE LA FOI, LE PANACHE BLANC QUI MONTRE LE CHEMIN.»

E. B. WHITE

LES «LUBAVITCH»
Le Lubavitcher Chassidic Movement, dont le siège est à Brooklyn, est un courant mystique du judaïsme. Il compte des spécialistes renommés du Talmud. Ses adeptes, masculins, sont reconnaissables à leurs costumes noirs, leurs barbes et leurs papillotes (ci-dessous).

L'ISLAM
Il ne s'est répandu que dans la seconde moitié du XXe siècle. Le Mosque and Cultural Center, ouvert depuis 1991, comprend la mosquée et le centre culturel musulman ; il se situe à l'angle de 96th St. et de 3rd Ave. Son axe forme avec la rue un angle de 29 ° afin que le bâtiment soit tourné vers La Mecque.

LE BOUDDHISME
L'imposante statue de Shinran-Shonin, le fondateur de la secte bouddhiste Jodo Shinshu, veille sur le temple de New York, construit en 1938 sur Riverside Drive. Cette statue, érigée originellement à Hiroshima, à 2,5 km du lieu de l'explosion de la bombe, fut transportée

à New York en 1955 pour rappeler l'horreur atomique et symboliser un espoir de paix durable dans le monde.

LES COMMUNAUTÉS CHRÉTIENNES NOIRES
À la fin du XVIIIe siècle, face à la discrimination et à la ségrégation raciale, un groupe de Noirs new-yorkais formèrent leur propre confession : l'African Methodist Episcopal Zion Church. Aujourd'hui, la plupart des églises noires de New York, dont la fameuse Abyssinian Baptist Church ▲ *359*, sont à Harlem. Les communautés les plus nombreuses sont les baptistes, les méthodistes et les pentecôtistes.

Dès le XVIIIe siècle, Manhattan a été le lieu d'innombrables manifestations militaires, religieuses, civiques ou politiques.
Ces démonstrations, annuelles ou parfois exceptionnelles, sont l'expression des préoccupations profondes des New-Yorkais.
La première célébration connue fut celle de 1788 : elle fêta la ratification de la Constitution américaine par un gigantesque défilé et un banquet de cinq mille convives.

Les hôtes de marque
Parmi eux, le héros français de la Révolution américaine, le marquis de La Fayette, fut reçu, en 1824, à grand renfort de discours et de parades. Un bal somptueux fut donné en son honneur.

La guerre de Sécession
Les militaires ont souvent participé aux fêtes marquantes de la vie de la cité. En 1865, des milliers de soldats défilèrent dans Manhattan pour célébrer la fin de la guerre de Sécession.

«Ticker Tape Parades»
Dès la fin du XIXe siècle, dans le Financial District (le quartier des affaires ▲ *158*), les hôtes officiels étaient «arrosés» de bandes de téléscripteurs lancées depuis les immeubles. Bien qu'aujourd'hui la coutume des parades se perde un peu – en raison de la circulation automobile et du coût exorbitant du nettoyage –, elle se perpétue néanmoins avec des listings informatiques déchiquetés en lambeaux. Les victoires des *Yankees*, l'équipe de baseball de New York, sont traditionnellement célébrées par une *Ticker Tape Parade*.

«Fourth of July»
Le 4 juillet (ci-contre), date anniversaire de l'Indépendance américaine, est une fête nationale.

«Saint Patrick's Day Parade»
Chaque année, le 17 mars, a lieu la plus immuable des manifestations culturelles : le défilé de la Saint-Patrick. Il fut organisé pour la première fois dans les années 1760 par des soldats irlandais en garnison à New York. Depuis 1838, cette procession est patronnée par l'ordre ancien des Hibernians, une confrérie catholique. Cette grande fête, devenue très populaire, est le symbole de la solidarité de la communauté irlandaise.

«Gay and Lesbian Pride»
Cette marche commémore, tous les ans, le dernier dimanche de juin, la première grande revendication pour les droits des homosexuels : l'émeute ▲ *212* de Stonewall Inn, qui éclata le 30 juin 1969 à Greenwich Village.

«San Gennaro Festa»
Little Italy ▲ *196* accueille en septembre, entre les buvettes et les jeux, la procession de San Gennaro (saint Janvier), patron de Naples.

«Puerto Rican Day Parade»
Cette fête, qui existe depuis 1958, est l'occasion pour 80000 Portoricains de défiler, en juin, sur 5th Avenue, entre 44th et 86th Streets.

«Thanksgiving Day Parade»
Depuis les années 1920, cette parade, parrainée par le grand magasin *Macy's* ▲ *249*, célèbre, le dernier jeudi de novembre, la première moisson des colons au XVIIe siècle.

Le nouvel an chinois
Il est fêté avec pompe, fin janvier ou début février, dans Chinatown ▲ *190* et salué par des pétards. Trente-six heures durant, le quartier voit onduler des dragons à têtes énormes, animés par des groupes d'hommes cachés dessous.

«New York Village Halloween Parade»
Le 31 octobre, à Greenwich Village, cette fête rassemble plusieurs milliers de participants, tous déguisés avec recherche comme pour un gigantesque mardi gras.

LA «PENNY PRESS»
Les années 1830 et 1840 virent – avec la création du *New York Sun*, du *New York Herald* et du *New York Tribune* – l'apparition de journaux populaires à fort tirage, vendus au coin des rues pour un penny.

La presse new-yorkaise, toujours en effervescence, et à l'occasion rebelle, n'a cessé depuis près de trois siècles de jouer un rôle crucial dans les transformations politiques et sociales de la nation. Ce fut un imprimeur new-yorkais, John Peter Zenger, qui livra avec succès, en 1735, l'une des premières batailles pour la liberté de la presse. L'importante participation de la presse new-yorkaise à la création d'un milieu culturel d'exception, ainsi qu'au désir constant de la nation d'adopter des réformes politiques et sociales, a contribué à doter le pays d'une histoire riche et variée.

LE «YELLOW JOURNALISM»
Vers 1890, la presse à sensation connut un essor foudroyant, ce qui provoqua une compétition acharnée entre William Randolph Hearst, du *New York Journal*, et Joseph Pulitzer, du *New York World*. On appela ce nouveau journalisme, qui faisait la part belle au scandale, au sexe et à la violence, *Yellow Journalism*, par référence au «Yellow Kid», célèbre héros de bande dessinée du *New York World* qui évoluait dans le petit monde des *tenements* (logements modestes) ● *46*.

LE PROCÈS ZENGER
L'acquittement, en 1735, du rédacteur John Peter Zenger, accusé d'avoir lancé dans son hebdomadaire, le *New York Weekly Journal*, des attaques «venimeuses, calomnieuses et séditieuses» contre le gouvernement anglais, fut un élément déterminant. Il posa le principe essentiel de la liberté de la presse : le droit de critiquer les autorités gouvernementales.

LES PETITS FORMATS
Le *New York Post* et le *New York Daily News*, descendants directs de la *Penny Press*, ne rendent pas seulement compte des aspects les plus sordides de la vie de la cité, ils abordent aussi des sujets de politique nationale.

ork Times.

w York Times Company:

Y, DECEMBER 8, 1941.

«The New York Times»
Fondé en 1851, c'est le quotidien de référence de la nation depuis la Seconde Guerre mondiale. L'édition du vendredi recense les loisirs et les sorties. En 1967, l'édition internationale du *New York Times* fusionne avec celles du *New York Herald Tribune* et du *Washington Post* pour former l'*International Herald Tribune*.

Les «Muckrakers»
Au tout début du XXe siècle, des revues, dont celle de *McClure's,* dénonçaient les maux de la société. Faisant allusion à un personnage du *Pilgrim's Progress*, Theodore Roosevelt surnommait leurs journalistes *muckrakers* («fouille-merde»). Leurs articles, exposant entre autres sujets les conditions de travail des ouvriers, influencèrent le programme du parti progressiste et la mise en œuvre de réformes dans les domaines urbain et industriel.

«The New Yorker»
Depuis les années 1920, cet hebdomadaire urbain et intellectuel s'intéresse à l'actualité culturelle, sociale et politique. Il compte parmi ses collaborateurs des écrivains aussi renommés que Dorothy Parker, John McPhee, John Updike ou Milan Kundera, ainsi que des artistes et dessinateurs comme Saul Steinberg ou Jean-Jacques Sempé.

Les magazines
Parmi les magazines les plus célèbres, diffusés dans tous les États-Unis et connus à l'étranger, il faut citer *Vogue*, *Time*, *Newsweek*, *Rolling Stone*, *Esquire*, *Vanity Fair* et *People*.

Lee De Forest fit breveter en 1907 l'Audion, un amplificateur, précurseur du tube cathodique. Grâce à cette invention, le Manhattan des années 1920 vit naître et se commercialiser le *crystal set*, un poste à galène rudimentaire qui se vendait par correspondance et en kit. Une décennie plus tard, les New-Yorkais assistaient aux débuts de la télévision. Aujourd'hui, Manhattan est le siège des trois grands réseaux privés nationaux (ABC, CBS et NBC) et reçoit plus de 250 autres stations et chaînes câblées.

L'Audion de Lee De Forest
Depuis la scène de l'ancien Metropolitan Opera, Lee De Forest retransmit avec son appareil la voix du fameux ténor Enrico Caruso. Cette prouesse technique étonna le monde entier. De Forest installa la première station de radio amateur chez lui, dans le Bronx.

David Sarnoff
Il envisagea la radio comme une entreprise d'envergure. Dès 1916, il affirmait que cette «boîte à musique» serait bientôt d'«utilité domestique». Il devint en 1926 le président de NBC (National Broadcasting Company).

Félix le Chat
Après l'invention de la caméra électronique par Vladimir Zworykin et du tube cathodique, en 1923, RCA (Radio Corporation of America) choisit Félix le Chat – le célèbre héros de bande dessinée – pour figurer dans ses premières expériences d'animation.

George Burns et Gracie Allen
Ce couple d'acteurs de vaudeville triompha pendant dix-huit ans dans une comédie populaire diffusée sur les ondes de NBC, avant de passer à la télévision en 1950.

Walter Cronkite
Présentateur du journal du soir à CBS (Columbia Broadcasting System), de 1962 à 1981, Cronkite terminait chacune de ses émissions par une formule qui le rendit célèbre : *«And that's the way it was»* («Et voilà ce qu'il en est»)

«Sesame Street»
Depuis 1969, cette émission et sa vedette Big Bird ont appris à lire et à compter à d'innombrables bambins.

Les grands débats
John F. Kennedy et Richard M. Nixon, tous deux candidats à la Maison Blanche, participèrent en 1960 aux premiers débats télévisés. À l'issue du dernier, qui se tint à New York, la présidence était acquise à Kennedy. Depuis lors, la télévision est devenue le lieu privilégié des affrontements politiques.

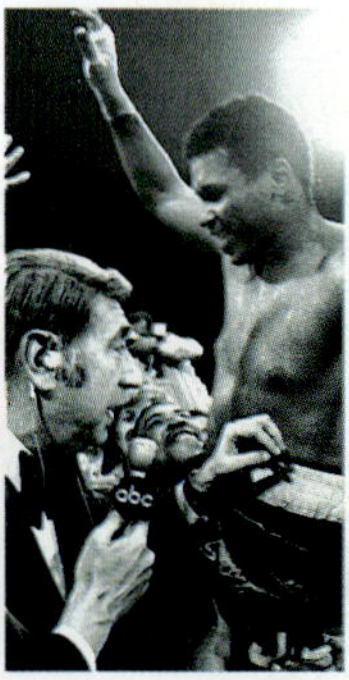

Le sport médiatisé
Au début des années 1960, un animateur d'ABC, Howard Cosell, commenta les matchs sur le terrain et interviewa les sportifs dans les vestiaires. Il démocratisa le sport et fit partager son enthousiasme aux téléspectateurs.

Home Box Office et Music Television
Connu pour ses séries télévisées de haute qualité (*Six feet under*, *The Sopranos*, *Sex and the City*…), HBO fut le premier réseau câblé payant et le premier à utiliser la diffusion par satellite.
La célèbre chaîne musicale MTV est devenue l'un des plus puissants vecteurs de diffusion de culture pop dans le monde.

Barbara Walters
Elle débuta par des interviews dans *Today Show* sur NBC en 1964 ; puis coprésenta le journal du soir sur ABC avant de gagner enfin ses galons de vedette avec ses propres éditions. Sa réussite fit évoluer le rôle des femmes dans la profession.

«The War of the Worlds»
«Une fumée noire toxique, des rayons mortels, une armée balayée, les gens tombent comme des mouches. Des monstres martiens atterrissent dans tout le pays...» En 1938, Orson Welles sema la panique parmi les New-Yorkais en décrivant de façon hyperréaliste une invasion de martiens dans son émission *La Guerre des mondes*, sur CBS, inspirée du fameux roman de H. G. Wells.

L'expression artistique qui symbolise Broadway, le *musical theater*, tire ses origines d'une tradition d'opérette que des compositeurs européens importèrent à New York dans les années 1910 et 1920. Ces opéras légers, qui mettaient en scène des têtes couronnées sur fond de pays exotiques, firent évoluer les goûts des amateurs de vaudevilles et de piécettes burlesques vers une forme de spectacle plus élaborée.

SHOW BOAT

«Showboat»
Showboat, tiré du roman d'Edna Ferber et produit par Jerome Kern et Oscar Hammerstein en 1927, demeure l'archétype de la comédie musicale. Le livret possède une réelle intensité dramatique. Son précieux répertoire de chansons (devenues des classiques) s'intègre parfaitement à l'intrigue. Certains tabous, comme la condition des Noirs du Sud, le métissage, les mariages ratés, y sont abordés.

Frères Gershwin
Les deux frères, Ira le parolier et George le compositeur (ci-dessus), issus d'une modeste famille juive, créèrent les classiques de Broadway. Leur *Girl Crazy* consacra en 1930 Ginger Rogers et Ethel Merman.

«Oklahoma !»
Spectacle novateur sans *show girls* ni chœurs, porté par la chorégraphie d'Agnes De Mille, *Oklahoma*, créé en 1943, a été joué 2 248 fois. Absent de la scène depuis la fin des années 1970, le *musical theater* de Rodgers et Hammerstein est revenu à l'affiche en 2002 avec le Royal National Theater.

«Kiss me Kate»
Cole Porter composa quelques-uns des plus grands succès de Broadway, dont *Kiss me Kate*, *Anything Goes*, *Panama Hattie* et *Can Can*.

«NEUF PARVIENDRONT JUSQU'AUX GRANDS CIRCUITS, EN EMPLOYANT LEURS MUSCLES, HABILETÉ, COUPS D'ŒIL, MAINS, VOIX, ESPRIT À FAIRE LE SIÈGE DES HAUTES MURAILLES DE LA GLOIRE. UN SEUL RECEVRA BROADWAY EN PARTAGE.» O. HENRY

RECORDS D'AFFICHE
A Chorus Line, un spectacle de Michael Bennett sur le milieu du show business, a longtemps détenu le record de durée à Broadway, avant d'être supplanté par *Cats*, qui a tenu l'affiche pendant près de 17 ans, avec plus de 7 000 représentations. *Les Misérables*, adaptation du célèbre roman de Victor Hugo ou, plus récemment, *The Lion King*, inspiré du dessin animé de Disney et joué au New Amsterdam Theater, ▲ *258*, font aussi partie des plus beaux succès de Broadway.

LE COÛT
En 1927, le prix d'un billet d'entrée pour *Showboat* atteignait la somme exorbitante de $ 4.5. Aujourd'hui, il faut souvent débourser la coquette somme de $ 100 pour assister à ce type de spectacle.

BOB FOSSE
Il fut l'un des rares chorégraphes et metteurs en scène de Broadway à avoir réalisé des films. Après le gros succès de *Dancin'* au théâtre, il tourna *Cabaret*, *Lenny* puis *All That Jazz*, d'inspiration autobiographique.

LE GRAND SPECTACLE
Machinerie élaborée, éclairages et décors spectaculaires, costumes étonnants sont désormais de rigueur dans les comédies musicales. Dans *Les Misérables*, on voit construire une barricade (au centre), dans *Cats*, on voyait apparaître un vaisseau spatial, dans *Le Fantôme de l'Opéra*, un gigantesque chandelier, ou encore dans *Miss Saigon*, un hélicoptère.

THIRD EDITION COTTON CLUB PARADE

Bien que né à La Nouvelle-Orléans, c'est à New York que le jazz s'épanouit. À partir des années 1930, Harlem devient la capitale du monde noir américain, une Mecque pour l'intelligentsia noire. Dans un environnement créatif et actif sur le plan intellectuel et financier, les clubs new-yorkais se multiplient et, avec eux, les occasions de trouver des engagements. Les musiciens affluent à Harlem et l'on voit se constituer de nombreuses formations qui donneront naissance à de nouveaux styles de jazz.

GRANDS ORCHESTRES

Les grands orchestres, surtout destinés à la danse, connurent leur apogée entre les deux guerres.

Ci-dessus, l'ensemble de Fletcher Henderson en 1925, à New York, avec Coleman Hawkins au saxophone ténor (second en bas à gauche) et Louis Armstrong au cornet à pistons (troisième en haut à gauche).

DUKE ELLINGTON

C'est un des plus grands compositeurs de jazz du XXe siècle. Lors d'un long passage au fameux Cotton Club dont il fut la vedette entre 1927 et 1932, il mit au point le style exotique appelé *jungle music*, sur lequel se déhanchaient les *girls* du chœur.

COTTON CLUB

Ce club a ouvert ses portes à Harlem en 1922. Voulant en faire un lieu d'attractions pour la haute société, les gangsters qui en étaient les propriétaires en avaient interdit l'accès aux Noirs, alors que les orchestres et la revue qui s'y produisaient étaient composés d'artistes noirs.

PETITE FORMATION : LE BE-BOP

Style difficile et provocant, où dominent un rythme infernal et des dissonances aiguës, il convient aux petites formations. Il se répandit dans les années 1940 parmi les jeunes «intellectuels» du jazz, entre autres le saxophoniste Charlie Parker, le trompettiste Dizzy Gillespie et le pianiste Thelonious Monk. Leur cadet, le trompettiste Miles Davis, fonda le style *cool* qui, par son introversion, contrastait avec la violence exubérante du be-bop. De gauche à droite, Tommy Potter, Charlie Parker, Dizzy Gillespie et John Coltrane, au Birdland en 1951.

«JAZZ ET LIBERTÉ S'EN VONT MAIN DANS LA MAIN.»
THELONIOUS MONK

CAB CALLOWAY
On surnomma ce danseur-chanteur-chef d'orchestre «Hi-Di-Ho-Man» à cause de sa drôle de façon de mélanger argot et chant tyrolien. Calloway se produisait souvent à Harlem à la tête de son grand orchestre trépidant. Dans les années 1930, il écrivit le *Hipster's Dictionary*, un ouvrage où il donnait les clefs de son nouveau mode d'expression.

APOLLO THEATER ▲ *358*
Cette salle de spectacle mythique, dont l'ouverture remonte à 1914, accueille une programmation musicale et théâtrale de qualité. C'est au cours des «Nuits de l'amateur» à l'Apollo Theater que débutèrent Ella Fitzgerald et Sarah Vaughan. Aujourd'hui, chaque mercredi soir, les musiciens en quête de notoriété peuvent toujours se produire.

ELLA FITZGERALD
Elle remporta le grand prix de l'Apollo en 1934. Quatre ans plus tard, elle connut son premier succès avec *A Tisket, a Tasket, I Lost my Yellow Basket.*

JAZZ AT LINCOLN CENTER
Conçu par Rafael Viñoly, le nouveau Jazz at Lincoln Center, espace de plus de 10 000 m^2, a quitté le Lincoln Center pour le nouveau Time Warner Center ▲ *304* de Columbus Circle. Il est toujours dirigé par Wynton Marsalis, le plus célèbre d'une illustre famille de musiciens.

Au XXe siècle, New York a nourri les expériences chorégraphiques les plus audacieuses. Le ballet a exploré de nouveaux domaines et New York a vu la naissance de nombreuses compagnies. Trois grandes pionnières de la danse moderne, Isadora Duncan, Ruth Saint Denis et Martha Graham, ont choisi cette ville pour y lancer leur carrière. Martha Graham, la seule à y demeurer, stimula et influença cet art par ses créations et sa pédagogie.

MARTHA GRAHAM
Son style puissant, heurté et anguleux, fut résolument novateur. Après ses débuts en solo, en 1926, elle affirmait : «Ma danse est urbaine, pas champêtre.»

LE «NEW YORK CITY BALLET»
En 1934, à la demande de Lincoln Kirstein, George Balanchine (1904-1983) fonda la School of American Ballet. Il réalisa que le ballet, tel qu'il l'avait pratiqué à Saint-Pétersbourg, avait besoin d'un nouveau souffle. Le New York City Ballet est aujourd'hui dirigé par Peter Martins.

PAUL TAYLOR
Cet ancien nageur créa sa compagnie en 1954. Ses chorégraphies, fluides et audacieuses, ne sont pas dépourvues d'humour.

MERCE CUNNINGHAM
Il fonda sa troupe en 1952 et se rendit bientôt célèbre par des créations d'avant-garde. Il produisit pendant quatre décennies avec le compositeur John Cage des spectacles où musique et danse coexistaient sans que l'une soit le support de l'autre. La Merce Cunningham Foundation gère désormais l'héritage du chorégraphe (décédé en 2009) pour continuer à diffuser son œuvre dans le monde.

«Casse-Noisette»
George Balanchine proposa en 1954 une nouvelle version de ce grand ballet classique. Depuis, *Casse-Noisette* est devenu une tradition américaine. Pendant les fêtes de Noël, le New York City Ballet le danse jusqu'à cinquante fois.

«Giselle»
La troupe multi-ethnique du Dance Theater of Harlem a transposé l'action de ce ballet classique à La Nouvelle-Orléans, tout en respectant la chorégraphie initiale. La compagnie a été fondée dans la cave d'une église à Harlem en 1969 par Arthur Mitchell, le premier danseur noir au New York City Ballet.

Baryshnikov Arts Center
Ce centre international de danse, situé 450 W 37th St., abrite la fondation du célèbre danseur.

Alvin Ailey American Dance Theater
«Revelations» est la création la plus connue de cette compagnie essentiellement noire, fondée en 1958. Le travail passionné de cette troupe porte l'empreinte des racines noires américaines, celles d'Alvin Ailey et du gospel traditionnel.

Post-modern dance
Depuis 1960, Trisha Brown, Meredith Monk (ci-contre) ou Bill T. Jones, pour ne citer qu'eux, ont contribué à revitaliser la danse contemporaine et la scène new-yorkaise, désormais une pépinière de «performers» tel Charles Moulton.

New York, plus que toute autre métropole américaine, a toujours entretenu avec le monde du sport des relations privilégiées. C'est là, le 19 juin 1845, au croisement de Lexington Avenue et de 34th Street, que le premier match de base-ball, sport national par excellence, sera organisé. C'est à New York aussi que furent élevés deux des stades les plus célèbres du pays : les Yankee et Shea Stadiums.

ALEXANDER JOY CARTWRIGHT (1820-1892)
Si Abner Doubleday fut longtemps considéré comme le père du base-ball, ce mérite fut par la suite attribué à Cartwright ; il avait adapté les règles du cricket anglais, défini une nouvelle aire de jeu et organisé le premier match sur le territoire américain.

BABE RUTH (1895-1948)
C'est le sportif le plus populaire de l'histoire du sport américain. Babe Ruth effectua l'essentiel de sa carrière sous le célèbre maillot zébré des New York Yankees. Enfant de l'assistance publique, ce bon vivant – qui ne négligeait jamais un bon repas ni un gros cigare – révolutionna le base-ball et accumula les records.

At any moment, a great moment.

MADISON SQUARE GARDEN ▲ *249*
Construite puis reconstruite à quatre reprises, entre 1879 et 1968, la plus célèbre salle de sport et de spectacles de New York n'a pratiquement jamais fait relâche.

New York Yacht Club
Le siège de l'un des plus vieux clubs nautiques du monde, le New York Yacht Club, est situé au cœur de Manhattan ● *93,* ▲ *251.* Cette vénérable institution arma l'*America*, premier détenteur de la coupe du même nom.

Immédiatement remis en jeu, le trophée ne quitta les salons du New York Yacht Club qu'en 1983, après 132 ans d'invincibilité américaine.

Joe Namath
Le football américain a gagné le statut de sport national au début des années 1960, grâce à la télévision, mais aussi à Joe Namath, vedette incontestée des New York Jets. Bien avant qu'il ne remporte le championnat de 1969, le plus exubérant et le plus séduisant de tous les joueurs fut la cible des tabloïds new-yorkais et, par la même occasion, la coqueluche des foules.

De Sarah Bernhardt à Marilyn Monroe, de Suzanne Lenglen à Cassius Clay, nombre de célébrités s'y sont illustrées. Aujourd'hui, les Knicks (en haut) et les Rangers (en bas, à gauche) en sont les hôtes privilégiés.

Marathon de New York
Le premier dimanche de novembre, le marathon de New York part du Verrazano. Il fut créé en 1970, alors que la mode du jogging battait son plein. En quelques années seulement, ce rendez-vous très prisé des yuppies venus du monde entier acquit un statut international, du fait de son cadre, mais aussi grâce à la qualité et à la popularité de ses vainqueurs.

John McEnroe
Élevé dans le Queens, formé à Long Island, et vivant aujourd'hui à Manhattan, John McEnroe incarne New York mieux que tout autre tennisman. Quatre fois vainqueur des Internationaux des États-Unis, entre 1979 et 1984, John McEnroe a grandement contribué à faire de la quinzaine de Flushing Meadow l'un des sommets du tennis mondial.

LAMPES TIFFANY
Ces lampes en verre irisé, coloré dans la masse et serti de plomb à la façon des vitraux, figurent parmi les créations les plus remarquées de Louis Comfort Tiffany, fils du fondateur du célèbre Tiffany & Co ▲ *296*.

À la fin du XVIIIe siècle, afin de satisfaire les habitants désireux de suivre les modes de l'Ancien Continent, les dessinateurs new-yorkais, pour la plupart des artisans immigrés, s'inspirent des productions européennes. Dans le dernier quart du XIXe siècle, ils adoptent une décoration intérieure au luxe tapageur, en accord avec le développement exceptionnel de la métropole. La *mansion* sur Fifth Avenue de William H. Vanderbilt, le milliardaire qui «roulait sur l'or», symbolisait parfaitement ces excès : la décoration coûta un million huit cent mille dollars !

640 FIFTH AVENUE
C'était l'adresse de la demeure de William H. Vanderbilt (1821-1885). Le salon fut réalisé dans le style dit «esthétique», en vogue à cette époque. Le milliardaire fit appel au décorateur parisien Pierre Victor Galland pour la réalisation du plafond en trompe l'œil. Dans ce salon d'une rare opulence, étaient savamment mêlées inspirations chinoise, japonaise et turque. La maison regorgeait d'œuvres d'art, pour la plupart au goût du jour. Une fois par semaine, Vanderbilt ouvrait au public sa galerie, où foisonnaient les toiles européennes du XIXe siècle. La maison fut détruite en 1946.

Style Gothic Revival
Le XIXe siècle vit les styles se succéder et se renouveler, toujours plus éclectiques. Cette création de A. J. Davis illustre l'influence considérable de l'architecture ● *86* sur la conception des meubles. Les arcs brisés évoquent avec romantisme les ogives des cathédrales médiévales.

L'ère classique
De la fin de la Révolution américaine jusqu'au début du XIXe siècle se répandit un style néo-classique aux proportions harmonieuses. L'aigle sculpté sur le dossier de cette chaise de salle à manger symbolise la nouvelle République américaine.

Bibliothèque «Skyscraper»
Cette œuvre de Paul Frankl reproduit la silhouette d'un gratte-ciel. Les décrochements de la partie supérieure en font le reflet de l'architecture new-yorkaise des années 1920 ● *97*.

Table de jeu Chippendale
Elle offre trois particularités du mobilier new-yorkais : le mécanisme de son cinquième pied qui permet de déployer l'allonge, la forme des motifs qui ornent les pieds et les godrons figurant sous le plateau.

Style Rococo Revival
Il se caractérise par l'exubérance de la décoration florale. Cette table de salle à manger, signée John Henry Belter, disparaît sous un entrelacs de branches, de feuilles et de grappes de raisin sculptées.

Le «cheesecake»

Fondée à New York en 1921,
la chaîne de restaurants *Lindy's*
est célèbre pour son *cheesecake*.

Les deux recettes (juive et italienne) du *cheesecake* américain trouvent leurs origines dans les quartiers des immigrants à New York au début du XXe siècle. Ce qu'on appelle aujourd'hui, en dehors de la ville, le *New York cheesecake* est plutôt la recette juive. Plus lourd que l'italien, à base de *ricotta* (équivalent de la brousse provençale), il doit sa saveur à la crème et au *cream cheese*.

2. Dans un bol, mélanger les *graham crackers* avec le beurre préalablement fondu. Disposer le tout dans un moule tapissé de papier sulfurisé.

3. Tasser avec un verre pour obtenir une pâte d'environ 1 cm d'épaisseur. Mettre au réfrigérateur pendant 45 min.

6. Ajouter peu à peu le *cream cheese* à la préparation.

7. Puis verser dans le bol la crème fraîche, la vanille et le zeste d'orange.

11. Démouler après avoir laissé reposer une heure et demie. Décorer avec les fraises.

12. Faire cuire les fraises, le sucre et l'eau à feu doux jusqu'à obtention d'un coulis.

Ingrédients :
Garniture : 200 g de sucre, 3 cuillères à soupe de Maïzena, 730 g de *cream cheese*, 2 œufs, 10 cl de crème fraîche épaisse, 1 sachet de vanille, un zeste d'orange, 500 g de fraises.
Sirop : 100 g de fraises, 25 g de sucre, une cuillerée à soupe d'eau.
Moule : 22 cm de diamètre

Pâte : 50 g de beurre, 250 g de *graham crackers.*

1. Pour préparer la pâte, écraser les *graham crackers*.

4. Mélanger le sucre et la Maïzena.

5. Incorporer les œufs entiers.

8. Bien mélanger les ingrédients.

9. Placer la garniture dans le moule.

10. Faire cuire à four chaud (200 °C-240 °C) pendant 45 min.

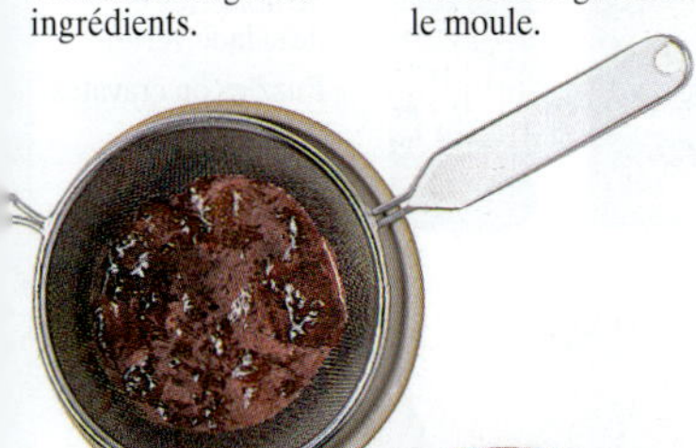

13. Passer le mélange, et glacer le gâteau.

BAGELS
Ces petits pains, en forme de couronne, souvent servis avec du *cream cheese* (sorte de fromage frais) sont une spécialité juive.

Au coin des rues, les marchands de *pretzels* (ici dans les années 1940) proposent ces pâtisseries légères salées que l'on peut trouver nature ou saupoudrées de cumin ou de sésame.

Set de table aux effigies des présidents américains, verres illustrant les qualités du personnel hôtelier américain et, plus exotique, les épices vendues sur 9th Ave., à l'International Food.

Le traditionnel *doggy bag* dans lequel les clients de certains restaurants emportent les restes de leur repas. On le trouve au Carnegie Delicatessens, établissement typiquement new-yorkais spécialiste de la nourriture juive d'Europe centrale, connu pour ses portions pantagruéliques de pastrami.

WALDORF SALAD
Créé dans les années 1930 par le Waldorf Hotel, ce plat est composé de pommes, de noisettes et de salade verte.

Certains pubs, des institutions new-yorkaises comme McSorley's Old Alehouse, Pete's Tavern ou encore Peculiar Pub, servent la bière des producteurs locaux.

Puzzles ou cravates sont autant de souvenirs de New York.

ARCHITECTURE

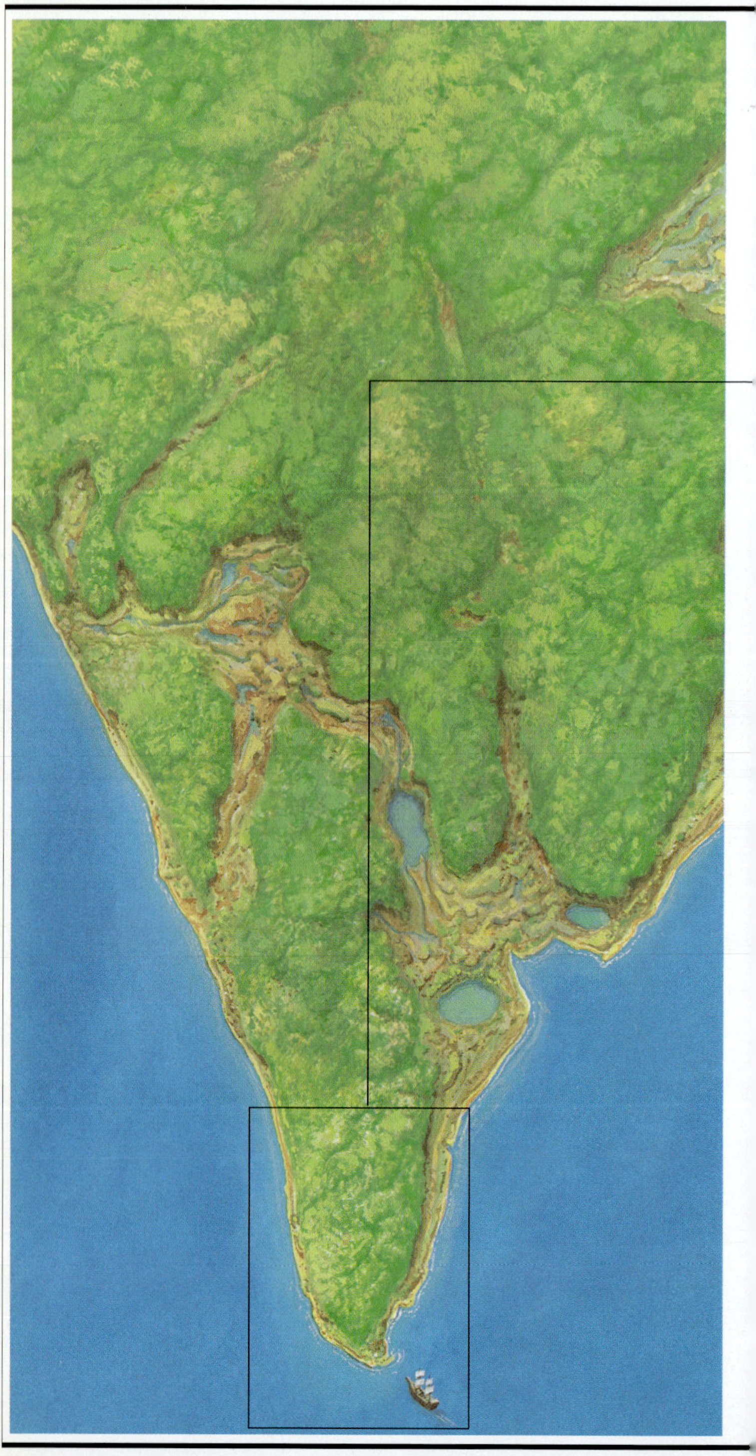

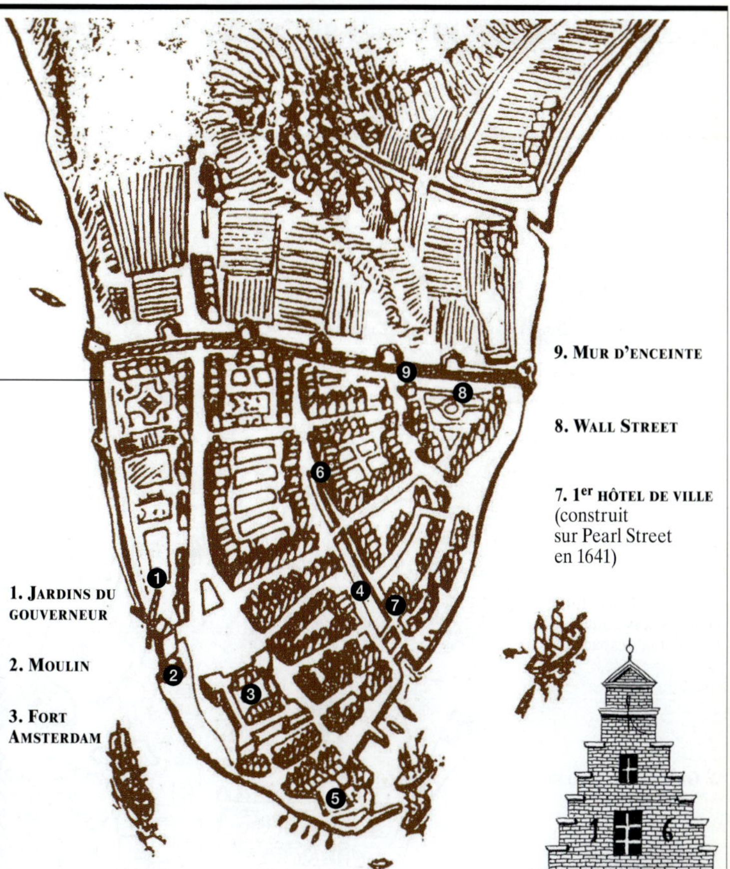

BOIS, PIERRE ET BRIQUE
Le bois a été le premier matériau utilisé pour la construction. Puis, très vite, les colons bâtissent en pierre locale, un calcaire coquillé. Enfin, grâce à la présence d'argile et à l'établissement d'une manufacture de briques et de tuiles, ils généralisent l'usage de la brique. Les toitures en chaume ont été interdites en 1657.

LES PREMIÈRES MAISONS
(**6.** Maison située sur Broad Street, d'après une aquarelle de George Holland, 1797, ci-contre)
Les premiers colons néerlandais ont importé et reproduit les modèles d'habitations de leur pays. Aucune de ces maisons n'a subsisté. Seules les peintures et les gravures de l'époque attestent leur existence : leur façade était étroite et en hauteur avec un pignon à redan dit «à la hollandaise». Ce dernier était doté d'une potence pour faciliter la manutention des marchandises stockées au premier ou au deuxième étage.

1. Canaux de drainage
Pour canaliser et assécher certaines zones marécageuses, des drains ont été aménagés. Les collines voisines serviront à combler ces espaces.

2. Greenwich Street

3. Saint-Paul's Chapel
(1764-1766, le plus ancien bâtiment de Manhattan ▲ *176*)

4. Broad Way Street

5. Little Queen Street puis Cedar Street

6. Trinity Church ▲ *154*
(premier édifice, construit en 1696, détruit en 1776)

7. 2e hôtel de ville ▲ *182*
(construit en 1701, détruit en 1812)

8. Fort George ▲ *142*

9. Nouvelle batterie

LES MAISONS DE CAMPAGNE DES RICHES ARMATEURS OU NÉGOCIANTS
Elles ont aujourd'hui toutes disparu sauf la Morris-Jumel Mansion, ci-dessus ● *82*, située plus au nord de la ville, qui témoigne de la splendeur de ces demeures. L'immense propriété de la famille Stuyvesant (**18**) ▲ *224* se situait ici, entre les actuelles 3rd et 23rd Sts.

17. BOWERY LANE

16. LES PREMIÈRES «ROW-HOUSES» ● *83, 85*

15. COLLECT POND
Manhattan possédait un important réservoir naturel d'eau potable qui s'écoulait des deux côtés de l'île. L'accroissement rapide de la population et du nombre de fabriques, comme les tanneries, entraînent sa pollution et sa disparition par comblement vers 1817. C'est aujourd'hui Foley Square ▲ *182*.

LE NEW YORK COLONIAL ET LE NEW YORK FÉDÉRAL
La déclaration d'indépendance entraîne dans un premier temps le renforcement des ouvrages militaires de la baie comme de l'île avec la création d'une nouvelle batterie. La fin de la guerre rend inutiles ces constructions. Dès 1789, elles disparaissent sous de nouveaux élargissements qui vont de pair avec la continuité du percement de Broad Way vers le réservoir d'eau naturelle. Dans le même temps, certaines rues ou lieux changent de noms : King Street devient Pine Street ; Little Queen Street, Cedar Street ; Queen Street, Pearl Street ; et, le King College, Columbia College.

14. QUEEN STREET PUIS PEARL STREET

13. KING STREET PUIS PINE STREET

12. WALL STREET

11. BROAD STREET

10. PEARL STREET

DE SIMPLES FERMES PARSEMAIENT L'ÎLE

1. UNION SQUARE (1831) ▲ *222*
D'abord secteur résidentiel, il devient une zone de loisirs avec de nombreux théâtres et boutiques à la fin du XIXe siècle.

2. WASHINGTON SQUARE (1824) ▲ *198*

3. BROADWAY

4. LE 8 THOMAS STREET de style néo-gothique ● *87*

5. LE CARY BUILDING de style italianisant (1856) ▲ *209*

6. CASTEL CLINTON ▲ *143*

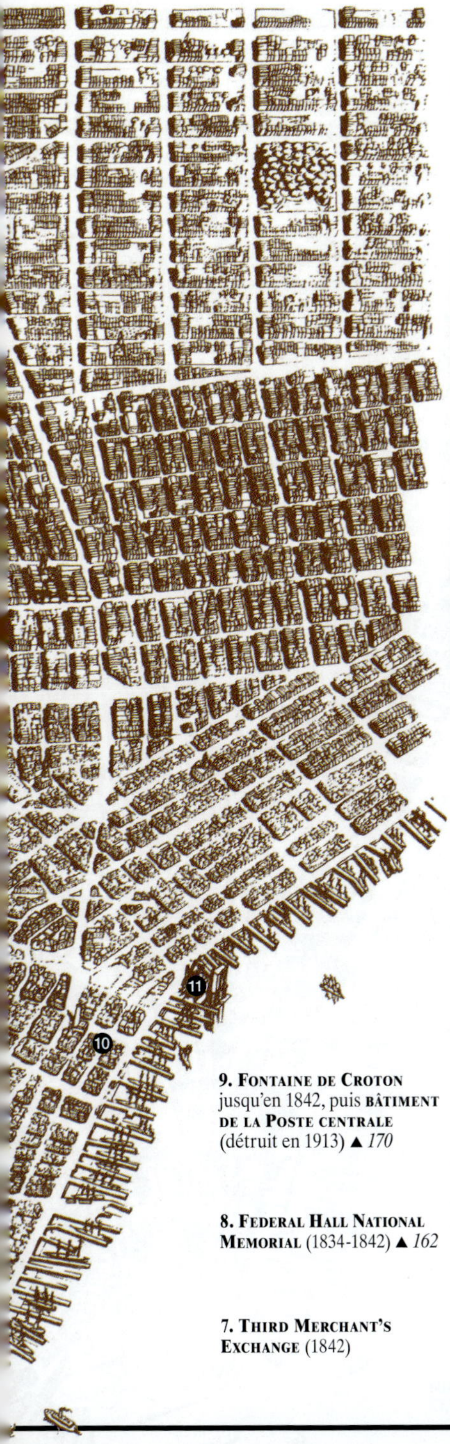

17. La 13th Street Church, de style Greek Revival ▲ *219*

16. Astor Place ▲ *226*

15. Colonnade Row ▲ *227*

Les immeubles «cast-iron» ● *94*
(**14.** Haughwout Store, 1857 ▲ *204*)
La peur des incendies, la recherche d'économies et les avancées techniques donnent naissance à une architecture originale, précurseur de l'architecture moderne.

13. Canal Street

12. 3e et actuel hôtel de ville (1812) ▲ *168*

11. Construction du **Brooklyn Bridge** entre 1867 et 1883 ▲ *186*

Les incendies ● *38*
(**10.** *Warehouses* de John Street ● *85*)
Les fréquents incendies sont une des causes du renouvellement constant des constructions dans la ville. Ici les bâtiments commerciaux de John Street reconstruits après l'incendie de 1835 dans le style alors en vogue.

9. Fontaine de Croton jusqu'en 1842, puis **bâtiment de la Poste centrale** (détruit en 1913) ▲ *170*

8. Federal Hall National Memorial (1834-1842) ▲ *162*

7. Third Merchant's Exchange (1842)

1. Arc de triomphe Washington Square (1892) ▲ *198*

2. Woolworth Building (1909-1913) ▲ *180*

3. NY Telephone Building (1923-1926) ▲ *140*

4. Equitable Building (1912-1915) ▲ *153*

5. Liberty Tower ▲ *159*

6. Singer Building ▲ *152* (démoli en 1970).

7. 90 West Street (1905-1907) ▲ *140*

8. Cunard Building (1921) ▲ *155*

9. Standard Oil Building (1922) ▲ *156*

10. The US Custom House (1907) ▲ *157*

20. NEW YORK COUNTY COURTHOUSE (1926) ▲ *183*

21. BAYARD-CONDICT BUILDING (1897-1899) ▲ *227*

19. MUNICIPAL BUILDING (1907-1914) ▲ *182*

18. MANHATTAN BRIDGE (1909) ▲ *188*

17. BROOKLYN BRIDGE (1867-1883) ▲ *188*

16. PULITZER BUILDING (1889, démoli en 1950)

15. POTTER BUILDING (1883) ▲ *170*

14. PARK ROW BUILDING (1899) ▲ *171*

13. BANK OF MANHATTAN CO. BUILDING (1929) ▲ *161*

12. BANKERS TRUST BUILDING (1912) ▲ *163*

11. BATTERY MARITIME BUILDING (1909) ▲ *157*

ÉVOLUTION URBAINE

MANHATTAN EN 1990

34 SOUTH STREET SEAPORT
35 EQUITABLE BLDG.
36 FEDERAL RESERVE BANK
37 (70) PINE ST.
38 CHASE MANHATTAN BANK
39 LIBERTY TOWER
40 FEDERAL HALL
41 DELMONICO'S
42 MUNICIPAL BLDG.
43 MUSEUM OF JEWISH HERITAGE

Les vestiges de New York, colonie hollandaise, puis anglaise, sont rares. Cependant, quelques maisons anciennes de Manhattan, telles les *bouweries* (fermes hollandaises) et les demeures de style georgien, permettent de se représenter l'espace rural et urbain de la fin du XVIIIe siècle. Du style Federal, né de l'Indépendance et inspiré par le néo-classicisme anglais, subsistent de nombreux bâtiments du début du XIXe siècle.

DYCKMAN HOUSE, 1785, ▲ *361* (angle N.-O., W 204th St. et 4881 Broadway). Du type de fermes bâties à Manhattan par les colons d'origine hollandaise, jusqu'au milieu du XIXe siècle, Dyckman House est la seule à avoir été sauvegardée. Sa toiture adopte le profil brisé caractéristique du *gambrel roof* américain.

Les linteaux de baies en pierre évasés, avec ou sans clef, sont caractéristiques du style georgien.

MORRIS-JUMEL MANSION, 1765, ▲ *361* (W. 160th St. et Edgecombe Ave.). Il ne reste de l'époque coloniale anglaise qu'une seule maison de campagne de style georgien. Le portique d'ordre colossal corinthien et le chaînage d'angle de cette demeure en bois rappellent les maisons de campagne anglaises de style néo-palladien, très en vogue auprès de l'élite américaine au milieu du XVIIIe siècle. La balustrade ouvragée en faîtage est un trait plus typiquement américain.

Les urnes
Ces «cages à oiseaux», décorent les grilles en fer forgé des escaliers du style Federal.

Le toit
Le style Federal adopte les toits à deux versants percés de lucarnes à guillotine.

L'entrée
Le trait le plus marquant des maisons de style Federal est l'entrée. La porte à colonnettes engagées du 59 Morton St. est surmontée d'une imposte en éventail (*fanlight*) et encadrée de jours latéraux (*side lights*).

Linteaux caractéristiques du style Federal.

Edward Mooney House (18 Bowery).
Exemple d'une architecture de transition, Edward Mooney House arbore sur Bowery une façade encore georgienne, tandis que son pignon sur Pell St., par ses fenêtres en quart de rond du dernier étage, annonce déjà le style Federal.

Roman Catholic Orphan Asylum, 1825-1826, (32 Prince St.).
Édifice typique de l'époque fédérale, cet ancien orphelinat catholique réunit aujourd'hui un couvent et une école. Ses caractéristiques – appareillage en brique dit à la flamande, fenêtres à guillotine, lucarnes, *fanlight* – rappellent celles de l'architecture domestique.

En 1830, New York connaît une période de prospérité. Apparaît alors, pour une dizaine d'années, un style inspiré de l'architecture grecque, qui marquera fortement les grands édifices institutionnels, commerciaux et résidentiels. Même s'il est issu du néo-classicisme européen de la seconde moitié du XVIIIe siècle, le style Greek Revival symbolise l'hommage rendu par la jeune nation américaine à la démocratie de la Grèce antique.

Les grilles en fonte du 10 Washington Square combinent les motifs floraux et géométriques grecs et les volutes classiques.

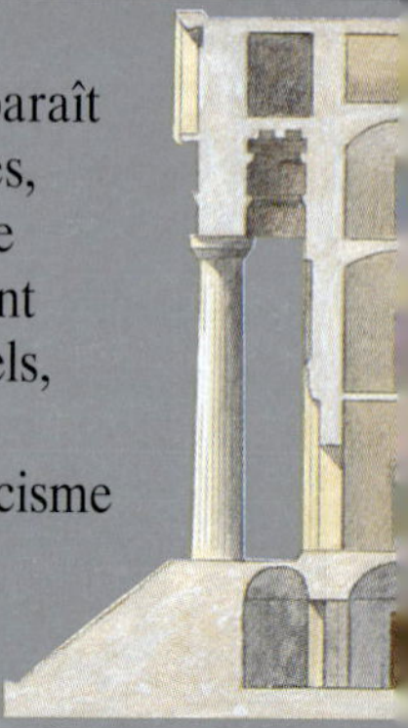

13TH STREET CHURCH, 1846, ▲ *219*, (143 W. 13th St.) Dans les années 1830, le modèle du temple païen est adopté par de nombreuses églises de New York. Certaines paroisses commandent des façades de temple à l'antique, comme cette ancienne église presbytérienne. Pour l'élévation de ces édifices, la brique, le granite et le marbre polis ou la pierre calcaire sont employés ; pour les colonnes, le grès ou le bois sont plus faciles à mettre en œuvre. Ces extérieurs austères cachent souvent une riche décoration intérieure.

COLONNADE ROW, 1832-1833, ▲ *227* (428-434 Lafayette St.) Quatre maisons subsistent des neuf qui formaient à l'origine Lagrange Terrace (nom de l'ancienne propriété française de La Fayette). Ici, les détails architecturaux grecs de cet ensemble résidentiel sont adaptés à la typologie domestique : du simple élément décoratif au portique d'ordre colossal corinthien.

Caractéristique du style Greek Revival, la présence d'un étage attique, comme à Cushman Row où il est rythmé par de petites fenêtres carrées, encadrées de guirlandes de laurier.

Federal Hall, 1834-1842, Town et Davis, ▲ *162* (28 Wall St.). À Manhattan, les réalisations grandioses de style Greek Revival s'appliquent aux bâtiments civils. Le plus remarquable est l'ancienne douane fédérale, d'ordre dorique. Elle fut construite sur le modèle du Parthénon. Ce temple de marbre, à la sobre façade, est doté d'une riche décoration intérieure avec un dôme surbaissé à caissons, qui n'a rien de grec, soutenu par des colonnes corinthiennes en marbre, et orné d'élégantes ferronneries classiques.

Warehouses
Après l'incendie de décembre 1835, un grand nombre de *warehouses* (bâtiments commerciaux) furent construits suivant le même modèle : rez-de-chaussée en granite, étages en brique. La façade est parfois entièrement en granite, comme ici au 170-176 John St.

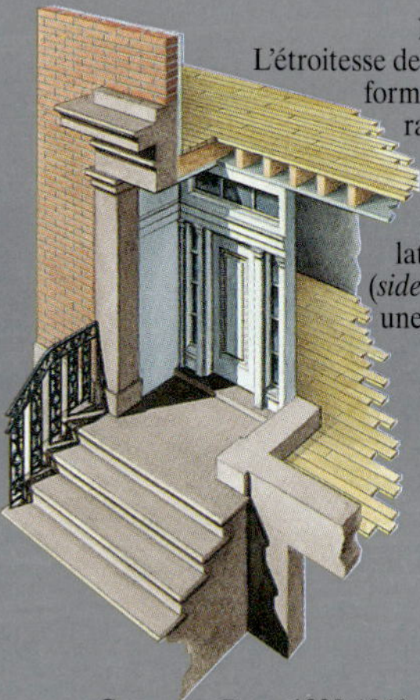

Le porche
L'étroitesse des rues de New York justifie la forme des porches, en retrait par rapport à la façade. L'entrée, dans un encadrement massif en granite, est éclairée par des jours latéraux (*side lights*) et une imposte.

Les baies et la corniche forment le seul ornement de façade. Ici, richesse rime avec austérité.

Cushman Row, 1839-1840, ▲ *220* (406-418 W. 20th St.). C'est un ensemble de *row-houses* – maisons identiques en alignement. Les deux éléments les plus caractéristiques de cette architecture sont la corniche et l'étage attique qui masque un toit-terrasse.

Les styles Gothic Revival et High Victorian Gothic

Les linteaux de Grace Church ▲ *224*, sur Broadway, sont ornés de coussinets figurés.

Le style Gothic Revival apparaît à New York dans les années 1830. S'il est essentiellement appliqué aux édifices religieux, ses éléments se retrouvent toutefois dans l'architecture civile. Le Gothic Revival, aux formes médiévales rurales, est supplanté, dès 1860, par un style plus complexe, le High Victorian Gothic, puis, à la fin du siècle, par le néo-gothique dont le répertoire est plus proche du schéma gothique du XIVe siècle : St Thomas, sur Fifth Avenue, en sera l'archétype.

Caractéristique des congrégations américaines, la Church of the Holy Communion forme un complexe où lieu de culte et bâtiments destinés à des activités sociales sont réunis.

Pour la Church of the Holy Communion, Upjohn s'est appliqué à imiter les églises rurales anglaises dans le moindre détail jusqu'à choisir des blocs de pierre irréguliers, de teintes différentes, donnant ainsi l'aspect patiné de la pierre ancienne.

Church of the Holy Communion, 1842, Upjohn, ▲ *220* (angle N.-E. 6th Ave., 49 W. 20th St.). L'architecte de Trinity Church ▲ *154*, conçoit la première église asymétrique d'Amérique de style Gothic Revival, conforme à celles bâties dans les campagnes anglaises. Cet édifice deviendra un modèle aux États-Unis.

Les grilles Gothic Revival de Grace Church, sur Broadway.

Issu de l'architecture gothique française et italienne, le High Victorian Gothic, très populaire dans les années 1860, est marqué par les théories de John Ruskin (1819-1900).

La fonte décorative
L'un des traits les plus remarquables du néo-gothique est l'emploi de la fonte pour les grilles et les balcons. Ils arborent des motifs ogivaux trilobés et quadrilobés.

L'inspiration médiévale
Certaines façades de granite comportent des détails d'origine médiévale : entrées en arc brisé ou linteaux en accolade.

Pendant une brève période, dans les années 1840, les promoteurs de *row-houses* appliquèrent des éléments gothiques à leurs constructions, comme les portes du 135 E. 12th St.

David S. Brown Store, 1875-1876, ▲ *209*. Construit sur les plans de J. Morgan Slade, le 8 Thomas St. est un exemple du High Victorian Gothic appliqué à un immeuble commercial. L'emploi rationnel des matériaux – brique et pierre – et la polychromie constituent la particularité de ce style.

Les propriétés décoratives de la *terracotta* en font le matériau de prédilection des architectes.

National Arts Club, ex-Governor Tilden's House, 1881-1884, ▲ *230* (15 Gramercy Park S.). Les architectes Vaux et Radford ont combiné la sculpture et la polychromie dans la plus pure lignée ruskinienne. Les fenêtres soulignées d'un bandeau sont remarquables, ainsi que les arcatures brisées évoquant l'architecture gothique de l'Italie du Nord.

Surmontée d'une imposte semi-circulaire, la porte du Salmagundi Club (47 5th Ave.) comporte deux battants ▲ *218*. Le cadre, lourdement sculpté, est couronné d'un fronton.

À partir de 1845, mais surtout dans les années 1850 et 1860, deux nouveaux styles trouvent un large écho à Manhattan, inspirés l'un par la Renaissance italienne, l'autre par l'architecture française contemporaine, celle du second Empire. Les deux styles peuvent être combinés, faisant voisiner façades «florentines» et toitures «haussmanniennes». En cette période de forte croissance économique et urbaine, les architectes mettent en œuvre des matériaux nouveaux comme le *cast-iron* (fonte moulée).

La corniche à l'italienne
L'articulation de sa façade est assurée par les rebords de fenêtres et les embrasures profondes. L'ensemble est couronné d'une corniche saillante sur corbeaux, souvent en fer galvanisé.

Cary Building, 1857, King et Kellum, ▲ *209* (105 Chambers St.). Les édifices commerciaux de style italianisant sont souvent composés d'éléments de fonte moulés, boulonnés, à la structure traditionnelle de brique ou de bois. Les façades de ces palais de *cast-iron* étaient peintes pour imiter la pierre – trop chère – comme au Haughwout Store ● *94*, ▲ *204* ou ici au Cary Building.

Analogie
Les styles italianisant et second Empire ont en commun les fortes divisions horizontales, l'emploi de colonnes groupées, les embrasures marquées, les corniches saillantes, comme ici sur Cary Building (à gauche) et Gilsey House (en haut, à droite).

Les «brownstones»
Des milliers de demeures italianisantes furent élevées entre 1845 et 1870, époque de forte croissance économique. Elles sont construites en *brownstone*, sorte de grès couleur chocolat extrait des carrières proches du Connecticut et du New Jersey. Ce matériau devint si populaire que les New-Yorkais appelèrent communément ces maisons *brownstones*. Il en subsiste beaucoup à Harlem. Ci-contre Langston Hughes House (20 E. 127th St.).

La *row-house* italianisante type est une simple boîte de trois étages (à droite) élevée sur un fort soubassement à bossages. Elle est percée de baies (à gauche) en arc segmentaire à très grands vitraux.

Les arêtiers de faîtage du 881 Broadway ne sont pas sans rappeler ceux du palais du Louvre de Napoléon III.

Gilsey House, 1869-1871, ▲ *234* (1200 Broadway).
Quelques bâtiments new-yorkais, comme Gilsey House, à façade en *cast-iron*, construite par Stephen Decatur Hatch, peuvent être considérés comme directement inspirés par le néo-baroque haussmannien. Ses buildings marquent la première influence significative de l'architecture française à New York.

Ci-dessous, la façade sur Broadway de Gilsey House, à gauche le détail de la toiture en pavillon de l'angle, étirée vers le haut. Les ardoises jouent avec la géométrie et parfois avec la polychromie.

Autre exemple de combinaisons d'ardoises au 19 Gramercy Park ▲ *230*.

70 Perry St.
Très prisé, le toit en comble brisé se substitue aux toits-terrasses en usage depuis 1830. À Manhattan, l'ajout d'un comble brisé, coiffant une façade de style italianisant, permettait de gagner un étage locatif supplémentaire.

LE STYLE QUEEN ANNE ET LE NÉO-ROMAN

Un changement stylistique se produit au lendemain de la dépression des années 1870. La mode italianisante fait place à deux styles pittoresques : le Queen Anne et le Romanesque Style (néo-roman). Le premier, d'inspiration anglaise, accumule des traits médiévaux, Renaissance, classiques, japonais… pour donner une architecture parfois excentrique. Le second, robuste et puissant, introduit par H. H. Richardson, remonte plus haut dans l'histoire des styles et évoque le roman puis le byzantin.

Le style Queen Anne utilise la brique pour ses possibilités formelles et décoratives, combinée avec d'autres matériaux. Cette diversité est bien illustrée par Potter Building, dans Park Row ▲ *170.*

Les huisseries japonisantes du Century Building ▲ *223*, et les ferronneries à motifs floraux du Chelsea Hotel ▲ *220* sont caractéristiques du style Queen Anne.

La fleur de tournesol est devenue l'archétype du décor Queen Anne.

Les constructions new-yorkaises de style Queen Anne sont généralement polychromes. Elles arborent des façades de brique relevées de pierre et de *terracotta* (terre cuite).

«ROW-HOUSES» DE STYLE QUEEN ANNE, 1894, W. Holman Smith, (35-45 W. 94th St.). Elles ont conservé leurs pignons excentriques, une corniche de métal galvanisé, ponctuée alternativement de petits frontons triangulaires et en col de cygne, ornés de cônes en forme de pomme de pin. La régularité des façades est rompue par des bow-windows pittoresques.

Pierre, *terracotta* et brique combinées dans un linteau néo-roman.

Gilbert Kiamie House, ex-Grolier Club, 1890, (29 E. 32nd St.).
Les façades du style néo-roman, sont articulées par de puissantes baies en plein cintre, divisées par de lourds meneaux et parfois ornées de vitraux. Elles présentent de riches appareillages de moellons, briques romaines, *terracotta*, sculptures figurant des végétaux, entrelacs ou grotesques.

Wallace Building, 1893-1894, O.Wirz, (56-58 Pine St.).
C'est l'un des rares exemples du style néo-roman appliqué à la construction d'un gratte-ciel. On remarquera les riches détails byzantins des baies en plein cintre (ci-contre).

Le décor néo-roman du Wallace Building s'adapte ici aux nouvelles proportions du gratte-ciel.

L'alternance entre bossage rustique et pierres finement taillées est typique du néo-roman (ici, au 112 E. 17th St.). Le contraste est accentué par des éléments en bas relief.

Les grilles de De Vinne Press reprennent un motif proche de celles de la cathédrale de Rouen.

De Vinne Press Building, 1885-1886, Babb, Cook et Willard, ▲ *227* (399 Lafayette St.).
Dans les florissantes années 1880, les rues de New York voient surgir de nombreux ateliers et entrepôts néo-romans, comme cette imprimerie. Ces hautes baies en arcade influenceront l'architecture commerciale de la fin du XIXe siècle.

Entre 1846 et 1914, plus de quatre cents architectes américains ont été formés à Paris, à l'École des beaux-arts. En effet, jusqu'en 1867, les États-Unis n'ont pas d'école d'architecture. Par la suite, le prestige des architectes de formation française incite leurs cadets à les imiter, et près de la moitié d'entre eux s'établissent à New York. Aujourd'hui, les édifices de «style Beaux-Arts» sont remis à l'honneur par certains architectes post-modernes.

NEW YORK PUBLIC LIBRARY, 1902-1911, Carrère et Hastings, ▲ *252* (5th Ave. entre 42nd et 40th Sts.)
La logique du plan (ci-dessous) caractérise cet ensemble monumental : c'est la leçon majeure des Beaux-Arts, exploitée dans les grandes commandes publiques.

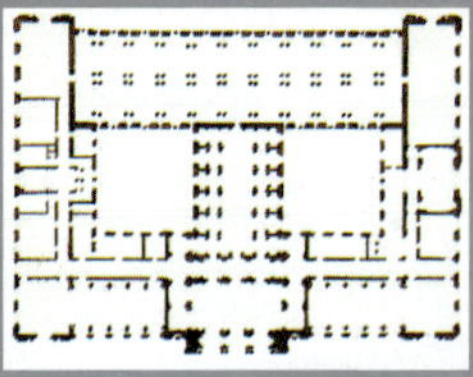

Les espaces de circulation clairement délimités par de larges couloirs, scandés par des colonnes, permettent d'atteindre aisément chaque service de la New York Public Library. La triple arcade, surmontée de groupes sculptés, signale sans équivoque la présence d'un accès traité comme un arc de triomphe à colonnes (ci-dessus).

HENRY VILLARD HOUSES, 1882-1886, agence McKim, Mead et White, ▲ *284* (451-455 Madison Ave., entre E. 50th et E. 51st Sts.).
Cet ensemble de six hôtels particuliers, groupés autour d'une cour d'honneur, est la réplique d'un ancien palazzo italien.
L'aile sud était destinée à Villard, commanditaire du projet et magnat des chemins de fer de l'Ouest américain.

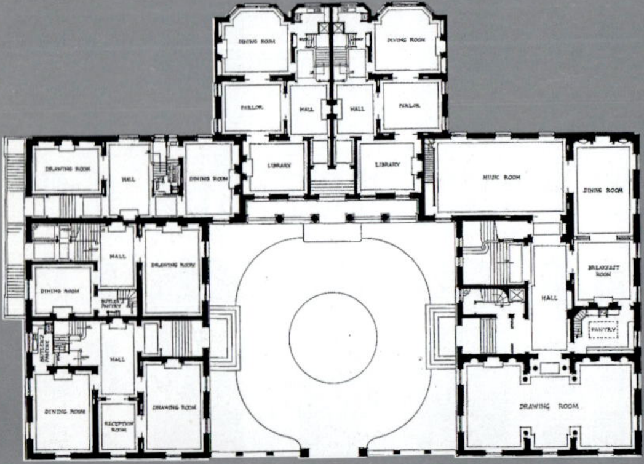

La principale source d'inspiration du décor des Henry Villard Houses est le palais de la Chancellerie à Rome. Il est simplifié et réduit aux encadrements de fenêtres, aux balcons et au traitement des appareillages d'angle.

Pierpont Morgan Library, 1902-1906, ▲ *241* (33 E. 36th St.). «Je veux un bijou» : c'est ainsi que le financier J. Pierpont Morgan, passionné de Renaissance italienne, commanda à Charles McKim un musée-bibliothèque privé. Les trois salles sont reliées par un vestibule prolongé par une abside. Les peintures allégoriques des plafonds doivent beaucoup à Raphaël.

New York Yacht Club, ▲ *251* (37 W. 44th St.). Ce club nautique fut achevé en 1900. Warren et Wetmore tirèrent parti d'un terrain étroit et imaginèrent trois travées au décor inattendu : des châteaux arrière de navires, dignes de Peter Pan, entraînent avec eux dauphins, algues et coquillages.

Le décor de la corniche du Racquet and Tennis Club of New York ▲ *286* (370 Park Ave.) développe un subtil équilibre entre pittoresque et monumental.

Low Memorial Library ▲ *352*
Entre 1894 et 1903, Charles McKim dresse le plan d'ensemble du campus de Columbia University entre 116th et 120th Sts. L'ensemble, dense et homogène, est l'un des plus représentatifs du mouvement «City Beautiful», contrepartie urbanistique du «style Beaux-Arts». Le point d'ancrage de la composition est cette bibliothèque (1894-1897), dont le péristyle et le dôme inspirent le respect. Toutefois, les proportions restent à l'échelle humaine, et l'escalier qui sert de podium est devenu un véritable forum pour les étudiants.

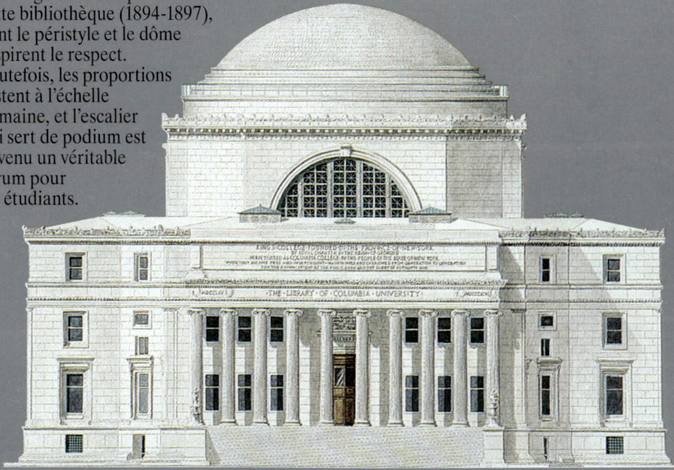

La naissance du gratte-ciel, vers 1870, qui s'explique par l'étroitesse de Lower Manhattan et le souci de rentabiliser le terrain, a été permise par la conception d'ossatures légères en acier, l'invention de l'ascenseur et la nature rocheuse du sol, propice à l'assise des fondations. À ces raisons s'ajoute, au pays de la libre entreprise, le désir de surpasser ses concurrents. Mais si les techniques sont nouvelles, les formes et le décor restent éclectiques.

Woolworth Building, la «Huitième Merveille du monde», fut en 1913 l'immeuble le plus haut du monde (240 m) ▲ *180*.

Les éléments du décor, moulés industriellement, se vissent sur la structure ▲ *203*.

Haughwout Store, 1857, ▲ *204* (angle N.-E. Broome St. et 488 Broadway). L'ancêtre du gratte-ciel a été construit par Daniel D. Badger, sur les plans de John P. Gaynor, avec des éléments préfabriqués, en fonte moulée (*cast-iron*), permettant la mise en place de larges surfaces vitrées. Le Haughwout Store était à l'origine, un grand magasin de vaisselle et d'horlogerie.

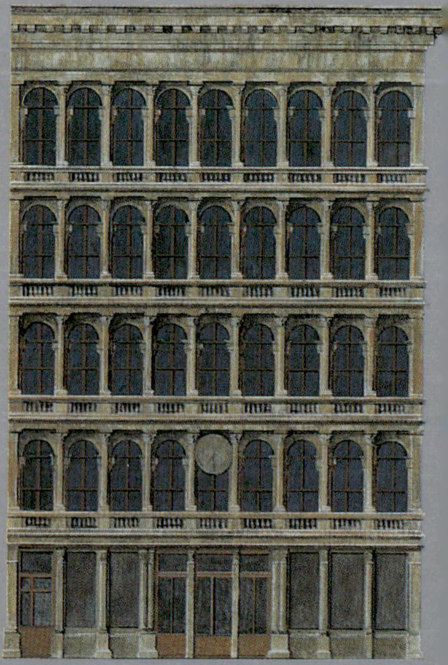

Assemblage en «cast-iron»
Les parties standardisées, en *cast-iron,* sont assemblées et boulonnées sur le chantier. Cette tâche ne nécessite pas une main-d'œuvre qualifiée et son coût est moins élevé qu'un assemblage en pierre. Mais la fonte n'est pas un matériau suffisamment résistant pour être utilisé sur un très grand nombre d'étages ; de plus, sa faible résistance au feu constitue un véritable danger. Derrière la façade métallique, les structures porteuses sont encore en bois ou en maçonnerie traditionnelle : il faut attendre le procédé Bessemer (1855), et la vulgarisation des aciers à haute résistance, pour constituer une ossature homogène ▲ *203*.

Bayard Building, ex-Condict Building, 1897-1899, ▲ *227* (65 Bleeker St.). C'est la seule réalisation new-yorkaise de Louis Sullivan, le maître de l'école de Chicago. Solution nouvelle de l'équilibre entre horizontales et verticales, une corniche saillante stabilise le rythme des piliers décoratifs, alternativement fins et épais.

Détail du décor en *terracotta* du Bayard Building. Sullivan exploite ici un jeu de motifs d'entrelacs géométrisés, significatifs de son style.

En 1857, Elisha Otis installa, dans le Haughwout Store, le premier ascenseur équipé d'un dispositif de sécurité destiné à «transporter des passagers».

Ansonia Hotel, 1899-1904, ▲ *347* (2109 Broadway). L'architecte Paul E. M. Duboy, d'origine française, chercha à donner un cachet parisien à cet immeuble résidentiel. Tâche ardue qui consistait à doter de proportions harmonieuses un immeuble de type post-haussmannien, aux façades disparates – combinant une multitude de matériaux –, dont la hauteur aurait triplé.

L'ÉCLECTISME DES PREMIERS GRATTE-CIEL

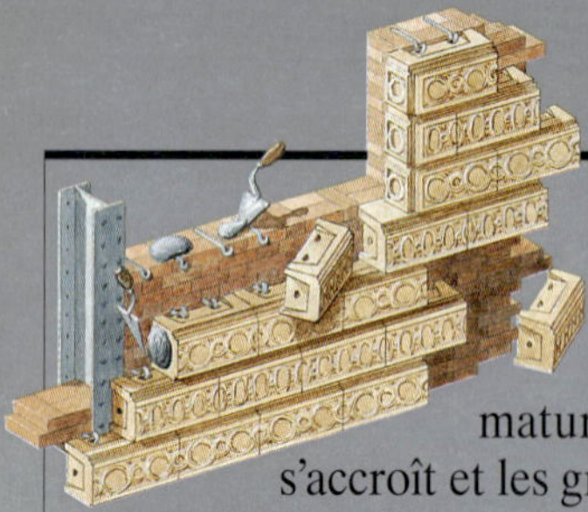

Schéma de montage d'un parement en *terracotta*.

Au début du XXe siècle, la technologie de l'immeuble de grande hauteur parvient à maturité : le nombre d'étages s'accroît et les gratte-ciel se multiplient sur Manhattan. Mais l'esthétique du gratte-ciel cherche toujours sa voie, hésitant entre un habillage néo-classique ou néo-gothique.

FLATIRON BUILDING, EX-FULLER BUILDING, 1901-1905, Daniel Burnham et Co, ▲ *234* (175 5th Ave.). Équipé d'un système pare-feu, c'est le premier gratte-ciel autonome. Il est doté d'une centrale thermique produisant l'électricité et dont la vapeur résiduelle sert au chauffage.

MUNICIPAL BUILDING, 1907-1914, ▲ *182* (Centre St.). L'édifice fut dessiné par l'agence McKim, Mead & White, championne du classicisme. Telle une colonne antique, ce gratte-ciel possède une base, un fût et un chapiteau bien distincts, selon une composition tripartite. De ce parti volumétrique sont inspirés les gratte-ciel de la période stalinienne à Moscou qui arborent également des pilastres et des colonnes engagées, de style corinthien.

Allusion littérale au tripartisme du gratte-ciel, le projet du Viennois Adolf Loos (en 1922) pour le siège social du *Chicago Tribune* évoque une colonne dorique géante.

Les «tops»
Les sommets (*tops*) des buildings de 14-16 Wall St. ▲ *163*, Woolworth ▲ *180* et Metropolitan Life Insurance Company ▲ *234* sont respectivement inspirés des mausolées antiques, des clochers gothiques et du campanile de la place Saint-Marc à Venise, non pas pour des raisons idéologiques, mais à la façon des beffrois du vieux continent, pour contribuer à distinguer chaque silhouette de gratte-ciel dans le skyline de Manhattan.

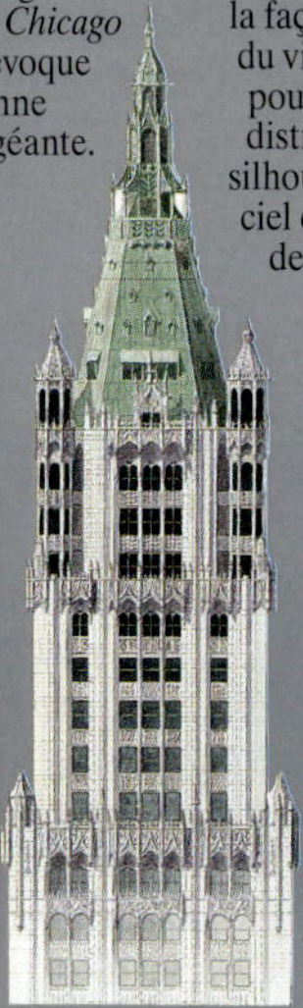

«Zoning Resolution»
Pour éviter l'effet «canyons» ■ *16*, la municipalité de New York vote en 1916 un code de construction, la *Zoning Resolution* : le gratte-ciel peut s'élever droit jusqu'à une hauteur définie en fonction de la largeur de la rue, puis doit s'affiner par des retraits successifs. Lorsque sa surface atteint le quart de celle qu'il occupait au sol, l'édifice peut se prolonger sans limite.

Equitable Building, 1912-1915 ▲ *153* (120 Broadway). Il fut conçu avant ce règlement qu'il a suscité (à gauche). Il aurait dû adopter, selon la nouvelle législation, un profil à gradins (à droite).

Lors du boom immobilier des années 1920, les architectes new-yorkais s'inspireront des mouvements européens – Sécession viennoise, expressionnisme allemand, Arts déco français – et les surpasseront même. Le Chrysler Building ▲ *266* en est l'exemple le plus éclatant. Le géométrisme Arts déco, foisonnant dans le style Jazz Moderne puis assagi avec le Streamlined Moderne, s'adapte parfaitement aux silhouettes pyramidales des gratte-ciel.

LES FRISES
La période Arts déco voit naître un abondant décor de frises, ici détail de l'une d'elles au 2 Park Ave.

Les entrées de Barclay-Vesey Building, 1923-1926, ▲ *140* (140 West St.), un des premiers gratte-ciel Arts déco, sont ornées de cloches, emblème de la compagnie de téléphone Bell.

GENERAL ELECTRIC BUILDING, 1930-1931, Cross and Cross, ▲ *286* (angle S.-O. E. 51st St. et 570 Lexington Ave.). Le sommet de cette aiguille frappe par son originalité et son exubérance. La dentelle de pierre, de brique, de céramique vernissée, parfois rehaussée d'or, évoque le gothique flamboyant ; pourtant, mis à part les pinacles stylisés, aucun de ces motifs syncopés n'a de précédent : chevrons et éclairs symbolisent les ondes hertziennes transmises par la Radio Corporation of America ● *56*, premier propriétaire de la tour.

COMPOSITIONS DYNAMIQUES
Grilles de radiateurs du Chanin Building, 1929, ▲ *272* (122 E. 42nd St.). Œuvre du sculpteur René Chambellan, elles combinent rayons et chevrons, spirales et vaguelettes.

LE SKYLINE

En 1929, le *Multiple Dwelling Act* autorise la construction d'immeubles résidentiels de grande hauteur. Central Park West se peuple alors de gratte-ciel traités, aux étages supérieurs, en tours jumelles ; les silhouettes du San Remo et de l'Eldorado donnent l'impression de flotter au-dessus des arbres. Le profil dédoublé du Waldorf-Astoria Hotel (sur Central Park East) est, dans le skyline de Midtown, le compagnon de jeu des Chrysler et General Electric Buildings.

BRYANT PARK HOTEL, ex-American Radiator Building, 1924-1937, Hood et Fouilhoux, ▲ *254* (40 W. 40th St.). C'est l'une des premières silhouettes pyramidales. Raymond Hood, ancien élève de l'École des beaux-arts, innove en adoptant un parement de brique noire. Il parvient ainsi à minimiser le contraste entre parties pleines et vitrages.

FILM CENTER BUILDING, 1928-1929, ▲ *256* (630 9th Ave.). Réalisé par l'architecte Ely Jacques Kahn, un des maîtres du style Jazz Moderne, le Hall en exprime bien les caractéristiques. Certains motifs, comme ceux des mosaïques, sont directement inspirés de l'art maya.

Les motifs gothiques des décrochements de la silhouette de l'American Radiator Building étaient à l'origine rehaussés d'or.

DEUX NOUVEAUTÉS DÉCORATIVES

La couleur bleu-vert des bandes horizontales en *terracotta* vernissée et les lettres géantes stylisées, intégrées au décor de l'entrée et du sommet du McGraw Hill Building furent introduites par l'architecte Raymond Hood.

GROUP HEALTH INSURANCE BUILDING, EX-MCGRAW HILL BUILDING, 1930-1931, ▲ *257* (330 W. 42nd St.). Fondé sur l'emploi de nervures horizontales et de volumes aux extrémités courbes, créant un effet dynamique, ce gratte-ciel, à la fois siège social et imprimerie d'une grande maison d'édition, inaugure le style Streamlined Moderne. Il adopte un fonctionnalisme proche du style international.

Le terme «style international» a été lancé, en 1932, par l'architecte Philip Johnson et l'historien Henry Russell Hitchcock lors de l'exposition sur l'architecture européenne au MoMA. Mais New York, encore fidèle aux styles «Beaux-Arts» et Arts déco, n'est pas prête à embrasser le modernisme européen. Elle ne deviendra un «laboratoire» d'architecture contemporaine que vers 1950, concevant alors de nouvelles formes d'espaces publics.

W. Lescaze House, 1933, ▲ *262* (211 W. 48th St.).
Agence et domicile de l'architecte, cette demeure est la première construction de style international à New York. Cette maison contraste avec ses voisines. Fenêtres en longueur et briques de verre diffusent la lumière tout en préservant l'intimité.

MoMA (restitution de la façade d'origine), 1939, Philip Goodwin et Edward Durrell Stone, ▲ *290* (11 W. 53rd St.).
Le premier immeuble du musée d'Art moderne offrait un contraste saisissant avec les *row-houses* avoisinantes.

La composition initiale
Les lignes horizontales et verticales sont privilégiées. La façade exprime ses différentes fonctions : un rez-de-chaussée vitré et accueillant, deux niveaux de salles d'expositions entièrement aveugles, deux étages de bureaux et la terrasse. Le parti-pris géométrique est assoupli par la courbe de l'auvent et les ouvertures circulaires du toit.

Lever House, 1952, ▲ *286* (390 Park Ave.).
La génération de gratte-ciel minimalistes (épuration des lignes) atteint ici sa maturité. En 1952, Gordon Bunshaft innove : il utilise seulement un quart de la surface constructible et sa tour ose se tourner à 90° par rapport à Park Ave. Menacé en 1983, le bâtiment est aujourd'hui classé et a été totalement restauré.

L'espace public repensé
Pour les piétons, Bunshaft libère l'espace au sol de Lever House en créant une structure de deux étages, sur pilotis, s'articulant autour d'un patio. L'ensemble, moins dense, rompt la monotonie de l'avenue.

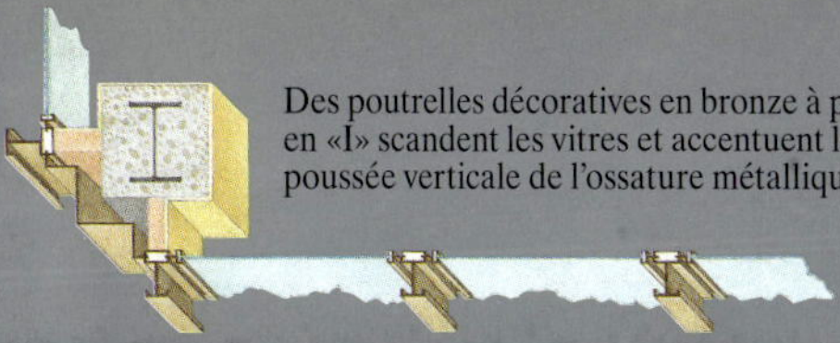

Des poutrelles décoratives en bronze à profil en «I» scandent les vitres et accentuent la poussée verticale de l'ossature métallique.

Seagram Building, 1958, Ludwig Mies van der Rohe, assisté de Philip Johnson, ▲ *286 (375* Park Ave.). L'œuvre du grand architecte allemand, établi à Chicago, a été achevée en 1958. La tour de 38 étages est un rectangle de trois fois cinq travées, une proportion considérée idéale depuis l'Antiquité. L'immeuble bâti en retrait de Park Ave. libère une *plaza* d'où l'on peut admirer l'exemple le plus parfait du gratte-ciel minimaliste. Malgré son apparente nudité, le Seagram Building a dépassé tous les records de prix au m^2.

Le bronze décoratif
La structure verticale est soulignée par des poutrelles décoratives en bronze ; les poteaux d'angle sont également recouverts de plaques de bronze.

Le sommet biaisé à 45° manifeste la présence de la Citicorp dans le skyline de Manhattan.

Citicorp Center, 1974-1977, Hugh Stubbins, ▲ *286* (Lexington Ave. entre E. 53rd et E. 54th Sts.). La tour de 46 étages, revêtue de plaques d'aluminium, repose sur quatre piliers et une colonne centrale. L'espace ainsi dégagé au sol accueille une *plaza* encaissée.

ord Foundation Building, 1967, evin Roche, John Dinkeloo : Associés, ▲ *265* (321 E. 42nd St.). a nouveauté technique et tylistique réside dans la façade briques et de verre qui khibe des poutres 1 acier brut (*cor-ten*), ue les intempéries peuvent orroder.

L'espace public et l'espace privé, relations plus harmonieuses
À la fin des années 1960, on cherche à améliorer les rapports entre lieux publics et espaces privés. La Ford Foundation en est l'exemple le plus abouti ; deux ailes de bureaux s'ouvrent sur un immense atrium-jardin, visible de la rue.

Le post-modernisme

Détail des panneaux en acier brossé des portes d'ascenseur du Sony Building.

Dans les années 1980, la prospérité de l'ère Reagan relance la construction des gratte-ciel. À New York, l'un des foyers du post-modernisme dès les années 1970, architectes et promoteurs voient dans un retour aux formes du passé un antidote au style international, rendant aux buildings des plus grandes compagnies leur dimension symbolique.

Sony Building, ex-ATT Building, 1979-1983, ▲ *289* (550 Madison Ave.). Il inaugure l'ère du gratte-ciel post-moderne. Pour rendre plus monumental son «petit» édifice de 37 étages, Philip Johnson réhabilite la composition tripartite. Son fronton Chippendale fut très controversé.

Les débuts du post-modernisme
Paru en couverture du *Time* et du *New Yorker*, l'ex-ATT Building inaugura une mode lancée par l'agence de Philip Johnson, ancien porte-parole du style international. L'architecte conserve ainsi sa position d'arbitre du goût à New York et aux États-Unis.

Dans le hall trônait l'*Esprit de la Communication*, statue allégorique provenant du précédent siège social.

Washington Court, 1986, James Stewart Polskek et Partners, ▲ *212* (6th Ave., entre Waverly et Washington Places). Le post-modernisme aborde aussi l'architecture résidentielle : ces *row-houses* aux façades rythmées respectent l'esprit de Greenwich Village.

Un jeu d'artifice
L'impression de solidité et d'authenticité que donne le Sony Building est due à son placage de granite qui provient de la même carrière que les revêtements de Grand Central Terminal ▲ *238*.

Philip Morris Inc. Building, 1982, ▲ *240* (120 Park Ave.).
Ulrich Franzen adopte un langage architectural pluraliste à la croisée du style international et du classicisme. Les deux façades tripartites diffèrent par leurs ouvertures et s'harmonisent avec les caractères des deux artères new-yorkaises qu'elles surplombent.

World Financial Center, 1981-1988, ▲ *141*.
Composé de quatre tours de 33 à 50 étages, situées autour d'une *plaza* et d'un jardin d'hiver, ce complexe sert de point d'ancrage au quartier de Battery Park City. L'architecte Cesar Pelli joue avec les effets de miroir de ses tours de verre pour en accentuer les gradins, et avec les formes des *tops*, dans un esprit Arts déco.

Les années 1980 ont produit des projets d'une ambition démesurée qui ne verront pas le jour en raison de la crise. Ni les fiers gratte-ciel prévus sur Columbus Circle, ni la tour de cent cinquante étages rêvée par Donald Trump ne seront réalisés. Sur le West Side, la réhabilitation des berges de l'Hudson illustre une nouvelle politique urbaine.

Whitney Museum ▲ *326*.
L'édifice, bâti en 1966 par Marcel Breuer (ancien professeur au Bauhaus de Weimar) pour accueillir une collection d'art moderne américain, devint très vite exigu. Les plans d'agrandissement établis en 1986 par Michael Graves rallumèrent la «querelle des modernes et des post-modernes». Depuis 2004, le musée a relancé un programme d'expansion : le nouveau Whitney conçu par l'architecte italien Renzo Piano, devrait ouvrir en 2015 dans le Meatpacking District.

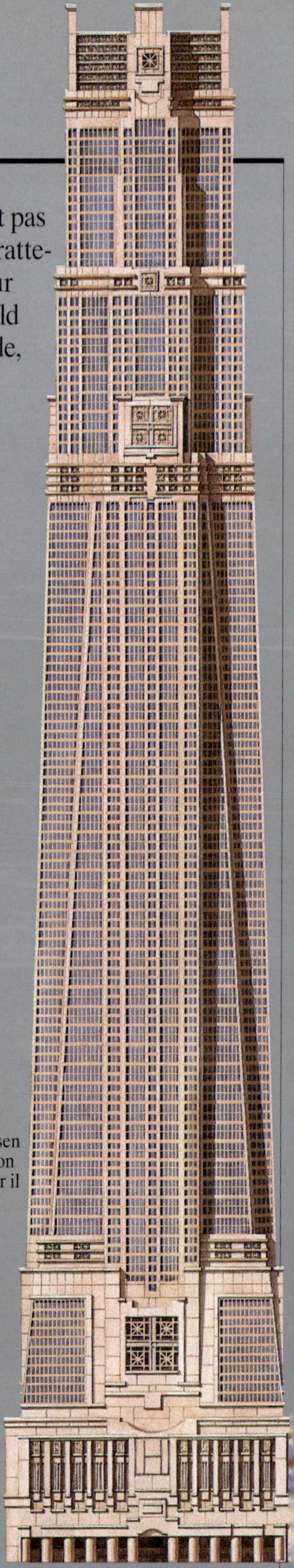

Le projet de tour de Pedersen et Fox pour le 383 Madison Ave. sera abandonné, car il existe une quantité déjà excessive de bureaux.

Whitehall Ferry Terminal
En 1992, le post-moderniste Venturi se voit chargé de la construction d'une nouvelle gare maritime à la pointe de Manhattan. Du Battery Maritime Terminal voisin, il reproduit les proportions de la façade. Il couronne l'édifice d'une horloge de plus de 30 m de diamètre, qui défraie la chronique, et rappelle le slogan *time is money*. Un tel parti de gigantisme perpétue la tradition des grandes gares néo-classiques américaines.

New York
vu par les peintres

Jonathan Weinberg

«QUEL SPECTACLE QUE CES TOURS DE MANHATTAN BRILLANT DE LEURS MILLIONS DE MOUCHETURES DORÉES, S'ÉTIRANT INEXORABLEMENT, COMME SI ELLES ALLAIENT TOUCHER LE CIEL !»

LANGSTON HUGHES

Sous quel angle appréhender New York pour en saisir la quintessence ? Pour Georgia O'Keefe (1887-1986), qui réalise, en 1927, *Radiator Building* (2 et détail en 3), le gratte-ciel demeure le symbole de la ville. O'Keefe peignait ce qu'elle voyait de ses fenêtres. Elle se disait tout aussi intéressée par l'espace entre les bâtiments, les «canyons», que par leur architecture. Pour Robert Henri (1865-1929), ce n'était pas dans les sommets des temples de Mammon qu'il fallait chercher la véritable ville, mais bien dans les bas-fonds : en 1902 il exécutera *New York in Winter* (1).

1 | 2 | 3

«L'AMOUR DE L'ART NE SUFFIT PAS POUR DISCERNER LA FORCE, LA SIGNIFICATION ET L'ÉTINCELLE DE BEAUTÉ DANS UN GROUPE DE GOSSES DE L'EAST SIDE.»

ROBERT HENRI

Au sein du groupe des «Huit», Maurice Prendergast (1858-1924) et Robert Henri ● *107* s'attachent surtout à dépeindre la vie urbaine américaine. L'œuvre de Prendergast est empreinte de cette tendresse pour la ville, témoin en 1901 *East River* (2) et *Central Park* (1), où les jardins publics se métamorphosent en idylles pastorales. Au contraire, le *Chrysler Building under Construction* (4) d'Earl Horter, en 1931, est un «portrait» sans états d'âme. En 1987, Richard Haas, avec le Helmsley Building, choisit d'évoquer à l'aquarelle (3) la féerie urbaine.

1	3
2	4

«JE PENSAIS À CETTE VILLE MODERNE COMME À UNE SORTE D'ENFER. LE MÉTRO, ENFOUI DANS LES PROFONDEURS, ME PARAISSAIT SYMBOLIQUE D'UN ENVIRONNEMENT QUI BRIME LES SENS ET ABOLIT LA VIE.» GEORGE TOOKER

Edward Hopper (1882-1967), ci-dessous, le plus brillant élève de Robert Henri ● *107*, s'exila à Paris, où il commença sa carrière par des scènes de style impressionniste. Puis il retourna à New York, peu avant 1920,

pour se consacrer aux sujets américains qui lui sont familiers. Les œuvres qui le rendirent célèbre montrent des silhouettes solitaires, dans des décors très américains : cinéma, station-service, chambre de motel. Hopper disait que ce qu'il aimait vraiment peindre était «la lumière du soleil sur le flanc d'une maison». *Roofs of Washington Square*, 1926 (1), est la vue depuis les toits de son atelier. Éblouissante de lumière et de légèreté, la toile offre un parfait contraste avec les éclairages artificiels du New York souterrain. Elle apparaît comme une échappatoire au tableau de George Tooker réalisé en 1950, *Subway* (2 et 3), lourd de sentiment claustrophobique et où les personnages sont pris dans le lacis géométrique et aliénant de la technologie. Hopper et Tooker s'accorderont à dénoncer la banalité accablante de la réalité américaine.

1	
2	3

View of Manhattan West from Philip Morris at Park Avenue and 41st Street (1982), de Richard Haas, avec son agrégat de bâtiments et d'espaces erratiques et surtout *Brooklyn Bridge, Variation on an Old Theme* (1939), de Joseph Stella, avec ses arches gothiques, ses câbles d'acier rigides et sa circulation intense, enchâssent la ville dans sa légende.

New York
vu par les écrivains

Denis Hollier

URBI ET ORBI

Natif de Brooklyn, Walt Whitman (1819-1892) fait entrer la ville, ses voix, ses langues et sa stéréophonie, dans la poésie du Nouveau Monde. Son recueil Les Feuilles d'herbe, *enrichi à chaque nouvelle édition (1855, 1891), est une sorte d'évangile poétique américain qui chante les foules, l'énergie démocratique, la confiance dans le futur et la sensualité musclée de l'homme.*

MANNAHATTA

Je demandais quelque chose de caractéristique et de parfait pour ma ville,
Lorsque, voyez ! Le nom que lui donnèrent les Aborigènes à mes yeux surgit.
Je vois à présent ce que peut contenir un nom, un mot liquide, sain, réfractaire, musical, hautain,
Je vois que le nom qui convient à ma cité est ce mot venu de jadis,
Parce que je vois ce mot appuyé dans les creux des baies, superbe,
Opulent, tout autour ceinturé de voiliers et de vapeurs pressés l'un contre l'autre, je vois une île de vingt-cinq kilomètres de long, avec le plein roc comme base,
Les rues sans nombre avec leurs foules, les hauts végétaux de fer, sveltes, forts et légers, qui jaillissent splendidement de son sol vers les cieux clairs,
Les marées qui affluent rapides et amples, les marées tant aimées de moi, à l'heure où le soleil se couche,
Les courants marins qui s'épanchent, les petites îles, les grandes îles avoisinantes, les hauteurs, les villas,
Les mâts innombrables, les blancs côtiers, les allèges, les bacs, les noirs paquebots aux formes parfaites,
Les rues du bas de la ville, les boutiques des soldeurs, les bureaux des armateurs et des changeurs, les rues qui bordent la Rivière,
Les immigrants qui arrivent à raison de quinze ou vingt mille en une semaine,
Les camions voiturant les marchandises, la mâle race des conducteurs de chevaux, les marins au visage hâlé,
L'air estival, le soleil qui brille éclatant, et les nuages qui flottent là-haut,
Les neiges de l'hiver, les clochettes des traîneaux, les glaçons dans la Rivière qu'apporte le flux ou qu'emporte le reflux,
Les ouvriers de la ville, les maîtres, aux nobles proportions, au visage magnifique, qui vous regardent bien en face,
Les trottoirs encombrés, les voitures, Broadway, les femmes, les magasins et les curiosités,
Un million d'habitants, aux manières libres et fières, à la voix franche, accueillants les jeunes gens les plus braves et les plus cordiaux,
Ville des flots précipités et écumants ! Ville des faîtes et des mâts !
Ville posée parmi les baies ! Ma ville !

WALT WHITMAN, *LES FEUILLES D'HERBE*, TRAD. DE L'ANGLAIS PAR LÉON BAZALGETTE, MERCURE DE FRANCE, PARIS, 1909

LE BON GOÛT DE LA NOUVELLE AMSTERDAM

Avec Une histoire de New York depuis la création du monde jusqu'à la chute de la dynastie hollandaise, par Dietrich Knickerbocker *(1809), Washington Irving (1783-1859) fait entrer la jeune Amérique sur la scène littéraire internationale en même temps qu'il donne sa silhouette presque définitive au stéréotype de l'homme de lettres new-yorkais. C'est, entre canular et épopée, l'histoire burlesque des antiquités d'un pays sans passé mais précocement installé dans le philistinisme.*

« Notre bambine de colonie, donc, ayant pris de l'âge et du développement, on pensa qu'il était temps de la baptiser d'une manière convenable ; en conséquence on l'appela New-Amsterdam. Quelques-uns, il est vrai, plaidèrent pour le nom indien primitif, et bon nombre des meilleurs écrivains du pays continuèrent longtemps à l'appeler Manhattoes ; mais ce nom fut rejeté par les autorités, comme sauvage et païen. On trouva, d'ailleurs, qu'il était avantageux et prudent de lui donner le nom d'une grande cité de l'ancien monde, ce qui devait l'induire à imiter et à surpasser son homonyme en grandeur et en renommée. C'est ainsi que les petits morveux d'enfants pour qui l'on va chercher, dans l'Antiquité, des patrons guerriers, législateurs, saints ou autres grands dignitaires ne manquent jamais de les prendre soigneusement pour modèles, et de devenir grands hommes à leur tour. »

WASHINGTON IRVING, *HISTOIRE DE NEW YORK*,
TRAD. DE L'ANGLAIS PAR A. & W. GALIGNANI, A. SAUTELET,
PARIS, 1827

DE MANNAHATTA, BELLE INDIGÈNE, À L'URBAINE GOTHAM

Edgar Allan Poe (1809-1849), à qui ses airs d'aristocrate déchu, ses tirades contre la foule, sa haine de l'Amérique – qui le lui a bien rendu – ont valu l'admiration instantanée des poètes français, de Baudelaire à Mallarmé, a beaucoup écrit pour la presse. C'est à un journal de Pennsylvanie, le Columbia Spy, *qu'il destinait ce courrier dans lequel le Manhattan des fermes et des manoirs hors les murs, en proie à l'urbanisation, prend des teintes zonardes de maison Usher.*

« J'ai parcouru de long en large cette île de Mannahatta. Certaines parties de l'intérieur ont un air de stérilité rocailleuse qui pourrait donner à certaines imaginations une impression de *lugubre* pur et simple – pour moi elles incarnent le sublime. Les arbres sont rares ; mais par certains côtés les quelques arbustes introduisent une note du dernier pittoresque. Comme le font les nombreuses cabanes de squatters irlandais. J'ai en ce moment même l'un de ces *tabernacles* (j'utilise le mot dans son sens primitif) présent à l'œil de mon esprit. Il mesure, peut-être, neuf pieds sur six, flanqué d'un cochonnier qui lui sert à la fois de portique et de support. L'ensemble de la structure (faite de boue) copie de manière peut-être trop servile le modèle de la tour de Pise. Une douzaine de planches grossières fagotées ensemble servent de toit. La porte est un fond de tonneau. Il y a aussi un jardin limité d'un côté par un fossé, de l'autre par un gros caillou, et enfin par des ronces. La présence d'un chien et d'un chat est inévitable dans ce type d'habitation ; et tout laisse penser qu'il n'existe pas de chien ou de chat dont le bonheur soit plus total. Sur la partie Est – la partie «sûre» – de Mannahatta (*pourquoi* s'obstine-t-on à *désharmoniser* les noms originaux ?), on trouve des sites qui comptent parmi les plus pittoresques sur lesquels on puisse rêver construire une villa en terre chrétienne. Mais ce sont des lieux laissés à l'abandon – sans entretien. Les vieilles demeures (de bois pour la plupart) qu'on y rencontre souffrent de n'être pas remises en état, mélancolique spectacle de décrépitude. Ces lieux splendides, en réalité, sont condamnés. L'esprit de Progrès a soufflé et son haleine âcre a tout fané. Le tracé de rues les traverse déjà, ils ont cessé d'être des propriétés de banlieue pour devenir des lotissements urbains. Dans une trentaine d'années, les falaises auront été transformées en quais et l'ensemble de l'île aura été profané par des blocs serrés d'immeubles de brique, avec de lourdes façades en pierre rouge *(brown-stone)* ou, comme disent les habitants de Gotham, en pierre *rouche*. »

EDGAR ALLAN POE, 14 MAI 1844, *DOINGS OF GOTHAM*, JACOB E. SPANNUTH,
PENNSYLVANIA, 1929, TRAD. DE L'ANGLAIS PAR DENIS HOLLIER, 1993

Île de captifs

Moby Dick *s'ouvre sur ce tableau des New-Yorkais aimantés par l'océan ; son héros, Ismaël, répondra à son appel en s'engageant sur la baleinière du capitaine Achab. Paru en 1851, ce roman, le chef-d'œuvre de Melville (1819-1891), sera un échec complet. L'auteur finira, solitaire, méconnu, au service des douanes du port de New York, là où se déroulaient les premières pages de* Moby Dick.

« Voyez votre ville dans l'île Manhattan entourée de quais comme un atoll de corail. Le commerce l'environne de sa haute écume. À droite et à gauche les rues vous mènent vers l'eau. La pointe extrême de la ville basse est «La Batterie» dont la noble avancée est lavée de vagues, rafraîchie de brises qui, il y a quelques heures à peine, ne savaient pas ce que c'est que la terre.

Regardez la foule de tous ceux qui ont envie de l'eau !

Déambulez autour de la ville par un somnolent après-midi de dimanche. Allez de Corlears Hooks à Coenties Slip et, de là, au Nord en passant par Whitehall. Que voyez-vous? Sentinelles silencieuses, des milliers d'hommes sont là, plantés droits, raides, en pleine rêverie océanique. Il y en a d'accoudés aux pieux, d'assis au bout des jetées ; quelques-uns, par-dessus les remparts, regardent les bateaux venant de la Chine ; d'autres encore sont grimpés en haut des mâts comme s'ils voulaient voir de la mer encore plus que ce qu'on en voit de la terre. Tous ceux-là pourtant sont des terriens enfermés la semaine durant entre des murs de plâtre, cloués aux banquettes, attachés aux comptoirs, rivés aux bureaux. Pourquoi sont-ils ici? N'y a-t-il plus de prairies pour eux? Que font-ils là?

Mais regardez toujours… des foules arrivent, avançant droit vers l'eau comme si elles voulaient plonger. Que c'est étrange ! Tous ces gens pourraient flâner sous la voûte des entrepôts, là-bas, mais ça ne leur suffit pas. Rien ne peut plus les contenter sinon la plus extrême limite de la terre. Non il faut qu'ils soient le plus près possible de l'eau, au risque d'y tomber. »

Herman Melville, *Moby Dick*, trad. de l'anglais par Jean Giono, Lucien Jacques et Joan Smith, Gallimard, Paris, 1941

Grosse pomme pour petit bonhomme

Dans Manhattan Transfer *(1925), John Dos Passos (1896-1970) essaie de capter le New York des années vingt : la violence, l'agitation, le gigantisme précoce d'une ville qui n'arrive pas à contrôler sa croissance. Comme sur le quai d'une correspondance, les personnages se croisent, se côtoient, s'ignorent, faute de temps, faute d'intérêt. La scène se passe un 4 juillet brumeux, à bord d'un ferry qui approche Manhattan.*

« — Est-ce que New York est par là?

Jimmy montre l'eau calme qui va s'élargissant sous le soleil.

«Oui, mon petit homme, derrière ce banc de brouillard se trouve Manhattan.

— Qu'est-ce que c'est que Manhattan, monsieur, je vous prie?

— C'est New York… New York est construit sur l'île de Manhattan.

— Comment ! New York est sur une île?

— En voilà un petit garçon qui ne sait pas que sa ville natale est sur une île ! »

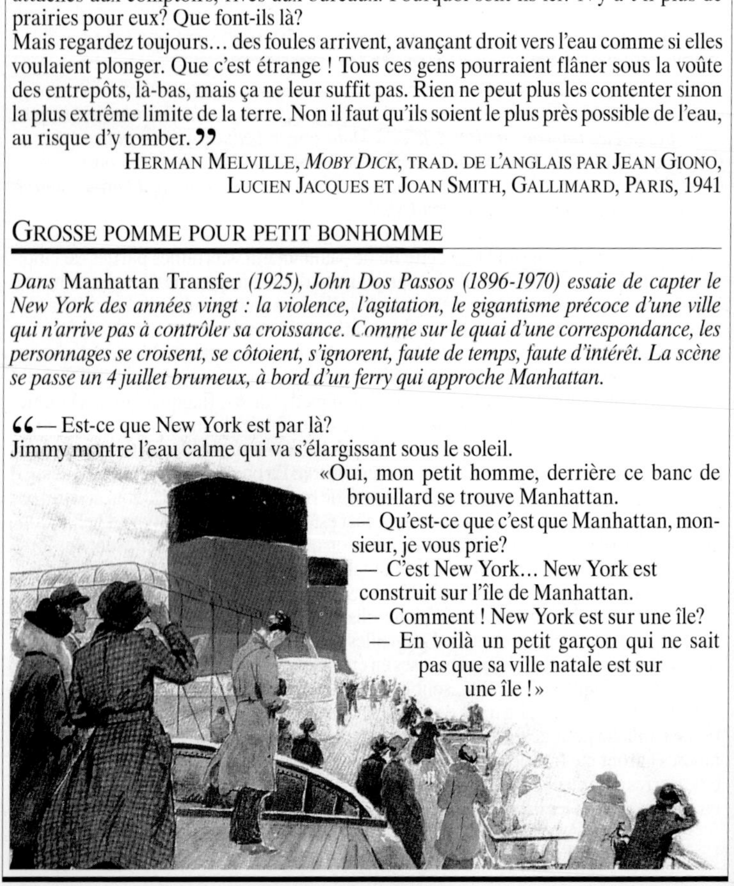

Les dents en or du monsieur en tweed scintillent quand il rit, la bouche grande ouverte. Jimmy tourne autour du pont, tout fier et trépidant : «New York est sur une île.» «Vous avez l'air bien content d'arriver, mon petit garçon, dit la dame méridionale.
— Oh ! oui, je voudrais me coucher à plat ventre et embrasser la terre !
— Voilà un bien joli sentiment patriotique… Je suis bien contente de vous entendre dire ça.»
Jimmy est en ébullition. Embrasser la terre, embrasser la terre… les mots se répètent dans sa tête comme une huée. Un tour de pont.
[…] Maman arrive sur le pont. Son voile flotte,
«Voilà ton pardessus, Jimmy. Il faut le mettre. […]
— Regarde, mon chéri, tu manques un tas de choses… Voilà la statue de la Liberté. Une grande femme verte, en peignoir, debout sur un îlot le bras en l'air.
— Qu'est-ce qu'elle tient dans la main?
— C'est une torche, mon chéri… La liberté éclairant le monde… Et voilà Governors Island de l'autre côté. Là-bas, où il y a des arbres… et regarde, ça c'est le pont de Brooklyn… C'est beau, hein?… Et regarde tous les docks. Voilà Battery… et les mâts et les bateaux… et la flèche de Trinity et le Pulitzer Building.»… Mugissement des sifflets de paquebots, bacs rouges qui se dandinent comme des canards, battant l'eau blanche, wagons de marchandises sur un radeau poussé par un remorqueur qui ahane, en lâchant des bouffées de vapeur cotonneuse, toutes de même taille. Jimmy a les mains froides. Il frémit d'un bouillonnement intérieur.

«Mon chéri, il ne faut pas t'énerver comme ça. Descends voir si maman n'a rien oublié dans la cabine. ❞

DOS PASSOS, *MANHATTAN TRANSFER*, TRAD. DE L'ANGLAIS PAR MAURICE EDGARD COINDREAU, GALLIMARD, PARIS, 1928

NOUILLORQUE

L'arrivée par mer à New York a longtemps constitué l'entrée en matière classique des immigrants, des touristes et des visiteurs. Encore faut-il que le temps s'y prête. Pour Mario Soldati (1906-1999), ce n'est pas comme pour le petit bonhomme de Dos Passos qui ne peut rien voir à cause de la brume d'un été humide, c'est plutôt l'heure d'arrivée. Le bateau entre en rade au milieu d'une nuit de nouvelle lune. Le romancier italien, invité à enseigner à Columbia University en 1929, rapportera de ses années new-yorkaises America primo amore *(1935), son premier livre, une de ses meilleures réussites dont le ton annonce le néo-journalisme américain.*

❝— Nous sommes arrivés ! Nous sommes arrivés !
J'eus un coup au cœur, je compris que le bâtiment s'était arrêté. Je m'étais tellement habitué au tangage, que maintenant je souffrais de l'immobilité. Dans le silence qui suivit ce cri pendant un moment encore, j'eus la sensation de me trouver en apesanteur, comme au sortir d'un rêve. J'étais en arrêt devant une vie qui, passé cet instant, allait s'emparer de moi. Je tentai alors de me rebeller : j'avais la conviction de pouvoir, par la seule force de mon imagination, continuer à vivre dans l'irréalité de la traversée. Mais déjà un deuxième, un troisième cri, un claquement de portes, une précipitation de pas venant de tous côtés m'avertissaient que la vie reprenait son cours, inexorablement. J'étais arrivé : l'Amérique existait pour de bon ; j'allais devoir y vivre, y travailler, y souffrir ; il était impossible de me soustraire à ce futur : avant midi, d'ici quelques heures, je verrai les gratte-ciel, et je serai cerné par un trafic infernal et inutile. Inutile : dans son demi-sommeil, mon intelligence trouvait un réconfort dans cet adjectif.
Mais, sur le pont voisin, une femme appela, avec un fort accent toscan :
— Yolanda ! Yolanda ! Nouillorque ! Nous sommes arrivés ! Viens voir Nouillorque !
Et tout le bateau se réveillait. Quelques émigrants, pris d'un enthousiasme infantile,

comme si jusqu'à cet instant ils avaient désespéré d'arriver, ou comme s'ils n'avaient jamais réellement envisagé la possibilité de cette arrivée, criaient à pleins poumons ; ils appelaient les conjoints, les amis, les enfants encore petits qui venaient pour la première fois en Amérique, où eux-mêmes revenaient ; et le ton sur lequel ils s'exclamaient «Nouillorque» révélait leur conviction de se trouver face à un monde de merveilles et de félicité, un pays offrant tellement d'air et tellement d'espace pour vivre, qu'en Italie on ne pouvait même pas l'imaginer, un pays où, au lieu des lires, il y avait d'énormes pièces de monnaie appelées dollars.
Cet enthousiasme ne tarda pas à triompher de mon désintérêt initial. En un éclair, je montai sur le pont.
Mais il faisait encore nuit. Nous étions arrêtés dans un bassin, sur une eau parfaitement tranquille ; et les môles étaient signalés par une infinité de points lumineux qui nous encerclaient. Cela pouvait être Gibraltar, ou Venise, entre Mestre et Santa Lucia. ❞

MARIO SOLDATI, *AMERICA PRIMO AMORE*,
EINAUDI, ROME, 1945,
TRAD. DE L'ITALIEN PAR JEAN-MARIE LACLAVETINE, 1993

VILLE-SUR-JAMBES

Pour la vue, Bardamu, le héros de Voyage au bout de la nuit (1933), et de l'œuvre de Céline (1894-1961), a plus de chance que le narrateur du roman de Soldati. La brume est légère. Mais Manhattan ne déploie pas pour lui les charmes d'une île au trésor. L'accueil est plutôt froid. Des arrivants ou de ceux qui les réceptionnent, il serait difficile de dire qui sont les plus méfiants.

❝Figurez-vous qu'elle était debout leur ville, absolument droite. New York c'est une ville debout. On en avait déjà vu nous des villes bien sûr, et des belles encore, et des ports et des fameux même. Mais chez nous, n'est-ce pas, elles sont couchées les villes, au bord de la mer ou sur les fleuves, elles s'allongent sur le paysage, elles attendent le voyageur, tandis que celle-là l'Américaine, elle ne se pâmait pas, non, elle se tenait bien raide, là, pas baisante du tout, raide à faire peur.
On en a donc rigolé comme des cornichons. Ça fait drôle forcément, une ville bâtie en raideur. Mais on n'en pouvait rigoler nous, du spectacle qu'à partir du cou, à cause du froid qui venait du large pendant ce temps-là à travers une grosse brume grise et rose, et rapide et piquante à l'assaut de nos pantalons et des crevasses de cette muraille, les rues de la ville, où les nuages s'engouffraient aussi à la charge du vent. Notre galère tenait son mince sillon juste au ras des jetées, là où venait finir une eau caca, toute barbotante d'une kyrielle de petits bachots et remorqueurs avides et cornards.
Pour un miteux, il n'est jamais bien commode de débarquer nulle part mais pour un galérien c'est encore bien pire, surtout que les gens d'Amérique n'aiment pas du tout les galériens qui viennent d'Europe. «C'est tous des anarchistes» qu'ils disent. Ils ne veulent recevoir chez eux en somme que les curieux qui leur apportent du pognon, parce que tous les argents d'Europe, c'est des fils à Dollar. ❞

LOUIS-FERDINAND CÉLINE,
VOYAGE AU BOUT DE LA NUIT, GALLIMARD, PARIS, 1952

«NEW YORK [...] DES GRATTE-CIEL, DES REPAS, DES AFFICHES, DES BOULOTS, DES CRIMES, DES AMOURS... UNE VILLE ENTIÈRE ÉRIGÉE SUR UN PUITS BÉANT DE NÉANT.»

HENRY MILLER

SKYLINE

En 1904, après vingt-cinq ans d'Europe, Henry James (1843-1916), le romancier de l'expatriation cosmopolite, revient dans son pays natal. De cette visite, il tirera The American Scene *(1907), retrouvailles avec une Amérique devant laquelle, ému et repoussé, il se sent plus ambivalent que jamais, oscillant entre la familiarité de l'indigène et la surprise de l'étranger.*

“Les «grands immeubles» qui ont si promptement usurpé une gloire qui vous paraît encore assez surprise d'elle-même, ces multiples gratte-ciel qui, vus de l'eau, se hérissent comme d'extravagantes épingles à chapeau plantées dans un coussin déjà surchargé, et réparties dans l'obscurité, n'importe où et n'importe comment, ont du moins la félicité de s'acquitter de la beauté des tons, d'intercepter le soleil et de répandre de l'ombre à la manière de tours de marbre. Ils ne sont pas tout de marbre, je crois, en aucun cas, mais ils sont impudemment neufs et encore plus impudemment «nouveaux» – ce qu'ils ont en commun avec tant de choses terribles en Amérique. [...]

Vous voyez le coussin à épingles de profil, pour ainsi dire, en passant entre Jersey City et la Vingt-Troisième Rue, mais vous le prenez de plein flanc, ce bouquet informe de fleurs architecturales, en longeant de loin la Battery, et vous embrassez l'ensemble de la plantation. Alors, la «beauté américaine», cette rose à la tige interminable, devient la marque de tout cet amas – au point que c'est indéniablement tout ce qu'il faut pour exalter votre impression finale. Une telle profusion, vous le sentez, ne peut avoir surgi que pour être «cueillie» à temps par des cisailles ; fauchée net par un sort en attente, dès que la «science», appliquée au gain, aura sorti de sa manche, et abattu sur la table, un atout de plus. Couronnés non seulement par aucune histoire, mais encore par aucune possibilité crédible de prendre le temps d'en avoir une, ce sont simplement les notes les plus perçantes dans ce concert du provisoire coûteux dans lequel se résout votre sens suprême de New York. Une histoire vaut jusqu'à ce qu'une autre histoire soit racontée, et les gratte-ciel sont les derniers mots de l'ingéniosité économique, jusqu'à ce qu'un autre mot soit écrit. Il se peut que ce soit alors un mot d'une signification encore plus laide, mais le vocabulaire du calcul économique à tout prix révèle des ressources illimitées, et la conscience de cette vérité, la conscience d'un état fini, menacé, essentiellement inventé, s'impose toujours à ma perception avec le scintillement du millier d'yeux vitreux de ces géants du simple marché. Un monument comme le campanile relativement aveugle de Giotto, à Florence, a l'air suprêmement serein dans sa beauté. Vous n'avez pas l'impression qu'il ait été élevé par le souffle d'une passion intéressée qui, passion plus que toute autre inquiète, et sans repos, ne cesse de rechercher des formes plus flexibles. La beauté a été l'objet de l'idée de son créateur, et, en trouvant la beauté, il a trouvé la forme dans laquelle sa création repose splendidement.”

HENRY JAMES, *LA SCÈNE AMÉRICAINE*, TRAD. DE L'ANGLAIS PAR JEAN PAVANS, LA DIFFÉRENCE, 1993

ÉMOTIONS DU JAZZ

Imaginez un Jean-Luc Godard poète et new-yorkais. Frank O'Hara (1926-1966) a inventé le «Lunch Poem», le poème croqué sur le pouce, à l'heure du sandwich. Un sismographe détendu capte distraitement, comme en roue libre, la transparence surréelle du quotidien.

LE JOUR OÙ BILLIE HOLLIDAY EST MORTE

Il est midi vingt à New York un vendredi
trois jours après le 14 juillet, oui
on est en 1959 et je vais me faire cirer les chaussures
parce que avec le train de quatre heures dix-neuf je serai à Easthampton
à sept heures et quart et que j'irai directement dîner
et que je ne connais pas les gens qui m'invitent

Je marche dans la chaleur humide de la rue que le soleil gagne
je prends un hamburger avec un lait au malt j'achète
un exemplaire pas très appétissant de New World Writing pour voir ce que les poètes
du Ghana produisent par les temps qui courent
Je passe à la banque
et Mlle Stillwagon (Linda de son prénom, je l'ai entendu une fois)
une fois n'est pas coutume ne vérifie même pas si mon compte est approvisionné
et au Golden Griffin j'achète un petit Verlaine
pour Patsy avec des dessins de Bonnard bien que l'idée d'un Hésiode, trad. Richmond Lattimore, me passe par la tête ou la dernière pièce de Brendan Behan ou Le Balcon
ou Les Nègres de Genet, mais non je reste sur Verlaine
après avoir failli tomber de sommeil à force d'hésiter

et pour Mike je fais un saut au magasin d'alcools
de Park Lane et demande une bouteille de Strega et
enfin je retourne à mon point de départ sur la 6e Avenue
au marchand de tabac du Ziegfield Theater et
comme si de rien n'était je demande une cartouche de Gauloises et une cartouche
de Picayunes, et un New York Post où je vois, à la une, son visage

maintenant je suis complètement en nage et je me mets à penser à ce jour où j'étais
appuyé sur la porte des chiottes au 5 Spot quand elle chuchotait un air à Mal Wadron
qui l'accompagnait au piano et que tout le monde, moi compris, retenait son souffle.

FRANK O'HARA, *SELECTED POEMS*, ALFRED A. KNOPF, NEW YORK, 1974,
TRAD. DE L'ANGLAIS PAR DENIS HOLLIER, 1993

LA TRAVERSÉE DU PARC

Bien que, comme tout le monde à l'époque, elle ait vécu dans le Village, New York n'est pas un point particulièrement sensible de la géographie d'Elizabeth Bishop (1911-1979). Plutôt que de se brûler au creuset urbain, elle préférera, que ce soit de Nouvelle-Angleterre, de Nouvelle-Écosse, d'Europe ou du Brésil, en rêver indirectement, par procuration.

«Harlem, c'est la patrie du jazz, c'est la mélancolie nègre du Sud [ ], plaintive et languissante, soudain affolée par ce Manhattan adoré, où tout est bruit et lumière.»

Paul Morand

Courrier pour New York

La prochaine fois que tu m'écris j'aimerais que tu me dises
où tu vas, ce que tu fais ;
les pièces que tu vois et après le théâtre
quels plaisirs les suivent :

si tu prends un taxi au beau milieu de la nuit,
et comme pour sauver ton âme lui fais
prendre la route qui traverse le parc en faisant des lacets
là où le compteur vous fixe avec des yeux de chouette irréprochable,

et où les arbres ont l'air si bizarres et si verts
plantés là seuls dans leurs trop vastes grottes noires
et soudain tu te retrouves dans un autre décor,
où tout arrive comme par vagues,

et presque tous les jeux de mots t'échappent
comme des mots sales qu'on aurait effacés d'une ardoise,
la musique est forte et en même temps tamisée
et il se fait si incroyablement tard,

et en sortant de la maison de pierre rouge
sur le trottoir gris, la rue vient d'être arrosée,
un pan d'immeubles se lève avec le soleil
comme un champ de blé radieux.

— Du blé, pas de l'avoine, chérie. J'ai bien peur
que si c'est du blé ce n'est pas toi qui l'as semé,
je n'en aimerais pas moins savoir
ce que tu fais et où tu vas.

Elizabeth Bishop, *The Complete Poems*, Farrar, Strauss & Giroux, New York, 1983, trad. de l'anglais par Denis Hollier, 1993

Duel

Un vol à main armée le conduit dans le pénitencier de l'État de l'Ohio. C'est là qu'il devient écrivain. Mais c'est après s'être installé en France, en 1955, que Chester Himes (1909-1984) devient l'ambassadeur officiel de Harlem auprès de la «Série Noire». Il confectionnera à son intention une série de romans hauts en couleur, qui décrivent un New York violent et cocasse, sur grand écran, avec tous les effets spéciaux requis – et parfois très spéciaux. Coups de frein, coups de feu, claquements de portières, accélérateurs : sous la West Side Highway, dans la rouille des docks, on se croirait à Chicago.

“Le fourgon prit la Soixante-douzième Rue, la Dixième Avenue et continua au sud. Elle menait aux tunnels Lincoln et Holland qui passent sous l'Hudson ; la circulation y était déjà assez importante, ce qui facilita la tâche d'oncle Saint. Le fourgon n'avait qu'un rétroviseur sur l'aile gauche avant. Oncle Saint gardait soigneusement sa droite et laissait toujours un véhicule entre la Lincoln et le camion.
À la Cinquante-sixième Rue, le camion tourna en direction du fleuve, ce qui exposa la Lincoln une seconde ou deux, mais, lorsqu'il s'engagea sous les piliers de la voie ferrée aérienne, oncle Saint se retrouva à couvert. À l'ouest, la large avenue pavée de briques longeant North River était bordée par les docks des grandes compagnies

de navigation. Sous la voie aérienne et aussi loin que le regard pouvait s'étendre, camions, fourgons, remorques étaient garés côte à côte. La circulation était intense sur la chaussée Nord-Sud qui mène aux docks.
Déjà on distinguait les cheminées du *Queen Mary* surmontant les entrepôts de la French Line tout proches du môle de la Cunard Line. Le fourgon se rabattit vers le trottoir et s'arrêta pile derrière une Buick noire, une conduite intérieure garée à moins d'une cinquantaine de mètres de l'entrée des docks de la French Line.
La manœuvre avait été exécutée si brusquement qu'oncle Saint n'eut pas le temps de s'arrêter derrière le camion et qu'il dut dépasser la Buick pour se garer.
Le stationnement était interdit, et deux flics, dans une voiture de patrouille, ralentirent en dépassant les trois véhicules. Mais voyant qu'il s'agissait d'une Lincoln conduite par un chauffeur et d'un camion de messageries, les flics laissèrent tomber.
Deux types inquiétants, vêtus de complets sombres et coiffés de chapeaux de paille, installés sur le siège avant de la Buick, regardèrent la voiture de patrouille dépasser les docks de la Cunard, puis se perdre dans la circulation. Le type assis côté trottoir ouvrit la portière et descendit. Il était lourd, avec des cheveux bruns, des traits épais, un visage olivâtre et une panse rebondie. Son veston droit de couleur noire n'était fermé que par le bouton du bas. Il descendit la rue, en guignant soigneusement l'entrée des quais de la French Line.
L'oncle Saint, l'œil rivé à son rétroviseur, surveillait les deux camionneurs.
Le conducteur de la Buick, la main droite posée sur le volant, laissait pendre négligemment son bras gauche par la portière dont la vitre était baissée.
Le gros type trapu, suivant le trottoir, arriva à hauteur de la Lincoln, pivota en vitesse sur les talons avec une souplesse de chat inattendue chez un homme de cette corpulence et fonça sur la voiture. Il s'agrippa au toit de la main gauche, écarta les pans de son veston et sortit un revolver d'une gaine fixée à son épaule gauche. Il se pencha et passa la tête par la portière comme pour parler au vieux chauffeur à cheveux gris, et son veston, en se rabattant, cacha le revolver. C'était un gros calibre à un coup, muni d'un silencieux de douze centimètres. Sans prononcer une parole, il visa soigneusement la tempe de l'oncle Saint. Ses yeux d'un noir opaque n'exprimaient rien.
Brusquement dans son dos, une voix dure gueula :
— Mets-les en l'air ou je tire !
Le mouvement imperceptible des lèvres d'oncle Saint lui échappa. Il se retourna d'un coup. Sa tête heurta rudement le cadre de la portière et son chapeau tomba sur la banquette.
Oncle Saint plongea et saisit sa carabine couchée à ses pieds.
Le tueur pivota à nouveau, les yeux exorbités : oncle Saint braquait sur lui le double canon de sa carabine.
Tous deux tirèrent simultanément. ❞

CHESTER HIMES, *LA REINE DES POMMES*,
TRAD. DE L'ANGLAIS PAR MINNIE DANZAS, GALLIMARD, PARIS, 1958

NOCTURNE

L'infinie tristesse des nouveaux riches et des derniers tycoons. Toute la mélancolie de la grande vie : l'argent coule à flot sans arriver à faire le bonheur. Gastby le Magnifique *(1925) offre le dosage parfait de cynisme et de sentimentalité, ce cocktail d'une amertume inoubliable inventé par ceux qui participèrent à ce que Gertrude Stein a appelé la génération perdue et Francis Scott Fitzgerald (1896-1940) l'âge du jazz.*

❝Je me pris à aimer New York, la sensation capiteuse et aventureuse qu'il donne la nuit et la satisfaction que le constant papillonnement d'hommes, de femmes et d'automobiles offre à l'œil privé de repos. J'aimais remonter la Cinquième Avenue, choisir dans la foule des femmes romanesques, imaginer que dans quelques minutes j'allais m'immiscer dans leur existence, sans que personne le sût ou me désapprouvât.

Parfois, en imagination, je les suivais jusque chez elles. Elles habitaient des appartements aux carrefours de rues secrètes. Elles tournaient la tête et me rendaient mes sourires avant de disparaître par une porte, dans l'obscurité chaude. Aux crépuscules enchantés de la métropole, j'éprouvais de temps en temps la hantise de la solitude et je la sentais aussi chez d'autres – pauvres employés qui flânaient devant des vitrines en attendant l'heure de dîner tout seuls au restaurant – jeunes employés gâchant, à la brume, les instants les plus émouvants de la nuit, de la vie.
Derechef à huit heures, quand les rues sombres des quartiers contigus aux théâtres s'encombraient de taxis grondant, en files de cinq, je sentais mon cœur défaillir. Des ombres se penchaient l'une vers l'autre dans les taxis qui trépidaient, des voix chantaient ; des plaisanteries inantendues provoquaient des rires ; des cigarettes allumées faisaient des cercles incompréhensibles à l'intérieur des voitures. Rêvant que, moi aussi, je me hâtais vers la gaieté et partageais la surexcitation de ces gens, je leur souhaitais de trouver le plaisir. ❞

FRANCIS SCOTT FITZGERALD, *GATSBY LE MAGNIFIQUE*,
TRAD. DE L'ANGLAIS PAR VICTOR LLONA,
GRASSET, PARIS, 1974

SOUS TERRE

Le New York que Claude Simon (1913-2005) peint dans Les Corps conducteurs *rappelle, en plus souterrain, en plus multiculturel et international, celui de Dos Passos. C'est celui des correspondances, des transferts, des carrefours, des communications téléphoniques entrecoupées par le fracas des rames. L'entropie menace.*

❝ La lanterne rouge du dernier wagon a disparu dans le tunnel noir où s'enfonce la forêt des poutrelles rivetées et d'où proviennent des échos assourdis, lointains, de roulements, de secousses et de trépidations. Des profondeurs obscures souffle une puanteur brûlante, aux composantes fétides de renfermé, de sueur et de désinfectant. *Vida Eterna*. Il dit Allô? Tu es là? Elle dit Oui. Il dit Je ne peux plus. Il faut

absolument… Puis sa voix est couverte, noyée dans l'avalanche de bruit, l'affolant fracas de métal entrechoqué, concassé, comme une séric de déflagrations, tandis que lancée à toute allure sur les voies du milieu une rame express traverse la station sans s'arrêter, les mêmes brochettes de bustes assis et sombres et de silhouettes aux bras levés emportées vertigineusement à l'horizontale défilent, hachées par les poteaux métalliques, et disparaissent, le fracas de catastrophe décroissant, s'enfuyant, la cargaison d'humains engloutie, aspirée dans les profondeurs de quelque séisme, de quelque gouffre souterrain, dans un bruit répugnant de succion. Elle dit Je n'entends pas. Il dit Il faut que je te voie. Je veux… Elle dit Non. Il dit Si : en bas de chez toi. Elle dit Non. C'est impossible. Tu le sais. Il dit Si. Puis de nouveau il se tait, respirant seulement, écoutant là-bas l'autre respiration, haletant légèrement, et peut-être un autre bruit plus faible que celui de la respiration, silencieux, humide. *Somebody is always winning. It might as well be you*. Le métro roule 24 heures sur 24 et chaque rame compte entre deux et dix voitures. Il couvre 380 kilomètres, transporte 1 362 000 000 de voyageurs par an et emploie 35 000 agents. Les trains peuvent être omnibus ou express. ❞

CLAUDE SIMON, *LES CORPS CONDUCTEURS*,
LES ÉDITIONS DE MINUIT, PARIS, 1971

CHANT DE COULEURS

Le voyage à New York de Léopold Sédar Senghor (1906-2001), poète sénégalais et chantre francophone de la négritude, c'est, en même temps que la communication de deux exils, l'ouverture de vases communicants, l'échange de deux rêves et de deux réveils entre deux continents lyriques, la vieille Afrique et la jeune Amérique.

À NEW YORK

J'ai vu dans Harlem bourdonnant de bruits de couleurs solennelles et d'odeurs flamboyantes
— C'est l'heure du thé chez le livreur-en-produits-pharmaceutiques
J'ai vu se préparer la fête de la Nuit à la fuite du jour. Je proclame la Nuit plus véridique que le jour.
C'est l'heure pure où dans les rues, Dieu fait germer la vie d'avant mémoire
Tous les éléments amphibies rayonnants comme des soleils.
Harlem Harlem ! Voici ce que j'ai vu Harlem Harlem ! Une brise verte de blés sourdre des pavés labourés par les pieds nus de danseurs Dans
Croupes ondes de soie et seins de fer de lance, ballets de nénuphars et de masques fabuleux
Aux pieds des chevaux de police, les mangues de l'amour rouler des maisons basses.
Et j'ai vu le long des trottoirs, des ruisseaux de rhum blanc des ruisseaux de lait noir
dans le brouillard bleu des cigares.
J'ai vu le ciel neiger au soir des fleurs de coton et des ailes de séraphins et des panaches de sorciers.
Écoute New York ! Ô écoute ta voix mâle de cuivre ta voix vibrante de hautbois, l'angoisse bouchée de tes larmes tomber en gros caillots de sang
Écoute au loin battre ton cœur nocturne, rythme et sang du tam-tam, tam-tam sang et tam-tam.

LÉOPOLD SÉDAR SENGHOR,
ÉTHIOPIQUES
IN *POÈMES*, SEUIL,
PARIS, 1964

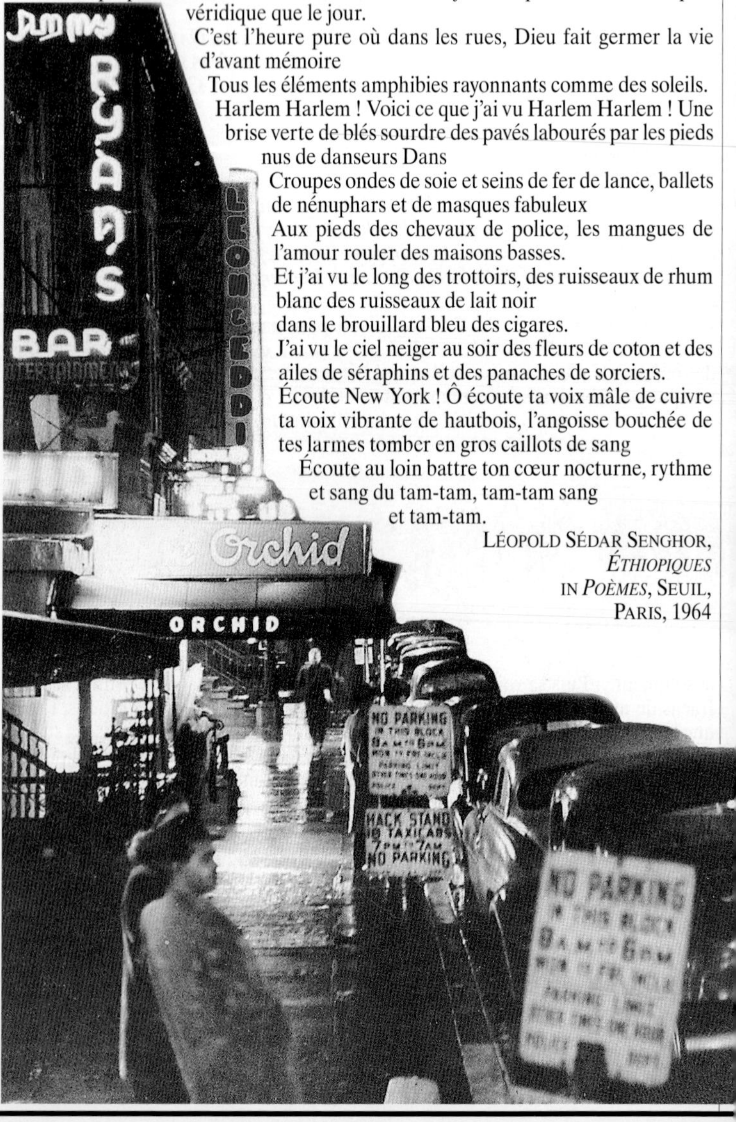

LE BEAU SEXE

Guillermo Cotto Thorner (1916-1983) a été, à Porto Rico, une des voix à mettre en garde contre les séductions de l'immigration new-yorkaise. Tropico in Manhattan *(1951) retrace les déboires d'un candidat* Nuyorican, *à peine débarqué de son île natale : en même temps que la géographie souterraine du métro, il découvre le règne de codes verbaux auxquels son éducation insulaire ne l'avait pas habitué.*

“Plus exactement, l'apparence [de la ville] lui était familière ; car pour ce qu'elle recouvre, nul ne saurait le décrire ; il devait en faire l'expérience. En quelques minutes, il se vit pour la première fois de sa vie en train de «marcher sous terre». Le métropolitain éveilla sa curiosité. Il se sentait gagné par l'impression de mystère et de grandeur qu'impose la ville. Aucun détail ne lui échappait. Bien qu'un peu fatigué par le voyage, il se sentit bientôt ragaillardi en observant et en se rassasiant de tout ce qui s'offrait à sa vue. La voiture dans laquelle ils se trouvaient se remplit à la première station, et le provincial fraîchement débarqué vit une belle blonde qui s'était arrêtée devant lui se balancer, agrippée à l'une des poignées fixes de porcelaine qui pendaient au plafond. Juan Marcos se crut à Porto Rico, où la politesse n'a pas subi les atteintes que lui réserve, de toute évidence, New York. Il se leva, et dans un anglais peu châtié, dit à la blonde : *Lady, dis is a sit for yu.* La fille le toisa de la tête aux pieds et, méprisante, lui dit grossièrement : *Don't be a sucker.*
Juan Marcos eut l'impression d'avoir reçu un soufflet. Il ne savait pas exactement ce que *sucker* signifiait, à New York, mais se dit, à l'air hostile et impoli de la blonde, qu'il ne pouvait s'agir de rien de bon, et que le sens devait sans doute être très proche de celui du verbe *suck* qu'il connaissait, et qui, traduit en bon espagnol, veut dire *sucer.* Il se rassit comme si on l'avait tiré par les basques, et un long moment, n'osa pas lever le regard sur Antonio, qui l'observait tranquillement, souriant à demi. Juan Marcos se dit «Quelle effrontée ! Les femmes, ici, sont-elles toutes comme elle ?”

GUILLERMO COTTO THORNER, *TROPICO EN MANHATTAN*, CENTRO DE ESTUDIOS PUERTORRIQUANOS, HUNTER COLLEGE, NEW YORK, 1951, TRAD. DE L'ESPAGNOL PAR GABRIEL IACULI, 1993.

RENCONTRE

Juan Ramón Jímenez (1881-1958) a traversé l'Atlantique pour la première fois en 1916 : il allait se marier à New York. Il en rapportera les poèmes qui composent Journal d'un poète récemment marié (1916), d'où provient ce monologue intérieur inspiré par l'épiphanie nocturne d'une Cinquième Avenue déserte et printanière.

“New York désert ; sans âme qui vive !… Je descends à pas lents la Cinquième Avenue, chantant tout haut. De temps en temps, je m'arrête pour contempler les grilles énormes et contournées des banques, les vitrines en transformation, les banderoles ondoyantes dans la nuit… Et cet écho qui, comme à l'intérieur d'une immense citerne, a résonné à mon oreille distraite, venu de je ne sais quelle rue, se rapproche, s'affermit, s'amplifie. Ce sont des pas claudicants et traînant dans le ciel, semble-t-il, qui sans cesse se rapprochent et ne cessent de se rapprocher. Je m'arrête une nouvelle fois et

regarde, d'un bout à l'autre de la rue. Rien. La lune aux cernes de printemps pluvieux, l'écho, et moi.
Soudain, proche ou lointain comme ce douanier solitaire sur la plage castillane par un soir de bourrasque, je ne sais, un point, un enfant, un animal, un nain… quoi donc?, qui se rapproche, oui !… Il s'en faut de peu qu'il me frôle. Alors, je tourne la tête, et je croise son regard brillant, noir, rouge et jaune, qui lui mange le visage, qui est tout son être. Et un vieux Nègre boiteux, au paletot élimé, avec un haut-de-forme terni, me salue fort civilement, et continue de descendre la Cinquième Avenue… Un léger frisson me parcourt et, mains dans les poches, je suis mon chemin, face à la lune jaune, en chantonnant.

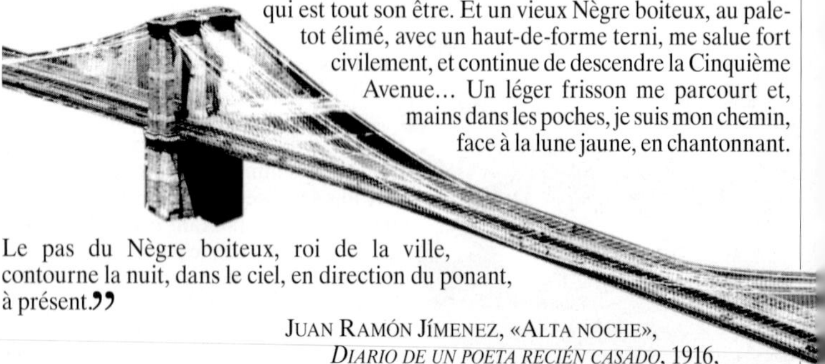

Le pas du Nègre boiteux, roi de la ville, contourne la nuit, dans le ciel, en direction du ponant, à présent.”

JUAN RAMÓN JÍMENEZ, «ALTA NOCHE»,
DIARIO DE UN POETA RECIÉN CASADO, 1916,
TRAD. DE L'ESPAGNOL PAR GABRIEL IACULLI, 1993

EN TERRAIN CONQUIS

On l'a appelé le magicien de la quatre-vingt sixième Rue est. C'est à New York, où il a dû se réfugier en 1935, qu'Isaac Bashevis Singer (Leoncin, Pologne, 1904-New York, 1991) a écrit, en yiddish, une œuvre de romancier et de conteur qui fait survivre le souvenir des communautés juives polonaises.

“Je circule dans ce quartier depuis plus de trente ans – aussi longtemps que j'ai vécu en Pologne. Je connais chaque pâté de maisons, chaque bâtiment. On a peu construit ici dans le nord de Broadway au cours des dernières décades et je me berce de l'illusion d'y avoir fait pousser mes racines. J'ai pris la parole dans la plupart des synagogues. On me connaît dans certains magasins et dans les restaurants végétariens. Des femmes avec qui j'ai eu une idylle vivent dans les rues adjacentes. Même les pigeons me connaissent ; dès que je sors avec un sac de nourriture, ils se mettent à voler dans ma direction depuis des centaines de mètres. C'est un secteur qui s'étend de la Quatre-Vingt-Seizième Rue à la Soixante-Douzième, et de Central Park à Riverside Drive. Presque tous les jours, lorsque je fais ma promenade après le déjeuner, je passe devant le salon funéraire qui nous attend avec toutes nos ambitions et nos illusions. Je m'imagine parfois que le salon funéraire est aussi une sorte de cafétéria qui offre un court panégyrique ou un Kaddish à ceux qui sont en route pour l'éternité. Les gens que je rencontre à la cafétéria sont pour la plupart des hommes ; des vieux célibataires comme moi-même, des professeurs à la retraite, certains titulaires de doctorats douteux, un rabbin sans congrégation, un peintre spécialisé dans les thèmes juifs, quelques traducteurs – tous émigrés de Pologne ou de Russie. Je connais rarement leurs noms. L'un d'eux disparaît et je pense qu'il est déjà arrivé dans l'autre monde ; il réapparaît soudain et m'explique qu'il a essayé de se fixer à Tel Aviv ou à Los Angeles. Déjà il mange son riz au lait, sucre son café avec de la saccharine. Il a quelques rides de plus,

«Le pont a l'air d'être accroché, inséré dans les constructions, et de jaillir d'un coup, lumineux et noir. Grand pont suspendu, animé.»

Leslie Kaplan

mais il raconte les mêmes histoires et fait les mêmes gestes. Il arrive parfois qu'il sorte un feuillet de sa poche et me lise un poème dont il est l'auteur. ”

Isaac Bashevis Singer, «The Cafeteria», *A Friend of Kafka and Other Stories*, Farrar, Strauss & Giroux, New York, trad. de l'anglais par Jeanine Hérisson, 1993

Initiation

Toute l'œuvre de Henry Miller (1891-1980), né à Brooklyn comme Whitman, est une scène violente et cocasse qu'il fait à son paysage d'origine. Prototype de l'Américain à Paris, il aura du mal à pardonner Brooklyn à l'Amérique et l'Amérique au monde, mais il n'aura pas moins de mal, en quelque endroit du monde qu'il se trouve, à oublier le Brooklyn Bridge, pont sublime, cordon ombilical cosmique dont les fils le font communiquer avec l'univers.

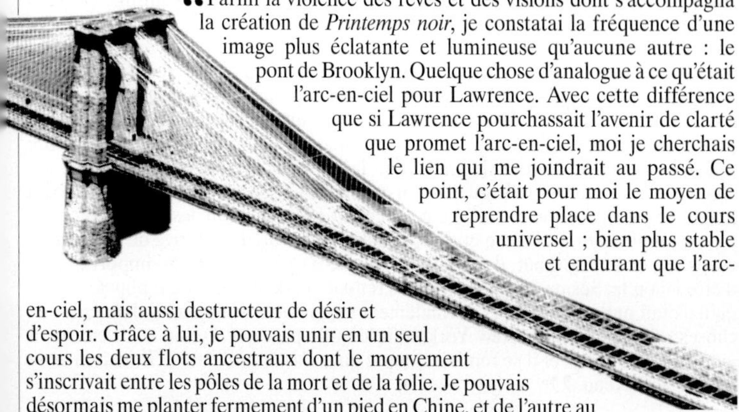

“Parmi la violence des rêves et des visions dont s'accompagna la création de *Printemps noir*, je constatai la fréquence d'une image plus éclatante et lumineuse qu'aucune autre : le pont de Brooklyn. Quelque chose d'analogue à ce qu'était l'arc-en-ciel pour Lawrence. Avec cette différence que si Lawrence pourchassait l'avenir de clarté que promet l'arc-en-ciel, moi je cherchais le lien qui me joindrait au passé. Ce point, c'était pour moi le moyen de reprendre place dans le cours universel ; bien plus stable et endurant que l'arc-en-ciel, mais aussi destructeur de désir et d'espoir. Grâce à lui, je pouvais unir en un seul cours les deux flots ancestraux dont le mouvement s'inscrivait entre les pôles de la mort et de la folie. Je pouvais désormais me planter fermement d'un pied en Chine, et de l'autre au Mexique. Je pouvais prendre l'air tranquillement entre le fou et le criminel.

Je me situais à coup sûr dans mon temps, mais plus loin et plus haut aussi bien. [...] Il me suffisait d'aller et de venir sur ce pont de Brooklyn pour que tout devînt clair comme du cristal. Passé la tour, et me sentant en équilibre stable au-dessus de la rivière, j'entendais battre alors l'horloge du passé. Cela durait tant que je restais au-dessus de l'eau, tant que je me tenais penché sur, et regardais, cette noirceur tournante et voyais tout sens dessus dessous. Ce n'était que dans les moments d'extrême angoisse que je m'adonnais au pont ; lorsque, comme on dit, tout avait l'air d'être perdu. Cela revenait de temps à autre, avec des airs définitifs. Ce pont, c'était la harpe de mort, l'étrange créature ailée et aveugle par quoi je demeurais en suspens, ainsi, entre deux rives.

Je rêvais violemment sur ce pont, si violemment souvent qu'à mon éveil je me trouvais dans le Nevada ou au Mexique ou en tel lieu perdu de la Ville impériale. Le sentiment que j'eus, un jour, en ce dernier endroit, est à peu près inexprimable. Une désolation vraiment sans précédent, et tant plus qu'elle était sans raison. Je me trouvais tout soudain dans le corps d'un homme qui portait bien mon nom en ce lieu, perdu de Dieu lui-même, de la côte Pacifique ; et errant au hasard d'un quartier à l'autre de la ville, j'avais la sensation très nette de ne pas être à ce corps où l'on avait voulu que je prenne demeure. Pour sûr, ce n'était pas mon corps. On me l'avait prêté, peut-être, gracieusement, mais ce n'était pas moi. Désolation vraiment ; sans aucune terreur. Moi donc et ma souffrance, où pouvais-je bien être à cette heure en ce monde? Là donc et pas ailleurs, dûment et bien à l'aise dans la cellule de ce corps errant par la ville, étrangère et sans raison que je connusse. Tout un après-midi. Et peut-être est-ce alors que, si j'en crois les astrologues, je faillis devenir fou. Il n'y eut pas de lutte, pas d'angoisse poignante, mais simplement je demeurai frappé de désolation. Absence de «Je» en fait, durant ce temps. Le «Je» n'était plus guère qu'une vague conscience d'un à-peu-près de Moi, conscience en laisse, pour le temps d'une conjonction cruciale de planètes, où l'on se préoccupa de tirer au clair ma destinée. Un squelette de Moi, fantôme durcissant, congélation du Soi. ❞

HENRY MILLER, *DIMANCHE APRÈS LA GUERRE*, TRAD. DE L'AMÉRICAIN PAR GEORGES BELMONT, STOCK, 1977, PARIS

LE NON-LIEU

Avec ses détectives post-modernes et ses chasses à l'homme borgésiennes, La Cité de verre *– premier volet de la trilogie new-yorkaise de Paul Auster (né en 1947) – déchiffre sur le cadastre de New York les grimoires d'une marelle métaphysique. Une danse mystique conduit à une anamnèse à la faveur de laquelle le continent remonte, au-delà de lui-même, à un espace lunaire, pur, sans moi, sans personne.*

❝ New York était un espace inépuisable, un labyrinthe de pas infinis, et, aussi loin qu'il allât et quelle que fût la connaissance qu'il eût de ses quartiers et de ses rues, elle lui donnait toujours la sensation qu'il était perdu. Perdu non seulement dans la cité mais tout autant en lui-même. Chaque fois qu'il sortait marcher il avait l'impression de se quitter lui-même, et, en s'abandonnant au mouvement des rues, en se réduisant à n'être qu'un œil qui voit, il pouvait échapper à l'obligation de penser, ce qui, plus que toute autre chose, lui apportait une part de paix, un vide intérieur salutaire. Autour de lui, devant lui, hors de lui, il y avait le monde qui changeait à une vitesse telle que Quinn était dans l'impossibilité de s'attarder bien longtemps sur quoi que ce soit. Le mouvement était l'essence des choses, l'acte de placer un pied devant l'autre et de se permettre de suivre la dérive de son propre corps. En errant sans but, il rendait tous les lieux égaux, et il ne lui importait plus d'être ici ou là. Ses promenades les plus réussies étaient celles où il pouvait sentir qu'il n'était nulle part. Et c'était finalement tout ce qu'il avait jamais demandé aux choses : être nulle part. New York était le nulle part que Quinn avait construit autour de lui-même et il se rendait compte qu'il n'avait nullement l'intention de le quitter à nouveau. ❞

PAUL AUSTER, *LA CITÉ DE VERRE*, TRAD. DE L'ANGLAIS PAR PIERRE FURLAN, ACTES SUD, ARLES, 1987

Itinéraires à New York

▲ Central Park

▲ Sherry Netherlands

▲ L'Hôtel Pierre

L'ex-American Radiator Building ▼

▲ 3 Park Avenue

Le Waldorf-Astoria Hotel ▼

LOWER MANHATTAN

LES TWIN TOWERS
Leur site était occupé par douze *blocks* délabrés, paradis des amateurs de radios et de photos, qu'on appelait *Radio Row*.

Pour construire les tours jumelles, on creusa les fondations jusqu'à 21 m de profondeur ; 10 millions de m³ de terre ont servi au remblai de la future Battery Park City. Il fallut aussi détruire, le long de l'Hudson, des quais et entrepôts (ci-dessous, les anciennes gares de chargement de l'Hudson sur le site du World Trade Center). Depuis leur inauguration en 1973, les Twin Towers étaient devenues l'un des plus vibrants symboles de la ville. Outre les milliers de vies perdues lors des attentats de septembre 2001, leur destruction a arraché au plus célèbre skyline urbain du monde son point d'ancrage.

Lower Manhattan, ou la pointe sud de Manhattan, comprend le site de l'ancien World Trade Center, Battery Park City et Financial District, autour de Wall Street. Les premiers colons, hollandais puis anglais, en tracèrent les rues étroites et sinueuses. Témoins, les plus anciennes d'entre elles, dont les noms remontent aux XVIIe ou XVIIIe siècles, et la configuration du district empruntée au plan de l'Amsterdam d'alors. Tout comme dans la ville qui servit de modèle, certaines, dont la plus connue est Broad Street, étaient initialement des canaux ● *32*. D'autres, de construction plus tardive, reflètent une habitude néerlandaise célèbre, la conquête de terrain sur la mer par assèchement ; Manhattan, au fil des siècles, s'est en effet étendue bien au-delà de ses limites primitives ■ *18*, ● *72*. Lorsque les Hollandais vinrent s'y installer, le littoral était très différent de ce qu'il est aujourd'hui. Il longeait WATER STREET à l'est, GREENWICH STREET à l'ouest et STATE STREET au sud. Les hectares gagnés peu à peu – par une accumulation de carcasses de navires, de détritus, de terre provenant d'excavations faites lors de la construction d'immeubles et de lignes de métro – sont aujourd'hui parmi les plus chers du monde. Parmi les rares vestiges de l'époque anglaise figurent TRINITY CHURCH et son cimetière où sont enterrés quelques-uns des plus grands noms de l'histoire coloniale des États-Unis. Juste en face, de l'autre côté de Broadway, commence WALL STREET, cœur du quartier financier. Ville portuaire, New York s'est développée par le commerce et la navigation. Au large s'élèvent les grands «monuments-témoins» des migrations humaines : la statue de la Liberté ▲ *144* et Ellis Island ▲ *148*. Les architectes n'ont eu de cesse de reconstruire sur ce bout de «territoire des origines» où se superposent toutes les strates de l'histoire de la ville, y compris l'une des plus sanglantes, celle des attentats du 11 septembre 2001 ● *46*, qui ont entraîné la destruction des Twin Towers et l'anéantissement du World Trade Center. Matériellement et économiquement très touché par ces attaques terroristes, le quartier doit aujourd'hui se reconstruire, se régénérer, et surmonter un épisode qui a fortement traumatisé les New-Yorkais.

AUTOUR DE GROUND ZERO

Le World Trade Center, le célèbre centre des affaires new-yorkais détruit par les attentats du 11 septembre 2001 ● *46*, était devenu, pendant ses trentes années d'existence, le véritable poumon financier de la ville. Mis en chantier en 1962, inauguré en 1973, il abritait les bureaux de nombreuses institutions publiques et de 500 entreprises. Plus de 50 000 personnes y travaillaient. Le complexe accueillait chaque mois 200 000 visiteurs, qui se pressaient sur son observatoire ou au restaurant *Windows on the World* pour y

admirer une vue sans égale sur la ville. Depuis sa destruction, le site imaginé par l'architecte japonais Minoru Yamasaki a été baptisé «Ground Zero». Du World Trade Center, transformé en zone de guerre surréaliste pendant près de huit mois, il n'est resté pendant plusieurs années qu'un trou béant en chantier permanent. Le quartier s'est largement dépeuplé, les nombreuses institutions financières et banques locataires des tours jumelles ou des autres bâtiments du World Trade Center, qui employaient des milliers de personnes et faisaient vivre des milliers de petits commerçants, ayant choisi de se réinstaller dans d'autres quartiers de New York. Les petites entreprises alentour ont été également touchées par cette désertion.
La reconstruction a été assez laborieuse avec de longues négociations entre la ville, l'État et les investisseurs privés, négociations au cours desquelles l'architecte initialement en charge du projet, Daniel Libeskind, a finalement renoncé. Au final, le site devrait réunir des espaces d'exposition, commerciaux et résidentiels. Le National September 11 Memorial, matérialisé par deux vastes bassins, creusés à l'emplacement des anciennes Twin Towers et dans lesquels se jettent des cascades d'eau, a ouvert en 2011. Un musée dédié à l'événement doit réunir tous les documents, photos, vidéos et objets relatifs au 11 septembre 2001. En mai 2013, une antenne de plus de 120 m a été posée au sommet de la Freedom Tower rebaptisée One World Trade Center et destinée à abriter un centre financier. C'est la plus haute tour des États-Unis (541 m).

Les Twin Towers (ci-dessus) surplombaient le World Trade Center et le Financial Center. La galerie marchande située au sous-sol du complexe avait déjà été la cible d'un attentat à la bombe en 1993. Il fit six victimes et des dizaines de blessés.

90 West Street étant conçu pour être vu de loin, son sommet dispose d'un éclairage nocturne spectaculaire.

Intérieur du New York Telephone Building.

THE SPHERE
Dans l'attente de la reconstruction du site du World Trade Center, un lieu de recueillement et de souvenir a pris place dans Battery Park, sous la forme d'une sculpture de Fritz Koenig, *The Sphere*, qui se trouvait dans le complexe financier et qui a été retrouvée fortement endommagée après les attaques.

BARCLAY-VESEY / NEW YORK TELEPHONE BUILDING ♥. 140 WEST ST., ENTRE BARCLAY ET VESEY STS. (1923-1926, arch. JohnWalker, McKenzie, Voorhees et Gmelin, 32 étages) ● *98*. L'édifice Arts déco, situé au nord du site de l'ancien World Trade Center, exprimait si bien, lors de son achèvement, le nouvel âge industriel que la Ligue d'architecture de New York attribua en 1927 la médaille d'or d'honneur à ses architectes. Il faut entrer, par Washington Street, dans le *lobby* qui traverse l'immeuble de part en part pour admirer le SOL orné de plaques de bronze mettant en scène les ouvriers travaillant à la construction du réseau téléphonique de New York. LES FRESQUES des plafonds retracent l'histoire des communications. Pour mieux apprécier le bâtiment dans son ensemble, il suffit de revenir sur West Street puis de se diriger vers l'Hudson.

90 WEST STREET ♥. (1905, arch. Cass Gilbert, 22 étages, 98,75 m). L'immeuble fut l'un des premiers gratte-ciel new-yorkais à être doté d'une structure «anti-feu». La décoration somptueuse de la façade néo-gothique est de plus en plus chargée à mesure que s'élève le bâtiment pour s'achever en d'extravagantes stalactites dégoulinant d'une corniche à console.

BATTERY PARK CITY

UN QUARTIER GAGNÉ SUR L'EAU. Battery Park City s'étend sur 45 ha à l'ouest de WEST STREET, entre BATTERY PARK au sud et CHAMBERS STREET au nord. Ce quartier, qui comprend des bureaux, des logements, des hôtels, des écoles, des musées et des jardins, a été bâti sur un remblai ■ *18* en partie fourni par les milliers de mètres cubes de terre déblayés pour faire place aux fondations

West Street vers Liberty Street en 1900.

du World Trade Center. Son aménagement commença en 1979 mais son origine remonte à un projet conçu dans les années 1960 par le gouverneur de New York, Nelson A. Rockefeller, désireux de redonner vie à cette partie désertée du Lower Manhattan ainsi qu'aux rives de l'Hudson. Le quartier de Battery Park City, peuplé essentiellement de «yuppies» et isolé du centre historique de New York, à la population plus familiale, par la West Side Highway, se veut l'écoquartier le plus grand au monde, privilégiant les espaces de verdure et axant ses priorités et son plan d'urbanisme sur les économies d'énergie. Son grand attrait est l'ESPLANADE ♥, une promenade piétonnière aménagée au bord de l'eau, qui offre une vue magnifique sur la baie et longe le quartier de part en part. Elle est agrémentée de deux jardins, Robert F. Wagner Jr. au sud, Nelson A. Rockefeller Park au nord, et d'une jolie petite marina, NORTH COVE HARBOR.

WORLD FINANCIAL CENTER. (1981-1988, arch. Cesar Pelli) ● *103*. À la fois cœur et pièce maîtresse de Battery Park City, le World Financial Center est constitué de quatre TOURS trapues de granite poli et de verre, coiffées de formes géométriques permettant d'identifier leurs propriétaires qui sont, en partant du nord-ouest : Merrill Lynch (pyramide à degrés, dôme), American Express (pyramide entière) Dow Jones-Oppenheimer (mastaba). Les *lobbies*, luxueux et clinquants, du World Financial Center, exhibent une profusion de matériaux, sols de marbre polychrome, colonnes noires et brillantes. WINTER GARDEN, le pavillon situé à l'entrée du World Financial Center, est le point central du complexe ; il en focalise les agencements et les circulations. C'est une vaste serre où sont plantés des palmiers géants. Gravement endommagé lors de l'effondrement de la tour nord du World Trade Center le 11 septembre 2001 ● *46*, le Winter Garden a dû être entièrement restauré. Il offre une perspective tout à fait exceptionnelle sur l'Hudson, North Cove Harbor et Ground Zero. Des commerces et des restaurants animent aussi le site.

LE FERRY-BOAT DE HOBOKEN (NEW JERSEY)
L'embarcadère du ferry – surnommé le «bateau des Pingouins» à cause des nombreux cadres qu'il transporte quotidiennement entre le quartier financier et Hoboken – se trouve à l'extrémité nord de North Cove. La traversée permet de profiter d'une vue merveilleuse sur Manhattan. Hoboken est le lieu de naissance du chanteur Frank Sinatra.

«SUR LES QUAIS»
On the Waterfront, film d'Elia Kazan. Ci-dessous, Marlon Brando dans une scène du film : dans le décor naturel du port de New York, sur fond de corruption syndicale, le drame intime d'un homme faible confronté, dans sa quête du bonheur, aux tourments de sa conscience.

Vue du port de New York en 1878.

Monuments commémoratifs Nombre de mémoriaux furent érigés dans Battery Park tel l'American Merchant Marine Memorial. Cette sculpture de Marisol (1991), inspirée d'une photo d'actualité de la Seconde Guerre mondiale, s'élève au sud-est de Pier A.

Dans le parc se dressent le John Ericsson Memorial, dédié au constructeur du *Monitor* ▲ *174*, le Netherlands Memorial Flagpole, commémorant l'achat de Manhattan aux Indiens, le Verrazano Memorial, rappelant le nom du premier Européen qui pénétra dans la baie.

Depuis 1997, un cinquième bâtiment, œuvre de la célèbre firme architecturale Skidmore, Owings & Merrill, est venu compléter l'ensemble en bordure de l'Hudson. Il abrite les New York Mercantile Exchange et Commodities Exchange (NYMEX-COMEX), deux bourses de marchandises fondées respectivement en 1872 et 1933. Le World Financial Center enserre, entre ses tours, la MARINA DE NORTH COVE, formant comme une «place Saint-Marc-sur-l'Hudson»… Sur la rambarde de l'esplanade de ce port de plaisance en eaux profondes sont gravées des citations de WALT WHITMAN ● *114* et THOMAS O'HARA, anciens habitants du Lower Manhattan, qui célèbrent l'histoire et la beauté du lieu.
Museum of Jewish Heritage-A Living Memorial to the Holocaust. 36 BATTERY PLACE (1997) Ce musée, ouvert depuis septembre 1997, retrace l'histoire du peuple juif au XXe siècle avant la Seconde Guerre mondiale, pendant la sombre période de l'holocauste jusqu'à l'époque contemporaine. Des documentaires filmés, venant de la fondation créée par Steven Spielberg, complètent l'exposition de photos et de pièces d'archives.
Downtown Athletic Club. 20 WEST ST. (1931, arch. Starrett et Van Vleck, 37 étages). Ses architectes étaient membres de ce club très sélect et réservé aux WASP (*White Anglo-Saxon Protestants*, «Anglo-Saxons blancs et protestants») mâles. Avec ses 163 m, le bâtiment aux très beaux ornements de brique et de verre, de style Arts déco, fut à son époque un des plus élevés de Manhattan. Le club décerne chaque année le HEISMAN TROPHY au meilleur joueur de football de toutes les universités du pays. Ce building est aujourd'hui devenu le Downtown Club qui abrite des appartements de luxe.

Battery Park

Lieu stratégique, la pointe sud de Manhattan fut jusqu'au début du XIXe siècle l'emplacement de batteries d'artillerie. Aujourd'hui, Battery Park est un jardin public s'organisant autour du fort de Castle Clinton où se vendent les billets d'accès à Ellis Island et à la statue de la Liberté ▲ *144*.
Un «nouveau» fort. En 1635, à l'emplacement de la future US Custom House (1907), les Hollandais construisirent le FORT AMSTERDAM, appelé sous la domination anglaise FORT GEORGE. En complément, les Britanniques en édifièrent un deuxième sur une île située à 90 m du rivage.

«La pointe extrême de la ville est la Batterie dont la noble avancée est lavée de vagues, rafraîchie de brises»

Herman Melville

Derniers trilles d'un rossignol
Le 11 septembre 1850, Castle Garden fut le théâtre des derniers succès de Jenny Lind, dite «le Rossignol suédois», lancée en Amérique par P. T. Barnum. Ce dernier monta une habile controverse dans la presse en chantant en public les louanges de la diva qu'il critiquait sous des signatures d'emprunt, ce qui fit grimper jusqu'à $ 225 le prix du billet de sa première prestation. Quelques années plus tard, la cantatrice sombra dans l'oubli.

Entre 1807 et 1811, John McComb, dans la perspective d'une guerre avec l'Angleterre, érigea un nouveau fort sur ce site. Cette fortification, nommée West Battery, devint alors le pendant d'East Battery, placée à Governor's Island. West Battery fut désaffectée et rebaptisée Castle Clinton, en 1815, en l'honneur du maire de New York qui fit percer le canal Érié ● *27*. Castle Clinton devint le lieu officiel de réception des dignitaires étrangers. La Fayette y fut accueilli en 1824. La forteresse fut baptisée ensuite Castle Garden et prêta son cadre à des représentations d'opéras. Castle Garden fut transformé en 1855 en Main Emigrant Landing Depot (Centre de débarquement des émigrants). Lorsque le centre fut transféré, en 1892, à Ellis Island, huit millions de personnes y avaient transité. Une fois l'île rattachée à Manhattan à la suite de plusieurs remblayages ● *72*, le fort fut transformé, en 1896, en un aquarium qui attira des millions de visiteurs. Il ferma ses portes en 1941 pour permettre le passage du tunnel Brooklyn-Battery, puis il fut transféré à Coney Island. Le fort, sauvé de la démolition par Eleanor Roosevelt, fut classé monument national en 1946 et restauré. Des maquettes y représentent la ville entre 1812 et 1941.

Pier A ♥. Angle S.-O. West St. et Battery Place (1886, arch. George Sears Greene Jr.). C'est le plus vieil embarcadère de New York. En 1919, en hommage aux victimes de la Première Guerre mondiale, on érigea un clocher sur l'édifice avancé dans la mer. Ses cloches sonnaient huit coups, à la manière des sirènes de bateaux. Jusqu'en 1959, l'embarcadère servit de quartier général à la police du port et à la brigade maritime des pompiers.

Un fort-aquarium
L'aquarium aménagé dans le fort présentait au public quantité d'espèces et servait à la reproduction de poissons qui étaient ensuite alevinés dans les rivières de l'État.

Ci-dessous, pointe de Lower Manhattan avec Battery Park.

En 1886, le peuple d'Amérique reçoit du peuple de France une immense statue allégorique, *La Liberté éclairant le monde*. Un sculpteur, Bartholdi, et un homme politique libéral, Edouard de Laboulaye, avaient été à l'origine de ce symbole de l'amitié franco-américaine : «Cette Liberté ne sera pas celle qui porte le bonnet rouge et une pique, ce sera la Liberté américaine qui ne brandit pas une torche incendiaire mais le flambeau qui illumine», déclarait Laboulaye. Érigée dans le port de New York, à l'extrémité sud de Manhattan, la statue allait devenir tout à la fois le symbole de la Liberté et celui des États-Unis.

PARCOURS DANS LE CORPS D'UNE GÉANTE
Ce que l'on voit d'abord de la statue de la Liberté est… son talon colossal. Après avoir pénétré dans le socle, on peut visiter le musée (rénové en 1986), qui retrace l'histoire de la statue. Un ascenseur conduit jusqu'en haut du piédestal. Puis l'étroit escalier métallique à double révolution mène jusqu'à la couronne percée de baies ouvrant sur l'océan. L'accès à la torche est interdit pour des raisons de sécurité. Ci-contre l'oncle Sam félicitant Miss Liberty, in *World*, le 16 mai 1885.

BARTHOLDI : LA FORMATION D'UN SCULPTEUR
Frédéric Auguste Bartholdi naît le 2 août 1834 à Colmar, en Alsace. Sa famille l'introduit au sein d'un réseau de relations puissantes chez les républicains. Il est aussi l'auteur du colossal *Lion* de Belfort.

Une double légende persistante prétend que le sculpteur aurait pris sa mère pour modèle du visage de la statue (au centre, son portrait par Ary Scheffer) tandis que pour le corps, il aurait fait poser sa future épouse.

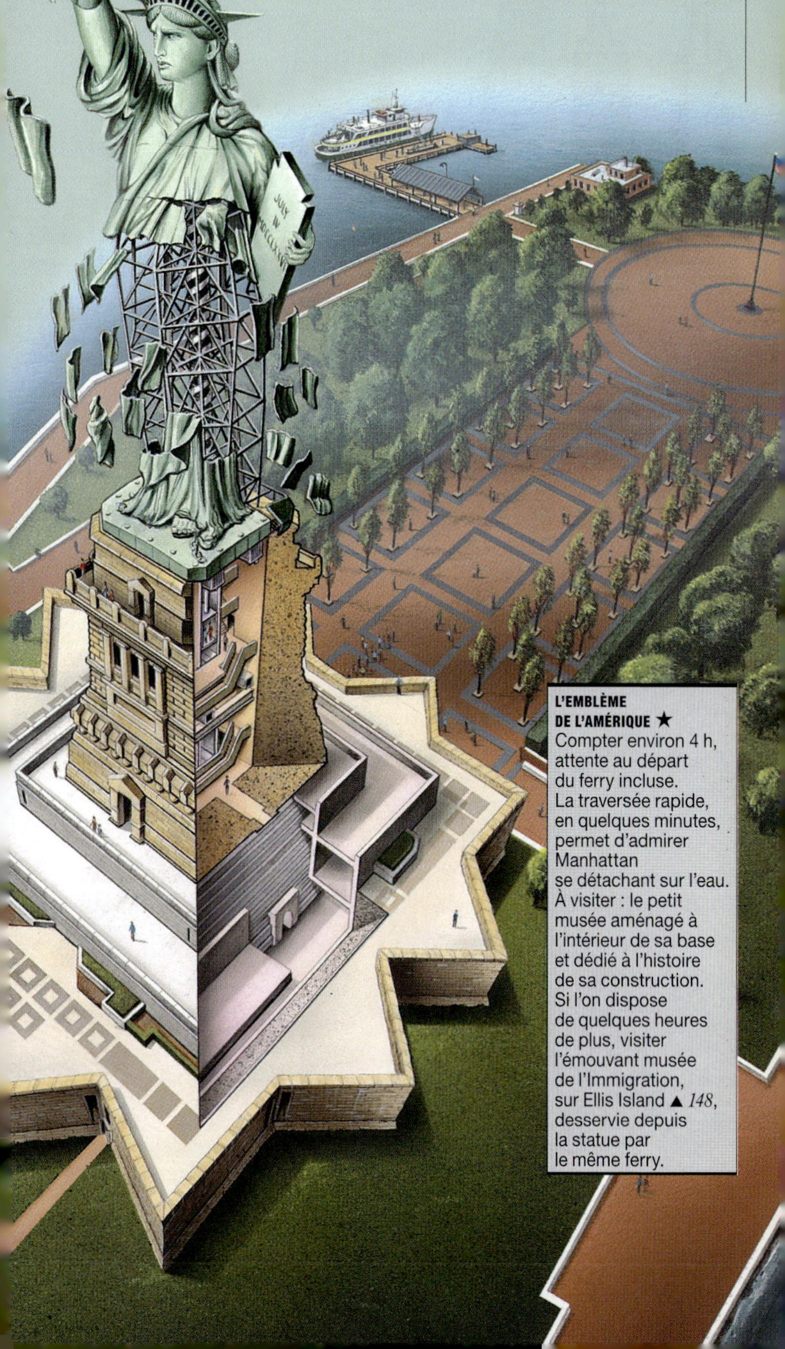

L'EMBLÈME DE L'AMÉRIQUE ★

Compter environ 4 h, attente au départ du ferry incluse. La traversée rapide, en quelques minutes, permet d'admirer Manhattan se détachant sur l'eau. À visiter : le petit musée aménagé à l'intérieur de sa base et dédié à l'histoire de sa construction. Si l'on dispose de quelques heures de plus, visiter l'émouvant musée de l'Immigration, sur Ellis Island ▲ *148*, desservie depuis la statue par le même ferry.

EIFFEL AU SECOURS DE LA «LIBERTÉ»
Aves ses 44 m de haut, la statue risquait de donner trop de prise au vent. Gustave Eiffel fut chargé de sa structure.

La robe de cuivre de 2,5 mm d'épaisseur, rivetée à une armature de fer, bouge et vibre tout en résistant aux plus fortes tempêtes.

LA «LIBERTÉ» EXPOSÉE À PARIS
Lors de l'Exposition universelle qui se tient à Paris en 1878, on peut grimper dans la tête de la statue. Par la suite, «la Liberté» domine, pour un temps, les toits de Paris : pour 50 centimes, on peut accéder jusqu'à la couronne et la torche. Même si les Parisiens, Hugo en tête, ne veulent plus laisser partir «leur» statue de la Liberté, elle sera quand même démontée et expédiée en Amérique, sur la frégate *Isère,* dans 270 caisses.

RICHARD MORRIS HUNT, ARCHITECTE DU PIÉDESTAL
Il conçut un piédestal élevé, un socle dorique surmonté d'une loggia néo-classique en béton armé et granite, pour équilibrer la taille de la statue. La première pierre est posée – selon le rite maçonnique – au printemps 1886.

Inauguration
Le 28 octobre 1886, la statue, la face voilée de tricolore, est inaugurée (ci-dessus). Outre son rôle de symbole, elle est devenue une star mondiale de la pub (en haut de page), pose pour les peintres (Andy Warhol en a fait, comme pour Marylin, des portraits multiples) et joue même les vedettes dans *Saboteur* de Hitchcock, en 1942, ou dans *La Planète des Singes* de Schaffner, en 1968.

Administrée par le *National Park Service* depuis 1937, la statue a bénéficié d'une cure de jouvence pour son centenaire, en 1986. Une équipe franco-canadienne a été chargée de consolider le bras droit et la tête, décalés de leur axe normal par une erreur commise lors du montage initial. Dotée d'une nouvelle

torche dont la flamme est dorée à la feuille, sa robe de cuivre nettoyée, *Miss Liberty* peut reprendre du service pour un siècle. À New York, on a oublié ses origines françaises, tant elle est devenue le symbole de l'Amérique.

Arrivée d'immigrants à Ellis Island vers 1900.

Île des larmes, Île de l'espoir

L'histoire des États-Unis, qui ont représenté pour des millions de gens un eldorado quasi mythique, est avant tout une histoire d'immigration. À la fin du XIXe siècle, un courant xénophobe prend corps dans la société américaine. On assiste à des attaques, voire des meurtres d'immigrants. La pression de l'opinion, devenue hostile aux nationaux de l'Europe centrale et méridionale, oblige l'État fédéral à prendre en charge la question de l'immigration jusqu'alors laissée au soin de chaque État. Une restructuration et une centralisation des institutions, la création de diverses commissions à l'échelon central et un contrôle strict de l'immigration s'imposent et Ellis Island devient la salle d'attente de la Terre promise.

Moyens d'accès. Depuis New York, on emprunte le même ferry que pour aller à la Statue de la Liberté (Battery Park, pointe sud-ouest de Manhattan). Une traversée d'une vingtaine de minutes permet d'atteindre l'impressionnant embarcadère de briques rouges, surmonté d'un auvent de verre, qui mène au bâtiment principal.

Musée de l'Immigration. Dans l'enceinte, érigé face à la mer, un mur d'honneur, long d'une trentaine de mètres

Immigrants débarquant dans le port de New York, devant Castle Garden, le centre d'accueil d'avant Ellis Island, peinture de Samuel Waugh (ci-contre).

et recouvert d'une plaque de cuivre gravée, porte les noms de six cent mille immigrants. À l'intérieur du bâtiment un musée a été aménagé. La SALLE DES BAGAGES, située au rez-de-chaussée, avec son assemblage hétéroclite de malles, valises, paniers et baluchons divers qui ont accompagné les immigrants au cours de leur voyage, a été reconstituée dans le grand hall où une série de panneaux indique le sens de la visite. Les visiteurs pressés se rendront directement au deuxième étage par l'ascenseur, les autres pourront commencer leur visite par le vaste panorama de l'histoire de l'immigration aux États-Unis présenté, dans la grande salle du rez-de-chaussée, sous forme de silhouettes et d'arbres généalogiques. À ce niveau, on peut également assister

« Le bruit courait […] que certains d'entre nous se verraient refuser l'entrée aux États-Unis et seraient renvoyés en Europe. L'idée me donna des sueurs froides […]. Plus tard, après avoir chassé ces angoisses, je fus pris d'une peur panique d'attraper les oreillons, la variole ou autres maladies. […] Je tremblais sans dormir toute la nuit, écoutant tous ces passagers qui ronflaient et rêvaient tout haut en une douzaine de langues différentes. »

Louis Adamic décrivant sa traversée en 1913

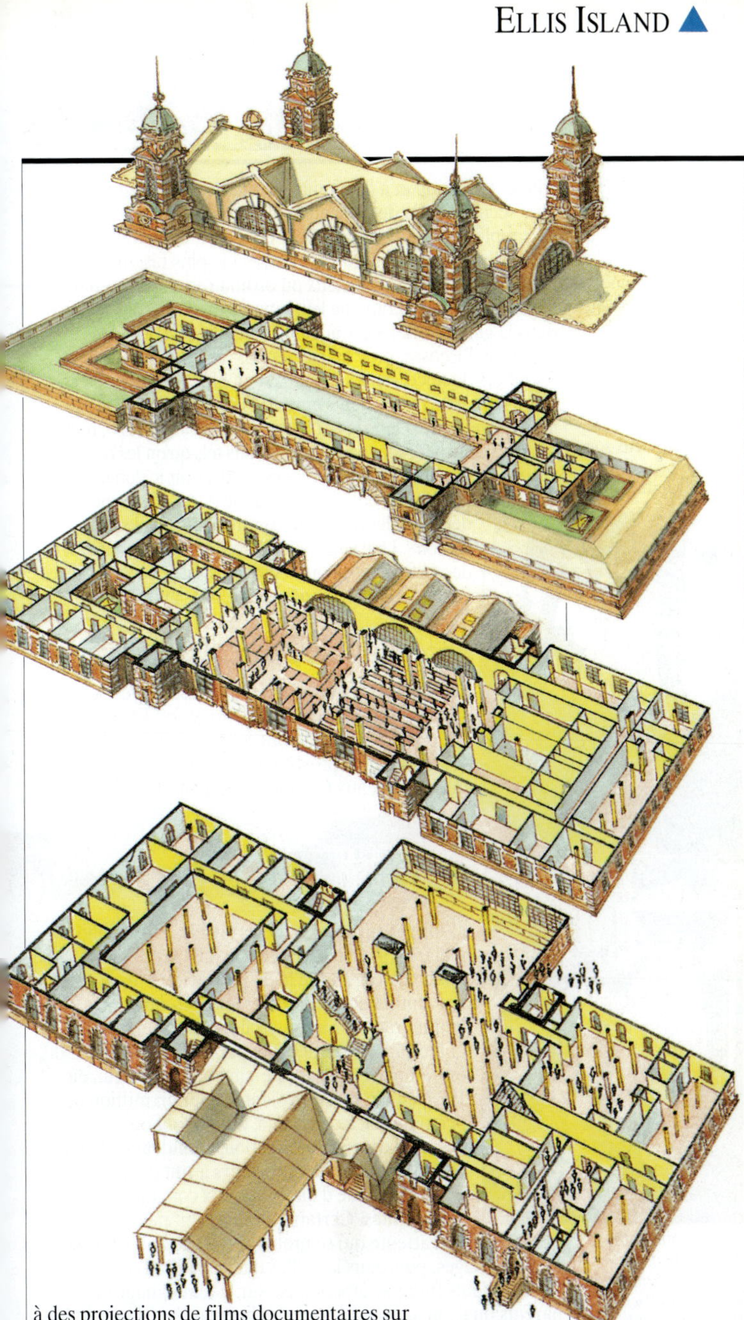

à des projections de films documentaires sur Ellis Island (prendre les billets dans le hall d'entrée). Deux galeries semi-circulaires à l'ouest et à l'est de la grande salle d'enregistrement évoquent, au premier étage, le long processus à l'issue duquel les immigrants devenaient Américains (examens médicaux, tests d'alphabétisation) et font état des mariages, contractés à Manhattan, lorsque le nom de l'un des époux avait été enregistré à Ellis Island. Des témoignages ont été recueillis auprès des immigrants ou de leurs enfants et sont rassemblés dans cette salle. Ils illustrent l'insertion progressive des nouveaux arrivants dans la société américaine, grâce aux réseaux de soutien à l'emploi,

BÂTIMENT D'ACCUEIL DES IMMIGRANTS
De 1892 à 1954, douze millions de personnes ont été reçues dans ses grandes salles d'attente, ses dortoirs, ses bureaux, et ses salles d'examen médical.

Entrée principale d'Ellis Island.

L'EXAMEN MÉDICAL
Tous les immigrants qui arrivent aux États-Unis (ci-dessous au XIXe siècle et en 1914) sont astreints à une visite médicale. Ceux qui souffrent de maladies contagieuses tel le trachome (affection des yeux) ne sont pas acceptés. Entre 6 et 11 % d'entre eux sont refoulés pour des raisons sanitaires.

à la scolarisation et à l'assimilation rapide des enfants. Une seconde salle de projection attend ceux qui souhaitent un supplément d'informations. C'est sans aucun doute le troisième étage qui présente l'aspect le plus fascinant du musée : les objets précieux ou ordinaires emportés par les immigrants au cours de leurs pérégrinations sont exposés dans la galerie est. Ils évoquent la diversité des origines – théière d'Écosse, pipe autrichienne – et les espérances – souliers de noce, livres religieux, machine à coudre, à écrire, fers à repasser, instruments emportés pour recommencer une nouvelle vie. Dans la SALLE DES «VOIX OUBLIÉES», non moins émouvante, sont exposés les objets tels qu'on les trouvaient encore à Ellis Island dans les années 1980, avant le début de la restauration. De là, on rejoint la galerie ouest où des vitrines détaillent les processus d'entrée par la salle des dortoirs. Une autre voie d'accès permet de découvrir de petites expositions temporaires d'œuvres d'artistes contemporains consacrées à Ellis Island.

LIEU D'HISTOIRE, HISTOIRE DES LIEUX

LE PRIX DE L'ASILE. Par étapes successives, les lois d'immigration interdisent l'entrée des États-Unis aux porteurs de maladies contagieuses, aux polygames, aux prostituées, aux indigents, aux anarchistes, aux Chinois (1882), aux Japonais

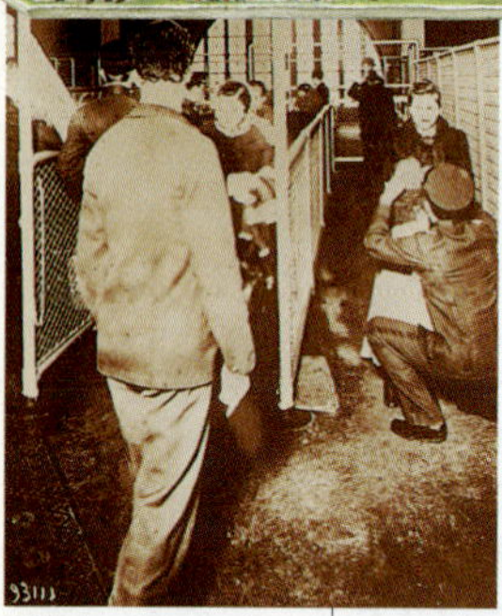

(1907) et aux analphabètes (1917). Ellis Island, malgré son étroite superficie (elle sera bientôt doublée), est un site idéal pour trier, retenir et éventuellement refouler les postulants à l'immigration. La construction d'origine, de trop faible capacité et détruite par un incendie en 1900, est remplacée par trente-cinq bâtiments qui, en 1907, année record, voient affluer un million de personnes. Ces arrivants, qui ne sont encore que des candidats à l'immigration, attendent de longues heures, parfois plusieurs jours avant de débarquer sur l'île à l'issue d'un voyage aux conditions souvent éprouvantes. Certains ne survivent pas à la traversée ou à l'attente qui se prolonge dans le hall d'entrée, dans les étages, puis dans les salles d'inspection. La majorité des candidats finit par être admise sur le témoignage de parents ou d'amis… ou de mariages impromptus. On a établi que chaque dortoir pouvait abriter trois cents immigrants et l'hôpital accueillir jusqu'à cinq cents malades. À ce jour, trois mille cinq cents personnes sont décédées à Ellis Island et trois cent cinquante y sont nées.

AUX PORTES DE L'OUBLI.
Les lois sur les quotas de 1921 et 1924 marquent le début du lent déclin d'Ellis Island. En 1932, pour la première fois, les immigrants qui repartent dans leur pays sont plus nombreux

«Un inconnu qui
nous accueille,
Dur, nous demande :
«Et la santé ?»
Il nous examine.
Son œil
Comme des chiens
nous a scrutés.
Il étudie en
profondeur
Les yeux et la
bouche. À coup sûr
S'il avait pu sonder
nos cœurs
Il y aurait vu –
la blessure.»

Avrom Reisen

«SI ON EST UN TANT SOIT PEU SENSIBLE À LA CITOYENNETÉ, CELUI QUI REVIENT D'UNE VISITE APPROFONDIE À ELLIS ISLAND N'EST PLUS LE MÊME QUE CELUI QUI S'Y EST RENDU.»

HENRY JAMES

ÉPREUVE POUR LES CANDIDATS À L'IMMIGRATION Ci-contre, la salle où s'effectuait la répartition des immigrants, selon les critères de la législation américaine. Le processus durait en général cinq heures et concernait entre quatre à cinq cents personnes par jour.

que ceux qui arrivent et, en 1937, le centre n'a vu passer que cent soixante expulsés et trente détenus. Pendant la guerre, Ellis Island devient un lieu de détention pour les «ennemis des États-Unis». Les rares réfugiés juifs y côtoient alors nazis et communistes de tous bords. Ellis Island, devenue trop coûteuse pour les faibles services qu'elle rend, ferme définitivement ses portes en 1954.

"Donnez-moi ces masses de misère, épuisées,
Blotties, avides d'air libre,
Pauvres débris de vos rivages surpeuplés.
Envoyez-les moi, ces vagabonds, jetés dans la tourmente,
Je tiens ma torche allumée, auprès de la porte d'or !"

Emma Lazarus, *The New Colossus*

Ellis Island au début du XXe siècle.

LA RESTAURATION D'ELLIS ISLAND. Avec l'abandon vint la décrépitude : les bâtiments décorés, les objets historiques entreposés, l'environnement de l'île furent alors soumis au vandalisme, aux pilleurs et aux intempéries. Une fois les murs rongés par l'humidité, les toitures éventrées, des plafonds et des parquets effondrés, la nature reprit possession des salles où s'étaient pressés tant d'immigrants. En 1965, l'administration du président Johnson s'en émut et conféra à Ellis Island le statut de monument national attaché à la statue de la Liberté. Le mur de mer fut alors consolidé et reconstruit par endroits. Puis, à partir de 1976, cinquante mille visiteurs par an eurent accès à ce site historique. En 1982, une campagne alerte l'opinion publique sur le délabrement du musée. Des donations affluent de toutes parts pour sauver ce patrimoine cher au cœur des Américains. Le site est fermé en 1984 pour être restauré. Un inventaire détaillé des objets récupérables fut entrepris, le plafond de la salle d'enregistrement qui avait été construit et carrelé de terre cuite selon une technique catalane en 1917 fut reconstitué, la réparation des murs permit de sauver quelques-uns des messages gravés dans le plâtre au début du XXe siècle, témoins émouvants de la frustration ou des espoirs exprimés par les immigrants. La restauration du bâtiment principal d'Ellis Island a été la plus coûteuse à ce jour (156 millions de dollars) de toute l'histoire des États-Unis. Toutefois, le musée, inauguré le 10 septembre 1990, accueille deux millions de visiteurs chaque année.

UN SAVANT IMMIGRÉ Albert Einstein à son arrivée à New York, le 27 octobre 1933.

ÉMOUVANT LIEU DE SOUVENIR Pour cent millions d'Américains, ces bâtiments sont des lieux chargés de mémoire : un père, une mère, voire une sœur – en tout douze millions d'immigrants ont franchi, au début du XXe siècle, les portes du Nouveau Monde à Ellis Island.

▲ Site du World Trade Center vers Battery Park, par Broadway

Hyperréalisme
Assis sur les marches de Liberty Plaza, la cravate relevée par-dessus l'épaule, banquiers et courtiers viennent, les jours de beau temps, manger leurs sandwichs achetés dans l'un des *deli* de Broadway.

Sur un banc, l'un d'eux vérifie le contenu de son attaché-case et parcourt des documents, tout à fait lisibles, de la banque d'affaires Merrill Lynch. C'est en fait une sculpture, plus vraie que nature et intitulée *Double Check* (J. Seward Johnson Jr., 1982). Autre curiosité, à la hauteur du 174 Broadway, l'horloge sertie dans le trottoir. Elle appartient à la proche bijouterie William Barthman Jewellers.

Landmark Preservation Law
Le Singer Building (ci-contre), détruit en 1970, est l'un des chefs-d'œuvre les plus regrettés des New-Yorkais. Depuis, la New York Landmark Commission a conforté son pouvoir de veto et élargi ses prérogatives à la préservation de l'intérieur des bâtiments accessibles au public. New York compte aujourd'hui plus de 1 500 landmarks.

Depuis le site de l'ancien World Trade Center, l'itinéraire emprunte l'avenue la plus célèbre de Manhattan, Broadway. Cette artère, la seule à épouser des courbes, traverse l'île du nord au sud. Elle serait à l'origine une ancienne piste indienne à la ligne infléchie par les forêts et les collines. Elle fut élargie par les Hollandais en même temps que fut construit, au sud de l'actuel Bowling Green, le fort Amsterdam, et baptisée «Breede Wegh» (la Route large), Broadway en anglais. Aujourd'hui, le «bas Broadway» est si dense et compact que l'on ne peut, depuis la rue, apercevoir les sommets de ses tours, à l'étroit dans le vieux New York au tracé irrégulier et au trafic congestionné. La plupart des buildings sont dotés d'un *lobby* de la largeur d'un *block*.

Autour de Liberty Plaza

Century 21, ex-East River Savings Bank Building. 22 Cortland St., entre Church, Dey et Cortland Sts. (1934, arch. Walker et Gillette, 4 étages) ● *98*. Cette ancienne banque est un bijou Arts déco. L'échelle grandiose de la salle bancaire, voûtée en berceau, toute de marbre rouge, noir et brun, et le sol à motifs géométriques sont des plus intéressants. Le bâtiment est aujourd'hui occupé par le magasin de discount Century 21, connu pour ses vêtements de grandes marques aux prix imbattables.

1 Liberty Plaza / 149 Broadway. (1974, arch. Skidmore, Owings et Merrill, 52 étages) ● *100*. La construction de ce *glassbox* (boîte de verre) – occupant le *block* délimité par Broadway et Church, Cortland et Liberty Streets – a entraîné la démolition du Singer Building, dont la surface utile était cinq fois inférieure. Chef-d'œuvre du style «Beaux-Arts», cet

Le sceau rond en cuivre de l'East River Savings Bank, flanqué de deux aigles, ornait le parapet qui surplombe les entrées latérales.

Ci-contre, le *Sky Lobby* de l'Equitable Building.

«Devant moi s'ouvre une avenue qui serait large si elle était bordée de maisons européennes ; dominée par des édifices de trente et quarante étages, elle ne semble plus qu'une ruelle. Le soleil ne la pénètre qu'un moment, lorsqu'il se trouve dans son axe […]. La masse de ces constructions pèse sur le passant et, si elle ne l'écrase pas, il s'en faut de peu. Ces gratte-ciel, liés par une sympathie de géants, se soutiennent pour s'aider à monter, s'arc-boutent, se prolongent jusqu'à l'épuisement des perspectives. On essaie d'en compter les étages un par un, puis lassé, l'œil se met à les gravir par dizaine ; on lève la tête, à se scier le cou, et le dernier étage qu'on aperçoit n'est en réalité que le premier d'une série de terrasses en retrait, qu'une vue de profil seule ou un vol d'oiseau pourraient révéler.»

Paul Morand, *New York*

édifice fut conçu par ERNEST FLAGG qui, par bien des aspects, est un précurseur des gratte-ciel modernes. Plus haut building jamais construit en son temps (1908), puis plus haut building jamais rasé (1970), le Singer Building était capable de résister de front à une pression du vent de 350 t. Il devançait également la *Zoning Resolution* de 1916 ● *97* car, en 1908, sa tour fine et élégante formait déjà un décrochement par rapport à la masse de sa partie inférieure pour laisser la lumière du soleil pénétrer dans la rue. Lors de sa démolition, la New York City Landmark Commission, toute jeune de cinq ans, fut trop timide pour arrêter les projets du constructeur US STEEL.

HONG KONG CHINA BANK. 140 BROADWAY, ENTRE LIBERTY ET CEDAR STS. (1967, arch. Skidmore, Owings et Merrill). Typique du style international, ce monolithe au toit plat est dépourvu de toute décoration. L'embellissement traditionnel a pris la forme d'un objet d'art séparé : le cube-sculpture (ci-contre) d'Isamu Noguchi (1973).

EQUITABLE BUILDING ● *96* ♥. 120 BROADWAY (1915, arch. Ernest R. Graham de Graham, Anderson, Probst et White). Des aigles et des lions en pierre ornent le bas de la façade de ce building néo-Renaissance qui occupe une surface trente fois supérieure à celle autrefois utilisée par un premier édifice du même nom. Sa construction souleva un tollé général, les New-Yorkais craignant que tout Lower Manhattan ne soit étouffé par de tels «monstres». L'Equitable Building est pourtant classé et son *lobby* compte parmi les plus impressionnants de New York, avec son plafond voûté et à caissons décorés de rosaces dorées à la feuille, son sol de marbre rose extrait des carrières du Tennessee et ses murs de marbre couleur sable. Il donne, par quatre entrées, sur toutes les rues adjacentes. La partie inférieure du building occupe tout le *block*, tandis que le «corps de l'édifice», avec ses cinq mille fenêtres, est en forme de «H». Le *sky lobby*, ancien siège du très fermé BANKERS CLUB (au 38th *floor*, 37e étage), se visite sur rendez-vous. On y profite d'une vue panoramique sur les toits avoisinants.

L'Equitable Building, en 1914.

▲ Site du World Trade Center vers Battery Park, par Broadway

Le Trinity Building, perçu ici par un bon vivant, arbore un «curieux visage»…

Thames Twins / Trinity and Realty Buildings ♥. 111-115 Broadway (1905 et 1907, arch. Francis H. Kimball). Les bâtiments jumeaux, reliés par une passerelle qui enjambe Thames Street, sont l'un des joyaux de New York et constituent, au cœur d'un quartier financier dense et bondé, une agréable surprise. Les façades font écho à celles, gothiques, de Trinity Church et l'intérieur possède un décor de même style : vitraux, portes d'ascenseur, grotesques et ornements dorés à la feuille.

Autour de Trinity Church

Bank of New York / ex-Irving Trust Building ♥. 1 Wall St., angle S.-E. Broadway (1932, arch. Voorhees, Gmelin et Walker, 49 étages). Les Grecs cannelaient les colonnes pour créer l'illusion d'une hauteur et d'une finesse accrues. Ce procédé a été repris pour la surface du building. La paroi de calcaire uni et le motif abstrait Arts déco de la façade accentuent l'aspect monolithique de l'édifice. Cette tour, construite pendant la Grande Dépression, exhale une force, toute d'assurance. L'Irving Trust Building a emprunté son nom au premier grand écrivain de la littérature américaine, Washington Irving, qui vécut au 3 Wall Street ● *115*. Reculer sur Rector Street pour avoir une vue d'ensemble du bâtiment.

Irving Trust Building
La salle des opérations bancaires du rez-de-chaussée, au décor «flamboyant», est tapissée de mosaïque rouge et or.

Trinity Church ♥. Broadway, O. Wall St. (1846, arch. Richard Upjohn). La paroisse de la Trinité, fondée par une charte de Guillaume III en 1697, fut dotée de vastes terrains de pâture et devint ainsi l'église la plus riche d'Amérique. L'édifice est le troisième du nom bâti sur le site : la première église, construite en 1698, fut détruite par un incendie en 1776 et la seconde fut démolie en 1839 parce que sa charpente était déficiente. Édifiée en 1846, l'église actuelle, de style Gothic Revival, est parée de grès brun et possède un clocher doté d'une flèche effilée qui culmine à 86,50 m. Trinity Church, qui était jusqu'à la fin du XIXe siècle le monument le plus élevé de New York, servait de point de repère aux bateaux. Le vitrail du chœur est l'un des premiers à avoir été réalisés aux États-Unis. Les trois portes de bronze du portail, conçues par Richard Morris Hunt et exécutées par Karl Bitter, racontent l'expulsion d'Adam et Ève du Paradis. Dans le cimetière aux chênes centenaires de la paroisse reposent Alexander Hamilton, premier ministre des Finances ▲ *161, 352, 360*, Robert Fulton, pionnier de la navigation à vapeur ● *42*, ▲ *175*, le capitaine James Lawrence, héros de la guerre de 1812, William Bradford, fondateur du premier journal new-yorkais ● *54*, Albert

Anglicane
Trinity Church (ci-contre) fut la première paroisse de Manhattan à appartenir à l'Église officielle d'Angleterre. Afin de pouvoir entretenir un prêtre anglican, tous les habitants, quelle que soit leur religion, durent payer un impôt.

«Cent fois je me suis dit que New York était une catastrophe, et cinquante fois : c'est une splendide catastrophe.»

Le Corbusier

Gallatin, homme d'État et fondateur de la New York University ▲ *200*. La tombe la plus ancienne date de 1681. Un ossuaire renferme les cendres de 2 000 prisonniers morts pendant la guerre d'Indépendance. Après les attentats du 11 septembre 2001 ● *46*, les grilles de l'église sont devenues le support d'un monument improvisé à la mémoire des victimes et à la bravoure des pompiers.

29 Broadway. (1931, arch. Sloan et Robertson, 30 étages) ● *98*. Le *lobby* de cet immeuble Arts déco, avec sa profusion de marbre vert jade, ses portes de verre ciselé et ses grilles de radiateur, exprime pleinement la sensibilité de ce style. Traverser la rue pour apprécier la ligne de l'immeuble.

Autour de Bowling Green

Cunard Building ♥. 25 Broadway. (1921, arch. Benjamin Wistar Morris, Carrère et Hastings, 21 étages). La Cunard Line devint dans les années 1920, après sa fusion avec la White Star Line, la première compagnie maritime de transport de passagers. À l'exception des prestigieux *Queen Mary*, *Queen Elizabeth* et *Queen Elizabeth II*, la plupart de ses bateaux portaient des noms finissant en «ia» (*Mauretania*, par exemple) – peut-être en hommage à son premier navire, le *Britannia*, qui accosta à New York le 4 juillet 1840. Son ancien siège abritait le New York City Police Museum, consacré à l'histoire de la police new-yorkaise depuis sa création, aujourd'hui installé à Old Slip St. Le somptueux portail, enchâssé dans une facade néo-Renaissance, ouvre sur un immense *lobby* au plafond à caissons, éclairé par des lustres anciens et aux murs couverts de *terracotta* polychrome.

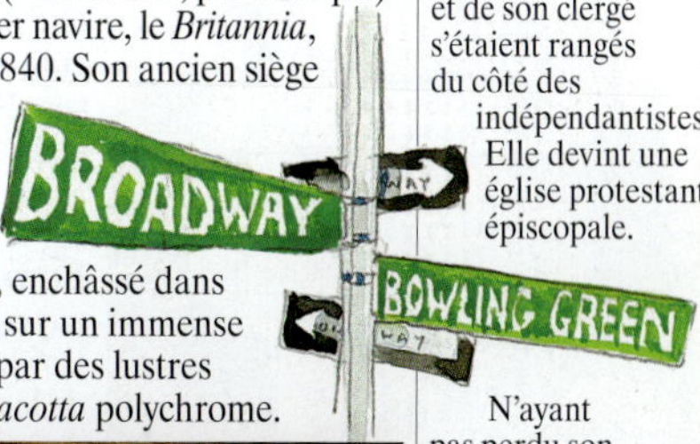

Protestante
Après la guerre d'Indépendance et la rupture avec l'Église d'Angleterre, la paroisse de Trinity Church ne fut pas fermée car la majorité des fidèles et de son clergé s'étaient rangés du côté des indépendantistes. Elle devint une église protestante épiscopale. N'ayant pas perdu son patrimoine immobilier, elle conserva sa puissance tout au long du XIXe siècle.

«Lobby» du Cunard Building
La salle principale octogonale, haute de 20 m, est surmontée de trois dômes. Les murs intérieurs de l'édifice sont décorés de cartes des lignes desservies par la Cunard et illustrées des drapeaux des anciens empires coloniaux, français et anglais (dus à l'artiste Ezra Winters). Les pendentifs du dôme principal sont ornés de tableaux des voiliers de quatre grands marins : Christophe Colomb, Éric le Rouge, Jean Cabot et sir Francis Drake.

▲ Site du World Trade Center vers Battery Park, par Broadway

Government House en 1797, à l'emplacement de la future US Custom House.

Steam Ship Row
Au début du XXe siècle, à l'époque glorieuse des transports maritimes, les grandes compagnies installèrent leur siège social autour du parc de Bowling Green et le long de la «Steam Ship Row» (l'allée aux Paquebots), dans le bas Broadway.

Cela leur permettait de surveiller les allées et venues des bateaux de la maison mère ou des concurrents.

❝Le taureau cherche à écraser l'ours, qui, lui, attend le moment de l'étrangler plus sûrement.❞
André Kostolany, *Si la Bourse m'était contée*

1 Broadway. Voici le premier immeuble, bâti en 1884, de la plus longue et plus célèbre avenue de New York. À sa construction, on l'appela le Washington Building. En 1922, il fut réaménagé pour accueillir le siège de la United States Line, l'une des nombreuses compagnies de navigation basées à Steam Ship Row. Au rez-de-chaussée, une salle (reconvertie aujourd'hui en banque) était destinée aux réservations et ventes de billets. Noter la rose des vents incrustée dans le sol et l'inscription «Billets de première classe» figurant encore à l'extérieur.

Ex-Standard Oil Building. 26 Broadway (1922, arch. Carrère et Hastings and Shreve, Lamb et Blake, 30 étages). Incurvée, la façade néo-Renaissance de l'Ex-Standard Oil Building (ci-contre) s'adapte au plan incliné du terrain : elle négocie habilement sa courbe avec l'éventail que forme Broadway à cet endroit. Les noms des fondateurs de la compagnie pétrolière, dont celui de John D. Rockefeller, sont inscrits dans le *lobby* bordé de pilastres et de colonnes. Noter l'horloge Standard Oil dont le «S» indique les minutes et le «O» les heures. En descendant vers Bowling Green on aperçoit le haut de la tour pyramidale, dont l'axe a été décalé pour qu'elle s'aligne sur le quadrillage d'Uptown.

Bowling Green. (Rest. 1978, arch. paysager Paul Friedberg). Créé en 1733, Bowling Green est le parc le plus ancien de la ville. Il occupa le site d'un champ de manœuvres hollandais puis d'une foire aux bestiaux. Il disposait d'un terrain pour le jeu de neuf quilles (ancêtre du *bowling*, d'où son nom) où l'on pouvait jouer en versant chaque année un grain de poivre à la municipalité. Ce serait là que Peter Minuit acheta Manhattan aux Indiens ● *30*. Les New-Yorkais érigèrent en son centre une statue du roi George III, dorée à la feuille, pour le remercier d'avoir supprimé le droit de timbre, institué en 1766 et qui frappait tous les documents écrits. Si la grille qui l'entourait est toujours là, la statue fut fondue pendant la guerre d'Indépendance pour fabriquer des balles. On installa dans le parc, en 1842, une fontaine alimentée en eau claire provenant du nouveau réservoir de Croton. Elle offrait pour la première fois aux New-Yorkais une eau non polluée, à l'inverse des puits qui étaient à l'origine de nombreuses épidémies ● *34*.

«Bowling Green Bull». Placé au préalable devant le New York Stock Exchange ▲ *161*, un énorme taureau en bronze (1989, Arturo di Modica) marque, à l'extrémité nord de Bowling Green, l'entrée du Financial District ▲ *158*. Les taureaux et les ours représentent les deux tendances du marché boursier : la hausse et la baisse.

National Museum of the American Indian, ex-US Custom House ♥. 1 Bowling Green (1907, arch. Cass Gilbert, 6 étages) ● *92*. Ce musée, qui dépend de la Smithsonian Institution à Washington, a été fondé en 1916 ; ses expositions temporaires content la culture amérindienne. Autrefois installé à Harlem ▲ *361*, il occupe depuis 1994 l'ancienne US Custom House (hôtel des Douanes). Cet édifice de style «Beaux-Arts» fut construit pour accueillir les douanes en 1907. À cette époque, l'impôt sur le revenu n'existait pas et les droits de douane constituaient la première source de revenus du gouvernement fédéral. New York en fournissait la part du lion, de telle sorte que la US Custom House rapportait à elle seule la majeure partie de l'argent nécessaire à l'économie américaine. Le hall à double hauteur, tout de marbre, ouvre sur une somptueuse rotonde ovale éclairée par une baie en ellipse et dont le dôme est orné de huit fresques (1937, Reginald Marsh) montrant l'arrivée des premiers explorateurs à New York et l'entrée dans le port d'un paquebot transatlantique, dont débarque Greta Garbo. Les douanes déménagèrent en 1973 pour le World Trade Center.

Ornements allégoriques
Les escaliers de l'entrée principale de la US Custom House sont ornés de sculptures de Daniel Chester French. Elles symbolisent quatre continents. Les fenêtres à fronton de l'édifice arborent les visages de huit types humains (caucasien, hindou, latin, celte, mongole, esquimau, slave et africain) ; le chambranle du 5e étage est décoré de douze allégories des grands centres économiques de l'histoire occidentale.

Vers la mer

Church of Our Lady of the Rosary. 7 State St. (1793-1806, arch. John McComb, rest. 1965, Shanley et Sturges). L'église occupe une maison construite, côté est, dans le style georgien (1793), côté ouest – qui suit la courbe de la rue – dans un style Federal (1806) ● *82*. Elle appartint à l'armateur James Watson. Il passait de longues heures à surveiller ses bateaux depuis sa maison dont les colonnes auraient été faites avec des mâts.

Battery Maritime Building. 11 South St. (1909, arch. Walker et Gillette). Les Municipal Ferry Piers servirent jusqu'en 1938 de port d'embarquement pour les différentes lignes de ferry-boat de Brooklyn. Ils ont ensuite été affectés à celles de Governor's Island. Côté terre se dresse une colonnade à laquelle répondent les arches qui ouvrent sur la mer.

Sainte Anne Elizabeth Seton
En 1809, Elizabeth Seton (1774-1821), qui vécut au 7-8 State St., fonda les Sœurs de la Charité, le premier ordre de religieuses des États-Unis. Sa conversion au catholicisme la mit au ban du patriciat new-yorkais dont elle était issue. Elle fut canonisée en 1975, devenant ainsi la première sainte américaine ● *50*. Sa statue se trouve dans le sanctuaire aménagé à l'intérieur de l'église.

LE QUARTIER FINANCIER
Financial District né dès 1792, avec les débuts de la Bourse, resta longtemps dominé par la seule flèche de Trinity Church ▲ *154*, puis, avec la naissance des gratte-ciel, vers la fin du XIXe siècle, il se transforma radicalement.

«IL ÉTAIT UNE FOIS L'AMÉRIQUE»
En bas, scène du film *Once Upon a Time in America,* réalisé en 1984 par Sergio Leone et tournée dans la Federal Reserve Bank.

Le cinéaste explore ici un autre pan de la saga américaine, celui de la naissance des grandes cités et du gangstérisme qui s'y développe.

AUTOUR DE LA FEDERAL RESERVE BANK

JOHN STREET METHODIST CHAPEL. 44 JOHN ST. (1841, arch. William Hurry). Cette église abrita la première congrégation méthodiste d'Amérique, fondée par l'Anglais JOHN WESLEY (1703-1791). La doctrine méthodiste, qui refusait l'autorité de la couronne anglaise, trouva un large écho aux États-Unis. L'édifice, contemporain des architectures de style Greek Revival, est par ses fenêtres à arcades semi-circulaires et sa baie serlienne annonciateur du style italianisant. Il fut le troisième à occuper le site. La chapelle, située à l'étage, est d'une noble élégance avec ses modestes vitraux et sa mezzanine en fer à cheval.

FEDERAL RESERVE BANK. 33 LIBERTY ST. (1924, arch. York et Sawyer). La Federal Reserve fut créée en 1913 par le président Woodrow Wilson afin de centraliser le système bancaire américain. L'agence de New York, la plus importante du réseau national, fixe le taux d'intérêt préférentiel repris par toutes les autres banques. Cette immense forteresse triangulaire de calcaire et de grès bleuté renferme, à 24 m sous terre, les réserves d'or d'une soixantaine de pays, soit un quart du stock mondial. Son allure

Publicité parue dans le *Harper's Weekly* pour la Watch Company, une société suisse implantée dans le quartier financier, au 78 Nassau St.

imprenable a été empruntée aux palais Renaissance florentins. Il est possible, sur rendez-vous, de visiter la chambre forte et l'on pouvait autrefois assister à la destruction des vieux billets. LOUISE NEVELSON PLAZA, située plus à l'est, au carrefour de Maiden Lane, Liberty et William Streets, offre la plus belle vue sur la tourelle crénelée de son sommet. Sur ce refuge pour piétons se dresse une sculpture abstraite, *Ombres et drapeaux*, réalisée par Louise Nevelson en 1978.

BANK CENTRAL OF CHINA / EX-NEW YORK CHAMBER OF COMMERCE. 65 LIBERTY ST. (1901, arch. James B. Baker) ● *92*. Ce joyau architectural est l'un des plus beaux immeubles de style «Beaux-Arts» de la ville, un produit du mouvement *City Beautiful* («Ville belle»). Les trois piédestaux de la façade supportaient autrefois des statues qui n'ont pas résisté à la pollution.

CHASE MANHATTAN BANK. 1 CHASE MANHATTAN PLAZA (1960, arch. Skidmore, Owings et Merrill, 59 étages) ● *100*. Cet ensemble de buildings a marqué un tournant capital dans le développement du Lower Manhattan. Le président de la banque, David Rockefeller, y construisit la première tour de bureaux modernes, assortie d'un vaste espace public. Avec son profil carré, ce modèle d'architecture internationale contrastait dans l'environnement alors dominé par des flèches effilées. La Chase Manhattan Bank, qui possède une fabuleuse COLLECTION D'ART, a installé sur son parvis une œuvre d'Isamu Noguchi – un BASSIN en contrebas où sont disposés sept rochers – ainsi qu'une SCULPTURE de Dubuffet (ci-dessus), *Groupe de quatre arbres*, créée en 1972. La place offre une vue spectaculaire sur les bâtiments avoisinants, notamment sur le 70 Pine St.

AMERICAN INTERNATIONAL BUILDING ♥. 70 PINE ST. (1932, arch. Clinton et Russell and Holton et George, 62 étages) ● *98*. Ce gratte-ciel Arts déco, qui abritait à l'origine la CITY AGENCY SERVICES chargée des travaux d'infrastructure de la ville, a été conçu pour créer une impression de pouvoir et de richesse. On voit très bien, depuis la Chase Manhattan Plaza, sa TOUR d'inspiration gothique qui constitue l'un des trois plus prestigieux sommets du quartier financier, avec le 40 WALL

LIBERTY TOWER
Située au 55 Liberty St., cette tour néo-gothique ornée d'épis et de gargouilles, abritait les bureaux de la Standard Oil Company ▲ *156*.

Les fresques de son *lobby* représentent l'immeuble en 1909, et le Singer Building, autrefois situé sur l'actuelle Liberty Plaza ▲ *152*.

On sculpta sur le fronton de la porte principale du 20 Exchange Place (ci-dessus) le franc, monnaie forte de l'époque.

60 Wall Street
Bâti en 1988, le nouvel immeuble de la Morgan Bank, une lourde tour post-moderne, atteste que les bureaux d'aujourd'hui, aux façades ponctuées par les climatiseurs, ont perdu l'aérienne minceur caractéristique des gratte-ciel des années 1930.

La partie inférieure est composée d'une colonnade qui rappelle celle du 55 Wall Street, juste en face. Elle abrite un vaste atrium (ci-dessus), ouvert au public conformément aux règles d'urbanisme.

Dans l'étroit renfoncement du portique, l'entrée de la Citibank.

Street et le 20 Exchange Place. Une maquette en calcaire de l'édifice a été taillée dans la colonne centrale de l'entrée. Les triangles qui décorent les portails sont les symboles de l'agence. Les ascenseurs de son *lobby* furent les premiers à être conçus avec deux cabines différentes pour les étages pairs et impairs.

Wall Street

La rue la plus célèbre du monde de la finance marquait la limite nord de La Nouvelle-Amsterdam. Vers 1650, les Hollandais érigèrent une palissade en bois pour se protéger des Indiens puis des Anglais ● *32* qui, eux-mêmes, remplacèrent cette enceinte précaire par un vrai mur défensif. Dès 1792, Wall Street commença à asseoir sa réputation financière avec les débuts de la Bourse ▲ *164*.
72-74 Wall Street. (1926, arch. Benjamin Wistar Morris). Les bateaux et les ancres qui ornent la façade en pierre de taille rappellent que l'édifice était à l'origine le siège social de la Seamen's Bank for Savings (Caisse d'épargne des marins). Le *lobby* du n° 72 possède des grilles décoratives en cuivre, des portes lambrissées et un plafond doré à la feuille. La porte centrale, située face à l'élégant mur d'ascenseurs, est surmontée d'un bas-relief en cuivre représentant un phare.
63 Wall Street. (1929, arch. Delano et Aldrich, 34 étages). L'immeuble s'élève en une succession de décrochements pour culminer en un sommet orné de gargouilles décoratives, que l'on apprécie mieux encore en remontant Wall Street. Noter les pièces de monnaie sur la façade et jeter un coup d'œil au *lobby* qui occupe l'angle.
20 Exchange Place ♥ ou Wall Street Tower (1931, arch. Cross et Cross, 56 étages) ● *98*. Bâtie pour la City Bank Farmers' Trust Company, cette tour de bureaux occupe un *block* trapézoïdal et présente une façade à coins biseautés. Admirer les portes en bronze ornées de trains, avions, bateaux et aérostats, motifs typiques du style Arts déco. Sur la corniche de la base de l'édifice, d'immenses centurions casqués semblent suivre les passants du regard. La tour majestueuse et fine est beaucoup plus visible si l'on recule vers l'ouest sur William Street. Le *lobby* offre une profusion de très beaux marbres, mosaïques, peintures et étains. Remarquer son dôme central, ses plafonds voûtés, ses portes d'ascenseurs, son sol ainsi que ses cabines téléphoniques en verre.
Cipriani-Wall Street, ex-Citibank. 55 Wall St. (1836-1842, arch. Isaiah Rogers ; 1907, arch. McKim, Mead et White). Cet édifice, avec ses hautes colonnades étirées sur deux étages, fut bâti sur le site du premier Merchants' Exchange (Bourse du Commerce), détruit par l'incendie de 1835. La partie basse du bâtiment, construite en 1836, abrita la US Custom House à partir de 1862 ▲ *157*. Dès 1907, le «55 Wall Street» fut agrandi pour recevoir la Citibank, alors National City Bank. Sur la colonnade ionique, le cabinet McKim, Mead and White en ajouta une seconde, d'ordre corinthien. L'intérieur possède un gigantesque *lobby*, haut de 20 m et mesurant 40 m de large sur 60 de long, reconverti en salle de réception. Le reste du bâtiment a été transformé en un hôtel de luxe.

«C'EST UN QUARTIER QU'EN EST REMPLI D'OR, UN VRAI MIRACLE, ET MÊME QU'ON PEUT L'ENTENDRE LE MIRACLE À TRAVERS LES PORTES AVEC SON BRUIT DE DOLLARS QU'ON FROISSE»
LOUIS-FERDINAND CÉLINE

BANK OF NEW YORK BUILDING. 48 WALL ST. (1928, arch. Benjamin Wistar Morris III, 30 étages). Traverser la rue pour apprécier les décrochements de ce gratte-ciel inspiré de la Renaissance italienne, dont l'édicule final est surmonté d'un aigle. La Bank of New York, la première banque du nouvel État, fut fondée en 1784 par ALEXANDER HAMILTON ▲ *154*, *352*, *360*, ancien aide de camp de Washington et premier ministre des Finances. On lui doit aussi la Second Bank of the United States. Alexander Hamilton fut tué en duel le 11 juillet 1804 par AARON BURR, un rival en politique et en affaires. Le bâtiment abrite le MUSEUM OF AMERICAN FINANCE.

THE TRUMP BUILDING ♥. 40 WALL ST. (1929, arch. H. Craig Severance et Yasuo Matsui, 69 étages). Ce gratte-ciel (ci-dessous) porte en larges lettres dorées le nom de son dernier acquéreur, Donald Trump ▲ *296*, qui l'a rénové et modernisé. Il n'est pas sans rappeler l'EMPIRE STATE BUILDING ▲ *242-247* (par ailleurs, tout comme sur ce dernier, un avion s'y écrasa dans les années 1940). Construit pour la Bank of the Manhattan Co., il fut pendant quelques jours l'immeuble le plus élevé du monde avant d'être dépassé par le Chrysler Building ▲ *266-271*.
La pyramide verte de style Gothic Revival qui le coiffe, à l'image du *top* du Woolworth Building ▲ *180*, est aisément reconnaissable dans le skyline du Lower Manhattan. Elle est visible depuis le coin nord-est de Broad et Beaver Streets. Cette compagnie fut la première entreprise d'utilité publique, une société d'approvisionnement en eau potable fondée en 1799. En 1842, lorsqu'on ouvrit le réservoir de Croton, la Manhattan Company, habilitée à traiter des opérations financières, prit officiellement le nom de Bank of the Manhattan Company.

30 WALL STREET. (1924, arch. York et Sawyer). Cet édifice fut bâti sur l'emplacement de la SECOND BANK OF THE UNITED STATES, construite en 1824 par Martin E. Thompson et démolie en 1915. On peut admirer sa façade dans l'aile américaine du Metropolitan Museum.

Anciens coffres du Subtreasury.

La statue de George Washington, sculptée par John Quincy Adams Ward, fut placée en 1883 devant l'entrée de l'US Subtreasury, à l'endroit où il aurait prononcé son serment et où le président Harrison discourut en 1880 (ci-contre).

Federal Hall National Memorial ♥. 26 Wall St. (1834-1842, arch. Town et Davis) ● *84.* En 1701 fut construit ici le deuxième City Hall (hôtel de ville) de New York ▲ *168.* Remodelé par le Français Pierre L'Enfant (architecte-urbaniste de Washington D. C.) en 1788, l'édifice, alors rebaptisé Federal Hall, devint le siège du gouvernement américain jusqu'à ce que celui-ci soit transféré à Washington, en 1797. C'est dans ce bâtiment, aujourd'hui disparu, que se tint la première réunion du Congrès américain, en mars 1789, et que George Washington prononça, le 25 septembre, le serment faisant de lui le premier président des États-Unis. Le bâtiment actuel fut construit en 1842 pour abriter la première US Custom House ▲ *157,* puis devint en 1862, et jusqu'en 1920, le siège de l'US Subtreasury. Des expositions sur l'histoire des États-Unis sont proposées.

26 Wall Street
Bâtie en 1842, la US Custom House affiche une sévérité dorique digne de la démocratie grecque. Elle contraste avec la Bourse, dont la façade, avec son foisonnement de personnages et sa somptuosité corinthienne, évoque la Rome des Césars.

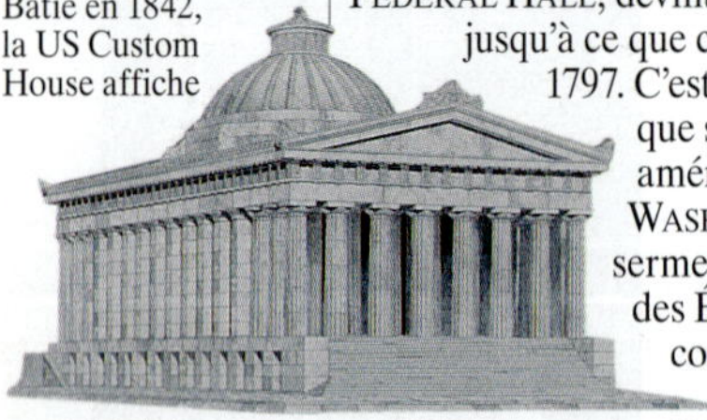

Morgan Guaranty Trust Company. 23 Wall St. (1913, arch. Trowbridge et Livingston). Le financier et homme d'affaires J. Pierpont Morgan parvint à stopper le vent de panique qui menaçait Wall Street en 1907 en enfermant les principaux banquiers de la ville dans sa demeure de 5th Avenue et en les forçant à imaginer un plan pour restaurer la confiance. Pendant que les «prisonniers» travaillaient, Morgan jouait au solitaire. Voilà qui peut donner une idée de sa puissance. Son immeuble du 23 Wall Street fut le dernier

«TOUS LES GRANDS MARCHÉS FINANCIERS SE SONT DÉVELOPPÉS AU CŒUR DES CAPITALES. LA BOURSE AMÉRICAINE CONSTITUE UNE EXCEPTION : ELLE EST NÉE DANS UN PORT, À LA PÉRIPHÉRIE D'UNE VILLE QUI N'EST MÊME PAS LA CAPITALE.» M. TURIN

bâtiment à être construit sur ce carrefour où se trouvaient, au nord, l'US Subtreasury (aujourd'hui le FEDERAL HALL NATIONAL MEMORIAL), à l'ouest, le NEW YORK STOCK EXCHANGE et, de l'autre côté du carrefour, le BANKERS TRUST, un concurrent qui occupait, en 1912, le building le plus élevé du monde. Morgan voulait donner l'impression, en faisant construire un immeuble bas, composé d'un seul et unique étage, que ces trois institutions étaient ses subalternes. Aucune inscription n'identifiait la banque… Inutile pour la maison Morgan ! Les positions très réactionnaires des Morgan leur attirèrent de nombreux ennemis : une bombe explosa à l'extérieur de l'immeuble, le 16 septembre 1920, faisant trente-trois morts et des centaines de blessés. On ne trouva jamais les coupables.

«WALL STREET» La façade de la Bourse possède un fronton orné d'un groupe sculpté, *L'Intégrité protégeant le travail de l'homme* (John Quincy Adams Ward). Au centre, la figure ailée de l'Intégrité domine la Science, l'Industrie et l'Invention, à droite l'Agriculture et à gauche l'Industrie minière.

BROAD STREET ET NEW YORK STOCK EXCHANGE

BROAD STREET. Cette rue part de WALL STREET et descend jusqu'à l'extrémité de Manhattan. C'était à l'origine un canal creusé en 1660 par les Hollandais et comblé dès 1676 ● *76*. Si tout le monde connaît le nom de Wall Street, c'est pourtant sur Broad Street que se trouve la BOURSE DE NEW YORK et que se concentre la majeure partie des activités financières du quartier.

NEW YORK STOCK EXCHANGE ♥. 8 BROAD ST. (1903, arch. George B. Post). La plus grande Bourse mondiale naquit, le 17 mai 1792, sous un sycomore, devant le 68 Wall Street, lorsque vingt-quatre *brokers* (négociants) américains convinrent de réglementer un marché chaotique et signèrent le *Buttonwood Agreement* (Accord du platane). L'arbre fut abattu en 1865 par une tempête, mais en souvenir une plaque est aujourd'hui placée devant le 8 Broad Street. Le 8 mars 1817, le marché se dota d'une Constitution et d'un nom, le Conseil de la Bourse de New York, et s'installa au 40 Wall Street. Le 29 janvier 1868, le Conseil devint la Bourse de New York puis emménagea dans de plus vastes quartiers, au 10-12 Broad Street, avant de s'établir, en 1903, sur le site actuel du 8 Broad Street. L'histoire du New York Stock Exchange est traversée de personnalités excentriques. L'une des plus célèbres, HETTY GREEN, surnommée dans les années 1880 la «Sorcière de Wall Street», transforma son modeste héritage en une fortune de plus de 100 millions de dollars et y réussit sans jamais se montrer à la corbeille (les femmes n'y furent admises qu'en 1943 et les Noirs en 1970). Derrière sa façade antique, le New York Stock Exchange, aujourd'hui NYSE Euronext, leader mondial en termes de levée de capitaux, dissimule une vaste salle des marchés des plus sophistiquées, l'une des seules à conserver un *floor* où les courtiers achètent et vendent des millions de titres chaque jour dans un vacarme assourdissant.

La pyramide qui surmonte le 14-16 Wall Street ● *97* est l'une des curiosités du skyline de Manhattan.

▲ New York Stock Exchange

Le New York Stock Exchange, premier marché financier du monde créé en 1792, a survécu à la très grave crise que fut le krach de 1929. «Wall Street» a été à l'origine des innovations techniques et des nouveaux produits financiers entrés dans les salles de marché depuis le début du XXe siècle. Il a fabriqué une nouvelle génération d'opérateurs boursiers. Mais depuis la récession fin 2007, le système bancaire américain, longtemps solide, se trouve remis en cause.

«Vendredi noir» à la Bourse de New York
Le 4 octobre 1869, John J. Gould, en opérant un *corner* sur le marché de l'or, déclenche le premier krach boursier : la banque Jay Cooke and Company et les compagnies de chemin de fer sont ruinées.

«Curb Market»
En 1918, dans le quartier des affaires, sur Broad St., les petits porteurs négocient aux guichets des bureaux des agents de change mais aussi dans la rue. Broad St. se transforme alors en un immense marché financier.

Sur les bandes des téléimprimeurs
Afin de transmettre aux agents de change du pays tout entier les cours inscrits sur le *Big Board* (panneau d'affichage du New York Stock Exchange), Wall Street s'équipe dans les années 1900 d'un téléimprimeur.

Combat des «ours» et des «taureaux»
D'origine américaine, cette représentation animalière (en haut à droite), présente sur les armoiries de la Bourse et reprise par toutes les places financières, illustre le jeu des spéculateurs. Des anticipations des ours – ils cèdent des titres, craignant la baisse des cours – et des taureaux – ils les achètent, pariant à la hausse du cours – résultent les cours de la Bourse ▲ *156*.

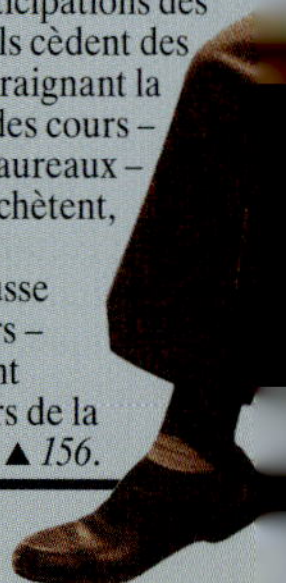

12,894,650-

The New York Times.

"All the News That's Fit to Print."

THE WEATHER

NEW YORK, FRIDAY, OCTOBER 25, 1929. TWO CENTS

GRUNDY SAYS LOBBY IS NEEDED TO UPHOLD PARTY TARIFF VOWS

Plane Lost in Channel Gale; 5 Aboard Fail to Reach Paris

HUMBERT ESCAPES ANTI-FASCISTS'S SHOT AT BRUSSELS TOMB

Loud-Speaker Can Be Nuisance, McAdoo Advises Magistrates

WORST STOCK CRASH STEMMED BY BANKS; 12,894,650-SHARE DAY SWAMPS MARKET; LEADERS CONFER, FIND CONDITIONS SOUND

PANIQUE À WALL STREET

«Le krach le plus désastreux de l'histoire. La Bourse sauvée de l'écroulement par les banques», titre le *New York Times* du vendredi 25 octobre 1929. La veille, les cours des plus grands noms de l'industrie américaine se sont effondrés, 12 894 650 titres ont été échangés. L'Amérique allait entrer dans la grande dépression. Pour éviter qu'une telle catastrophe ne se reproduise, le Congrès institua en 1934 la Security Exchange Commission qui édicta des règles strictes pour parer à de trop amples fluctuations.

Les années 1980 virent se multiplier une série ahurissante de combines illégales : OPA inamicales – où la compagnie convoitée était dissoute et pillée – et *junk bonds* (obligations «pourries»). Des génies de la finance peu scrupuleux, tel Michael Milken, amassèrent ainsi des fortunes colossales. En 1990, il fut condamné pour fraude.

L'APRÈS 11 SEPTEMBRE

Suite aux attentats, le New York Stock Exchange est resté fermé pendant quatre jours d'affilée, un fait inédit témoignant de la gravité des événements. Pendant les quatre sessions suivantes, le Dow Jones a perdu 14, 5 %, avant de progressivement remonter. Cependant, si le krach a été évité, l'éclosion des scandales financiers, notamment les affaires Enron et WorldCom, a engendré une fonte des indices boursiers bien plus importante et une profonde crise de confiance des investisseurs envers le système lui-même.

L'ÉCONOMIE BOUSCULÉE

Première victime de la crise des *subprimes* (crédits hypothécaires à haut risque) en 2007, et de la dépréciation des institutions financières, la ville a subi une hausse importante du chômage (130000 emplois perdus). Si selon Alan Greensplan, l'ancien gouverneur de la Réserve fédérale américaine, cette crise aura été «la plus grave depuis la fin de la Seconde Guerre Mondiale», la première place financière au monde relève la tête.

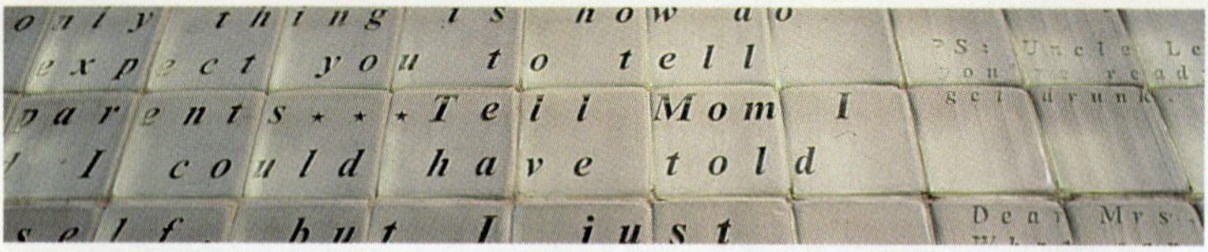

Vietnam War Veteran's Memorial
Les inscriptions ci-dessus, gravées sur le mémorial aux soldats de la guerre du Vietnam (Vietnam's Veterans Plaza, S.-E. Water St.), sont des extraits de leurs lettres, des dépêches militaires et des coupures de journaux relatives à la guerre.

Enseigne de la Fraunces Tavern.

Ex-International Telephone Building. 67 Broad St. (1928, arch. Buchman et Kahn, 30 étages) ● *86*. Le sommet de la tour est à peine visible de la rue mais, à l'angle de Beaver Street et de Broadway, on l'aperçoit, dessinant une ligne verticale spectaculaire. Les fresques allégoriques du *lobby* mettent en scène, sur le thème de la communication, des personnages mythologiques. L'ancienne entrée, à l'angle de William Street, est décorée d'une mosaïque (ci-contre).

Ex-Maritime Exchange Building. 80 Broad St. (1930, arch. Sloan et Robertson). Cet édifice Arts déco applique, avec ses décrochements, la *Zoning Resolution* de 1916 ● *97*. L'entrée, surmontée de quatre hippocampes en argent, ouvre sur le *lobby*, dont les peintures de bateaux réalisées sur le plafond retracent l'histoire de la construction navale. Le building est doté de vitraux de style Tiffany ● *66*, gravés d'automobiles, trains, bateaux et avions.
85 Broad Street. (1983, arch. Skidmore, Owings et Merrill, 29 étages). Sous l'arcade de l'entrée de l'édifice, dont le *lobby* épouse la courbe de Stone Street, une plaque de cuivre reproduit une carte du Lower Manhattan vers 1660. Lors du creusement des fondations des objets de l'époque hollandaise ont été trouvés. Ils sont exposés sur Pearl Street.

Fraunces Tavern Block Historic District

Du New York hollandais subsiste dans le Lower Manhattan le *block* de la Fraunces Tavern, compris entre Broad, Pearl, Water Streets et Coenties Slip et conquis sur la mer en 1689.
Fraunces Tavern. 54 Pearl St. La maison, construite en 1719 par un riche commerçant, Étienne de Lancey, fut rachetée en 1762 par Samuel Fraunces, un métis des Antilles françaises surnommé «Black Sam». Il ouvrit un restaurant qu'il baptisa *The Queen's Head Tavern* («La Taverne de la tête de la reine») et, après l'Indépendance, lui donna son propre nom. Le lieu, fréquenté par l'élite et où se traitaient des affaires importantes, tant commerciales que politiques, compta au nombre de ses hôtes George Washington. La soirée d'adieux à ses hommes, donnée en 1783, fut l'une des heures de gloire de l'établissement. En 1785, ses affaires déclinant, Fraunces vendit la taverne et devint l'intendant du président Washington. Le bâtiment, de style georgien, fut racheté en 1904 par les Fils de la Révolution (*Sons of the Revolution*) et reconstruit en 1907 par William Mersereau. Le premier étage abrite un musée.
Hanover Square. Cette place, créée en 1637, fut à l'origine appelée *Printing Square* («place de l'Imprimerie») en hommage à William Bradford ● *54*, qui y fonda la première imprimerie américaine, en 1693. Elle fut rebaptisée *Hanover* par les Anglais, du nom dynastique de George III, comme toutes les rues du quartier qui se virent attribuer des noms de membres de la famille royale. Après l'Indépendance, seul Hanover Square conserva son nom. Elle héberge une statue d'Abraham De Peister, maire de New York de 1691 à 1695.
Delmonico's. 56 Beaver St. (1891, arch. James Brown Lord). Ce restaurant, fondé en 1827 par deux immigrés italiens, les frères Delmonico, est doté d'un portique en marbre blanc dont les colonnes proviendraient de Pompéi. L'intérieur est couvert de photos, gravures et tapisseries du vieux New York.

India House
Cet édifice ● *88* situé au 1 Hanover Square a successivement abrité la Hanover Bank, le NY Cotton Exchange et la WR Grace Co. India House est une interprétation académique, en grès brun, des palais Renaissance.

Aujourd'hui occupée par un club d'affaires et un restaurant, la demeure abrite une collection d'art et d'objets de marine.

Autour du City Hall

1 City Hall
2 City Hall Park
3 Printing House Square
4 Pace University
5 Potter Bldg.

City Hall
En rendant hommage aux styles Louis XVI et georgien, les architectes qui réalisèrent le City Hall (ci-dessus, en 1826) ont délibérément rompu avec le néo-classicisme monumental alors en vogue à Washington. Rupture dans laquelle on perçoit une revanche new-yorkaise, après le départ du gouvernement fédéral pour Washington, en 1797. La tour d'horloge est surmontée d'une statue représentant la Justice.

À droite la coupole du City Hall.

Civic Center, centre administratif de la ville, grouillant de vie, était, il y a deux siècles, une paisible campagne couverte de champs et de forêts. Au sud s'élève le City Hall, bureau du maire de New York depuis 1812. Au sud-est, le long de Park Row, s'étendait le «Newspapers Row» (boulevard des Journaux) et le quartier des théâtres. À l'est se déploie South Street Seaport, vestige du passé maritime et marchand de la ville. À l'ouest s'élève Woolworth Building, tandis qu'au nord, aux abords de Foley Square, sont regroupés la majorité des bâtiments administratifs et des tribunaux appartenant à la ville, à l'État de New York ou au gouvernement fédéral.

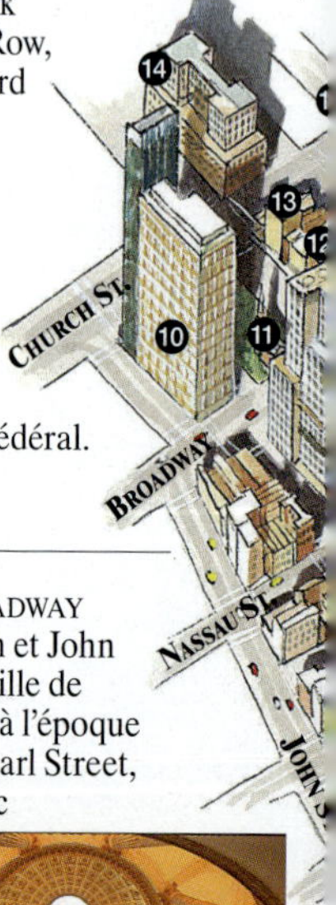

Autour du City Hall

City Hall ♥. Entre Park Row et Broadway (1803-1812, arch. Joseph François Mangin et John McComb Jr.). C'est le troisième hôtel de ville de New York. Le premier, construit en 1641, à l'époque coloniale hollandaise, se trouvait au 73 Pearl Street, en face de Fraunces Tavern Block Historic District ▲ *166*. Le deuxième, érigé en 1701 au coin de Broad et Wall Streets, fut démoli en 1842 pour faire place à l'US Custom House, l'actuel Federal Hall National Memorial ▲ *162*. Le City Hall servit de siège administratif à Manhattan jusqu'à la création du «Grand New York», en 1898, qui regroupait les cinq *boroughs* (districts) – le Bronx, le Queens, Brooklyn, Staten Island et Manhattan – et la construction du Municipal Building ▲ *182*. Aujourd'hui il abrite le bureau du maire et sert aux cérémonies officielles. En empruntant le grand escalier de l'édifice, on accède aux salles d'audience (ouvertes au public) et au bureau de «*Hizzoner*», en bon anglais *His Honnor*, surnom donné par les New-Yorkais à leur maire.

City Hall Park. Les pommiers de cet ancien pâturage public (1686) servirent un temps de gibets aux Britanniques. C'est là que fut pendu pour trahison, en 1691, Jacob Leisler, marchand hollandais proclamé «chef du New York libre» lors d'une révolte de la ville contre les impôts excessifs dont l'accablait James II. La statue d'un autre condamné légendaire se dresse également dans le parc, bien que l'exécution ait eu lieu ailleurs ▲ *262* : Nathan Hale, héros de la guerre d'Indépendance, pendu sommairement pour espionnage. Ses derniers mots furent : «Mon seul regret est de n'avoir qu'une seule vie à offrir à mon pays.» Le mât qui se dresse

6 Park Place Tower
7 Park Row Bldg.
8 Titanic Memorial
9 Peck Slip
10 Ex-ATT Bldg.
11 St. Paul's Chapel
12 County Lawyers Ass.
13 Ex-N. Y. Ev. Post Bldg.
14 Federal Office Bldg.
15 St. Peter's Church
16 Woolworth Bldg.
17 Foley Square
18 Municipal Bldg.
19 US Courthouse
20 County Courthouse
21 N. Y. C. Criminal Court Bldg.
22 Thomas Paine Park

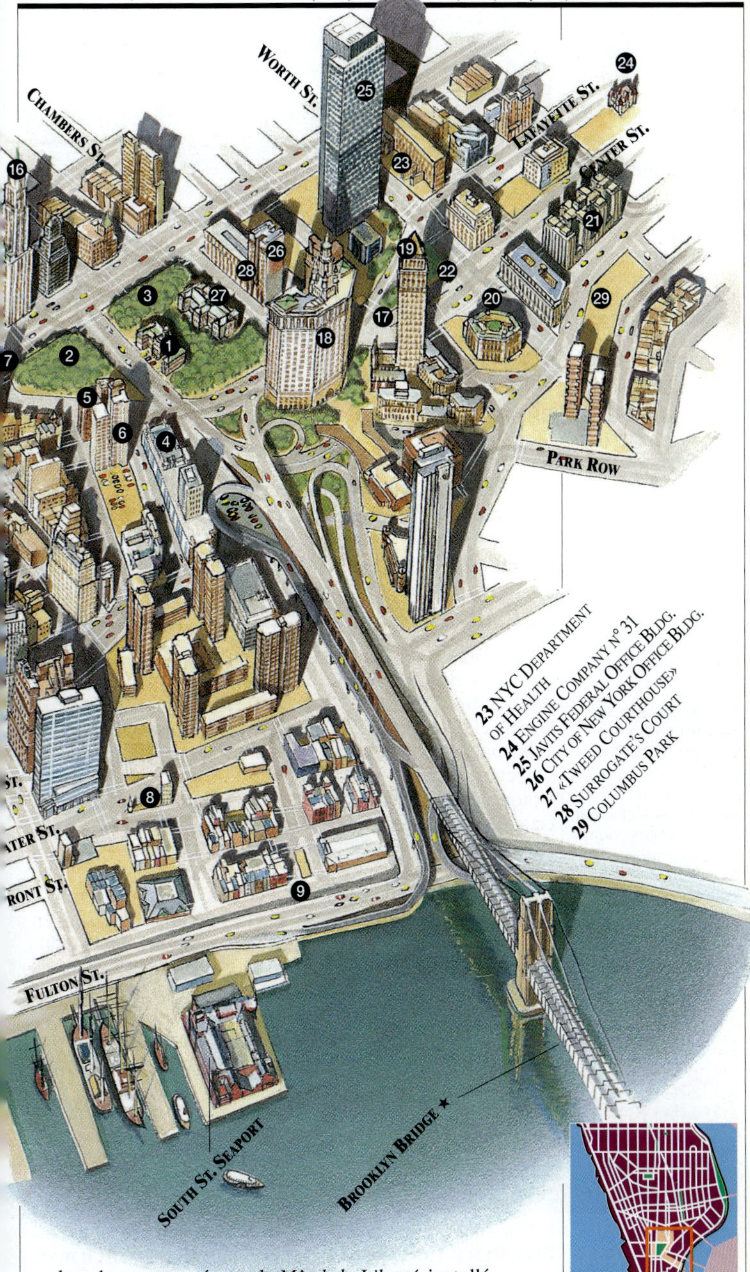

sur la pelouse commémore le *Mât de la Liberté*, installé en 1767 par les New-Yorkais pour le premier anniversaire de l'abrogation du Stamp Act ● 27. C'est ici également que George Washington (1732-1799) lut, devant une foule nombreuse, le 9 juillet 1776, la Déclaration d'indépendance, rédigée en grande partie par Thomas Jefferson (1743-1826) et adoptée par le Congrès, à Philadelphie, le 4 juillet 1776.

6 heures

◆ **A** A2-A3 **B** D2-D33

FONTAINE DE CROTON
En 1842, à l'endroit de l'actuel bassin du City Hall Park (ci-dessus) fut érigée une fontaine pour célébrer la création du premier système d'alimentation en eau potable de la ville, fournie par le Croton Reservoir. Elle fut détruite en 1875.

ANCIENNE POSTE
Cette poste qui succédait à la fontaine de Croton, se dressait devant le City Hall. Elle fut démolie en 1913 (ci-contre) lorsque l'on bâtit la James A. Farley Post Office sur 8th Ave. ▲ *249*.

LE BOULEVARD DES JOURNAUX
En 1895, Park Row (ci-dessous) abritait près de quinze quotidiens, dont *Times*, *World*, *Tribune*, *Sun*, *Post*, *Journal*, *Herald*, *Staat Zeitung*. Des essaims de gamins vendaient dans la rue les éditions du matin et du soir, au cri familier de : «Édition spéciale ! Toutes les infos !»
Les immeubles possédaient d'immenses caves qui abritaient de lourdes presses.

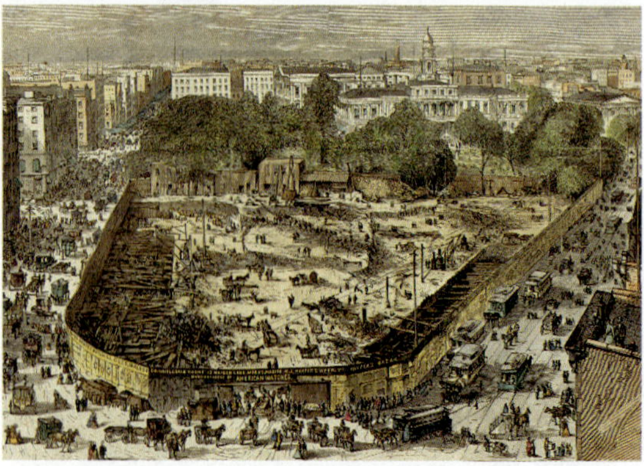

BENJAMIN FRANKLIN. PRINTING HOUSE SQUARE (1872, Ernst Plassmann). Sur cette place, à l'est de City Hall, se dresse une statue de BENJAMIN FRANKLIN, signataire de la Déclaration d'indépendance, père de la presse américaine et, dès 1729, directeur de la *Pensylvannia Gazette* dont il tient un exemplaire à la main. De 1732 à 1757, il publia l'*Almanach du pauvre Richard*, la première lecture grand public aux États-Unis.

PARK ROW, L'ANCIEN «NEWSPAPERS ROW»

Ce quartier fut celui de la presse durant la deuxième moitié du XIXe siècle. La proximité du City Hall et du quartier des théâtres, installé sur Theater Alley (la rue donne sur Beekman Street), était idéale pour les journaux, qui pouvaient à loisir s'alimenter en scandales en tout genre. Certains des bâtiments sont encore debout, mais les quotidiens se sont installés vers Uptown. Remarquer, sur Spruce Street, BEEKMAN TOWER : cette tour haute de 267 m, est due à Frank Gehry.

PACE UNIVERSITY, EX-NEW YORK TIMES BUILDING. 41 PARK ROW (1858, arch. George B. Post). L'immeuble, occupé par la Pace University depuis 1952, était doté de fondations si solides qu'il s'avéra capable de supporter les surélévations réalisées en 1888 et 1905. Le *New York Times* quitta les lieux en 1905 pour s'installer sur ce qui deviendra Times Square ▲ *255*.

POTTER BUILDING. 38 PARK ROW (1883, arch. Starkweather). Il remplaça le NEW YORK WORLD BUILDING, détruit par un incendie, et fut déclaré ininflammable grâce à sa charpente en fer recouverte de maçonnerie et de *terracotta*. Le traitement ornemental de la façade fut une première pour un immeuble de bureaux. Le *Daily News*, le *New York Press* et le *Daily Observer* l'occupèrent tour à tour.

PARK PLACE TOWER, EX-AMERICAN TRACT SOCIETY BUILDING. 150 NASSAU ST. (1896, arch. R. H. Robertson). La COLONNADE du sommet, recouverte d'un étonnant toit mansardé, abrite un *penthouse* (appartement privé qui occupe le ou les derniers étages d'un building) d'où l'on disposait d'une superbe vue avant que la surélévation du TIMES BUILDING ne l'obstrue à l'ouest. Visiter le HALL semi-circulaire avec ses finitions de marbre et son plafond à caissons d'origine. Les ascenseurs

Émeute réprimée par la police
devant le Tribune Building,
le 13 juillet 1863.

sont parmi les derniers de New York à être encore actionnés manuellement.

Park Row Building. 15 Park Row (1899, arch. R. H. Robertson). Conçu par le même architecte que le 150 Nassau, ce building fut, à son inauguration, le plus haut gratte-ciel du monde. La cime à double coupole dominait alors le skyline. Les balcons qui jaillissent de la façade à intervalles irréguliers donnent l'impression d'y tenir par simple aimantation. Quatre déesses de pierre gardent l'entrée. Ne pas manquer de visiter la réception et le *lobby* dont les ascenseurs sont en forme de demi-cercle. Sa décoration est d'origine : rampes en cuivre massif, délicates finitions de marbre et plafond à caissons.

Vers South Street Seaport

Titanic Memorial Lighthouse. Fulton Street, entre Pearl et Water Sts. Ce monument, érigé à la mémoire des naufragés du *Titanic*, était à l'origine placé au sommet du Seamen's Church Institute Building (sur State Street), démoli en 1968. Installé en 1976 sur ce site, *Titanic* Memorial Lighthouse, qui marque l'entrée de South Street Seaport, était doté d'une horloge originale : un poteau du haut duquel tous les jours, à midi pile, glissait une boule noire.

Peck Slip ♥. Angle Peck Slip et Front Sts. Le quartier abritait au XVIIIe siècle des maisons de style Federal appartenant à l'élite new-yorkaise. En 1973, la Con Edison fit démolir plusieurs *blocks* pour bâtir une centrale électrique, malgré les vives protestations des résidents. Sur son mur, un trompe-l'œil de Richard Haas rappelle le site détruit et reproduit l'arcade de South Street Viaduc et le pont de Brooklyn ▲ *186*.

Draft Riots, 11-13 juillet 1863
Pendant la guerre de Sécession (1861-1865), New York connut trois jours de violentes émeutes, les Draft Riots, à cause des inégalités dans l'incorporation des recrues. Le 13 juillet 1863, les manifestants se regroupèrent autour de la Tribune Tower. Ils s'en prirent en particulier au *New York Tribune* de Greeley, qui avait «osé» déclarer qu'«un nègre compte autant qu'un Irlandais».

Presse et littérature
Aux États-Unis, la presse, libre dès sa création, s'orienta vers le reportage à grande audience. La guerre de Sécession conforta ces pratiques et nombre d'écrivains s'exprimèrent par le biais du journalisme.

Ci-contre, Park Row Building, en construction.

▲ South Street Seaport Museum

Sur onze *blocks* dans Lower Manhattan et trois embarcadères sur l'East River, South Street Seaport Museum a su préserver, depuis 1967, quelques-uns des derniers édifices qui abritaient, pendant l'âge d'or de la voile, les bureaux des armateurs et des marchands. Ainsi a été sauvegardé le *block* de Schermerhorn Row, construit en 1810 (à droite). Côté fleuve, le vieux Fulton Ferry Hotel remonte aux années 1860. Sur le côté sud du *block*, subsiste l'entrepôt de marchandises de A. A. Low (1849).

Une flotte de bateaux historiques rappelle l'activité qui animait ce quai au XIXe siècle, à l'époque où les longs guis des focs touchaient presque les façades des immeubles. Ci-contre, un marchand d'huîtres.

«Pier» 16, «Pier» 15
À droite, le *Wavertree*, construit en Angleterre en 1885. Au centre, avec une coque noire, le *Peking* (datant de 1911 et de fabrication allemande). À gauche, l'*Ambrose* (1908), bateau phare rouge vif qui marquait l'entrée du «chenal Ambrose», creusé pour permettre au port de New York d'accueillir les paquebots géants du XXe siècle.

On découvre aussi la goélette de commerce *Pioneer*, qui propose des excursions estivales dans le port, et le *Lettie G. Howard*, un schooner de pêche de 1893.

Fulton Ferry Hotel
Une clientèle variée fréquentait l'établissement : capitaines de la marine marchande, fermiers venus proposer leurs produits sur les marchés locaux, négociants, etc.

L'entrepôt de marchandises de A. A. Low
Dans l'entrepôt créé par A. A. Low ▲ *175*, négociant dans le commerce avec la Chine et armateur de clippers, sont désormais exposées les principales pièces du Musée maritime.

New York fut au XIXe siècle le théâtre de quelques-uns des plus considérables progrès technologiques apportés par la révolution industrielle à la construction navale. C'est ici que Robert Fulton construisit en 1807 le premier bateau à vapeur rentable puis conçut et lança en 1814 le premier navire de guerre à vapeur.

La construction navale à New York
Durant l'ère de la construction navale en acier, le chantier naval de New York à Brooklyn (ci-dessus, peint par Pringle en 1883) lança plusieurs des grands navires de guerre du pays, notamment le *Maine* (ci-contre, en haut) dont le naufrage dans le port de La Havane fut une des causes principales de la guerre de 1898 contre l'Espagne.

«The Monitor»
Construit en 1862 par l'ingénieur suédois John Ericsson, le *Monitor* était le premier cuirassé du monde à avoir ses canons dans une tourelle blindée. Il est considéré comme l'ancêtre des navires de combat du XXe siècle.

Aujourd'hui les chantiers navals de New York, qui se trouvent à Brooklyn, Staten Island et sur la rive de New Jersey City, continuent d'effectuer réparations et transformations sur des navires de toutes sortes : long-courriers, petits remorqueurs ou péniches qui circulent dans le port.

Poissons d'eau de mer, pêchés dans le Pacifique ou le golfe du Mexique, et poissons d'eau douce en provenance des Grands Lacs étaient alignés sur les étals du Fulton Fish Market.

Fulton Fish Market
Il ouvrit en 1822 et devint bientôt, simultanément au développement du trafic maritime et à l'essor des activités des chantiers navals, un marché débordant d'activités. 2005 marqua la fin d'une époque : le marché aux poissons a été délocalisé dans le Bronx, à Hunts Point. À l'extrémité du quai (Pier 17), on peut toujours profiter de la vue sur le pont de Brooklyn.

New York Central Nº 13
Cette cabine de pilotage provient d'un bateau à vapeur construit en 1923.

Les huîtres et les palourdes constituent une des richesses naturelles de New York et pendant longtemps furent une tradition de la ville, témoin les quelques rares *Oysters Bar* ▲ *239* qui subsistent dans la ville et où l'on peut déguster les fameux *clam chowders*.

Les deux restaurants les plus anciens de South Street Seaport se trouvaient dans le *block* de Schermerhorn Row : *Sloppy Louie's* et *Sweets' Restaurant*. Ils ont fermé dans les années 1990. De nouveaux restaurants et bars se sont installés dans ce quartier où se tenait le grand marché aux poissons.

South Street Seaport Museum et Historic District
Le quartier historique comprend onze *blocks* entre Pier 17 et Water, John et Beekman Streets. Le musée répartit ses expositions temporaires et permanentes entre différents bâtiments ainsi que sur les anciens bateaux. Ci-dessous, le A. A. Low Building, au 171 John Street.

L'INVENTION DU TÉLÉPHONE
ATT est fondée en 1876 pour exploiter le brevet d'invention du téléphone déposé par Graham Bell. Cette année-là, le premier appareil est exposé à Philadelphie. Un an plus tard, Bell parvient à parler de Boston à Essex (22 km).

À l'ouest de City Hall se dressent l'immense cathédrale du commerce qu'est le Woolworth Building ▲ *180* et St. Paul's Chapel qui en 1776 marquait l'extrême limite nord de la ville.
EX-ATT BUILDING ♥. 195 BROADWAY (1915, arch. Wells Bosworth). Il se dégage une impression de puissance de cet immeuble. Les immenses colonnes doriques, hautes de 12 m, aux lignes pures, sont reprises à l'identique dans le *lobby* (ci-dessous, à gauche). Fausse note dans ce décor inspiré de la Grèce antique : les joints verticaux des colonnes révèlent que la pierre n'est qu'un plaquage. Sur le mur ouest du *lobby*, un monument à la gloire de la communication proclame la cause de l'ancien occupant du bâtiment, ATT : «Au service de la nation dans la paix comme dans la guerre.» Y figure entre autres statues un *Adonis*. Une autre sculpture, d'E. B. LOGMAN, avait été érigée au sommet du bâtiment. Appelée *L'Esprit de la Communication*, cette statue fut déplacée en 1984 pour décorer le *lobby* du nouvel immeuble d'ATT, bâti au 550 Madison Avenue ▲ *289*. Depuis que Sony a racheté cet édifice, en 1993, elle a quitté Manhattan pour le New Jersey.

TÉLÉCOMMUNICATIONS
ATT a fourni la quasi-totalité du service téléphonique aux États-Unis pendant plus d'un siècle. En 1981, ATT comptait plus d'un million d'employés, 60 milliards de dollars de CA et plus de trois millions d'actionnaires. Un placement ATT était l'archétype du «placement de père de famille», c'est-à-dire sans risque. En 1982, la société a perdu son monopole et a dû se séparer de ses filiales Bell.

ST. PAUL'S CHAPEL ♥

St. Paul's Chapel, située sur Broadway, entre Fulton et Vesey Streets, appartient à la paroisse de Trinity. Elle a miraculeusement échappé aux nombreux incendies qui ravagèrent presque tout le bas de la ville ● *38*, aussi est-elle le seul monument du quartier datant d'avant

la guerre d'Indépendance et la plus vieille église de Manhattan. Cet édifice, réalisé en 1766 par Thomas McBean, fut construit en schiste de Manhattan taillé en briques régulières. On devine l'influence de St. Martin-in-the-Fields, à Londres, dont l'architecte James Gibbs fut le maître de Thomas McBean. On pénétrait autrefois dans l'église par le cimetière, sur Church Street. Au-dessus de l'actuelle entrée, sur Broadway, une NICHE abrite une statue de saint Paul armé d'une épée. Juste en dessous, au centre du portique, se trouvent la tombe et le monument funéraire du général Montgomery, mort en 1775, durant le siège de Québec, au cours de la guerre d'Indépendance. L'intérieur, aux couleurs pastel, comporte des voûtes en berceau et une ravissante tribune. George Washington vint prier ici, le 20 avril 1789, après avoir prêté serment, lors de son accession à la présidence. Son PRIE-DIEU, ainsi que celui du gouverneur De Witt Clinton, sont toujours là. L'église et son cimetière ont dû être nettoyés et rénovés suite à l'effondrement, en 2001, des Twin Towers, jadis toutes proches. Elle a servi, pendant huit mois, de lieu de repos, de restauration et de recueillement aux équipes de pompiers et de volontaires qui ont déblayé le site. Tous les lundis, on y donne des concerts gratuits.

À L'OUEST DE BROADWAY

NEW YORK COUNTY LAWYERS ASSOCIATION. 14 VESEY ST. (1930, arch. Cass Gilbert). Cet édifice de style georgien ● *82* du XVIIIe siècle, austère, tout en marbre du Vermont, est dû à l'architecte du WOOLWORTH BUILDING ▲ *180*, de la US CUSTOMS HOUSE ▲ *157* et de la US COURTHOUSE.

GEORGE WASHINGTON À ST. PAUL'S CHAPEL
Au-dessus du prie-dieu de George Washington, un tableau représente le Great Seal, le sceau des États-Unis, réalisé en 1789, peu après l'élection du premier président des États-Unis. À l'arrière de la nef, le drapeau de son régiment est déployé.

Au centre, *Chapelle Saint-Paul* (1940), peinture de Saul Berman.

CIMETIÈRE DE ST. PAUL'S CHAPEL
Il est aujourd'hui une étonnante oasis avec ses arbres et ses écureuils. La plupart des tombes remontent au XVIIIe siècle. C'est un lieu hors du temps,

qui contraste fortement avec son environnement. Les employés du Financial District et les touristes viennent volontiers s'y détendre.

VERS LE BIPARTISME
Les quatre figures allégoriques – la Parole, l'Écriture, l'Imprimerie et la Presse – sculptées sur la façade du 20 Vesey St. sont un hommage à A. Hamilton. C'est la victoire du républicain T. Jefferson aux élections de 1800 qui avait poussé les fédéralistes à créer le premier journal d'opinion de New York.

Façade du Federal Office Building.

«Elle [la ville] entasse les uns sur les autres, en une étonnante eurythmie, les pleins cintres, les tours carrées et les terrasses [...] et les étages en retrait [...], ziggourat pyramidale, dans une forêt tous les jours plus épaisse de flèches, d'obélisques, de cônes et de donjons.»
Élie Faure, *Mon périple*

Siège de l'Association des juristes et des avocats du comté de New York, la N.Y. County Lawyers Association a été surnommée la «maison de la loi». Cet immeuble, destiné à une corporation conservatrice soucieuse de se donner une image traditionnelle, faisait tache par son style «passéiste», alors que les États-Unis vivaient une période architecturale audacieuse et progressiste. Il abrite un grand AUDITORIUM (où se tiennent réceptions et séminaires) qui imite la salle principale de l'Independence Hall de Philadelphie.
EX-NEW YORK EVENING POST BUILDING. 20 VESEY ST. (1906, arch. Robert D. Kahn, sculpteur Gutzon Borglum). Le building fut le siège du *New York Evening Post,* fondé en 1801 par Alexander Hamilton, enterré non loin de là, dans le cimetière de Trinity Church. Ce journal, édité de nos jours sous le titre de *New York Post*, servait de porte-parole aux opinions fédéralistes conservatrices. Un autre rédacteur en chef célèbre, William Cullen Bryant, reprit le flambeau – de 1829 à 1878 – en évoluant vers des points de vue plus proches de ceux de la classe ouvrière. La façade est rythmée de trumeaux en calcaire qui s'élancent en lignes ininterrompues jusqu'au très beau toit en comble brisé. Les murs latéraux n'ont pas été décorés, en prévision de la construction de futurs immeubles. Traverser la rue pour admirer les sculptures décoratives Art nouveau placées en haut du bâtiment, personnages allégoriques représentant les quatre ères de la publicité. Elles sont l'œuvre commune d'Estelle Rumbald Kahn et Gutzon Borglum. Ce dernier est l'auteur du célèbre RUSHMORE NATIONAL MONUMENT, dans le Dakota du Sud, les quatre têtes colossales de présidents américains taillées dans la roche : WASHINGTON, JEFFERSON, LINCOLN et THEODORE ROOSEVELT.
FEDERAL OFFICE BUILDING, US POST OFFICE. 90 CHURCH ST. (1935, arch. Cross et Cross, Pennington Lewis et Mills Inc., Lewis A. Simon, 14 étages). Le bâtiment, qui occupe tout le *block* est, sans aucun doute possible, avec ses aigles majestueux, propriété du gouvernement fédéral. Son extérieur n'indique pas clairement l'emplacement de l'entrée ; tous les côtés de l'édifice semblent susceptibles de la dissimuler. Les architectes ont ici associé des formes architecturales alternant lignes verticales et horizontales : les tours jumelles trapues s'élèvent depuis un décrochement aménagé au-dessus d'un temple néo-classique, tentative désespérée d'allier «la verticalité de New York à l'horizontalité de Washington». Entrer dans le building par Church Street pour découvrir l'un des plus beaux intérieurs de bureau de poste de la ville, avec ses grilles ouvragées et ses colonnes doriques noires monumentales exécutées dans le même esprit que celles de la façade. Les vitraux Arts déco, le travail d'incrustation du sol et le plafond – où affleurent des sources lumineuses carrées évoquant des caissons – sont à voir absolument. L'édifice est doté d'un somptueux *lobby.*
ST. PETER'S CHURCH. 22 BARCLAY ST. (1840, arch. Isaiah Rogers). Cette église fut bâtie sur le site de l'ancienne St. Peter's Church, érigée en 1785, un an après que New York eut levé l'interdiction de pratiquer le culte catholique. Elle fut la paroisse du premier saint noir américain, Pierre Toussaint, dont les cendres reposent dans une crypte de la cathédrale St. Patrick's, sur 5th Avenue ▲ *283*.

L'aigle qui orne les entrées et les façades de nombreux édifices new-yorkais est devenu l'emblème des États-Unis le 20 juin 1782, lorsqu'après six ans de délibération, le congrès adopta le *bald Eagle* – littéralement traduit «aigle chauve» ou encore «aigle impérial» – comme figure centrale de son *Great Seal* (sceau national) ▲ *177*. Symbole de puissance et d'indépendance, à l'image de la jeune Amérique, l'aigle est rapidement devenu un motif très populaire. De la guerre d'Indépendance à la guerre de Sécession, il n'y eut guère d'objets de la vie courante qui ne fussent, un jour ou l'autre, agrémentés d'un aigle. Le prédateur, initialement doté d'un long cou et de pattes semblables à celles d'une grenouille, était inspiré des représentations de l'héraldique anglaise. Puis, dès le début du XIXe siècle, il subit l'influence du néo-classicisme inspiré de la Grèce et de la Rome antique. Au XXe siècle, on le trouvera également décliné de façon symbolique dans le style Arts déco (ci-contre).

UN RECORD À BATTRE
Avec ses 60 étages et ses 241 m de haut, soit 17 m de plus que le campanile de la Metropolitan Life Insurance Company, mais encore 80 m de moins que la tour Eiffel, le plus haut immeuble du monde sera détrôné en 1930 par le Chrysler Building.

Frank Woolworth, le «roi» des deux cents magasins du «tout à cinq et dix cents», se lance, en 1909, dans la construction du siège social de sa société qui doit immortaliser son nom. Il achète un terrain sur Broadway et paie son gratte-ciel comptant : 13,5 millions de dollars. Cass Gilbert, parfaite incarnation de l'architecte éclectique, pousse son client à édifier l'immeuble le plus haut du monde. Les fondations sont achevées en août 1911 et la construction de cette «cathédrale du commerce» s'effectue au rythme d'un étage et demi par semaine.

UNE SIGNATURE DANS LA PIERRE
On a emprunté aux cathédrales la touche d'humour des sculptures : une des consoles, ci-contre, représente Frank Woolworth comptant les pièces de cinq et dix cents qui ont fait sa fortune.

LA «HUITIÈME MERVEILLE DU MONDE»
L'inauguration a lieu en avril 1913, à l'occasion d'un gala réunissant 800 personnes. L'illumination du building est déclenchée depuis la Maison Blanche par le président Woodrow Wilson.

Un clocheton de cuivre sur une cathédrale de «terracotta»
Woolworth, marqué par ses voyages en Europe, impose à son architecte un style gothique ● *86* inspiré par le Parlement de Londres et les cathédrales françaises.

Le «lobby»
Le hall d'entrée (*lobby*) est fermé au public depuis les attentats du 11 septembre 2001. Les murs de cette «cathédrale du commerce» sont tapissés de marbre, et les plafonds de mosaïques d'inspiration byzantine (ci-dessus) exaltent les vertus du travail et de l'abondance. Woolworth Building est en outre l'un des premiers édifices à avoir un accès direct au métro.

Au début du XIXe siècle, de nouveaux immigrants en quête de logements bon marché, s'installèrent au carrefour de Baxter, Park et Worth, Mulberry et Water St., où se trouvait un petit parc. Ce lieu de divertissements fut bientôt baptisé *Paradise Park*. Puis, durant les années 1820, le quartier commença à se dégrader, il devint un secteur sordide connu sous le nom de Five Points. On décida en 1854 d'y établir la mission (ci-dessus).

Le nord de City Hall regroupe la majorité des bâtiments du CIVIC CENTER. Leur construction s'est étalée sur plus d'un siècle et tous les styles architecturaux y sont représentés. Certains buildings adoptent un style néo-classique inspiré de la Rome républicaine et de l'Athènes démocratique ● *84* – style officiellement approuvé par le pouvoir fédéral. Les architectes et les commanditaires, désireux cependant d'entrer dans la «guerre des sommets», firent surgir des gratte-ciel ayant pour base des sanctuaires néo-classiques. Avec le XXe siècle, New York, jusqu'alors architecturalement influencé par Londres puis par Paris, s'est inventée son propre style.

FOLEY SQUARE

Cette place est située à l'emplacement d'un ancien plan d'eau, COLLECT POND, asséché en 1817 ● *74*. Une potence en usage avant l'Indépendance se dressait sur l'île qui occupait son milieu. C'est dans ce secteur que fut fondée, en 1854, la MISSION DE FIVE POINTS, destinée à secourir les pauvres des taudis de Five Points ▲ *191*, ravagés par le choléra. Thomas Foley (1852-1925), dont le nom fut donné à l'endroit en 1926, tenait un bar dans ce quartier avant de se lancer dans la vie politique : il devint *alderman* (conseiller municipal) et shérif du comté de New York. Foley affirmait faire de la politique par simple jeu et par plaisir. Il attribuait sa réussite au fait qu'il disait toujours la vérité et ajoutait : «Les gens n'aiment pas ça, mais ils reviennent six mois plus tard.».

MUNICIPAL BUILDING ♥. 1 CENTER ST. (1914, arch. McKim, Mead et White). Lorsqu'en 1898, le Bronx, le Queens, Brooklyn et Staten Island furent rattachés à Manhattan, on ressentit la nécessité de créer un nouveau siège pour l'administration du Grand New York. L'immeuble, qui a l'air d'un géant aux épaules carrées montant la garde auprès du City Hall, aurait tant impressionné Staline qu'il aurait servi de modèle pour l'université de Moscou. Les architectes, en quête d'une esthétique administrative symbolisant l'Amérique et le XXe siècle, suivirent le mouvement *City Beautiful* qui se développa

"Style américain ? Réel, oui, en tant que juxtaposition inénarrable de toutes les formes architecturales connues. En cent mètres, on a pu successivement déguster : des colonnes à tambours de la Renaissance ; des fûts doriques ; des chapiteaux corinthiens particulièrement compliqués ici, et jusqu'à des échos de l'ordre lotiforme d'Égypte. Quant aux édifices eux-mêmes, ils oscillent du pignon au dôme, du créneau à la terrasse avec une imperturbable diversité."

Victor Segalen, *Journal des Îles*

Ci-contre, le Municipal Building

consécutivement à l'exposition universelle de Chicago de 1893. Sur la base monumentale, à colonnade néo-classique, s'élève une tour de quatorze étages couronnée d'un «palais Renaissance». L'ensemble est coiffé d'obélisques et de trois tambours superposés : le premier est encadré de quatre clochetons qui symbolisent les quatre *boroughs* unis à Manhattan. Au sommet se dresse la statue d'Adolphe A. Weinman, *La Gloire civique*. L'édifice enjambe Chambers Street et, à l'origine, les voitures qui franchissaient le pont de Brooklyn ▲ *186* pouvaient emprunter cette arche, ce qui valut au Municipal Building le surnom de «porte de la Ville». C'est à cet endroit que s'engage la voie piétonne du pont. Il ne faut pas manquer cette traversée, qui offre une vue extraordinaire sur Manhattan et permet de rejoindre Brooklyn Heights ▲ *366*.

US Courthouse ♥. 40 Center St. (1936, arch. Cass Gilbert et Cass Gilbert Jr). Cet édifice, le tribunal fédéral, est la dernière œuvre new-yorkaise de Cass Gilbert. Elle porta le coup de grâce au néo-classicisme : sur une plate-forme en marbre, repose un TEMPLE ANTIQUE, transpercé par une tour moderne de 24 étages au sommet doré. En semaine, on peut assister aux sessions des différentes cours. Le sous-sol est doté d'une SALLE DE TIR réservée aux agents du FBI.

New York County Courthouse ♥. 60 Center St. (1926, arch. Guy Lowell, 6 étages). Le tribunal du comté de New York est un véritable temple corinthien aux escaliers monumentaux. Cet édifice hexagonal contient un immeuble circulaire dont la rotonde est reliée par des corridors à chacune des six ailes. Cette disposition sera reprise trente ans plus tard par les architectes du Pentagone. L'intérieur est décoré de belles peintures murales. Sur le sol de marbre polychrome, des médaillons en cuivre représentent les signes du zodiaque. À l'extérieur, sur le fronton de la porte principale, se dressent les statues de la *Justice*, la *Foi* et l'*Égalité*.

New York City Criminal Court Building. 100 Center St. (1939, archi. Harvey Wiley Corbett et Charles B. Meyer). Le bâtiment du Tribunal de la Ville de New York abritait la prison pour hommes. C'était la troisième génération de prison municipale : l'esplanade qui lui fait face occupe le site des deux précédents édifices. Le premier, construit en 1838, s'inspirait du style funéraire égyptien, d'où le surnom de *Tombs*, encore utilisé. L'une des histoires les plus célèbres relatives à cette prison est celle de John Colt. Condamné en 1842 à être pendu, il fut autorisé à se marier et à bénéficier d'une heure de «lune de miel». On le trouva mort, un couteau planté dans le cœur, à l'issue de cette heure. Une seconde prison de style Renaissance française fut bâtie sur les ruines de la première, démolie en 1896. Elle fut à son tour détruite en 1947. La troisième prison a été transférée à Rikers Island en 1974. Aujourd'hui, l'un des passe-temps favoris de certains

«À New York, le grand *cop* irlandais est craint ; d'un coup de sifflet il réquisitionne les voitures et chacun lui prête main-forte. Comme les ambulances et les pompiers, la police a la priorité de la route, du télégraphe et du téléphone. Cette armée de paix dont le métier est d'envoyer les gens à «Sing-Sing» est organisée en brigades, chacune spécialisée, comme celles du vol, des *bootleggers*, des bombes, ainsi que le décrit Paul Morand dans *New York*.

Les «Tombs»
Dans *Ragtime*, roman basé sur des faits et des personnages réels du New York des années 1900, l'écrivain E. L. Doctorow met en scène un milliardaire dans une cellule des *Tombs*. Ci-dessus la prison, dans sa version égyptienne.

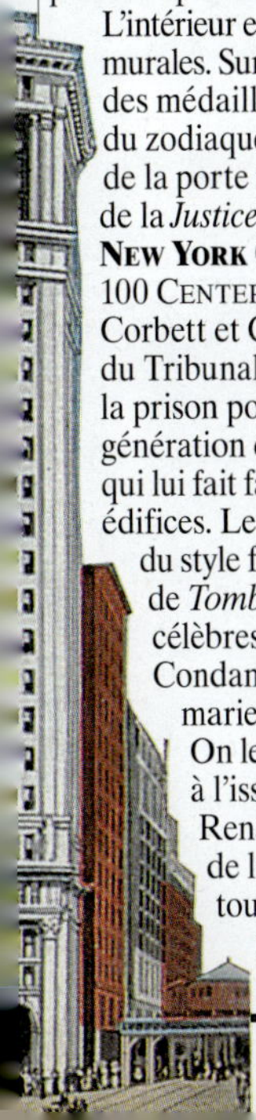

Ci-contre, page de droite : détails de la façade de l'ex-Emigrant Savings Bank.

Détails de la façade sur Paine St. du NYC Department of Health.

DANS LES CASERNES
Quand on commença à adopter les chevaux pour tirer les voitures de pompiers, on songea à les loger, à côté des voitures, au rez-de-chaussée du bâtiment qui, à l'étage, servait de dortoir aux hommes. Puis, en réponse aux vives protestations de ces derniers, on décida de construire des écuries à l'arrière des casernes. Mais très vite les pompiers durent changer d'avis, car bien souvent le feu avait tout détruit avant qu'ils n'aient eu le temps d'atteler les voitures. On raconte à ce propos que bien des chevaux qui avaient «fait carrière» dans les pompiers avaient beaucoup de mal à s'adapter à une vie plus calme ; ils ne pouvaient s'empêcher de partir au galop, au grand péril de leur nouveau propriétaire, lorsqu'ils entendaient la sirène des voitures de pompiers.

New-Yorkais en quête de spectacles gratuits et hors des sentiers battus, est d'assister aux séances de l'actuel tribunal.

NYC DEPARTMENT OF HEALTH, HOSPITAL AND SANITATION. 125 WORTH ST. (1935, arch. Charles B. Meyers, 9 étages). On a construit ce temple Arts déco – qui abrite le Département de la santé, des hôpitaux et de l'hygiène de la ville de New York – pour célébrer la victoire de la médecine sur le choléra, la petite vérole, la tuberculose. Jusqu'alors, le service occupait des locaux vétustes et avait du mal à faire passer ses directives sanitaires auprès d'une population de 6 millions d'habitants. Noter les BAS-RELIEFS illustrant les sciences de la santé (ci-dessus) et les ravissantes torchères (ci-contre) qui ornent les entrées sud et est.

ENGINE COMPANY N° 31. 87 LAFAYETTE ST. (1895, arch. Napoléon Le Brun et fils). L'architecte, spécialisé dans la construction de casernes de pompiers, adopta pour celle-ci le style château de la Loire, alors très en vogue pour les hôtels particuliers de 5th Avenue, à la fin du XIXe siècle. À cette époque, les pompiers habitaient presque à plein temps la caserne (à gauche). Le bâtiment, qui a perdu sa fonction d'origine, a été classé.

JACOB K. JAVITS FEDERAL OFFICE BUILDING. 26 FEDERAL PLAZA (1967, arch. Alfred Easton Poor, Kahn et Jacobs, Egger et Higins). Le FEDERAL OFFICE BUILDING, de style international ● *100*, est pourvu d'un revêtement à motifs destiné à masquer son ossature massive. Chaque jour, de longues files s'étendent devant le poste de contrôle : les candidats à la nationalité américaine.

CITY OF NEW YORK OFFICE BUILDING, EX-EMIGRANT SAVINGS BANK. 51 CHAMBERS ST. (1912, arch. Raymond F. Almisall). Ce précurseur du Municipal Building mélange les styles : ses tours jumelles Renaissance aux sommets Arts déco s'élèvent sur une base néo-classique. Le City of New York Office Building fut autrefois le siège de l'Emigrant Industrial Savings Bank fondée en 1851 par des Irlandais pour aider leurs compatriotes des taudis de Five Points ▲ *191*. Cette banque

devint l'une des plus puissantes du pays. Entrer par la porte ouest pour admirer la cabine dorée des ascenseurs.

«TWEED COURTHOUSE», OLD NEW YORK COUNTY COURTHOUSE. 52 CHAMBERS ST. (1858-1878, arch. John Kellum, Leopold Eidlitz). Cet ancien tribunal du comté de New York atteste les sommets de la corruption atteints par William Marcy dit «Boss» Tweed ● *40*, chef du TAMMANY HALL. Entre 1851 et 1871, date de son arrestation, Boss Tweed détourna à son profit les fonds de la ville. Ainsi, 13 millions de dollars furent dépensés pour la construction de cet immeuble, inauguré vingt ans plus tard et dont le coût avait préalablement été estimé à 250 000 dollars. La municipalité paya en outre une commande de tapis – jamais livrés – qui auraient pu couvrir trois fois City Hall Park. C'est la campagne lancée par George Jones, rédacteur en chef du *New York Times*, et le dessinateur Thomas Nast, qui finit par provoquer la chute de Tweed. Jugé et condamné, il mourut en prison en 1878. L'édifice, qui ne reçut jamais le dôme initialement prévu

et dont le revêtement de marbre ne fut, lui non plus, jamais posé, est doté d'une ROTONDE CENTRALE (ci-dessus).

HALL OF RECORDS, SURROGATE'S COURT ♥. 31 CHAMBERS ST. (1899-1911, arch. John R. Thomas, Horgan et Slattery). Cet impressionnant bâtiment, à la fois Hôtel des archives et Cour des substituts, fut à l'origine conçu pour abriter le Municipal Building. Il fut jugé trop petit, aussi on stoppa les travaux puis on décida de le terminer pour en faire le Hall of records. Suivant le mouvement Beaux-Arts alors à la mode ● *92*, l'architecte entreprit de faire renaître la pompe et l'opulence de l'Opéra de Paris.

TWEED COURTHOUSE
Le scandale de sa construction est un exemple des méthodes que Boss Tweed employa très tôt en tant que conseiller municipal (1851). Elles consistaient à grossir les commandes de la municipalité et à empocher la différence. Personne ne connaît le montant total extorqué par Tweed et sa bande.

AFRICAN BURIAL GROUND
En 1991, lors de l'édification d'une tour, à l'angle de Broadway et de Duane Street, un vaste cimetière d'esclaves noirs fut mis au jour. Plus de 20 000 hommes, femmes et enfants y auraient été ensevelis entre 1626 et 1794, date de sa fermeture (l'État de New York a aboli l'esclavage en 1827). Une partie du cimetière, à l'angle de Duane et Elk Streets, a été classée. De nombreux corps d'hommes portaient l'uniforme de l'armée britannique : en effet, lors de la guerre d'Indépendance, les Anglais offraient la liberté aux esclaves qui rejoignaient leurs troupes.

Ci-contre, l'entrée du Hall of records – Hôtel des archives et Cour des substituts – conçue par John R. Thomas.

Un pont pour remplacer les bacs
Au milieu du XIXe siècle, 50 millions de personnes traversent chaque année l'East River au moyen de bacs lents et surchargés.

Manhattan, isolée par un large estuaire et un bras de mer, ne pouvait se développer sans ponts ; des difficultés techniques ont retardé leur réalisation : le plus ancien, mais aussi le plus beau et le symbole de la ville, est le pont de Brooklyn, achevé en 1883.

Un chantier cosmopolite
La main-d'œuvre employée mêle Américains de vieille souche et immigrants fraîchement débarqués d'Irlande, d'Allemagne ou d'Italie.

Un monstre d'acier et de granite
Avec ses deux hautes tours de granite, ses câbles et haubans d'acier, son tablier métallique d'une portée de 500 m, dominant l'eau de 45 m, c'est le plus long et le plus haut pont du XIXe siècle.

BALADE VERTIGINEUSE AU-DESSUS DE L'EAST RIVER ★
La traversée du pont, à 40 m au-dessus de l'East River, sur la passerelle piétonne qui surplombe la voie routière, est une balade à ne pas manquer : la vue sur les gratte-ciel est un spectacle inoubliable. Pour éviter de faire l'aller et le retour à pied et pour profiter du meilleur spectacle : prendre la ligne de métro A ou C, descendre à High Street à Brooklyn, et revenir à pied sur la passerelle en direction de Manhattan. Compter 1 à 2 h.

Des câbles géants
En 1867 l'État de New York autorise la construction du pont suspendu, selon les plans de John Roebling (1806-1869), venu d'Allemagne en 1831, et spécialiste de la fabrication des câbles d'acier.

urée des travaux (14 ans) leur coût (16 millions de dollars) dépassèrent les prévisions.

Une famille d'ingénieurs
Victime d'un accident de chantier, atteint du tétanos, Roebling y laisse sa vie en 1869. Son fils Washington prend la relève mais contracte la «maladie des caissons» ; sa femme Emilie devient alors «ingénieur en chef».

Le skyline de Manhattan, vu depuis Brooklyn River, avant le 11 septembre 2001.

Sur Harlem River, le New Harlem Bridge (ici en 1868) reliait Harlem au Bronx.

Les ponts de Manhattan

Pendant vingt ans, le pont de Brooklyn est resté le seul lien entre Manhattan et Long Island, ce qui explique en partie sa popularité. Mais, dans la première décennie du XXe siècle, pour répondre à la croissance de la ville, trois autres ponts, combinant transports en commun et circulation routière, sont construits sur l'East River.

Les ponts de l'East River. Il s'agit du pont de Williamsburg en 1903, puis en 1909 des ponts de Manhattan et Queensboro. Dans le même temps,

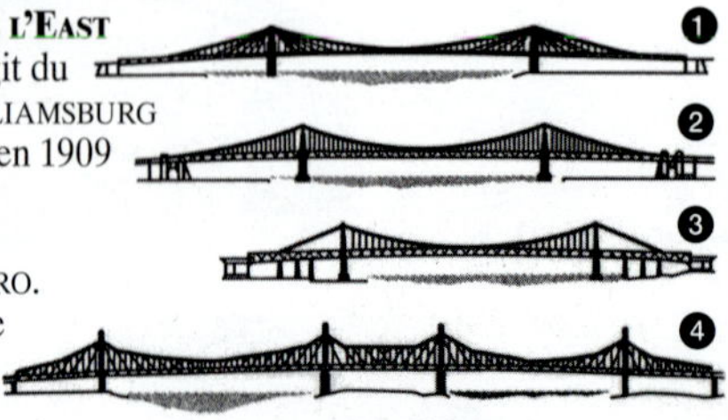

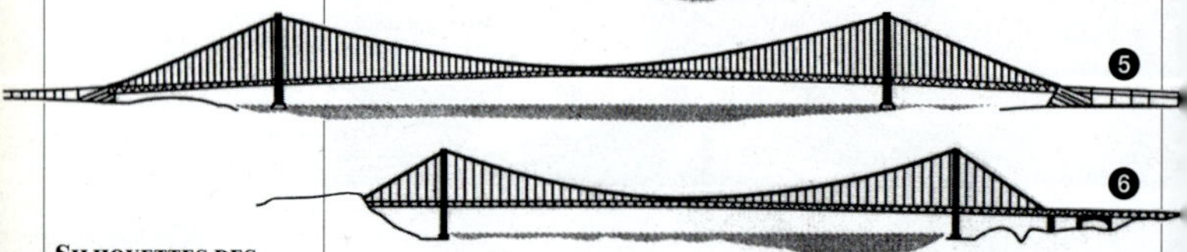

Silhouettes des ponts de New York
(1) Brooklyn : portée 486 m
(2) Manhattan : portée 448 m
(3) Williamsburg : portée 487 m
(4) Queensboro : portée max. 360 m
(5) Verrazano : portée 1 298 m
(6) George Washington : portée 1 067 m

les compagnies de chemin de fer et de métro commencent à creuser des tunnels sous l'East River. Dans les années 1930, en dépit de la dépression économique, vient s'ajouter un cinquième pont : le Triborough Bridge, un ensemble de ponts joignant le Bronx et Queens à Manhattan.

Le pont de l'Hudson. Conçu par Othmar Ammann et achevé en 1931, le George Washington Bridge, qui demeure à ce jour le seul pont franchissant l'Hudson River, joint Manhattan, à hauteur de la 178th Street, à Fort Lee dans le New Jersey. Il a une portée de plus de 1 067 m, soit deux fois supérieure à celle du pont de Brooklyn. C'est la première grande réalisation de la Port of New York Authority, cette agence interétatique créée en 1921 pour coordonner les transports de la région métropolitaine. Mais alors qu'il devait accueillir le trafic ferroviaire, il est finalement conçu comme un immense pont routier, auquel un second niveau est ajouté en 1962. Enfin le plus grand pont suspendu de New York et du monde est le pont Verrazano, qui enjambe le détroit séparant Long Island de Staten Island, à l'entrée de la haute baie, avec sa portée de 1 298 m et sa longueur totale de 4 176 m. Achevé en 1964, le pont Verrazano a permis de décongestionner la circulation de Manhattan et le trafic des ferries, en offrant un passage direct du New Jersey vers Long Island et l'aéroport Kennedy.

Williamsburg Bridge (ci-contre, vers 1900) Brooklyn Bridge (1883), puis Williamsburg Bridge (1903), facilitèrent le trafic quotidien des New-Yorkais aisés travaillant à Manhattan et rejoignant Brooklyn, devenu au début du XXe siècle leur lieu de résidence.

LOWER EAST SIDE

SETH KAMIL

1 Columbus Park
2 Transfiguration Catholic Church
3 Quong Yuen Shing
4 Kaoshen Club
5 Ass. Sun Wui
6 Hip Sing Tong
7 Chatham Square
8 Shearith Israel
9 St. James Church
10 Mariner's Temple Baptist Church
11 Eldridge Street Synagogue
12 Ex-banque Jarmulovsky

«Le Gros Oignon»
Durant les années 1870, on appelait le Lower East Side «Le Gros Oignon». Si l'expression était péjorative à l'époque, elle est très parlante aujourd'hui : il faut s'imaginer ce quartier de New York comme un oignon ; chaque fois que l'on enlève une épaisseur, on en trouve une autre, et chacune représente une partie du quartier, une décennie ou un groupe ethnique.

Le Lower East Side est l'un des quartiers les plus vivants et les plus riches de l'histoire de Manhattan, car il accueille depuis toujours les nouveaux immigrants. Une incroyable mosaïque de populations y a élu domicile : Irlandais, Juifs, Italiens, Chinois, Allemands et Latino-américains, pour n'en citer que quelques-uns ! Chacune de ces populations a imprimé sa marque sur ce petit bout de terre et s'est efforcée de s'organiser en une communauté, en créant ses associations bénévoles. Ces sociétés d'entraide jouaient un rôle essentiel en offrant au nouvel immigrant un travail, un logement et une introduction au «nouveau monde». Les groupes communautaires étaient fondés d'après des critères à la fois ethniques et religieux. Ainsi, les organisations n'étaient pas simplement juives, elles étaient juive russe, juive roumaine, juive hongroise. Il en allait de même pour les immigrants italiens, qui s'installaient dans le Lower East Side, non en tant qu'Italiens, mais en tant que Napolitains, Siciliens ou Milanais. Les nouveaux immigrants ont également apporté avec eux les cuisines de leurs pays et l'on trouve dans le Lower East Side quelques-uns des meilleurs et des moins chers restaurants de la ville.

Chinatown

Columbus Park. Angle Bayard et Mulberry St. (1892)
Il occupe d'anciennes terres cultivées qui, au XVIIe siècle, appartenaient à la famille Bayard dont une rue porte encore le nom. Au milieu du XIXe siècle, Mulberry Street menait à

CHINATOWN, UN VOYAGE EN ORIENT ★
Un dédale de ruelles chatoyantes, animées d'une frénésie constante. Lui consacrer environ 4 h, en commençant par le vieux Chinatown de Doyers, Mott et Pell Sts., où les panneaux de rue sont toujours écrits en caractères chinois. Ne pas manquer une visite au petit Museum of Chinese in America, ainsi qu'à l'immense bazar Pearl River, sur Canal St. Terminer par une pause gastronomique dans l'un des multiples restaurants de Chinatown, qui servent une excellente nourriture.

13 Garden Cafeteria
14 Forward Bldg.
15 Seward Park
16 Synagogue Beth Hamedrash Hagadol
17 Banca Stabile
18 240 Centre Street
19 Most-Holy-Crucifix church
20 St. Patrick's Old Cathedral
21 Lower East Side Tenement Museum
22 Museum of Chinese in America
23 New Museum of Contemporary Art

Five Points ▲ *191*, au cœur du Sixième District que beaucoup appelaient *Bloody Old Sixth*, le «sacré vieux sixième» (*bloody*, signifie aussi… sanglant). C'était là le plus abominable secteur d'habitation que New York ait jamais connu. À cette époque, ce bidonville était le fief de la communauté irlandaise.
Mais par la suite, les Italiens, qui cherchaient des logements bon marché, affluèrent et s'entassèrent les uns sur les autres, parfois à douze ou même davantage par pièce. En 1892, les taudis de Five Points furent rasés et remplacés par Columbus Park. Presque dès sa construction, le parc devint un lieu de prédilection pour les orchestres de plein air et les cérémonies nationales. Le jour de fête de Christophe Colomb (Columbus Day) et les autres jours fériés, les musiciens du quartier se rassemblaient dans le parc pour jouer des airs italiens ; des camelots vendaient de la nourriture et des feux d'artifice ajoutaient leur note à l'ambiance festive.

4 heures

◆ **B** C3-D3-D4

Les rues de Chinatown
Au XIXe siècle, les bars irlandais jalonnaient Pell St. (ci-dessus, en 1927). L'emplacement de l'actuel bureau de poste de Chinatown était alors occupé par le *Callahan's*, l'un des bars les plus connus à l'époque. Pour attirer la clientèle, ces bars de quartier employaient des serveuses très légèrement vêtues et des chanteurs très populaires.

Museum of Chinese in America. 215 Centre Street. Le musée historique de Chinatown est installé dans un bâtiment dû à Maya Lin, qui réalisa à Washington le mémorial aux vétérans de la guerre du Vietnam. Sa collection rassemble des documents et des objets liés à l'histoire de la population chinoise à New York et en Amérique. Il permet, grâce à de poignants documents et témoignages, de découvrir la réalité de l'implantation de cette communauté et les difficultés qu'elle a pu, et peut encore, rencontrer.

Transfiguration Catholic Church. 29 Mott St. Bâtie en 1801 dans le style georgien par une communauté anglaise luthérienne de la First Church of Zion, la Transfiguration Catholic Church a connu d'extraordinaires changements. En 1853, l'église catholique racheta le bâtiment pour ses communautés italienne et irlandaise alors en plein développement. Puis, dans les années 1950, les Chinois se joignirent à la paroisse. Elle est aujourd'hui presque exclusivement chinoise.

Sous les horaires affichés à l'entrée de l'église, il est indiqué que la messe de rite catholique est célébrée en mandarin, en cantonais et en anglais.

Quong Yuen Shing & Cie. 32 Mott St. Ce magasin, le plus vieux de Chinatown, fut fondé en 1891 par la famille Lee. Dans les premiers temps, l'épicerie servit également de bureau de poste, de lieu de rendez-vous et de banque. La boutique a conservé son intérieur et sa façade d'origine : elle est le témoin du vieux Chinatown.

Kaoshen Club. 12 Mott St. Au deuxième étage de ce bâtiment se trouvait le siège d'une organisation politique secrète (Kaoshen signifie Haute Montagne). C'est ici qu'en 1895 le docteur Sun Yat-sen (fondateur et premier président de la République de Chine) créa l'antenne new-yorkaise du Hsing Chung Hui, un parti révolutionnaire secret. Ce parti provoqua le renversement de la dynastie impériale des Ch'ing et instaura un gouvernement républicain en Chine.

HIP SING TONG. 16 PELL ST. C'est un exemple d'association fraternelle chinoise, appellée «salle de réunion» ou «tong». L'appartenance à ces sociétés est assez floue et il y a de fréquents litiges sur leurs «activités» lucratives. Les Tongs sont des sociétés fraternelles secrètes créées en Chine il y a quelque trois cents ans en tant que «Triades». Elles ont été introduites à New York à la fin des années 1870 pour protéger les intérêts de leurs membres. Au fil des années, certaines Tongs en sont venues à pratiquer des activités criminelles et à contrôler des opérations de drogue, d'extorsion de fonds, de prostitution, de jeu et de prêts à usure. Mais aujourd'hui encore, la plupart des Tongs restent des organisations à vocation sociale. Elles fournissent aux nouveaux arrivants logements et emplois.

CHATHAM SQUARE. ANGLE PARK ROW, BOWERY ET EAST BROADWAY. Cette partie de la ville qui, dès 1800, était un centre commercial important, doit son nom au comte de Chatham, sir William Pitt. C'est ici que Lord & Taylor et Brooks Brothers ouvrirent leurs premiers magasins de vêtements. L'arche qui se trouve au centre de la place a été érigée en 1962 à la mémoire de Benjamin Ralph Kimlau, un habitant de Chinatown tombé pendant la Seconde Guerre mondiale, ainsi qu'à celle de tous les autres soldats d'origine chinoise qui servirent sous le drapeau américain pendant la guerre.

SHEARITH ISRAEL. JAMES STREET. À un demi-*block* de Chatham Square, le long de James Place, s'étend le premier cimetière de la Synagogue Espagnole et Portugaise, Shearith Israel. Ce site date de 1654. C'est le plus vieux cimetière juif des États-Unis et l'un des plus vieux cimetières de New York.

ST JAMES CHURCH. 23 OLIVER ST. Bien que la paroisse ait été fondée en 1827 par des immigrants irlandais, l'église Saint-James ne fut construite qu'en 1837. Comme en témoigne la plaque apposée à droite de l'entrée, son premier pasteur fut le Père Felix Valéra (1788-1853), d'origine cubaine. À gauche de l'entrée une seconde plaque commémore la fondation, en 1836, de l'Ancien Ordre des Hiberniens, Hibernia étant le nom latin de l'Irlande. L'AOH aidait

les immigrants irlandais à trouver un emploi, leur assurait une assistance juridique et parfois financière.

MARINER'S TEMPLE BAPTIST CHURCH. 12 OLIVER ST. Cette église de style Greek Revival fut érigée en 1844. La grande cloche de bateau, à la droite du portique, rappelle le temps où l'église se consacrait aux marins et à leur salut à l'instar de la SEA AND LAND CHURCH rebaptisée First Chinese Presbyterian en 1866. Le Mariner's Temple est aujourd'hui une paroisse baptiste afro-américaine. Elle possède un excellent chœur de gospel.

QUARTIER JUIF

ELDRIDGE STREET SYNAGOGUE. 12-16 ELDRIDGE ST. (1886, arch. Herter Bros) Ce bâtiment mauresque fut bâti par

DOYERS STREET
Cette rue servait de voie de livraison à M. Heinrich Doyers, un brasseur de la fin du XVIIIe siècle. À mi-parcours, le coude que forme Doyers St. fut surnommé «l'Angle Sanglant» pendant la «Guerre des Tongs» qui ravagea Chinatown de 1870 à 1924. C'est ici que la Hip Sing et la On Leong s'affrontaient pour se disputer le contrôle des activités criminelles du quartier.

SUR BOWERY
À la fin du XIXe siècle, Bowery (ci-contre), la voie qui au XVIIe siècle menait aux terres cultivées des Hollandais, était peuplée de sans-abri et constituait le quartier des bars, où se pratiquaient toutes sortes d'activités illégales. En 1884, 27 % des arrestations effectuées à New York le furent à Bowery. Cette année-là, on y comptait 82 bars, soit une moyenne de 6 par *block*.

EDUCATION ALLIANCE
L'Alliance, située à l'angle de East Broadway et Jefferson St., avait été fondée en 1891 par des juifs allemands d'Uptown afin d'aider les immigrants d'Europe de l'Est à s'«américaniser». Elle dispensait des cours d'anglais, d'instruction civique et d'hygiène.

des immigrants juifs russes et polonais.
Il est ouvert à la visite et des visites guidées y sont proposées. Sa façade arbore une rosace semblable à celles des églises chrétiennes mais l'intérieur découvre une très belle synagogue, avec des balcons pour les femmes et une arche pouvant contenir 25 rouleaux de la Torah.

EX-BANQUE JARMULOVSKY. ANGLE S.-O. CANAL ET ORCHARD STREET. Cet immeuble de 11 étages fut construit par Sender Jarmulovsky en 1912. Ce juif polonais, arrivé en Amérique en 1856 avait ouvert sa banque en 1873. Sa clientèle était surtout constituée d'immigrants juifs qui expédiaient de l'argent à leurs familles pour les aider à quitter l'Europe. À la veille de la Première Guerre mondiale, la banque était prospère. Mais lorsque le conflit éclata, nombre de déposants juifs retirèrent immédiatement leurs fonds. Et, comme ils se méfiaient du papier-monnaie, ils demandèrent des pièces d'or et d'argent. La ruée aux guichets fut d'une telle importance que le contrôleur fédéral ordonna la fermeture de la banque Jarmulovsky le 4 août 1914, mais trop tard pour sauver le fondateur de la ruine.

LOWER EAST SIDE TENEMENT MUSEUM. 108 ORCHARD STREET. Cet émouvant petit musée est installé dans un ancien *tenement*, immeuble d'habitation rudimentaire dans lequel s'entassaient les familles d'immigrants. Celui-ci, qui date de 1863, est désormais classé. Plusieurs appartements, témoins des différentes époques où il fut habité et des conditions de vie des immigrants, ont été reconstitués.

GARDEN CAFETERIA. ANGLE E BROADWAY ET RUTGERS ST. À l'emplacement du *Wing Shoon Restaurant* se tenait l'ancienne *Garden Cafeteria*, réputée pour avoir été le lieu de rendez-vous de l'intelligentsia locale. Certains des plus éminents socialistes, communistes et anarchistes des États-Unis s'y réunissaient autour d'un verre de thé. Parmi eux figuraient Emma Goldman et Alexandre Berkman,

«SPECTACLE INOUBLIABLE DE CES COLPORTEURS, AVEC LEURS VOITURES ET LEURS ÉTALAGES, AINSI QUE LEUR INCROYABLE ENTHOUSIASME POUR LE MARCHANDAGE.»

HARPER'S WEEKLY

fondateurs du Parti communiste américain, Léon Trotski et Boukharine. C'est au *Garden* que le romancier Isaac B. Singer écrivit une bonne partie de ses œuvres.

FORWARD BUILDING. 173 EAST BROADWAY. (1912, arch. George A. Bœhm) Au sud-est de Strauss Square se dresse le vieux Forward Building. Cet immeuble, avec son immense horloge et, à son sommet, le mot yiddish «Forvets» gravé dans la pierre, symbolise toujours pour la communauté juive le pouvoir du socialisme et des ouvriers. Jusqu'en 1975 il fut le siège du *Daily Forward*, une des plus importantes publications socialistes en yiddish du monde. Il abrite aujourd'hui une église, la New York Ling Lang Church. Sur la façade ouest du bâtiment une inscription en mandarin : «En Jésus tu trouveras le salut», témoigne de l'évolution ethnique du quartier...

SEWARD PARK. ANGLE E BROADWAY ET ESSEX ST. Ce jardin public fut créé en 1901 pour aérer le quartier le plus peuplé de la ville. Seward Park connut en 1910, lors de la grève des ouvriers de l'industrie du manteau (Cloakmakers Strike), l'un de ses plus mémorables temps forts. Environ soixante mille ouvriers se rassemblèrent au coin d'East Broadway et d'Essex Street pour débrayer : les travailleurs immigrés, brandissant des panneaux en yiddish, en italien et en anglais, demandaient une amélioration des salaires et des conditions de travail.

SYNAGOGUE BETH HAMEDRASH HAGADOL. 60 NORFOLK ST. Cette synagogue est le lieu de culte de la plus ancienne communauté ashkénaze orthodoxe des États-Unis, fondée en 1852 et auparavant établie sur Allen Street. L'édifice, une église baptiste à sa construction – la Norfolk Baptist Church –, fut racheté par la communauté ashkénaze en 1885. La synagogue, ouverte au public aux heures de la prière quotidienne, a conservé le très bel intérieur gothique de l'église.

ESSEX STREET
Ce magasin d'objets religieux est situé sur Essex Street, au cœur du vieux quartier commerçant juif.

AU MARCHÉ
Vers 1910, le quartier était habité par un demi million de juifs, dont un grand nombre exerçait le métier de vendeur ambulant. Hester St. était le centre le plus actif et le plus animé du Lower East Side, notamment le jeudi soir lorsque les femmes se rendaient au marché pour préparer le sabbat.

La grande lessive du lundi dans les *tenements* de Little Italy, en 1900.

LITTLE ITALY

BANCA STABILE. 189 GRAND ST. ANGLE SW MULBERRY ET GRAND ST. (1885) Cet immeuble abritait une banque italienne, une affaire de famille fondée en 1865 pour aider les immigrants italiens. En plus des services bancaires, la Stabile proposait diverses prestations : traductions, réservations sur les paquebots. Témoin l'inscription en lettres dorées au-dessus d'un des guichets, où des billets de traversée transatlantique étaient proposés. Noter les plafonds en étain, le sol en *terrazzo*, l'immense voûte et les guichets en cuivre d'origine.

240 CENTRE STREET. C'est un grand bâtiment de pierre construit dans le style baroque français en 1909 par les architectes Hoppin et Koen, pour accueillir le siège de la police de New York dans un secteur réputé comme l'un des centres de l'activité criminelle de Manhattan. On l'avait volontairement établi à proximité de la principale prison de la ville, les «Tombs» ▲ *183*, juste à côté des taudis de Five Points ▲ *191*. L'immeuble fut depuis converti en appartements.

MOST-HOLY-CRUCIFIX CHURCH. 378 BROOME ST. Cette église catholique napolitaine fut consacrée en 1926. On raconte qu'à cette époque un groupe de Napolitains s'étaient organisés en communauté dans ce quartier. Dans leurs lettres, ils disaient à leurs familles qu'ils priaient ensemble. Aussi les épouses italiennes songèrent à dépêcher à New York un prêtre de leur village natal… Le seul terrain constructible disponible dans un rayon de trois *blocks* était cet espace, compris entre Mott et Mulberry. La mise en chantier fut des plus hâtives pour qu'à son arrivée, le prêtre trouvât une paroisse où prêcher et célébrer les offices.

ST. PATRICK'S OLD CATHEDRAL. ANGLE MOTT ET PRINCE STS. (1809-1815, arch. Joseph Mangin). Cet édifice fut la première cathédrale catholique de New York, avant la construction de St. Patrick's Cathedral ▲ *283*. Après l'incendie de 1868, les coûts de sa restauration se révélèrent si prohibitifs que la rosace fut murée et les décorations gothiques recouvertes.

NEW MUSEUM OF CONTEMPORARY ART. 235 BOWERY. Il se consacre aux artistes vivants, négligés par les autres musées d'art contemporain.

SICILIENS, MILANAIS OU NAPOLITAINS
Sur la «portion italienne» de Mulberry St., se trouvent encore les marchands de pâtes fraîches, les fabriques de pain et de fromage (ci-dessus au début du XXe siècle) et le *Caffe Roma*, connu à l'origine sous le nom de *Caffe Ronca*. Cet établissement fut dans les années 1930 un des lieux de prédilection des acteurs italiens. Le chanteur Migliaccio, qui se produisait au Bowery sous le nom de Farfariello – petit papillon en italien et personnage populaire du folklore napolitain – jouissait d'une immense popularité car il se moquait des gens du quartier avec humour.

Autour de Washington Square

Elisa Urbanelli
Andrew S. Dolkart

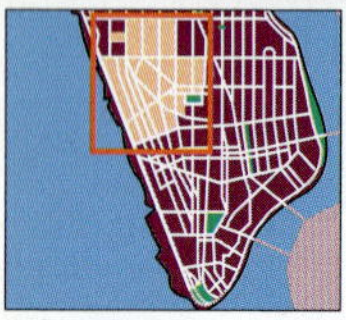

7 heures

◆ **B** B1-B2-C1-C2-D1-D2

WASHINGTON SQUARE ♥

Cette place, qui, depuis le début du XXe siècle, est le centre artistique et intellectuel de Greenwich Village ▲ *210*, n'était jusqu'à la fin du XVIIIe siècle qu'un vaste marécage traversé par un ruisseau, le MINETTA BROOK ▲ *202*. Il fut transformé en cimetière d'indigents (*potter's field*) lors des grandes épidémies de choléra et de fièvre jaune et servit également de lieu d'exécution publique, comme en atteste le grand orme situé à l'angle nord-ouest du parc, qui fit longtemps office de potence. Lors de son passage à New York, en 1824, La Fayette fut invité à y assister à la pendaison de vingt bandits de grand chemin. En 1826, tandis que l'on perçait des rues et que l'on terrassait les terrains alentour en vue de les lotir, la municipalité assécha le marécage et le transforma en carrousel : le WASHINGTON MILITARY PARADE GROUNDS fut inauguré le 4 juillet 1828. Le quartier de Washington Square ne tarda pas à devenir le lieu de prédilection des riches négociants new-yorkais, qui faisaient construire d'imposantes demeures en bordure du parc. L'écrivain Henry James, qui naquit en 1843 au 27 Washington Place, non loin de là, immortalisa ce lieu, en 1880, dans son roman *Washington Square.* L'ARC DE TRIOMPHE qui se dresse au nord du parc depuis 1892 incarne parfaitement le climat culturel qui régnait à cette époque, que l'on appelle

UN ANCIEN CARROUSEL
Entre les parades militaires, Washington Square (ci-dessus en 1851) faisait office de jardin public et se prêtait aux divertissements les plus variés. Le parc fut redessiné en 1971 et la municipalité profita de cette occasion pour interdire à la circulation le terre-plein central, où se trouve la fontaine.

Ci-contre, Washington Square, au début des années 1990.

«Renaissance américaine». Les sculptures qui ornent ses piliers furent ajoutées plus tard : «Washington dans la guerre», de Herman A. McNeil en 1916, et «Washington dans la paix», d'A. Stirling Calder, en 1918. À partir de la deuxième moitié du XIXe siècle, une vague d'immigrants européens affluèrent à Greenwich Village, quartier situé à l'ouest et au sud de Washington Square, qui devint une enclave italienne et française. Les maisons furent alors pour la plupart divisées en appartements ou remplacées par des *tenements* (logements modestes). Attirés par le passé et la beauté de cette partie de la ville, de nombreux artistes y élirent domicile tandis que la haute société, installée plutôt au nord du Square, migrait peu à peu vers le nord de la ville et désertait le quartier. Depuis le début du XXe siècle règne en ces lieux une ambiance de bohème qui va séduire tous ceux qui veulent se frotter aux milieux d'avant-garde. Les écrivains Eugene O'Neill, Edna St. Vincent Millay ou encore Theodore Dreiser prennent la suite de leurs célèbres aînés Edgar Allan Poe, Herman Melville, Mark Twain ou Henry James. Des peintres – tel les membres de l'Ashcan School ▲ *217* – installent leurs ateliers dans nombre de vieilles maisons. Aujourd'hui, il suffit de lever les yeux en parcourant certaines rues pour découvrir les grandes verrières qui couronnent les maisons anciennes. Quant aux saloons, *speakeasies* (bars clandestins de l'époque de la Prohibition, entre 1920 et 1933), théâtres, cafés et clubs de jazz, ils sont encore hantés par le souvenir des personnalités qui les fréquentèrent jadis.

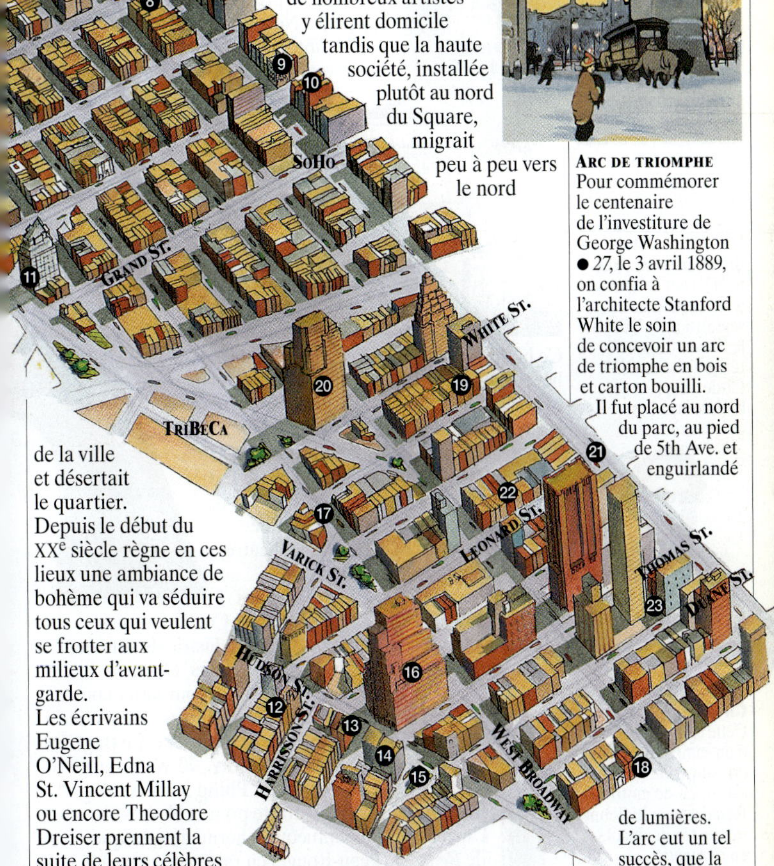

Arc de triomphe
Pour commémorer le centenaire de l'investiture de George Washington ● *27*, le 3 avril 1889, on confia à l'architecte Stanford White le soin de concevoir un arc de triomphe en bois et carton bouilli. Il fut placé au nord du parc, au pied de 5th Ave. et enguirlandé de lumières. L'arc eut un tel succès, que la commission artistique de la ville demanda à S. White d'en construire un second, en marbre cette fois, dans l'esprit de ceux de Rome ou de Paris.

Samuel Morse
(1791-1872)
S'il est surtout connu pour avoir inventé le télégraphe électrique et l'alphabet de signaux sonores, Morse (ci-dessous) fut pourtant un peintre très coté. Ce fils de pasteur calviniste fait ses études d'art à Londres et s'installe à New York en 1824.

Morse participe à la fondation de la *National Academy of Design* en 1826 ▲ *320*. En 1835, il installe un laboratoire dans la NYU et se consacre à ses expériences scientifiques. Il dépose le brevet de son télégraphe en 1837. Ci-dessus, l'actuel bâtiment, à l'est du square.

Judson Memorial Church
Cette église, surmontée d'un campanile d'inspiration romane, est ornée de motifs Renaissance italienne rehaussés de décors en *terracotta*.

South Village

New York University, Main Building. 100 Washington Square East (1894-1895, arch. Alfred Zucker). La New York University (NYU), créée en 1831 par Albert Gallatin, membre du cabinet de Thomas Jefferson, est la plus grande université privée des États-Unis. Le Main Building, centre du campus qui s'étend dans tout le *Village*, occupe le site du premier bâtiment de l'université, élevé en 1833. Sa construction fit beaucoup de bruit à l'époque car les administrateurs, par souci d'économie, avaient embauché des détenus de la prison de Sing Sing, pour profiter d'une main-d'œuvre quasi gratuite. Furieux, les ouvriers du bâtiment organisèrent une manifestation syndicale, la première du genre jamais mise sur pied à New York, la *Stone Cutter's Guild Riot,* véritable émeute qui nécessita l'intervention de la Garde nationale.

Ce bâtiment est aussi connu pour avoir notamment hébergé Samuel Morse, Samuel Colt (ci-dessus) qui y dessina le célèbre revolver qui porte son nom et Clark Brady (ci-contre, en bas). De cet édifice, détruit en 1894, il subsiste un clocheton commémoratif, sur Washington Square East.

Asch Building. 29 Washington Place. Cet entrepôt, transformé en salles de conférences pour la NYU, fut le théâtre, en 1911, d'un incendie qui fit cent quarante-six victimes, toutes de jeunes employées de la Triangle Shirtwaist Co., l'un de ces «négriers» qui sévissaient alors dans l'industrie du vêtement ● *38*. À la demande de l'*International Ladies' Garment Workers' Union,* le syndicat fondé en 1900 pour lutter contre les conditions de travail effroyables des femmes, une plaque a été posée sur l'immeuble pour rappeler cette tragédie.

Elmer Holmes Bobst Library. 70 Washington Square South (1972, arch. Philip Johnson et Richard Foster). Construite pour la New York University, la bibliothèque a hérité du sobriquet de *Redskin* (Peau-Rouge) en raison de sa façade de grès rouge. Johnson dut en effet renoncer à son projet de revêtement calcaire pour utiliser une pierre rouge provenant de carrières appartenant à l'université. L'intérieur comporte un bel atrium et un sol décoré en damier.

Judson Memorial Church. Washington Square South (1888-1893, arch. McKim, Mead et White) ● *90*. Élevée en hommage à Adoniram Judson, premier missionnaire

Couverture d'un programme de spectacle du «Quartier latin» new-yorkais.

baptiste américain en Asie, cette église fut partiellement financée par JOHN D. ROCKEFELLER ▲ *276*, qui consacra une partie de sa fortune à patronner les communautés baptistes de la ville.

LE «QUARTIER LATIN». Dans les années 1850, on avait surnommé *Frenchtown* la zone habitée par une communauté de Français au sud de Washington Square. Mais vers 1875, la plupart des familles françaises déménagèrent car le quartier, où maisons closes et *dancings* louches abondaient, était devenu mal famé. Vers la fin du XIXe siècle, une nouvelle vague d'immigrants, italiens, s'y installa. Ils ouvrirent des cafés et des restaurants à côté des commerces français encore existants. Ce secteur fut alors baptisé le «Quartier latin». Très apprécié des intellectuels au début du XXe siècle, le quartier connut la fièvre du jazz, puis de la poésie de la *beat generation* dans les années 1950. Dix ans plus tard, Bob Dylan, qui aimait s'y produire, en fit le paradis de la musique folk. On vient toujours dans ses bars pour repérer les futures stars ou prendre un *expresso* le dimanche après-midi. Sur Bleecker Street se trouvent quantité de bars pittoresques : le *Bitter End*, le *Peculier Pub*, le *Kenny's Castaways* et le *Back Fence*. Sur MACDOUGAL STREET on pourra choisir entre le *Caffe Dante* et le *Caffe Reggio*, ouvert en 1927.

SAMUEL COLT (1814-1862)
Il inventa en 1831 le revolver à six coups, dont la principale innovation était le barillet tournant contenant une réserve de six balles et permettant à l'arme de se recharger automatiquement après chaque coup tiré. Cette technique donna son nom au revolver, dérivé de *revolve*, tourner. Vite adopté par les cow-boys, le colt devint l'arme mythique de la conquête de l'Ouest. Colt, qui avait débuté sa carrière comme comique itinérant, finit sa vie dans l'opulence grâce à cette invention qui fit de lui une célébrité internationale.

PROVINCETOWN PLAYHOUSE. 133 MACDOUGAL ST. Les Provincetown Players, une troupe de comédiens réputés pour leurs improvisations, firent leurs débuts à New York au n° 139 de la rue, avant de s'installer dans cette ancienne écurie (ci-dessous). C'est eux qui lancèrent le jeune dramaturge Eugene O'Neill, en donnant la première de sa pièce *Bound East for Cardiff,* en 1916. L'écrivain, turbulent et grand buveur, reçut par la suite le prix Pulitzer ; il devint l'un des grands noms de Broadway. La troupe se dispersa en 1930. Reconstruit vers 1940, le théâtre appartient maintenant à New York University.

PROVINCETOWN PLAYERS
Cette troupe de théâtre tire son nom de Provincetown, petite ville de Cap Cod, où elle fut créée par un groupe d'habitants de Greenwich Village en villégiature estivale. C'est le journaliste John Reed qui persuada le groupe de continuer à jouer après leur retour à New York.

▲ WASHINGTON SQUARE VERS SOHO-TRIBECA

À la fin des années 1850, les ingénieurs James Bogardus et Daniel Badger furent les premiers à proposer des catalogues de vente d'éléments de décoration en fonte (*cast-iron*) ● *94*. Y étaient répertoriés des modules préfabriqués avec une ornementation

déclinée dans les styles alors à la mode. On pouvait ainsi acheter sa façade au mètre.

Ci-contre, le marché aux vêtements, sur Spring St.

RICHMOND HILL HOUSE
En 1831 le manoir du domaine de Richmond Hill fut transformé en théâtre (ci-dessous, en 1832). Il fut détruit en 1849 pour faire place à des bureaux et à des ateliers.

MINETTA STREET. Cette rue qui suit l'ancien cours du Minetta Brook, petit ruisseau comblé vers 1820, abrita au XVIIIe siècle une importante population noire. Elle fut alors surnommée *Little Africa*. Au milieu du XIXe siècle, le quartier devint sordide et dangereux car des rixes y éclataient régulièrement, surtout lors des *Draft Riots* ● *28*, ▲ *171*, *212*. Au cours des décennies suivantes la rue fut peu à peu investie par des immigrants italiens, français puis allemands. Non loin, au 113 MacDougal Street, se trouve la MINETTA TAVERN, véritable «musée du buveur», aux murs couverts de caricatures de célébrités.

MILLS HOUSE N° 1. 160 BLEECKER ST. (1896, arch. Ernest Flagg). À la fin du XIXe siècle, on construisit au sud de Washington Square de nombreux *tenements* (logements modestes). L'architecte Ernest Flagg, qui s'était intéressé à ce type d'habitation, conçut ce bâtiment Renaissance. Il comportait mille cinq cents cellules, disposées autour d'une cour gazonnée et fréquentées par des émigrants récemment débarqués, qui pouvaient y passer la nuit pour la modique somme de 20 cents. Par la suite, la cour fut pavée, puis couverte, et l'ensemble devint un hôtel minable, le *Greenwich*, avant d'être transformé, en 1976, en résidence privée dotée d'un ATRIUM.

MACDOUGAL SULLIVAN GARDENS ♥. Organisé autour d'un jardin central occupant l'intérieur du pâté de maisons, cet espace préfigure une disposition qui se généralisa dans l'urbanisme new-yorkais des années 1920. En 1923, ces vingt-deux maisons de style Greek Revival ● *84*, construites dos à dos sur deux rues, étaient totalement délabrées. Un promoteur les réhabilita en faisant supprimer les marches d'entrée, unifier les façades dans un style inspiré de l'architecture coloniale et créer un jardin privatif commun en reliant les arrière-cours entre elles.

CHARLTON-KING-VANDAM HISTORIC DISTRICT. ENTRE 6TH AVE. ET VARICK ST. Cette enclave historique, qui jouxte une zone industrielle, est un exemple unique de l'urbanisme résidentiel de New York au XIXe siècle. Elle offre en effet les plus importants alignements de *rowhouses* de style Federal ● *82*, datant de 1820, et une quantité de maisons de style Greek Revival, construites entre 1830 et 1850. Les plus remarquables se trouvent aux 37 et 39 Charlton Street et au 203 Prince Street, situé de l'autre côté de 6th Avenue. Ce district occupe l'ancien site de RICHMOND HILL, domaine d'une dizaine d'hectares sur lequel un manoir de style georgien ● *82* abrita le quartier général de GEORGE WASHINGTON en 1776 ● *27*.

Joe Gould, un habitué de McDougal St. (ci-dessus, durant les années 1950) et de Minetta Tavern, prétendait écrire une «Histoire orale du monde» pour se faire payer à déjeuner par les clients du restaurant. En fait de manuscrit, il ne laissa à sa mort, en 1957, qu'une suite décousue de conversations.

Par la suite, il fut vendu à Aaron Burr ▲ *161*, *228*, qui fit tracer l'actuel réseau de rues en 1797 pour le lotir. Lui même se trouva contraint, un peu plus tard, de céder le domaine à JOHN JACOB ASTOR ▲ *226*, *313*, lequel en assura le lotissement.

SOHO CAST-IRON HISTORIC DISTRICT ♥

SoHo, contraction de South of Houston Street, était vers 1850 le grand centre commerçant de New York. Ce quartier historique regroupe la plus forte concentration d'édifices à façades en *cast-iron* ● *94*, principalement des entrepôts et des manufactures ; il offre un paysage urbain d'une saisissante homogénéité. Ces «palais du commerce» furent édifiés pour des négociants en épicerie, en textile ou en ameublement qui voulaient avant tout de vastes volumes de stockage et des devantures attrayantes. Au début, le *cast-iron* chercha à imiter la pierre en recouvrant la fonte d'une peinture mélangée à du sable (le HAUGHWOUT STORE de 1857 ▲ *204* en est l'exemple caractéristique). Puis, le succès aidant, les architectes exploitèrent les propriétés de la fonte pour créer de nouveaux motifs, dont de fines colonnettes appelées «bougies de cachalot».
Devant l'engouement pour ce nouveau matériau, la pierre se mit à imiter le *cast-iron*, comme au 502 Broadway (un test infaillible consiste à utiliser un aimant pour faire la différence). Au début des années 1970, SoHo avait perdu son dynamisme commercial. Aussi, les artistes en quête de grands ateliers lumineux et bon marché commencèrent à s'installer dans les *lofts* (vieux entrepôts et locaux industriels désaffectés). La création d'un statut spécial pour les artistes permit leur conversion en appartements dès lors que les occupants s'en réclamaient : c'est là que démarra la mode des *lofts*, appartements sans cloison occupant tout un étage. Aujourd'hui SoHo est un quartier à la mode qui rassemble des galeries d'art contemporain, même si les galeries d'avant-garde investissent plutôt désormais Chelsea ▲ *220*, des restaurants de charme et surtout nombre de boutiques de luxe qui ont fait de ce secteur une réplique de Madison Avenue, au sud de Manhattan.

«CAST-IRON»
Les procédés de boulonnage apparaissent entre l'ancienne et la nouvelle façade de cette manufacture de TriBeCa.

Ci-contre, le bâtiment en briques rouges qui accueillit le Guggenheim Museum of SoHo, avant sa transformation en magasin.

Symbole de cette récupération du quartier par les enseignes commerciales, la boutique phare de la marque Prada, installée au 575 Broadway, dans l'ancienne annexe du Guggenheim Museum – un entrepôt aux façades de brique et aux huisseries en *cast-iron* (1881-1882, arch. Thomas Stent, ci-contre). La boutique n'en mérite pas moins le détour. L'immense espace agencé par l'architecte néerlandais Rem Koolhaas fourmille d'innovations. Surnommée «Museum Row» à la fin des années 1980, SoHo a désormais hérité d'un nouveau qualificatif : «The Mall» (le centre commercial).

EX-LITTLE SINGER BUILDING ♥. 561 BROADWAY (1904, arch. Ernest Flagg). Ce bâtiment Art nouveau en L (ci-dessous) fut réalisé pour le fabricant de la célèbre machine à coudre. Flagg ayant déjà conçu un Singer Building ▲ *152* en 1899, il baptisa celui-ci le «Petit Singer». Son ossature métallique boulonnée et les entrelacs floraux attestent le sens esthétique de Flagg, formé aux Beaux-Arts de Paris.

EX-HAUGHWOUT STORE. 488-492 BROADWAY (1856-1857, arch. John P. Gaynor) ● *94*. Lorsque E. V. Haughwout, spécialiste de l'art de la table, commanda cet édifice, on lui construisit l'un des premiers chefs-d'œuvre en *cast-iron*, équipé d'un ascenseur grillagé, installé par ELLIS OTIS.

EX-ROOSEVELT BUILDING. 478-482 BROADWAY (1873-1874, arch. Richard M. Hunt). Premier architecte formé à l'École des beaux-arts de Paris et l'un des fondateurs de l'American Institute of Architects, Richard Moris Hunt représente une génération qui a puisé son inspiration sur le vieux Continent. En dehors du Roosevelt Building on lui doit aussi quantité de somptueux hôtels particuliers destinés à l'élite new-yorkaise. Ce bâtiment montre tout le parti que l'on pouvait tirer du *cast-iron*. Le rez-de-chaussée et le sous-sol, comme dans plusieurs autres buildings de cette section de Broadway, sont occupés par de vastes magasins.

GREENE STREET ♥. Cette rue aligne un véritable catalogue d'édifices en *cast-iron* et son pavage est peu courant à New York. Entre les nos 8 et 34, un ensemble de façades en *cast-iron* parvient à une unité de rythme abstrait, où alternent pleins et vides, ombre et lumière, que renforce le jeu des escaliers de secours. Construits entre 1869 et 1884, ces immeubles sont l'œuvre des grands tenants de ce genre architectural : Warner, Duckworth et Snook.

ROOSEVELT BUILDING
Les larges baies ternées, habillées de colonnettes, confèrent à cet édifice grâce et légèreté. Il possédait jadis de très beaux rehauts colorés. Ci-dessous, un détail de l'architecture *cast-iron*.

Isaac Merrit Singer
Illustrant à merveille le rêve américain, l'inventeur de la célèbre machine à coudre débuta sa carrière comme simple ouvrier. C'est en réparant une machine dans une usine que Singer eut l'idée de son modèle simplifié, révolutionnaire, conçu en douze heures à peine. Il lui fallut ensuite emprunter 40 dollars pour achever son prototype et déposer son brevet, en 1851. Par la suite, il s'associa avec Edward Clark pour fonder la Singer Sewing Company et se tailla un immense empire industriel.

«Daylight Factories»
(100 6th Ave.)
La façade de ce bâtiment industriel Arts déco (1928) est décorée de bas-reliefs représentant des ouvriers et des artisans (ci-dessous). Ils sont caractéristiques des manufactures éclairées par des verrières et construites dans les années 1930 aux abords de l'entrée de l'actuel Holland Tunnel.

Goethe House. 72 Spring St. (1907, arch. Welch, Smith et Provot). Le centre culturel allemand organise conférences, expositions, concerts et pièces de théâtre. La bibliothèque et la discothèque sont publiques.
N. Y. City Fire Museum. 278 Spring St. (1904, arch. Edward S. Casey). Ce petit musée, passionnant, notamment pour les plus jeunes, occupe la caserne de style néo-classique construite pour loger la première brigade professionnelle de pompiers de la ville, créée en 1865. Il retrace l'histoire de la lutte contre le feu à New York ● *38* et présente une belle collection d'objets : seaux en bois du XVIIe siècle, voitures de pompiers… et des dessins d'enfants adressés aux pompiers après les attentats du 11 septembre 2001 ● *46*.
James Brown Residence. 326 Spring St. (1817). Cette maison de style Federal se dressait à l'origine au bord de la rivière. Le trafic portuaire augmentant, la rivière fut comblée jusqu'à la hauteur de West Street pour aménager de nouveaux quais. La maison fut transformée alors en brasserie puis devint pendant la Prohibition un *speakeasy* assorti à l'étage d'une maison de passe. C'est aujourd'hui un bar animé un peu vétuste.

Un projet (ci-dessus) pour le Holland Tunnel est conservé dans l'Avery Library de Columbia University ▲ *352*. Le Holland Tunnel fut ouvert à la circulation en 1927 et permit de décongestionner le trafic journalier des ferries entre New York et le New Jersey. Ainsi à l'époque où l'industrie automobile était en plein essor, le tunnel facilita la migration de la population vers les autres *boroughs*.

TRIBECA WEST HISTORIC DISTRICT

TriBeCa – acronyme de TRIangle BElow (sous) CAnal –, délimité par CANAL STREET au nord, VESEY STREET au sud, BROADWAY à l'est et l'HUDSON RIVER à l'ouest, se divise en deux secteurs : celui des «palais du commerce» de style italianisant aux façades de marbre, à l'est, et celui des entrepôts et usines pour la plupart de style néo-roman ● *90*, à l'ouest – où s'élèvent le Western Union Building et l'AT&T, construits dans les années 1920.

HISTOIRE DU QUARTIER. Pendant la période coloniale anglaise, le terrain appartenait à Leonard Lispenard et à la paroisse de Trinity Church ▲ *154*, qui avait reçu cette concession de la reine d'Angleterre en 1705. Lorsque les terrains furent plus tard vendus par lots, les rues reçurent les noms de ces propriétaires – Lispenard et ses enfants Leonard, Thomas et Anthony (aujourd'hui Worth Street) – ou ceux de notables de la paroisse tels que Chambers, Murray, Duane, Read et Watts. De 1850 à 1920, l'ouest de TriBeCa était le cœur des activités des grossistes en produits maraîchers

«THE CLOCKTOWER» L'ancien siège de la New York Life Insurance Company et sa tour de l'horloge ▲ *209*.

Le New York Central & Hudson River Railroad Freight Depot en 1869.

et laitiers, liées au Washington Market, qui occupait une partie du site de l'ancien World Trade Center.

UNE ARCHITECTURE INDUSTRIELLE. L'activité commerciale du secteur profita des quais et entrepôts et de l'extension du transport ferroviaire grâce au NEW YORK CENTRAL & HUDSON RIVER RAILROAD FREIGHT DEPOT, construit en 1869 pour Cornelius Vanderbilt ▲ *260*. Cette gigantesque gare de marchandises occupait le site de ST. JOHN'S PARK (un square résidentiel à l'anglaise) et fut démolie en 1927, pour permettre l'aménagement du HOLLAND TUNNEL, qui relie Manhattan au New Jersey. TriBeCa est le domaine des *warehouses* ● *85* (entrepôts et bâtiments commerciaux) dont on perçoit toujours la fonction utilitaire, avec les plates-formes de chargement, les auvents de tôle et les rideaux de fer. On en trouve de tous styles, des plus dépouillés, représentés par le minimalisme du 135 HUDSON STREET WAREHOUSE (1886-87, arch. Kimball et Ihnen), ci-contre, aux plus riches, tel le FLEMING SMITH WAREHOUSE (1891-1892, arch. Stephen Decatur Hatch), de style flamand, situé aux n°s 451-453 Washington Street. Aujourd'hui, des boutiques de gros subsistent dans le petit triangle de DUANE PARK, le reste de TriBeCa étant devenu un quartier résidentiel. On y restaure les bâtiments ; restaurants et nouveaux commerces s'y multiplient.

EX-NEW YORK MERCANTILE EXCHANGE. 6 HARRISON ST. (1884, arch. Thomas R. Jackson). En 1872, les laitiers créèrent une Bourse, le CHEESE AND BUTTER EXCHANGE, sur Greenwich Street. Dix ans plus tard, il fallut construire ce nouvel édifice de style Queen Anne où, dans une immense salle au dallage polychrome, se négociaient les transactions. Ce bâtiment a été reconverti en appartements.

HARRISON STREET ROW. 25-41 HARRISON ST. (1796-1828). L'extension du Washington Market et le développement des docks pendant la deuxième moitié du XIXe siècle entraîna la démolition d'une grande partie des maisons de ce quartier résidentiel. En 1975, on décida de sauver les rares demeures, qui constituent l'actuel *Row* ● *85*. Deux d'entre elles (n°s 31 et 33) sont d'origine, tandis que les autres viennent de Washington Street. Au bout de la rue se trouve le COMMUNITY COLLEGE, où une passerelle qui enjambe Harrison Street offre une vue sur le World Financial Center ▲ *138* et sur l'Hudson River.

WASHINGTON MARKET
Après la guerre de Sécession et avec le développement des bateaux à vapeur, les eaux étroites de l'East River furent délaissées pour celles, plus larges, de l'Hudson, dont la rive fut progressivement envahie par des quais. Le sud-ouest de Manhattan, l'actuel TriBeCa, connut alors un développement commercial intense. Les produits étaient déchargés et amenés au Washington Market (ci-dessus en 1888) qui s'étendit peu à peu.

L'Hudson, le long de West Street, en 1921.

House of Relief, New York Hospital. 67 Hudson St. (1893, arch. Cady, Berg et See). Cette construction carrée de style Renaissance Revival était une annexe du New York Hospital, la plus ancienne institution médicale de la ville, fondée par George III en 1771. Elle est reliée par une passerelle couverte, qui enjambe Staple Street, à l'ancien garage des ambulances.

Schepp Building. 165 Duane St (1881, arch. Stephen D. Hatch). Les dix étages de cette imposante usine de style néo-roman ● *90* abritaient le siège de l'entreprise d'importation de comestibles et d'épices de Leonard Schepp, l'homme qui fit connaître aux États-Unis la très exotique noix de coco séchée. Le bâtiment est aujourd'hui résidentiel.

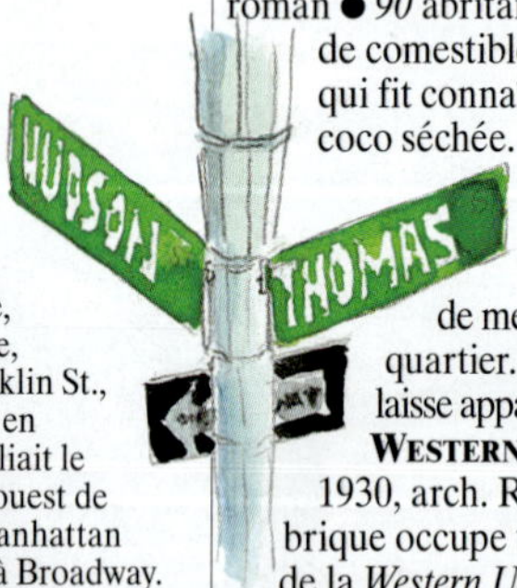

Duane Park. Ce parc triangulaire aménagé en 1795, jadis bordé de commerces laitiers en gros, est aujourd'hui entouré de magasins de meubles et de design, témoins des mutations du quartier. Remarquer l'édifice dont la nouvelle façade laisse apparaître la structure d'origine en *cast-iron* ▲ *203*.

Western Union Building. 60 Hudson St. (1928-1930, arch. Ralph Walker). Cette véritable montagne de brique occupe tout un *block*. L'immeuble, qui fut le siège de la *Western Union* (société de télégraphes), est célèbre pour la hardiesse de ses volumes coupés de renfoncements et la complexité de ses motifs de brique. Il atteste la forte influence de l'expressionnisme hollandais et allemand sur l'architecture américaine. Dans le *lobby*, les murs de brique orangée théâtralement éclairés répondent à une voûte en anse de panier revêtue d'un parement de tuiles vernissées dites Guastavino, du nom de leur fabricant.

High Pressure Service Headquarters of the N. Y. City Fire Department. 226 West Broadway (vers 1912, arch. August D. Shepard Jr.). Le trait le plus remarquable de ce bâtiment municipal à la façade d'inspiration néo-classique, revêtue de *terracotta* émaillée couleur crème, est l'usage décoratif des symboles de sa fonction : bouches d'incendie, valves et tuyaux tiennent lieu d'ornements.

2 White Street House. (1808-1809). Voici l'un des rares vestiges de l'époque où TriBeCa était un quartier résidentiel, une ancienne maison en bois à façade de brique, combles brisés et lucarnes, édifiée avant que, par crainte des incendies, on n'interdise les constructions en bois. Elle a sans doute toujours comporté un magasin au rez-de-chaussée.

La ligne, aérienne, de Franklin St., ouverte en 1870, reliait le sud-ouest de Manhattan à Broadway. Ici en 1878.

CARY BUILDING
Cet édifice construit en 1856 au 105-107 Chambers St. (ci-contre) par les architectes King et Kellum ● *88* est, avec ses deux façades de style italianisant (qui imitent parfaitement la pierre), l'archétype des buildings en *cast-iron* de la «première génération». Construit pour la maison d'épicerie Cary, Howard et Sanger, il demeure l'ultime témoignage de la vitalité du commerce de TriBeCa au milieu du XIXe siècle.

AT&T (AMERICAN TELEPHONE & TELEGRAPH COMPANY) ♥. 32 6th AVE. (1930-1932, arch Ralph Walker). Ce bâtiment de style Arts déco fut construit à l'origine pour abriter les locaux techniques des communications de longues distances. Depuis la vente, en 1984, du 550 Madison Avenue (actuel Sony Building), qui abritait le second siège d'AT&T – le premier se trouvant sur Broadway ▲ *176* –, l'immeuble de 6th Avenue accueille à son tour le siège de la compagnie. La linéarité des façades et de leurs ornements, l'immense carte du monde en carrelage ainsi que les allégories en mosaïque du plafond du magnifique *lobby* affichent une esthétique industrielle en symbiose avec le rôle du bâtiment.

«THE CLOCKTOWER» ♥. 346 BROADWAY (1894-1899, arch. Stephen D. Hatch et McKim, Mead et White). Ce bâtiment ▲ *206* de style Renaissance Revival, construit pour la New York Life Insurance Company, abrite aujourd'hui des bureaux de la Ville de New York. Son nom – «tour de l'horloge» – vient de sa tour qui abrite une horloge mécanique, une des dernières de la ville.

JAMES BOGARDUS WAREHOUSE. 85 LEONARD ST. (1861). Les négociants en épicerie KITCHEN, MONTROSS ET WILCOX firent bâtir cet édifice en *cast-iron* (éléments préfabriqués en fonte moulée) ● *94*, un des rares construits par le pionnier en la matière, James Bogardus, à être encore debout.

DAVID BROWN STORE. 8 THOMAS ST. (1875-1876, arch. J. Morgan Slade). Construit pour un fabricant de savon et d'eau de toilette, c'est un exemple exceptionnel de style High Victorian Gothic appliqué alors aux bâtiments commerciaux ● *86*.

CONDICT STORE
Cet immeuble du 55 White St., édifié en 1861 par John Kellum et fils, est une version en fonte de la façade «bougie de cachalot» ▲ *203* que le même architecte exécuta en pierre au 502 Broadway.

▲ WASHINGTON SQUARE VERS MEATPACKING DISTRICT

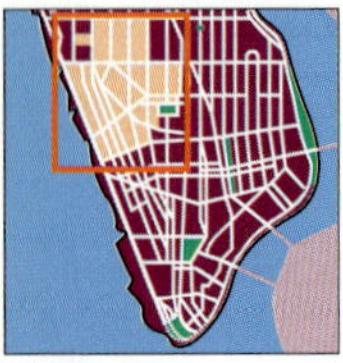

5 heures

◆ B B1-B2-C1

ÉTONNANT VILLAGE AU CŒUR DE MANHATTAN ★
Consacrer une journée de promenade à l'ancien village de Greenwich, fondé à la fin du XVIIe siècle dans ce qui était alors la pleine campagne. Washington Square et les rues situées au sud de la place sont le cœur du Village, mais ses coins les plus charmants et les plus tranquilles se trouvent à l'ouest de 7th Ave., du côté de Bedford, Grove et Commerce Sts. Puis emprunter la High Line et marcher jusqu'à l'Hudson River, dont les rives, ont été aménagées en parc.

GREENWICH VILLAGE

UN «VILLAGE» DANS LA VILLE.
Avec ses constructions basses et ses rues sinueuses, le quartier ressemble à une petite ville de province qui aurait délibérément refusé de s'intégrer au rigoureux quadrillage qui caractérise le reste de la cité. Pourtant, la diversité de sa population traduit bien le caractère cosmopolite de New York. Les premiers habitants, les INDIENS CANARSEE, appelèrent *Sapohanikan* cette zone marécageuse et boisée et établirent sur le rivage – près de l'actuelle Gansevoort Street – un comptoir qui assurait le commerce entre Hoboken et Manhattan. Durant la période hollandaise, la production de tabac joua un rôle majeur et le gouverneur Wouter Van Twiller s'appropria 90 ha du lieu-dit «Northwyck» pour y établir une plantation privée. En 1696, les Anglais rebaptisèrent Greenwich Village cette zone connue sous les Hollandais comme *Bossen Bowerie* («ferme dans les bois»). Petit à petit, des maisons de style Federal et Greek Revival ● *84* furent édifiées en bordure des vastes propriétés, créant un véritable lacis de rues. Greenwich devint un village actif et prospère, axé sur le commerce maritime. Lorsque les New-Yorkais, entassés à l'extrémité de Manhattan, fuirent, dans les années 1820, les épidémies de choléra et de fièvre jaune qui y sévissaient, Greenwich connut une urbanisation frénétique. En 1829, la prison de Newgate, située sur Christopher Street, fut transférée à Sing Sing, 50 km plus au nord sur l'Hudson River. Greenwich est un quartier complexe qui, outre ses maisons en bois de la fin du XVIIIe siècle, offre un panorama de trois siècles d'architecture.

LA «BOHÈME». Au début du XXe siècle, quelques réformateurs soucieux de justice sociale et d'art vinrent rejoindre les «bohémiens» du *Village*. Parmi eux se trouvaient l'anarchiste Emma Goldman, le «poète vagabond» Harry Kemp, qui

Ci-dessous, l'ancien Jefferson Market avec sa tour de surveillance des incendies, en 1830.

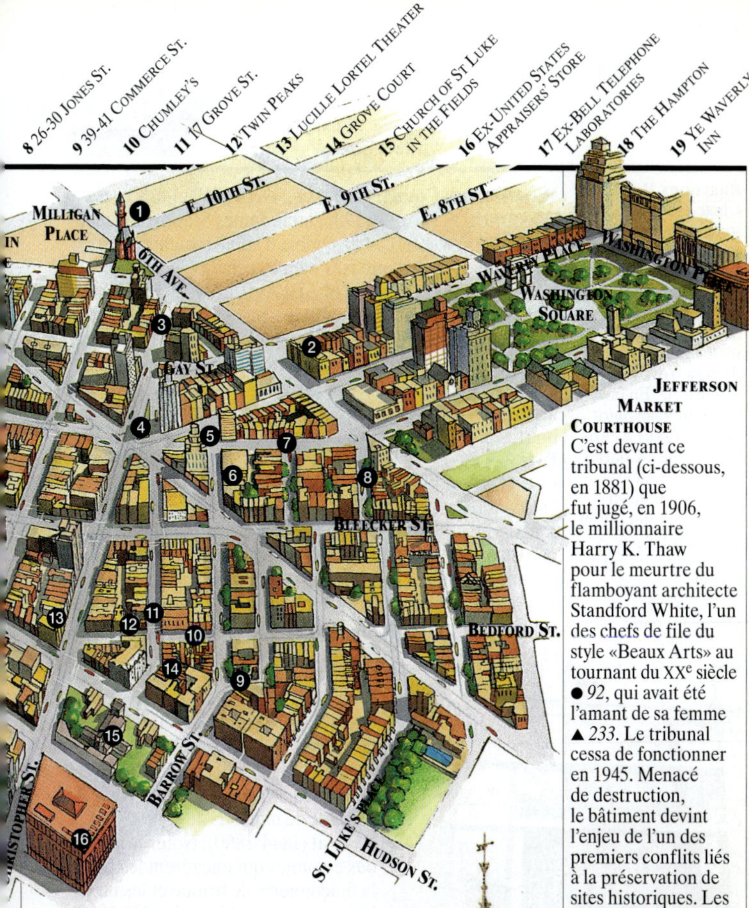

Jefferson Market Courthouse
C'est devant ce tribunal (ci-dessous, en 1881) que fut jugé, en 1906, le millionnaire Harry K. Thaw pour le meurtre du flamboyant architecte Standford White, l'un des chefs de file du style «Beaux Arts» au tournant du XXe siècle ● *92*, qui avait été l'amant de sa femme ▲ *233*. Le tribunal cessa de fonctionner en 1945. Menacé de destruction, le bâtiment devint l'enjeu de l'un des premiers conflits liés à la préservation de sites historiques. Les riverains financèrent la restauration de l'horloge et firent le siège de la municipalité jusqu'à ce qu'elle dégage les fonds nécessaires pour en faire une annexe de la bibliothèque municipale, la NY Public Library.

s'exprimait dans les années 1910 dans *The Masses*, quotidien de Max Eastman, et *Seven Art,* revue qui publiait, entre autres auteurs, D. H. Lawrence et le journaliste marxiste John Reed. Même si l'âge d'or du *Village* s'est achevé au début des années 1930, qui virent nombre de «bohémiens» se ranger ou quitter le quartier, l'influence de cette époque y est encore très présente.

Jefferson Market Library ♥. 425 Ave. of the Americas, angle S.-E. W 10th St. (1874-1877, arch. Vaux et Withers). Cet édifice de style gothique victorien mêle des matériaux richement sculptés et colorés à des ornements imprégnés de naturalisme. Il fut construit à la fin du XIXe siècle sur le site du Jefferson Market, pour abriter un tribunal ● *86*.

Détail de la façade
de la Bigelow's Pharmacy

BREVOORT HOTEL
L'hôtel était connu pour son patron basque, Raymond Orteig, qui avait promis d'offrir une récompense de 25 000 dollars à l'aviateur qui réaliserait la traversée de New York à Paris sans escale. En posant son monoplan *Spirit of Saint Louis* à Paris en mai 1927, Charles Lindbergh fut le premier à réaliser l'exploit. À son retour, l'aviateur fut porté en triomphe jusqu'à l'hôtel, proche de Milligan Place, où Orteig lui remit sa récompense.

WASHINGTON COURT. 6TH AVE., ENTRE WAVERLY ET WASHINGTON PLACES (1986, arch. James Stewart Polshek et Partners) ● *102*. Cet ensemble d'appartements, de style post-moderne, s'adapte très bien à l'échelle du *Village*.
BIGELOW'S PHARMACY. 414-6TH AVE. (1902, arch. John E. Nitchie). Cette pharmacie fondée en 1838 est un bel exemple de l'architecture commerciale du début du XXe siècle et se distingue par ses doubles baies ternées de style Beaux-Arts. L'intérieur a été restauré. La pharmacie a conservé toutes les ordonnances exécutées depuis sa création, dont une pour Mark Twain, qui vivait non loin de là.
PATCHIN PLACE ET MILLIGAN PLACE. ANGLE DE CHARLES ST. ET 6TH AVE. (1848-1849). Ces deux impasses (ci-dessous) encloses de grilles sont bordées de maisons de briques rouges qui servirent un temps de logement au personnel du BREVOORT HOTEL (démoli aujourd'hui).
Parmi les plus célèbres résidents de Patchin Place, on compte le poète E. E. Cummings ainsi que John Reed, le journaliste engagé qui couvrit la Révolution russe et écrivit en 1919 *Dix jours qui ébranlèrent le monde*.

GAY STREET. Cette ruelle étroite, qui symbolise à elle seule le charme du quartier, desservait autrefois les écuries des riches demeures voisines, qui furent remplacées par un groupe homogène de demeures de style Federal tardif (1827-1831) et de maisons de style Greek Revival (1844-1860). Noter la grâce des colonnes qui encadrent les portes, la maçonnerie de brique et les larges lucarnes des n°s 12 et 14 (1827-1828).

Ci-dessus, Gay Street.

NORTHERN DISPENSARY. 165 WAVERLY PLACE (1831). Fondé par un groupe de citoyens pour soigner les indigents, ce dispensaire est le plus ancien hôpital d'assistance publique de New York.
Le bâtiment, de forme triangulaire, fut érigé dans le style Greek Revival. On ajouta un étage en 1854. L'écrivain Edgar Allan Poe, l'un des bienfaiteurs de l'hôpital, y fut soigné pour un rhume de cerveau en 1837.

«GAY LIBERATION»
Sur Christopher Park, on éleva, en 1992, les statues – deux couples d'hommes et de femmes – de George Segal pour célébrer le *Gay Rights Movement.* Depuis l'émeute de 1969, chaque année, fin juin, est organisée la «Gay and Lesbian Pride». Elle a débuté dans le bar *Stonewall Inn*, dans lequel se trouve une plaque commémorative.

CHRISTOPHER PARK & SHERIDAN SQUARE. Il s'agit bien de deux places. Christopher Park, sur laquelle est érigée depuis 1936 la statue du général nordiste Philip Sheridan, œuvre de Joseph Pollia, est la plus grande. Sheridan Square est le petit jardin au sud-est de Christopher Park. C'est là que se déroulèrent, en pleine guerre de Sécession, les *Draft Riots* de juillet 1863 ▲ *171* : les Irlandais pauvres se sentant menacés dans leurs emplois les plus modestes par la prochaine libération des esclaves noirs déclenchèrent des émeutes. Malgré l'intervention brutale de la Garde nationale, dix-huit Noirs furent lynchés ou pendus par les Irlandais. Un siècle plus tard, Christopher Park fut le théâtre de la *Stonewall Inn Riot* : dans la nuit du 28 juin 1969, la police fit une descente à la *Stonewall Inn*, bar *gay* situé au 51 Christopher Street. L'intervention s'acheva en émeute ; elle marqua le début du mouvement pour les droits civiques des homosexuels (*Gay Rights*) ● *53*.

175-179 W 4th Street. (1833-1834). À voir pour les encadrements de portes d'origine ainsi que l'appareillage de brique dit à la flamande, les lucarnes de comble en saillie des nos 177 et 179 de la rue et les proportions caractéristiques du style Federal.
26-30 Jones Street. (vers 1830). Trois maisons de style Greek Revival remarquables par leurs corniches à denticules, leur perron orné de ferronneries (nos 28 et 30), leurs entrées flanquées de lanternes (nos 26 et 28) et leurs fenêtres à petits carreaux.
Greenwich House. 27 Barrow St. (1917, arch. Delano et Aldrich). Cette demeure de style Georgian Revival, bâtie pour servir de centre social aux immigrants, est toujours consacrée à des activités socioculturelles.

Autour de St. Luke in the Fields

Avec sa rangée de maisons italianisantes construites en 1852-1853 (aux no 5-16), toutes de brique et de *brownstone*,

St. Luke's Place est l'une des rues les plus agréables de Greenwich Village.
39-41 Commerce Street. (1831-1832). Contrairement à la légende, ces maisons jumelles, surnommées *Twin Sisters*, n'ont pas été bâties par un officier de marine pour ses deux filles, mais par un laitier, Peter Huyler. Elles ont une allure un peu surannée avec leur cour plantée d'arbres et leurs combles à la française venus surcharger depuis 1870 leur style Greek Revival.
Chumley's. 86 Bedford St. (1831). Sous la Prohibition, ce bâtiment anodin abrita l'un des plus célèbres *speakeasies* new-yorkais. Parmi les clients figuraient Edna St. Vincent Millay, Upton Sinclair, John Dos Passos et Theodore Dreiser. Pour

Ruth McKenney, qui vivait au 14 Gay St. dans les années 1920, publia dans le *New Yorker* un récit intitulé *My Sister Eileen* qui relatait, dans le cadre de la bohème du *Village*, les mésaventures de sa jeune sœur, actrice aux débuts difficiles. On en tira un livre, une pièce de théâtre, un film puis une comédie musicale, *Wonderful Town,* qui fit un triomphe à Broadway.

St. Luke's Place
En 1922, l'écrivain Theodore Dreiser s'installa au 16 St. Luke's Place pour travailler à son ouvrage *Une tragédie américaine*.
Les réverbères à gaz qui se dressent devant le n° 6 marquent la résidence du maire James J. Walker, célèbre pour la vie dissolue qu'il mena, dans les années 1920. L'aire de jeux qui porte son nom, de l'autre côté de la rue, est un ancien cimetière où Edgar A. Poe aimait flâner.

ANCIEN GANSEVOORT MEAT MARKET
Le général Gansevoort, dont le patronyme fut donné à ce marché, était le grand-père de Herman Melville. Après des années d'aventure en mer et déçu par les aléas de sa carrière d'écrivain, Herman Melville revint dans son quartier natal en 1863 et devint inspecteur des douanes.

déjouer les soupçons de la police, le propriétaire avait fait plaquer sur la façade une devanture de garage, les clients entrant discrètement par l'ancienne écurie située sur l'arrière, au 58 Barrow Street. La tradition de n'afficher aucune enseigne et d'exposer les couvertures des livres des habitués perdure encore aujourd'hui. Remarquer au 95 BEDFORD STREET les appartements aménagés en 1927 dans les anciennes écuries, bâties en 1894. Les grandes portes d'origine ont été conservées.

17 GROVE STREET. (1822). Cette maison en bois est l'un des rares vestiges de l'époque où la loi n'interdisait pas encore ce type de constructions. La belle entrée Greek Revival est d'origine tandis que la corniche et les panneaux décoratifs en bois ont été ajoutés en 1870, lorsqu'un nouvel étage fut élevé.

Grove Street à l'angle de Bedford Street (ci-dessus).

TWIN PEAKS. 102 BEDFORD ST. (vers 1830). Cet édifice à colombage de «style néo-alpin» est le fruit de l'imagination de l'artiste Clifford Reed Daily. Il transforma cette demeure en 1925, faisant fi du style homogène des maisons de cette rue tranquille. Il parvint même à convaincre Otto Khan, son riche protecteur, de financer les travaux.

LUCILLE LORTEL THEATER. 121 CHRISTOPHER ST. L'ancien Hudson Cinema a été transformé dans les années 1950 en théâtre spécialisé dans les productions *Off-Broadway* ● *58*. Il porte le nom d'une de ses célèbres directrices.

GROVE COURT ♥. 10-12 GROVE ST. (1853-1854). Samuel Cocks, épicier du quartier, construisit en 1848 six petites maisons qu'il loua à des ouvriers. Cette arrière-cour prit vite le nom de Mixed Ale Alley (de *ale*, la bière), sans doute en raison de la propension à la boisson de ses habitants. L'ensemble fut réhabilité vers 1920 et baptisé de son nom actuel.

À PROPOS DE MELVILLE
«En janvier 1886, un héritage lui permit enfin, à soixante-six ans, de dire adieu à la Douane du port de New York. […] Il s'attela alors, nous apprend une lettre de sa femme, «à des travaux inachevés qu'il avait dans son bureau».»
Pierre Leyris, préface de *Billy Budd*

CHURCH OF ST. LUKE IN THE FIELDS. 487 HUDSON ST. (1822, arch. James N. Wells). Fondée par les riverains grâce aux fonds de la paroisse de Trinity ▲ *154, 361*, c'était à l'origine une église de village attenante à quelques fermes en bordure de rivière. L'extérieur de brique, d'une simplicité qui confine au dénuement, lui confère encore un air particulièrement champêtre. La rangée de maisons de style Federal – dont notamment les demeures situées aux 473-477 et 487-491 Hudson Street – qui longe l'ancien cimetière forme un écrin agréable à l'église et à son jardin. C'est au n° 487 que fut élevé l'écrivain Mark Twain.

United States Appraiser' Store.

EX-UNITED STATES APPRAISERS' STORE. 666-668 GREENWICH ST. (1892-1899, arch. Willoughby J. Edbrooke). Cette construction massive de style néo-roman, aux robustes arcatures de brique, servit d'entrepôt aux douanes à l'époque où le port était à son apogée. Le bâtiment accueillit par la suite un dépôt d'archives avant d'être converti, en 1988, en appartements.

West Village

Ex-Bell Telephone Laboratories. 463 West St. et 155 Bank St. (1880-1900, arch. Cyrus W. Eidlitz). C'est d'ici que partit le premier appel téléphonique transaméricain, le 25 janvier 1915, quand Alexander Graham Bell parla à Thomas Watson qui se trouvait à San Francisco ; ici encore que, le 22 avril 1920, naquit la première radio expérimentale, la 2XS, et que le cinéma parlant fit ses premiers pas avec l'invention, en 1925, du projecteur sonique ; ici enfin que, le 7 avril 1927, des journalistes assistèrent à la première émission de télévision au cours de laquelle le ministre du Commerce et futur président, Herbert Hoover, fit une déclaration depuis la capitale fédérale, Washington, DC ● *54*. L'immeuble fait maintenant partie d'un ensemble regroupant lofts et ateliers pour artistes.

The Hampton. 80-82 Perry St. (1887, arch. Thom et Wilson). Bien intégré dans son environnement, cet immeuble résidentiel se distingue par ses ouvertures mauresques aux arcs outrepassés, la complexité de son décor de brique et ses reliefs en *brownstone*.

Pierre Deux. 369 Bleeker St. (1867). Cette jolie boutique de décoration, créée par deux antiquaires répondant chacun au prénom de Pierre, occupe un ensemble conçu pour être divisé en appartements, avec au rez-de-chaussée un espace commercial, typique des premiers logements collectifs de New York.

301-319 W 4th Street. (1836-1837). Sur ces dix maisons de style Greek Revival, les n°s 311 et 313 ont gardé leurs proportions initiales, alors que les autres ont été surélevées et ornées de corniches de style italianisant ● *88*. Les escaliers d'entrée sont agrémentés des ferronneries d'origine.

Ye Waverly Inn. 16 Bank St. (1844-1845). Cette auberge fait partie d'un ensemble où se mêlent éléments de style Greek Revival tardif et décorations de style Gothic Revival – tels les motifs des linteaux ouvragés. Elle est dotée de plafonds bas à poutres et de stalles de bois.

Meatpacking District. Les *blocks* situés entre 14th Street et Gansevoort forment ce quartier où se tenait le marché de la viande en gros (Meat Market). S'y côtoient désormais bars, galeries d'art et créateurs tendance. En 2015, à l'angle de Washington et Gansevoort Sts, une vaste annexe du Whitney Museum ▲ *326* ouvrira ses portes.

«L'inspecteur 75»
Herman Melville arpenta le Gansevoort Meat Market (ci-dessus, en 1885) pendant dix-neuf années. C'est pendant cette période qu'il remania *Billy Budd*, roman que l'on découvrit après sa mort, en 1891. Sur son bureau fut retrouvé un papier sur lequel était inscrit : «Reste fidèle aux rêves de ta jeunesse…»

White Horse Tavern
Cet établissement situé 567 Hudson St. fut «l'abreuvoir» attitré de Dylan Thomas, le poète et dramaturge gallois

qui mourut d'alcoolisme en 1953. Lorsqu'il séjournait à New York, il ne manquait jamais de venir boire verre sur verre dans la salle qui porte aujourd'hui son nom et où, en souvenir, une plaque a été apposée au dessus de «sa» table.

Gansevoort Meat Market, en 1885.

1 The «Row»
2 Washington Mews
3 1/5th Ave
4 MacDougal Alley
5 N. Y. Studio School
6 Église de l'Ascension
7 Lockwood De Forest Residence
8 Tile Club
9 Salmagundi
10 Marshall Chess Club
11 Second Cemetary Shearith Israel
12 Forbes Bldg.
13 New School for Social Research

4 heures
◆ B A1-A2-B1-B2

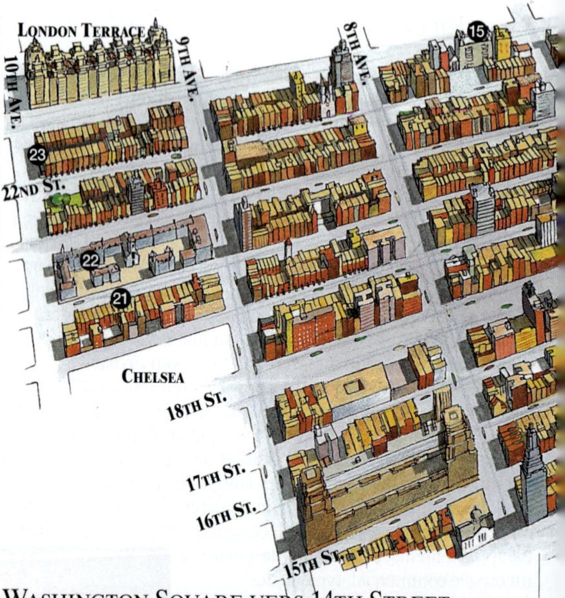

Les contraintes immobilières
La réalisation de *rowhouses* identiques, construites en alignement, est due aux baux que les propriétaires fonciers proposaient à leurs locataires. L'utilisation du terrain, la taille des demeures, les matériaux à employer ainsi que les finitions étaient soumis à des clauses très restrictives. Certaines autorisèrent toutefois la construction d'écuries à l'arrière des maisons ; elles constituent aujourd'hui les Washington Mews (ci-dessous).

Washington Square vers 14th Street

The «Row». 1-13 Washington Square North (1832-1833). La création du carrousel favorisa la construction de résidences cossues. Ce *row* (succession d'habitations contiguës) est le plus important alignement de maisons du XIXe siècle de la ville et le prototype de l'adaptation du style Greek Revival à l'habitat urbain privé. John Johnston, éminent homme d'affaires et fondateur, avec Albert Gallatin et James Boorman, de la New York University, fut l'un des premiers à construire, aux n°s 7 et 13, une résidence de brique rouge, aux portiques, escaliers et balustrades de marbre blanc, et grilles à fleurons d'acanthe. Le n° 3, construit comme atelier en style Queen Anne, fut occupé, notamment, par certains membres du Groupe des Huit ● *109* et, plus tard, par le peintre Edward Hopper ● *111*. Les maisons des n°s 19 à 26 (1828-1839) sont du même style mais offrent une plus grande diversité avec leurs balcons et portes-fenêtres à l'étage noble, leurs différentes teintes de brique et leur richesse décorative.

Washington Mews ♥. Entre University Pl. et 5th Ave. Cette charmante ruelle pavée desservait les *mews* (écuries) du *Row* qui, transformées en habitations, occupent son côté nord. Le côté

sud fut bâti en 1939.

1/5th Ave. (1929, arch. Helme, Corbett et Harrison ; Sugarman et Berger). Ce monument Arts déco émerge au-dessus d'un paysage de petites maisons. Victime d'un rejointoiement quelque peu brutal, il a perdu la subtile gradation des tons de son revêtement de brique d'origine.

MacDougal Alley. MacDougal St. entre 8th St. et Washington Square North (1833-1838). Les anciennes écuries de cette impasse furent rénovées au début du XXe siècle et louées à bas prix, ce qui attira les artistes.

New York Studio School. 8 W 8th St. (1838, remanié en 1931 et 1936 par Auguste L. Noel). En 1907, le sculpteur Gertrude Vanderbilt Whitney ouvrit le Studio Club, sur MacDougal Alley. Elle défendait l'avant-garde américaine et collectionnait les œuvres, alors peu prisées, de ses amis peintres du Groupe des Huit. Le Metropolitan Museum ayant refusé, en 1931, le don de sa collection, elle transforma en galerie privée et en résidence ces trois maisons de 8th Street qui devinrent, en 1936, le Whitney Museum of American Art ▲ *326*. Une façade en stuc Arts déco fut ajoutée plus tard.

«Ashcan School»
Gertrude Vanderbilt Whitney, petite-fille de Cornelius Vanderbilt, épouse du financier Harry Payne Whitney, fut l'un des mécènes du Groupe des Huit, également connu sous le nom de «Ashcan School» (École de la poubelle) car ces artistes, rejetant toutes les traditions académiques, s'attachaient à dépeindre la réalité de la ville tant dans sa beauté que dans sa laideur. En 1954, la collection émigra vers Uptown et le musée de 8th St. devint le New York Studio School of Drawing, Painting, and Sculpture (ci-contre).

ÉGLISE DE L'ASCENSION
Cette église épiscopale, située au 36-38 5th Ave., fut bâtie en 1840 par Richard Upjohn. L'intérieur de l'édifice en *brownstone* a été remodelé entre 1885 et 1889.

LOCKWOOD DE FOREST RESIDENCE. 7 E 10TH ST. (1887, arch. Van Campen Taylor). Étonnante débauche de teck sculpté pour cette maison dont le propriétaire, Lockwood De Forest, voué à la renaissance de la sculpture sur bois, avait créé, au Moyen-Orient et en Inde, des ateliers.

LES CLUBS. Les clubs d'artistes furent nombreux dans le *Village*. Ceux qui ont survécu sont ouverts au public. Ils sont nés de réunions entre amis qui partageaient le même goût pour les arts et la conversation. Citons le TILE CLUB (58 W 10 th St.), fondé en 1877 ; le SALMAGUNDI ● *88*, créé en 1871 et installé depuis 1917 au 47-5th Avenue. Ce club doit son nom au journal de Washington Irving, *Salmagundi*, qui signifie «salade composée» et évoque bien l'éclectisme du groupe. Les femmes peintres, exclues de ces clubs, fondèrent le PEN & BRUSH (16 E 10th St.) en 1893. Le club qui est désormais installé au 29 E 22nd St., continue à organiser des expositions d'œuvres de ses membres. Le MARSHALL CHESS CLUB, au 23 W 10th St., est un club d'échecs créé en 1915 par Frank J. Marshall, champion des États-Unis de 1909 à 1936. Les hommes d'affaires tels qu'Edward Cornell et Gilbert Colgate y affrontaient Sinclair Lewis ou Marcel Duchamp. Bobby Fisher, champion du monde d'échecs en 1972, y fit ses premières armes. Ce jeu est très pratiqué dans le *Village* et il est fréquent de voir des joueurs sur Washington et Abingdon Squares.

18 W 11TH STREET. (1845) À l'origine, cette maison appartenait à un ensemble de *rowhouses* mais, en mars 1970, la façade fut soufflée par une bombe que fabriquaient ses locataires, un groupe terroriste appelé *The Weathermen*. La maison fut reconstruite suivant un plan original, intégrant une façade de brique anguleuse qui rappelle et matérialise l'endroit et les dégâts de l'explosion.

MARCEL DUCHAMP (1887-1968)
Quand il s'installe à New York, en 1915, il délaisse la peinture et réalise des *Ready-Made*, objets usuels manufacturés qu'il décrète œuvres d'art. Vers 1935, l'artiste (ci-contre) néglige son œuvre pour se consacrer aux échecs. Ses positions anti-art ont influencé l'ensemble des grands courants artistiques contemporains.

SECOND CEMETARY SHEARITH ISRAEL. 72-76 W 11TH ST. (1805-1825). Tout ce qui subsiste du second cimetière de la plus ancienne communauté juive américaine est cette minuscule enclave ; la plus grande partie des sépultures a été transférée dans un autre cimetière situé sur 21st Street.

Les blasons des nations américaines flottent sur la 6th Ave., rebaptisée Ave. of the Americas après la création, en 1948, de l'Organisation des États d'Amérique.

NEW SCHOOL FOR SOCIAL RESEARCH
Ci-contre, détail d'une fresque réalisée en 1931, par l'un des hôtes en exil, le peintre mexicain Jose Clemente Orozco. Elle figure toujours dans l'une des salles du bâtiment (7e étage).

FORBES BUILDING ♥. 60-62 5TH AVE., ANGLE N.-O. 12TH ST. (1925, arch. Carrère et Hastings et Shreve et Lamb). Ce bâtiment néo-classique fut le siège de la maison d'édition MACMILLAN (qui publia *Autant en emporte le vent* en 1936) avant de devenir celui du magazine *Forbes*.
NEW SCHOOL FOR SOCIAL RESEARCH. 66 12TH ST. (1930, arch. Joseph Urban). Cette institution originale, fondée en 1919 par deux ex-professeurs de l'université Columbia, s'installa en 1930 dans ce bâtiment de tendance Streamlined moderne ● *98*, précurseur du style international. La New School développa, en 1933, un programme d'accueil aux savants et universitaires qui fuyaient l'Allemagne nazie, véritable «université en exil» pour les sciences sociales.
13TH ST. PRESBYTERIAN CHURCH. 143 W 13TH ST. (1847) ● *84*. Cette église, inspirée du Theseum d'Athènes, bel exemple de Greek Revival, a été reconvertie en appartements.

FORBES GALLERIES
Au rez-de-chaussée du Forbes Building sont exposées les belles collections de Malcolm Forbes : 12 œufs de Fabergé et plus de 500 modèles réduits de bateaux, réalisés entre 1870 et 1950.

CHELSEA

Ce quartier qui s'étend entre 14th, 34th Streets, 6th Avenue et l'Hudson, doit son nom au capitaine Thomas Clarke, officier anglais à la retraite, qui acheta en 1750 un vaste terrain en bordure de rivière, compris entre 14th et 24th Sts., pour y installer une maison de campagne. Il baptisa l'endroit Chelsea en l'honneur du Chelsea Royal Hospital de Londres. Son petit-fils, Clement Clark Moore, lotit le domaine dans l'espoir de créer un quartier pour l'élite. Si Chelsea ne devint jamais le lieu que Clark avait imaginé, son domaine ainsi que les *blocks* voisins furent

Ci-dessous, 24th Street Gallery à Chelsea

Siegel Building.

«Le plus célèbre des immeubles [situé 222 W 23rd St.] inauguré en 1884, existe encore. Le Chelsea Hotel, dont l'architecture mi-victorienne, mi-gothique, fait toujours rêver les passants. Les débuts étaient éclatants grâce à la grande souplesse des arrangements possibles.»
Anka Muhlstein, *Manhattan*

LES «DINERS»
Du début du XXe siècle aux années 1950, ces restaurants itinérants, transportables en camion, servaient à toute heure une nourriture simple et bon marché. Ci-dessous, l'Empire Diner, créé en 1930 et situé 210-10th Ave.

néanmoins occupés par des familles aisées. Cependant, à la fin du XIXe siècle, le quartier perdit en partie son caractère résidentiel, avec l'implantation des grands magasins. Des entrepôts s'installèrent dans la partie ouest, le long de l'Hudson, attirant les immigrants en quête de travail, pour qui l'on construisit des *tenements*. Aujourd'hui, Chelsea est un quartier en vogue. Les commerces et les boutiques de luxe ont fleuri et les galeries d'art contemporain les plus en vue, délaissant SoHo, y ont élu domicile, investissant d'anciens entrepôts sur les bords de l'Hudson, entre 16th et 26th Sts., 9th et 11th Aves.

EX-SIEGEL-COOPER DRY GOODS STORE ♥. 616-632 6TH AVE., ENTRE 18TH ET 19TH STS. (1895-1897, arch. DeLemos et Cordes). Le 12 septembre 1896, cent cinquante mille badauds se bousculèrent à l'inauguration du «grand magasin», que la publicité vantait d'être «une ville à lui tout seul» (ci-dessus). Son concepteur, Henry Siegel, révolutionna le commerce en utilisant la publicité sous toutes ses formes et en offrant des échantillons aux clients.

EX-B. ALTMAN DRY GOODS STORE. 620 6TH AVE., ENTRE 18 ET 19TH STS. (1876-1909, arch. D. et J. Jardin). C'est le plus ancien des grands magasins en *cast-iron* de 6th Ave., célèbre pour ses vêtements élégants, ses soies, velours et satins. ALTMAN légua à sa mort, en 1913, sa collection de grands maîtres de la Renaissance italienne et du baroque au Metropolitan Museum.

ANCIEN HUGH O'NEILL'S STORE. 655-671 6TH AVE., ANGLE N.-O. 20TH ST. (1887, arch. Mortimer C. Merritt, additions 1890-1895). Hugh O'Neill ne visait pas la riche clientèle mais la classe ouvrière, qu'il attirait à coup de prix bas et de promotions. À sa mort, en 1902, personne ne put reprendre le flambeau de l'«Irlandais combattant de 6th Avenue».

CHURCH OF THE HOLY COMMUNION ♥. ANGLE N.-E. 6TH AVE., 49 W 20TH ST. (1844-1854, arch. Richard Upjohn) ● *86*. Malgré sa transformation en discothèque, souvent fermée, elle a conservé son architecture. Depuis l'angle de 6th Ave. et 23rd St., on a une belle vue sur l'Empire State Building.

RUBIN MUSEUM OF ART. 150 W 17TH ST. (7th Ave.). Ce musée, dédié aux arts de l'Himalaya du IIe au XIXe siècle, est installédans l'ancien Barney's Building rénové.

CUSHMAN ROW. 406-418 W 20TH ST. (1839-1840) ● *85*. Cet ensemble de *rowhouses* de style Greek Revival, développé par Don Alonzo Cushman, est merveilleusement conservé.

GENERAL THEOLOGICAL SEMINARY ♥. 440 W 21ST ST. (1883-1902, arch. Charles C. Haight). Clement Clark Moore fit don du terrain en 1818. Du premier ensemble, bâti en 1836, il ne reste que le Old West Building. Mais la majeure partie du campus ne fut construite qu'à partir de 1883. Le hall accueille une exposition sur l'histoire de Chelsea.

CHELSEA PIERS. 23RD ST. ET HUDSON RIVER. Centres sportifs, restaurants avec terrasses et exposition de photos, relatant les activités portuaires d'autrefois, animent de façon originale les rives de l'Hudson.

THE HIGH LINE ♥. GANSEVOORT ST. TO 34TH ST. Cette ancienne voie ferrée de 2,3 km, construite dans les années 1930 pour le transport des matières dangereuses, a été transformée en parc.

Autour de Union Square

Andrew S. Dolkart

Elisa Urbanelli

5 heures

◆ **B** B2-B3-C2-C3

Le 4 août 1927 le *New York Times* titre sur la condamnation à mort de Sacco et

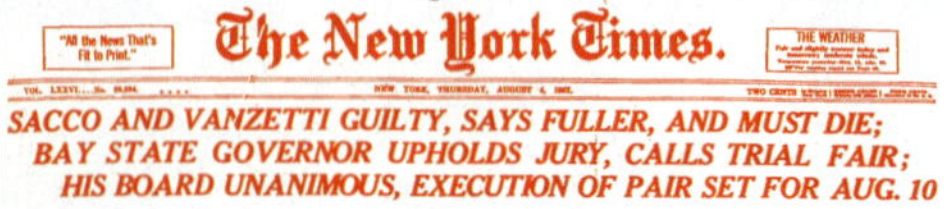
The New York Times.

SACCO AND VANZETTI GUILTY, SAYS FULLER, AND MUST DIE; BAY STATE GOVERNOR UPHOLDS JURY, CALLS TRIAL FAIR; HIS BOARD UNANIMOUS, EXECUTION OF PAIR SET FOR AUG. 10

Vanzetti et annonce le report, au 23 août, de l'exécution. Un appel à la grève est lancé et le 22 août, une marche réunit des milliers d'ouvriers autour de Union Square, où ils furent près de cinq mille à veiller jusqu'à l'heure de l'exécution.

Union Square, situé à la jonction de Broadway et de Bowery – les deux routes coloniales menant à Albany et Boston – fut créé en 1831 et ouvert en 1839. Dans les années 1840, Union Square était un quartier résidentiel prestigieux. Il devint après la guerre de Sécession le lieu de divertissement préféré des New-Yorkais, avec la présence de l'Academy of Music sur 14th Street (site du siège actuel de la Con Edison), de l'Irving Hall sur 15th Street, du Wallack's Theatre sur 13th Street et de plusieurs autres théâtres. Dans les années 1880, avec le Ladie's Mile, le quartier connut un essor commercial et des buildings – quelques exemples précoces de gratte-ciel – s'élevèrent sur le côté ouest de la place.

Dès les premières décennies du XXe siècle, le commerce et les arts s'étant déplacés vers le nord, Union Square devint le site favori des manifestations syndicales et politiques. Parmi les plus mémorables, celle du 22 août 1927 dont les participants entendaient protester contre l'exécution de Sacco et Vanzetti, et celle de mars 1930, qui vit la marche de trente cinq mille ouvriers au chômage lors de la Grande Dépression. Union Square accueille aujourd'hui le marché des maraîchers, quatre jours par semaine. Le meilleur moment pour s'y rendre est le samedi, à la fin de l'été et en automne, lors des grandes récoltes.

Autour de Union Square

Les quelques bâtiments commerciaux de la place qui ont survécu sont de bons exemples des premiers gratte-ciel : au 1 Union Square West, le Lincoln Building (1889-1890, arch. R. H. Robertson), d'inspiration romane ● *90* ; plus au

nord, au n° 31, la BANK OF THE METROPOLIS (1902-1903, arch. Bruce Price), une intéressante transposition au gratte-ciel de l'architecture tripartite de style Renaissance ; et, juste à côté, au n° 33, le DECKER BUILDING ♥ (1892-93, arch. John Edelman), de style mauresque, qui abrita un temps la Decker Piano Company. Le plus beau bâtiment de Union Square est sans doute le CENTURY (1880-1881, arch. William Schickel) ♥, au 33 E 17th Street, de style Queen Anne ● *90*, riche en ornements fantaisistes agencés de manière alambiquée. Il fut le siège de la Century Publishing Company, éditeur des magazines progressistes de l'Amérique de la fin du XIXe siècle dont *The Century* et *St. Nicholas*. Sur le côté est du square se trouve au n° 20 l'ancienne UNION SQUARE SAVINGS BANK. Cet austère building néo-classique de granite (1907, Henry Bacon) fut conçu par l'architecte du Lincoln Memorial, à Washington, D. C.

ENGAGEZ-VOUS !
En mai 1917, John Mitchell, le maire de New York, fit exposer à Union Square une maquette de bateau, nommée *Le Recruit*. Les États-Unis étaient entrés en guerre depuis deux mois et une équipe d'officiers procédait, dans ce bâtiment équipé par la Navy, au recrutement des marines.

Ci-contre, une manifestation à Union Square, dans les années 1880.

Cooper Square au début du XXe siècle.

PETER STUYVESANT Cet homme sévère et rigoriste, toujours de noir vêtu, fut le dernier gouverneur de La Nouvelle-Amsterdam de 1647 à 1664. Il avait établi sa *bowerie* sur un territoire indien, entre Broadway, l'East River et les

actuelles 3rd et 23rd Sts. et fait tracer une large avenue, l'actuel Bowery. La maison de style Federal entourée d'un vaste jardin triangulaire du 21 Stuyvesant St. fut offerte, en cadeau de mariage, par l'arrière-petit-fils du gouverneur à sa fille en 1804. Depuis 1861, un ensemble de maisons de brique et *brownstones* de style italianisant (le Triangle) occupe l'ancien jardin.

EAST VILLAGE

Jadis intégré au Lower East Side ▲ *189*, l'East Village s'étend à l'est de Bowery et au nord de Houston Street. À la fin du XIXe siècle, de nombreux immigrants – au départ, surtout des Allemands – investirent le quartier, s'installant dans les nombreux *tenements*, notamment autour de Tompkins Square. Un couple de riches donateurs allemands, Oswald et Anna Ottendorfer, fonda la GERMAN POLIKLINIK et la FREI BIBLIOTHEK UND LESEHALLE sur 2nd Avenue, pour aider les plus démunis.

LA NOUVELLE «BOHÈME». Après la Seconde Guerre mondiale, toute une génération d'artistes vint s'installer dans ce quartier où les loyers étaient moins élevés qu'à Greenwich Village ▲ *210*. Ils y recréèrent une nouvelle bohème, et le lieu prit son nom actuel, East Village. Les années 1950 amenèrent les pères de la *beat generation* : les écrivains Allen Ginsberg, Jack Kerouac, William Burroughs et Gregory Corso ; Norman Mailer, l'artiste Andy Warhol ; les musiciens de jazz Thelonious Monk, Charles Mingus et Ornette Coleman qui formèrent le mouvement *underground*.

GRACE CHURCH. 800-804 BROADWAY 3 (1843-1846, arch. James Renwick Jr.) ● *86*. L'église, de style Gothic Revival, avait été érigée à l'endroit où Broadway bifurque vers l'ouest, pour que la flèche octogonale qui la surmonte puisse être vue de loin, au sud de Broadway. L'intérieur est doté de mosaïques et de magnifiques vitraux, tel le *Te Deum* du chœur (1879).

ST. MARK'S HISTORIC DISTRICT

Le quartier situé au nord-est de Stuyvesant Street et incluant la rue faisait partie, au XVIIe siècle, du *bowerie* de Peter Stuyvesant (1592-1672), la rue qui porte aujourd'hui son nom étant une ruelle privée qui menait de Bowery Road à sa résidence. Son arrière-petit-fils, Petrus, morcela la propriété à la fin du XVIIIe siècle. De cette époque datent l'église St. Mark's in the Bowery, Stuyvesant-Fish House et Nicholas William Stuyvesant House. Aujourd'hui St. Mark's Place, entre Bowery et 2nd Avenue, est une rue très animée, bordée de bars et de boutiques.

ST. MARK'S IN THE BOWERY ♥. ANGLE N.-O. E 10TH ST. ET 2ND AVE. (1799). Le terrain sur lequel se trouvait la chapelle privée du *bowerie* de Stuyvesant fut vendu pour un dollar symbolique à l'église épiscopalienne. Au petit sanctuaire de style georgien tardif qui remplaça la chapelle en 1799 furent ajoutés en 1828 un clocher Greek Revival et en 1854 un portique italianisant en fonte.

Ukrainian Museum. East Village abrite une communauté ukrainienne. Ce musée, sur 2nd Ave. entre 12th et 13th Sts., lui est consacré.

Lafayette Street Historic District

À l'origine cet élégant quartier résidentiel occupant l'est de Broadway, le long de Lafayette et Bond Streets, rivalisait avec Washington Square qui se développait à la même époque. Deux des plus grands hommes d'affaires du XIXe siècle, Peter Cooper et John Jacob Astor, participèrent à son développement avec la construction de la Cooper Union et de l'Astor Library, dont les murs abritent le Public Theater. Après la guerre de Sécession, l'expansion de la ville vers le nord transforma ce quartier en un secteur commercial.

Cooper Union Building. Entre 3rd et 4th Avenues (1858-1859, arch. Frederick A. Peterson). Cet immeuble italianisant ● *88* en *brownstones* fut construit pour abriter l'école d'art fondée par Peter Cooper. Il accumulait les innovations (ossature métallique, prototype d'ascenseur). Des ateliers étaient installés sur le toit et éclairés par des verrières. Le bâtiment, qui accueille aujourd'hui des universitaires,

Cooper Union
Cette école des arts et techniques fut fondée en 1859 par Peter Cooper (1791-1883), industriel philanthrope et inventeur qui voulait fournir une instruction artistique et scientifique gratuite à des étudiants issus de la classe ouvrière. Ancien maître de forge, Cooper avait fait fortune en dessinant la première locomotive américaine, la *Tom Thumb*, en produisant les premiers rails en acier puis en s'associant avec Samuel Morse dans son entreprise de télégraphe. Ci-dessous, le premier immeuble du Wanamaker.

«Astor Place Riot» Quand le rideau de l'Astor Place Opera House se leva sur le tragédien anglais William Macready dans le rôle titre de *Macbeth*, le 10 mai 1849, le public, exprimant les sentiments antibritanniques qui couvaient depuis longtemps à New York, le hua tandis que dix à vingt mille personnes regroupées sur la place lapidaient la façade du théâtre. Le 7th Regiment du Tompkins Market Armory mit fin à l'émeute en tirant sur la foule, faisant trente et une victimes et cent cinquante blessés.
La Mercantile Library au 13 Astor Place remplace aujourd'hui l'Opéra.

Ci-contre, Astor Place Subway Station.

fut notamment le témoin des conférences de Mark Twain, Andrew Carnegie, Fiorello La Guardia et Orson Welles. Mais l'endroit est surtout marqué par Abraham Lincoln, qui y prononça, en 1860, son premier discours contre l'esclavagisme, *Right Makes Might* (Le droit fait la force), lequel joua un rôle déterminant dans son élection à la présidence des États-Unis.

Joseph Papp Public Theater, ex-Astor Library. 423 Lafayette St. (aile sud 1849-1853, arch. Alexander Saeltzer, partie centrale 1856-1859, Griffith Thomas, aile nord 1879-1881, Thomas Stent). John Jacob Astor fonda la première bibliothèque publique de New York. Construit en trois étapes, l'édifice est d'inspiration allemande, tendance qui envahissait alors l'architecture commerciale à New York. En 1965, Joseph Papp, metteur en scène et producteur de théâtre, persuada la ville d'acquérir l'immeuble qui devait accueillir un an plus tard le Shakespeare Festival.

Astor Place Subway Station. (1904, arch. Heins et LaFarge). L'une des rares stations de métro à posséder sa décoration d'origine. Remarquer les plaques représentant un castor, symbole de la fortune Astor, née du commerce de la fourrure. Un cube d'acier noir, *The Alamo* (1967), de Bernard

Theodore De Vinne (1828-1914) publiait plusieurs des grands magazines américains, dont *The Century* et *Scribner's Monthly.*

T. Rosenfeld, a été érigé au centre de la place.
Colonnade Row. 428-434 Lafayette St. (1832-1833, attribué à Seth Geer) ● *84*. Ces résidences de style Greek Revival à façades de marbre, construites pour l'élite – les Vanderbilt, les Astor – comptaient parmi les plus somptueuses de la ville. Les colonnades d'ordre corinthien confèrent une unité de style à ces maisons qui ont souffert du manque d'entretien et de remaniements inopportuns. Seules quatre des neuf demeures d'origine – appelées La Grange Terrace, du nom de la propriété de La Fayette en France – ont survécu.
De Vinne Press Building. 393-399 Lafayette St. (1885-1886, arch. Babb, Cook et Willard) ● *90*. Comme le Puck Building, cette imprimerie faisait partie d'un centre de presse de Lafayette Street, où notamment Theodore DeVinne (1828-1914) faisait tirer ses magazines.

Merchant's House Museum ♥. 29-E 4th St. (1831-1832) ● *82*. Cette demeure bourgeoise (ci-contre), édifiée par le promoteur Joseph Brewster, faisait partie d'un ensemble de six maisons. Un riche quincaillier, Seabury Tredwell, s'y installa deux ans plus tard. Elle fut transformée, en 1936, en un musée évoquant la vie quotidienne d'une riche famille new-yorkaise au XIXe siècle.
Bayard-Condict Building ♥. 65-69 Bleeker St. (1897-1899, arch. Louis Sullivan Lyndon P. Smith) ● *94*. Voici l'unique œuvre new-yorkaise de Louis Sullivan – un des «grands» maîtres de l'École d'architecture de Chicago, mentor de l'architecte Frank L. Wright.
Cable Building. 611-621 Broadway (1894, arch. McKim, Mead et White). Ce bâtiment qui abrita longtemps le siège et la centrale électrique des tramways de Manhattan fut édifié sur le site de St. Thomas Church. Ses baies à arcatures, le classicisme de la sculpture sur pierre et l'importante corniche, avec son faîtage à motif d'acanthe, en font l'une des plus belles réalisations commerciales du célèbre cabinet McKim, Mead et White.
Puck Building. 295-309 Lafayette St. (1885-1886 et 1892-1893, arch. Albert Wagner ; 1899, Herman Wagner) ● *90*. De larges fenêtres cintrées et un briquetage très élaboré font l'originalité de ce bâtiment commercial du XIXe siècle de style néo-roman. Il fut construit pour abriter l'imprimerie et les bureaux du magazine humoristique *Puck*, qui tournait en dérision la corruption des hommes politiques, les monopoles et les syndicats. La construction de l'immeuble se fit en trois étapes, la dernière réalisée en 1899 au moment de l'élargissement de Lafayette Street.

Une statue de Puck, personnage tiré du *Songe d'une nuit d'été* de Shakespeare, assortie de la devise «What fools these mortals be» (Ils sont fous ces mortels !), monte la garde devant chaque entrée de Puck Building. Celle de l'ancienne entrée principale, sur Houston Street, est l'œuvre de Casper Buberl ; celle de Lafayette Street est de Henry Baerer.

Ci-dessus, la couverture du *Puck Magazine*, journal satirique attaquant la corruption, du 13 septembre 1899.

Le Tammany Hall, décoré pour la convention nationale du 4 juillet 1868. À cette époque les démocrates étaient installés sur 14th St., à côté de l'Academy of Music, sur le site du futur Con Edison Building.

Au cours des années 1840, la zone située entre Union Square et Gramercy Park devint le nouveau quartier résidentiel de New York et le plus prestigieux ; les grands hôtels particuliers, longeant parcs et avenues, voisinaient avec de plus modestes *rowhouses* dans les rues adjacentes. Malgré le développement commercial du «LADIES' MILE» ▲ *232*, dans les années 1860 et jusqu'au début du XXe siècle, la partie située à l'est de Park Avenue South conserva son caractère résidentiel. Gramercy Park devint le lieu de prédilection d'une élite qui souhaitait vivre dans un environnement artistique plus libre que celui d'Uptown.

LE LONG D'IRVING PLACE

BOSS TWEED
Caricature de «Boss» Tweed, dirigeant du parti démocrate de New York, qui extorqua à la ville une somme colossale pour la seule période de 1851 à 1871.

NEW YORK FILM ACADEMY, EX-TAMMANY HALL. E 17TH ST., ANGLE S.-E. UNION SQUARE E. (1928, arch. Thomson, Holmes et Converse ; Charles B. Meyers). Créée en 1786 pour contrer la très aristocratique Society of Cincinatti fondée par Washington et ses officiers, la Tammany Society – dont le nom vient de TAMANED, chef delaware célèbre pour sa sagesse – était au départ une organisation nationaliste et patriotique. Dix ans après sa fondation, sous l'influence d'Aaron Burr ▲ *161*, la société se politisa et devint la puissante machine politique du parti démocrate de New York, plus tard réputé pour sa corruption – surtout au temps de «Boss» Tweed ● *40*. De 1866 à 1871, sa bande, surnommée «le Ring Tweed» – qui contrôlait les postes clés de l'administration – escroqua la ville de plusieurs millions de dollars ▲ *185*. En 1928, la Tammany Society qui, même après la disparition de «Boss» Tweed, avait conservé une forte emprise sur la politique locale, fit construire cet immeuble de style colonial, inspiré de l'ancien Federal Hall (sur Wall Street). En 1943, l'International Ladies Garnment Workers Union racheta le bâtiment, pour en faire le siège de son syndicat. Il abrite aujourd'hui une école de cinéma.

Ci-dessous, publicités parues dans la presse, pour la promotion des restaurants et des boutiques établis au début du XXe siècle autour de Gramercy Park.

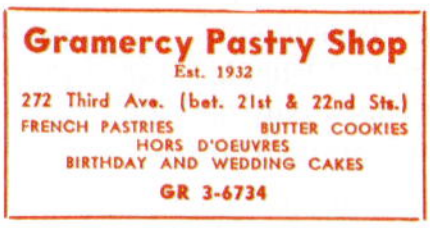

Washington Irving High School. 17th St. (1908-1913, arch. C. B. J. Snyder). Ce lycée, qui était à sa fondation un centre d'éducation destiné aux femmes, doit son nom à l'écrivain Washington Irving, auteur de *History of New York from the Beginning of the World to the End of the Dutch Dynasty*, version comique de l'histoire de la ville qu'il signa du nom de Diedrich Knickerbocker. Un buste de l'écrivain orne la façade de l'école. Le *lobby* néo-gothique est décoré de très belles peintures murales de Barry Faulkner illustrant des scènes de l'œuvre d'Irving.

49 Irving Place. 17th St. Conçu vers 1845 dans une rue bordée d'immeubles et de *rowhouses*, le 49 Irving Place, avec sa véranda en *cast-iron*, ses balcons en fer forgé et son larmier en bois est remarquable. Une légende tenace veut que Washington Irving y ait vécu mais il n'en existe aucune preuve formelle. En revanche, Elsie de Wolfe, la première décoratrice professionnelle d'intérieur des États-Unis, y habita de 1894 à 1911 avec sa compagne, la dramaturge Elizabeth Marbury.

«Block Beautiful» Les *rowhouses* de 19th St. furent remodelées au début du XXe siècle et beaucoup furent dotées de façades en stuc rehaussées de tuiles, de fer forgé et de sculptures tels les jockeys au n° 145. Décoration très populaire à l'époque, ces personnages étaient souvent des Noirs. Ils furent repeints, car ils étaient considérés comme des stéréotypes racistes.

Con Edison Building. Angle 14th et Irving Pl. (1910-1914, arch. Henry Hardenbergh). Le building abrite le siège social de la Con Ed, qui fournit New York en électricité. Sa tour (1926-1929, arch. Warren et Wetmore), brillamment éclairée la nuit, appelée «Tour de lumière», fut érigée en mémoire des employés de la compagnie morts au cours de la Première Guerre mondiale. Le bâtiment occupe partiellement l'emplacement de l'ex-Academy of Music, la grande salle de concerts où se produisirent Jenny Lind, Adelina Patti et Edwin Booth, de 1854 à 1883, époque de la construction sur Broadway du Metropolitan Opera House.

Pete's Tavern. 129 E 18th St. Ouvert en 1864, le bar ne ferma jamais malgré la Prohibition ● *40*. À cette époque, on accédait au *speakeasy* par la porte de la chambre froide d'un fleuriste voisin. Les murs tapissés de photographies et de coupures de presse témoignent de ses anciennes activités et de la fréquentation de célébrités au rang desquelles se trouvaient les politiciens de Tammany Hall et le nouvelliste O. Henry, qui y écrivit *The Gift of the Magi*.

Con Edison Building.

SAMUEL B. RUGGLES Né en 1800 à New Milford, dans

le Connecticut, Samuel Ruggles entre à l'université de Yale, puis étudie le droit chez son père, un avocat influent, élu deux fois à l'Assemblée du Connecticut. En 1821, il s'installe avec sa femme Mary R. Rathbone à New York, où il ouvre son cabinet.

Derrière les grilles de Gramercy Park s'élève la statue de Booth, un bronze commandé par le club à Edmond T. Quin, qui a figé pour toujours le comédien dans le rôle de Hamlet.

Les visages sculptés de Shakespeare, Milton, Goethe et Dante ornent la façade du National Arts Club, dans le pur style italianisant en vogue au moment de sa restauration. La façade est classée depuis 1966. Woody Allen y a tourné l'une des scènes de *Manhattan Murder Mystery*.

GRAMERCY PARK ♥

Son nom est une anglicisation du mot hollandais *crommessie*, «petit couteau crochu», qui désignait un ruisseau sinueux coulant à cet endroit. Samuel B. Ruggles, propriétaire du terrain, y dessina, au début des années 1830, le parc autour duquel il aménagea un lotissement. Il était convaincu en effet que l'urbanisation devait se développer autour d'espaces verts, entretenus par les résidents. Gramercy Park reste à ce jour le seul square privé de New York.

LES PREMIÈRES HABITATIONS. Quelques-uns des résidences et édifices conçus au temps de Ruggles subsistent à l'ouest et au sud du parc, parmi lesquels les 3-4 GRAMERCY PARK W. et la FRIENDS MEETING HOUSE, située 28 Gramercy Park S. et réalisée entre 1857 et 1859 par les architectes King et Kellum. Cet édifice de grès jaune, construit par les quakers, fut racheté dans les années 1970 par son actuel propriétaire, la BROTHERHOOD SYNAGOGUE. L'immeuble, délabré, a été restauré. Au 34 Gramercy Park E., LE GRAMERCY ● *90*, construit en 1883 par l'architecte George Da Cunha, est un des premiers immeubles en copropriété de Manhattan. Il est aussi un bel exemple du style Queen Anne new-yorkais avec le contraste des matériaux : brique, *terracotta*, fer forgé, pierre. Le somptueux vestibule possède un sol en mosaïque et un plafond en vitrail. Tout à côté, au 36 GRAMERCY PARK E. s'élève la résidence bâtie entre 1908 et 1910 par l'architecte James Riley Gordon. Cet immeuble est presque entièrement couvert de *terracotta* à motifs d'inspiration médiévale.

THE PLAYERS. 16 GRAMERCY PARK S. (1845 ; remodelé 1888-89, arch. Stanford White). C'était à l'origine une *rowhouse* de style Gothic Revival ● *86*. En 1888, en y fondant The Players, Edwin Booth, fils de comédien et tragédien lui-même, réalise le souhait qu'il avait exprimé en 1886 : «Créer un club d'acteurs est un de mes rêves depuis longtemps. Ayant de nombreux ouvrages, photos, etc., sur le théâtre, je rêve un jour de meubler un tel établissement. Lorsque je ne jouerai plus et, avant que je ne disparaisse, je souhaite avoir accompli quelque chose de ce genre.» Stanford White offrit ses services gratuitement pour remanier la demeure ; Booth avait posé comme seule condition d'y avoir un appartement. L'architecte ajouta le portique, l'impressionnante ferronnerie et la corniche ornée de masques de théâtre. The Players servit de lieu de rencontre aux acteurs et à leurs amis, dont Stanford White et Mark Twain.

NATIONAL ARTS CLUB. 15 GRAMERCY PARK S. (1840) ● *87*. Les deux *rowhouses* originelles furent réunies et redessinées entre 1881 et 1884 par l'architecte Calvert Vaux pour l'avocat S. J. TILDEN, qui fut gouverneur de New York de 1874 à 1876. La façade raffinée de style gothique victorien, à l'appareillage

«AVEC SON JARDIN PRIVÉ, CLOS À L'ANGLAISE D'UNE GRILLE DONT CHACUN DES PROPRIÉTAIRES DE L'ENDROIT À LA CLEF, GRAMERCY PARK ET SES VIEILLES MAISONS, SA POPULATION TRANQUILLE FAIT UN PEU PENSER AU PALAIS-ROYAL.» PAUL MORAND

Ci-dessus les verrières du National Arts Club, exécutées par MacDonald.

3-4 GRAMERCY PARK WEST
Ces deux résidences se vantent de posséder la plus belle véranda en *cast-iron* de la ville. Les deux lampadaires qui se dressent devant le n° 4 de la rue rappellent que cette maison fut le domicile de James Harper, fils du fondateur de la maison d'édition Harper & Bros et maire de la ville, en 1844-1845. Une tradition remontant à la période hollandaise voulait que deux lampadaires flanquent la porte d'entrée de la maison du maire, et qu'ils soient allumés quand ce dernier était chez lui.

de pierres de couleurs constrastées, est typique du style ruskinien : noter les médaillons sculptés d'oiseaux et de plantes qui surmontent les fenêtres ainsi que les bustes au rez-de-chaussée. Sur les panneaux situés à droite du porche sont gravés des plantes, animaux et insectes que l'on trouve dans la région de New York. En 1906, la demeure fut rachetée par le National Arts Club fondé en 1898 et, pour la première fois dans l'histoire des clubs new-yorkais, ouvert à la fois aux hommes et aux femmes. La résidence fut à cette occasion réaménagée, mais les décors d'origine furent conservés. On peut entrevoir le magnifique intérieur au premier étage de la galerie du club, ouverte au public.

1 Tammany Hall
2 49 Irving Place
3 W. Irving High School
4 Con Edison Bldg.
5 Pete's Tavern
6 Gramercy Park
7 The Players et National Art Club

Le «Ladies' Mile», situé sur Broadway et 6th Avenue (ci-contre), entre 10th et 23rd Streets, était, des années 1860 à 1910, le centre de shopping new-yorkais le plus renommé. Entre Union et Madison Squares, quartier plus sélect que la deuxième partie du «Ladies' Mile» sur 6th Avenue, il y avait un perpétuel va-et-vient de femmes élégantes flânant dans les boutiques et grands magasins qui bordaient Broadway. Un grand nombre de commerçants spécialisés dans les produits de luxe ont depuis longtemps cessé leur activité ou ont déménagé plus au nord.

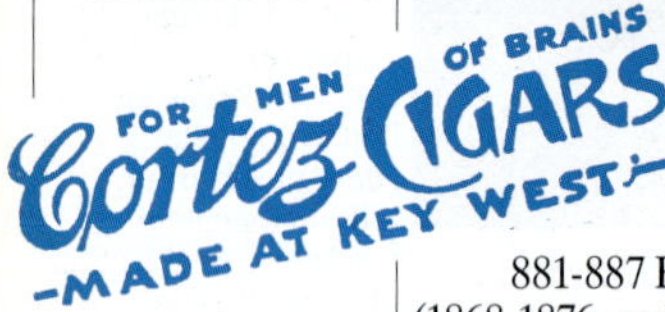

VESTIGES DE LA GRANDE ÉPOQUE COMMERCIALE

EX-ARNOLD CONSTABLE & CO. 881-887 Broadway, angle S.-O. 19th St. (1868-1876, arch. Griffith Thomas). Aaron Arnold, immigrant anglais de l'île de Wight, ouvrit un petit magasin sur Front Street, dans Lower Manhattan, en 1825. L'affaire prospéra et, en 1853, son gendre, James Constable, devint son associé. Par la suite, la boutique déménagea plusieurs fois vers le nord, avant de s'installer sur le «Ladies' Mile» en 1868. Le nouveau magasin connut alors un tel succès qu'on dut l'agrandir sur 19th Street d'un bâtiment allant jusqu'à 5th Avenue et possédant un toit mansardé, certainement le plus impressionnant de New York.

EX-W. & J. SLOANE. 888 BROADWAY, ANGLE S.-E. 19TH ST. (1881-1882, arch. W. Wheeler Smith). Durant plus d'un siècle, Sloane a été un fournisseur réputé en ameublement et tapis de luxe (il en vendit pour le couronnement du tsar Nicolas II). Les superbes devantures en *cast-iron* de la boutique ont été conservées. Noter également les plantes sculptées autour des colonnes, à l'intérieur.

EX-GORHAM MANUFACTURING COMPANY. 889-891 BROADWAY, ANGLE N.-O. 19TH ST. (1883-1884, arch. Edward Kendall). La GORHAM SILVER COMPANY – qui fit sensation à Paris lors de l'Exposition universelle de 1889 – avait son principal point de vente new-yorkais dans cet impressionnant building de style Queen Anne ● *90*.

EX-LORD & TAYLOR. 901 BROADWAY, ANGLE S.-O. 20TH ST. (1869-1870, arch. James H. Giles). Ce building en *cast-iron* est doté d'une tour d'angle qui était au départ destinée à attirer

TEDDY BEAR
Un fabricant de Brooklyn décida de créer des ours en peluche après avoir appris que le président Theodore Roosevelt (ci-dessous, son portrait, enfant), connu pour son caractère aventurier, avait épargné un petit ours sans défense alors qu'il s'apprêtait à gagner le trophée d'une chasse. Le président accepta qu'ils soient nommés Teddy's Bear, en souvenir de son geste généreux.

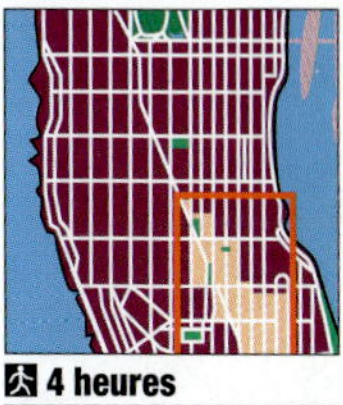

4 heures

◆ **B** A2-B2

Broadway Central Hotel, au début du XXe siècle.

l'attention des chalands. Le magasin, fondé vers 1830 par Samuel Lord et George W. Taylor, proposait un très grand choix de prêt-à-porter. Lord et Taylor, à l'origine petite boutique du Lower Manhattan, devint ainsi un des grands de la vente au détail. Il est installé aujourd'hui sur 5th Avenue, à la hauteur de 39th Street.

THEODORE ROOSEVELT'S BIRTHPLACE. 28 E 20TH ST. En 1923, la maison natale de Theodore Roosevelt (1858-1919) fut reconstruite par la Women's Memorial Association, qui embaucha l'une des premières femmes architectes, Theodate Pope Riddle. À l'intérieur, dans des salles d'époque victorienne, un MUSÉE est consacré aux hauts faits de l'explorateur, du naturaliste et de l'homme politique que fut Roosevelt.

«LADIES' MILE»

«Il se déroule ici, les après-midi quand il fait beau, et surtout le samedi, une procession comme il en existe peu ailleurs aux États-Unis et dans le monde. Sur cette section de Broadway et dans les rues toutes proches, se sont concentrées les plus prestigieuses maisons, telles Tiffany, Stewart, Arnold and Constable, Lord and Taylor, et les femmes viennent ici, dans leurs plus beaux atours, en quête de nouveaux apprêts pour compléter leur tenue déjà fort volumineuse.»

«Life in Broadway», *Harper's New Monthly Magazine*, 1878

C'est sur la terrasse de Madison Square Garden (ci-dessus en 1910) que S. White fut tué le 25 juin 1905, par le mari d'une de ses anciennes maîtresses.

FLATIRON BUILDING À son instar, on donna ce nom aux buildings bâtis sur des sites triangulaires, souvent nés à New York du tracé irrégulier de Broadway à travers le damier du plan de la ville.

FLATIRON BUILDING ♥. 175-5TH AVE. (1901-1903, arch. D. H. Burnham) ● *96*. Ce bâtiment élancé qui se dresse sur le petit îlot formé par la rencontre de Broadway et de 5th Avenue fut construit pour abriter le siège de la Fuller Construction Company. Le «FULLER BUILDING» est plus connu comme le «Flatiron», littéralement fer à repasser, en raison de sa forme triangulaire. Sa hauteur, sa forme et son emplacement en firent un symbole de New York ainsi qu'un sujet très prisé des photographes et des artistes du début du XXe siècle ● *109*. L'angle de 23rd Street et 5th Avenue était le rendez-vous des «voyeurs» car, dit-on, des courants d'air dus à la forme du bâtiment soulevaient les jupes des femmes qui passaient, dévoilant leurs chevilles.

MADISON SQUARE

Cette place, ainsi nommée en souvenir de JAMES MADISON (1751-1836), président des États-Unis de 1801 à 1809, fut établie en tant que parc en 1837. Parmi les sculptures commémoratives de Madison Square, noter celle de l'amiral DAVID FARRAGUT, héros de la bataille navale de Mobil Bay, lors de la guerre de Sécession. La statue est l'œuvre d'Augustus Saint-Gaudens (1880) ; la base en forme de banc est due à Stanford White.

METROPOLITAN LIFE INSURANCE COMPANY ♥. 1 MADISON AVE. (1907-1909, arch. Napoleon Le Brun et Fils) ● *96*. La tour qui se dresse à l'angle de 24th Street est le symbole de la compagnie. Elle érigea cette adaptation du campanile de la place Saint-Marc de Venise pour en faire l'immeuble le plus haut du monde (Woolworth Building ▲ *180* le détrôna en 1913). La Met Life agrandit ses locaux en 1931, avec une construction Arts déco de l'autre côté de 24th Street, dont le «LOBBY» en marbre italien mérite une visite. Le bâtiment actuel est une version partielle du projet (ci-dessus), qui devait comporter une tour de près de cent étages. Elle ne fut jamais achevée à cause de la Grande Dépression.

APPELLATE DIVISION COURTHOUSE ♥. 27 MADISON AVE. (1896-1899, arch. James Brown Lord) ● *92*. Ce petit bâtiment, chef-d'œuvre du style Beaux-Arts, abrite le tribunal d'instance de l'État de New York. La façade classique est ornée de sculptures représentant les grands personnages de l'histoire du droit et d'allégories évoquant différents aspects de la Loi et de la Justice. Des peintures murales et de magnifiques vitraux ornent le *lobby* et la salle du tribunal, qui se visitent.

NEW YORK LIFE INSURANCE COMPANY. 51 MADISON AVE. (1924-1928, arch. Cass Gilbert). Ce gratte-ciel néo-gothique ● *86* se dresse sur le site du deuxième Madison Square Garden.

GILSEY HOUSE. 1200 BROADWAY (1869-1871, arch. Stephen D. Hatch) ● *89*. Cette résidence privée était à l'origine un hôtel très luxueux.

AUTOUR DE GRAND CENTRAL TERMINAL

▲ Grand Central Terminal vers Madison Square Garden

1 Grand Central Terminal
2 Philip Morris Inc. Bldg.
3 Consulat de Pologne
4 Union League Club
5 Pierpont Morgan Library

“Cinq dollars. Grand Central. Trois cinquante. Penn Station. [Il] entre dans ce taxi étincelant. Les klaxons cornent partout…”
J. P. Donleavy

Imposant par sa taille et considéré comme l'un des plus beaux bâtiments publics des États-Unis, Grand Central Terminal est la plaque tournante d'un quartier qui présente une combinaison intéressante de fonctions urbaines et qui peut également se flatter de posséder trois des plus beaux édifices de New York : le Chrysler Building ▲ *266*, l'Empire State Building ▲ *242* et la New York Public Library ▲ *254*. La présence du siège des Nations Unies ▲ *264*, à l'extrémité est de 42nd Street, ainsi que celle de nombreux consulats et résidences diplomatiques, lui confère une note internationale. Légèrement au sud de Grand Central Terminal s'étend un des lieux résidentiels les plus recherchés de New York, Murray Hill. À l'ouest, sur 5th Avenue, sont installés quelques-uns des magasins les plus sélects de la ville et, encore plus à l'ouest, se trouvent Times Square et le quartier des théâtres. «New York est la ville qui ne dort jamais», dit-on. La formule s'applique particulièrement à Times Square et à ses alentours, aux théâtres de Broadway et «Off-Broadway».

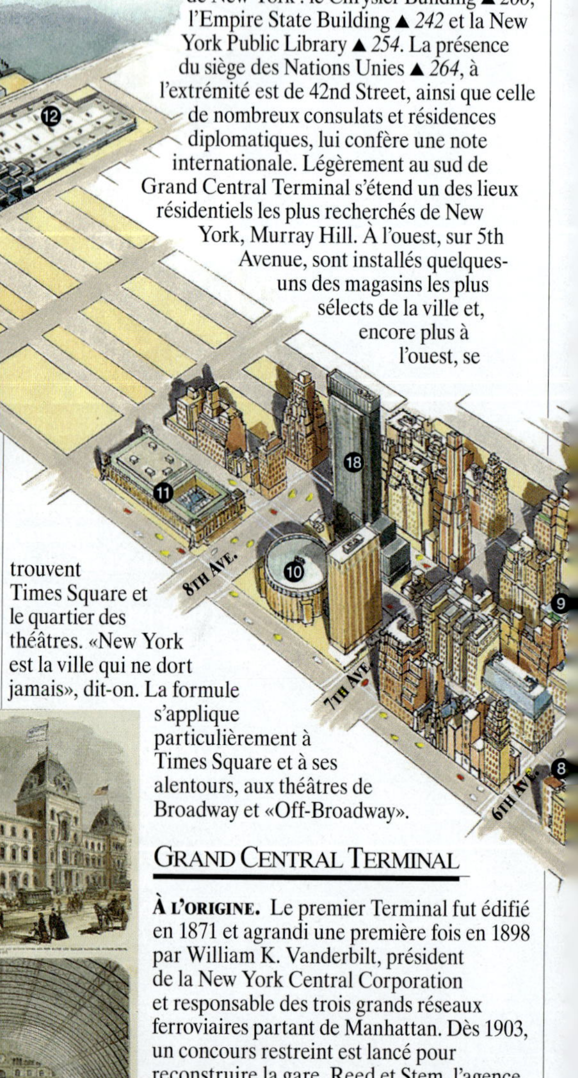

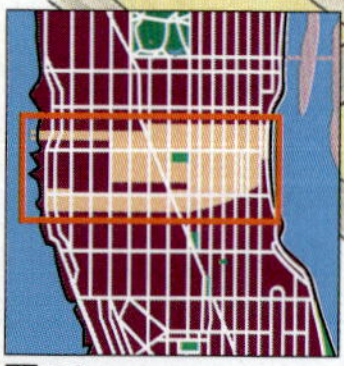

5 heures

◆ **C** C1-C2-C3-D1-D2-D3

Grand Central Depot
C'est la première gare ouverte, en 1871 (ci-dessous), par Cornelius Vanderbilt. Sa voûte s'écroula sous le poids de la neige en janvier 1877.

Grand Central Terminal

À l'origine. Le premier Terminal fut édifié en 1871 et agrandi une première fois en 1898 par William K. Vanderbilt, président de la New York Central Corporation et responsable des trois grands réseaux ferroviaires partant de Manhattan. Dès 1903, un concours restreint est lancé pour reconstruire la gare. Reed et Stem, l'agence lauréate, s'associe à celle de Whitney Warren, cousin et ami intime de William K. Vanderbilt. La «nouvelle» gare est inaugurée en 1913 ; il s'agit d'un véritable iceberg dont le réseau

6 Sniffen Court
7 Ex-B. Altman Bldg.
8 Herald et Greeley Squares
9 Macy's
10 Madison Square Garden Center
11 General Post Office of N. Y.
12 Jacob Javits Conv. Center
13 Empire State Bldg.★
14 Ex-American Standard Bldg.
15 N. Y. Public Library
16 Met Life Bldg., ex-Pan Am Bldg.
17 Chanin Bldg.
18 1 Penn Plaza

ferroviaire s'étend sur deux niveaux entre 42nd et 50th Streets, Lexington et Madison Avenues. Le Terminal est l'élément central d'une ambitieuse opération d'urbanisme pensée par William Wilgus, l'ingénieur en chef de la New York Central Corporation. Ce programme comprend l'électrification du réseau, la mise en chantier et l'organisation de voies souterraines. Pour rentabiliser son investissement, la compagnie ferroviaire loua les droits de construction au-dessus des voies. Hôtels, bureaux et appartements de grand luxe furent ainsi élevés sur Park Avenue, qui est devenue une des meilleures adresses de Manhattan. Le gigantesque Met-Life Building, ex-Pan Am Building, conçu en 1962, rompt l'harmonie qui existait entre la gare et le New York Central Building (Helmsley Building) ; il scandalisa l'opinion publique à sa construction.

« Je dois avouer, cependant, que je commence à me réconcilier avec le Pan Am Building, qui jaillit hors de Grand Central Station comme la crosse d'une baïonnette d'un superbe animal poignardé dans le dos. »

Donald Westlake, *Drôles de frères*

FRONTON DE GRAND CENTRAL TERMINAL Le motif central sculpté sur le fronton de la gare représente, de gauche à droite, Mercure, Hercule et Minerve qui selon Warren incarnent respectivement la «grandeur du commerce», la «force morale» et la «force intellectuelle». Il fut commandé à Jules Coutan, l'auteur des cariatides de l'Opéra-Comique de Paris.

UNE FAÇADE À L'ANTIQUE. Le morceau de bravoure de Whitney Warren, responsable du décor extérieur et ancien élève de l'École des beaux-arts de Paris, est la façade sur 42nd Street. Il interprète superbement le thème de la gare comme porte triomphale : la façade, un parement sur une ossature métallique, comporte un nombre restreint de motifs d'une facture très franche et d'une taille inhabituelle.

L'INTÉRIEUR. L'organisation spatiale de Grand Central Terminal est révolutionnaire pour son époque : on évite les mouvements de foules désordonnés communs aux autres gares grâce à un réseau de rampes accessibles du métro ou de l'extérieur. Sur la VOÛTE du MAIN CONCOURSE de ce grand hall sont peints les signes du zodiaque et les constellations : des ampoules électriques représentent 2 500 étoiles qu'un liséré doré relie «pour dessiner les figures célestes». Notre galaxie est représentée vue des cieux et non depuis la Terre. Une telle erreur est probablement due à une mauvaise lecture du projet établi par le peintre français Paul Helleu. La SALLE DES ARRIVÉES, de taille beaucoup plus modeste, est intégrée à l'ancien BILTMORE HOTEL, aujourd'hui, immeubles de bureaux.

Le chantier, en 1911.

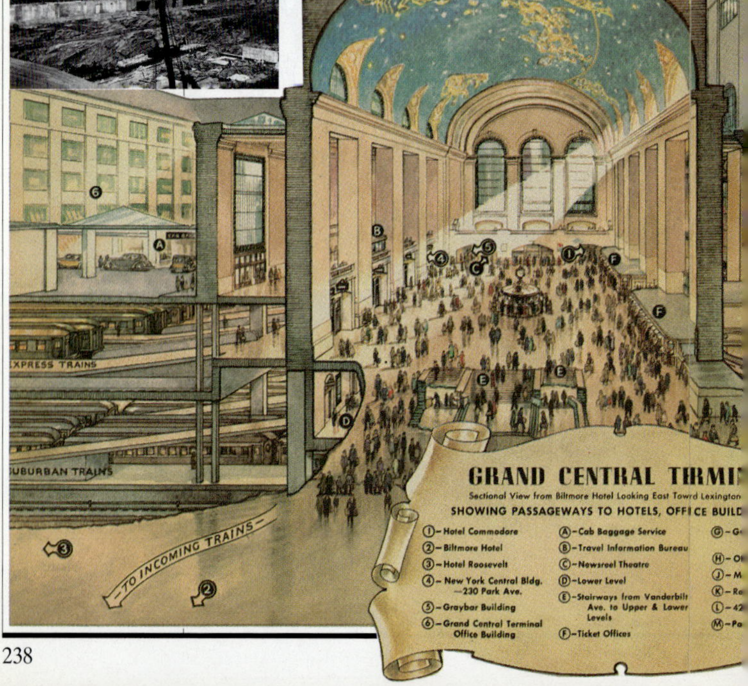

À l'origine, le MAIN CONCOURSE était réservé aux grandes lignes et le hall inférieur, aux lignes de banlieue. La gare ne dessert plus que les États de New York et du Connecticut.

Coupe de Grand Central Terminal.

LE «PALAIS DU DÉPART». C'est ainsi que Paul Morand nommait le Terminal, admiré de tous les visiteurs européens pour sa monumentalité, son confort et sa propreté irréprochable. Les cinéastes y ont tourné de mémorables scènes d'adieu ou de poursuite. ALFRED HITCHCOCK y filma notamment des séquences de *La Mort aux trousses*, interprétées par Cary Grant. La fréquentation de Grand Central Terminal culmina, en 1947, avec 65 millions de passagers, soit plus de 40 % de la population des États-Unis à l'époque. L'âge des voyages transcontinentaux en wagon Pullman est révolu et aujourd'hui, c'est au pas de course que les «banlieusards» le traversent. Grand Central Terminal faillit connaître le sort de Pennsylvania Station ▲ *249*, démolie en 1963 pour faire place au Madison Square Garden ▲ *249*. En effet, en 1968, le nouveau propriétaire de la Penn Central Corporation envisagea de démolir la façade sur 42nd Street et les salles d'attente pour construire une tour de cinquante-cinq étages signée Marcel Breuer. Le Terminal fut sauvé grâce à une campagne menée tambour battant par Jacqueline K. Onassis et l'architecte Philip Johnson. La gare fut inscrite au National Register of Historic Places en 1983. Les longs travaux de restauration entrepris dans les années 1990 lui ont rendu sa splendeur d'origine. La gare abrite une centaine de boutiques et de restaurants, dont les célèbres Métrazur, Cipriani Dolci, Oyster Bar et Michael Jordan Steak House.

Salle des pas perdus du hall principal de Grand Central Terminal.

«Le soir de son arrivée à Grand Central Station fut le tournant de sa vie. Désorientée, apeurée, elle avait traversé l'immense hall de gare, son unique valise à la main ; elle avait levé les yeux et s'était arrêtée. Elle était sans doute l'une des seules personnes à avoir immédiatement remarqué que le ciel de la grande voûte avait été peint à l'envers. Les étoiles situées à l'orient étaient à l'occident.»

Mary Higgins Clark, *La Nuit du renard*

UNE PATRIOTE
Lors de la guerre d'Indépendance, en invitant le général anglais Howe et ses hommes à prendre le thé, Mrs. Murray aurait permis à George Washington et à ses troupes de fuir vers le nord-ouest de Manhattan (lors du débarquement anglais de Kips Bay, sur East River). Ci-contre, le quartier de Murray Hill, dans les années 1860.

Façade, 149 E 38th St.

CONSULAT DE POLOGNE (233 Madison Ave.) Aussi somptueux à l'intérieur qu'à l'extérieur, cet ancien hôtel particulier, de style second Empire et signé C. P. H. Gilbert, fut le siège du National Democratic Club.

MURRAY HILL

Ce quartier, situé entre 42nd et 34th Streets, 5th et 3rd Avenues, doit son nom à Robert Murray qui, au temps de la colonie britannique, avait une maison de campagne à la hauteur de 37th Street et Park Avenue. À la fin du XIXe siècle, le quartier de Murray Hill n'était qu'une succession d'écuries et de dépendances des hôtels particuliers de 5th Avenue, appartenant aux «The Four Hundred». Cette expression désignait les quatre cents personnes issues des plus riches familles de New York et reçues au bal annuel donné par Mrs. Astor. Lorsque les hôtels de 5th Avenue furent démolis au début du XXe siècle, pour céder la place aux grands magasins, nombre de ces dépendances furent réaménagées. Elles comptent aujourd'hui parmi les adresses les plus convoitées de la ville.

PHILIP MORRIS INC. BUILDING. 120 PARK AVE. (1982, arch. Ulrich Franzen et Associates) ● *102*. Le siège new-yorkais du fameux groupe, fabricant de cigarettes, comporte au rez-de-chaussée un jardin intérieur ouvert au public et un café.

38TH STREET. Par la variété de style de ses maisons, la portion de rue située entre Park et 3rd Avenues résume le charme du quartier. Au n° 108, un petit immeuble de style Streamlined Modern, construit en 1930, offre une façade «cubiste» avec son appareillage de briques rouges rehaussées de bandeaux polychromes en *terracotta* vernissée. À l'angle de Lexington Avenue, deux HÔTELS PARTICULIERS se font face : l'un, au n° 136, de style victorien avec ses petits carreaux de verre soufflé, le second, au n° 125, de style Old Charleston, fort bien conservé. Plus à l'est, au n° 149, s'élève une MAISON D'ÉQUIPAGE, de style Renaissance flamande, ornée de têtes de bouledogues et de chevaux. Enfin, au n° 150-152 subsiste une RÉSIDENCE DE 1840, au temps où Murray Hill était encore une banlieue de New York. Ce fut la demeure d'un membre de la famille de Martin Van Buren, huitième président des États-Unis (1836-1840). Elle a été remaniée en 1934, dans le style Federal.

«QUAND JE DESCENDIS MADISON AVENUE, PARK AVENUE, JE SUS QUE JE MARCHAIS DANS LES PAGES VIOLENTES D'UN MUSÉE DONT LES FEMMES ÉTAIENT LES FIGURES DÉLIRANTES, QUE NEW YORK TOUT ENTIÈRE ÉTAIT LE LIVRE DE L'ART NEUF.» P. BOURGEADE

MORGAN, PÈRE ET FILS
Ils ont bâti le plus formidable trust financier de l'Amérique d'avant la crise de 1929. La banque servit les plus grandes familles de New York, Astor, Vanderbilt, Guggenheim… et elle sauva, à trois reprises, la ville de la faillite. Jusqu'en 1935, une lettre de crédit de la maison Morgan constituait une référence irréprochable. John Pierpont Morgan Sr. (1837-1913), ci-dessus, n'était pas seulement le plus grand financier de son temps, c'était aussi un collectionneur hors pair, passionné de livres rares et de manuscrits pour lesquels il fit construire sa bibliothèque privée (ci-contre, en 1902). Elle est ouverte au public depuis 1924, selon sa volonté.

SNIFFEN COURT HISTORIC DISTRICT ♥. 150-158 E 36TH ST. (1850-1860). Réunies autour d'une petite cour, ces dix demeures en briques, de style néo-roman, servaient autrefois d'écuries aux habitants de 5th Avenue. Elles furent reconverties dans les années 1920 en résidences, studios, bureaux et constituent aujourd'hui une des adresses les plus prisées de New York.

UNION LEAGUE CLUB. PARK AVE., ANGLE S.-O. 37TH ST. (1931, arch. Morris et O'Connor). Cet imposant bâtiment de style néo-classique anglais est le siège d'un club fondé en 1863 par des Républicains en rupture de ban avec l'Union Club. Un conflit politique s'était élevé pendant la guerre de Sécession entre les membres républicains – dont le souhait était d'exclure les sympathisants des Confédérés – et les Démocrates. Aussi pour exprimer à loisir leur soutien au président Lincoln, les Républicains décidèrent de se regrouper au sein de l'Union League Club.

MORGAN LIBRARY & MUSEUM ● *93* **♥.** 29 et 33 E 36TH STS., 225 MADISON AVE. La Morgan Library est un ensemble de trois bâtiments. Au 33 E 36th Street, l'ancienne BIBLIOTHÈQUE de John Pierpont Morgan Sr. renferme sa fabuleuse collection d'œuvres d'art, de sceaux et de livres anciens. L'annexe du 29 E 36th Street sert d'entrée principale au musée.
Le 225 MADISON est relié à l'ensemble par un agréable jardin couvert. Cette *brownstone* ● *88*, rachetée en 1990 par le musée pour y installer une librairie et une salle de conférences, fut la résidence de Morgan junior.

Le projet de l'Empire State Building, situé à l'angle de 5th Avenue et de 34th Street, est dévoilé à la presse le 30 août 1929. John Jacob Raskob, son principal commanditaire, vice-président de la General Motors, est bien décidé à damer le pion à son rival Chrysler : le building atteindra 380,75 m de haut, dépassant le Chrysler Building de 70 m, et deviendra ainsi l'édifice le plus haut du monde, jusqu'à l'achèvement du World Trade Center, en 1973. L'Empire State bat également le record de rapidité de construction – quatre étages par semaine – et, fait exceptionnel, coûte moins cher que prévu (41 millions de dollars au lieu de 50), grâce à la sobriété de l'architecture et à la Dépression qui a fait baisser les salaires et le prix des matériaux.

UNE ŒUVRE COLLECTIVE
L'armée d'ouvriers du chantier de l'Empire State Building a fait l'objet d'un reportage de Lewis Hine ; à droite, deux plans saisissants.

UNE CATHÉDRALE DU CIEL ★
L'ascension jusqu'au sommet de l'Empire State Building est un préalable indispensable à la découverte de New York. Du haut de ses deux observatoires aux 86e et 102e étages, la ville se révèle d'un coup, dans son incroyable densité de buildings, de rues et d'avenues.
Pour éviter une attente trop longue et profiter des plus belles lumières, venir le matin dès l'ouverture, à 8 h, ou au coucher du soleil. La nuit tombée, le spectacle des lumières de la ville est féerique. Départ du dernier ascenseur à 1 h 15.

EMPIRE STATE

FIFTH AVENUE AT 34th STREET, NEW YORK

READY FOR MAY 1931 OCCUPANCY

Mort d'un palace
Le Waldorf-Astoria (ci-contre), démoli en 1929, sera remplacé par l'Empire State Building.

Un projet démesuré
Le gratte-ciel se compose d'un socle massif comprenant le rez-de-chaussée et cinq étages, d'une tour s'élevant jusqu'au 85e étage, scandée par des ressauts aux 25e, 72e et 81e étages, enfin d'une tour d'amarrage pour dirigeables de 60 m de haut recouverte de métal. Quelque 19 000 personnes devaient y travailler et emprunter 58 ascenseurs.

Temps modernes
C'est Alfred H. Smith (ci-contre), ancien gouverneur de l'État de New York et président de la société financière commanditée par Raskob, qui présente le projet en 1929.

Un échec
L'«Empty State Building», malgré une importante campagne publicitaire, n'est loué qu'à 46 % au moment de son inauguration, le 1er mai 1931.

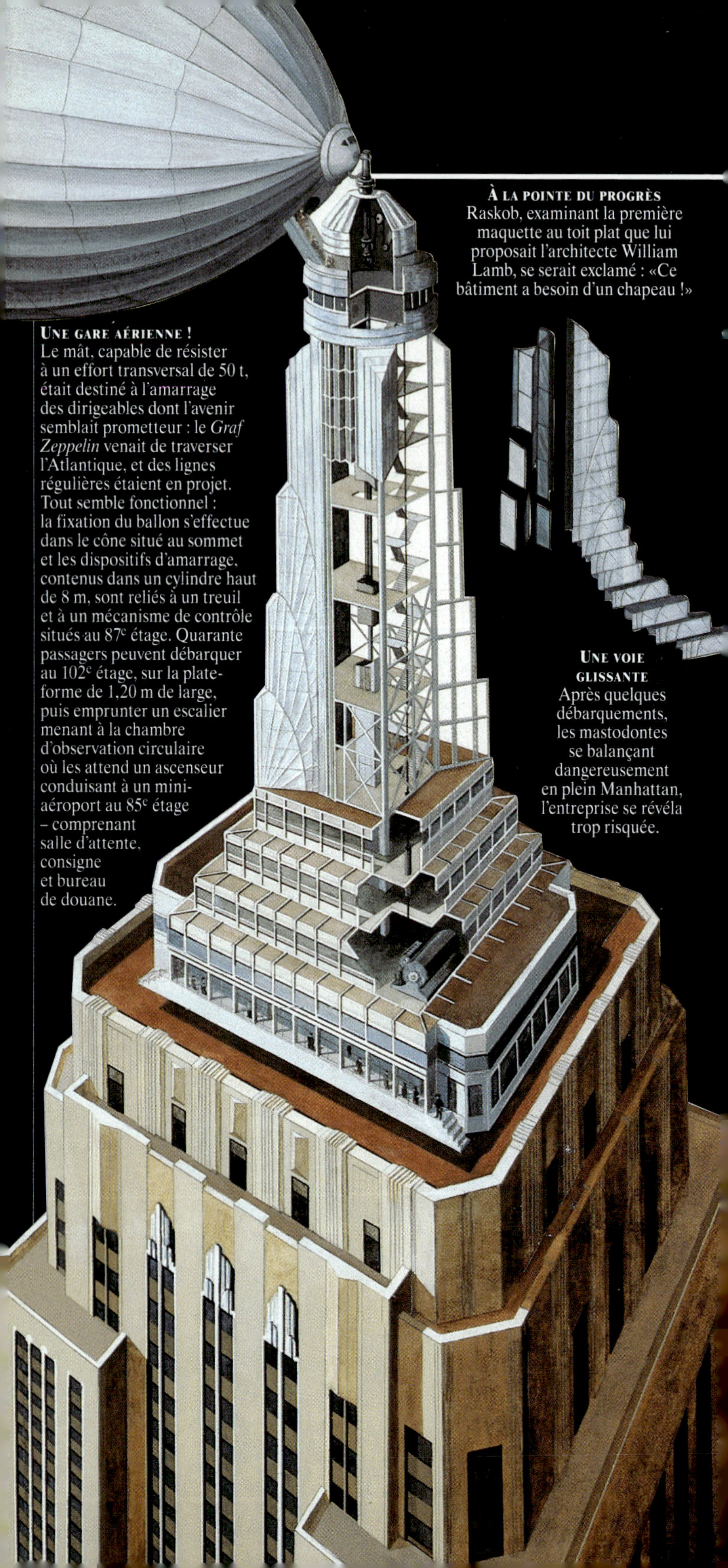

À la pointe du progrès
Raskob, examinant la première maquette au toit plat que lui proposait l'architecte William Lamb, se serait exclamé : «Ce bâtiment a besoin d'un chapeau !»

Une gare aérienne !
Le mât, capable de résister à un effort transversal de 50 t, était destiné à l'amarrage des dirigeables dont l'avenir semblait prometteur : le *Graf Zeppelin* venait de traverser l'Atlantique, et des lignes régulières étaient en projet. Tout semble fonctionnel : la fixation du ballon s'effectue dans le cône situé au sommet et les dispositifs d'amarrage, contenus dans un cylindre haut de 8 m, sont reliés à un treuil et à un mécanisme de contrôle situés au 87e étage. Quarante passagers peuvent débarquer au 102e étage, sur la plate-forme de 1,20 m de large, puis emprunter un escalier menant à la chambre d'observation circulaire où les attend un ascenseur conduisant à un mini-aéroport au 85e étage – comprenant salle d'attente, consigne et bureau de douane.

Une voie glissante
Après quelques débarquements, les mastodontes se balançant dangereusement en plein Manhattan, l'entreprise se révéla trop risquée.

Selon les périodes de l'année et les différentes célébrations (Saint-Patrick, Independence Day, fêtes de fin d'année...), le *top* change de couleur.

10 000 à 20 000 visiteurs par jour
Les belvédères assurent à l'Empire State Building une inépuisable source de revenus.

Deux symboles du futur
Le rêve des architectes utopistes et des auteurs de science-fiction : allier gratte-ciel et transport aérien.

Stars et étoiles
La terrasse a accueilli des chefs d'État et de gouvernement (Mussolini, Churchill, Castro, Khrouchtchev), des têtes couronnées et une foule de célébrités. Le hall d'observation vitré offrait, côté ouest, de confortables sièges en rotin pour admirer le soleil couchant.

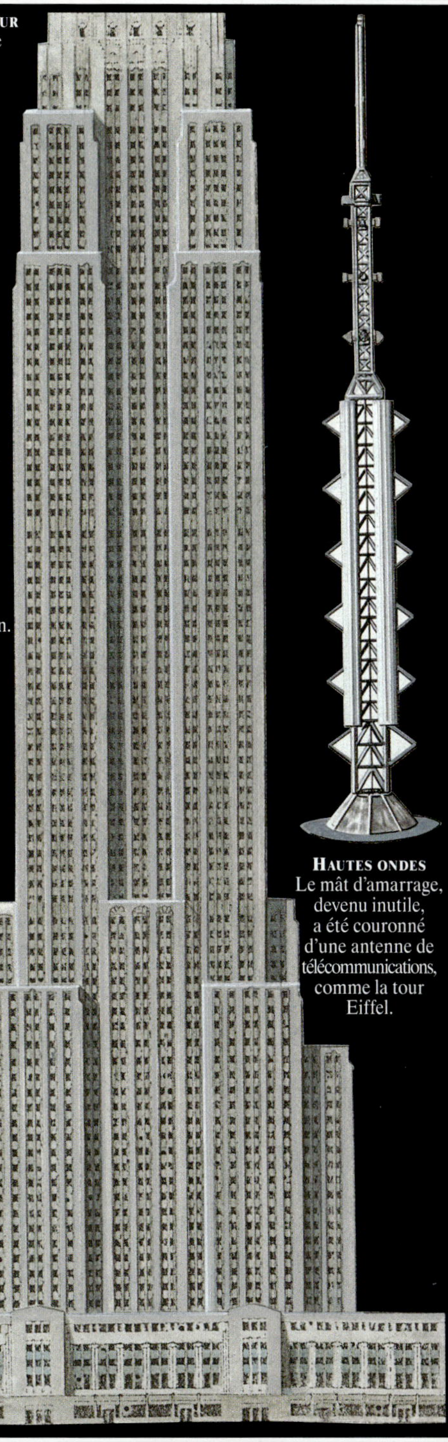

Hautes ondes
Le mât d'amarrage, devenu inutile, a été couronné d'une antenne de télécommunications, comme la tour Eiffel.

Des catastrophes bien réelles
L'Empire State Building a été le théâtre d'accidents spectaculaires, au moins aussi dramatiques que celui du film mythique *King Kong*.

Le grand saut
Une trentaine de personnes se sont suicidées en se jetant du haut de la plate-forme du 86e étage. La pose d'une barrière n'a d'ailleurs pas découragé les plus désespérés. Ce chiffre est en fait modeste face aux 200 millions de visiteurs montés pour admirer le panorama.

La réalité dépasse la fiction
Le 28 juillet 1945, un bombardier B-25, piloté par le colonel William Smith, survole Manhattan à plus de 300 km/h et à une altitude de 350 m, deux fois plus bas que la limite autorisée. Pour une raison inconnue, il louvoie entre les gratte-ciel de Midtown, manque de justesse le Helmsley Building, puis, à 9 h 52, percute et éventre la façade nord de l'Empire State Building au 79e étage. Un des moteurs traverse carrément la tour et s'écrase de l'autre côté de 33th St. Bilan de cette catastrophe : 14 morts et 26 blessés ; par chance, le samedi, les bureaux étaient pratiquement déserts.

Ci-contre, la foudre frappant la flèche.

Le «pape» du pop art
Andy Warhol (1928-1987) arrive à New York l'été 1949 avec une excellente renommée de dessinateur publicitaire. Il aborde la peinture en s'inspirant des imageries de la bande dessinée et de l'univers de la vie quotidienne (étiquettes d'objets…). Il utilise la technique sérigraphique, dans sa «factory» (ci-contre) située entre 19 E 32nd St. et 22 E 33rd St., entre 5th et Madison Aves., qui lui permet d'accentuer et de multiplier l'aspect sériel de ses œuvres (répétition du sujet avec permutation des couleurs sur un même plan). Son utilisation de l'image le rapproche du cinéma, qu'il expérimente à partir de 1963. Artiste très en vue, vedette du pop art, il se nommait «la grande prostituée du monde artistique», monde qu'il n'a pas manqué de porter en dérision dans ses peintures, où il saisit, dans une réalité provocatrice des plus crues, la société américaine.

Échappée vers Jacob Javits Convention Center
11th à 12th Aves., entre 34th et 37th Sts. Surnommé à son inauguration le «centre au centre du monde», cet espace d'exposition peut accueillir près de 86 000 visiteurs par jour. L'architecte I.-M. Pei a conçu ici une structure de verre opaque le jour, que son éclairage intérieur rend transparente la nuit.

Autour de l'Empire State Building

Ex-B. Altman Building. 361 5th Ave. (1906, arch. Trowbridge et Livingston). Benjamin Altman fut le premier à ouvrir un grand magasin dans ce quartier résidentiel. Afin de l'harmoniser avec les hôtels particuliers de 5th Avenue, il décida de bâtir un grand palais de style italianisant. La maison B. Altman, spécialisée dans l'habillement et la décoration, a fermé ses portes en 1989. Le bâtiment abrite l'annexe Science et Technologie de la N. Y. Public Library ▲ *252* (entrée sur Madison Avenue).

Herald et Greeley Squares. Angle 6th Ave., Broadway et 34th St. Ces deux places triangulaires se font face. Herald Square rappelle la présence, juste au nord, du New York Herald Building, bâti en 1895 pour abriter le siège social du journal fondé en 1835 par James Gordon Bennett. Sur la place trône l'horloge qui surmontait le bâtiment. Jusqu'en 1921, date à laquelle le building a été démoli, deux personnages, surnommés Stuff et Guff, sonnaient les heures. Horace Greeley – fondateur du *New York Tribune* (1841) et journaliste engagé qui prit notamment parti contre l'esclavage – semble les observer depuis Greeley Square, plus au sud. Sa statue fut érigée sur la place en 1894.

Macy's. Entre 34 et 35th Sts., Broadway et 7th Ave. (1902, arch.

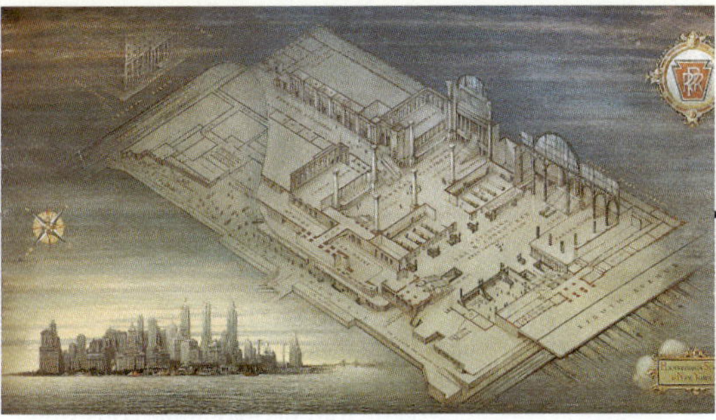

Pennsylvania Station, avant sa démolition, en 1963.

De Lemos et Cordes, additions 1924-1931, arch. Robert D. Kohn). R. H. Macy, ancien capitaine de baleinier, fonda «le plus grand magasin du monde», comme le proclame l'immense panneau de la façade donnant sur Broadway. Originellement installé dans plusieurs locaux autour de 14th Street, Macy's s'établit sur Broadway et 34th Street en 1902. Des agrandissements successifs étendirent la surface du magasin, plus à l'ouest, jusqu'à 7th Avenue. L'entrée sur 34th Street a conservé ses superbes décorations d'origine : 4 cariatides tiennent dans leurs mains les attributs du commerce et de l'abondance.

MADISON SQUARE GARDEN CENTER. ENTRE 31ST ET 33RD STS., 7TH ET 8TH AVES. (1968, arch. Charles Luckman Associates). Un chef-d'œuvre a été détruit en 1963 pour faire place à ce vaste complexe de loisirs et de bureaux. La PENNSYLVANIA STATION était l'un des rares géants horizontaux que possédait New York «la verticale». La gare, construite en 1910, occupait un terrain de 5 ha pour quatre étages seulement. «Nous nous sommes directement inspirés des grands bâtiments de l'Empire romain», avaient déclaré les architectes. La SALLE D'ATTENTE, copiée sur les thermes romains, ainsi que la halle d'acier et de verre surplombant le TRAIN CONCOURSE étaient particulièrement remarquables. La démolition de la gare provoqua à New York le premier grand mouvement d'opinion publique pour la sauvegarde des monuments historiques. Par contraste, l'actuelle PENN STATION, souterraine, est bien discrète sous la masse du quatrième Madison Square Garden. Ce complexe, où se tiennent toute l'année des manifestations culturelles et sportives, porte le même nom que ses trois prédécesseurs tous détruits ou victimes d'incendies.

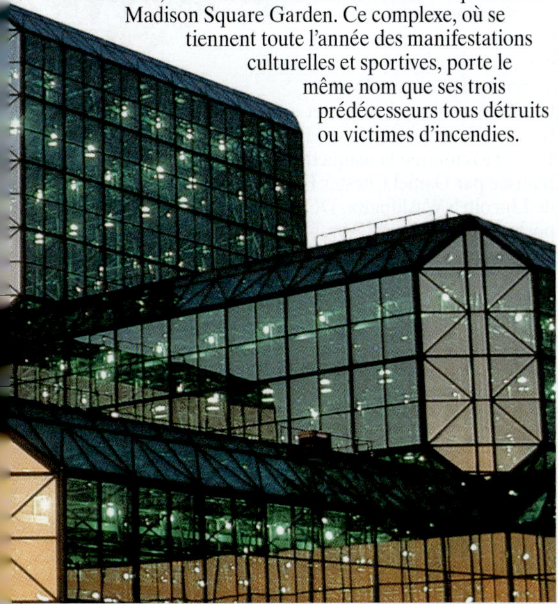

UNE INSTITUTION
Chaque année Macy's organise la *Thanksgiving Day Parade* ● *53* : au petit matin le défilé part du Natural History Museum – sur Central Park West – et rejoint le magasin.

Le logo en forme d'étoile rouge de Macy's était l'emblème du baleinier du capitaine Macy.

JAMES A. FARLEY POST OFFICE
8th Ave., entre 31st et 33rd Sts. Impressionné par Pennsylvania Station, l'État confia en 1913 à McKim, Mead et White la construction de la General Post Office dont 40 % du courrier transitait par la gare. La plus vaste poste des États-Unis, immense temple néo-classique, n'est pourtant, par ses proportions, qu'un modeste rappel de feu Pennsylvania Station, qui lui faisait écho de l'autre côté de 8th Ave. Sur toute la longueur de la façade court une citation librement adaptée d'Hérodote : «Ni la neige ni la pluie ni la chaleur ni les ténèbres de la nuit ne peuvent retarder ces prompts messagers.»

1 GRAND CENTRAL
2 LINCOLN BG.
3 GEN. SOCIETY OF MECH. AND TRADESMEN
4 CENTURY ASSOCIATION
5 N. Y. PUBLIC LIBRARY
6 BRYANT PARK
7 N. Y. YACHT CLUB
8 ROYALTON HOTEL
9 ALGONQUIN HOTEL

VERS NEW YORK PUBLIC LIBRARY

LINCOLN BUILDING. 60 E 42ND ST. (1929-30, arch. J. E. R. Carpenter, 53 étages). La *Zoning Resolution* ● *97* fut scrupuleusement appliquée à cette tour néo-gothique construite à l'époque de l'essor des gratte-ciel, à la fin des années 1920. À son inauguration, ses promoteurs affirmèrent que «jamais aucune structure de bureau n'avait bénéficié d'autant d'air pur et frais, ni d'une aussi radieuse luminosité». Le *lobby* renferme la maquette en bronze réalisée par Daniel Chester French pour le mémorial de Lincoln à Washington DC. Les murs du hall d'entrée portent des citations d'Abraham Lincoln.

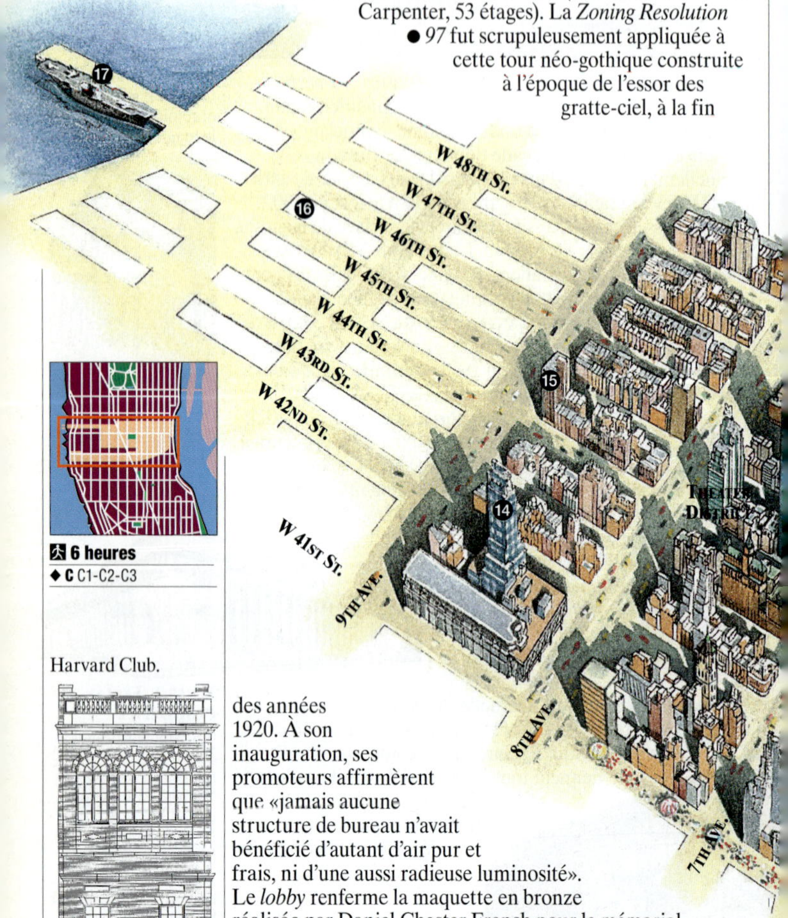

6 heures
◆ C C1-C2-C3

Harvard Club.

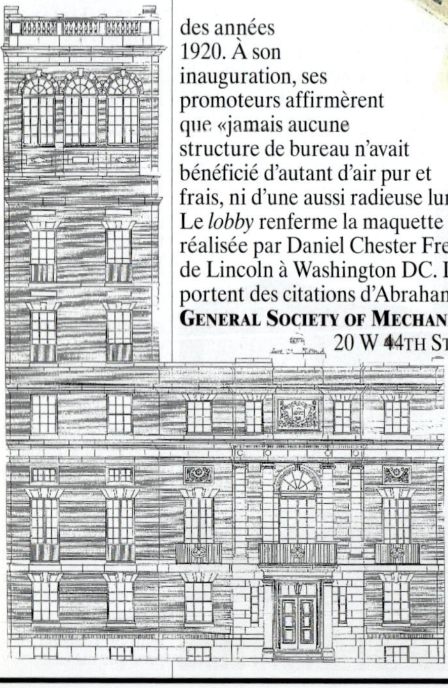

GENERAL SOCIETY OF MECHANICS AND TRADESMEN. 20 W 44TH ST. (1891, arch. Lamb et Rich). Fondée en 1785 sur le modèle des compagnonnages européens, cette société offrait des cours du soir. L'étonnante bibliothèque, constituée en 1820 pour l'usage des apprentis, propose de larges collections sur les métiers de l'artisanat et les arts décoratifs. Un musée, au premier étage, présente une collection de serrures.

10 Bush Tower
11 Ex-Knickerbocker Hl
12 Times Square ★
13 Ex-Paramount Th.
14 Ex-Mc Graw Hill Bg.
15 Film Center
16 Landmark Tavern
17 Intrepid Sea Air and Space Museum
18 Marriott Marquis Hl.
19 Father Duffy Square
20 Rockefeller Bg.
21 Helmsley Bg.
22 Met-Life Bg.
23 International Center of Photography Midtown

Les clubs. Ce quartier possède quelques-uns des clubs les plus vénérables de la ville. De grandes universités du pays, telles que Yale, Princeton et Harvard, y ont installé les leurs, dont l'accès est strictement réservé à leurs anciens élèves. Le Yale Club, à l'angle de Vanderbilt Avenue et 44th Street, renferme dans son *lobby* une plaque commémorative de l'un des étudiants de l'université, captain Nathan Hale, ▲ *168* héros de la Révolution américaine.

New York Yacht Club ♥. 37 W 44th St. ● *93* (1900, arch. Warren et Wetmore). Les extraordinaires fenêtres évoquant la poupe d'un vaisseau du XVIIIe siècle, les vagues, les coquillages, les algues sculptés dans la pierre révèlent la fonction de ce club. Fondé en 1844, le New York Yacht Club est le patriarche des yacht-clubs américains. Il resta jusqu'en 1983 l'organisateur de la fameuse America's Cup ● *65*, qui se déroule tous les quatre ans depuis 1851.

Century Association
7 W 43th St.
Créé en 1891, ce club de style italianisant, qui regroupe artistes et intellectuels, doit son nom à ses cent membres d'origine.

America's Cup
En 1851, la reine Victoria, demandant qui était deuxième, se vit répondre : «Mais, Madame, il n'y a pas de second.» Tel est le règlement de l'America's Cup.

Ci-contre, le lobby du Royalton Hotel dans son décor signé Philippe Starck.

ALGONQUIN HOTEL
Dans l'*Oak Room* (salle en chêne) de l'Algonquin, autour de la *Round Table* (Table ronde), débattaient Dorothy Parker, George S. Kaufman, Robert Benchley, Edna Ferber, Ring Lardner, Harold Ross et James Thurber. C'est là que Ross créa, en 1925, le *New Yorker* ● *54*, magazine humoristique et intellectuel.

N. Y. PUBLIC LIBRARY
La façade principale, en retrait par rapport à 5th Ave., est dominée par un arc de triomphe surmonté de figures allégoriques de Wayland Bartlett qui représentent, de gauche à droite, l'Histoire, le Théâtre, la Poésie, la Religion, la Littérature et la Philosophie. Les statues des fontaines de l'esplanade sont l'œuvre de Frederick MacMonnies. La terrasse, dont les lions en marbre rose du Tennessee furent réalisés par Edward Clark Potter, sculpteur de formation française, est l'un des lieux en plein air les plus attrayants de Manhattan. Elle accueille, aux beaux jours, deux cafés.

ROYALTON HOTEL. 44 W 44TH ST. À la rénovation ultra-moderne signée Philippe Stark (ci-dessus) a désormais succédé un décor plus sophistiqué auquel les matières brutes (cuir, bois, acier) et les mélanges de styles audacieux confèrent une atmosphère chaleureuse. L'écrivain William Saroyan y fit de longs séjours ; il y résidait lorsqu'il reçut le prix Pulitzer pour *The Time of Your Life* (*Ça s'appelle vivre*), au début des années 1940.
CITY CLUB HOTEL. 55 W 44TH STREET. Cet hôtel de luxe a investi un bâtiment de 1904. L'intérieur a été revisité par Jeffrey Bilhuber. Le restaurant du chef Daniel Boulud vaut le détour.
ALGONQUIN HOTEL. 59 W 44TH ST. (1909, arch. Goldwyn Starrett). Dans les années 1920, cet hôtel servit de lieu de rencontre à de grandes personnalités du théâtre et de la littérature. Aujourd'hui, on vient pour le Blue Bar du *lobby*.
FRED FRENCH BUILDING ♥. 551 5TH AVE., ANGLE N.-E. 45TH ST. (1927, arch. John Sloan et H. Douglas Ives). Les mosaïques de faïence qui ornent les décrochements du sommet furent très critiquées à la construction de l'édifice. Elles sont aujourd'hui appréciées pour leur originalité. Son *lobby* est typique des grands buildings de cette période.

NEW YORK PUBLIC LIBRARY ♥

HISTOIRE. Par la richesse de ses collections et de son décor, la New York Public Library rivalise avec la Bibliothèque nationale de France ou la Library of Congress de Washington. Elle fut créée en 1895 grâce au legs de Samuel Jones Tilden et réunit les fonds des ASTOR et LENOX LIBRARIES.

Tout comme le *lobby* de la N. Y. Library, le hall du second étage (ci-contre) est revêtu de marbre blanc. Il est magnifiquement décoré de bois sculpté, de stucs et de peintures murales d'Edward Laning.

La municipalité de New York accepta de céder un terrain à condition que la bibliothèque fût ouverte au public les soirs, dimanches et jours fériés. C'est sur le site de l'ancien Croton Reservoir, érigé en 1842 pour approvisionner la ville en eau potable, que fut bâtie la New York Public Library (5th Avenue, entre 42nd et 40th Streets). Elle comprenait à l'origine une bibliothèque de prêt qui fut transférée, de l'autre côté de 5th Avenue, à la succursale de Mid-Manhattan, l'une des quatre-vingt-neuf annexes que compte la New York Public Library. Aujourd'hui baptisé CENTRAL RESEARCH LIBRARY, ce palais de marbre blanc, ouvert au public depuis 1911, est l'œuvre de John Mervin Carrère et Thomas Hastings, tous deux anciens élèves de l'école des beaux-arts de Paris.

L'INTÉRIEUR. Au rez-de-chaussée, le GOTTESMAN EXHIBITION HALL accueille de remarquables expositions temporaires. Depuis 1984, des peintures murales de Richard Haas – représentant les sièges des grands journaux et maisons d'édition de New York – sont regroupées dans la DEWITT WALLACE PERIODICAL ROOM. Cette pièce doit son nom au fondateur du *Reader's Digest*, qui y recopia ses premiers textes. La grande SALLE DE LECTURE, au dernier étage, est séparée en deux par une sorte de jubé. Elle occupe toute la longueur de l'édifice et peut accueillir sept cents lecteurs. Chacune des pièces fait l'objet de visites guidées.

LES FONDS. Au total, la bibliothèque compte 50 millions d'objets, dont 20 millions de livres. Parmi ses spécialisations, citons les divisions juive, slave et orientale ; le département d'histoire et de généalogie où sont rassemblées 100 000 VUES DE NEW YORK, le département scientifique qui permit à Edwin Land d'inventer le Polaroïd et à Chester Carlson de mettre au point le procédé de la photocopie, le département économique qui propose 1,5 million de volumes et 11 000 périodiques. Enfin la bibliothèque possède des pièces rares tels la BIBLE DE GUTENBERG, ainsi qu'un GLOBE TERRESTRE de 1519, le premier à représenter l'Amérique.

EMBOUTEILLAGES
Déjà dans les années 1920, la circulation sur 5th Ave. était impossible. Avant l'installation, en 1930, des feux électroniques, Joseph H. Freedlander avait conçu des tours de contrôle, dont une fut placée à l'intersection de 42nd St. En bronze et verre, haute de 7 m, la tour comportait une cabine dans laquelle un policier pouvait observer et diriger la circulation. Les trois feux étaient à son sommet.

En 1970, les échoppes de l'avenue of The Americas (ci-dessus) furent rasées et l'on vit construire la Durst Tower, l'une des premières tours annonciatrices de la transformation de l'avenue.

CENTRE INTERNATIONAL DE LA PHOTOGRAPHIE
À la fois musée, école et centre de photographie, l'International Center of Photography, situé 1133 avenue of The Americas, présente des expositions de photos anciennes et contemporaines ainsi que des travaux multimédia.

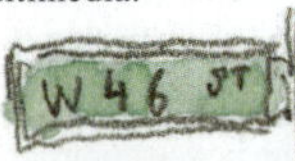

Durst Tower.

DE NEW YORK PUBLIC LIBRARY À TIMES SQUARE

EX-KNOX HAT BUILDING. 452 5TH AVE. (1902, arch. John H. Duncan). Ce bâtiment de style Beaux-Arts fut construit pour abriter la vaste boutique de chapeaux du colonel Edward M. Knox, le «chapelier des présidents».

BRYANT PARK. Le site de Bryant Park – et de la New York Public Library ▲ *252* – était un cimetière en 1823. À l'emplacement actuel du parc fut érigé en 1853 le CRYSTAL PALACE ● *39* (une copie de celui de Londres) pour abriter la première Exposition universelle américaine. Il fut détruit par un incendie cinq ans plus tard. Créé en 1871, le parc reçut en 1884 le nom du poète et journaliste William Cullen Bryant. À l'heure du déjeuner, les employés du quartier sont aujourd'hui nombreux à profiter de cet espace vert, le seul de Midtown, depuis lequel s'offre, à l'est, un magnifique skyline.

EX-AMERICAN RADIATOR BUILDING ♥. 40 W 40TH ST. (1924, arch. Hood et Fouilhoux). Cet immeuble ● *99* est le premier building de style Arts déco construit à New York par Hood, qui allait par la suite réaliser le Daily News Building ▲ *272* et concevoir une grande partie du Rockefeller Center ▲ *274*. Ses traits caractéristiques sont les briques noires aux ornements de *terracotta* dorée du sommet et la façade en bronze et granite noir du rez-de-chaussée. Bâti pour l'American Radiator Company, future American Standard, il conserve sur sa façade des allégories symbolisant la transformation de la matière en énergie. C'est aujourd'hui la propriété du Bryant Park Hotel.

BUSH TOWER. 132 W 42ND ST. (1916-1918, arch. Helmle et Corbett). Ce gratte-ciel élancé fut considéré comme un prototype pour la décennie à venir. Il fut construit pour abriter le siège de la Bush Terminal Company, société de transport maritime.

EX-KNICKERBOCKER HOTEL. 1466 BROADWAY (1906, arch. Marvin et Vavis). Il fut construit par le colonel John Jacob Astor IV. Enrico Caruso, célèbre pensionnaire de l'hôtel, y séjourna entre 1908 et 1920 ; la star du cinéma muet Mary Pickford le fréquenta en 1916, année où elle rencontra l'acteur Douglas Fairbanks, son futur mari.

TIMES SQUARE

Times Square doit son nom au *New York Times*, qui s'installa en 1904 dans la TIMES TOWER, au sud de la place. Ce carrefour entre Broadway et 7th Avenue est depuis le début du XXe siècle, le cœur du quartier des théâtres et des spectacles ▲ *258*. Après des décennies de déclin, d'insécurité et de vétusté, Times Square connaît, depuis le début des années 1990, un développement spectaculaire sous la houlette du Times Square Business Improvement District, une organisation réunissant des entreprises, des associations civiques et la municipalité. Les industries des médias, du spectacle et de l'hôtellerie ont réinvesti dans le secteur, restaurant les anciens théâtres, ouvrant cinémas, salles de spectacle, boutiques, bureaux, hôtels et logements. La construction

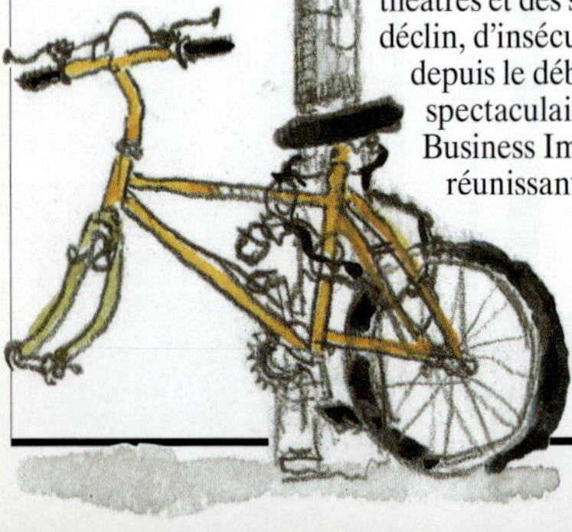

de gratte-ciel sur la place et ses environs fait désormais de ce quartier de Manhattan l'un des plus densément bâtis au monde. Parmi eux, on notera les Reuters (1998-2001) et Condé Nast (1996-1999) buildings, respectivement aux numéros 3 et 4 de la place. Avec les affiches publicitaires, les écrans géants et les panneaux électroniques qui couvrent la base de ses immeubles, Times Square brille à nouveau de mille feux et offre un spectacle saisissant, de jour comme de nuit. On y maintient chaque année une tradition populaire : depuis l'installation du *New York Times*, le 31 décembre 1904, dans un fantastique déploiement de feux d'artifice, des milliers de personnes s'y rassemblent pour fêter le nouvel an.

« C'est en 1916 que commença l'ère des immenses panneaux d'affichage. Tout le quartier fut électrifié. Times Square […] était un nouveau pays des merveilles, une ville électrique, la grande voie blanche de Broadway. »
Jerome Charyn, *Metropolis*

1 Times Square, ex-Times Tower. (1904, arch. Eidlitz et MacKenzie). Le *New York Times* n'occupa la Times Tower qu'une vingtaine d'années. Il est aujourd'hui situé sur la 8th Avenue. En 1966, la tour fut transformée, perdant sa décoration d'origine en *terracotta* pour un revêtement de marbre. Elle a toutefois conservé l'enseigne électrique, qui en fait le tour complet. À sa mise en service, en 1928, cette dernière annonça aux passants le résultat des élections présidentielles et la victoire de H. C. Hoover.

42nd Street. La section comprise entre Broadway et 8th Avenue était surnommée *Theater Row* en raison de sa concentration importante de théâtres. Tombée en décrépitude dans les années 1970, elle a subi une vraie métamorphose. Les anciens théâtres ont été rénovés et, de part et d'autre de la rue, ont été construits deux immenses complexes comprenant cinémas, restaurants, boutiques et hôtels. Le Madame Tussaud Wax Museum, filiale du célèbre musée de cire londonien, a ouvert ses portes dans cette rue.

Times Square Visitors Center. Ex-Embassy Theater, 1560 7th Ave., entre 46th et 47th Sts. (1925, arch. Thomas Lamb). Il occupe l'ancien Embassy Theater, immeuble classé. Aménagé dans l'ancienne salle Arts déco du théâtre, le centre d'information fournit services et informations relatifs au Theater District et à la ville en général. Des visites guidées du quartier sont en outre proposées.

TIMES SQUARE, L'EFFERVESCENCE AU CŒUR DE BROADWAY ★
À la rencontre de Broadway et 7th Ave., ce petit triangle d'asphalte cerné de gratte-ciel est sans doute le coin le plus animé, quelle que soit l'heure du jour ou de la nuit. C'est surtout le soir qu'il faut voir Times Square, lorsque la foule se presse vers les théâtres et que les affiches publicitaires géantes qui envahissent tous les buildings de la place sont illuminées. Pour une approche spectaculaire, prendre un taxi sur Broadway à la hauteur de 57th St. et descendre jusqu'à 42nd St.

«LOBBY» DU FILM CENTER BUILDING
Si l'extérieur du Film Center Building est quelconque, son *lobby* en revanche est spectaculaire. Très marqué par l'exposition des Arts décoratifs de Paris (1925), l'architecte Kahn entrait ici dans une phase polychrome. Il réalisa pour le sol de cet édifice une composition faite de cercles en marbre rose et de rayures en marbre blanc et noir, et pour les murs des carreaux bleus et orange (ci-dessus).

Façade de l'Actor's Studio.

DÉCOR MURAL
Un marchand de cycles, situé à l'angle de 9th Ave. et 47th St., a fait reproduire sur la façade de son magasin un dessin de Sempé dont il avait apprécié les illustrations dans le *New Yorker*.

EX-PARAMOUNT BUILDING. 1501 BROADWAY (1927, arch. Rapp). Le plus remarquable bâtiment de Times Square abritait les bureaux de PARAMOUNT PICTURES ainsi que le PARAMOUNT THEATER, aujourd'hui disparu. Le lendemain de son inauguration, en 1927, le *New York Times* titrait : «30 222 spectateurs en 2 jours ! Ils sont plus de 30 000 à être venus au paradis du luxe, de la couleur et de l'enchantement !» Le grandiose «movie-palace» de 3 664 places comportait un immense *lobby*, The Grand Hall, plus grand que celui de l'Opéra de Paris, des salons, des promenades, etc. Le Paramount ferma ses portes en 1965 car il n'était pas rentable. L'espace qu'il occupait abrite le Hard Rock Café et des bureaux. Dolly Down, une chanteuse qui s'y était produite, dit alors de ses nouveaux occupants : «Ces petits n'ont aucune idée de ce que cet endroit a pu être. Et ils ne le sauront jamais, car il n'y aura plus jamais de telles salles !» Le building ne possède pas moins de quatorze décrochements symétriques jusqu'à son sommet, coiffé d'une sphère, autrefois illuminée.
MARRIOTT MARQUIS HOTEL. 1531-1549 BROADWAY (1985, arch. John Portman). Pour faire place au Marriott, pas moins de trois théâtres furent détruits ! Cet hôtel est doté d'un immense atrium. Il ne faut pas manquer d'effectuer un voyage vertigineux dans l'un des ascenseurs transparents.
I. MILLER BUILDING. ANGLE N.-E. 46TH ST ET 7TH AVE. La façade sud est ornée d'une rangée de sculptures d'Alexander Calder (1929), représentant des actrices de Broadway dans leur rôle le plus célèbre : Mary Pickford en petit lord Fauntleroy, Ethel Barrymore en Ophélie, Rosa Ponselle en Norma et Marilyn Miller en Sunny.
FATHER DUFFY SQUARE. Le triangle nord de Times Square a reçu le nom du père Francis Duffy, aumônier du «Fighting Irish». Cette unité new-yorkaise composée de soldats d'origine irlandaise servit en France pendant la Première Guerre mondiale. Plus tard, dans sa paroisse de la Holy Cross Roman Catholic Church (42nd St.), Father Duffy se lia avec de nombreux auteurs et comédiens. Sa statue (1936, Charles Keck) est ornée d'une croix celte. C'est également à Duffy Square que se trouve le kiosque de TKTS, où les

New-Yorkais viennent acheter des billets pour les spectacles de Broadway.

Échappée vers l'Hudson River

Ex-McGraw Hill Building ● *99.* 330 W 42nd St. (1931, arch. Hood, Godley et Fouilhoux). L'ancien siège de cet éditeur new-yorkais possède un très beau *lobby* de style Modern Streamlined, mêlant le verre opaque de Carrera et l'acier inoxydable, dans un éclairage raffiné.

Film Center Building ● *99* ♥. 622 9th Ave. (1929, arch. Buchman et Kahn). Typique de l'architecture Arts déco des années 1920, ce bâtiment possède un extraordinaire *lobby* polychrome, à voir absolument.

Actor's Studio. 432 W 44th St. (1859). La célèbre école d'art dramatique, fondée par Elia Kazan en 1947, s'est installée en 1955 dans cette ancienne église presbytérienne. C'est sous la direction de Lee Strasberg que l'Actor's Studio acquit sa réputation mondiale et bouleversa l'histoire de la scène new-yorkaise. La «méthode» Strasberg, s'inspirant de Stanislavski et de son Théâtre d'art de Moscou, préconisait un intense travail psychique de l'acteur sur lui-même et son personnage. Marlon Brando y fit ses classes.

«Hell's Kitchen». Le secteur situé au-delà de 9th Ave. et entre 30th et 57th Sts. était connu sous le nom de *Hell's Kitchen* (la cuisine de l'enfer). Son surnom serait né d'une conversation entre deux policiers. Après avoir assisté à une bagarre de rue en plein été, le plus jeune, effrayé, se serait exclamé : «Ça chauffe comme en enfer dans ce quartier.» Son collègue, aguerri, l'aurait corrigé : «Il fait frais en enfer. Ici, c'est la cuisine de l'enfer.» Aujourd'hui, les habitants et les promoteurs s'efforcent de changer l'image du quartier qui fut contrôlé par la pègre jusqu'en 1945.

Landmark Tavern. Angle S.-E. 11th Ave. et 46th St. (1868). Cet établissement n'a guère changé au fil des ans. À l'intérieur, boiseries sombres, vieux miroirs, sol dallé et poêles à bois rappellent les jours d'autrefois.

«Intrepid» Sea, Air and Space Museum. Hudson River et 46th St. Amarré au Pier 86 (jetée 86), l'*Intrépide* est un porte-avions de la Seconde Guerre mondiale, transformé en musée flottant. Deux *blocks* plus au nord se trouve l'embarcadère de voyageurs de la ville de New York (N. Y. C. Passenger Ship Terminal), qui fait partie du «Port Authority» de New York et du New Jersey. La ville le construisit en 1976 pour accueillir les grands paquebots de luxe. Mais à l'exception du *Queen Elizabeth II*, ils furent peu nombreux à venir.

«Intrepid» Sea, Air and Space Museum
Ce musée présente des expositions sur la marine, l'air et l'espace et permet de découvrir un porte-avions, un sous-marin et un Concorde, ainsi que des maquettes de bateaux, des satellites, une capsule Apollo…
Y sont archivés des films sur les fonds sous-marins, mais aussi sur la Seconde Guerre mondiale et la guerre du Vietnam. Dans le sous-marin, vétéran – tout comme le porte-avions – de la Seconde Guerre mondiale, sont organisées des simulations de plongée.

George M. Cohan
Cet acteur, producteur et célèbre auteur-compositeur, immortalisé en 1958 par le sculpteur Georg John Lober, «salue Broadway

pour toujours» sur Father Duffy Square : *Give my regards to Broadway* fut sa chanson la plus connue.

Depuis plus d'un siècle, le théâtre américain est lié à Broadway. Y jouer ou y être joué est l'ultime reconnaissance du talent. Si le premier quartier des théâtres de New York se trouvait autour de City Hall ▲ *168*, dès la fin du XIXe siècle, il vint se fixer autour de Broadway, à la hauteur de 42nd Street. Dans les années 1920, l'on vit s'implanter les industries du cinéma et s'élever d'immenses *movie palaces* (palais du cinéma) dans le secteur de Times Square, qui brilla dès lors des mille feux de leurs enseignes au néon. La crise du cinéma des années 1950-1960 entraîna la disparition de plusieurs salles et les lumières de Times Square ▲ *255* s'éteignirent. Des théâtres furent alors établis plus au nord ou dans les rues latérales. Aujourd'hui, Theater District rassemble une quarantaine d'établissements, situés entre 40th et 57th Streets, 8th Avenue et Broadway. Une subtile hiérarchie distingue les spectacles dits «Broadway» (grosses productions «grand public» données dans Theater District), «Off Broadway» (productions moyennes), «Off-off Broadway» (théâtre d'avant-garde et expérimental).

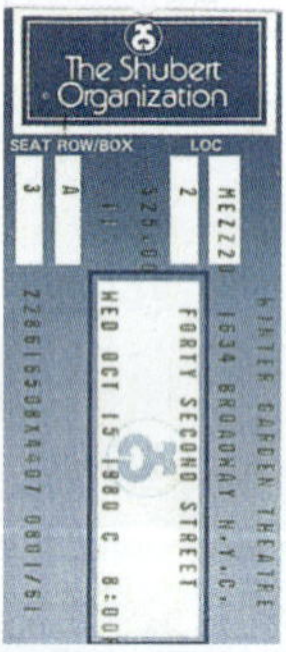

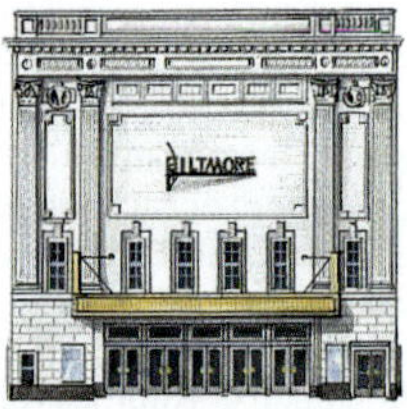

Ci-dessous, Majestic Theater, 247 W 44th St. (1927) et son voisin Broadhurst Theater (1917). Ci-contre, Biltmore Theater (1926), bâti par les frères Chanin.

LE NEW AMSTERDAM THEATER (1903), au 214 W 42nd St., le théâtre le plus remarquable de la 42nd Street. Restauré, il présente des spectacles musicaux produits par Disney. Il appartint à Florenz Ziegfeld, grand producteur de revues et comédies musicales, qui transforma le toit en un second théâtre, AERIAL GARDENS. Jusqu'en 1927, Ziegfeld donna au New Amsterdam son spectacle le plus célèbre, les *Ziegfeld Follies,* puis il se fit construire son propre théâtre, à l'angle de 54th St. et 6th Ave. En face, au 209 W 42nd St., le New Victory Theater (1898), le plus vieux théâtre existant. La diversité de sa programmation va du spectacle burlesque de Billy Minsky dans les années 1930 aux films pornographiques dans les années 1970. Depuis 1995, il propose des spectacles pour un public jeune. Au 213 W 42nd St., LE LYRIC (1903) était le grand rival du New Amsterdam. Des artistes prestigieux, tel Douglas Fairbanks, s'y produisirent. Les deux salles se disputèrent Fred Astaire et sa sœur, et c'est au Lyric que les Marx Brothers créèrent la pièce de George S. Kaufman, *The Cocoanuts*, en 1925, sur une musique d'Irving Berlin.

BOOTH THEATER
Conçu en 1913, le théâtre doit son nom à l'acteur Edwin Booth, célébrité du XIXe siècle ▲ *230*. (en bas, à droite) Ci-dessous, les Sam S. Shubert Theater et Majestic Theater.

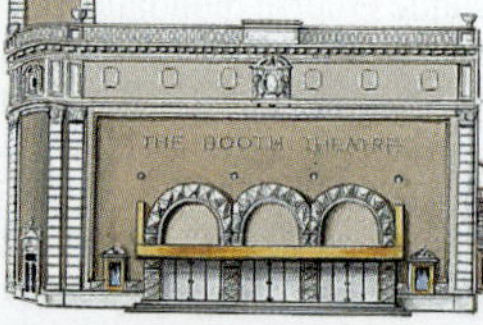

Nouveau «Theater District».
La portion de 44th Street comprise entre 7th et 8th Avenues regroupe six théâtres : le Majestic (1903) au n° 245, le Helen Hayes (1912) au n° 240, et le Broadhurst (1917) au n° 235. Ces trois importantes salles sont l'œuvre de Herbert J. Knapp. Architecte prolifique et talentueux, Knapp conçut une vingtaine de théâtres au cours de sa carrière, tous remarquables par la qualité de l'acoutisque, de la visibilité et de la décoration. Le Sam S. Shubert Theater (1913), au 221 W 44th Street, fut construit, en même temps que le Booth Theater, pour les frères

Richard Rodger's Theater, ex-Chanin's 46th St.

Shubert, deux des plus grands metteurs en scène de la ville. Il borde le côté ouest de Shubert Alley, célèbre passage autrefois fréquenté par les acteurs qui se rassemblaient devant les bureaux de J. J. et Lee Shubert lors de la distribution des rôles. Le Lambs Theater (1905) situé au 130 W. 44th Street, se partage les locaux de l'ancien Lambs Club avec la Manhattan Church of the Nazarene. Le Lambs Club servit de lieu de rencontre et d'habitation à d'innombrables personnalités du spectacle, telles Al Jolson, W. C. Fields, Spencer Tracy et John Barrymore. Sur 45th Street, au n° 149, le Lyceum Theater fut le premier théâtre bâti dans le quartier de Times Square. À sa construction, en 1903, il fut considéré très moderne, avec sa salle sans balcon et ses boutiques aménagées à l'intérieur. L'Imperial Theater, 249 W 45 Street, offre la plus fameuse scène pour les comédies musicales ; les plus grands noms y ont été produits : George et Ira Gershwin, Cole Porter, Irving Berlin, Léonard Berstein. Le Longacre Theater, au 220 W 48th Street, connut son heure de gloire dans les années 1930, avec les pièces du Group Theater dirigé par Lee Strasberg.

Barrymore Theater
243 W 47th St. (1928). Il fut construit en l'honneur de l'actrice-vedette Ethel Barrymore. Fred Astaire y dansa dans *The Gay Divorce* (1935) de Cole Porter. En 1947, Marlon Brando, aux côtés de Jessica Tandy, y débuta dans *Un Tramway nommé Désir.*

Lyceum Theater
L'une des fenêtres de l'appartement du producteur Daniel Frohman qui fit construire ce théâtre (1903) donnait sur la scène. On raconte que de là il surveillait le jeu de sa femme, Margaret Illington.

De gauche à droite, les Longacre, Neil Simon, Imperial Theaters.

PARK AVENUE VERS SUTTON PLACE

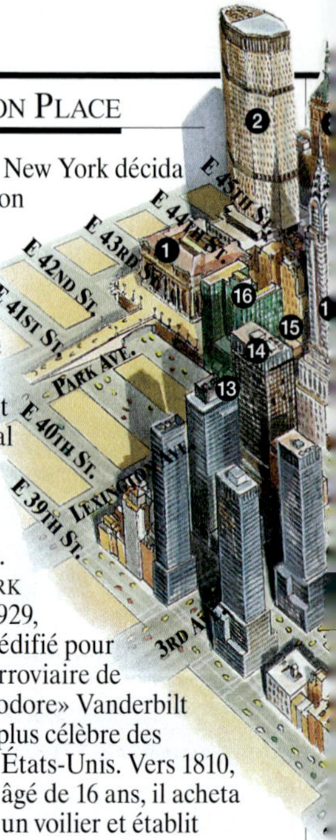

PARK AVENUE. En 1888 la ville de New York décida de rebaptiser Park Avenue la section de 4th Avenue entre 43rd et 96th Streets. Elle resta, toutefois, un tissu de voies ferrées jusqu'à ce que l'électrification des trains, en 1904, permît de les enterrer. Cette réalisation fit partie d'un projet global d'urbanisme qui comprenait la reconstruction de Grand Central Terminal (1903-1913) ▲ *236*, ainsi que l'édification, le long de Park Avenue, d'immeubles de bureaux, d'hôtels et d'appartements de luxe.

EX-HELMSLEY BUILDING. 230 PARK AVE., ENTRE 45TH ET 46TH STS. (1929, arch. Warren et Westmore). Il fut édifié pour abriter le siège de la compagnie ferroviaire de Cornelius Vanderbilt. Le «Commodore» Vanderbilt était, à sa mort, le millionnaire le plus célèbre des États-Unis. Vers 1810, âgé de 16 ans, il acheta un voilier et établit un service de ferry entre Staten Island et Manhattan. Il constitua ensuite une flotte de transatlantiques et de caboteurs ainsi qu'un monopole de compagnies ferroviaires, la NEW YORK CENTRAL RAILROAD COMPANY. Le building, qui a ensuite appartenu à l'empire immobilier de Leona et Harry Helmsley, a la particularité d'être le seul édifice à enjamber une avenue. Deux portails géants aménagés de rampes permettent aux voitures de rejoindre au sud le PERSHING VIADUCT, construit en 1919, et PARK AVENUE SOUTH. Il ne faut pas manquer d'aller découvrir l'architecture d'intérieur et la décoration de son *lobby* de marbre blanc.

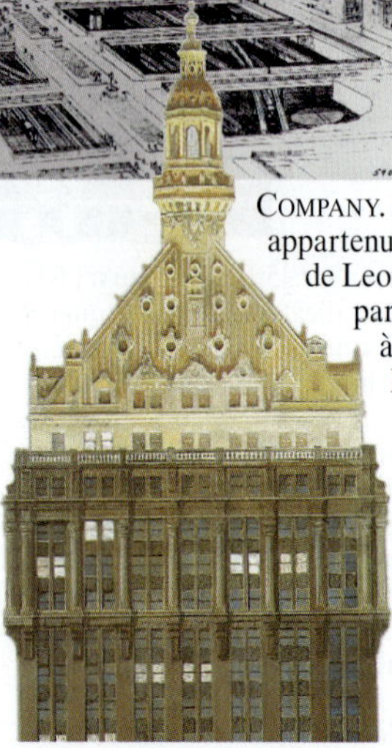

MET-LIFE BUILDING / EX-PAN AM BUILDING. 200 PARK AVENUE (1963, arch. Emery Roth et Fils, Pietro Belluschi et Walter Gropius, 58 étages). Construit pour la compagnie aérienne Pan Am et racheté en 1992 par la Met-Life, ce gratte-ciel, unanimement méprisé par les New-Yorkais, défigura à jamais le skyline du quartier. Il surplombe le Helmsley Building et Grand Central Terminal ▲ *237*. Le Pan Am Building fut, en 1977, le théâtre d'un des accidents aériens survenus à New York. Un hélicoptère, qui tentait de se poser sur l'héliport situé sur le toit du building, perdit son

CORNELIUS VANDERBILT
(1794-1877)
Sa statue ornait le fronton du Vanderbilt's Hudson River Railroad Freight Depot construit en 1869. Lorsqu'en 1927 on démolit le dépôt pour faire place au Holland Tunnel, elle fut installée devant la façade sud de Grand Central Terminal.

Les chantiers de Grand Central Terminal ▲ *239*, en 1910, vus du Nord.

L'EMPIRE HELMSLEY
Le couple Harry et Leona Helmsley compta parmi les figures légendaires de New York. Sa fortune fut estimée à plus de 5 milliards de dollars. Ses plus beaux fleurons : l'Empire State Building ainsi que plusieurs hôtels de luxe tels le Helmsley Park Lane, le Carlton House… Le Helmsley Building a été vendu en 1998.

1 Grand Central 2 Met-Life Bg. 3 Helmsley Bg. 4 Ex-Chemical Bank Bg. 5 Ex-Shelton Towers Hl. 6 Turtle Bay Gardens et Lescaze House 7 River House 8 Beekman Place 9 U. N. Plaza 10 Ford Foundation Bg. 11 Tudor City 12 N. Y. Daily News Bg. 13 Chanin Bg. et Ex-Bowery Savings Bank 14 Mobil Bg. 15 Graybar Bg. 16 Grand Hyatt Bg. 17 Chrysler Bg.

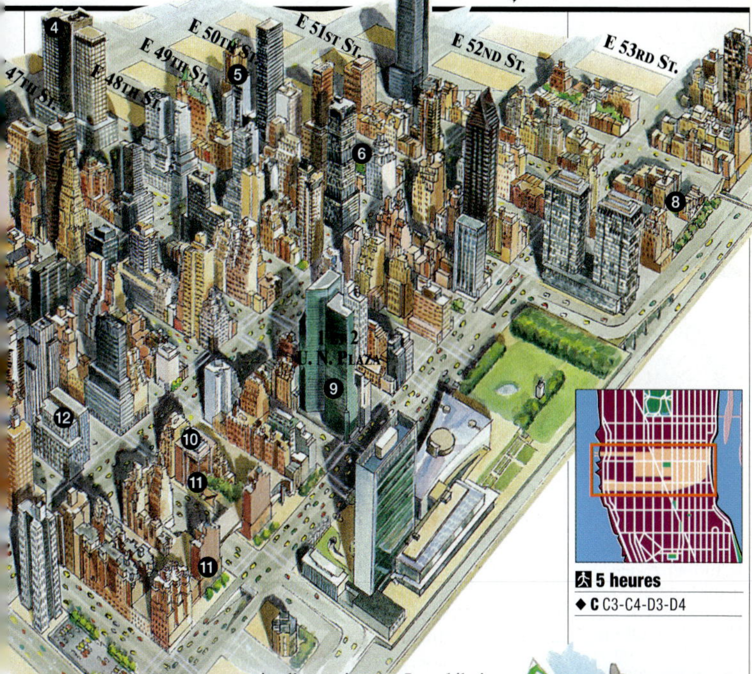

5 heures

◆ **C** C3-C4-D3-D4

train d'atterrissage. Les débris tombèrent en pluie sur les rues, faisant cinq morts et sept blessés.

Ex-Chemical Bank Building. 277 Park Ave. (1962, arch. Emery Roth et Fils). Lors de la fusion avec la Chase Manhattan Bank, Chemical Bank a vendu son immeuble et s'est installée de l'autre côté de Park Avenue. Le nouveau propriétaire a supprimé l'Atrium Chemcourt, un jardin public que la banque avait aménagé en 1982 sur trois niveaux de son immeuble. Dans *Bone*, l'écrivain George Chesbro décrivait l'atrium comme «une délicieuse jungle miniature d'arbres, de fougères et de plantes [offrait] un contrepoint saisissant avec les arbustes des refuges pour piétons qui coupaient en deux l'élégante artère».

Marriott Hotel, ex-Shelton Towers Hotel. 525 Lexington Ave. (1924, arch. Arthur Loomis Harmon). À sa construction, il était, avec ses 33 étages, l'hôtel le plus haut du monde. La *Zoning Resolution* ● *97* était ici esthétiquement appliquée grâce à la composition des masses en trois gradins et à la finesse des détails d'inspiration néo-romane qui ornent la base du building. Dès son ouverture, le peintre Georgia O'Keeffe ● *107* et son mari le photographe Alfred Stieglitz y élurent domicile. Jusqu'en 1934, ils occupèrent la suite 3003, que O'Keeffe utilisait également comme atelier. De là, on dispose d'une vue sur les sommets du Chrysler Building au sud et de l'ancien RCA Victor Building au nord ● *98*.

Taxi !
À 47th Street, entre Park Avenue et Vanderbilt, s'élève la statue en bronze d'un homme hélant un taxi. Elle fut réalisée par J. Seward Johnson Jr. et édifiée en 1983 pour illustrer la vie dans la rue à New York. De telles sculptures s'élèvent un peu partout à Manhattan. Pour exemple : *Out to Lunch* (Exxon Building), *The Commuter* (aile sud de Port Authority Terminal), *The Garment Worker* (face au 555 7th Ave.).

TURTLE BAY
Le nom du quartier évoque l'ancienne *Turtle Bay* (baie de la Tortue), crique marécageuse de l'East River. Des tortues, dit-on, y abondaient : on les retrouve comme motifs décoratifs sur les murs et les pilastres des grilles de certaines des maisons de Turtle Bay Historic District. Katharine Hepburn, E. B. White, Leopold Stokowski et Tyrone Power eurent leur résidence new-yorkaise dans cette enclave. Sur *Turtle Bay* se dressent aujourd'hui les bâtiments de l'ONU ▲ *264*.

TURTLE BAY GARDENS HISTORIC DISTRICT. 227-247 E 48TH ET 226-246 E 49TH STS. (1820, restauré en 1920, arch. Dean et Bottomley). Turtle Bay, le site sur lequel le gouverneur hollandais William Kieft avait installé sa ferme en 1639, fut envahi d'usines et d'abattoirs dès le milieu du XIXe siècle. En 1920, une enclave de *rowhouses* italianisantes fut réaménagée autour d'un jardin privatif, un principe également adopté par Ernest Flagg, pour McDougal-Sullivan Gardens ▲ *202*. Le jardin permettait aux propriétaires de tourner le dos aux brasseries, abattoirs et autres industries qui les entouraient à l'époque.

EX-LESCAZE HOUSE. 211 E 48TH ST. (1934, arch.William Lescaze) ● *100*. À coté des *brownstones* de Turtle Bay Gardens, cette maison blanche contraste par son style et sa taille. En «signant» sa résidence-agence de style International, Lescaze fit la promotion de son cabinet d'architecture. L'influence de Le Corbusier se remarque par l'utilisation rationnelle des matériaux : pavés de verre en façade sur rue créant un refuge contre la ville, et baies vitrées à l'arrière donnant vsur une terrasse. Sa construction intrigua tant le voisinage que Lescaze réserva les lundis matin pour la faire visiter.

BEEKMAN PLACE. ENTRE 50TH ET 51ST STS. Ce site privilégié, qui domine East River, doit son nom à James Beekman, propriétaire de Mount Pleasant, une maison bâtie en 1765 et dont les Anglais firent leur quartier général pendant la guerre d'Indépendance ● *27*. Nathan Hale ▲ *169* fut condamné pour espionnage et pendu dans le verger attenant à la demeure le 22 septembre 1776. La maison fut détruite en 1874 alors que les immigrants affluaient dans ce secteur où s'implantaient les industries portuaires.

RIVER HOUSE. 435 E 52ND ST. (1931, arch. Bottomley, Wagner et White). Les propriétaires pouvaient à l'origine accéder à cet immeuble de luxe par un embarcadère sur l'East River. La demeure fut coupée de la rivière dans les années 1940, lorsque l'on construisit le Franklin D. Roosevelt Drive, connu sous le nom de FDR ou East River Drive. Le remblai fut en partie fourni par les débris des bombardements de la Seconde Guerre mondiale à Londres, dont étaient lestés, à leur retour, les cargos de renfort américains.

Turtle Bay, en 1852.

Un détour vers le nord : Sutton Place. Entre 57th et 58th Sts. Le quartier bordé de *rowhouses* doit son nom à Effingham B. Sutton qui avait fait fortune lors de la ruée vers l'or de 1849 et lancé la première ligne maritime New York-San Francisco. Il avait investi dans l'immobilier car il croyait au développement de ce secteur. En contrebas, Riverview Terrace : six *townhouses*, avec des jardins en terrasses, font face à l'East River, Queensboro Bridge et Roosevelt Island.

Construction de FDR Drive le long de l'East River, vue prise du Queensboro Bridge.

Les Nations Unies

Situé sur la rive de l'East River, le siège de l'ONU (Organisation des Nations Unies) occupe plus de 6 ha entre 42th et 48th Streets.

Le parlement du monde. L'ONU, créée au lendemain de la Seconde Guerre mondiale, remplace la Société des Nations et a pour tâche essentielle de «préserver les générations futures du fléau de la guerre». L'Assemblée générale, véritable parlement du monde, est composée aujourd'hui des représentants de cent quatre-vingt-treize États. Elle se réunit chaque année de septembre à décembre pour examiner près de cent cinquante dossiers concernant aussi bien le désarmement et l'aide économique que le droit des femmes.

Le rôle de Nelson A. Rockefeller. Les cinquante et un États fondateurs de l'ONU étaient seulement convenus, lors de la première Assemblée générale de Londres, en 1946, que le siège serait aux États-Unis. Plusieurs implantations furent envisagées : New York, le Connecticut, Boston, Philadelphie et San Francisco. Le choix s'étant porté sur New York, un comité de personnalités, parmi lesquelles figurait Nelson Rockefeller, tenta de faire valoir le site de Flushing Meadow où s'était tenue l'Exposition universelle de 1930. L'ONU rejeta l'idée, mais l'Assemblée générale y siégea néanmoins de 1946 à 1949.

Secrétariat de l'ONU
Sur 1st Ave., les drapeaux multicolores des États membres marquent la frontière entre le territoire new-yorkais et l'enclave internationale de l'ONU. L'enveloppe de verre teinté gris-bleu du gratte-ciel qui domine l'ensemble fut choisie pour minimiser les effets nocifs du soleil. Les façades nord et sud sont recouvertes de marbre du Vermont. Le trente-huitième étage est celui du Secrétariat général.

▲ VERS CHRYSLER BUILDING

UN ENSEMBLE ARCHITECTURAL
Une équipe de dix architectes, dont Le Corbusier et Oscar Niemeyer, se mit au travail en janvier 1947. Elle opta rapidement pour trois bâtiments autonomes : Secrétariat (1), Assemblée générale (2) et bâtiment des Conférences (3). La première pierre fut posée le 24 octobre 1949 (ci-dessus) et fin août 1950, les premiers fonctionnaires emménageaient dans leurs bureaux. La bibliothèque – au sud de l'Assemblée générale – a été ajoutée en 1963.

Blason de l'ONU.

BÂTIMENT DES CONFÉRENCES
Il contient les salles du Conseil de sécurité, du Conseil de tutelle, du Conseil économique et social et une douzaine de salles plus petites. Des visites de l'ONU sont organisées quotidiennement.

Ci-contre, la réunion du Conseil de sécurité du 31 janvier 1992.

Les Nations Unies étant sur le point d'opter pour la banlieue de Philadelphie, Nelson Rockefeller persuada son père, John D. Rockefeller, d'offrir les 8,5 millions de dollars pour l'achat des terrains le long de l'East River.

TUDOR CITY

SCHARANSKY STEPS. Ainsi nommé en hommage au dissident juif russe, Anatoli Scharansky, cet escalier permet de gagner Tudor City. Du haut de ses marches que l'on a la meilleure vue sur le siège de l'ONU.
UNE CITÉ. (1925-28, arch. Fred French & Co.). Construite dans

L'Assemblée générale
Le toit incurvé du bâtiment est coiffé d'un dôme, considéré comme un symbole de l'autorité gouvernementale.

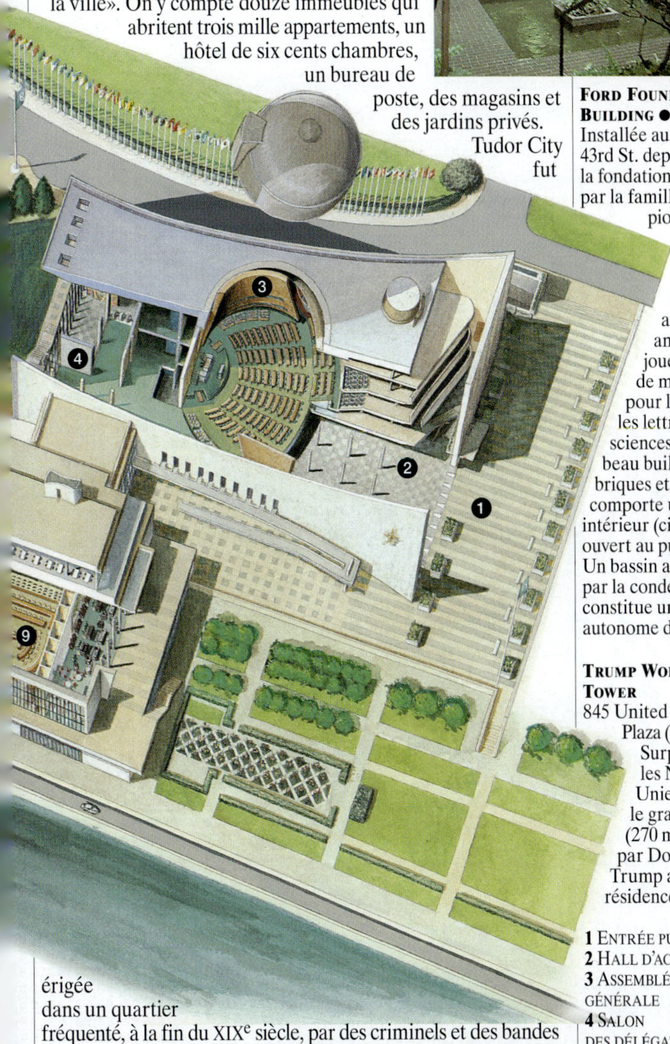

le style néo-gothique, Tudor City occupe tout le secteur compris entre E 40th et E 43rd Streets, 1st et 2nd Avenues. Exclusivement financée par des fonds privés, Tudor City représentait une tentative de renouvellement du paysage urbain. La démarche visait à créer «une ville indépendante en marge de la ville». On y compte douze immeubles qui abritent trois mille appartements, un hôtel de six cents chambres, un bureau de poste, des magasins et des jardins privés. Tudor City fut érigée dans un quartier fréquenté, à la fin du XIXe siècle, par des criminels et des bandes de gangsters : on l'appelait le «Perchoir de Corcoran», du nom du redoutable criminel Paddy Corcoran et de son terrible «Rag Gang». À cette époque le quartier s'industrialisa : des usines, des brasseries et des abattoirs s'y installèrent. Les immeubles les plus luxueux de Tudor City furent bâtis «le dos tourné» à ce qui était alors un quartier déplaisant. Mais, aujourd'hui, ses résidents déplorent le mur aveugle de leur demeure, dont les fenêtres donneraient maintenant sur les Nations Unies.

Ford Foundation Building ● *100*
Installée au 320 E 43rd St. depuis 1967, la fondation créée par la famille Ford, pionnière de l'industrie automobile américaine, joue un rôle de mécène pour les arts, les lettres et les sciences. Ce très beau building de briques et de verre comporte un jardin intérieur (ci-dessus), ouvert au public. Un bassin alimenté par la condensation constitue un système autonome d'arrosage.

Trump World Tower
845 United Nations Plaza (1999-2001). Surplombant les Nations Unies, le gratte-ciel (270 m) construit par Donald Trump abrite des résidences de luxe.

1 Entrée publique
2 Hall d'accueil
3 Assemblée générale
4 Salon des délégations
5 Secrétariat
6 Bâtiment des Conférences
7 Conseil de sécurité
8 Conseil de tutelle
9 Conseil économique et social

Walter Percy Chrysler (1875-1940) débute comme apprenti dans un atelier de construction ferroviaire pour devenir, en 1925, président de la firme automobile Chrysler. En 1928, désirant s'implanter sur le marché immobilier new-yorkais, alors en plein boom, il reprend le projet du promoteur William H. Reynolds d'un gratte-ciel à l'angle de Lexington Ave. et de 42nd St. L'architecte William Van Alen le convainc de battre un nouveau record de hauteur : en 1930, le pari est gagné, grâce à une flèche d'acier, mais sera vite dépassé par l'Empire State Building.

LE «VERTEX»
La flèche, qui mesure 60 m et pèse près de 30 tonnes, a été conçue en secret par Van Alen, et hissée d'un seul tenant au sommet de la tour, opération qui n'aurait pris qu'une heure et demie.

À LA CONQUÊTE DES CIEUX
Chrysler veut à la fois dépasser le Woolworth Building et arracher à la tour Eiffel le titre d'édifice le plus élevé du monde. Il n'est pas le seul : la Bank of Manhattan ▲ *161* et l'Empire State Building ▲ *242* participent aussi à cette course vers les sommets.

L'ÉMULATION TOURNE AU RÈGLEMENT DE COMPTES
Chrysler et Van Alen ne dévoilent leur atout qu'après avoir laissé croire à Craig Severance, architecte de la Bank of Manhattan, ancien associé devenu ennemi juré de Van Alen, qu'une hauteur de 71 étages permettra au 40 Wall St. de gagner la course. Ce «joker» est une flèche, baptisée «Vertex» par Van Alen. Le chantier presque à terme, les ouvriers hissent de grandes plaques d'acier au 65e étage et, au moyen d'un derrick, élèvent et emboîtent la flèche sur la tour.

Une fois le «Vertex» posé, le Chrysler Building culmine à 343 m, domine les 71 étages de la Bank of Manhattan et dépasse la tour Eiffel de 7 m.

«L'IMMEUBLE CHRYSLER ÉTAIT EN RÉALITÉ L'INCARNATION DE DIEU AVEC SON TOIT EN FORME DE CLOCHER À MULTIPLES FACETTES ET VIOLEMMENT ÉCLAIRÉ»

GEORGE CHESBRO

L'HOMME «LE PLUS HAUT DU MONDE» C'est dans la flèche du building qu'avait été aménagée la luxueuse suite en duplex (ci-contre) réservée à Walter Chrysler. Les baies triangulaires de l'appartement ouvrent sur des vues vertigineuses de New York (ci-contre). Juste au-dessous, le Cloud Club (en bas), salle de réunion des magnats de l'industrie américaine, est lui aussi dans le plus pur style Arts déco. Un immense panoramique de Manhattan couvre l'un des murs.

«WALKING BUILDING» Le caractère anthropomorphe du Chrysler Building est dû à la flèche qu'on a comparée à une coiffure. Ci-dessus, Van Alen lui-même, déguisé avec humour pour le Beaux-Arts Ball.

Au seizième étage, des urnes classiques revues dans un style Arts déco.

Un architecte virtuose du décor

Van Alen, qui fut un brillant élève de l'École des beaux-arts de Paris, est surnommé par un de ses confrères, dans *The American Architect*, «le Ziegfeld de sa profession». En effet, cet architecte orchestra, avec la pose de la flèche du Chrysler Building, un grand spectacle digne des meilleures comédies musicales de Busby Berkeley.

À la gloire de l'automobile

Les extrémités des principaux retraits horizontaux – dictés par la loi de 1916, la «Zoning Resolution» – sont mises en valeur par des sculptures décoratives en plaques d'acier réfléchissant. Le «cou» du gratte-ciel est orné de huit têtes d'aigles stylisées, gargouilles des temps modernes (ci-dessous, l'une d'entre elles).

Le trentième niveau, abritant des équipements techniques et par conséquent aveugle, reçoit une frise de brique bicolore représentant des roues de voiture avec leurs enjoliveurs en métal et leurs garde-boue. Les angles sont décorés d'immenses bouchons de radiateur de voitures de la marque Chrysler, inspirés du casque ailé de Mercure (ci-dessus).

Une flèche expressionniste

La flèche, aux cônes emboîtés comme des poupées russes (à droite), ne ressemble à aucun des autres sommets de gratte-ciel édifiés à la même époque, qui ont été pour la plupart inspirés par l'Exposition des Arts décoratifs de 1925, à Paris. Celle du Chrysler Building s'apparente plutôt à l'expressionnisme allemand, aux dessins utopiques de Bruno Taut et à des décors de cinéma, comme ceux du film de Robert Wiene *Le Cabinet du docteur Caligari* (1919).

Un phare dans le «skyline» de New York

Le choc visuel réside autant dans la richesse des formes que dans l'emploi des matériaux, en particulier les plaques de métal brillant et côtelé – évoquant bien l'automobile – qui reflètent violemment la lumière du soleil.

Un équilibre subtil

Rattacher au corps et à la tête du building ce «couvre-chef», souvent comparé à la coiffe de Nijinski, dans un ballet de Serge Diaghilev, à celle d'une danseuse balinaise, ou même à une couronne de monarque exotique, exigeait une subtile organisation des façades, rythmées par une grande envolée verticale de trois travées centrales, stabilisée par des bandes horizontales dont le décor est à la démesure de la métropole new-yorkaise. L'élévation complète ▲ *266* permet de voir la répartition des différents motifs.

Ci-contre, le vantail de la porte principale.

“Un des immeubles
les plus gais
de New York avec
ses arches brillantes
d’acier inoxydable percées
de fenêtres triangulaires
et ses gargouilles
en forme de bouchon
de radiateur.”
Anka Muhlstein,
Manhattan

Le «lobby»
Le décor du Chrysler Building est aussi extraordinaire à sa base qu'à son sommet. La forme tronquée de la profonde entrée, évoquant pour certains critiques celle d'un cercueil, et qui s'étend sur trois niveaux, annonce le caractère angulaire du décor intérieur : des triangles de métal poli se superposent à la bande crénelée qui sépare les portes d'un immense vitrail. Le vestibule s'évase et adopte, lui aussi, une forme triangulaire, tout à fait inhabituelle. Rougeoyant dans la pénombre, le vestibule est probablement le plus spectaculaire parmi tous les intérieurs d'immeubles de bureaux construits pendant l'entre deux guerres. Murs de marbre rouge du Maroc, sol couleur terre de Sienne, moulures d'onyx ambré et de marbre bleuté forment une symphonie colorée dont le point culminant est le plafond, peint par Edward Trumbull, qui symbolise *L'Energie, l'Efficacité, l'Habileté manuelle et les Transports…*

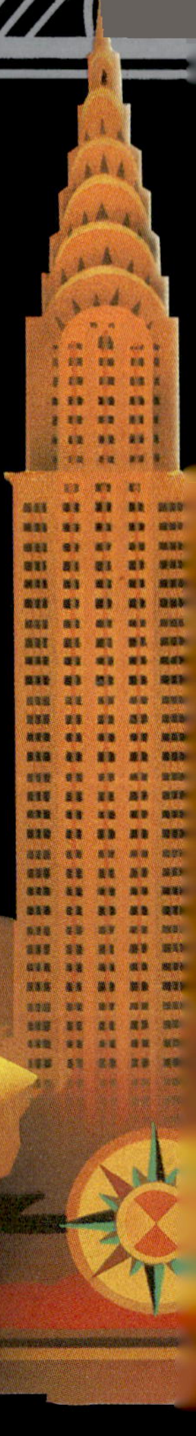

Sous le signe du zigzag
La richesse du décor, où même les veines des gigantesques plaques de marbre tapissant les parois forment des motifs zigzagant, est à couper le souffle. Les motifs de jets d'eau (en haut à gauche),

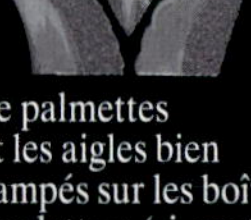

de palmettes et les aigles bien campés sur les boîtes aux lettres (ci-contre) s'ajoutent au foisonnement des couleurs. L'ensemble du décor de Chrysler Building constitue un sommet dans l'Art déco, né en Europe mais dont la vogue est immense aux États-Unis.

Les frises géométriques Arts déco
Le style Arts déco est caractérisé par l'emploi systématique de formes géométriques simples, combinées dans des compositions dynamiques. Il marque une rupture par rapport à l'Art nouveau des années 1900, inspiré par les courbes du monde végétal.

Le chantier en représentation
Les peintures du plafond de l'entrée célèbrent les exploits de l'aviation postale et le gratte-ciel lui-même par la figuration de sa façade et de scènes illustrant sa construction. Ce narcissisme de l'«autoreprésentation» du gratte-ciel est d'ailleurs, pour les décorateurs de l'époque, l'un des thèmes iconographiques les plus en vogue à Manhattan. Cela permettait par ailleurs aux visiteurs d'embrasser le building dans sa totalité et dans son gigantisme, chose impossible depuis les rues encaissées.

Un comptoir d'information, face à l'entrée principale, était surmonté d'une horloge digitale, point d'orgue tel un autel dans une cathédrale des temps nouveaux, dédiée au culte de l'information.

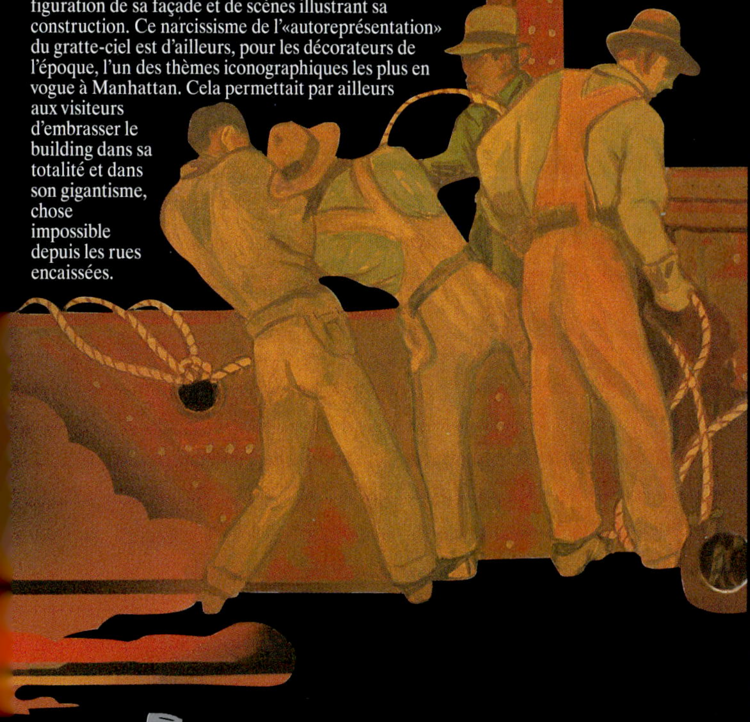

Marbres et bois précieux
Les batteries d'ascenseurs, séparées du vestibule par des pans de tubes cathodiques évoquant un rideau de théâtre en train de s'ouvrir, comportent quatre dessertes de huit cabines à l'extraordinaire décor marqueté et individualisé.

Il a fallu huit variétés de bois – provenant du Japon, d'Angleterre, de Cuba… – pour réaliser la précieuse marqueterie des portes (ci-contre). Battant à la fois des records de splendeur et de vitesse, les ascenseurs du Chrysler Building ont servi de modèles à ceux de certains gratte-ciel post-modernes, notamment l'ATT Building.

Détails des grilles ouvragées du Chanin Building, réalisées par René Chambellan.

Le «lobby» du Chanin Building
Il fut conçu par Jacques Delamarre pour glorifier la réussite d'Irwin Chanin à New York et illustrer «*The City of Opportunity*, la ville où il est possible de réussir en partant de rien, par la simple faculté de son intelligence et de ses mains».

Les éléments de pavement en bronze du *lobby* du Chanin Building ● *98* reprennent les motifs caractéristiques du style Arts déco : bateaux, avions, trains et voitures.

Bestiaire
Parmi les animaux sculptés en différents endroits de l'ex-Bowery Savings Bank (chapiteaux, colonnes, corniches, etc.) figurent les taureaux et les ours qui symbolisent la finance, les écureuils et les lions, l'épargne et la puissance.

New York Daily News Building. 220 E 42nd St. (1930, arch. Raymond M. Hood). Jusqu'en 1997, ce fut le siège d'un quotidien populaire toujours largement diffusé, créé à New York par deux officiers de l'armée américaine, le capitaine Patterson et le colonel McCormick. L'*Illustrated Daily News*, dont le premier numéro annonçait le 26 juin 1919 : «Découvrez les plus belles filles de NY chaque matin…» fut rebaptisé *Daily News* deux ans plus tard. On raconte que le jour de l'inauguration de l'édifice, on découvrit que le grand GLOBE TERRESTRE placé dans le *lobby* tournait en sens inverse sur son socle. Ce globe, toujours présent dans le *lobby* de l'immeuble, ne tourne plus et n'a pas été rénové depuis des années ; il reste un témoin du passé.

Autour du Chrysler Building

Chanin Building. 122 E 42nd St. (1929, arch. Sloan et Robertson, *lobby* dessiné par Jacques Delamarre, 55 étages). De magnifiques bas-reliefs à motifs floraux et animaliers courent le long de la façade au dessus du premier étage. À l'intérieur, l'étonnant *lobby* Arts déco est à voir pour les bronzes et les décorations qui ornent ses portes d'ascenseur et ses boîtes aux lettres. À l'origine l'édifice comportait un toit panoramique et un théâtre, au 49e étage ; tous deux sont malheureusement inaccessibles actuellement. On peut voir le sommet du Chanin en descendant de quelques *blocks* sur Lexington Avenue.

Graybar Building. 420 Lexington ave. (1927, arch. Sloan et Robertson, 30 étages). À sa construction, il était le plus grand immeuble de bureaux du monde, capable de loger douze mille employés. Le sous-sol était occupé par des lignes de Grand Central Terminal ▲ *238*. L'une des trois entrées situées sur Lexington sert toujours d'accès à la gare. L'une des voûtes de ce passage est ornée de fresques représentant des trains, des avions et des chantiers.

Ex-Bowery Savings Bank. 110 E 42nd St. (1923, arch. York et Sawyer). Construite dans le style des basiliques romanes, l'ancienne Bowery Savings Bank, qu'occupe aujourd'hui le restaurant Cipriani's, possède une remarquable entrée voûtée s'ouvrant sur une immense salle de 20 m de hauteur sous plafond, utilisée comme salle de réception. Le mur sud est orné d'une extraordinaire horloge et les grandes portes d'origine en cuivre massif décorent les murs est et ouest de la salle.

Pershing Square Building. 125 E 42nd St. (1914-1923, arch. York et Sawyer, 24 étages). Bien que le mot «square» figure ici, la place n'existe plus. Elle avait été construite en 1914 et appelée «Pershing Square» en hommage au général John J. Pershing, qui commanda le corps expéditionnaire américain en France en 1917. La construction du Pershing Square Building fut retardée par la guerre. Les plans datant d'avant la *Zoning Resolution* de 1916 ● *97*, il fut le dernier gratte-ciel de la ville à être construit sans décrochements.

Autour de Rockefeller Center

SOLEIL ET GLACE
Lower Plaza, terrasse ensoleillée l'été, se métamorphose d'octobre à avril en patinoire à ciel ouvert et chaque année on y voit le plus grand sapin de Noël de la ville.

«ATLAS»
L'*Atlas* de bronze de Lee Lawrie, placé à l'entrée de l'International Building en 1937, fait face à l'église Saint-Patrick, sur 5th Ave. Il porte une sphère armillaire animée par les signes du zodiaque et dont l'axe est pointé vers l'étoile polaire.

L'ÂGE DES MODERNES. «Cette composition titanesque de pierre, de béton, de verre et d'acier représente New York, exprime son essence, proclame son orgueil tout comme la cathédrale symbolise avec une magnificence solennelle l'essence même de la communauté urbaine du Moyen Âge et la transmet aux générations futures.»(Klauss Mann, 1936.)
Si l'image de la cathédrale pour le Rockefeller Center semble s'imposer – comme ce fut déjà le cas pour Woolworth Building –, elle ne rend absolument pas compte du caractère, à la fois novateur et en même temps ancré dans la plus ancienne tradition, de ce projet titanesque voulu par John Davidson Rockefeller Jr, fils du fondateur de la Standard Oil. N'ayant plus rien à prouver, ce dernier ne tente pas, comme Chrysler ou John Jacob Raskob – deux magnats de l'automobile –, de célébrer sa propre gloire en bâtissant un monument plus grand, plus magnifique que celui de ses devanciers, mais il exprime l'essence de New York et, plus largement, de la modernité américaine.

UN URBANISME VERTICAL SANS PRÉCÉDENT. Le Rockefeller Center ne se réduit pas à un seul bâtiment mais forme un complexe de quatorze immeubles construits dans les années 1930, cinq buildings venant compléter la composition

«LE CHEF-D'ŒUVRE : MANHATTAN, SOUS QUELQUE ANGLE QU'IL APPARAISSE. COULEURS, CIEL, JEUX DE LUMIÈRE.»

EDGAR MORIN

UNE VILLE DANS LA VILLE
L'ensemble des dix-neuf buildings qui composent Rockefeller Center est organisé selon une trame octogonale. L'axe majeur est constitué par Rockefeller Plaza (1), Lower Plaza (2) en contrebas, et enfin Channel Gardens (3), encadrés par la Maison de France (4) et le British Empire Building (5) ; ce dernier abrite entre autres boutiques celle du Metropolitan Museum of Art. Du haut de ses 850 pieds (278 m, 70 étages), le General Electric Building (ex-RCA Building) (6) domine l'ensemble, qui représente, au total, une surface de 4,5 hectares.

après 1945, de l'autre côté de 6th Ave. Rockefeller Center mélange les activités (Radio City Music Hall, General Electric – l'ancien RCA Building, qui abrite toujours des studios de radio et de télévision), associe les nations plus anciennes (Maison de France et British Empire Building se font face) et offre, par l'aménagement et la disposition de ses places, un espace urbain ouvert, parsemé de fontaines et de statues qui affirment les valeurs américaines à grand renfort d'allusions mythologiques (*Prométhée* au milieu de Lower Plaza, par exemple). C'est un mélange de pragmatisme et d'idéalisme, inspiré de théories fonctionnalistes proches de celles de Le Corbusier, mais qui se plie cependant aux contraintes de l'urbanisme new yorkais. C'est aussi le contrepoids américain, démocratique, au gigantisme impérial des totalitarismes fasciste et communiste et la réponse au défi que représentait la Grande Dépression de 1929. L'impact du Rockefeller Center, sur les urbanistes et les architectes, a été considérable, aux États-Unis comme dans le monde entier.

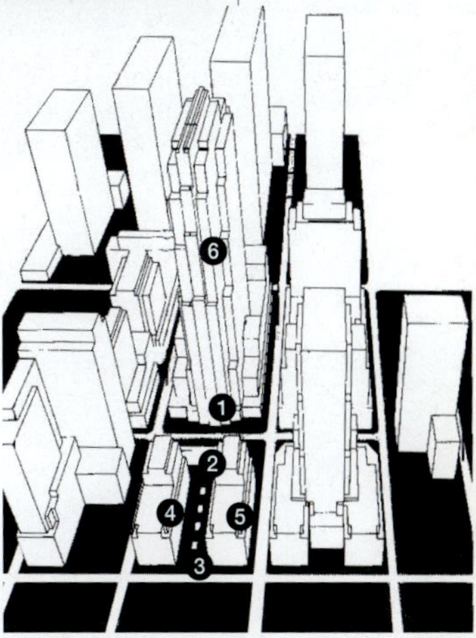

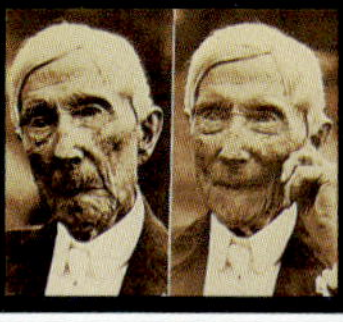

Portrait en mouvement de John Davidson Rockefeller, photographié en 1933.

La plus importante opération immobilière de Manhattan a été financée par John Davidson Rockefeller Jr. (1874-1960). Il jette son dévolu sur trois *blocks* situés entre 48th et 51st Streets, 5th et 6th Avenues, et signe un bail de vingt-quatre ans, en décembre 1929, avec leur propriétaire, Columbia University. Le bail a depuis été prolongé jusqu'en 2069, au profit de Mitsubishi, l'actuel actionnaire majoritaire de Rockefeller Center. C'est à Nelson Aldrich Rockefeller (1908-1979), son fils cadet, collectionneur de peinture moderne, futur gouverneur de l'État de NewYork et vice-président des États-Unis, que le Centre doit ses lignes dépouillées.

UN CHANTIER COLOSSAL
Le comité d'architectes, dominé par Raymond Hood et Wallace K. Harrison – futur maître d'œuvre des Nations Unies –, s'adapte aux changements incessants de programme : la fortune des Rockefeller sera soumise à rude épreuve jusqu'à la fin des années 1930.

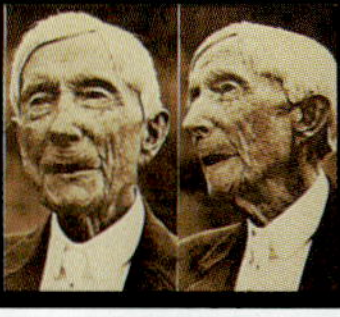

Jusqu'à 26 m de profondeur
Parkings, couloirs de métro, galeries marchandes, autour de Lower Plaza, ont été gagnés sur le sous-sol, libérant de vastes esplanades extérieures.

General Electric Building
(ex-RCA Building) Inauguré en 1933, il a été édifié en seize mois seulement. Ci-dessus, une publicité de la RCA.

Une réponse au krach
L'effondrement du marché boursier en 1929 a rendu impossible la réalisation du projet initial et, tandis que les travaux de démolition s'achèvent, en juillet 1931, le plan évolue en fonction des nouveaux locataires, en particulier européens. Le dernier building de l'extension, à l'ouest de 6th Ave., a été achevé en 1973.

Monuments historiques
Les fumoirs (ci-dessus) et *powder rooms* (ci-contre) du Radio City Music Hall ont conservé leur mobilier d'origine.

Radio City Music Hall
La salle de spectacle, temple du style Arts déco américain, est inaugurée le 27 décembre 1932. Le mobilier était dû à Donald Deskey et de nombreux peintres ont contribué aux fresques qui ornent encore les foyers, salons, escaliers… (ci-dessus). Ces éléments du décor sont classés monuments historiques.

Dans les nuages…
Au 65e étage du General Electric Building se trouvait un célèbre restaurant, le *Rainbow Room*. Ci-contre une affiche publicitaire des années 1930 vantant la vue exceptionnelle. On peut aujourd'hui accéder aux plates-formes d'observation du 67e au 70e étage – *Top of the Rock* – d'où l'on embrasse tout le *skyline* de Manhattan.

▲ Rockefeller Center

Une nouvelle conception urbaine
Le décor se concentre au niveau du sol car, pour les architectes, il s'agissait moins d'appliquer des motifs à une masse architecturale démesurée dans la hauteur que de créer un environnement paysagé dont la richesse et la gaieté attireraient les nouveaux locataires aussi bien que les flâneurs. Ce parti pris est révolutionnaire pour un ensemble urbain composé en majorité d'immeubles de bureaux. La promenade donnant sur 5th Ave. a été surnommée Channel Gardens car elle sépare la Maison de France du British Empire Building. Les jardinières enserrent des fontaines ornées de tritons et de naïades chevauchant des dauphins. La trame régulière de Manhattan est ici rompue par de nouveaux axes, jeu géométrique qui accentue l'effet de «ville dans la ville».

Le principal ensemble Arts déco de New York
Au centre de Lower Plaza, un *Prométhée* en bronze doré de Paul Manship surgit des eaux (ci-contre). L'entrée du General Electric Building est surmontée par l'*Allégorie de la Sagesse et de la Connaissance* de Lee Lawrie qui rend hommage aux merveilles de la radiodiffusion. Jeux d'eau, drapeaux claquant au vent, parasols ou gigantesque sapin de Noël, tout concourt à donner au grand axe visuel du Rockefeller Center un caractère de fête permanente, une atmosphère plus proche des expositions universelles que des quartiers d'affaires traditionnels.

Le revêtement du Rockefeller Center est en calcaire blanc, extrait d'une carrière de l'Indiana. Il contient de nombreux fossiles de petits animaux (ci-contre), qui vivaient dans la mer il y a 300 millions d'années.

Lower Plaza
En s'approchant du General Electric Building, on découvre la Lower Plaza, place légèrement encaissée qui devait servir d'entrée aux galeries marchandes souterraines. En pleine Dépression, les boutiques de luxe qui la bordaient périclitent les unes après les autres, mais, en 1936, un formidable coup de publicité fait oublier cet échec commercial : on transforme la Lower Plaza en patinoire ou en café élégant selon les saisons. Cela contribue à populariser le Centre auprès de tous les New-Yorkais, quels que soient leur âge et leur classe sociale. C'est le centre du quartier cosmopolite des agences de compagnies aériennes et de navigation, des consulats, des magasins de luxe, de la presse…

Une silhouette élancée
«Une structure colossale, d'une grandeur téméraire […], à la fois gracieuse et monumentale, sobre et fantastique.» (Klaus Mann). Les places et axes de circulation qui aboutissent au General Electric Building permettent, par le recul qu'ils offrent, d'en apprécier la silhouette (ci-dessus, éclairée la nuit). L'étroitesse de la tour est dictée par le désir d'obtenir un éclairage direct pour chaque poste de travail. Chaque ressaut horizontal correspond également à une réduction du volume des cages d'ascenseurs.

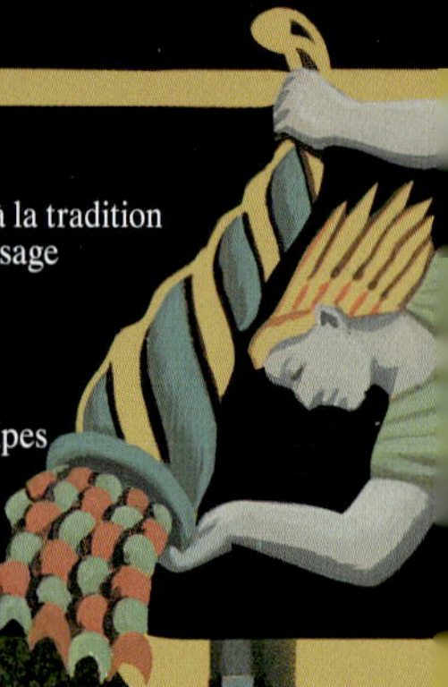

Un forum des temps modernes
Le Rockefeller Center marque un retour à la tradition antique, à une architecture collective à l'usage de toute la cité et non plus d'un individu (le Prince), d'un ordre (l'Église) ou du commerce. Il pratique aussi dans son décor un retour à la mythologie, à l'évocation allégorique des grands principes qui mènent le monde qu'il prétend représenter. À l'intérieur comme à l'extérieur des buildings, on trouve des horloges rappelant aux passants que *Time is money*.

Un bestiaire fantastique
La facture de l'aigle américain (ci-dessous) fait irrésistiblement penser aux taureaux ailés de l'art assyrien, alors qu'Hermès, dieu du Commerce (à droite), puise plutôt à une source gréco-romaine.

L'idéal américain vu par un Espagnol
Le nom même des œuvres qui décorent l'intérieur des bâtiments traduit la volonté de retour au mythe ; par exemple, dans le *lobby* du General Electric Building, le grandiloquent *Triomphe de la race humaine*, de José Maria Sert.

D'Égypte en Assyrie, en passant par le classicisme
La fresque aux personnages figurés en à-plat (à droite) évoque les bas-reliefs de l'Égypte pharaonique tandis que la déesse à l'antique de l'allégorie (ci-contre), qui mélange allégrement aigle américain et rameau d'olivier, a d'indiscutables faux airs de *La Marseillaise* de Rude qui orne l'arc de triomphe de l'Étoile, à Paris.

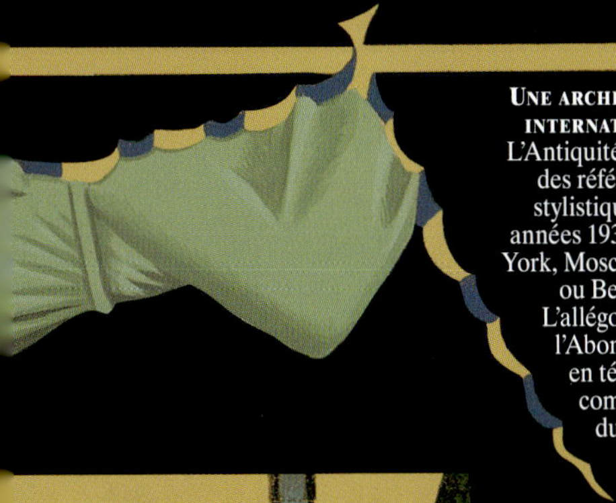

Une architecture internationale
L'Antiquité est l'une des références stylistiques des années 1930, à New York, Moscou, Rome ou Berlin. L'allégorie de l'Abondance en témoigne, comme celle du Travail.

La faucille et le marteau
Les outils du paysan et de l'ouvrier restent les emblèmes, semble-t-il, incontournables du travail, même à New York.

Le «lobby» de l'International Building
La conception des espaces intérieurs et le traitement de la décoration, dont on a ici un aperçu, allient le modernisme et le monumental : les escalators, une nouveauté dans les années 1930, sont traités à la manière de degrés classiques.

Le prolétariat à New York
Picasso avait été contacté pour faire une fresque dans le vestibule du RCA Building, *Man at the Crossroads*, qui fut finalement commandée au Mexicain, et communiste, Diego Rivera. Ce dernier, quelques jours avant l'inauguration de l'édifice, substitua subrepticement un portrait fort ressemblant de Lénine à l'anonyme représentation du «chef de file du mouvement ouvrier» indiquée dans le projet. Elle a été depuis remplacée par l'œuvre de Sert : le *Triomphe de la race humaine*.

1 Rockefeller Center 2 Swiss Center 3 Saks Fifth Ave. 4 St. Patrick's Cathedral 5 Olympic Tower 6 New York Palace Hotel 7 Waldorf-Astoria Hotel 8 St. Bartholomew's Church 9 General Electric Bldg. 10 Seagram Bldg. 11 Citicorp Center

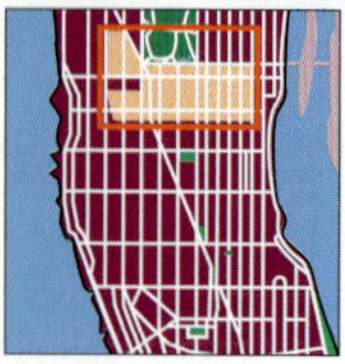

🚶 **6 heures**
◆ **C** B3-B4-C3-C4

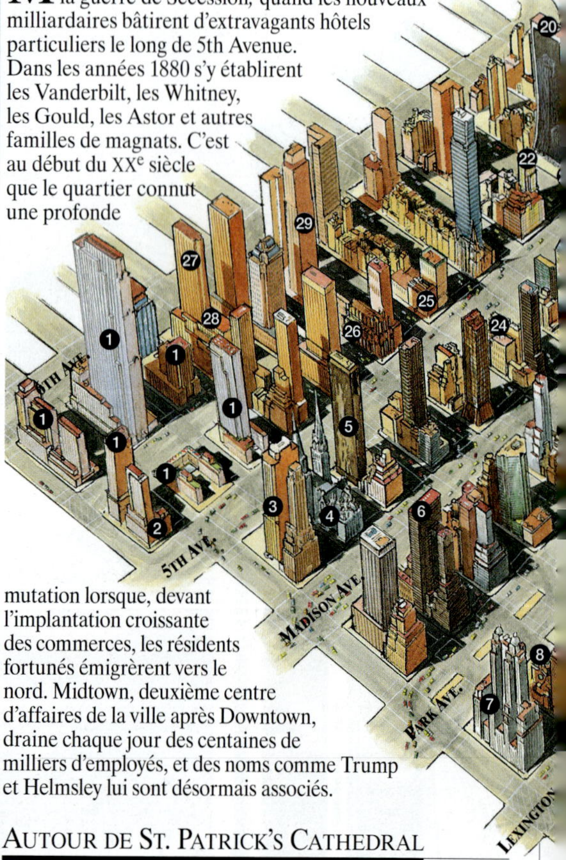

Midtown commença à se développer après la guerre de Sécession, quand les nouveaux milliardaires bâtirent d'extravagants hôtels particuliers le long de 5th Avenue. Dans les années 1880 s'y établirent les Vanderbilt, les Whitney, les Gould, les Astor et autres familles de magnats. C'est au début du XXe siècle que le quartier connut une profonde mutation lorsque, devant l'implantation croissante des commerces, les résidents fortunés émigrèrent vers le nord. Midtown, deuxième centre d'affaires de la ville après Downtown, draine chaque jour des centaines de milliers d'employés, et des noms comme Trump et Helmsley lui sont désormais associés.

Autour de St. Patrick's Cathedral

Ex-Charles Scribner's Sons bookstore. 597 5th Ave. (1913, arch. Ernest Flagg). Aujourd'hui occupé par un magasin de cosmétiques, ce bâtiment, comme l'indique l'enseigne peinte au-dessus du rez-de-chaussée, abrita pendant plus de soixante-dix ans la librairie *Charles Scribner's Sons*. Sa large devanture en fer noir et en verre évoque les magasins français du début du XXe siècle. L'intérieur, classé, comportait un vaste espace voûté à un étage, revêtu de splendides lambris. La maison Scribner, fondée en 1846, publia F. Scott Fitzgerald et E. Hemingway.

Swiss Center, ex-Goelet Building. 608 5th Ave. (1932, arch. E. H. Faile & Co.). Il occupe le site de l'ancien hôtel particulier de la famille Goelet, qui avait bâti sa fortune sur l'immobilier. Cet immeuble Arts déco associe de façon remarquable marbre vert et blanc et aluminium. Il abrite les bureaux de la Swiss Air et de l'Office de tourisme suisse. Le *lobby* est à voir, notamment pour ses portes d'ascenseurs.

Saks Fifth Avenue. 611 5th Ave. (1924, arch. Starrett and Van Vleck). Le premier Saks ouvrit en 1902 sur 34th St. Le fils du fondateur Andrew Saks – qui avait débuté sa carrière comme camelot à Washington D. C. – fit construire

«Lobby» du Swiss Center
Dorées et argentées, les portes Arts déco ● *98* des ascenseurs du Swiss Center (ci-dessus) sont ornées de motifs floraux et de nymphes.

ce *palazzo* de style Renaissance, lorsque la riche clientèle se déplaça *uptown*. Saks a acquis une réputation internationale de grand magasin de luxe. Il offre un grand choix de fourrures, de bijoux et de vêtements élégants. On a, depuis le restaurant du magasin, au 7e étage, une vue splendide sur la cathédrale St. Patrick, Rockefeller Center et ses jardins suspendus.

La construction
Le site sur lequel fut bâtie la cathédrale avait été acquis par les catholiques, en 1828, pour créer un cimetière, mais le terrain s'avéra trop rocailleux. New York comptait à l'époque de la construction près de 200 000 catholiques (Irlandais, paysans peu adaptés à la vie urbaine, ouvriers du bâtiment, dockers ou gérants de débits de boissons). Leur tendance à boire leur avait donné une mauvaise image auprès de la bourgeoisie new-yorkaise protestante, c'est pourquoi Hughes introduisit dans le contrat de construction de la cathédrale une clause interdisant aux ouvriers de boire pendant le travail.

St. Patrick's Cathedral ♥.
5th Ave. entre 50th et 51st Sts. (1858-1888, arch. James Renwick Jr.). L'archevêque John Hughes confia à James Renwick Jr. l'élaboration de cette église inspirée des grandes cathédrales gothiques d'Europe, au plan cruciforme traditionnel enrichi de chapelles latérales. Les New-Yorkais surnommèrent le projet la «folie de Hughes» en apprenant que la cathédrale allait être érigée sur 50th Street, un secteur non encore construit mais qui, avec l'avancée vers le nord, fut bientôt englobé dans la ville. La cathédrale fut inaugurée vingt et un ans après la pose de la première pierre. La construction de l'édifice, interrompue par la guerre de Sécession, fut achevée sous l'égide de John McCloskey, premier cardinal américain. C'est la plus grande cathédrale catholique des États-Unis. La Lady Chapel, située derrière l'autel et achevée en 1906, fut taillée dans du marbre du Vermont ; elle porte les armoiries de Léon XIII. Elle possède une rosace représentant les mystères du Rosaire.

Statue que renferme St. Patrick's Cathedral.

5TH AVENUE, AU DÉBUT DU XXe SIÈCLE
«La 5e Avenue d'un après-midi de dimanche se déroulait, rosée, poussiéreuse, trépidante. Sur le côté à l'ombre, on voyait passer de temps à autre un monsieur en chapeau haut de forme et redingote. Des ombrelles, des toilettes d'été, des chapeaux de paille brillaient dans le soleil qui scintillait sur les places, sur les fenêtres supérieures des maisons, traçait des éclairs sur la peinture des limousines et des taxis.»
John Dos Passos, *Manhattan Transfer*

«VANDERBILT COLONY»
Dans l'une de ses somptueuses demeures (ci-contre et ci-dessous), à l'angle de 51st St., William H. Vanderbilt, l'un des fils du «Commodore», fit aménager une galerie d'art, qu'il ouvrit au public tous les jeudis.

OLYMPIC TOWER. 645 5TH AVE. (1976, arch. Skidmore, Owings et Merrill). Voici l'une des dernières *glass boxes* (boîtes de verre) – ainsi que les appellent péjorativement les New-Yorkais – caractéristiques du style International ● *100*. Ce gratte-ciel, dont l'initiative revient à Aristote Onassis, réunit des boutiques, des bureaux ainsi que des appartements de grand standing.

EX-VANDERBILT RESIDENCE. 647 5TH AVE. (1905, arch. Hunt et Hunt). Plusieurs hôtels particuliers appartenant aux VANDERBILT étaient jadis regroupés dans la portion de 5th Avenue comprise entre 51st et 52nd Streets et surnommée à la fin du XIXe siècle la «Vanderbilt Colony». Seule a survécu, au n° 647, l'ancienne résidence de GEORGE W. VANDERBILT. Vers 1910, lorsque le quartier fut envahi par les commerces, les Vanderbilt déménagèrent vers l'Upper East Side. L'ancien hôtel particulier est désormais occupé par une boutique Versace.

VILLARD HOUSES / NEW YORK PALACE HOTEL ● *92* ♥. 451-457 MADISON AVE. (1883-1886, arch. McKim, Mead et White). L'édifice en *brownstone*, qui donne l'impression d'être un grand *palazzo* Renaissance, se compose de six hôtels particuliers. HENRY VILLARD, fondateur de la Northern Pacific Railroad et propriétaire du *New York Post* ● *54*, en lança la construction en 1883. Ruiné, il céda les hôtels à plusieurs propriétaires. La Helmsley Corporation les acquit dans les années 1970, et le projet de construction d'un hôtel (1980), très contesté, fut accepté lorsque les commanditaires s'engagèrent à préserver la cour, l'intérieur des ailes nord et sud. L'hôtel appartient aujourd'hui au Sultan de Brunei et porte le nom de New York Palace Hotel. Son salon Madison, avec ses colonnes de marbre et son décor classique du XIXe siècle, prête son cadre à un restaurant et un bar raffinés.

L'aile nord a longtemps abrité la GREENACRE REFERENCE LIBRARY, la librairie de la Municipal Art Society. Cette société promeut une meilleure urbanisation de New York et la sauvegarde de ses sites historiques. Elle a ainsi sauvé de la démolition GRAND CENTRAL TERMINAL ▲ *237* et RADIO CITY MUSIC HALL ▲ *277*. La boutique, qui a rejoint les locaux de la Municipal Art Society, spécialisée dans les ouvrages d'architecture, de design et d'urbanisme, organise des débats, des expositions et des circuits architecturaux de la ville.

SUR PARK ET LEXINGTON AVENUES

WALDORF-ASTORIA HOTEL. 301 PARK AVE. (1931, arch. Schultze et Weaver). Bien que construit durant la Grande Dépression, cet hôtel en brique et calcaire bâti sur une base en granite est un monument dédié à l'opulence. Il succédait au premier Waldorf-Astoria (5th Ave. et 33th St.) – propriété de la famille ASTOR – démoli en 1929 pour faire place à l'Empire State Building ▲ *242*. Deux tours jumelles, les WALDORF TOWERS – que l'on distingue en remontant de quelques *blocks* au nord – s'élèvent au-dessus de la structure du bâtiment Arts déco (ci-dessous). Dans ses appartements privés furent logées nombre de personnalités tels le duc et la duchesse de Windsor, le président Herbert Hoover, le général MacArthur et le chef mafieux Lucky Luciano ● *40*. Le vestibule de l'entrée donnant sur Park Avenue est richement décoré de peintures murales et d'une mosaïque de LOUIS RIGAL, la *Roue de la vie*. L'HORLOGE DU lobby – exécutée par la Goldsmith Company (Londres) pour l'Exposition de Chicago de 1893 – fut acquise par John Jacob Astor et placée dans le premier hôtel. Elle est ornée de portraits de chefs d'État dont ceux de George Washington, Abraham Lincoln et de la reine Victoria. Le CARILLON qui sonne les quarts d'heure est la copie de celui de la cathédrale de Westminster. Visiter au deuxième étage les SILVER ROOM et GRAND BALLROOM, qui ont recouvré leur aspect d'origine.

ST. BARTHOLOMEW'S CHURCH ♥. PARK AVE. ET 51 ST. (1919, arch. Bertram G. Goodhue). Le PORTIQUE (1912) qui orne cette église épiscopale provient de la première St. Bartholomew's, qui se trouvait sur Madison Avenue. Stanford White s'était inspiré de celui d'une église française pour le réaliser. La sculpture des figures avait été confiée, entre autres artistes, à Daniel Chester French et Philip Martiny. Les VITRAUX provenant de l'ancien édifice méritent qu'on entre dans l'église pour les admirer.

STARLIGHT ROOF
Dans les années 1930 et 1940, les couples de la *high society* venaient danser, sous un ciel étoilé, au 18e étage du Waldorf-Astoria.

Ceux qui n'avaient pas la chance de pénétrer dans ce night-club allumaient leur radio pour écouter la retransmission en direct de la soirée du Starlight Roof. Cette émission fit entrer les grands orchestres de Count Basie et Glenn Miller dans les foyers.

General Electric Building (ex-RCA Victor Building) ♥. 570 Lexington Ave. (1931, Cross et Cross) ● *98*, ▲ *275*. Son voisinage avec St. Bartholomew's, qu'il surplombe de toute sa hauteur, est des plus insolites. Avec l'église, la tour n'a en commun que les matériaux, calcaire et brique rose, choisis par ses architectes. Son sommet Arts déco, aux allures gothiques, compte parmi les plus spectaculaires du skyline de Manhattan, en particulier la nuit. Observer, en descendant Lexington Avenue de quelques *blocks*, les figures (ci-dessous), pointées vers les quatre points cardinaux, qui ont l'air de veiller sur la ville. Visiter le somptueux *lobby* Arts Déco au plafond recouvert de feuille d'aluminium et décoré de motifs en forme de soleils.

Lever House. 390 Park Ave. (1952, arch. Skidmore Owings et Merrill). Aujourd'hui classé, l'immeuble de la Lever Brothers Company (grande industrie productrice de savon) est considéré comme un modèle de gratte-ciel minimaliste de style International ● *100*. L'implantation d'un premier grand immeuble de bureaux sur Park Avenue, surtout résidentielle, et l'allure ultra-moderne du bâtiment provoquèrent des remous à l'époque. Il paraît pourtant bien modeste aujourd'hui.

Seagram Building. 375 Park Ave. (1958, arch. Ludwig Mies van der Rohe et Philip Johnson). Samuel Bronfman, président de Seagram, poussé par sa fille, décida de faire ériger une tour monumentale comprenant une *plaza* ouverte au public. Ce procédé, introduit quelques années auparavant à Lever House, bousculait l'approche utilitaire qui avait dominé jusqu'alors l'architecture des gratte-ciel. Unanimement saluée à l'inauguration du Seagram, cette configuration fut dès lors largement reprise.

Citicorp Center. Lexington Ave., entre E 53rd et E. 54th Sts. (1978, Hugh Stubbins et Associates.). ● *101*. Sa structure monumentale en aluminium blanc, qui se termine par un plan incliné prévu à l'origine pour recevoir des panneaux solaires, fut dès sa construction un des traits distinctifs du skyline de New York. Le petit bâtiment entre les piliers de la tour est la chapelle St Peter's.

Sur Park Avenue
Le *Four Seasons*, un des meilleurs restaurants de la ville, se trouve au rez-de-chaussée du Seagram Building (ci-dessus, au centre). Dans l'entrée du restaurant est exposé le décor peint par Picasso pour le ballet *Le Tricorne* (1929). Juste en face, au 370 Park Ave., le Racquet and Tennis Club ● *93*, ci-dessus, construit en 1918, est le club de sport de l'élite new-yorkaise. Ce *palazzo* de style néo-Renaissance florentine abrite l'un des rares courts de jeu de paume – ancêtre français du tennis – que possèdent les États-Unis.

5TH AVENUE, 52ND ET 53RD STREETS

Ci-dessus à gauche et à droite, dans les années 1940, le *Three Deuces*, situé 52nd St., où Miles Davis (ci-dessous) fut plusieurs mois en tête d'affiche.

CARTIER INC. 651 5th Ave. et 4 E 52nd St. (1905, arch. Robert W. Gibson). Morton F. Plant, banquier et président du New York Yacht Club, fit bâtir cet hôtel particulier. William Kissam Vanderbilt lui avait vendu le terrain, à la condition qu'il le maintînt résidentiel pendant 25 ans. Plant le vendit peu après à Cartier, le bijoutier parisien. La légende veut que le prix de la transaction ait été un collier de perles estimé alors à un million de dollars.

TISHMAN BUILDING. 666 5TH AVE. (1957, Carson et Lundin). Suite à une rénovation controversée, le hall d'entrée, qui conduisait jadis à la cascade dessinée par Isamu Noguchi, dans la galerie marchande, est depuis 1998 défiguré par les devantures des grands magasins. Le calcaire rouge qui tapisse les murs du LOBBY vient du sud de la France. Il laisse apparaître, en examinant de près, des fossiles (de brachiopodes, crinoïdes *colummae*, goniatites). Au dernier étage, le bar *Grand Havana Room* offre une vue panoramique sur Midtown.

SWING STREET. 52ND ENTRE 5TH ET 6TH AVES. À la fin des années 1930 et durant les années 1940, cette section de rue (ci-dessus à gauche et à droite) était vouée au jazz ● *60*. Des clubs comme l'*Onyx*, le *Three Deuces*, *Kelly's Stables* ou le *Famous Door* attiraient un public qui venait entendre Charlie Parker ou Dizzy Gillespie. Les séances duraient souvent toute la nuit et se terminaient par des bœufs ou parfois par des concours entre musiciens.

«21 CLUB» ♥. 21 W 52ND ST. (1872, arch. Duggin et Crossman). Pendant la Prohibition, ce restaurant, désormais fréquenté par le «Tout-New York», était un *speakeasy*, le «Jack and Charlie's Place». C'est le seul des nombreux bars clandestins de la rue à avoir subsisté. Les propriétaires et leurs clients échappaient aux descentes de police en vidant leurs verres d'alcool dans des trappes sous les tables et en s'éclipsant par des portes dérobées. L'escalier et le balcon extérieurs sont ornés de JOCKEYS en fonte qui arborent les couleurs des grandes écuries américaines.

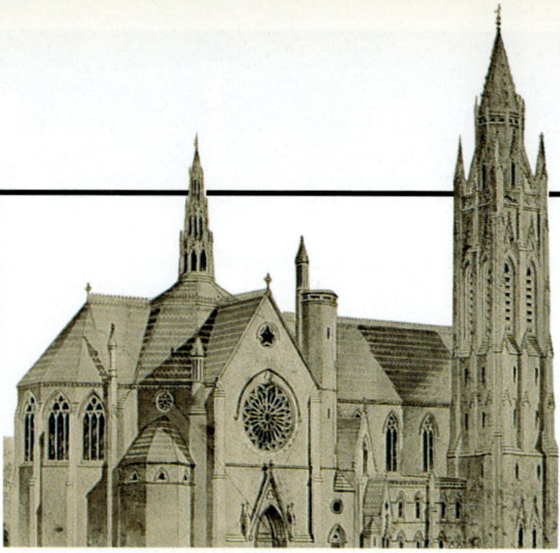

St. Thomas
Episcopal Church

CBS Building. 51 W 52nd St. (1965, arch. Eero Saarinen). Surnommé le *Black Rock* (Rocher noir) parce qu'il fut bâti en granite gris foncé, ce gratte-ciel donne la mesure de la réussite et de l'ego de William S. Paley – fondateur de Columbia Broadcasting System, en 1928 – qui influença les médias et le monde du spectacle aux États-Unis ● *56*.

Paley Center for Media. 25 W 52nd St. (1989, arch. Philip Johnson et John Burgee). Ce musée possède une collection de plus de 150 000 programmes de radio et de télévision qu'il est possible de visionner ou d'écouter.

Paley Park, Samuel Paley Plaza. 3 E 53rd St. (1967, arch. Zion et Breen). William S. Paley dessina le parc en 1965 sur le site de l'ancien *Stork Club* – une boîte de nuit très fréquentée dans les années 1950 – et lui donna le nom de son père, Samuel Paley. Ses petites dimensions, sa végétation ainsi que le clapotement de la cascade qui couvre le bruit de la circulation en font un havre de paix.

University Club
Panneau sculpté inspiré de la Rome antique, dans le hall.

St. Thomas Episcopal Church et Parish House ♥. 1 W 53rd St. (1914, arch. Cram, Goodhue et Ferguson). On considère cette église comme l'un des meilleurs exemples du style néo-gothique français aux États-Unis. Elle possède un magnifique retable, derrière l'autel, et des vitraux réalisés à Londres.

University Club. 1 W 54th St. (1899, arch. McKim, Mead et White). Ce *palazzo* de style italianisant fut construit à l'époque où le club comptait au nombre de ses membres les Vanderbilt et les Rockefeller. L'intérieur est d'un grand raffinement, avec ses halls de marbre, ses hauts plafonds et ses murs revêtus de boiseries. Si le club n'est ouvert qu'aux membres, on peut cependant avoir un aperçu de son intérieur depuis la rue, surtout le soir lorsque les pièces sont éclairées.

La bibliothèque est décorée de peintures murales rappelant les fresques de Pinturicchio des appartements Borgia au Vatican.

Rizzoli Building et Coty Building. 712 et 714 5th Aves. (1908, arch. Adolph S. Gottlieb ; 1909, arch. Woodruff Leeming). Promis à la démolition dans les années 1980, ces immeubles furent sauvés lorsqu'on s'aperçut que certaines des fenêtres supérieures du Coty Building étaient l'œuvre du décorateur français René Lalique, le créateur des flacons du parfum Coty.

Autour du Sony Building

St. Regis Hotel. 2 E 55th St. (1904, arch. Trowbridge et Livingston). John Jacob Astor IV, encouragé par le succès du premier Waldorf-Astoria ▲ *285*, décida de créer un second temple du luxe. Il équipa somptueusement cet élégant établissement de style Beaux-Arts ● *92*. Les nombreux restaurants de l'hôtel, célèbres en leur temps, ont disparu, à l'exception de l'*Astor Court* et du *King Cole Bar*. Ce dernier doit son nom à la fresque murale de l'artiste Maxfield Parrish, *King Cole*, le décorant.

SONY BUILDING, EX-ATT. 550 MADISON AVE., (1984, arch. Philip Johnson et John Burgee). Le granite gris-rose, utilisé ici par l'architecte au lieu du verre, est l'un des éléments qui marque le passage au post-modernisme ● *102*.
Le rez-de-chaussée comprend un ATRIUM, la Sony Plaza.

IBM BUILDING. 590 MADISON AVE. (1983, arch. Edward Larrabee Barnes Associates.). Pour apprécier ce prisme à cinq côtés de granite poli vert-noir, se placer à l'angle de 5th Avenue et 57th Street. Dans la partie sud, un immense ATRIUM, planté d'une forêt de bambous, est ouvert au public. On y donne parfois des concerts.

Ci-dessus, le *lobby* du St. Regis Hotel où Dali descendait, lorsqu'il séjournait à New York, et l'atrium de l'IBM Building.

SONY BUILDING ET PLAZA
Son édification éveilla l'intérêt de l'opinion publique. Certains critiques d'architecture, faisant allusion à son fronton insolite – que l'on aperçoit depuis l'angle S.-O. de 5th Ave. et 55th St. – surnommèrent le building «le gratte-ciel chippendale» (style anglais du XVIIIe siècle, ● *66*). Sony Plaza comprend deux magasins-galeries (Sony Style) qui exposent et vendent les produits électroniques de la société, Sony Wonder (exposition sur les nouvelles technologies) et un atrium (espace public bordé de bars et de magasins). En 1987, Richard Haas ▲ *112* représenta l'édifice avec, au premier plan, la Trump Tower (ci-contre).

Le Museum of Modern Art (MoMA) avait pour ambition, lors de sa fondation, en 1929, de devenir le plus grand musée d'art moderne du monde. De fait, ses collections offrent aujourd'hui l'un des panoramas les plus complets de l'art moderne : peintures, sculptures, dessins, gravures et photographies, mais aussi films, maquettes d'architecture ou objets utilitaires remarquables par leur design.

Pablo Picasso, *Les Demoiselles d'Avignon* (1907). Le traitement âpre, presque brutal, des têtes sur la droite, la fixité hypnotique des regards, les visages hachés qui nient les lois de la symétrie et la draperie anguleuse contribuent à l'intensité expressive de cette œuvre. Picasso avait initialement prévu deux autres personnages masculins.

Paul Cézanne, *Le Baigneur* (vers 1885). En dépit ou à cause d'une certaine liberté de dessin et d'échelle, cette œuvre, dans sa grandeur monumentale et solennelle, possède un extraordinaire pouvoir d'émotion.

Auguste Rodin, *Monument à Balzac* (1897-1898). Le manteau gonflé et la tête massive de la statue en bronze lui confèrent une forme révolutionnaire. Plus encore que l'écrivain, cet être colossal symbolise l'expression universelle du génie.

Vincent Van Gogh, *La Nuit étoilée* (1889). Cette toile est à la fois tempétueuse et transcendante. À la solide géométrie du village s'opposent de façon poignante la flamme du cyprès, la turbulence du ciel, le tourbillon des planètes, traités en coups de pinceaux vigoureux et empâtés, chargés d'une profondeur de vision et de sentiment jamais encore exprimée en peinture.

DEUX ESPACES POUR UNE COLLECTION EXCEPTIONNELLE ★
Le MoMa recèle plus de 100 000 œuvres d'art moderne et contemporain, des post-impressionnistes à nos jours, dont une impressionnante collection de chefs-d'œuvre. Compter 3 h pour la visite. Aux beaux jours, faire une pause-café dans le jardin – Sculpture Garden –, conçu par l'architecte Philip Johnson. Pour prolonger la visite, se rendre au Moma PS1 (dans le Queens), dédié à l'art contemporain à travers plus de cinquante expositions annuelles.

Henri Matisse, *L'Atelier rouge* (1911). Tout n'est que silhouette, sauf les œuvres du peintre.

Henri Rousseau, dit le Douanier, *La Bohémienne endormie* (1897). La figure centrale a beau reposer près d'un lion, nul danger ne la guette. L'atmosphère surnaturelle de cette scène est typique de l'univers du peintre.

Le MoMA, édifié en 1939 par Philip Goodwin et Edward Durrell Stone, agrandi en 1951 par Philip Johnson – à qui l'on doit aussi le Jardin de Sculptures –, puis de nouveau en 1984 par Cesar Pelli, a pratiquement doublé de taille en 2004 : une réalisation de Yoshio Taniguchi, salué pour son style alliant avec bonheur classicisme et modernité.

Le film *Citizen Kane* (1941), où Orson Welles dépeignait William Randolph Hearst, causa un tel scandale qu'il fallut le retirer des salles. Dix ans plus tard, il reparut sur les écrans et devint l'un des films cultes de l'histoire du cinéma.

Joan Miró, *Hirondelle Amour* (1933-1934). Ici les formes abstraites, au tracé fluide, évoluent sur un fond bleu éthéré qui confère à l'œuvre une rêveuse sérénité. Elles évoquent l'univers de l'homme et de l'oiseau.

Les lignes aérodynamiques de la Cisitalia «202» *GT* carrossée par Pininfarina (1946) donnent l'impression qu'à l'arrêt, la voiture bondit.

«Jusqu'à la Seconde Guerre mondiale qui amena les peintres européens à se réfugier à New York, les abstraits ne constituaient qu'un petit groupe d'expérimentateurs»

Barbara Rose

Constantin Brancusi, *Poisson* (1930).
L'artiste n'a pas cherché à représenter tel ou tel poisson, mais plutôt l'animal ramené à l'état de nature, réduit à son essence.

La métamorphose de 2004
Les deux entrées du jardin, en granite noir, aluminium et verre, tels des serre-livres géants, répondent à la façade elle aussi en verre, donnant à l'ensemble un caractère d'extrême légèreté, voire d'apesanteur. À l'intérieur, l'atrium de six étages est sillonné de passerelles et de balcons.

Galerie du musée
La collection retrace l'histoire de la photographie depuis environ 1840, date de son invention. Elle comprend, outre les œuvres d'artistes, celles de journalistes, de scientifiques et d'amateurs.

Jasper Johns, *Flag* (1954-1955).
Drapeau ou peinture ? L'illusion est presque parfaite. L'artiste a brouillé la notion traditionnelle de réalité en peinture en confondant la forme et l'espace picturaux de son sujet – souvent un objet quotidien –, avec ceux de son tableau.

Willem De Kooning
Woman, I (1950-1952).
Le peintre a donné à son personnage, avec son regard fixe et son sourire publicitaire, un aspect menaçant et grimaçant. Il a réalisé une œuvre figurative, à une époque où l'abstraction avait les faveurs de la critique.

Jackson Pollock, *One (Number 31, 1950)*. Malgré l'entière spontanéité de l'illusion, le peintre ne perd jamais le contrôle de son trait, épaississant, allégeant ou irradiant la matière picturale, multipliant ses applications. Le résultat, rythmé et lyrique, est surtout agressif.

Robert Rauschenberg, *Bed* (1955) La représentation, où se mêlent le style expressionniste abstrait et les éléments d'un vrai lit, repose précisément dans «la brèche entre l'art et la vie» où Rauschenberg voulait insérer son œuvre.

Andy Warhol, *Gold Marilyn Monroe* (1962). Le fond d'or de ce portrait entend évoquer l'art byzantin, qui entoure le sujet d'une aura quasi mystique. L'ironie du symbole n'échappait bien évidemment pas à Andy Warhol qui peignit l'artiste à d'innombrables reprises.

Meret Oppenheim, *Object* (1936) Les surréalistes inventaient volontiers des objets bizarres, voire cauchemardesques. En disloquant le sujet et la matière, *Object*, où l'on voit tasse à thé, soucoupe et cuillère doublées de fourrure, traduit bien le malaise recherché.

Les droits d'espace aérien
À New York, où chaque centimètre carré vaut de l'or, il est souvent arrivé que des bâtiments historiques, même fonctionnels, fussent détruits, tout simplement parce qu'ils étaient bien en dessous de la taille autorisée pour leur espace au sol : on les démolissait pour reconstruire plus grand. Ces dernières années, un système astucieux a vu le jour. Il permet de sauver ces édifices : leurs «droits d'espace aérien» peuvent être transférés à un projet de construction voisin. Autrement dit, l'espace aérien constructible que le bâtiment historique n'occupe pas en raison de sa petite taille peut être dévolu à un immeuble voisin ; celui-ci obtient de dépasser les normes en vigueur, tandis que le bâtiment historique échappe à la démolition. C'est ainsi que Tiffany a cédé ses droits d'espace aérien à la Trump Tower, ce qu'annonçaient les gros titres de la presse : «Trump toujours plus haut».

LVMH Tower. 21 E 57th St. (1999, arch. Christian de Portzamparc). C'est en grande pompe que fut inaugurée cette tour en acier de 100 m de haut, commande du groupe Moët Hennessy Louis Vuitton. L'architecte français de Portzamparc défia avec originalité les contraintes imposées par un lot étroit et enclavé : les décrochements obliques et les savants jeux de miroirs de la façade vitrée permettent de capter la lumière et d'éviter le reflet de l'immeuble IBM, juste en face.

Ex-Fuller Building. 41 E 57th St. (1929, arch. Walker et Gillette). Ce building noir, gris et blanc, bel exemple de style Arts déco sobre, abrita les bureaux de la Fuller Company, entreprise de bâtiment jadis au Flatiron Building ▲ *234*. Sur la façade, une SCULPTURE d'Elie Nadelman représente des ouvriers de la Fuller Company au travail. Le sommet de l'édifice est visible depuis l'angle de 5th Avenue et de 57th Street.

Trump Tower. 725 5th Ave. (1983, arch. Der Scutt). Cette tour de 68 étages qui associe boutiques, bureaux et appartements de grand standing, porte le nom de son promoteur immobilier DONALD J. TRUMP ▲ *161*. Elle reçut lors de son achèvement un accueil mitigé. D'aucuns jugèrent tapageurs la cascade de l'ATRIUM, son marbre rose et ses cuivres étincelants.

En 1961, Blake Edwards filma dans le luxueux magasin de Tiffany and Co, sur 5th Ave, Audrey Hepburn (ci-contre) pour *Breakfast at Tiffany's*.

Vers Grand Army Plaza

Tiffany and Co. 727 5th Ave. En 1940, la célèbre bijouterie fondée par CHARLES TIFFANY en 1837 déménageait pour la sixième fois pour s'installer sur 5th Ave. Au-dessus de l'entrée principale, on voit une SCULPTURE d'Atlas commandée pour un autre local. Les vitrines de Tiffany et les boîtes Tiffany bleu clair sont des institutions. Le fils de Charles, Louis Comfort Tiffany, fut en son temps un créateur de vitraux, d'émaux et de bijoux très réputé ● *66*.

Crown Building ♥. 730 5th Ave. (1921, arch. Warren et Wetmore). Premier gratte-ciel érigé dans le haut de 5th Avenue et premier immeuble de bureaux bâtit après les ordonnances de 1916, ce building abrita le MoMa (1929-1939) pendant la construction du musée actuel ▲ *290*. Il fut la propriété de Ferdinand et Imelda Marcos.

Le sommet entièrement doré du Crown Building, qui dissimule un château d'eau, est l'un des fleurons du skyline de Midtown.

BERGDORF GOODMAN. 754 5TH AVE. (1928, arch. Buchman et Kahn). Un tailleur d'origine alsacienne, Herman Bergdorf, fonda le magasin en 1894 et vendit ses parts à son associé, Edwin Goodman, en 1901. Ce fut ce dernier qui assit la réputation de la maison grâce à ses vêtements européens de belle qualité et son grand choix de fourrures. Goodman s'installa à cet emplacement en 1928.

SOLOW BUILDING. 9 W 57TH ST. (1974, arch. Skidmore, Owings et Merrill). C'est le jumeau du Grace Building, situé sur Bryant Park ▲ *254*. Le 9 géant peint en rouge sur le trottoir fut réalisé par Ivan Chermayeff pour indiquer le numéro de l'immeuble.

GENERAL MOTORS BUILDING. 767 5TH AVE. (1968, arch. Edward Durell Stone, Emery Roth et Fils). Le *Savoy Plaza Hotel* fut démoli pour faire place à cette tour, au grand dam des New-Yorkais qui appréciaient autant le bâtiment que sa contribution à Grand Army Plaza. Le légendaire MAGASIN DE JOUETS FAO SCHWARZ, fondé en 1862, s'installa dans ce building en 1986.

PLAZA HOTEL. GRAND ARMY PLAZA, W 58TH ET W 59TH STS. (1907, arch. Henry Hardenberg). Vingt ans après le *Dakota Apartments,* HENRY HARDENBERG conçut le *Plaza Hotel*, considéré comme un chef-d'œuvre du style néo-Renaissance française. Le *Plaza* a reçu d'éminents clients : Eleanor Roosevelt, Mark Twain, Groucho Marx, Francis Scott Fitzgerald et Frank Lloyd Wright. Le Plaza a appartenu à Donald Trump de 1988 à 1995.

GRAND ARMY PLAZA. Créée en 1912, cette *plaza*, qui fut la première place de style européen à New York, doit son nom à l'armée nordiste de la guerre de Sécession que rappelle une statue du général WILLIAM T. SHERMAN (il s'illustra vers la fin de la guerre en enfonçant de façon décisive le front sudiste). Cette œuvre d'Augustus Saint-Gaudens est considérée comme l'une des plus belles statues équestres des États-Unis. La PULITZER FOUNTAIN (1916), que domine la statue de POMONA (déesse de l'Abondance) de Karl Bitter, fut financée par l'éditeur Joseph Pulitzer. C'est dans cette fontaine que l'écrivain américain Francis Scott Fitzgerald plongea, fou de bonheur, en apprenant que son premier livre allait être publié.

Ci-dessus, au centre, les boiseries de chêne de la *Oak Room* du Plaza Hotel. Ci-dessus, une aquarelle (1982) représentant l'hôtel, par l'artiste américaine A. Troubetzkoy.

Statue du général William T. Sherman (1820-1891) qui succéda à Grant à la tête des armées de l'Union, en 1864.

Rockefeller Center vers West Side

7 Hotel Parker Meridien
8 Osborne Apartments et Art Student League
9 Alwyn Court
10 Hearst Magazine Bldg.
11 N.Y. Athletic Club

1 Worldwide Plaza
2 St. Malachy Roman Catholic Church
3 City Center of Music
4 Park Central Hotel
5 Carnegie Hall
6 Manhattan Life Insurance Company

6 heures

◆ **C** B1-B2-C2-C3

“Il cligna des paupières… et soudain, il vit. Il était accroupi au milieu d’un très grand pré bordé d’arbres. Au-delà des arbres, enveloppés de brume et de brouillard, des dizaines de buildings gigantesques se dressaient vers un ciel couleur de plomb. Au sommet de l’un d’eux se trouvait une enseigne : Essex House.”

George Chesbro, *Bone*

12 Essex House
13 Gainsborough Studios
14 Trump International Hotel and Tower
15 Columbus Circle
16 Maine Memorial
17 Garage Kent
18 David H. Koch Theater
19 Avery Fisher Hall
20 Metropolitan Opera
21 Vivian Beaumont Theater
22 Library
23 Damrosch Park
24 Fordham University
25 Paramount Bldg.

L'essor du commerce maritime sur les quais de l'Hudson River, depuis le début du XXe siècle, favorisa la création dans le West Side des quartiers d'une plus grande diversité que ceux de l'East Side : commerces, théâtres, industries, *tenements* ▲ *194* et hôtels particuliers y étaient regroupés. Après la Seconde Guerre mondiale, l'avion prenant le pas sur le bateau, l'activité portuaire entraîna dans son déclin tous les quartiers situés à l'ouest de Broadway. À partir des années 1960, la ville de New York s'est efforcée de réhabiliter ce secteur, témoin la présence de gratte-ciel récents, et de redessiner le tissu urbain à l'ouest du Rockefeller Center et au nord de Times Square. Bien que le centre historique de l'industrie du spectacle soit situé plus au sud, autour de Times Square ▲ *255*, ce quartier comprend plusieurs institutions notables parmi lesquelles Carnegie Hall ▲ *301* et, plus récemment, Lincoln Center ▲ *305*. La population couvre ici un large éventail social : elle est composée non seulement d'une part importante de nouveaux immigrants mais aussi de résidents aisés, installés en particulier entre W 57 th Street et Central Park South, d'intellectuels et d'artistes.

Diamond District

Diamond Jewelry Way. 47th St. Quatre cents millions de dollars de pierres précieuses sont quotidiennement négociés dans cette portion de rue située entre 5th et 6th Avenues. Ce négoce, tenu par des Juifs hassidim dans le Lower East Side durant les années 1920 et 1930, s'est déplacé sur 47th Street avec l'afflux de Juifs avant la Seconde Guerre mondiale. Les boutiques bordent les deux côtés de la rue, tandis que les affaires se traitent dans les clubs tels que le Diamond Dealers Club (580 5th Ave.), ou en arrière-boutique. Jusqu'aux années 1970, où deux joailliers y furent assassinés, les transactions se faisaient également dehors. Au début des années 1920 cette portion de rue rassemblait également une dizaine de librairies mais toutes ont disparu.

Vitrines de Diamond District
Aujourd'hui s'alignent, de chaque côté de la rue, les commerces de pierres et de métaux précieux, bijoux anciens et contemporains. L'animation commerciale de Diamond District, plus proche de celle du Lower East Side, détonne fortement dans ce quartier.

À l'ouest de 6th Avenue

Le Rockefeller Center devait s'étendre entre 47th et 52nd Streets, au-delà de 6th Avenue, mais la présence du *El*, qui fonctionna jusqu'en 1938, limita son développement. Les travaux ne reprirent que dans les années 1960, pour la réalisation sur le côté ouest de 6th Avenue, également appelée Avenue of the Americas, d'un ensemble

Ci-contre, détail de la façade de Saint-Malachy's Church, sur 49th Street.

architectural de style international auquel appartiennent les McGraw Hill, Ex-Exxon, Time & Life Building.

ST. MALACHY ROMAN CATHOLIC CHURCH. 239-45 W 49TH ST. Construite en 1903, cette petite église néo-gothique était la paroisse des acteurs catholiques de Broadway, car sa proximité avec le Theater District leur permettait d'assister à l'office entre deux représentations. C'est là que l'on célébra, en 1926, les funérailles de Rudolph Valentino, auxquelles assistèrent des milliers d'admiratrices.

ONE WORLDWIDE PLAZA. 935 8TH AVE. ENTRE 49TH ET 50TH STS. (1989, arch. Frank Williams). Ce complexe commercial et résidentiel, dont le sommet pyramidal domine l'ouest de 8th Avenue, témoigne de la relance commerciale de ce secteur de Midtown. Il fut édifié sur le site du troisième Madison Square Garden ▲ *249*.

L'angle nord-ouest de 49th Street et Broadway est nommé JACK DEMPSEY CORNER, en mémoire du champion du monde de boxe qui défendit son titre à plusieurs reprises au Madison Square Garden, entre 1919 et 1926. À la fin de sa carrière sportive, il ouvrit dans le quartier un restaurant, le *Jack Dempsey's*.

Vitrine du City Center of Music and Drama.

ROSELAND BALLROOM. 239 W 52ND ST. À l'origine, ce club, ouvert le 31 décembre 1918, était un haut lieu new-yorkais de la danse et de la musique ; des milliers de gens sont venus y découvrir les nouvelles danses : le lindy, le shag, le jitterburg ou plus tard, le boogie-woogie. Beaucoup de grands de la musique s'y sont produits, notamment Ella Fitzgerald ● *60*, les Rolling Stones ou encore Madonna. Ce bâtiment fut démoli et remplacé en 1956 par l'actuelle salle, qui peut accueillir plus de trois mille personnes.

CITY CENTER OF MUSIC AND DRAMA ♥. 135 W 55TH ST. (1924, arch. Harry P. Knowles). D'abord connu sous le nom de MECCA TEMPLE – sans doute à cause de son style d'inspiration orientale – il fut le siège d'une société fraternelle franc-maçonne, l'Ordre ancien et accepté de la châsse mystique (*Ancient and Accepted Order of the Mystic Shrine*). L'institution sombra lors de la crise de 1929 et Fiorello LaGuardia sauva le bâtiment à la fin des années 1930

Enseigne de Trattoria Dell'Arte.

en le reconvertissant en théâtre. Le City Center accueillit le New York City Ballet et le New York City Opera ● *62* avant l'ouverture du Lincoln Center. Le Joffrey Ballet s'y produisit, jusqu'à ce que, poussé par des difficultés financières, il émigre à Los Angeles fin 1980.

HOTEL PARKER MERIDIEN. 119 W 56TH ST. (1981, Philip Burnbaum). Les principaux attraits de cet hôtel de style post-moderne sont l'étonnant *lobby-atrium* ainsi que la vue depuis la terrasse de la piscine, au dernier étage.

PARK CENTRAL HOTEL. 870 7TH AVE. (1927, arch. Groneburg et Leuchtag). *Bootleggers* et petits truands s'y réunissaient pendant la Prohibition. L'un d'eux, Arnold Rothstein, prétendait être le modèle du Meyer Wolfsheim du roman de F. Scott Fitzgerald, *Gatsby le Magnifique*. Il fut tué d'une balle en 1928, dans la chambre 349, pour avoir refusé de payer une dette de poker. En 1958, le gangster Albert Anastasia était abattu chez le coiffeur de l'hôtel. Les deux meurtres demeurèrent inexpliqués car, comme on dit à New York, «personne n'avait rien vu».

TRATTORIA DELL'ARTE. 900 7TH AVE. Les nez de célébrités italiennes ou d'origine italienne, telles que Verdi, Dante, César et Joe DiMaggio, joueur légendaire de base-ball et mari de Marilyn Monroe, sont représentés sur un mur du restaurant tandis que d'énormes sculptures reproduisant différentes parties du corps humain ornent les autres.

57TH STREET

La rue était avant guerre le centre de la culture et de la mode. La vie musicale, les galeries d'art, les magasins chic, les restaurants et les divertissements s'y étaient concentrés. Elle en a conservé quelques institutions et un grand nombre de galeries d'art.

CARNEGIE HALL. 156 W 57th St. (1891, arch. William B. Tuthill). Ce bâtiment de style néo-Renaissance italienne fut financé par Andrew Carnegie, magnat de l'acier, pour abriter l'Oratorio Society, une chorale fondée par Leopold Damrosch et Carnegie. Tchaïkovski dirigea le gala d'ouverture, le 9 mai 1891, et rendit hommage à la «magnifique» acoustique de cette salle. Un an plus tard, le New York Philharmonic Orchestra, également fondé par Damrosch, y prit ses quartiers et n'en déménagea qu'en 1962 pour le Lincoln Center. Cet endroit fut sauvé de la démolition grâce à une campagne menée par le violoniste Isaac Stern et restauré en 1986 puis 2003. Le Carnegie Hall a attiré les plus grands noms de la musique. Leonard Bernstein y fit ses débuts en 1943. Duke Ellington, Ella Fitzgerald, Frank Sinatra et les Beatles s'y produisirent. Ouvert en 1991

ANDREW CARNEGIE (1835-1919)
La fulgurante ascension de ce fils d'immigrés débarqués d'Écosse, vers 1848, en fuyant la misère, incarne à merveille le rêve de réussite qu'inspiraient les États-Unis au milieu du XIXe siècle.

L'enfant-ouvrier des faubourgs de Pittsburgh, devenu l'une des premières fortunes d'Amérique, fonda un empire industriel qui domina, pendant près de trente ans, l'industrie de l'acier américaine. L'image d'Andrew Carnegie demeure néanmoins celle d'un grand philantrope, sensible à l'injustice sociale qu'engendrait une société en plein essor industriel. Dès 1870, il entreprend une œuvre caritative d'envergure dans les domaines de la culture et de l'éducation notamment. Il ouvre 2 500 bibliothèques publiques dans le monde, finance des écoles, salles de concert, associations et organisations à but non lucratif. Il finit ses jours dans une belle demeure de 5th Ave., l'actuel Cooper Hewitt Museum ▲ *320*.

HARD ROCK CAFE
Dans l'établissement new-yorkais sont exposées les guitares électriques de Billy Joel et de Brian Jones.

à l'occasion du centenaire de la construction du hall, le ROSE MUSEUM AT CARNEGIE est consacré à l'histoire des lieux et est installé au premier étage du bâtiment à côté du MAIN AUDITORIUM. On peut admirer, dans ses vitrines, la baguette du chef d'orchestre Arturo Toscanini ou encore le programme du premier concert new-yorkais de Bob Dylan, donné dans une petite salle du Carnegie Hall en 1961. Aujourd'hui, Carnegie Hall accueille les plus grands interprètes de musique symphonique, lyrique et contemporaine, de pop et de jazz. Ses halls et ses couloirs sont décorés de partitions et de souvenirs des artistes qui ont bâti sa légende.

MANHATTAN LIFE INSURANCE COMPANY. 111 W 57TH ST. (1925, arch. Warren et Wetmore). Cet immeuble de style néo-classique, construit non loin de CARNEGIE HALL, appartenait à Steinway, célèbre fabricant de pianos. La compagnie dut céder l'immeuble lors de la crise de 1929, tout en conservant le très bel espace du rez-de-chaussée comme salle d'exposition.

Salle d'exposition des pianos Steinway.

OSBORNE APARTMENTS ♥. 205 W 57TH ST. (1885, arch. James E. Ware). Derrière cette sobre façade en *brownstone* se cache un exubérant *lobby* de marbre. Leonard Bernstein, chef d'orchestre et compositeur (*West Side Story* ▲ *305*), fut l'un des illustres habitants de cet immeuble. En 1978, l'acteur Gig Young, qui avait été primé aux Oscars pour le film *On achève bien les chevaux*, avec Jane Fonda, fut retrouvé mort, revolver au poing, aux côtés de son épouse, dans un des appartements.

Façade du New York Delicatessen.

ART STUDENT LEAGUE. 215 W 57TH ST. (1892, arch. Henry J. Hardenberg). Ce bâtiment de style Renaissance française abritait à l'origine les AMERICAN FINE ART SOCIETY GALLERIES ; il fut construit par l'Art Student League, fondée en 1875. Des artistes de renom y ont enseigné, notamment William Merritt Chase et Robert Henri ● *107* qui a influencé une génération d'étudiants, comptant dans ses rangs Edward Hopper, George Bellows, Joan Sloan.

HEARST MAGAZINE BUILDING. 300 W 57TH ST. (8TH AVENUE) (1928, Joseph Urban). William Randolph Hearst (1863-1951), magnat de la presse – au sommet de sa carrière, en 1935, il contrôlait notamment trente-six quotidiens, treize magazines –, fit édifier ce building. Pionnier d'un nouveau type de journalisme, la presse à sensation ● *54*, il fut porté à l'écran sous les traits d'Orson Welles dans *Citizen Kane* (1940). Le bâtiment à la décoration surchargée,

“Dans les bars automatiques il m'est arrivé fréquemment de déjeuner pour une dizaine de francs [...] Aimons ces bars avec leurs appareils à rendre la monnaie de nickel, la promenade de chacun avec son plateau, les bousculades, le potage qu'on reçoit dans le cou, le sourire des soubrettes, blondes infirmières, la présence de toutes ces gens de la rue [...]”
Paul Morand, *New York*

Détail de la façade de style Renaissance française de l'Alwyn Court.

notamment par d'énormes urnes et par des colonnes, devait comprendre sept étages supplémentaires, mais la crise de 1929 obligea Hearst à interrompre les travaux. Les projets d'agrandissement ont été remis à l'ordre du jour, bien que le bâtiment soit classé. Entre 2000 et 2006, l'architecte anglais, Norman Foster, a édifié une tour de quarante-six étages au-dessus de l'édifice original, un bâtiment Arts déco de six étages construit par Joseph Urban. L'immeuble se distingue des autres par sa structure et par ses matériaux qui permettent d'économiser de l'énergie.

ALWYN COURT ♥. 180 W 58TH ST. (1909, arch. Harde et Short). Il fut conçu comme un immeuble de grand standing qui comprenait seulement vingt-deux appartements de quatorze à trente-quatre pièces chacun. En 1938, on le divisa en soixante-quinze logements de trois à cinq pièces. La façade Renaissance française est couverte de sculptures représentant des dragons, des couronnes, des feuilles, des fleurs et des salamandres couronnées, emblème de François Ier. Une grande cour intérieure, ornée d'une très belle peinture murale de Richard Haas, se trouve juste après le *lobby*. Le restaurant Petrossian y est aujourd'hui installé.

CENTRAL PARK SOUTH

ESSEX HOUSE. 160 CENTRAL PARK SOUTH (1930, arch. Frank Grab). L'hôtel, de style Arts déco, jouit d'une vue exceptionnelle sur Central Park. Betty Grable, puis Igor Stravinski vécurent ici. Ingrid Bergman y séjourna en 1946, lorsqu'elle jouait *Jeanne d'Arc* à Broadway.

NEW YORK ATHLETIC CLUB. 180 CENTRAL PARK SOUTH. (1928, arch. York et Sawyer). Les sculptures qui ornent l'entrée principale de ce club, fondé en 1868, représentent des athlètes à l'entraînement ou pratiquant leur sport.

THE GAINSBOROUGH STUDIOS. 222 CENTRAL PARK SOUTH (1908, arch. C. W. Buckham). C'est un immeuble d'ateliers d'artistes, aujourd'hui transformés en appartements. Seuls la frise d'Isidore Konti et le buste de Gainsborough qui ornent la façade rappellent sa destination initiale. Le clarinettiste de jazz Artie Shaw y vécut dans les années 1940.

Les sculptures classiques du Hearst Magazine Building symbolisent la musique, la comédie, la tragédie, le sport, l'industrie, l'imprimerie et les sciences.

MAINE MEMORIAL William Randolf Hearst, qui couvrit largement avec le *New York Journal* la guerre hispano-américaine, fit édifier le Maine Memorial en 1913.

COLUMBUS CIRCLE

La place reçut son nom actuel en 1892, lors de l'anniversaire des 400 ans de la découverte du Nouveau Monde. À cette occasion fut inaugurée une colonne de marbre, offerte par la communauté italienne. En 1894, une statue de Colomb de Gaetano Russo fut installée sur la place. À l'endroit du peu regretté Coliseum Building, s'étend désormais l'immense complexe du COLUMBUS CENTER (260 000 m^2), appelé aussi Time Warner Center, du nom de la société à l'origine du projet. Il accueille restaurants, bureaux, boutiques, résidences de luxe, ainsi que le palace «Mandarin oriental» et le JAZZ THEATER ● *61*, rattaché au Lincoln Center ▲ *306*.

MAINE MEMORIAL. ANGLE S.-O. DE CENTRAL PARK (1913, Attilio Piccirilli). Ce monument fut érigé en souvenir des victimes du *Maine* ▲ *174*, navire de guerre américain coulé dans le port de La Havane en 1898, dont la destruction fut à l'origine de la guerre contre l'Espagne.

MUSEUM OF ARTS & DESIGN. 2 COLUMBUS CIRCLE. Ce musée se consacre aux objets contemporains provenant de l'artisanat américain et international. On peut y admirer des objets

Lincoln Center, projet en perspective exposé à l'Avery Library de Columbia University.

1,5 million de personnes assistèrent à une parade, le jour de l'inauguration du monument dédié à Christophe Colomb et érigé à l'entrée sud-ouest de Central Park.

fabriqués dans divers matériaux tels que la céramique, le plastique, le verre, le métal, le papier et même le chocolat.
GARAGE KENT. 43 W 61ST ST. (1930, arch. Jardine, Hill et Murdoch). Aujourd'hui converti en appartements, il est considéré comme un joyau de l'architecture Arts déco. C'était un des premiers garages de New York disposant d'un ascenseur pour déplacer les voitures.

LINCOLN CENTER ♥

Le projet date des années 1950, alors que le Metropolitan Opera et le New York Philharmonic avaient besoin de nouvelles salles de spectacle, et que l'on songeait à démolir Carnegie Hall ▲ *301*. Il fut dirigé par John D. Rockefeller III et le grand promoteur immobilier new-yorkais, Robert Moses. Le président Eisenhower en posa la première pierre en 1959. La plupart des critiques architecturaux le jugèrent conventionnel et clinquant. Pourtant, un important centre culturel était né. Il emploie aujourd'hui six mille personnes et attire plus de cinq millions de spectateurs avec trois mille représentations par an. La construction du Lincoln Center fut retardée pour permettre le tournage de plusieurs scènes de *West Side Story*, pour lesquelles les taudis de 62nd Street servirent de décor. Le réalisateur, Robert Wise, avait embauché des gangs du quartier pour faire la police lors du tournage.

DAVID H. KOCH THEATER. (1964, arch. Philip Johnson et Richard Foster). Fondé par Lincoln Kirstein et George Balanchine en 1948 et d'abord appelé New York State Theater, ce théâtre fut rebaptisé, en 2008, du nom du riche David H. Koch qui s'engagea, moyennant quelque cent millions de dollars, à le rénover. Il accueille le New York City Ballet ● *62*. Les deux grandes statues qui dominent le Grand Promenoir, *Deux nus* et *Deux femmes de cirque*, sont des agrandissements d'œuvres originales d'Elie Nadelman.

METROPOLITAN OPERA HOUSE. (1966, arch. Wallace K. Harrison). C'est le bâtiment central du Lincoln Center (à l'angle de 65th Street et Broadway). Le Metropolitan Opera fut fondé en 1880 par de riches New-Yorkais, tels que Morgan et Vanderbilt, désireux de posséder leur propre salle d'opéra alors que la grande bourgeoisie régnait sur

«AMERICA»
Le Lincoln Center fut édifié sur des terrains du West Side acquis grâce au décret de 1949. Cette législation permettait la démolition

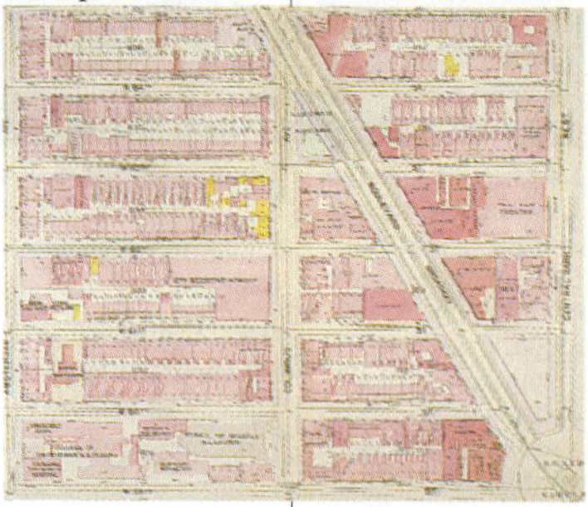

de logements à condition que l'emplacement ainsi libéré soit attribué à des associations artistiques. L'ancien quartier du West Side (ci-dessus) a servi, avant sa démolition, de décor à l'un des grands classiques du cinéma : *West Side Story*. Cette comédie musicale de Leonard Berstein, adaptée à l'écran, s'inspire du drame de Shakespeare *Roméo et Juliette*.
Dans le New York des années 1960, une tension conflictuelle règne entre deux communautés.
Les Montaigu et les Capulet sont incarnés par deux bandes rivales qui hantent les rues du West Side : les Jets (Américains blancs) et les Sharks (immigrés portoricains, ci-contre). La fin tragique de l'histoire d'amour entre Maria et Tony (liée l'une aux Sharks et l'autre aux Jets) révélera aux adversaires l'absurdité de leur combat. La partition musicale est considérée par les amoureux du genre comme un «monument» dans l'histoire de Broadway.

LE LINCOLN CENTER
Lincoln Square, qui marque la jonction de Broadway et Colombus Ave., a donné son nom au nouveau centre culturel érigé à proximité de cette petite place.

La composition architecturale du Lincoln Center s'inspire du plan créé par Michel-Ange pour le centre civique de la colline du Capitole à Rome ; la statue de la place centrale est remplacée ici par une fontaine qu'entourent les deux principaux théâtres et l'Opera House. La fontaine (ci-dessus), non prévue dans le budget du centre, fut financée par un don spécial de la Fondation Charles-Revson. Sur le vaste bassin de la *plaza* nord-est est installée une sculpture de Henry Moore, *Reclining Figure*. Les autres bâtiments du centre (le Vivian Beaumont Theater et la Juilliard School of Music) reflètent davantage les courants esthétiques de l'architecture des années 1960.

l'Academy of Music, qui se trouvait sur 14th Street. Mal conçue et trop petite, la salle fonctionna cependant quatre-vingts ans, jusqu'à son transfert au LINCOLN CENTER en 1966. Avec ses 3 800 places et ses programmations prestigieuses le Met est l'une des scènes lyriques les plus réputées au monde. L'intérieur, où abondent épais tapis rouges, feuille d'or et marbre, rappelle l'ancien opéra. Le grand escalier et les deux immenses peintures murales de Chagall, *Le Triomphe de la musique* et *Les Sources de la musique*, sont visibles de l'extérieur lorsqu'il fait nuit. Le jour, quand le soleil donne sur la *plaza*, les rideaux qui les protègent sont fermés.

DAMROSCH PARK. ET GUGGENHEIM BANDSHELL. (1969, arch. Eggers et Higgins). Le parc et sa scène, en plein air, servent à des concerts en été. Chaque hiver, en décembre, le BIG APPLE CIRCUS y plante sa tente. Le lieu doit son nom au compositeur Walter Damrosch, qui dirigea le NEW YORK SYMPHONY ORCHESTRA au début du XXe siècle.

AVERY FISHER HALL. (1962, arch. Max Abramovitz). C'est la salle du NEW YORK PHILHARMONIC ORCHESTRA. À l'origine PHILHARMONIC HALL, il fut rebaptisé en 1973 du nom de son mécène, Avery Fisher. Son acoutisque était si mauvaise que l'on dépeça le bâtiment en 1976 et l'on reconstruisit une autre salle qui, cette fois, enthousiasma interprètes et public. Voir à l'intérieur le *Masque tragique de Beethoven*, de Bourdelle, et la tête en bronze de Mahler, de Rodin.

VIVIAN BEAUMONT THEATER. (1965, arch. Eero Saarinen). Ses deux salles, gérées par le Lincoln Center, sont réputées pour leur programmation de qualité. Le théâtre porte le nom de son principal donateur.

LIBRARY FOR THE PERFORMING ARTS (1965). 111 AMSTERDAM AVE. La bibliothèque dépend de la NEW YORK PUBLIC LIBRARY ▲ *252*. Son fonds d'archives comprend des enregistrements du METROPOLITAN OPERA depuis le début du XXe siècle, les archives sonores Rodgers et Hammerstein et quelque cent mille programmes de théâtre.

JUILLIARD SCHOOL OF MUSIC. (1969, arch. Pietro Belluschi). La prestigieuse école de musique, de danse et d'art dramatique, qui sélectionne les élèves les plus brillants du pays et de l'étranger, fut fondée en 1904 par Frank Damrosch et James Loeb et prit le nom de son mécène, Augustus D. Juilliard.

AUTOUR DE CENTRAL PARK

1 Carlyle Hotel
2 Commonwealth Fund
3 Whitney Museum
4 French Consulate
5 Lycée français
6 St James Episcopal Church
7 Frick Collection
8 Union Club
9 Ensemble georgien
10 7th Regiment Armory
11 45 E 66th St.
12 Temple Emmanu-El
13 Asia House
14 Barbizon Hotel
15 Knickerbocker Club
16 Hotel Pierre
17 Metropolitan Club
18 Bloomingdale's
19 Mount Vernon Hotel Museum
20 Roosevelt Island Tramway

Vue de Upper East Side (1907), prise du nord, avec Roosevelt Island et les berges de l'East River.

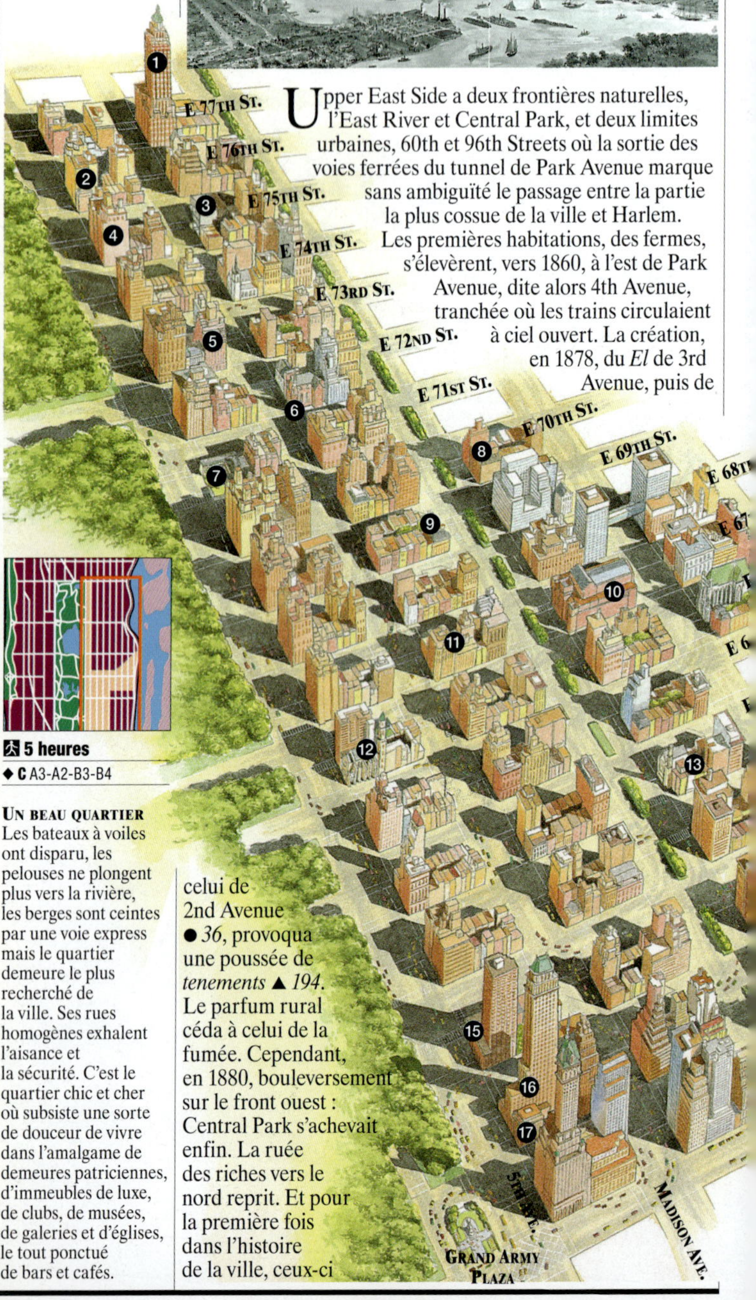

Upper East Side a deux frontières naturelles, l'East River et Central Park, et deux limites urbaines, 60th et 96th Streets où la sortie des voies ferrées du tunnel de Park Avenue marque sans ambiguïté le passage entre la partie la plus cossue de la ville et Harlem. Les premières habitations, des fermes, s'élevèrent, vers 1860, à l'est de Park Avenue, dite alors 4th Avenue, tranchée où les trains circulaient à ciel ouvert. La création, en 1878, du *El* de 3rd Avenue, puis de celui de 2nd Avenue ● *36*, provoqua une poussée de *tenements* ▲ *194*. Le parfum rural céda à celui de la fumée. Cependant, en 1880, bouleversement sur le front ouest : Central Park s'achevait enfin. La ruée des riches vers le nord reprit. Et pour la première fois dans l'histoire de la ville, ceux-ci

5 heures

◆ **C** A3-A2-B3-B4

Un beau quartier
Les bateaux à voiles ont disparu, les pelouses ne plongent plus vers la rivière, les berges sont ceintes par une voie express mais le quartier demeure le plus recherché de la ville. Ses rues homogènes exhalent l'aisance et la sécurité. C'est le quartier chic et cher où subsiste une sorte de douceur de vivre dans l'amalgame de demeures patriciennes, d'immeubles de luxe, de clubs, de musées, de galeries et d'églises, le tout ponctué de bars et cafés.

s'accrochaient à un quartier. Ils ne déménageront plus, d'autant qu'en 1907, Park Avenue, attrayante et aérée, bordée d'immeubles au confort exquis, fut créée sur les voies de 4th Avenue, enterrées sous un ruban de verdure. Aujourd'hui, le quartier s'articule de part et d'autre de Lexington Avenue : à l'ouest, le luxe résidentiel et commercial ; à l'est, une aisance plus modeste qui date des années 1950. Lorsque le *El* fut démantelé, le quartier retrouva son calme et attira une clientèle bourgeoise. Le charme des rues transversales vient des rénovations attentives des demeures ouvrières tandis que la prolifération de bars et de cinémas, au pied des tours modernes, fait de 3rd, 2nd et 1st Avenues des artères gaies, désordonnées et hospitalières à la jeunesse.

DE 5TH AVENUE À ROOSEVELT ISLAND

72ND STREET, UN CARREFOUR DE CONTRASTES. ANGLE MADISON AVE. L'immeuble dépouillé de ROSARIA CANDELA (angle N.-O., 1936), les façades Beaux-Arts voisines de l'ancien LYCÉE FRANÇAIS, aux n°s 7 et 9 (1899, arch. Flagg et Chambers ; 1896, arch. Carrèrc et Hastings) et le CHÂTEAU (angle S.-O., 1898, arch. Kimball et Thompson), occupé par une boutique Ralph Lauren, forment un raccourci du mélange de styles et d'occupations qui caractérisent cette portion de Madison Ave.

SAINT JAMES EPISCOPAL CHURCH. 865 MADISON AVE., ANGLE N.-E. 71ST ST. (1884, arch. Robert H. Robinson). Fondée en 1810 à cette hauteur pour servir de paroisse d'été, la simple église en bois fut remplacée, en 1869, par un édifice de style gothique victorien, qui, à son tour, fit place, en 1884, à l'église actuelle. Noter les vitraux de TIFFANY.

71ST ET 70TH STREETS. ENTRE 5TH ET PARK AVES. Un peu figées dans leur opulence, les rues qui encadrent la Frick Collection ▲ *322* ont conservé les hôtels néo-classiques en pierre de taille datant de l'ouverture du quartier ; trop importants pour être divisés en appartements, ils sont occupés par des écoles privées, des fondations ou des galeries. Plus discrètes et plus éclectiques, les rues à l'est de Madison comptent encore quelques belles demeures familiales. Les garages, nombreux, sont les anciennes écuries des palais de 5th Avenue.

UNION CLUB. ANGLE N.-E. PARK AVE. ET 69TH ST. (1932, arch. Delano et Aldrich). Il est le siège du plus ancien club de la ville, fondé en 1836. Les clubs ont toujours eu une grande importance dans la société new-yorkaise, l'appartenance à tel

Façade de l'ancien Lycée français. La demeure est aujourd'hui la propriété de l'émir du Qatar.

LUXE SUR MADISON
La boutique Ralph Lauren (le Château) a gardé l'aspect d'une demeure privée avec ses pièces boisées et ses feux de cheminée.

Luxe sur «Fifth»
Le *doorman*, à la fois gardien, concierge et porteur est un élément essentiel du confort extérieur de l'«Upper East Sider». Le bien-être, à l'intérieur de ces bastions fastueux, est assuré par le *handyman* qui fait office de plombier, d'électricien et de réparateur en tout genre.

ou tel club étant une jauge précise de la situation mondaine du membre. L'Union accueille la naissance et l'argent, le Metropolitan (1 E 60th St., 1896, arch. McKim, Mead et White) accorde plus d'importance à la fortune et le Knickerbocker (2 E 62nd St., 1914, arch. Delano et Aldrich) exige un ancêtre établi au temps de l'époque coloniale. Le Century (7 W 43rd St., 1891, arch. McKim, Mead et White) met l'accent sur la culture ▲ *251*.
Il vaut mieux descendre Park Avenue sur le côté gauche, en évitant de regarder les bâtiments modernes, achevés en 1940, de Hunter College – la partie ancienne de style néo-gothique (1913, arch. C. B. J. Snyder) donne sur Lexington – pour se concentrer sur le seul *block* intact de l'avenue.

Park Avenue ♥. Côté O., entre 69th et 68th Sts. Un ensemble georgien permet d'imaginer la belle époque de Park Avenue. Il est constitué par le Americas Society (1909, arch. McKim, Mead et White), l'Institut espagnol (1926, mêmes arch.), l'Institut italien (1918, arch. Delano et Aldrich) et le consulat italien (1917, arch. Walker et Gillette).

The 7th Regiment Armory ♥. 643 Park Ave., entre 67th et 66th Sts. (1880, arch. Charles W. Clinton). Ce grand fort en brique servait de lieu de rassemblement au septième régiment de la Garde nationale.

45 E 66th Street. (1900, arch. Harde et Short.) La façade, véritable rideau de doubles fenêtres, ponctuée d'ogives en *terracotta*, qui s'arrondit en tour au coin de l'avenue témoigne

The 7th Regiment Armory
On peut louer l'immense hall intérieur (60 m sur 88 m) propre à l'exécution de manœuvres militaires pour des fêtes, des expositions ou des spectacles. L'intérieur est un véritable musée retraçant l'histoire de l'unité qui défendit Washington D. C. pendant la guerre de Sécession. Tiffany réalisa la décoration de deux salles que l'on peut visiter sur demande. Au 4e étage, le mess des officiers – et son décor de chasse – a été reconverti en restaurant.

LES MÉTROS AÉRIENS Ils furent adoptés avec enthousiasme par les New-Yorkais. Leur confort et leur rapidité les rendirent vite indispensables. Et ils offraient de plus une vue étonnante sur la ville, des plongées fugaces et indiscrètes sur les maisons voisines. La nuit, dans le scintillement des lumières, le spectacle était plus beau encore. Mais ils faisaient un bruit furieux et ravageaient de longs segments de la ville.

du luxe des premiers immeubles de Madison.

TEMPLE EMMANU-EL ♥. 840 5TH AVE., ANGLE N.-E. 65TH ST. (1929, arch. Robert D. Kohn, Charles Butler et Clarence Stein). Lieu de culte de la grande bourgeoisie juive, la SYNAGOGUE, à la décoration austère, de style mauresque et roman italien, rivalise par la taille avec les cathédrales Saint-Patrick et Saint-John The Divine ▲ *354*.

EX-ASIA HOUSE ♥. 112 E 64TH ST. (1959, arch. Philip Johnson). Une des grandes réussites de l'architecte, avec sa façade de verre teinté quadrillée d'acier blanc, construite pour loger les œuvres d'art d'Extrême-Orient de John D. Rockefeller, actuellement à l'ASIA SOCIETY MUSEUM (725 PARK AVE.), consacré à l'art asiatique.

LEXINGTON AVENUE. ANGLE 64TH ST. La vue vers le nord est heurtée par la double passerelle qui enjambe l'avenue pour unir les différents bâtiments de Hunter College. Vers le sud, l'avenue perd son caractère familier pour devenir bruyante et commerciale.

BLOOMINGDALE'S. LEXINGTON AVE. ET 59TH ST. Autour du plus célèbre magasin de la ville, l'activité piétonne se fait frénétique. Fondé en 1870, dans ce qui était alors un quartier ouvrier, le magasin eut des débuts modestes. Après la disparition du *El*, une clientèle riche et élégante apparut et le Bloomingdale's raisonnable et bon marché se transforma en autel de la mode et de l'éphémère.

MOUNT VERNON HOTEL MUSEUM. 421 E 61ST ST. (1799). Parmi les nombreux garages du quartier subsiste une maison construite en 1799 pour la fille du président Adams et transformée en auberge de campagne. Le bâtiment de style Federal ● *82* est désormais un MUSÉE, au mobilier d'époque, entouré d'un minuscule jardin, d'un insolite absolu dans l'atmosphère du Queensboro Bridge ▲ *188*.

ROOSEVELT ISLAND. Pendant deux siècles, cette petite île fut le domaine d'une famille de fermiers ; la ville l'acheta en 1828 pour y installer un PÉNITENCIER, un ASILE d'aliénés et un HOSPICE. Ils ont disparu, et depuis 1973 s'y élèvent des immeubles à loyers modérés, organisés autour d'une rue principale et ceinturés d'une promenade piétonne le long du fleuve. On y accède, du côté Manhattan, par le téléphérique.

ROOSEVELT ISLAND TRAMWAY PLACE ♥. ANGLE S.-O. 2ND AVE. ET 60TH ST. Un téléphérique, un vrai, tout rouge, fabriqué en Suisse (1976, ing. Prentice et Chan) donne en quatre minutes une vue silencieuse et sensationnelle de l'est de la ville. Il n'est pas de meilleur moyen de voir les toits, les jardins secrets, les quais et le Meccano géant du Queensboro Bridge. D'un seul coup, tout se met en place.

45 E 66TH ST. Cette façade flamboyante a une jumelle : Alwyn Court, 182 W 58th St. ▲ *303*.

Yorkville
En 1790, c'était un village ; le nom survécut à l'urbanisation du XIXe siècle.

Jusque dans les années 1950, E 86th St. a été la grand-rue d'un quartier allemand prospère.

D'innombrables brasseries furent établies dans le voisinage. Il y en eut plus de cent dont celle de Jacob Ruppert, qui occupait trois *blocks* entre 2nd et 3rd Aves. et 90th et 93rd Sts.

De 5th Avenue à Gracie Mansion

Carlyle Hotel. 35 E 76th St. (1929, arch. Bien et Prince). En traversant Madison Avenue, on aperçoit, au sud, la pyramide verte du Carlyle Hotel. Ses suites ont vu défiler stars et hommes politiques. Le président Kennedy occupait la *penthouse* lorsqu'il venait à New York. Les deux bars – *Bemelmans Bar* et *Cafe Carlyle* – possèdent de belles fresques.

Ukrainian Institute. 222 E 79th St. (1899, arch. C. P. H. Gilbert). Cette demeure, ceinte d'un fossé, fut bâtie pour Isaac D. Fletcher, un industriel qui donna sa collection de peinture au Metropolitan Museum. Un château Renaissance lui faisait face, à l'angle nord-est de la rue. La destruction de ce dernier souleva un tel tollé que la Landmark Preservation Law fut promulguée (1965).

80th Street, un refuge. Entre Park et Lexington Aves. Les dernières demeures privées d'avant la Dépression s'y trouvent, toutes aménagées en appartements sauf la plus importante, au n° 130 (1928, arch. Mott B. Schmidt), vendue en 1947 à la Junior League, une association d'assistantes sociales bénévoles. Cette maison fut construite pour Vincent Astor, qui hérita de la fortune de son père, noyé sur le Titanic.

Unitarian Church of All Souls. Angle S.-E. 80th St. et Lexington Ave. (1931, arch. Hobart Upjohn). En levant les yeux, on aperçoit des bambins s'agiter sur la terrasse. L'espace au sol est si cher que souvent les cours de récréation se trouvent sur les toits. L'église, dont le rôle communautaire est important, abrite une école, un théâtre et une soupe populaire.

Yorkville Branch, N. Y. Public Library. 222 E 79th St. La belle façade palladienne est celle de la première bibliothèque de quartier. En 1901, Andrew Carnegie créa 65 bibliothèques annexes, destinées à l'éducation des couches populaires.

78th Street, une rue mixte. Entre 3rd et 2nd Aves. Son charme vient de ce que les maisons construites dans les années 1860 – celles des n°s 208 à 218 sont les plus remarquables – subsistent aux côtés de *tenements* postérieurs, mais entretenus avec un soin tel que ce voisinage n'est pas choquant. Au-delà de 2nd Avenue et jusqu'à la rivière, le quartier se fait plus populaire. Les avenues sont ponctuées de tours mais les rues ont conservé les demeures ouvrières de cinq à six étages occupées par des habitants plus âgés, aux revenus modestes, souvent d'origine étrangère, vestige de l'époque où Tchèques, Hongrois, Juifs et Allemands étaient si nombreux que le quartier avait été surnommé la «petite Europe».

Cherokee Apartments. 514 E 78th St. et 515 E 77th St. (1910-1911, arch. Henry Atterbury Smith). Ce grand ensemble de six étages, aéré

Hell's Gate
L'East River était dangereuse en raison des marées, des courants et de la violence des remous autour des récifs. En 1876, on décida de les faire sauter à la dynamite.

et lumineux, fut créé pour des familles de tuberculeux. Les appartements, que l'on atteint par des escaliers extérieurs, sont organisés autour de grandes cours, accessibles par des passages dallés.

Henderson Place. 86th St., entre York et East End Aves. (1882, arch. Lamb et Rich). Il s'agit d'un ensemble construit sur l'emplacement de l'ancienne ferme de John J. Astor, dans le style Queen Anne ● *90* avec une profusion de tours, de tourelles et de pignons.

Carl Schurz Park ♥. East End Ave., entre 81st et 90th Sts. (1910, arch. Harvey Stevenson et Cameron Clark). Petit, mais assez accidenté pour être divers, le parc offre une superbe vue de la rivière. Il porte le nom d'un révolutionnaire allemand, émigré aux États-Unis en 1848.

Ci-dessus, et page de gauche, E 86th St., en 1939.

Gracie Mansion ♥. (1799, arch. Erza Weeks ; aile moderne, 1966, arch. Mott B. Schmidt). Du parc on voit fort bien, surtout l'hiver, la demeure privée du maire. Construite pour Archibald Gracie, un armateur écossais, qui y reçut entre autres notoriétés Louis-Philippe et La Fayette, elle est émouvante car il s'agit de la seule survivante des maisons de campagne du XIXe siècle. Le maire y habite depuis 1942. Gracie fit banqueroute en 1812. Sa propriété passa entre plusieurs mains jusqu'à ce que la ville la rachetât en 1887. En 1942, on décida de créer un logement de fonction pour le maire, Fiorello La Guardia ● *29*. Celui-ci refusa une somptueuse *mansion*, aujourd'hui détruite, sur Riverside Drive en s'écriant : «Moi, vivre là-dedans ?» et choisit de redonner vie à cette demeure familiale. Noter l'entrée avec son parquet de faux marbre orné d'une boussole qui rappelle le passé maritime du premier occupant.

Gracie Mansion
Avant la construction de la voie sur berge, on pouvait se baigner, pêcher, amarrer son bateau sur l'East River. Aujourd'hui, seule la promenade, qui surplombe la rivière, permet d'imaginer les vues anciennes. Le silence et la beauté du paysage autour de Gracie Mansion sont toutefois préservés car la voie sur berge passe sous le parc Carl-Schurz.

Central Park au printemps, ses cerisiers et ses magnolias en fleurs.

"Je gagnai Central Park, à l'horizontale de la rue, et décidai de la traverser dans son entier, pour gagner Manhattan, [...]. L'azur était vert pâle. Le printemps déversait des torrents de fleurs molles sur New York. [...] Il y eut une rivière, des canots, des canards..."
Pierre Bourgeade, *New York Party*

Il fallut seize années et des tombereaux de matériaux, dont 14 000 m^3 de terre, pour «fabriquer», au cœur de Manhattan, ce parc de 341 ha, fidèle à la tradition anglaise du paysage romantique, avec ses prairies en pente douce, ses chemins sinueux et ses lacs naturalistes créés à partir des nappes d'eau du site marécageux originel.

Détail ornemental de l'escalier en grès de Bethesda Terrace illustrant la nature et les saisons.

BOW BRIDGE
À la rencontre des deux lobes du lac, le pont le plus connu de Central Park relie le Ramble à Bethesda Terrace.

1 The Pond
2 Bird Sanctuary
3 Wollman Rink
4 Parc zoologique
5 The Dairy
6 Bethesda Fountain et Terrace
7 Conservatory Water
8 Alice au pays des Merveilles
9 Metropolitan Museum of Art
10 Belvedere Castle
11 Shakespeare Garden
12 Tennis court
13 The Pool
14 Conservatory Garden
15 Dana Discovery Center

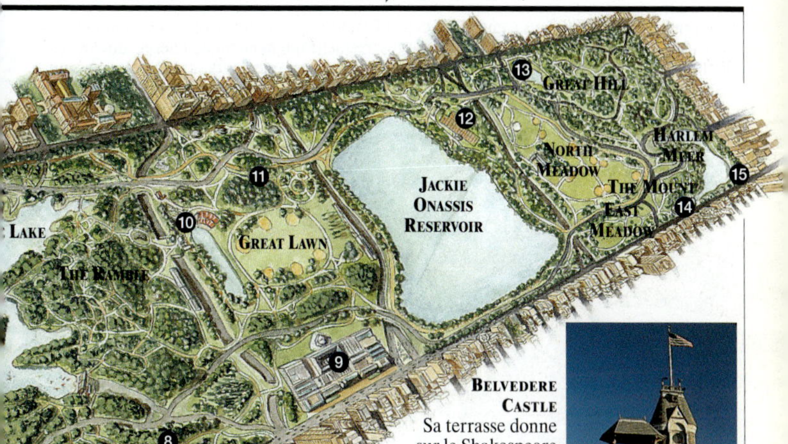

Belvedere Castle
Sa terrasse donne sur le Shakespeare Garden et le Delacorte Theater où l'on joue chaque été les pièces du dramaturge anglais.

Une gigantesque oasis de verdure ★
Central Park se visite de préférence le week-end, lorsque la route qui traverse le parc est fermée aux voitures et envahie par les cyclistes, joggers et patineurs. Si l'on ne dispose que d'une demi-journée, entrer à la hauteur de 72nd St., marcher jusqu'à Bethesda Fountain et longer le lac par le côté ouest. Puis remonter jusqu'au Reservoir, pour découvrir l'un des paysages les plus insolites de Manhattan.

State Arsenal à Central Park

Sur les 35 plans présentés au concours lancé par la ville en 1857, pour la création d'un parc, le Greensward Plan de Frederick Law Olmsted (ci-contre) et de l'architecte Calvert Vaux fut celui qui l'emporta.

Sheep Meadow
Utilisé comme pâturage jusqu'en 1934, ce «pré» est très fréquenté par les New-Yorkais en été…

The Lake
Un bassin apprécié pour ses promenades en barque.

Central Park
en automne.

“Ils remontent le Mail dans Central Park. […] Elle va, soyeuse, froufroutante, au milieu de grosses bulles de crépuscule, roses, violettes, pistache qui montent de l'herbe, des arbres, des bassins, se gonflent entre les grandes maisons grises comme des dents mortes, en bordure du parc, et crèvent dans l'indigo du ciel.”

John Dos Passos, *Manhattan Transfer*

PATINAGE EN 1919
Avant la création de la patinoire (Wollman Rink) en 1949 grâce à un don de la famille Wollman, les New-Yorkais patinaient sur les lacs gelés du parc.

KIOSQUE D'INFORMATION
L'administration de Central Park renseigne les visiteurs dans ces petits kiosques disséminés dans le parc ou dans *The Dairy*. Construction d'origine, de style High Victorian Gothic, elle renferme une maquette de 3,65 m où sont présentés les différents centres d'intérêts du parc.

1 THE POND
2 BIRD SANCTUARY
3 WOLLMAN RINK
4 PARC ZOOLOGIQUE
5 THE DAIRY
6 BETHESDA FOUNTAIN ET TERRACE
7 CONSERVATORY WATER
8 ALICE AU PAYS DES MERVEILLES
9 METROPOLITAN MUSEUM OF ART
10 BELVEDERE CASTLE
11 SHAKESPEARE GARDEN
12 TENNIS COURT
13 THE POOL
14 CONSERVATORY GARDEN
15 DANA DISCOVERY CENTER

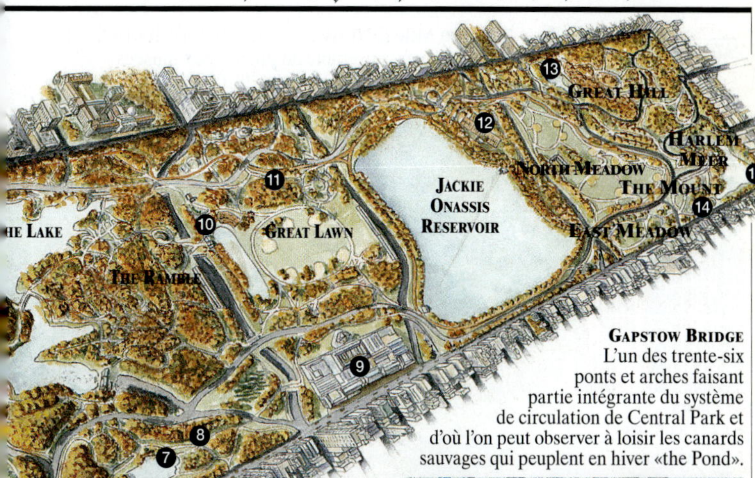

GAPSTOW BRIDGE
L'un des trente-six ponts et arches faisant partie intégrante du système de circulation de Central Park et d'où l'on peut observer à loisir les canards sauvages qui peuplent en hiver «the Pond».

Les sous-bois de Central Park sont le paradis des rongeurs. Lapins, marmottes, écureuils – ils sont près de quatorze mille – ont notamment élu domicile sur les 15 ha du Ramble, en bordure du lac.

ERISMATURE ROUSSE

CANARD NOIRÂTRE

Femelle Mâle

CANARD À FRONT BLANC

Femelle Mâle

GARROT ALBÉOLE

En 1858, Ignatz Anton Pilat, un jardinier autrichien, avait fait planter dans le parc près de quatre millions d'arbres et de plantes. Aujourd'hui on y recense quelque vingt mille arbres.

▲ Museum Mile

1 Carlyle Hotel 2 French Embassy Cultural Services 3 Metropolitan Museum ★ 4 Guggenheim Museum ★ 5 Nat. Academy Museum 6 Cooper Hewitt Mus. 7 Couv. du Sacré-Cœur 8 Jewish Museum 9 Mt. Sinai Hospital 10 Museum of the City 11 El Museo del Barrio

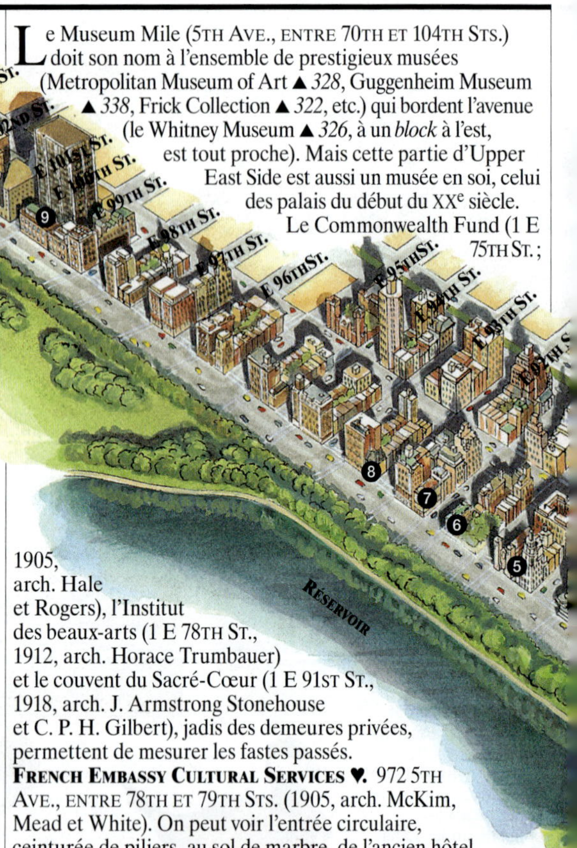

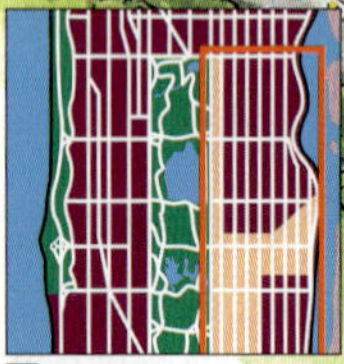

2 jours

◆ **C** A3 **E** B3-C3-D3

La politique à Washington, la culture à New York
L'ambassade de France a scindé ses services pour s'adapter à cette réalité. En 1952, la République acheta cet hôtel, à la façade arrondie, décorée de guirlandes, de chérubins et de têtes de lion. La splendide «Venitian Room», qui servait de salon de réception aux Whitney, a été restaurée en suivant fidèlement les dessins de l'architecte Stanford White.

Le Museum Mile (5th Ave., entre 70th et 104th Sts.) doit son nom à l'ensemble de prestigieux musées (Metropolitan Museum of Art ▲ *328*, Guggenheim Museum ▲ *338*, Frick Collection ▲ *322*, etc.) qui bordent l'avenue (le Whitney Museum ▲ *326*, à un *block* à l'est, est tout proche). Mais cette partie d'Upper East Side est aussi un musée en soi, celui des palais du début du XXe siècle. Le Commonwealth Fund (1 E 75th St. ; 1905, arch. Hale et Rogers), l'Institut des beaux-arts (1 E 78th St., 1912, arch. Horace Trumbauer) et le couvent du Sacré-Cœur (1 E 91st St., 1918, arch. J. Armstrong Stonehouse et C. P. H. Gilbert), jadis des demeures privées, permettent de mesurer les fastes passés.

French Embassy Cultural Services ♥. 972 5th Ave., entre 78th et 79th Sts. (1905, arch. McKim, Mead et White). On peut voir l'entrée circulaire, ceinturée de piliers, au sol de marbre, de l'ancien hôtel de Harry Payne Whitney, beau-frère de Gertrude Vanderbilt Whitney, fondatrice du Whitney Museum ▲ *217, 326*.

Neue Galerie. 1048 5th Ave, angle 86th St. (1914, arch. Carrère et Hasting). Ce musée occupe l'ancienne demeure de l'industriel William Starr Miller. Ses collections présentent les beaux-arts et les arts décoratifs allemands et viennois du début du XXe siècle. Au rez-de-chaussée, le café viennois Sabarsky est idéal pour une pause déjeuner ou café.

National Academy Museum. 1083 5th Ave., entre 89th et 90th Sts. (1914, arch. Ogden Codman). En 1825, des artistes américains se regroupèrent en une académie. Chaque membre devait, à son élection, offrir une œuvre pour enrichir la collection couvrant les mouvements comme l'impressionnisme ou l'expressionnisme abstrait. Montrée au cours d'expositions tournantes, elle est représentative d'une élite conservatrice. Le musée a été rénové en 2011.

Cooper-Hewitt National Design Museum ♥. 2 E 91st St. (1901, arch. Babb, Cook et Willard). Le musée national du Design loge dans l'hôtel construit par Andrew Carnegie, le magnat de l'acier ▲ *301*. Sa veuve y vécut jusqu'en 1946. La Corporation Carnegie offrit la maison à la Smithsonian Institution en 1968 et le Cooper-Hewitt s'y installa en 1976. Ce musée, inspiré par celui des Arts décoratifs à Paris et le Victoria and Albert à Londres, fut fondé par les sœurs

Épinglette du Metropolitan Museum.

Épinglettes du Jewish Museum, Yivo Institute, Museo del Barrio, Museum of the City of New York.

HEWITT, qui avaient réuni une riche collection d'imprimés, de tissus, de papiers peints, d'objets et de meubles. Le Cooper Union Museum for the Arts of Decoration, ouvert en 1897, fut intégré au Hewitt.

JEWISH MUSEUM. 1109 5TH AVE., ANGLE N. 92ND ST. (1908, arch. C. P. H. Gilbert ; 1963, arch. Samuel Glazer ; 1993, arch. Kevin Roche). Le bâtiment, qui évoque le musée de Cluny, a été élevé pour le banquier Felix Warburg, contre le gré de son beau-père, Jacob Schiff, fondateur d'une des grandes dynasties juives de la ville qui prétendait qu'une maison aussi luxueuse provoquerait une réaction antisémite. À sa mort, en 1944, sa veuve donna la maison au Jewish Museum. Consacré à l'histoire et à l'art du peuple juif, le musée expose une collection numismatique, des manuscrits, des objets de culte et un ensemble archéologique préhistorique.

MUSEUM OF THE CITY OF NEW YORK. 1220 5TH AVE., ENTRE 103RD ET 104TH STS. (1932, arch. Joseph H. Friedlander). Ce musée, créé en 1927, fut d'abord installé à GRACIE MANSION ▲ *313*. La ville donna le terrain actuel en 1928 et 1 500 souscripteurs financèrent le bâtiment. Avec ses pièces d'époque, ses dioramas, ses jouets et maisons de poupées, sa collection de voitures de pompiers anciennes, il attire plus les enfants que les adultes.

MUSEUM OF THE CITY OF NEW YORK
Il fut fondé à l'instigation d'une dame de la haute société, Mrs. John King van Rensselaer, outrée de l'ignorance des New-Yorkais de l'histoire de leur ville.

EL MUSEO DEL BARRIO. 1230 5TH AVE., ENTRE 104TH ET 105TH STS. (1934, arch. Frank N. Maynicke). Très accueillant aux familles de ce quartier d'East Harlem, le musée est consacré à la culture de Porto Rico et de l'Amérique latine.

MUSEUM FOR AFRICAN ART. 1280 5TH AVE. Cet exigeant musée sur l'Art africain est situé au bout du Museum Mile.

La jonction du Museum Mile et d'East Harlem se fait grâce au Museo del Barrio, dédié à la gloire des Latino-Américains.

Henry Clay Frick (1849-1919)
Ce grand industriel de Pittsburgh était collectionneur depuis sa jeunesse, mais sa passion se développa surtout durant les vingt dernières années de sa vie (buste par Malvina Hoffman).

Exemple type d'un «grand petit musée», la Frick Collection présente des œuvres d'art époustouflantes dans un décor bourgeois du début du XXe siècle. Un parcours, unique à New York, à la fois dans l'histoire de l'art et l'histoire du goût.

Entrée
Cette porte monumentale surmontée d'un décor sculpté remplace la porte cochère d'origine. Elle fait partie des remaniements opérés par l'architecte John Russell Pope en 1935, pour transformer la résidence Frick en musée.

Conçue en 1913 par Thomas Hastings, architecte de la New York Public Library ● *92*, la résidence de Henry Clay Frick rappelle certains hôtels particuliers parisiens de la fin du XVIIIe siècle.

Vermeer,
Officier et Jeune Fille souriante (1655-1660)
Du «Sphinx de Delft» on ne connaît qu'une trentaine de tableaux. La Frick en possède trois, dont cet intérieur lumineux, au sujet équivoque.

Jean-Honoré Fragonard,
Le *Rendez-vous* (1771-1773)
Un des «quatre âges de l'amour» peints par Fragonard pour la résidence de Mme du Barry à Louveciennes.

Giovanni Bellini,
Saint François au désert (1480)
Longtemps considéré comme l'un ades plus beaux tableaux conservés en Amérique, ce chef-d'œuvre du *Quattrocento* vénitien représente saint François d'Assise recevant les stigmates du Christ, dans un paysage lyrique, où tous les détails (animaux, plantes, formations géologiques) doivent être interprétés en référence à la pensée du saint.

Jean Antoine Houdon,
Diane chasseresse (1676-1695)
Une terre cuite grandeur nature, dont l'apparente légèreté cache en fait une très grande virtuosité technique.

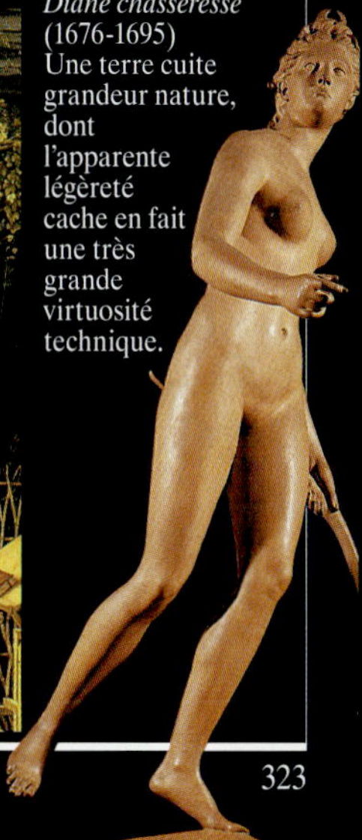

Au fil des pièces de la résidence de M. Frick on découvre des œuvres de Boucher, Bruegel, Chardin, Claude Lorrain, Constable, Drouais, Gainsborough, Goya, Greuze, Ingres, de La Tour, Memling, Monet, Rembrandt, Reynolds, Ruysdael et Watteau.

REMBRANDT, *Autoportrait* (1658) en potentat oriental.

JOHN CONSTABLE, *Le Cheval Blanc* (1819) «Un de mes efforts les plus heureux», disait l'artiste à propos de ce paisible paysage du Suffolk.

ESCALIER D'HONNEUR
Répondant au désir de M. Frick d'avoir «une maison simple, confortable et sans ostentation», son architecte, Thomas Hastings, et les deux décorateurs, sir Charles Allom et Elsie de Wolfe, s'attachèrent à créer une demeure au luxe discret. Dans un décor à dominante classique, on retrouve des allusions au style anglais des XVIIe et XVIIIe siècles, au style français de la Renaissance et du XVIIIe siècle, ainsi qu'un certain modernisme, typique du début du XXe siècle. Cette demeure fut conçue pour servir d'écrin aux différentes œuvres d'art collectionnées par son propriétaire. Ainsi, l'escalier de marbre rose met en valeur le plus grand orgue jamais construit pour une résidence new-yorkaise, un régulateur néo-classique (à gauche) et un grand tableau ensoleillé de Renoir.

SALON PRINCIPAL
Il intègre des éléments anglais, français, italiens, chinois et japonais.

HANS HOLBEIN LE JEUNE, *Portrait de sir Thomas More* (1527), le grand humaniste anglais.

MOBILIER
Il comprend une belle sélection de tables, fauteuils (ci-dessous, pièce française du XVIe siècle), *cassoni* et cabinets sculptés de la Renaissance italienne et française, ainsi que des meubles estampillés par les grands maîtres du XVIIIe siècle français, dont une commode et un secrétaire exécutés par Riesener pour Marie-Antoinette.

DUCCIO DI BUONINSEGNA, *La Tentation du Christ* (1308)
Ce fragment du célèbre retable de la *Maestà* de Sienne fut l'une des premières acquisitions faites par le musée après la mort de M. Frick. Par sa beauté et son importance historique, ce panneau répond bien au souci d'excellence du fondateur. Il faut préciser que lui-même n'aimait que très modérément les sujets religieux, mais sa fille, qui prit le relais en tant que puissante trustee du musée, favorisa l'achat d'œuvres de Bastiani, Castagno, Gentile da Fabriano, Fra Filippo Lippi, Piero della Francesca et Paolo ou encore Giovanni Veneziano.

Le Whitney Museum a pris ses quartiers définitifs en 1966, à l'angle de Madison Ave. et de 74th St., dans un immeuble dessiné par un des grands maîtres du Bauhaus, Marcel Breuer. Pratiquement tous les phares de la création américaine de ces cinquante dernières années y sont représentés. Ils témoignent de la plus grande force du Whitney : son absolu parti pris de non-conformisme. En 2015, le musée étendra son espace d'exposition dans un immense bâtiment dû à Renzo Piano, dans le quartier du Meatpacking ▲ *215*.

Stuart Davis,
The Paris Bit (1959)
C'est un pastiche de souvenirs d'architecture et de vie parisiennes et, selon Stuart : «Il y avait dans le même temps tellement de passé et de présent immédiat, sur le même plan, qu'on ne pouvait rien désirer de plus.»

Fondé en 1931 par Gertrude Vanderbilt Whitney, sculpteur et mécène éclairé, le Whitney Museum of American Art recèle la plus vaste collection d'art moderne et contemporain américain, dont plus de 2000 œuvres d'Edward Hopper.

«Ni du symbolisme ni de la calligraphie» : c'est ainsi que Franz Kline définit lui-même les œuvres abstraites de sa maturité, exclusivement en blanc et noir. Dans *Mahoning*, (1956) comme dans les meilleures œuvres de Kline, les motifs noirs touchent au moins deux côtés du tableau, conférant à l'ensemble une dimension véritablement architecturale.

ANDY WARHOL, *Green Coca-Cola Bottles* (1962)
Warhol fut le premier à s'approprier la technique de la sérigraphie, jusqu'alors réservée à des usages publicitaires, pour reproduire à des fins artistiques des images de la société contemporaine.

C'est à Paris qu'est née l'idée du Metropolitan Museum of Art, un jour de fête nationale américaine, le 4 juillet 1866. La suggestion de John Jay se réalisa en 1880, avec l'ouverture, sur 5th Ave. et 82nd St., du premier bâtiment. Achevée en 1902, la majestueuse façade de style Beaux-Arts englobait celle Renaissance Revival d'origine, donnant à l'ensemble l'allure d'une véritable institution civique.

UN DES PLUS GRANDS MUSÉES D'ART DU MONDE ★
Il faut au moins trois jours pour visiter l'intégralité du «Met». Le *floor plan* distribué à l'entrée permet de faire un choix entre les différents départements selon le temps dont on dispose. Ne pas manquer d'aller voir le Temple de Dendur (Égypte), enclos dans une verrière donnant sur Central Park, ni de monter au Roof Garden, entre mai et octobre par beau temps, pour profiter d'une vue splendide sur le parc. L'admission au Met permet de visiter le même jour le musée des Cloîtres ▲ *362*. On peut s'y rendre en empruntant le bus M4, sur Madison Ave.

GREAT HALL
William Morris Hunt, architecte de l'intérieur du Grand Hall, a réussi à lui impartir une majestueuse grandeur, par des proportions monumentales et un luxe de détails de style Beaux-Arts. À sa mort, son fils, Richard Howland Hunt, mena à bien le projet originel. Il convient d'admirer l'extraordinaire décoration florale, toujours renouvelée, qui orne quatre niches latérales symétriques et l'îlot central.

Hall of Architecture Casts
Construit par Calvert Vaux, inauguré en 1880, ce Hall qui abritait alors des moulages de plâtre, expose aujourd'hui, après d'importants remaniements, une partie des collections médiévales.

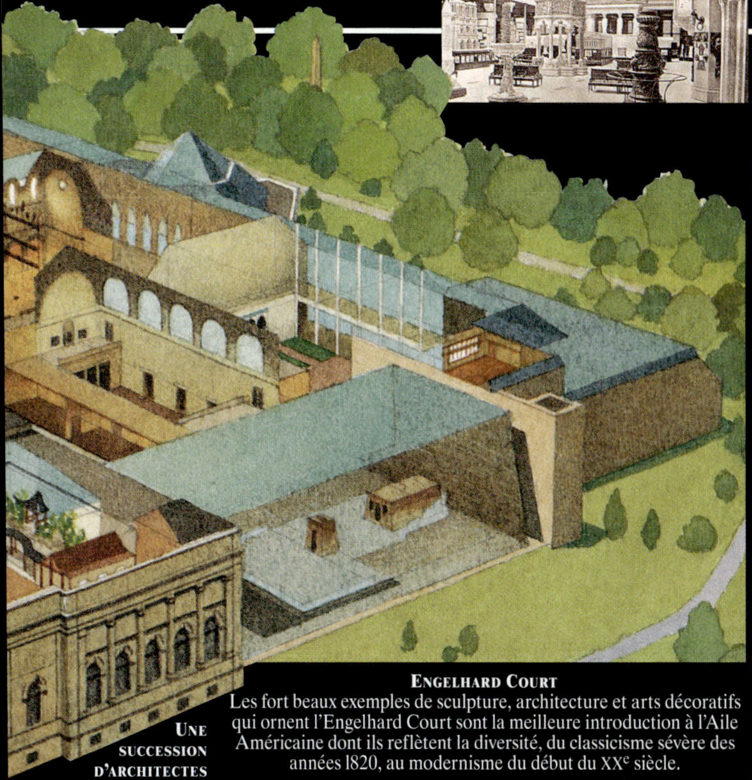

Engelhard Court
Les fort beaux exemples de sculpture, architecture et arts décoratifs qui ornent l'Engelhard Court sont la meilleure introduction à l'Aile Américaine dont ils reflètent la diversité, du classicisme sévère des années 1820, au modernisme du début du XXe siècle.

Une succession d'architectes
McKim, Mead et White réalisèrent entre 1911 et 1913 les ailes Nord et Sud, et le cabinet Kevin Roche John Dinkeloo and Ass. est chargé des additions depuis 1975.

Le Grand Hall, entrée monumentale du musée, regroupe le bureau d'information, la billetterie, la librairie et les boutiques de cadeaux.

Jacques Louis David, *Antoine Lavoisier et sa femme* (1788). Ce double portrait, l'un des plus remarquables du peintre, montre le grand chimiste Lavoisier, entouré d'instruments scientifiques, dans une proximité tendre et intellectuellement complice avec sa femme : élève de David, elle illustrait les ouvrages de son époux.

MASQUE-PENDENTIF (début XVIe siècle)
Cet objet extraordinaire d'ivoire et métal caractérise bien l'art si achevé du royaume du Bénin au Nigeria qui avait frappé les voyageurs européens, art royal, hiérarchique et tout préoccupé d'ornementation. Le roi portait sans doute ce masque à la ceinture lors de cérémonies en l'honneur de la défunte reine mère, dont ce pourrait être le portrait.

COIFFURE (Nigeria)
Sculptée dans un seul bloc de bois, elle est portée par les Yorubas lors d'invocations masquées aux esprits de l'eau.

PARAVENT YATSUHASHI (Période Edo, 1658-1716)
Œuvre du Japonais Ogata Korin, elle déroule sur six feuilles une composition d'iris sur fond d'or massés contre un pont de huit planches de bois.

ASTOR COURT
L'atrium du célèbre Jardin du Maître des Filets de Pêche, à Soochow, fut reproduit par des artisans chinois qui utilisèrent les anciennes techniques et des matériaux autochtones pour recréer ce microcosme parfait de la nature : eau, roches et végétaux, où s'opposent ombre et lumière, dureté et douceur, pour parvenir à la sérénité.

PIÈCE DE RÉCEPTION DE LA MAISON NUR AL-DIN (1707)
Elle provient d'une demeure de Damas à l'époque ottomane, et en symbolise, par la splendeur des incrustations de marbre, les boiseries dorées et peintes, les vitraux, carreaux de céramique et panneaux calligraphiés, le luxe harmonieux.

MICHAEL C. ROCKEFELLER WING
Inaugurée en 1982, et d'une architecture résolument contemporaine, elle rassemble des collections africaines, océaniennes et américaines. Nelson Rockefeller offrit cette aile au musée en mémoire de son fils, disparu en mission en Nouvelle-Guinée.

TOTEM MBIS (XXe siècle)
La tribu des Asmat en Nouvelle-Guinée sculpte le bois, en particulier des pieux totémiques réservés à des cérémonies rituelles liées à la mort.

TEMPLE DE DENDUR
Cadeau du gouvernement égyptien aux États-Unis en remerciement de leur contribution à la sauvegarde des monuments nubiens, ce petit temple dédié à Isis, construit par Auguste vers 15 avant notre ère, a été reconstitué tel qu'il apparaissait au bord du Nil, avec un lac au premier plan. Il est visible depuis le parc et éclairé la nuit.

STÈLE FUNÉRAIRE
(VIe siècle av. J.-C.) Sur cette sculpture attique, une sphinge garde la sépulture de deux jeunes gens hiératiques.

«PORTRAIT D'HOMME»
(Fayoum, IIe siècle av. J.-C.) Portrait funéraire de tradition égyptienne influencée par l'art grec et romain.

«HARPISTE ASSIS»
(IIIe millénaire av. J.-C.) Cette sculpture cycladique en marbre, d'une simplicité si élaborée, représente – fait rarissime – un homme musicien.

BOSCOREALE
Victime du Vésuve en 79, comme Pompéi, la villa de Boscoreale a livré de superbes décors, dont ces peintures en trompe l'œil.

«TÊTE DE ROI»
(IVe siècle) Ce portrait d'argent ciselé et repoussé atteste le talent des Sassanides.

«Tête de reine» (vers 1400 av. J.-C.)
Cet étonnant fragment de jaspe rappelle la perfection de l'art sous Aménophis III.

Chaise du scribe Renyseneb
(vers 1450 av. J.-C.)
Ce siège si harmonieux, prouesse technique de bois et ivoire, lui servit de son vivant, et fut sans doute gravé après sa mort pour figurer dans sa tombe.

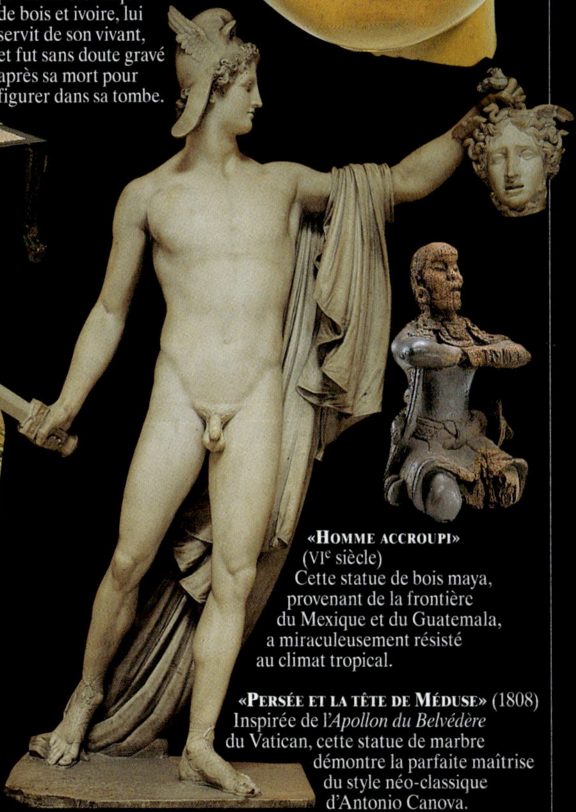

«Homme accroupi» (VIe siècle)
Cette statue de bois maya, provenant de la frontière du Mexique et du Guatemala, a miraculeusement résisté au climat tropical.

«Persée et la tête de Méduse» (1808)
Inspirée de l'*Apollon du Belvédère* du Vatican, cette statue de marbre démontre la parfaite maîtrise du style néo-classique d'Antonio Canova.

JACKSON POLLOCK,
Autumn Rhythm
Ce tableau est le dernier d'une série de grandes peintures coulées (1950), étape innovatrice qui contribua au développement de l'expressionnisme abstrait. Pollock parvint à ce résultat en projetant sa couleur avec une maîtrise fantaisiste.

SALON DE LA MAISON «LITTLE»
Frank Lloyd Wright (1867-1959) créa en 1914 une résidence d'été pour Francis W. Little à Wayzata, une banlieue du Minnesota. Les murs ocre, le plancher en chêne naturel, les briques de la cheminée contribuent à l'harmonie de la pièce. Le mobilier en chêne, et jusqu'à sa disposition, participe étroitement de l'ensemble de la composition architecturale.

CHARLES DEMUTH,
I Saw the Figure 5 in Gold (1928)
Cette impression abstraite de la vie urbaine est typique de ce peintre américain moderniste.

PIÈCE DE LA MAISON HEWLETT (1740-1760)
Les meubles et boiseries de cette pièce proviennent d'une ferme de Long Island, à l'époque où se mêlaient des styles européens et anglais. Le buffet peint en grisaille imitant des fruits sculptés est typique de la région, colonisée par des Hollandais.

MARSDEN HARTLEY,
Portrait of a German Officer
Toile puissante du peintre américain, exécutée en novembre 1914 pendant son séjour à Berlin.

Les thèmes militaires sont traités par Hartley dans une veine expressionniste allemande qui assimile aussi les leçons du cubisme. Ce portrait d'officier se veut une image psychologique et physique collective, avec une masse condensée de symboles, insignes, médailles et drapeaux, enrichie de références plus personnelles – lettres et nombres – à un ami récemment tué au front.

Thomas Eakins,
Max Schmitt in a Single Scull (1871)
Eakins peignit entre 1870 et 1874 une série de toiles consacrées au canotage, attestant sa passion des sports. On notera le traitement de la lumière et de l'espace, allié à une haute virtuosité technique et à une approche directe et analytique du sujet.

Winslow Homer,
The Gulf Stream (1899)
Homer exécuta ce tableau d'après des esquisses datant d'un voyage aux Bahamas. Il offre un bon exemple d'un thème qui lui est cher, l'échange réciproque entre l'homme et la nature, et dont l'expression la plus poignante est révélée dans ses marines.

PATIO DE VÉLEZ BLANCO (1506-1515) Provenant d'un palais proche d'Almeria (Espagne), cette cour intérieure richement sculptée est un joyau d'architecture italo-hispanique de style Renaissance.

JAN VAN EYCK, *Le Jugement dernier* (vers 1425) Ce tableau, l'un des premiers du peintre flamand, et chef-d'œuvre de la toute nouvelle peinture à l'huile, préfigure le réalisme nordique.

LE GRECO, *Vue de Tolède* (1597) Le seul véritable paysage du Greco ; il a réduit sa palette à des verts, des gris, et un blanc brillant qui confère au tableau une lumière intérieure et une impression mystique.

GEORGES DE LA TOUR, *La Diseuse de bonne aventure* (1632-1635). L'une de ses rares scènes de jour, qui dépeint l'innocence trompée.

ARMURE DE PARADE (vers 1550). Exécutée par le graveur Étienne Delaune pour le roi de France Henri II, elle illustre en détails superbement gravés les thèmes du Triomphe et de la Renommée.

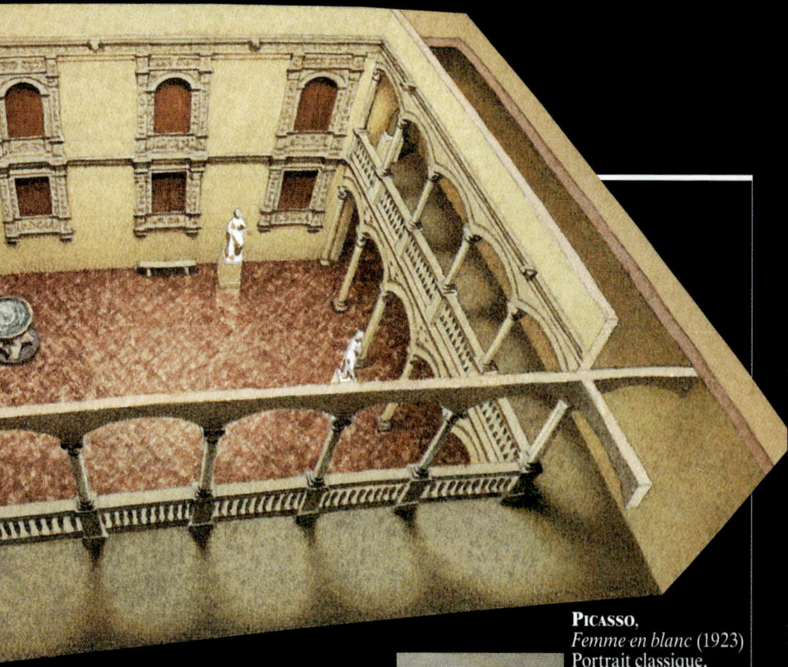

Picasso,
Femme en blanc (1923)
Portrait classique, monumental et monochrome, mais sentimental, d'Olga.

Seurat,
La Parade (1887-1888)
Première scène de nuit féerique, et premier divertissement populaire peints par l'artiste.

Manet, *En bateau* (1874)
Un résumé de l'impressionnisme naissant : plein air, coloris, atmosphère.

Vierge à l'Enfant en majesté
(Auvergne, 1200)
Marie, Trône de la Sagesse, présente Jésus, Divine Sagesse, de face et stylisé.

Grand salon de l'hôtel de Tessé
(Paris, 1765-1768)
Toute la grâce du style Louis XVI.

▲ Guggenheim Museum

Fernande à la mantille noire (1905-1906), par Pablo Picasso.

«Je veux un temple de l'esprit». C'est en ces termes que la baronne Hilla Rebay von Ehrenwiesen commanda à l'architecte célèbre qu'était déjà en 1943 Frank Lloyd Wright un musée pour la collection de Solomon Guggenheim dont elle était l'inspiratrice et la directrice. Magnat du cuivre et mécène éclairé, déjà possesseur d'une collection de Maîtres Anciens, Solomon Guggenheim avait eu la révélation de l'art moderne vingt ans auparavant, après sa rencontre avec la baronne qui l'avait introduit auprès de Delaunay, Gleizes, Chagall,

Montagnes à Saint-Rémy (1889), par Vincent Van Gogh acquis en 1978 par K. Thannhauser.

Le Roi des rois (vers 1930), sculpture en bois de chêne de Constantin Brancusi et *Femme cuiller* (1926), bronze d'Alberto Giacometti.

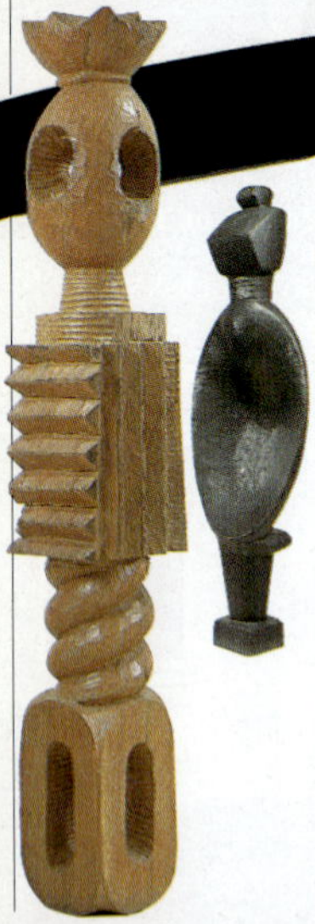

Kandinsky, Bauer. Il avait fondé un prix en faveur des artistes modernes et créé la Fondation S. Guggenheim, destinée à «promouvoir et encourager les arts et l'éducation artistique». «Je ne veux pas d'un musée comme ceux qui existent actuellement à New York… Rien de ce qui abrite aujourd'hui communément un musée ne saurait convenir à celui-ci», avait-il dit à Wright.

Un musée éclairé à la lumière naturelle. L'architecte dessina plusieurs plans concus pour accorder à la lumière naturelle un rôle primordial. Outre la coupole de verre recouvrant une cour centrale – et présente dans toutes ses propositions initiales – Wright préconisait une bande le long des murs, diffusant la lumière du ciel de façon continue, sur le modèle de son propre atelier dans le Wisconsin. Autre concept prévalant dans les projets de Wright, celui d'un espace ouvert, sans arrêt ni cloison, qu'une chaise roulante pourrait parcourir de haut en bas. Sur ses premiers plans, Wright écrivait «rampe continue». L'idée d'un bâtiment à rampe spirale était née.

G U G G E N H E I M

Vue intérieure du musée, la coupole.

État d'Alerte (1968), triptyque de Roy Lichtenstein.

UNE ARCHITECTURE UNIQUE POUR UNE COLLECTION UNIQUE ★
À combiner avec une journée de promenade à Central Park, l'entrée du musée se trouvant juste en face du Reservoir ▲ *314*, à la hauteur de 89th St. L'étonnante structure hélicoïdale conçue dans les années 1950 par Frank Lloyd Wright n'a rien perdu de son originalité. Mais actuellement les expositions se visitent souvent de bas en haut et non à partir du sommet comme le souhaitait l'architecte. Compter 2 à 3 h. Éviter week-ends et jours fériés car pour certaines expositions la file d'attente peut être longue…

UN PROJET CONTROVERSÉ. Entre ces premiers projets et la réalisation finale allaient s'écouler seize années jalonnées de conflits avec les autorités du bâtiment et avec le directeur de la Fondation, James Johnson Sweeney, successeur en 1952 de la baronne Rebay, lequel entrevoyait dans le dispositif de Wright de sérieux problèmes de conservation et d'accrochage des collections. Non seulement, Wright avait voulu que les tableaux soient éclairés par la lumière naturelle, donc changeante selon le soleil et les saisons, mais aussi qu'ils soient inclinés, comme sur un chevalet. On adopta finalement le schéma suivant : une rampe hélicoïdale de 400 m, qui monte en pente douce jusqu'à la coupole de verre, environ 30 m plus haut, éclairant l'ensemble. Le long de la rampe on opta plutôt pour la lumière artificielle. Comme l'avait voulu Wright, les tableaux sont exposés sans cadres ou avec des cadres très simples et accrochés, comme dans un atelier de peintre, aux murs circulaires et aux cloisons transversales.

Peinture avec Bord blanc (1913), de Wassily Kandinsky

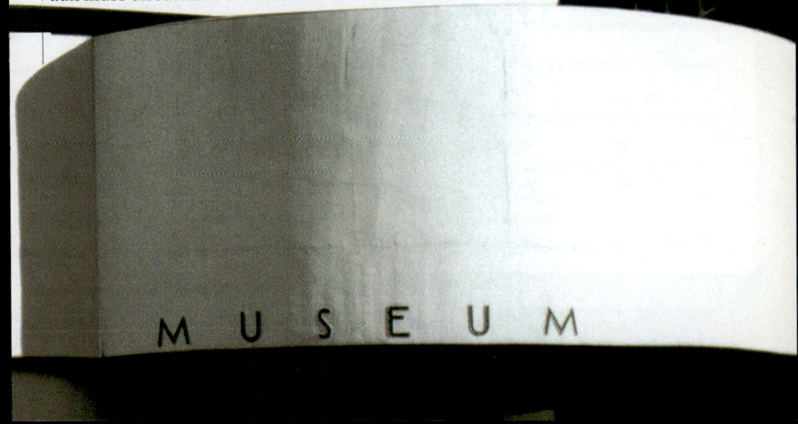

A Entrée principale du Solomon R. Guggenheim Museum, 1071 5th Avenue

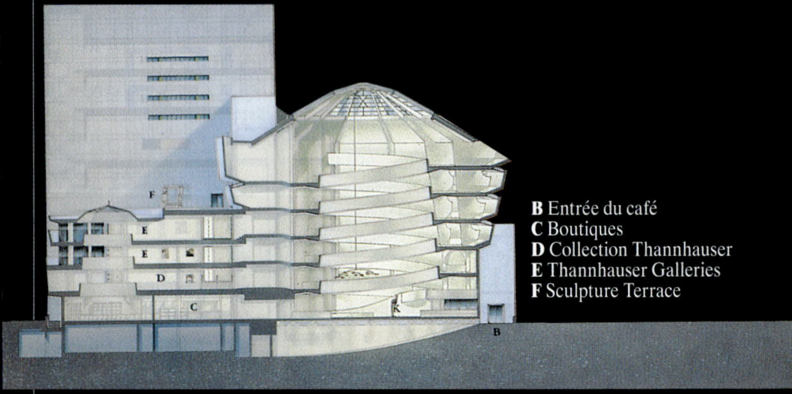

B Entrée du café
C Boutiques
D Collection Thannhauser
E Thannhauser Galleries
F Sculpture Terrace

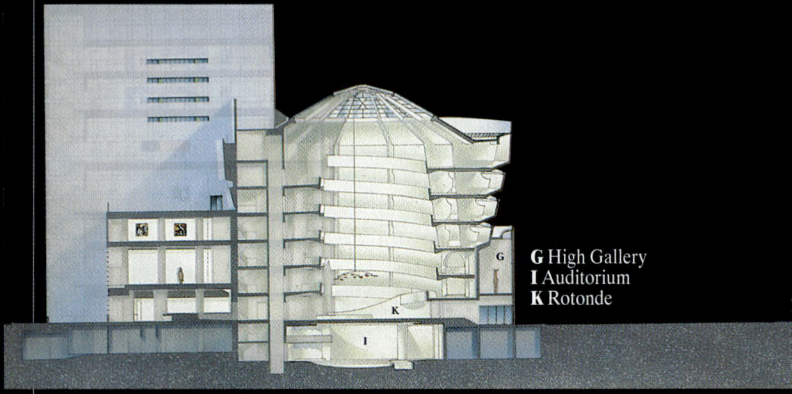

G High Gallery
I Auditorium
K Rotonde

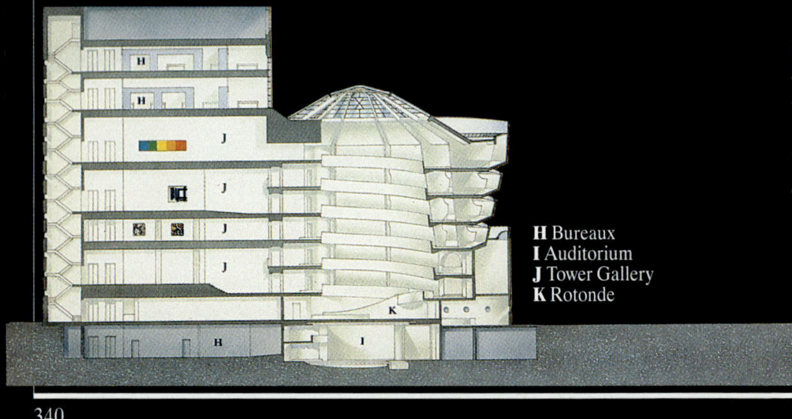

H Bureaux
I Auditorium
J Tower Gallery
K Rotonde

Composition 1 A (1930), huile de Piotr Mondrian

«UN VAISSEAU DANS LA VILLE». En août 1956, les travaux commençaient. Wright visita pour la dernière fois son chantier au mois de janvier 1959 et mourut trois mois plus tard, sans avoir vu son œuvre achevée. Le musée ouvrit en octobre de la même année et suscita un tollé : le béton utilisé pour la façade (en place du marbre voulu par Wright), la spirale pointe en bas défiant les lois de l'équilibre, tout autant que les œuvres abstraites exposées à l'intérieur, dérangèrent considérablement. À ceux, nombreux, qui, bien avant sa finition, traitaient le Musée de «machine à laver» ou de «champignon monstrueux», Wright répliquait déjà : «On ne juge pas plus un bâtiment sur son aspect extérieur qu'on ne juge une voiture sur sa couleur».

Terremoto (1981), installation de Joseph Beuys composée de dix-huit éléments : une machine à écrire, un drapeau, du feutre, neuf tableaux, couverts de dessins à la craie et de schémas, un container, un magnétophone, une cassette et des brochures.

LE FONDS. L'histoire du Musée Guggenheim est essentiellement celle de cinq grandes collections privées : la collection d'art abstrait de SOLOMON GUGGENHEIM – Kandinsky, Bauer, Moholy-Nagy, Léger, Delaunay, Chagall, Modigliani –, l'ensemble d'impressionnistes et modernes de JUSTIN K. THANNHAUSER – où figurent un nombre important de Picasso de jeunesse –, les tableaux d'expressionnistes allemands de KARL NIERENDORF (dont plus de cent œuvres de Paul Klee), les peintures et sculptures de l'avant garde historique de KATHERINE S. DREIER (Brancusi, Mondrian), les possessions en «minimal art» américain des années 1960 et 1970 du COMTE GIUSEPPE PANZA DI BIUMO (Robert Ryman, Dan Flavin), enfin les acquisitions successives des directeurs et conservateurs du musée – parmi lesquelles les œuvres de Roy Lichtenstein et Joseph Beuys. Actuellement, les collections du musée s'élèvent à plus de 5 000 peintures, sculptures et travaux sur papier sur une période courant des impressionnistes à nos jours. De nombreuses œuvres n'ont jamais pu être montrées faute de place. Une annexe dessinée par Gwathmey Siegel et Associates a été ouverte en 1992, inspirée des plans dessinés par Wright et destinés, sur le même site, à des ateliers d'artistes.

Matin au Village après tempête (1912), huile de Casimir Malevitch.

Objet lumineux de Dan Flavin, exposé du 28 juin au 27 août 1992.

1 Joan of Arc Statue
2 Soldiers' and Sailors' Monument
3 Yeshiva Chofetz Chaim
4 Riverside Drive
5 Apthorp Apartments
6 Collegiate Church and School
7 Ansonia Hotel
8 The Pythian Temple
9 Lincoln Center
10 Century Apartments

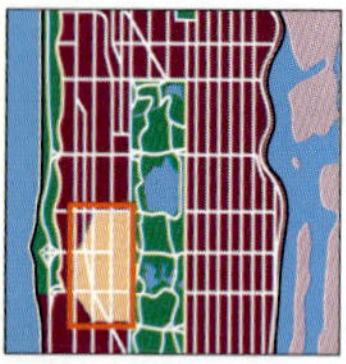

6 heures

◆ **C** A1-A2-B1-B2 **E** C1-D2

Le peuplement de l'Upper West Side ne commença réellement qu'en 1880, avec la construction du métro aérien de 9th Avenue (Columbus Avenue). Le nom de Central Park West fut attribué à la portion de 8th Avenue comprise entre 59th et 110th Streets, afin d'inciter les promoteurs immobiliers à y implanter des résidences haut de gamme. C'est aujourd'hui l'axe le plus prestigieux du quartier, dont le skyline exubérant contraste avec celui de 5th Avenue, du côté est de Central Park. L'ouverture, à la même époque, du vaste Riverside

N. Y. Society for Ethical Culture
Cette société, fondée par Felix Adler, se fit surtout remarquer pour ses méthodes très progressistes dans le domaine de l'éducation. Elle a d'ailleurs ouvert plusieurs écoles (Ethical Culture Schools), dont une se trouve juste à côté, au 33 Central Park West, angle 63rd St. La N. Y. Society for Ethical Culture créa, en 1878, le premier jardin d'enfants gratuit de New York et le premier centre d'œuvres sociales des États-Unis.

Park, en bordure de l'Hudson River, permit la création d'une autre enclave élégante à l'ouest, le long de Riverside Drive et West End Avenue. On trouve encore, sur les avenues de l'Upper West Side, certains des plus beaux exemples d'anciens «hôtels-résidences» (immeubles d'appartements où étaient fournies des prestations d'hôtel) de la ville et, dans les rues latérales, de magnifiques rangées de *rowhouses* ● 90. Au début du XXe siècle, ce secteur attira intellectuels et artistes, phénomène que renforça la construction du Lincoln Center dans les années 1960. Aujourd'hui l'Upper West Side est un

11 Liberty Warehouse
12 N. Y. Society for Ethical Culture
13 American Broadcasting Company Television Studios
14 Café des Artistes
15 Tavern on the Green
16 Congregation Shearith Israel
17 Majestic Appartments
18 Dakota Appartments
19 San Remo Appartments
20 N. Y. Historical Society
21 American Museum of Natural History
22 The Beresford
23 Children's Museum of Manhattan
24 American Folk Art Museum

American Folk Art Museum
2 Lincoln Square, entre 65th et 66th Sts. Créé en 1961 par des collectionneurs, ce musée présente, lors d'expositions temporaires, un large éventail des traditions artistiques des différentes communautés d'Amérique du Nord.

agréable quartier résidentiel. Ses institutions, la New York Historical Society, l'American Museum of Natural History, le Children's Museum of Manhattan, sur 83rd St., sont très visitées. Ses axes regorgent de commerces, dont le très célèbre *Zabar's* (2245 Broadway et 80th St.), où l'on achète des denrées du monde entier.

L'«Eldorado»
300 Central Park West (1931). Il fut conçu par Margon et Holder en association avec Emery Roth, à qui l'on doit *San Remo* et le *Beresford*. Ci-dessous l'une des trois fresques du *lobby* de l'*Eldorado*.

Autour de Central Park West

Century Apartments. 25 Central Park West (1931, arch. Irwin Chanin). Des cinq immeubles à tours jumelles qui longent Central Park West, c'est le plus au sud. Vers le nord, on trouve ensuite les *Majestic*, *San Remo*, *Beresford* (qui possède en fait trois tours), *Eldorado*. L'ensemble confère à Central Park West son skyline original et grandiose.
New York Society for Ethical Culture. 2 W 64th St. (1910, arch. Robert D. Kohn). Fondée en 1876, cette société humaniste s'est donné pour mission de promouvoir la moralité en dehors des dogmes religieux.

L'écrivain Sinclair Lewis choisit d'y habiter car, de son appartement, il pouvait profiter d'une vue sur tous les ponts de Manhattan.

L'Hôtel des Artistes comprenait à son ouverture une cuisine communautaire, une salle de squash, une piscine, une salle de bal et… le *Café des Artistes*.

«TAVERN ON THE GREEN»
C'est devant les arbres illuminés de *Tavern on the Green*, aujourd'hui centre d'information, qu'a lieu chaque année, depuis 1970, l'arrivée du marathon de New York. Cette course de 26,6 miles commence à Staten Island, à l'entrée du Verrazano Bridge, et traverse les cinq *boroughs* (districts) de la ville.

AMERICAN BROADCASTING COMPANY TELEVISION STUDIOS. 56 W 66TH ST. (1901, arch. Horgan et Slattery). Les studios ABC occupèrent l'ancien Arsenal de la Première Batterie de la Garde Nationale de New York, après l'avoir restauré en 1978. De nombreux feuilletons télévisés y ont été tournés.

«TAVERN ON THE GREEN». CENTRAL PARK WEST ET 67TH ST. (vers 1870). Situé à l'intérieur de Central Park, cet ancien restaurant gastronomique au décor étincelant connut des débuts plus modestes. C'était une bergerie pour les moutons qui paissaient non loin de là sur Sheep Meadow. Depuis son ouverture, en 1934, l'établissement, aujourd'hui fermé, était un lieu de rendez-vous pour les célébrités. La nuit, les arbres qui l'entouraient étaient illuminés de façon spectaculaire.

EX-«HÔTEL DES ARTISTES», «CAFÉ DES ARTISTES». 1 W 67TH ST. (1918, arch. George Mort Pollard). Il fait partie d'un ensemble de logements bâtis sur cette rue au début du XXe siècle par des groupes d'artistes ayant mis leurs ressources en commun. Les immeubles comportaient des ateliers, ainsi que des appartements à louer au public. Les revenus de la location aidaient les artistes à vivre et à rembourser l'argent emprunté pour la construction. Isadora Duncan, Noel Coward, Norman Rockwell et l'un des anciens maires de New York, John Lindsay, comptèrent parmi les célébrités ayant habité cet immeuble. Le peintre Howard Chandler Christy, résident de la première heure, a peint les fresques du *Café des Artistes*, aujourd'hui fermé, auquel on accédait par le *lobby* de l'immeuble.

«CAFÉ DES ARTISTES»
Les fresques de Howard Chandler Christy, qui résida longtemps à l'*Hôtel des Artistes*, représentent trente-six beautés nues et longilignes, dans un décor sylvestre. La plupart des modèles de l'artiste étaient bien connus des autres résidents de l'hôtel. Christy, surnommé le *pin-up artist*, était réputé pour ce genre de peinture et ses *pin-up* illustraient fréquemment les magazines. On lui demanda de ce fait d'être juge à la première élection de Miss America.

CONGREGATION SHEARITH ISRAEL. 8 W 70TH ST. (1897, arch. Brunner et Tryon). La plus ancienne congrégation juive de New York, dont le nom signifie «vestige d'Israël», fut formée en 1654 par des réfugiés du Brésil qui fuyaient la persécution. Le gouverneur hollandais Peter Stuyvesant voulut empêcher leur installation, mais il se vit informé par son employeur, la Dutch West India Company, que la société avait des actionnaires juifs qui ne sauraient tolérer une telle attitude. Le groupe put donc rester et bâtit sa première synagogue en 1729 sur Mill Street, dans le Lower Manhattan. Cette petite synagogue de style georgien a été reconstituée à l'intérieur du bâtiment actuel et peut se visiter. Elle renferme deux meules, provenant

d'un moulin hollandais qui se trouvait sur Mill Street (rue du Moulin).

The Pythian Temple. 135 W 70th Street (1926, arch. Thomas W. Lamb). Cet étonnant immeuble, à l'ouest de Columbus Avenue, vaut le détour. Thomas Lamb, architecte de théâtre, a conçu ce décor antique digne de Hollywood pour abriter le siège d'une fraternité, les *Knights of Pythia* (les Chevaliers de la Pythie). En 1979, l'immeuble a été remanié pour être converti en appartements. Noter l'inscription au-dessus de la porte d'entrée : «Que ce monde serait beau si tous les hommes s'aimaient comme des frères.»

West 71st Street. Entre Central Park West et Columbus Avenue (1880-1890). Les *rowhouses* qui bordent cette section de 71st Street datent des débuts de l'Upper West Side. La plupart étaient alors des maisons individuelles.

Majestic Apartments. 115 Central Park West (1930, arch. Jacques Delamarre). Il succéda au luxueux «Majestic Hotel», construit en 1893 et réputé pour son *Roof Garden*, l'un des lieux de divertissements prisés de la haute société new-yorkaise, au début du XXe siècle. Ces jardins suspendus, aménagés de fontaines et de cascades étaient à cette époque très à la mode. Fred Astaire séjourna au *Majestic Hotel* en 1919. Le *Majestic Apartments*, lui, connut des résidents d'une autre réputation : les gangsters Lucky Luciano et Meyer Lansky. Plus récemment, Frank Costello y vécut dans un *penthouse* de dix-sept pièces. En 1957, posté dans le *lobby*, un homme tira sur lui, n'effleurant que sa tête. Costello décida alors de «se retirer» du milieu. Il mourut ici seize ans plus tard, d'une crise cardiaque.

West 71st St.
La façade et l'entrée principale des maisons qui bordent les deux côtés de cette rue sont ornées de motifs décoratifs sculptés : têtes de lions, cupidons, coquillages… Le bas-relief sculpté du premier bow-window de la demeure située au n° 33 est décoré, entre autres motifs, d'un renard tenant dans sa gueule un lapin.

«Une fois de plus Stillman se retira dans Riverside Park. Cette fois il resta en bordure, se reposant sur un affleurement bosselé à hauteur de la 84e rue connu sous le nom de Mont Tom. À ce même endroit, pendant les étés de 1843 et de 1844, Edgar Allan Poe avait passé de longues heures à contempler l'Hudson.»

Paul Auster, *Cité de Verre.*

The Pythian Temple
Sa façade dotée d'une étonnante combinaison de décors antiques (sumériens, assyriens, égyptiens) et son sommet insolite, où trônent deux pharaons aux couleurs éclatantes, en font l'une des curiosités du quartier.

DAKOTA APARTMENTS
Dessiné par le futur architecte du Plaza, le *Dakota* est considéré comme un des trésors de la ville et l'une de ses adresses les plus sélectes.

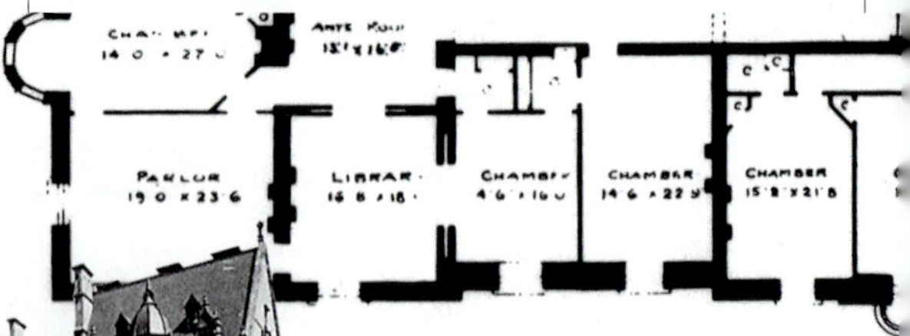

Il pouvait loger une armée de serviteurs et dispenser une multitude de services à ses riches occupants. Lauren Bacall, Roberta Flack, Leonard Bernstein et Judy Garland y vécurent. En 1968, Roman Polanski y tourna *Rosemary's Baby*. Le *Dakota* fut la dernière adresse de John Lennon. En 1980, il fut assassiné sous le porche de l'immeuble par un illuminé. Sa femme, Yoko Ono, vit toujours au *Dakota*. Elle a fait aménager la partie de Central Park qui se trouve juste en face de l'immeuble et que l'on nomme «Strawberry Fields» – titre d'une chanson des Beatles écrite par Lennon.

DAKOTA APARTMENTS. 1 W 72ND ST. (1884, arch. Henry J. Hardenbergh). Ce fut le premier hôtel-résidence de luxe de New York, construit par Edward Clark, le président des machines à coudre Singer. En découvrant le site choisi, aux confins d'Uptown, beaucoup surnommèrent le projet «la folie de Clark». Pourquoi pas dans le Dakota, au Far West ? lui fit remarquer un de ses amis. Clark retint le nom et fit décorer l'immeuble de pointes de flèches, d'épis de maïs et d'un visage d'Indien au-dessus de l'entrée principale.

SAN REMO APARTMENTS. 145-146 CENTRAL PARK WEST (1930, arch. Emery Roth). L'actrice Rita Hayworth vécut ses dernières années dans ce luxueux immeuble d'appartements, jusqu'à sa mort, en 1987. La promenade en barque sur le lac de Central Park offre sans doute la meilleure vue qui soit sur le *San Remo* et ses tours spectaculaires, chacune surmontée d'un temple (ci-contre).

NEW YORK HISTORICAL SOCIETY. 77TH ST. ET CENTRAL PARK WEST (1908, arch. York et Sawyer). Fondée en 1804 par des personnalités new-yorkaises soucieuses de conserver l'histoire de leur ville, la New York Historical Society est à la fois un musée et une bibliothèque de recherche. Ses collections permanentes comprennent notamment trois cents aquarelles de John James Audubon ▲ *361*, des œuvres de Thomas Cole et de l'école de l'Hudson River ainsi qu'une importante collection de verres et de lampes Tiffany ▲ *296*. Des expositions temporaires sur l'histoire de la ville et des États-Unis y sont présentées.

«ENTASSÉS DANS L'ÎLE ÉTROITE, LES ÉDIFICES AUX MILLE FENÊTRES SE DRESSERONT, ÉTINCELANTS [ ], SOMMETS DE NUAGES BLANCS AU-DESSUS DES ORAGES»

JOHN DOS PASSOS

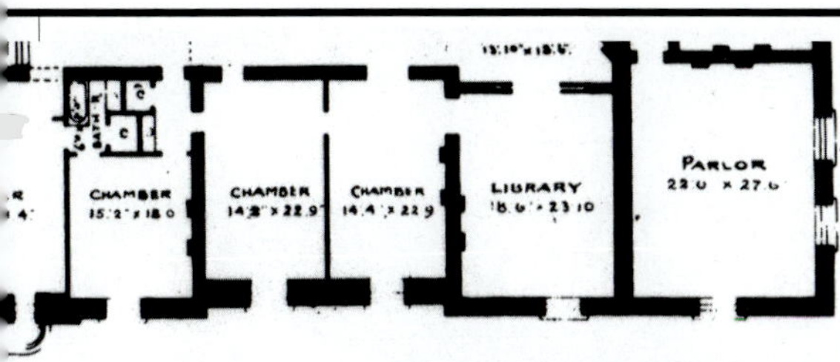

Plans du *Dakota*

AMERICAN MUSEUM OF NATURAL HISTORY. CENTRAL PARK WEST, ENTRE 77TH ET 81ST STS. (première aile 1872-1877, arch. Calvert Vaux et J. Wrey Mould). Inaugurée par le président Ulysses S. Grant, la première aile du musée est aujourd'hui cachée par l'assemblage hétéroclite de vingt et un bâtiments ajoutés depuis. Le THEODORE ROOSEVELT MEMORIAL (1936, arch. John Russel Pope) est aujourd'hui l'entrée principale du musée, sur Central Park West. L'intérieur est orné de fresques racontant des scènes de la vie de l'ancien président, grand explorateur qui œuvra pour la préservation des sites naturels aux États-Unis (notamment le Grand Canyon). À l'extérieur, une statue équestre (1940, James Earl Frazer) le représente flanqué d'un Indien et d'un Africain pour symboliser «l'amitié de Roosevelt pour toutes les races». Le musée est l'un des plus visités de New York. Les collections sur les civilisations indiennes, africaines et océaniennes, les dioramas sur les habitats des animaux, la reproduction grandeur nature d'une baleine bleue et la salle des Dinosaures sont particulièrement prisés. Inauguré en 2000, le ROSE CENTER FOR EARTH AND SPACE, musée des sciences high-tech projeté par James Stewart Polshek, se consacre à l'espace et aux origines de la vie.

THE BERESFORD. 211 CENTRAL PARK WEST (1929, arch. Emery Roth). Conçu par le même architecte que celui du *San Remo*, ce luxueux et massif immeuble d'appartements doit son nom à l'hôtel qu'il a remplacé. Il se distingue surtout par les trois tours d'inspiration baroque qui dominent Central Park.

ROSE CENTER FOR EARTH AND SPACE
Ce beau musée en forme de sphère, qu'enferme une étonnante structure de verre et d'acier, propose un voyage pédagogique dans l'histoire de la Terre et de l'Univers. Point fort de la visite, le Hayden Planetarium, dont les projections utilisent de saisissants effets spéciaux.

DE BROADWAY À RIVERSIDE PARK

ANSONIA APARTMENTS. 2109 BROADWAY (1904, arch. Graves et Duboy) ● *95*. Ce joyau de style Beaux-Arts (ci-contre) possède un extérieur très raffiné, réalisé en majeure partie par l'architecte et sculpteur français Paul E. Duboy. Noter les tours d'angle coiffées de dômes et les nombreux balcons. Ultra-moderne pour l'époque, ce luxueux hôtel-résidence possédait un système de circulation d'air qui en fit le premier immeuble «à air conditionné» de New York. Son excellente isolation sonore lui attira une clientèle de musiciens : Stravinski, Toscanini, Menuhin comptèrent parmi ses résidents. Entrer dans le *lobby*, pour voir l'exposition de photos qui retrace la splendeur passée de l'Ansonia. On y apprend qu'il avait deux piscines, plusieurs boutiques, une fontaine dans le *lobby*, où nageaient des phoques, un jardin sur le toit, dans lequel le propriétaire avait aménagé un poulailler qui lui permettait d'approvisionner les habitants en œufs frais.

Ansonia Apartments

RIVERSIDE PARK
Ouverte en 1880, Riverside Drive n'est jamais parvenue à supplanter la prestigieuse 5th Ave. mais la proximité de Riverside Park (ci-contre au début du XXe siècle) et les vues magnifiques qu'elle offre sur l'Hudson River lui ont, dès ses débuts, attiré une population aisée.

JOAN OF ARC STATUE
Riverside Drive et W 93rd.
Au cœur du Joan of Arc Park, cette statue réalisée en 1915 par Anna Vaughn Hyatt Huntington repose sur un piédestal dont les pierres proviennent en partie de la cathédrale de Reims et de la tour où Jeanne d'Arc fut emprisonnée à Rouen.

COLLEGIATE CHURCH AND COLLEGIATE SCHOOL. 241 W 77TH ST. (1893, arch. Robert W. Gibson). Ses pignons, ses clochetons et ses lucarnes ouvragés rappellent que la Collegiate Church appartenait à l'Église hollandaise réformée, établie aux États-Unis en 1628. Aujourd'hui la Collegiate School n'a plus de lien direct avec l'église. Cette prestigieuse école privée pour garçons est une des plus anciennes écoles de New York et des États-Unis.

APTHORP APARTMENTS. 2211 Broadway (1908, arch. Clinton et Russell). Construit par William Waldorf Astor, cet hôtel résidentiel de style Renaissance italienne, qui occupe tout un *block*, attira de riches pensionnaires désireux de s'installer dans un Upper West Side en plein essor. Ses deux grandes portes cochères voûtées donnent sur une vaste cour intérieure ornée d'une fontaine centrale.

RIVERSIDE DRIVE WEST 80TH-81ST STREETS HISTORIC DISTRICT. (VERS 1890). Les trente-deux *rowhouses* qui constituent ce quartier historique furent construites par des promoteurs qui résistèrent au goût de l'époque pour les hôtels-résidences. Noter les enjolivements des toitures et la grande variété de *bow-windows*.

RIVERSIDE PARK. RIVERSIDE DRIVE, DE 72ND À 153RD STS. (1873-1910, Frederick Law Olmsted). Voici l'autre grand espace vert de Manhattan, après Central Park, conçu par le même architecte-paysagiste. Sur la longueur de 80 *blocks*, il recouvre les voies désaffectées du New York Central Railroad. Ne pas manquer, entre 72nd et 86th Streets, la promenade en bordure de l'Hudson, avec son petit port de plaisance, à la hauteur de 79th Street.

YESHIVA CHOFETZ CHAIM / EX-VILLA JULIA. 346 W 89TH ST. (1901, arch. Herts et Tallant). L'ancienne demeure d'Isaac L. Rice, qu'il avait appelée Villa Julia, du nom de sa femme, est un des rares hôtels particuliers à subsister sur Riverside Drive. Rice avait fait fortune dans la vente d'accumulateurs électriques et se distingua, à la fin de sa vie, comme remarquable joueur d'échecs. Sa maison abrite aujourd'hui un séminaire juif (*yeshiva* en hébreu).

Harlem et Brooklyn

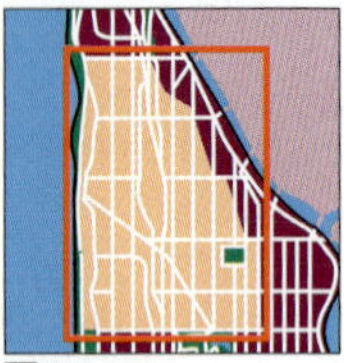

4 heures

◆ **E** A1-B1

“Je me rappelle [...], quand il t’a fallu changer de train à Washington et que tu as dû aller dans le wagon réservé aux Noirs – quand tu n’as pas pu aller au wagon-restaurant avant que tous les Blancs aient terminé. [...] Je ne veux pas dire que j’ai envie de manger avec des Blancs. Ça rend simplement la vie un peu plus facile – ça rendra peut-être la vie de mes enfants un peu plus facile. Peut-être que c’est tout ce que je veux.”

J. Baldwin, *Harlem*

Le secteur regroupant les quartiers de Morningside Heights, Harlem, East Harlem et Hamilton Heights plus généralement désigné sous le nom de Harlem s’étend du sud au nord entre 110th et 168th Sts. À l’exception de Morningside Heights, qui rassemble des institutions éducatives dont la prestigieuse Columbia University et constitue un agréable quartier étudiant, cette partie de Manhattan souffre d’une mauvaise image. Longtemps catalogué comme le ghetto noir de New York, Harlem est peu à peu investi par la classe moyenne blanche, tandis que les Noirs sont refoulés vers des quartiers meilleur marché.

HISTORIQUE. En 1658 des paysans hollandais, attirés par la qualité de la terre, fondèrent le village de Nieuw Haarlem – du nom d’une ville de Hollande – à une quinzaine de kilomètres au nord de la colonie de Manhattan. Il se peupla de fermiers puis de riches New-Yorkais qui y construisent leur maison de campagne. L’ouverture, en 1837, sur 4th Avenue, du New York and Harlem Railroad reliant City Hall et Harlem River transforma ce village en une banlieue riche et élégante où l’on vit se bâtir de belles *rowhouses*, dont beaucoup ont survécu. À partir de

Façade en trompe l'œil qui évoque la splendeur des demeures du début du XIXe siècle.

1879, la création des métros aériens de 3rd et de 2nd Aves., puis en 1901, de la ligne IRT sur Lenox Ave. amena des immigrants désireux de quitter le Lower East Side ▲ *189*.

Le peuplement noir de Harlem. À la fin des années 1880, la chute des prix, due à la trop forte spéculation sur ce nouveau quartier, attira une clientèle noire. En 1920, 200 000 Noirs habitaient Harlem, qui connut son âge d'or au cours de la décennie dite «Harlem Renaissance» où musiciens, intellectuels et écrivains noirs y affluèrent. Mais la crise de 1929 brisa net cette renaissance afro-américaine.

Les années 1960. Harlem devint un centre d'activisme politique et social. Les Black Muslims, guidés par Elijah Mohammed, fondèrent le Temple de l'Islam sur Lenox Ave. Malcolm X y travailla jusqu'en 1964, avant de créer sa propre organisation. Il fut assassiné en février 1965 à l'Audubon Ballroom, sur 166th Street. En 1968, de violentes émeutes éclatèrent, nées de revendications économiques et sociales. Au milieu des années 1970, des propriétaires new-yorkais incendièrent leurs immeubles pour toucher des primes d'assurance. 300 000 foyers furent détruits, à Harlem et dans le South Bronx. Harlem connaît aujourd'hui un important renouveau sous l'impulsion d'une jeune bourgeoisie noire qui y restaure ses nombreux *rowhouses*. Boutiques et grandes marques y ont élu domicile,

«Harlem, à New York, devint bientôt la plus grande communauté noire du monde ; elle devint le symbole et le prototype de la vie urbaine que le Noir en butte à la ségrégation était en train de créer au sein de sa nouvelle congrégation. Harlem […] constituait une sorte de zone frontière urbaine.»
Daniel J. Boorstin

STATUE DE L'ALMA MATER
À l'extérieur de la Low Memorial Library, sur le grand escalier, trône la statue réalisée en 1903 par Daniel Chester French.

tout comme l'ex-président Bill Clinton, qui y a installé ses bureaux, et des jeunes Blancs, en quête de loyers moins chers.

COLUMBIA UNIVERSITY

HISTORIQUE. Fondée en 1754 sous le nom de King's College et rebaptisée après la guerre d'Indépendance Columbia College, Columbia University est une des universités les plus anciennes et les plus grandes du pays. Alexander Hamilton, premier ministre des Finances des États-Unis, John Jay, premier président de la Cour suprême, et Robert Livingston, premier ministre des Affaires étrangères, firent leurs études à King's College. Plus récemment, les enseignants et les diplômés comptèrent dans leurs rangs Theodore et Franklin D. Roosevelt. Dwight D. Eisenhower fut président de l'université de 1948 à 1953, avant d'être celui des États-Unis. Aujourd'hui Columbia University accueille près de 28 000 étudiants.

PLUSIEURS EMPLACEMENTS. L'université fut établie en 1754 près de Trinity Church ▲ *154,* dans Lower Manhattan, puis en 1857 sur Madison Avenue, à la hauteur de 49th Street. On l'installa en 1897 sur son site actuel, entre 114th et 121st Streets, Broadway et Amsterdam Avenue. Le plan et la majeure partie des bâtiments du campus d'origine ont été conçus par McKim, Mead et White. En 2007, de nouveaux bâtiments, dus à Renzo Piano, ont été élevés entre 125th et 133rd Streets.

LOW MEMORIAL LIBRARY ● *93.* (1897, arch. McKim, Mead et White.) Dressée au milieu du campus,

SETH LOW
(1850-1916)
Il fut le maire de Brooklyn et, à partir de 1890, le président de Columbia University. On lui doit la Low Memorial Library. En 1901, il fut élu maire de New York.

Columbia University, au début du XXe siècle.

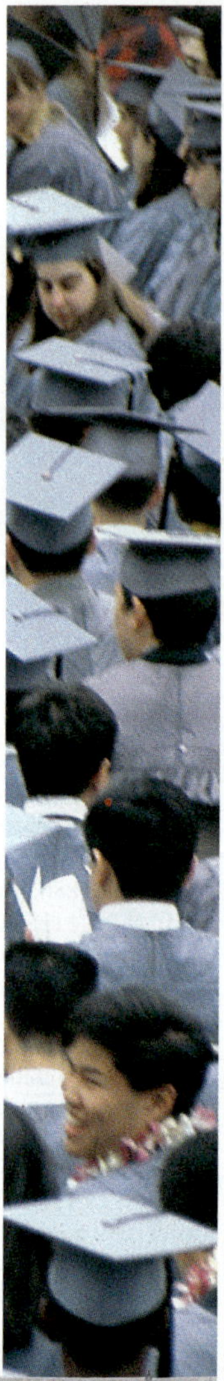

«C'ÉTAIT VRAIMENT HARLEM, ET TOUTES LES HISTOIRES QUE J'AVAIS ENTENDUES CONCERNANT LA CITÉ À L'INTÉRIEUR DE LA CITÉ JAILLISSAIENT DANS MON ESPRIT.»

RALPH ELLISON

la Low Memorial Library, bâtie en forme de croix grecque, fut le premier bâtiment construit sur le campus. La Low Memorial Library possède l'un des plus beaux intérieurs Beaux-Arts de New York : une vaste rotonde recouverte d'une coupole. Depuis 1934, la bibliothèque n'existe plus, l'édifice accueille l'administration centrale de l'université. Le premier étage abrite la COLUMBIANA LIBRARY COLLECTION, qui rassemble les documents, livres et portraits ayant trait à l'histoire de l'université.

BUTLER LIBRARY. (1934, arch. James Gamble Rogers.) La principale bibliothèque de Columbia University fait face à Low Memorial Library, au sud du campus. Butler Library doit son nom à Nicholas Murray Butler, président de l'université de 1902 à 1945. Avec plus de six millions de volumes, elle est une des plus importantes bibliothèques des États-Unis. Rogers, tout comme pour son campus de Yale University, s'est inspiré de la bibliothèque Sainte-Geneviève à Paris.

ST-PAUL'S EPISCOPAL CHAPEL. (1907, arch. Howells et Stokes.) Cette chapelle, qui a également la forme d'une croix grecque, se trouve à l'est de Low Memorial Library. Sa construction fut financée par la famille d'Anson Phelps Stokes, riche financier et philanthrope. Sous la chapelle se trouve le *Postscrypt Coffeehouse*, un petit café-salle de concerts où les étudiants des années 1960 découvrirent Jack Kerouac et Bob Dylan.

BUELL HALL. ENTRE LOW LIBRARY ET ST-PAUL'S EPISCOPAL CHAPEL (1878). Ce bâtiment est le seul qui subsiste de l'asile d'aliénés de Bloomingdale. Il abrite aujourd'hui le TEMPLE HOYNE BUELL CENTER FOR THE STUDY OF AMERICAN ARCHITECTURE (institut d'architecture américaine) ainsi que la MAISON FRANÇAISE DE COLUMBIA. Sur la pelouse, entre Buell Hall et le département de philosophie, s'élève une réplique du *Penseur* de Rodin, réalisée en 1930. Juste en face se trouve Avery Hall et AVERY LIBRARY, qui constitue la plus grande bibliothèque d'architecture du pays. Le campus est ouvert au public, mais il faut une carte d'étudiant de Columbia University pour accéder aux Butler et Avery Libraries.

«OUR COUNTRY AND OUR CULTURE»
Dans les années 1950, les universités et principalement Columbia University furent le moteur de l'activité intellectuelle américaine. En 1952, *Partisan Review* donne une synthèse de la nouvelle approche des penseurs américains, définie lors du symposium «Our Country and Our Culture» (Notre pays et notre culture). Elle annonce l'émancipation intellectuelle de l'Amérique envers l'Europe et les prémices d'une certaine hégémonie de l'intelligentsia américaine.

UN CENTRE CULTUREL FRANÇAIS
La Maison française de Columbia University, ouverte en 1910, est le plus ancien centre d'études de langue étrangère rattaché à une université américaine. Elle y assure une présence française en organisant des manifestations artistiques et littéraires. Sartre et Ionesco, notamment, y ont donné des conférences.

Saint John The Divine ♥

La cathédrale épiscopale de New York. Elle se dresse majestueusement sur Amsterdam Avenue, à la hauteur de 112th Street, sur Morningside Heights près du site où, durant la guerre d'Indépendance se déroula la bataille de Harlem Heights, livrée le 16 septembre 1776 et au cours de laquelle les troupes de George Washington furent battues par les Anglais. En 1887, désireux d'édifier une cathédrale digne de rivaliser avec les plus belles d'Europe, le diocèse épiscopal de New York acheta 6 ha, pour une somme exorbitante, et lança un concours. Sur les soixante projets soumis, c'est la cathédrale romane de Heins et La Farge qui emporta le concours.

Une construction de longue haleine. Aujourd'hui, plus d'un siècle après le début des travaux (1892) placés sous la direction de l'évêque Henry Codman Potter, la cathédrale est enfin achevée. Il fallut d'abord vingt ans pour construire seulement le chœur et les quatre arches du grand dôme. En 1916, le projet changea radicalement : après la mort des deux architectes et de l'évêque Potter, on opta pour les plans gothiques de Cram et Ferguson. L'édification de la nef ne commença qu'en 1925, après un appel de fonds publics ; le premier service eut lieu en 1939.

Au début du XXe siècle, la cathédrale, en construction devant la voie aérienne du *El*, impressionne déjà par ses dimensions (ci-dessous). Achevée, Saint John The Divine sera la plus grande cathédrale gothique du monde, longue de 183 m, haute de 38 m sous la nef principale.

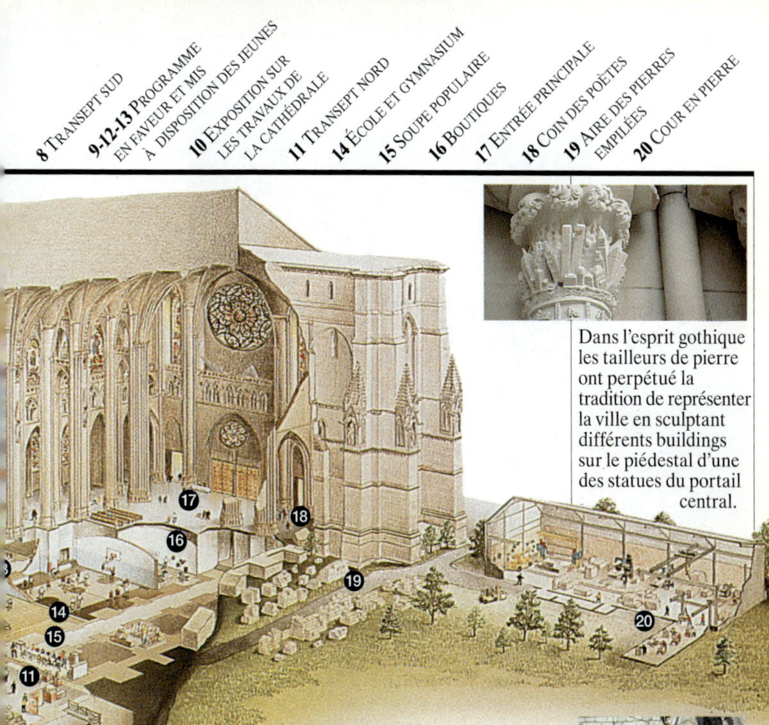

Dans l'esprit gothique les tailleurs de pierre ont perpétué la tradition de représenter la ville en sculptant différents buildings sur le piédestal d'une des statues du portail central.

Les travaux, interrompus par la guerre, en 1941 – la cathédrale aux deux tiers bâtie – ne reprirent qu'en 1979, sous la direction du révérend Dean Morton, avant d'être à nouveau arrêtés en 1990. La sculpture du portail fut achevée à la toute fin du XXe siècle tandis que la nef, entièrement détruite par un incendie survenu en 2001, dut attendre 2008 pour être à nouveau consacrée. De jeunes apprentis, la plupart issus de Harlem, taillèrent et sculptèrent la pierre selon les méthodes utilisées au Moyen Âge pour les cathédrales européennes. À noter, autour du 4 octobre, les *Pet Events*, qui voient la bénédiction des animaux de compagnie.

L'intérieur. Les quatorze travées de la nef symbolisent les différentes vocations spirituelles et terrestres de l'homme, tandis que chacune des sept chapelles du déambulatoire, situé derrière le chœur, est dédiée à un groupe ethnique. La cathédrale contient de nombreuses œuvres d'art, notamment deux tapisseries des Gobelins du XVIIe siècle. Avant de quitter la cathédrale, ne pas manquer de visiter la carrière, le Jardin Biblique, et la Fontaine de la Paix, réalisée en 1985 par Greg Wyatt.

Fontaine de la Paix
Elle illustre la lutte entre le bien et le mal, incarnés par l'archange saint Michel et Satan. Le crabe géant symbolise la mer et les origines de la vie, tandis que la double hélice du piédestal représente l'ADN, la chaîne du code génétique. Elle est décorée de 60 petits animaux en bronze moulés d'après des œuvres d'enfants, sélectionnées par concours.

«Mais lorsque j'ouvris les yeux, nous étions en train de nous engager dans Riverside Drive. […] À ma droite et devant moi, s'élevait la flèche de l'église, couronnée d'une lumière rouge d'avertissement. Puis nous passâmes devant la tombe du héros [Grant's Tomb] ; je l'avais visitée, le souvenir m'en revint ; vous montiez les marches, vous entriez et vous regardiez loin au-dessous de vous pour le trouver, reposant en paix, drapeaux déployés…»
Ralph Ellison, *Homme invisible, pour qui chantes-tu ?*

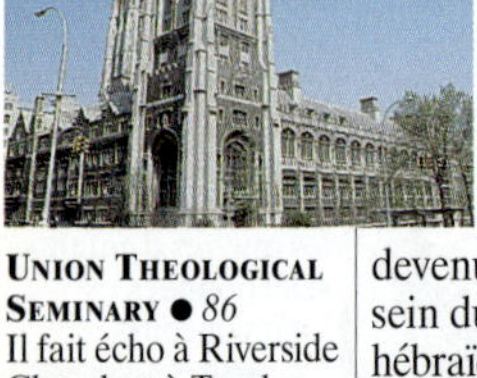

UNION THEOLOGICAL SEMINARY ● *86*
Il fait écho à Riverside Church et à Teachers College (sur 120th St.), conçus par le même architecte, sur le même thème de variations néo-gothiques. Union Theological Seminary est un des plus beaux exemples du gothique anglais à New York.

BARNARD COLLEGE. ENTRE BROADWAY ET CLAREMONT AVE., 116TH ET 120TH STS. Le campus de Barnard College, à l'ouest de celui de Columbia University, comprend neuf bâtiments construits entre 1896 et 1988. L'aile la plus ancienne se trouve au 606 W 120th Street. L'établissement fut fondé en 1889, en tant qu'université réservée aux femmes, et affilié à Columbia College, à l'époque exclusivement masculin (les premières étudiantes y ont été admises en 1983). Même si aujourd'hui les deux institutions sont fréquentées par des étudiants des deux sexes, Barnard College a maintenu fièrement son statut d'établissement féminin. Il doit son nom à Frederick A. P. Barnard, l'un des premiers défenseurs de l'égalité des droits aux études supérieures.

LE NORD DE MORNINGSIDE HEIGHTS

UNION THEOLOGICAL SEMINARY. BROADWAY, ENTRE 120TH ET 122ND STS. (1910, arch. Allen et Collens). Derrière les murs néo-gothiques de ce séminaire, fondé en 1836, ont étudié ou enseigné quelques-uns des plus éminents pasteurs protestants des États-Unis, parmi lesquels Reinhold Niebuhr – professeur d'éthique chrétienne de 1928 à 1960. Demander à visiter le petit jardin à l'intérieur du cloître et à voir le superbe escalier.
JEWISH THEOLOGICAL SEMINARY. 3080 BROADWAY (1930, arch. Gehron, Ross, Alley). Ce séminaire, fondé en 1886 pour former des rabbins et des théologiens, est devenu l'institution centrale du mouvement conservateur au sein du judaïsme américain. Il possède une vaste bibliothèque hébraïque et judaïque, une collection de livres rares ainsi que des documents relatifs à la communauté juive de l'époque coloniale.
RIVERSIDE CHURCH ♥. RIVERSIDE DRIVE ET W 120TH ST. (1930, arch. Allen et Collens, Henry C. Pelton). La paroisse appartenait à l'origine à une petite communauté baptiste. Aujourd'hui elle est interconfessionnelle, interraciale et connue pour son libéralisme et son rôle actif au sein des communautés. C'est ici que Martin Luther King prononça en 1967 son célèbre sermon, «Il est temps de briser le silence», contre

«LA BEAUTÉ DE RIVERSIDE DRIVE, DOMINANT L'HUDSON, FAIT SOUHAITER QUE NEW YORK REDEVIENNE CE QU'IL ÉTAIT AU TEMPS DES HOLLANDAIS, UNE PLACE ENTOURÉE D'EAU ET DONT LES PLUS BELLES RÉSIDENCES SERAIENT À QUAI» P. MORAND

L'église baptiste, introduite aux États-Unis au XVIIe siècle, trouva un large écho, notamment auprès des Noirs. Ci-contre, en 1834, un baptême dans l'Hudson River.

l'intervention américaine au Viêtnam et que Desmond Tutu fut reçu en 1991, au début de l'effondrement de l'apartheid en Afrique du Sud.

GRANT'S TOMB. RIVERSIDE DRIVE, W 122ND ST. (1891-1897, arch. John H. Duncan). Érigé à l'aide d'une souscription, ce tombeau abrite les dépouilles d'Ulysses S. Grant (1822-1885), commandant en chef de l'armée fédérale pendant la guerre de Sécession et président des États-Unis de 1868 à 1876, ct de sa femme. Ce sanctuaire est une reconstitution de la tombe du roi Mausole à Halicarnasse (dans l'actuelle Turquie), une des sept merveilles du monde antique. Les paroles prononcées par Grant lorsqu'il accéda à la présidence («Ayons la paix») sont gravées au-dessus de l'entrée flanquée d'allégories de la Victoire et de la Paix. La sépulture, revêtue de marbre rouge, a été conçue sur le modèle de celle de Napoléon, à Paris. Les cinq bustes de la colonnade, sculptés en 1938, représentent des généraux qui ont servi sous les ordres de Grant pendant la guerre de Sécession : Sherman, Thomas, McPherson, Ord et Sheridan. Trois peintures murales (1966, Allyn Cox) évoquent, au centre, la reddition des confédérés à Appomattox avec la poignée de main entre Grant et Lee ; à droite, la bataille de Vicksburg et, à gauche, celle de Chattanooga, au cours de laquelle Lincoln confia à Grant le commandement de toutes les armées de l'Union. Lorsque Grant mourut, à New York, plus d'un million de personnes suivirent, le 8 août 1885, son cortège funèbre. Dans la mémoire collective il était demeuré l'homme qui avait sauvé la nation et ramené la paix. Le président fut pourtant moins heureux que le général car il échoua dans la reconstruction du Sud et l'intégration des Noirs dans la société américaine. Son mandat fut entaché par la corruption.

CARILLON DE RIVERSIDE CHURCH
Au sommet de son clocher se trouve le Laura Spelman Rockefeller Memorial Carillon.

Son bourdon de 20 t – la plus grande cloche du monde – et ses 74 cloches couvrent une gamme de cinq octaves.

LES LEADERS NOIRS
Le révérend Herbert Daughtry (ci-dessous) compte, dans les années 1980, avec les révérends Al Sharpton, Calvin O'Butts et Timothy Mitchell, parmi les principaux défenseurs de la cause des Noirs de New York.

Les tam-tams de l'African Market, sur 125th Street.

LE CŒUR DE HARLEM

APOLLO THEATER. 253 W 125TH ST. (1913, arch. George Keister). À son ouverture, ce théâtre était réservé aux Blancs. Il devint un lieu nocturne important en 1934, lorsque ses nouveaux propriétaires, Leo Bretcher et Frank Shiffman, l'ouvrirent aux Noirs. Bessie Smith,«l'impératrice du blues», s'y produisit dans les années 1930 ainsi que Billie Holiday. Duke Ellington et Count Basie y jouèrent dans les années 1940, de même que les pères du be-bop ● *60*, Charlie Parker et Dizzy Gillespie. Ils furent suivis par de nombreux artistes dont Aretha Franklin et les Jackson Five.

THERESA TOWERS, EX-HOTEL THERESA. 2090 ADAM CLAYTON POWELL JR. BD. (1910, arch. George et Edward Blum). Construit à l'époque où la ségrégation avait encore cours à New York, cet établissement était réservé à la clientèle noire, car une personne de couleur, aussi riche fût-elle, ne pouvait pas descendre dans un hôtel de Midtown. Il devint un des lieux de rendez-vous les plus prisés de Harlem. Fidel Castro y séjourna lorsqu'il vint à New York pour prendre la parole devant l'Assemblée des Nations unies, en 1960. Malcolm X y installa ses bureaux en 1965. Il fut converti en bureaux en 1971.

THE STUDIO MUSEUM IN HARLEM. 144 W. 125TH ST. Ce musée se consacre aux artistes noirs des États-Unis, des Caraïbes et de la diaspora africaine. Ses collections comprennent des œuvres de Norman Lewis, Hale Woodruff et Jacob Lawrence. C'est le seul musée afro-américain accrédité des États-Unis.

MARCUS GARVEY PARK. ENTRE MONT MORRIS PARK W. ET MADISON AVE., 120TH ET 124TH STS. Il s'appelait Mt. Morris Park à son inauguration, en 1839, et fut rebaptisé en 1973 en hommage à Marcus Garvey, le leader antillais du mouvement *Back to Africa*. On décida de sa création lorsqu'il s'avéra impossible de se débarrasser de l'énorme rocher central qui interrompait 5th Ave. Une tour de surveillance pour les pompiers fut construite en 1856 au sommet de ce promontoire. C'est la dernière des nombreuses «Fire towers» que possédait autrefois la ville.

SYLVIA'S RESTAURANT. 328 LENOX AVE. Cette institution offre une cuisine afro-américaine. Ses murs sont couverts de photos de Noirs américains célèbres. C'est dans ce secteur qu'éclata l'émeute du 1er août 1943, lorsqu'un policier blanc tira sur un soldat noir. Des milliers de Noirs descendirent dans la rue, renversèrent des voitures, saccagèrent des magasins appartenant à des Blancs et allumèrent des incendies.

Ci-dessous, les boutiques et étals de 125th Street.

125TH STREET
Centre commercial de Harlem, 125th St. est en constante ébullition. Bazars, boutiques de vêtements, meubles, électronique… s'y succèdent et les trottoirs sont envahis par les marchands ambulants de toutes sortes. La partie ouest de la rue est le siège de l'African Market où les émigrés africains viennent acheter tissus, artisanat et produits alimentaires de leurs pays. Signe des temps, les grandes chaînes commerciales, qui jusqu'alors avaient délaissé Harlem, sont désormais bien implantées sur 125th St.

«Wednesday Amateur Nights» L'Apollo Theatre propose, le mercredi, sa fameuse soirée pour amateurs, où de jeunes musiciens sont jugés par un public connaisseur.

Schomburg Center for Research and Black Culture. 515 Malcolm X Blvd. (1978, arch. Bond Ryder Associates.). Il constitue l'une des branches les plus importantes de la New York Public Library ▲ *252* et doit son nom à Arthur A. Schomburg (1874-1938), Portoricain noir qui rassembla des documents sur la culture afro-américaine après s'être entendu dire, à l'école, que les Noirs n'avaient pas d'histoire. La Carnegie Corporation of New York racheta en 1926 sa collection et l'engagea comme conservateur. Schomburg Center est, avec plus de 10 millions de pièces, dont quelque 75 000 livres, 300 000 photographies et une collection d'enregistrements musicaux, le plus grand fonds historique sur les populations d'origine africaine.

Abyssinian Baptist Church. 132 Odell Clark Place. (1923, arch. Charles W. Bolton). L'église, dont le nom rappelle aux paroissiens leur héritage africain, fut fondée en 1808 sur Worth Street. On la déménagea lorsque les fidèles émigrèrent vers le nord. Elle est surtout connue pour son prédicateur Adam Clayton Powell Jr. (1908-1972), élu à la Chambre des représentants en 1945. Il présenta des lois en faveur de l'éducation et des droits civiques, notamment sur le salaire minimal et la suppression de la ségrégation dans l'armée. On peut y entendre l'un des plus beaux gospels de Harlem.

St. Nicholas Historic District. 138th et 139th Sts., entre Seventh et Eight Aves. Ces *rowhouses* de 1891 regroupées autour d'une arrière-cour commune étaient destinées à la bourgeoisie blanche. Dès 1919, des familles de la bourgeoisie noire s'y installèrent. St. Nicholas Historic District fut alors surnommé *Striver's Row* (l'allée des Battants). W. C. Handy, Noble Sissle et Eubie Blake, célèbres musiciens de jazz, y habitèrent.

«Angel Street» Alors qu'en 1943 les émeutes éclataient dans les ghettos noirs, on y produisait une nouvelle musique qui allait se répandre dans le pays et dans le monde entier. Ci-dessous de gauche à droite : Coleman Hawkins, Benny Harris, Don Byas, Thelonious Monk, Denzil Best, photographiés en 1944.

HARLEM, LE CENTRE CULTUREL ET POLITIQUE DE L'AMÉRIQUE NOIRE ★
Les amateurs de gospel s'y rendront le dimanche matin, les messes de Harlem commençant vers 11 h. Si l'on ne dispose que de quelques heures, visiter le St. Nicholas Historic District, pour se faire une idée des trésors architecturaux de Harlem, et se balader sur 125th St., l'axe le plus animé du quartier. Puis redescendre vers Morningside Heights, en faisant une halte au campus de Columbia University et à la cathédrale St. John the Divine.

1 St. John The Divine
2 Low Memorial Library
3 Barnard College
4 Riverside Church
5 Grant's Tomb
6 Theresa Towers
7 Apollo Theater
8 Hamilton Grange
9 The Cloisters
10 Dyckman Farmhouse Museum
11 Morris-Jumel Mansion
12 Abyssinian Baptist Church
13 Schomburg Center
14 Harlem State Office Bldg.

HAMILTON HEIGHTS

CITY COLLEGE OF THE CITY UNIVERSITY OF NEW YORK (CCNY). ENTRE 131ST ET 141ST STS., ST. NICHOLAS TERRACE ET AMSTERDAM AVE. Fondé en 1849 par l'État de New York pour offrir des études universitaires gratuites aux étudiants de la ville, le CCNY fut surnommé le «Harvard du peuple».

HAMILTON GRANGE NATIONAL MEMORIAL. W 141 ST. À L'ANGLE DE ST. NICHOLAS PARK. Vestige de l'époque où Harlem était une campagne parsemée de fermes et de riches résidences d'été, Hamilton Grange fut la maison d'Alexander Hamilton ▲ *154*. Construite dans le style Federal par l'architecte du City Hall ▲ *168*, elle est située au cœur de Hamilton Heights Historic District. Le lieu a fait l'objet de travaux de restauration. Ce quartier regroupe, le long de Convent Avenue, entre 141st et 145th Streets, quelques-unes des plus jolies *rowhouses* bâties entre 1886 et 1906.

🚶 **2 heures**

◆ **E** A1-A2-**F**

CITY COLLEGE
Au cœur de son campus d'origine – aujourd'hui North Campus, situé entre 135th et 141st Sts. – s'élève le Shepard Hall, véritable cathédrale gothique qui domine la colline de Hamilton Heights. College City, qui accueillit d'abord les juifs pauvres, compte aujourd'hui, parmi ses anciens, un grand nombre de Prix Nobel.

«JE TE PAIERAI LA MAISON LA PLUS CHOUETTE
EN HAUT DE LA CINQUIÈME
ET NOUS IRONS EN GOGUETTE
TOUT AUTOUR DE HARLEM.»

G. GERSHWIN

SUGAR HILL. C'est entre 1920 et 1950 que l'on donna à ce quartier le surnom de Sugar Hill, car vivre là signifiait que l'on avait enfin gagné sa place au soleil et le droit à une «*sweet life in Harlem*». Le long d'Edgecombe Avenue habitèrent notamment Duke Ellington et Cab Calloway, le leader noir W. E. B. DuBois et l'écrivain Langston Hughes.

D'AUDUBON TERRACE AU CLOISTERS MUSEUM

TRINITY CEMETERY. ENTRE AMSTERDAM AVE. ET RIVERSIDE DRIVE, 153RD ET 155TH STS. Ce cimetière, qui appartient à la paroisse de Trinity Church ▲ *154*, s'étend des deux côtés de Broadway. On entre dans la partie ouest par Riverside Drive, d'où l'on a une vue superbe sur l'Hudson River et Washington Bridge. Clement Clarke Moore y est enterré et selon la coutume, chaque soir de Noël, un chœur d'enfants entonne des chants autour de sa tombe.

AUDUBON TERRACE HISTORIC DISTRICT. BROADWAY, ENTRE 155TH ET 156TH STS. (1908, arch. Charles Pratt Huntington). Cet ensemble regroupe plusieurs musées autour d'une cour centrale où se dresse une statue du Cid (1927, Anna Vaughn Huntington). L'AMERICAN ACADEMY OF ARTS AND LETTERS contient des œuvres et des manuscrits de ses membres. La HISPANICA SOCIETY OF AMERICA, consacrée à l'art, la culture et l'histoire de l'Espagne et de l'Amérique latine, possède des œuvres du Greco, de Vélasquez, Goya et Picasso. Audubon Terrace abritait également le MUSEUM OF THE AMERICAN INDIAN, aujourd'hui sur Bowling Green ▲ *157* et l'AMERICAN NUMISMATIC SOCIETY qui a déménagé 75 Varick St. (et Canal St.).

TRINITY CEMETERY
Il occupe une partie du terrain du grand naturaliste et artiste John James Audubon (1785-1851), enterré dans la partie est, derrière la Church of the Intercession.

MORRIS-JUMEL MANSION ● *82* ♥. JUMEL TERRACE, ENTRE 160TH ET EDGECOMBE AVE. (1765, remodelé en 1810). Cette superbe demeure donne une idée de ce qu'était Manhattan il y a deux siècles. Elle fut construite dans le style georgien par le colonel britannique Roger Morris. Pendant la guerre d'Indépendance, elle servit durant une brève période de quartier général à George Washington avant de tomber sous le contrôle des Britanniques. À l'ouest de la maison, SYLVAN TERRACE est une pittoresque ruelle aux maisons datant de 1882.

MORRIS-JUMEL MANSION
Elle possède l'un des plus jolis intérieurs georgiens de New York. En 1810, Stephen Jumel, riche négociant d'origine française et proche de la famille de Napoléon, racheta la demeure et la remodela. Il ajouta notamment l'entrée de style Federal. Après son décès, sa femme, Eliza Jumel, se remaria avec Aaron Burr. Elle habita ici jusqu'à sa mort, en 1865.

DYCKMAN FARMHOUSE MUSEUM. ● *82* ♥ 4881 BROADWAY (1875). Au nord du Cloisters Museum, à la hauteur de 204th Street, subsiste la dernière ferme en bois de Manhattan. Elle appartenait à une famille de colons hollandais, les Dyckman, qui s'était établie en 1661 sur la pointe nord de l'île. Les Dyckman contruisirent le bâtiment actuel après que les Anglais eurent brûlé la ferme d'origine pendant la guerre d'Indépendance. Sauvée de la démolition en 1916, la maison est reconvertie en un musée qui témoigne de la vie rurale à l'époque coloniale. À l'ouest de Dyckman House s'étend INWOOD HILL PARK. Sur cette colline couverte d'une forêt naturelle, au nord de Manhattan, se trouvait le village troglodyte de SHORA-KAP-KOK, où vivaient encore des Algonquins lorsqu'ils «vendirent» l'île aux colons, au début du XVIIe siècle.

Les Cloisters (Cloîtres), une antenne du Metropolitan Museum of Art inaugurée en 1938 et consacrée exclusivement à l'art du Moyen Âge en Europe, plongent d'emblée les visiteurs dans le passé car ce département du MET a été construit dans un style médiéval très simple pour mettre en valeur ses collections, en particulier des éléments d'architecture.

La flexibilité du plan a permis d'incorporer l'abside romane de l'église espagnole de San Martin de Fuentiduena, tombée en déshérence, composée de près de trois mille blocs de calcaire blond ; elle fut démontée pierre par pierre, transportée puis remontée avec le plus grand soin à New York.

Crucifixion et Lamentation est l'une des nombreuses œuvres de la peinture médiévale conservées aux Cloisters, celle-ci du XIVe siècle italien.

Le musée est riche en objets d'art, tel ce *Saint Jean l'Évangéliste*, un ivoire carolingien du début du IXe siècle.

Objet profane mais prodige de l'art décoratif médiéval, une aiguière en argent (Allemagne, vers 1500).

COLLECTIONNEUR ET MÉCÈNE
John D. Rockefeller commandita l'édifice, situé dans un cadre imposant au sommet d'une colline au sommet du futur Fort Tryon Park, au nord de Manhattan (ci-dessus). Ses propres dons et l'acquisition en 1925 de la collection de Barnard, un sculpteur américain établi en France, formèrent le fonds du musée, considérablement enrichi depuis lors.

Autre chef-d'œuvre de l'art européen, une *Vierge à l'Enfant* du XIIe siècle bourguignon.

Le musée doit son nom aux fragments de cinq cloîtres médiévaux intégrés dans la structure moderne. Des jardins fleurissent dans les cloîtres de Cuxa, Bonnefont et Trie, composés avec les mêmes plantes que celles recensées dans les inventaires du Moyen Âge. Le cloître de Saint-Guilhem-le-Désert renferme un jardin d'hiver.

L'«ANNONCIATION»
La convergence des thèmes religieux et séculiers est admirablement illustrée par le triptyque l'*Annonciation* de Robert Campin (vers 1425).

Le symbolisme de l'*Annonciation* est encore médiéval mais annonce déjà la Renaissance.

Manuscrit de la fin du XVe siècle.

La générosité de Rockefeller ne se borna pas à financer la construction du Cloisters Museum, car il fit aussi don au musée de plus de quarante pièces de sa collection, notamment les *Tapisseries de la Licorne* (ci-contre). Les pièces des Cloisters vont du plus petit au plus gigantesque : d'un grain de rosaire (en haut, à gauche), prêt de la Morgan Library, au cloître français du XIIe siècle de Saint-Michel-de-Cuxa (en haut, au centre), entièrement en marbre.

Les célèbres *Tapisseries de la Licorne*, sept tentures (ci-dessus *La Licorne à la fontaine*), sans doute dessinées à Paris et tissées à Bruxelles vers 1500, témoignent de la quête symbolique de ce mythique animal.

L'un des chapiteaux du cloître de Saint-Michel-de-Cuxa.

Lumière et couleur Le cœur de l'édifice est composé de fragments d'arcatures de cloîtres provenant de la collection Barnard. Les nombreuses fenêtres des Cloisters se prêtent à merveille à l'exposition de vitraux en lumière naturelle, tels les panneaux de Sankt Leonhard, en Autriche, exécutés vers 1340-1350, ou bien encore ces vitraux rhénans (ci-contre), des années 1440-1447.

George Grey Barnard avait racheté des éléments d'architecture médiévale à des fermiers ou des hommes de loi qui les avaient trouvés dans des monastères et églises dévastés pendant les guerres de religions au XVIe siècle, puis abandonnés pendant la Révolution. Si Barnard vendit quelques-unes de ses acquisitions pour financer ses projets de sculpture, il exposa les autres à New York, dès 1914, dans l'espoir de faire connaître aux Américains la maîtrise de ce qu'il appelait le «patient burin gothique».

«Si ceux qui succombent au charme de cet endroit se laissent envahir par la paix, le calme et la beauté qu'il exhale et repartent avec un courage et un espoir renforcé [...], alors ses bâtisseurs n'auront pas bâti en vain.» John D. Rockefeller

Vue du Fulton Ferry Building à Brooklyn, en juin 1857.

BROOKLYN HISTORICAL SOCIETY. Elle fut fondée en 1863 et ouverte au public en 1880. Elle renferme une remarquable collection consacrée à l'histoire de Brooklyn, de la ville et de l'État de New York, et possède l'une des meilleures bibliothèques de recherche généalogique du pays. Les bustes de Christophe Colomb et de Benjamin Franklin ornent la façade. Elle est située au 128 Pierrepont Street.

Fondé en 1645 par des colons hollandais, Brooklyn (de Breuckelen, petite ville de la région d'Utrecht) est devenu le *borough* (district) le plus peuplé de New York. Véritable ville dans la ville, le quartier a sa propre histoire, sa vie multiethnique, ses musées, son architecture, son port, ses parcs et sa plage, Brighton Beach, sur Coney Island. Naguère zone résidentielle et familiale, globalement d'habitat populaire ou «middle class», Brooklyn vit aujourd'hui une importante transformation sociale, avec l'afflux d'une population plus jeune et plus aisée.

BROOKLYN HEIGHTS

Promontoire dominant l'East River, le quartier de Brooklyn Heights connut un réel développement à partir de 1814, lorsque Robert Fulton créa un service de ferry-boats à vapeur permettant aux voyageurs de traverser la rivière plus rapidement qu'avec les bacs existants. La mise en service du pont de Brooklyn en 1883 ▲ *186*, le rattachement de Brooklyn à Manhattan en 1898 et la création en 1908 de la première ligne de métro, poussèrent les riches habitants à quitter Brooklyn Heights. Les élégants hôtels particuliers furent divisés en appartements et le quartier conserva son charme d'origine. De nos jours, il demeure l'un des plus recherchés – et l'un des plus chers – de la ville.

MONTAGUE STREET ♥. Autrefois surnommée Bank Avenue – l'avenue des Banques – par allusion aux établissements qui la jalonnent, elle a conservé le charme d'une rue commerçante européenne, avec ses restaurants et boutiques, ses immeubles bas, ses petites maisons et son église au nº 157 – la CHURCH OF ST ANN AND THE HOLY TRINITY. Noter au nº 185, l'EX-NATIONAL TILE GUARANTY BUILDING, de style Arts déco (1929, arch. Helmle, Corbett et Harrison).

DUMBO. Au nord de Brooklyn Heights, DUMBO (Down Under the Manhattan Bridge Overpass) est un ensemble de manufactures et d'entrepôts convertis en ateliers, en galeries d'art et en complexes résidentiels. Dans une atmosphère détendue et à l'écart de la fièvre urbaine, on profite d'une vue spectaculaire sur les gratte-ciel de Manhattan.

BROOKLYN HEIGHTS ESPLANADE (1950) Construite pour couvrir la voie express Brooklyn-Queens bordée de maisons et de jardins, cette promenade offre une vue magnifique sur Manhattan, la baie de New York et le pont de Brooklyn.

Ci-dessous, Montague Street

Red Hook. Plus à l'ouest, sous le Brooklyn-Queens Expressway, Red Hooks et son port de fret dut sa célébrité au film de Kazan «Sur les Quais», avec Marlon Brando. Longtemps abandonné, le secteur connaît une spectaculaire cure de jouvence ; après réparation des *piers*, il accueille des paquebots comme le Queen Mary 2 et de grandes enseignes s'y installent (Ikea, Fairway...). Pour l'instant, Red Hook conserve son âme insolite même si l'intérêt des investisseurs immobiliers se fait sentir.

Williamsburg

Depuis la fin des années 1990, jeunes artistes et yuppies de Manhattan prennent d'assaut Williamsburg, Carrolls Gardens ou encore Park Slope, attirés par des loyers modérés, une vie de quartier animée de jour comme de nuit et une atmosphère de village qui repose du bruit et de la fureur de Manhattan.
Savings Bank Tower. One Hanson Place. Le gratte-ciel le plus élevé de Brooklyn, érigé pendant la crise de 1929, ressemble à une église byzantine avec ses mosaïques, ses chapiteaux sculptés, sa voûte haute de trois étages. Les guichets, au rez-de-chaussée, sont autant de petites chapelles votives. À l'emplacement de l'autel, une grande mosaïque représente une vue aérienne de la ville de New York, avec en son centre Brooklyn et la tour de Savings Bank.

Park Slope

Au sud-est de Brooklyn Heights, Park Slope est un quartier résidentiel ombragé où les «brownstones» ont fleuri après l'ouverture de Brooklyn Bridge. Restaurants et boutiques jalonnent Seventh et Fith Aves. En chute libre après la Seconde Guerre mondiale, le quartier s'est à nouveau embourgeoisé depuis les années 1970, tout en rappelant Berkeley en Californie, avec son importante communauté hippy, gay et lesbienne.
Carroll Gardens. Situé au sud de Brooklyn Heigths et à l'ouest de Park Slope, ce quartier s'est refait une virginité totalement inespérée depuis 1995. Boutiques, restaurants et

WILLIAMSBURG, QUARTIER YUPPIE ★
Depuis les années 1990, cafés, boutiques de design et galeries d'art ont ouvert leurs portes dans ce coin de Brooklyn où se presse une foule bohème et branchée. Le cœur du quartier bat autour de la station de métro Bedford Avenue, où l'on vient se promener le jour ou écouter de la musique live le soir.

Ci-dessous, Park Slope

BROOKLYN MUSEUM Ses salles d'antiquités ont été rouvertes en 2004 après d'énormes travaux de rénovation et avec l'inauguration de la nouvelle entrée en verre de 1580 m^2 conçue par James Stewart Polshek.

bars à la mode bordent Smith et Carroll Streets, visant une clientèle jeune et branchée.

PROSPECT PARK. Plusieurs belles demeures bordent Prospect Park West, l'avenue qui longe le parc. Conçus au début des années 1880 par Frederick Law Olmstead et Calvert Vaux, ces 236 hectares de verdure sont traversés par une allée en boucle de 5 km où l'on peut se promener, faire du jogging, du vélo, du cheval, ou encore aux beaux jours pique-niquer sur Long Meadow.

BROOKLYN MUSEUM

EASTERN PARKWAY ET WASHINGTON AVE. (McKim, Mead et White, 1897 et 1924). Installé en bordure de PROSPECT PARK, dans un vaste édifice de style «Beaux Arts» ● *92*, rénové en 2004, il présente une collection égyptienne considérée comme l'une des premières des États-Unis. Le musée possède également des œuvres d'artistes américains comme Georgia O'Keefe, Winslow Homer, John S. Sargent ou Milton Avery, tout en accueillant de nombreuses expositions itinérantes majeures.

BROOKLYN BOTANIC GARDEN. 990 WASHINGTON AVENUE. De chaque côté du Brooklyn Museum of Art, une grille ouvre sur ces jardins de 16 ha qui englobent l'énorme Steinhardt Conservatory, un jardin japonais, un jardin élisabéthain, une grande roseraie et des rocailles. La Cherry Esplanade et ses cerisiers sont en beauté au printemps.

Ci-dessous, Brooklyn Botanic Garden

CONEY ISLAND

Le premier hôtel balnéaire de Coney Island n'ouvrit qu'en 1877, mais un champ de courses et les premières montagnes russes du monde suivirent bientôt, donnant naissance à une station balnéaire très populaire. Elle demeura réservée aux nantis jusqu'en 1920, lorsque le métro la relia à New York, et chacun put ainsi passer son dimanche à la plage. Elle a connu des heures plus difficiles depuis et le parc d'attractions a fermé. Aujourd'hui le Luna Park, rouvert et modernisé, continue d'attirer un public friand d'émotions fortes, de comique burlesque ou de détente en famille. À l'est des parcs forains – et du New York Aquarium, très apprécié des enfants –, la communauté russe de New York a investi Brighton Beach. Librairies, *delis*, bars et restaurants se pressent le long de l'avenue principale, et si vous descendez sur la plage, vous pourriez vous croire à Odessa.

Informations pratiques

ADRESSES UTILES

→ AMBASSADE DES ÉTATS-UNIS
2, av. Gabriel
75008 Paris
Tél. 01 43 12 22 22
http://france.usembassy.gov

ALLER EN AVION

Durée du vol Paris-New York : env. 8 h
Nombreux vols réguliers ou charters à partir de Paris, Nice, Bruxelles, Genève et Montréal. La grande majorité des vols atterrissent à l'aéroport John-F.-Kennedy (à env. 24 km au sud-est de Manhattan) ; quelques compagnies utilisent le Newark Airport (à 25 km) ou celui de LaGuardia (à 13 km).

ALLER EN BATEAU

Le Queen Mary 2 effectue des traversées régulières au départ de Southampton en Angleterre (au départ de Paris, acheminement en Eurostar ou en avion).
Durée :
Traversée de 6 nuits
■ **CUNARD LINE FRANCE**
68, rue de Lourmel
75015 Paris
Tél. 01 45 75 95 00
www.cunard-france.fr

ARGENT

→ CHANGE
1 euro = env. $ 1,30

→ MONNAIE
L'unité monétaire est le dollar ($) divisé en 100 cents (¢).
Les pièces de monnaie portent les noms de :
- penny (1 ¢),
- nickel (5 ¢),
- dime (10 ¢),
- quarter (25 ¢)
- halfdollar (50 ¢).

→ CARTES BANCAIRES
Les cartes bancaires ou de crédit sont largement acceptées et les distributeurs de billets très répandus.

→ CHÈQUES DE VOYAGE
Extrêmement utiles. Libellés en dollars, ils sont acceptés comme monnaie courante dans la plupart des hôtels, restaurants et magasins, et sont remboursés en cas de perte ou de vol.

ASSURANCE

Les soins sont onéreux et les hôpitaux n'acceptent pas les patients non assurés.
Contracter une assurance individuelle maladie et rapatriement avant de partir.
■ **MONDIAL ASSISTANCE**
Tél. 01 42 99 02 02
Attention
Éviter les cumuls inutiles. Certaines cartes bancaires (Gold, Premier ou MasterCard) offrent un système d'assurance, d'assistance médicale et de rapatriement.

CLIMAT

→ QUAND PARTIR
Les mois les plus agréables sont mai, juin et septembre.
L'été est chaud et humide ; l'hiver peut être glacial avec de fortes intempéries.

→ TEMPÉRATURES EN °C
■ **HIVER**
Décembre : -1 / 4
Janvier : -2 / 4
Février : -2 / 5
■ **PRINTEMPS**
Mars : -1 / 8
Avril : 6 / 16
Mai : 12 / 21
■ **ÉTÉ**
Juin : 17 / 27
Juillet : 21 / 28
Août : 19 / 26
■ **AUTOMNE**
Septembre : 16 / 23
Octobre : 12 / 17
Novembre : 6 / 11

ÉLECTRICITÉ

110 Volts et 60 Hz avec des prises à deux fiches plates. Adaptateur et transformateur indispensables pour utiliser des appareils français. Vendus par exemple à l'aéroport.

FORMALITÉS

→ EXEMPTION DE VISA
Réservée aux ressortissants de certains pays, dont la France, la Belgique, la Suisse…
Conditions requises :
- séjour touristique inférieur à 90 jours
- billet aller-retour
- passeport en cours de validité
Le type de passeport exigé dépend de son ancienneté (antérieur au 26-10 2005 : à lecture optique ; entre 26-10 2005 et 26-10 2006 : à lecture optique avec photo numérique ; à dater du 26-10 2006 : passeport biométrique)
- autorisation remplie au moins 72 h avant le départ, sur Internet (ESTA) (https://esta.cbp.dhs.gov)
Coût : $ 14 (par carte de crédit)

→ VISA
Obligatoire pour les personnes ne remplissant pas les conditions ci-dessus. Prendre rendez-vous au 08 10 26 46 26 de 8 h à 17 h (coût de l'appel : 14,50 €). Préparer passeport et carte de crédit avant de téléphoner.

HORAIRE

→ DÉCALAGE HORAIRE
GMT – 5 heures : – 7 h par rapport à la France (heure d'été) ; – 6 h en hiver.

→ WHAT TIME IS IT ?
■ **LE MATIN**
Les heures sont dites ante meridiem (am).
■ **L'APRÈS-MIDI**
Les heures sont dites post meridiem, ou pm (ex. 2 pm = 14 heures).

TÉLÉPHONE

→ DE LA FRANCE
■ **APPEL DIRECT**
Composer le 001 puis l'indicatif (principalement 212 et 646 pour Manhattan) et le numéro du correspondant (7 chiffres).
■ **RENSEIGNEMENTS INTERNATIONAUX**
Tél. 118 700

→ CARTES
Dans les hôtels, les communications sont fortement majorées. Les cartes internationales permettent d'être débité directement sur son compte bancaire.
Se renseigner auprès des sociétés de services de télécommunication.

WEB

■ **WWW.NYC.GOV**
Site officiel de la ville
■ **WWW.NYCGO.COM**
Site de l'office de tourisme de la ville
■ **WWW.NEWYORKNETGUIDE.COM**
Site de découverte de la ville en français
■ **WWW.NYMAG.COM**
Site du *New York Magazine.*
■ **WWW.TIMEOUTNY.COM**
Time Out sur le net
■ **WWW.VILLAGEVOICE.COM**
L'hebdo des sorties
■ **WWW.CLUBPLANET.COM**
Tous les concerts en un coup d'œil
■ **WWW.APPLAUSE-TICKETS.COM**
Concerts, théâtre et sports.

1 € = env. $ 1,30

SOMMAIRE

ADRESSES UTILES

→ OFFICE DE TOURISME

■ **NYC & COMPANY**
810 7th Ave. (entre 52nd et 53rd Sts.)
Tél. (212) 484 1200
Ouvert lun.-ven. 8 h 30-18 h, sam.-dim. 9 h-17 h
www.nycgo.com

→ BIG APPLE GREETER

Pour se repérer dans la ville ou visiter un quartier, accompagné par un New-Yorkais pendant 2 à 4 heures. Réserver au moins un mois à l'avance.
www.bigapplegreeter.org

→ CONSULAT DE FRANCE

934 5th Ave. (74th St.)
Tél. (212) 606 3600
www.consulfrance-newyork.org

■ **SERVICE DES VISAS**
10 E 74th St.
Tél. (212) 606 3601
visa@consulfrance-newyork.org
Ouvert lun.-ven. 9 h-12 h 30 sur rdv.

AÉROPORTS ET LIAISONS

→ AÉROPORTS

Deux aéroports internationaux, J.-F.-Kennedy et Newark, ainsi qu'un aéroport réservé aux lignes intérieures, LaGuardia.

■ **J.-F.-KENNEDY**
Tél. (718) 244 4444

■ **NEWARK**
Tél. (973) 961 6000

■ **LAGUARDIA**
Tél. (718) 533 3400

■ **NY AIRPORT SERVICE**
Centre d'informations commun aux trois aéroports sur tous les modes de liaisons jusqu'à la ville.
Tél. (212) 875 8200
www.nyairportservice.com

→ EN TAXI

■ **JFK**
$ 45 (de 30 min à 1 h)

■ **NEWARK**
$ 60-70 (1 h environ)

■ **LAGUARDIA**
$ 25-30 (env. 30 min)

Attention
Il faut ajouter à ces sommes les péages ($ 4-6) et 10 à 15 % de pourboire. Majoration de $ 5 aux heures de pointe et le week-end.

→ EN BUS EXPRESS

■ **DE JFK ET DE LAGUARDIA**
Liaisons toutes les 20 à 30 min pour les trois gares de la ville : Grand Central Terminal (Park Ave. et 42nd St., **D** D4), Port Authority Terminal (8th Ave. et 42nd St., **B** B1), Pennsylvania Station (7th Ave. et 34th St., **C** D2) ; ainsi que les hôtels situés entre 23th et 63rd Sts.

Tarifs
$ 7 dans le sens JFK-Manhattan et $ 15 dans l'autre sens
$ 12,75 de LaGuardia

■ **DE NEWARK**
Liaisons toutes les 15-30 min pour Grand Central Terminal (**D** D4), Port Authority Terminal (**B** B1) et les hôtels de Midtown

Tarifs
$ 16

Olympia Trails
Tél. 877-8 NEWARK ou 908 354 3330
www.coachusa.com/olympia

→ EN SHUTTLE

Navette collective avec arrêt à votre convenance de 23rd à 125th Sts.

Tarifs Aller
$ 17-20 de JFK
$ 15 de LaGuardia
$ 17-20 de Newark

■ **SUPER SHUTTLE**
Tél. 800 Blue-Van (258 3826)
www.supershuttle.com

→ EN MÉTRO

■ **DE JFK**
Navette gratuite toutes les 15 min (Long Term Parking Lot Shuttle Bus) jusqu'à la station Howard Beach dans le Queens. Ensuite, prendre la ligne A du métro ($ 2,50) pour rejoindre le centre de New York. Le moins cher des transports.

Durée
60-75 min.

→ EN AIRTRAIN

■ **DE JFK**
Liaison pour la station de métro Howard Beach dans le Queens. Ensuite, comme «En métro», ci-dessus.

Tarif
$ 5 et $ 2,50 de métro.

■ **DE NEWARK**
Liaison pour la gare de l'aéroport de Newark puis correspondances, avec NJ Transit et Amtrak, pour New York.

Tarif
$ 14

Airtrain
www.airtrainnewark.com

NJ Transit
www.njtransit.com

Amtrak
www.amtrak.com

→ EN LIMOUSINE

Pas toujours plus cher qu'un taxi. Le prix varie selon la taille du véhicule. $ 60 par heure environ, plus péage et 15 % de pourboire.

■ **NYC LIMOUSINE**
Tél. 1-800 505 7724 et (212) 366 6600

■ **AA EXECUTIVE TOWN CAR & LIMO**
Tél. 1-800 716 2799 et (516) 792 1735

ALCOOL

Il faut avoir 21 ans pour acheter de l'alcool ou s'en faire servir dans un bar. L'âge est assez souvent vérifié. Les restaurants précisant *no liquor license* n'ont pas le droit d'en servir, mais l'on peut apporter son propre vin ou sa bière.

ARGENT

→ BANQUES

Distributeurs ATM (Automatic Teller Machine) dans la plupart et change de devises.

■ **HORAIRES D'OUVERTURE**
Lun.-ven. 9 h-15 h 30, (et parfois sam. 9 h-12 h)

→ CHANGE

1 euro = environ $ 1,30

■ **TRAVELEX CURRENCY SERVICES**
1578 Broadway (Times Square, **D** D2)
Tél. (212) 265 6063
Tlj. 9 h-19 h

→ DISTRIBUTEURS

■ **AUTOMATIC TELLER MACHINES (ATM)**
Les plus importants sont Cirrus, affilié à Visa, et Plus, affilié à MasterCard.

→ CARTES BANCAIRES

Elles sont largement acceptées dans

les commerces, lieux de visite, restaurants, hôtels…

■ **EN CAS DE PERTE :**
Mastercard
Tél. 636 722 7111
Visa
Tél. 800 847 2911
American Express
Tél. 01 47 77 72 00

BATEAU

→ CROISIÈRES
Visites commentées autour de Manhattan.

■ **CIRCLE LINE**
- Pier 83, W 42nd St. (12 Ave., **C** C1)
Tél. (212) 563 32 00
www.circleline42.com

Statue of liberty ferry
www.statuecruises.com
*Pour la Statue de la Liberté et Ellis Island. Départ de Battery Park (**A** D2) ou de Liberty State Park à Jersey City, dans le New Jersey.*

■ **NEW YORK WATERWAYS**
Pier 11, Wall St. (**A** C4)
Tél. 800 533 3779

■ **SPIRIT CRUISES**
Pier 62, Chelsea Piers (Hudson River et W 23rd St., **B** A1)
Tél. (866) 483 3866

→ FERRY
Pour traverser la baie de New York jusqu'à Staten Island.

■ **STATEN ISLAND FERRY**
Battery Park Whitehall Terminal, South Ferry (**A** D3)
www.siferry.com

BUS

Ils suivent les avenues nord-sud, s'arrêtent tous les deux ou trois *blocks* et assurent le *crosstown* (axe est-ouest) sur les rues principales. Ils fonctionnent en général 24 h/24.

→ SIGNALISATION
Les arrêts sont identifiables par des panneaux avec un bus stylisé sur fond bleu et rouge. Le numéro de la ligne est indiqué sur le bus et aux arrêts.

→ TARIF ET CORRESPONDANCE
Tarif unique $ 2,50, quelle que soit la distance, que l'on peut régler en monnaie directement au chauffeur.
Attention
Le chauffeur ne prend pas de billet ; il faut faire l'appoint.

■ **METROCARD**
Carte magnétique rechargeable pour effectuer des trajets quelles que soient la durée et la longueur. Il est possible de changer librement de métro ou de bus dans les 2 heures qui suivent le début du voyage. Il existe aussi des forfaits hebdomadaire ($ 29) ou mensuel ($ 104).

■ **RÉDUCTIONS**
Gratuit pour les enfants de moins de 1,10 m.

■ **CORRESPONDANCE**
Pour une correspondance avec un autre bus, demander un *transfer* au chauffeur.

FÊTES

■ **31 DÉCEMBRE**
New Year's Eve
Illumination de Times Tower à minuit (Times Square)

■ **FIN JANVIER-DÉBUT FÉVRIER**
Nouvel an chinois (Chinatown)

■ **17 MARS**
St Patrick's Day Parade
Sur 5th Ave. : de 86th à 44th Sts.

■ **PÂQUES**
Easter Parade
Sur 5th Ave. : de 44th à 86th Sts.

■ **4 JUILLET**
Independence day
Fête nationale, feux d'artifice dans les parcs et sur la plage de Coney Island.

■ **2e LUNDI D'OCTOBRE**
Columbus Day Parade
Fête de la découverte de l'Amérique par Christophe Colomb. Défilé sur 5th Ave.

■ **31 OCTOBRE**
Halloween Parade
Greenwich Village.

■ **4e JEUDI DE NOVEMBRE**
Thanksgiving Day Parade
Défilé sur Broadway : entre l'Upper West Side et Macy's.

GARES FERROVIAIRES

→ GRAND CENTRAL TERMINAL
42nd St. et Park Ave. (**C** C3)
Tél. (212) 532 4900
Trains pour la banlieue, l'État de New York et le Connecticut. La station est desservie par le métro, le bus et les navettes pour les aéroports.

■ **METRO-NORTH**
Train rapide de banlieue qui dessert la vallée de l'Hudson, New Haven, l'est de New York et le comté de Wechester.

→ PENNSYLVANIA STATION
8th Ave. et 31st St. (**C** D2)
Tél. (212) 630 6401
Dessert Long Island, le New Jersey ainsi que certaines villes des États-Unis (Boston, Chicago, Washington…) et le Canada.

■ **LONG ISLAND RAIL ROAD (LIRR)**
Tél. (718) 217 LIRR
http://new.mta.info/lirr
Trains pour Long Island.

■ **AMTRAK**
Tél. 1-800 872 7245
www.amtrak.com
Compagnie nationale qui relie New York aux autres villes du pays et du Canada.

■ **NJ TRANSIT**
Tél. (973) 275 5555
www.njtransit.com
Trains pour le New Jersey.

HÉBERGEMENT

Les centrales de réservation sur Internet permettent de bénéficier des meilleures offres, notamment :

■ **WWW.EXPEDIA.COM**
■ **WWW.HOTELS.COM**
■ **WWW.HOTEL-DISCOUNT.COM**
■ **WWW.BOOKING.COM**

→ TARIFS
Ils varient selon la saison, la fréquentation ou le jour de la semaine. De nombreux hôtels offrent des prix spéciaux les week-ends, ainsi que durant la basse saison (juillet-août) en fonction de leurs disponibilités. Ils facturent généralement au nombre de personnes occupant la chambre (compter 8 à 10 % supplémentaires par personne par rapport au prix *single*). La plupart ne font pas payer les enfants partageant la chambre de leurs parents, mais la limite d'âge varie d'un hôtel à l'autre (de moins de 12 à moins de 18 ans).

HÉLICOPTÈRE

Manhattan vu du ciel. L'hôtel se charge généralement de la réservation.

■ **LIBERTY HELICOPTERS TOURS**
Tél. (212) 967 6464
www.libertyhelicopters.com

Downtown Manhattan Heliport
Pier 6
www.downtownmanhattanheliport.com

JOURS FÉRIÉS

■ **NEW YEAR'S DAY**
1er janvier

1 € = env. $ 1,30

■ **MARTIN LUTHER KING DAY**
3e lundi de janvier
■ **MEMORIAL DAY**
Dernier lundi de mai
■ **INDEPENDENCE DAY**
4 juillet (fête nationale)
■ **LABOR DAY**
1er lundi de septembre (fête du travail)
■ **COLUMBUS DAY**
2e lundi d'octobre
■ **VETERANS DAY**
11 novembre (armistice)
■ **THANKSGIVING DAY**
4e jeudi de novembre (jour de fête familiale)
■ **CHRISTMAS DAY**
Noël, 25 décembre

LIMOUSINE

Une voiture avec chauffeur peut être affrétée à l'heure, au forfait ou pour aller à l'aéroport.
■ **P&L CAR AND LIMOUSINE SERVICE**
Tél. (718) 322 3723
www.taxihack.com

MESURES

→ LIQUIDES
1 fluid once = 0,03 l
1 pint = 0,47 l
1 quart = 0,94 l
1 gallon = 3,785 l

→ LONGUEURS ET DISTANCES
1 inch = 2,5 cm
1 foot = 30,5 cm
1 yard = 0,9 m
1 mile = 1,6 km

→ POIDS
1 ounce = 28,3 g
1 pound = 453,5 g
1 ton = 907 kg

→ TEMPÉRATURES
32 °Fahrenheit = 0 °Celsius
50 °F = 10 °C
68 °F = 20 °C

→ VÊTEMENTS
■ **CHEMISIERS ET JUPES**
taille 38 = 4
taille 40 = 6
taille 42 = 8
■ **CHAUSSURES FEMMES**
taille 37 = 6
taille 38 = 7
taille 40 = 9
■ **CHEMISES HOMMES**
taille 41 = 16
taille 42 = 16,5
taille 43 = 17
■ **CHAUSSURES HOMMES**
taille 41 = 8
taille 42 = 8,5
taille 43 = 9,5

MÉTRO

(Subway)
C'est le moyen de transport le plus rapide surtout aux heures de pointe.

→ LOCAL ET EXPRESS LINES
Lignes désignées par des lettres ou par des numéros.
■ **EXPRESS LINES**
Ne desservent que les principales stations.
■ **LOCAL LINES**
Desservent toutes les stations.

→ STATIONS
Les stations portent, en général, les noms des rues. L'entrée de la station ne dessert souvent qu'une seule direction (*uptown* vers le nord ou *downtown* vers le sud). Les entrées sont signalées par des globes verts ou rouges.
■ **GLOBE VERT**
Guichet ouvert 24 h/24.
■ **GLOBE ROUGE.**
Horaires limités.
■ **SE REPÉRER**
Dès l'entrée, des panneaux indiquent les lignes desservant la gare et leur direction. Les trains *uptown* et *downtown* d'une même ligne ont souvent deux entrées séparées, de part et d'autre de la rue.

→ TARIFS
Voir aussi «*Bus*»
Le prix du trajet est de $ 2,50 quelle que soit la distance parcourue à payer avec une *MetroCard*, carte magnétique rechargeable, ou en espèces.

■ **RÉDUCTIONS**
Gratuit pour les enfants de moins de 1,10 m.

MUSÉES

→ HORAIRES
Généralement ouverts 10 h-17 h30 ou 18 h, avec une nocturne par semaine. Souvent fermés lundi ou mardi.

→ RÉDUCTIONS
Pour les étudiants et les plus de 60 ans. Variables selon les musées.

■ **MUSEUM MILE**
Les dix grands musées de New York sont gratuits le 2e mardi de juin de 18 h à 21 h.

■ **CITY PASS CARD**
www.citypass.com
Disponible aux guichets des musées et monuments participants.
Adultes : $ 89, jeunes : $ 64, valide 9 journées.
Accès gratuit au :
- American Museum of Natural History,
- Guggenheim Museum,
- Empire State Building,
- MoMA,
- Metropolitan Museum of Art,
- Circle Line Harbor Cruises ou statue de la Liberté et Ellis Island.

■ **NEW YORK PASS**
Ce pass s'achète sur le site Internet et donne un accès gratuit à de nombreuses attractions. Son prix dépend de la durée : de 1 jour ($ 80) à 7 jours ($ 175)

ORIENTATION

→ RUES
Ce sont les axes est-ouest. À l'exception de Financial District et Greenwich Village, les rues portent toutes un chiffre de 1 à 215 (1st-215th) en partant du sud. Cette numérotation commence à 5th Avenue.

→ AVENUES
La plupart des avenues portent pour noms des numéros.

■ **NUMÉROS DES BÂTIMENTS**
Croissant du sud vers le nord.
Étant donné la longueur des axes, une adresse d'avenue mentionne toujours la rue transversale la plus proche.
Exemple
718 5th Ave. à 56th St.

→ PANNEAUX DES RUES
La plupart des noms de rues sont écrits en blanc sur fond vert. Les rues ou places baptisées du nom de personnalités ou d'activités particulières peuvent figurer sur panneaux bleu ou brun.

→ BLOCKS
La distance entre deux rues ou deux avenues est généralement exprimée en *block* (pâté de maisons).

→ QUARTIERS ET ZONES
Chaque quartier de Manhattan porte un nom (Harlem, Chelsea, East Village...) et appartient à l'une des trois grandes zones : Downtown, Midtown et Uptown.
L'île étant sur un axe nord-sud, 5th Ave. et Central Park scindent Manhattan entre l'est et l'ouest.

■ **DOWNTOWN**
Du sud à 14th St. (de Greenwich Village au Financial District). «To go downtown», c'est aller vers le sud.

■ **MIDTOWN**
Partie comprise entre 14th et 59th Sts.
En deçà de 59th St., la division East Side-West Side se fait de part et d'autre de 5th Ave.

■ **UPTOWN**
Au nord de 59th St., Upper East Side et Upper West Side sont séparés par Central Park jusqu'à 110th St.

POSTE

→ BOÎTES AUX LETTRES
De couleur bleue, elles portent l'inscription *U.S. Mail.*

→ POSTE CENTRALE
441 8th Ave. (**C** D2)
Tél. 1-800 275 8777
Ouvert 24 h/24.

→ ENVOI À L'ÉTRANGER
Pour une lettre de moins de 28 g ou une carte postale à destination de l'Europe, le timbre coûte $ 1,05.

POURBOIRE

(Tip)
Entre 15 et 20 % (pour un calcul rapide, multiplier par deux la taxe de 8,875 %). Le service n'est jamais compris dans l'addition mais doit cependant être ajouté. Prévoir $ 1 par bagage porté et $ 1 par jour pour la femme de chambre à l'hôtel. Pas de pourboire dans les théâtres, les cinémas et les stations-service.

■ **RÈGLEMENT**
Pour un règlement par carte bancaire : inscrire le montant du *tip* sous le total à régler, faire l'addition et signer.

SANTÉ

Liste des médecins agréés parlant français au consulat de France ou dans les pages jaunes, rubrique *Physicians.*

→ PHARMACIE 24 H/24

■ **DUANE READE DRUGSTORES**
www.duanereade.com
- 2522 Broadway (W 94th St., **E** C1)
Tél. (212) 663 1580
- 250 W 57th St. (Broadway, **C** B2)
Tél. (212) 265 2101
- 1279 3rd St. (E 74th St., **C** A3)
Tél. (212) 744 2668

SHOPPING

Voir «*Sélection d'adresses*» ◆ *393*

SORTIES

Voir aussi «*Sélection d'adresses*» ◆ *389*

→ PROGRAMMES
Théâtres, concerts, opéras, night-clubs, cinémas...

■ **NEW YORK TIMES**
www.nytimes.com
Éditions du vendredi (cahier Week-end) et du dimanche (*Arts and Leisure*)

■ **THE VILLAGE VOICE**
www.villagevoice.com
Hebdomadaire gratuit paraissant le mardi.

■ **TIME OUT NEW YORK**
www.timeoutny.com
Hebdomadaire paraissant le mardi.

■ **BROADWAY LEAGUE**
Tél. (212) 764 1122
http://broadwayleague.com
Informations sur les spectacles de Broadway.

■ **WWW.NEWYORKTHEATREGUIDE.COM**
Guide des spectacles.

→ RÉSERVATIONS
Directement auprès des salles, ainsi que dans les centrales de réservation.

■ **TICKET MASTER**
www.ticketmaster.com

1 € = env. $ 1,30

■ **TICKET CENTRAL BOX OFFICE**
416 W 42nd St. (entre 9th et 10th Aves.)
Tél. (212) 279 4200
www.ticketcentral.com

■ **TIMES SQUARE VISITOR CENTER**
1560 Broadway (entre 46th et 47th Sts.)
Tél. (212) 452 5283
www.timessquarenyc.org
Tlj. 8 h-20 h

■ **TKTS**
226 W 47th St.
Tél. (212) 221 0013
www.tdf.org/tkts
Acheter le jour même des billets pour Broadway, off-Broadway et autres événements à 50 % de leur prix.
Duffy Square
47th St. (Broadway)
S'y prendre dès 17 h pour l'achat des places (ou 14 h pour les spectacles les plus populaires).
South Street Seaport
199 Water St. (John et Front Sts.)
Ouvert lun-sam. 11 h-18 h, dim. 11 h-16 h.

TABAC

Il est interdit de fumer dans tous les lieux publics : transports, théâtres, cinémas, magasins, halls d'entrée de bureaux, stades... L'État de New York interdit également de fumer dans les restaurants et les bars.

TAXES

Marchandises pour la plupart taxées à 8,875 %. Taxe non incluse dans le prix affiché. À l'hôtel, elle est de 14,75 %, en sus de la taxe hôtelière, fixée à $ 2.

TAXI

(Cabs)
Reconnaissables à leur couleur jaune. Il suffit de les héler d'un signe de la main lorsque l'enseigne du toit est allumée.

→ PRISE EN CHARGE

$ 2,50 puis le prix augmente de 40 ¢ tous les 0,2 mile, de $ 1 aux heures de pointe (16 h-20 h) et de 50 ¢ entre 20 h et 6 h.

→ POURBOIRE

De 15 à 20 % du prix indiqué au compteur et les péages le cas échéant.

→ PLAINTES ET OBJETS PERDUS

Le numéro d'identité du véhicule (4 chiffres à côté du compteur) est utile pour retrouver des objets perdus, ou déposer une plainte.

■ **TAXI & LIMOUSINE COMMISSION**
Tél. 311

TÉLÉPHONE

→ NUMÉROS UTILES

■ **RENSEIGNEMENTS**
Tél. 411 (gratuit).

■ **URGENCES**
Police, pompiers, ambulances
Tél. 911 (gratuit)
New York Downtown Hospital
Tél. (212) 312 5000
New York Presbyterian / Weill Cornell Urgent Care Center
Tél. (212) 746 0795

→ TÉLÉPHONES PUBLICS

Ils acceptent les pièces de 25 cents. Pour des appels hors localité, préférer les cartes prépayées (à partir de $ 5) car les prix s'envolent. Elles s'achètent notamment dans les drugstores, les épiceries et chez les marchands de journaux.

→ NUMÉROS GRATUITS

Les numéros de téléphone précédés des indicatifs : 1-800, 877 ou 888 sont gratuits à l'intérieur des États-Unis.

→ INDICATIFS

Manhattan : 212, 917, 646
Autres *boroughs* : 718, 347

→ POUR APPELER LA FRANCE

Composer le 011 33 puis le numéro du correspondant sans le 0.

→ CARTES

Dans les hôtels, les communications sont fortement majorées. Les cartes internationales permettent d'être débité directement sur son compte bancaire. Se renseigner auprès des sociétés de services de télécommunication.

VÉLO

→ LOCATION

Le vélo est idéal pour découvrir Central Park. Préférer le week-end et les jours fériés, lorsque les voitures y sont interdites.

■ **BIKE AND ROLL NYC**
Devant l'entrée de Columbus Circle
Tél. (212) 260 0400
www.bikeandroll.com
Ouvert mars-nov. : tlj. De $ 8 à $ 20

■ **BOATHOUSE BICYCLE RENTAL**
Au centre du parc, à hauteur de 76th St.
Tél. (212) 861 4127
Ouvert avr.-nov. : tlj.

VOITURE

Il est fortement déconseillé de circuler en voiture à New York.

→ STATIONNEMENT

Difficile et onéreux.

■ **PARKINGS PRIVÉS**
Tarifs affichés à l'entrée.

■ **DANS LA RUE**
Payant et limité à une heure.

■ **ZONES GRATUITES**
Stationnement unilatéral à alternance quotidienne (*alternate side*) : le véhicule doit être déplacé de l'autre côté de la rue avant 8 h le lendemain matin.

→ FOURRIÈRE

$ 185 plus $ 20 par jour de garde. Ouvert 24 h/24 sauf dim.

■ **TOW POUND**
Pier 76, W 38th St. (12th Ave., **C** D1)
Tél. (212) 971 0772

→ LOCATION

Compter environ de $ 75 à $ 100 par jour dans les grandes agences de location de voitures.

■ **AVIS**
Tél. 0821 230 760
www.avis.fr

■ **HERTZ**
www.hertz.com

■ **BUDGET**
Tél. 0825 00 35 64
www.budget.fr

■ **DOLLAR**
Tél. 1-800 800 4000
www.dollar.com

◆ Sélection d'adresses
Hôtels

HÔTELS
⚀ < $ 250
⚁ $ 250-$ 350
⚂ > $ 350

C D2 : coordonnées des cartes situées en fin de guide

LOWER MANHATTAN

▲ *135*

⚀ **BEST WESTERN SEAPORT INN DOWNTOWN**
A B4
33 Peck Slip
(à l'angle de Water St.)
Tél. (212) 766 6600
www.seaportinn.com
Installé dans un bel immeuble traditionnel en brique rouge, au calme, cet hôtel reste très classique mais les 72 chambres sont claires et spacieuses, équipées d'une machine à café et d'un réfrigérateur. Les prix (moins élevés le week-end) varient beaucoup selon la saison et la taille de la chambre.

⚀ **HAMPTON INN MANHATTAN SEAPORT**
A A4
320 Pearl St.
(entre Dover St. et Peck Slip)
Tél. (212) 571 4400
www.hamptoninn.hilton.com
Soixante-quinze chambres fonctionnelles déclinent des tons de gris et de bleu. Vous trouverez tout le confort voulu : machine à café, wifi gratuite et, détail sympathique pour les ordinateurs portables, une tablette-coussin pour consulter ses e-mails au lit !

⚀ **HOLIDAY INN NYC WALL STREET**
A B3
51 Nassau St.
(entre Maiden Lane et Liberty St.)
Tél. (212) 227 3007
www.holidayinn.com
On passe devant sans presque voir cet étroit building de brique noire qui compte malgré tout 113 chambres compactes sans être minuscules. Calme le soir, quand le quartier se vide.

⚁ **THE WALL STREET INN**
A C3
9 South William St.
(entre William et Broad Sts.)
Tél. (212) 747 1500
www.thewallstreetinn.com
Un vénérable établissement au chic très anglo-américain. Rideaux fleuris et savamment drapés, mobilier colonial et moquettes épaisses signent une ambiance feutrée, à deux pas des folies du New York Stock Exchange. Les 46 chambres sont luxueusement équipées. Prix nettement plus attractifs en basse saison.

LOWER EAST SIDE

▲ *189*

⚀ **COMFORT INN LES**
B C3
136 Ludlow St.
(entre Stanton et Rivington Sts.)
Tél. (212) 260 4141
www.comfortinnlowereastside.com
Ouvert en 2010, ce petit hôtel de chaîne offre une situation rêvée à ceux qui veulent profiter de l'ambiance nocturne du «LES». Les 32 chambres ne sont pas immenses et le décor est très classique mais elles sont claires et très bien équipées (machine à café et réfrigérateur).

⚀ **EAST HOUSTON**
B C3
151 E Houston St.
Tél. (212) 777 0012
www.hoteleasthouston.com
Bien que situé sur la très passante Houston St, voici un hôtel agréable. Comme toujours, les 40 chambres sont un peu petites, mais plaisantes, dans un style design chic. On apprécie que le petit déjeuner, les appels locaux et la wifi soient compris, de même que le micro-ondes dans la partie commune.

⚂ **THOMPSON LES**
B C3
190 Allen St.
(entre Houston et Stanton Sts.)
Tél. (212) 460 5300
www.thompsonhotels.com
Du luxe sans faille, dans le meilleur goût new-yorkais. Le design des vastes chambres est irréprochable, contemporain, ponctué de petites notes chaleureuses comme les arrangements végétaux, le linge de lit extra-doux et les moelleuses sorties de bain. Le plus : les immenses baies vitrées qui dévoilent des vues superbes sur la ville.

LITTLE ITALY ET NOLITA

▲ *196*

⚀ **BEST WESTERN BOWERY HANBEE**
B C3
231 Grand St.
(près de Bowery)
Tél. (212) 925 1177
www. bw-boweryhanbeehotel.com
Sa situation permet de sortir à pied dans Chinatown tout proche et, le soir, dans les quartiers animés de SoHo ou du Lower East Side. Les chambres sont petites mais claires et agréablement sobres.

⚀ **SOLITA SOHO**
B C2
159 Grand St.
(entre Centre et Lafayette Sts.)
Tél. (212) 925 3600
www. ascendcollection.com
Très bien situé pour sortir le soir et bien équipé, cet hôtel à la décoration claire et moderne souffre, comme beaucoup dans cette gamme de prix, de chambres très petites. Machine à café/thé dans chacune des 42 chambres.

SOHO ET TRIBECA

▲ *203/206*

⚂ **60 THOMPSON**
B C2
60 Thompson St.
(entre Broome et Spring Sts.)
Tél. (212) 431 0400
www.60thompson.com
Son chic minimaliste, très années 1940, et le raffinement de l'accueil font de cet hôtel l'un des plus élégants de SoHo. Couleurs sourdes, fleurs fraîches, matériaux grand luxe concourent à en faire une sorte de club privé à l'ambiance discrète. Un plus : le bar du 12ᵉ étage offre une agréable terrasse sur la ville. 98 chambres au confort impeccable.

⚁ **DUANE STREET HOTEL**
A A2
130 Duane St. (à l'angle de Church St.)
Tél. (212) 964 4600
www. duanestreethotel.com
Avec juste 45 chambres, voici un établissement à taille humaine. Décoration design, inspirée de l'esprit loft, mais avec de chauds parquets et des touches de couleur. Les chambres ne sont pas immenses mais lumineuses et bien conçues.

⚁ **HAMPTON INN MANHATTAN SOHO**
B D1
54 Watts St.
(entre 6th Ave. et Varick St.)
Tél. 212 226 6288
www.manhattansoho.hamptoninn.com
Un équipement confortable du

1 € = env. $ 1,30

meilleur niveau pour cet hôtel de 160 chambres au décor de bon goût. Un peu excentré mais bien desservi par le métro, il offre de surcroît le petit déjeuner et la wifi. On aime particulièrement les couettes gonflantes, les grandes baies vitrées et... le pommeau de douche large et puissant.

HOLIDAY INN SOHO
B D2
138 Lafayette St. (à l'angle de Howard St.)
Tél. (212) 941 4178
www.hidowntown-nyc.com
Une situation pratique, au point de rencontre de SoHo, Chinatown et NoLIta, idéale pour sortir dîner, pour cet établissement de très bon standing. Chambres fonctionnelles et lumineuses, les plus agréables donnant vers le sud. La situation au premier étage de la réception et du bar tient les voyageurs à l'écart de l'agitation de la rue.

SOHOTEL
B C2
341 Broome St. (près de Bowery)
Tél. (212) 226 1482
www.thesohotel.com
Malgré des parties communes au décor baroque assez réussi, un mobilier design et de belles briques brutes, les 125 chambres sont petites pour le prix, New York oblige... L'ensemble reste confortable et plutôt bien aménagé.

TRIBECA GRAND HOTEL
B D2
2 Avenue of the Americas (6th Ave. ; à l'angle de Church St.)
Tél. (212) 566 1900
www.tribecagrand.com
Dès le vaste hall, on est dans le plus pur esprit new-yorkais du milieu du xxe siècle. Ne vous laissez pas distraire par le style minimaliste de la décoration : le luxe est dans les détails, de l'équipement électronique de pointe au bocal de poissons rouges, installé sur demande pour distraire les âmes seules...

TRUMP SOHO
B C2
246 Spring St. (entre 6th Ave. et Varick St.)
Tél. (212) 842 5568
www. trumpsoho hotel.com
Une tour de verre au-dessus de SoHo. Alors que personne ne croyait à sa localisation improbable, à l'écart du maelstrom des boutiques, les 391 chambres attirent bien des amateurs de luxe extrême, à commencer par la vue époustouflante que les immenses parois vitrées offrent sur la ville. Côté décoration (griffée Fendi) et confort, rien ne laisse à désirer. Tout cela se paye.

GREENWICH VILLAGE

▲ 210

THE STANDARD
B B1
848 Washington St. (angle W 13th St.)
Tél. (212) 645 4646
www.standardhotels.com
Voici l'une des rares adresses à offrir une vue directe sur l'Hudson. Les chambres de ce côté (superior), dont une paroi est entièrement vitrée, offrent donc des couchers de soleil spectaculaires. Pourtant, les chambres standard, côté ville, sont presque plus agréables et nettement moins chères. La vue y est époustoufflante, avec l'Empire State qui n'est pas si loin, et la chaleur du soleil moins envahissante. Côté décoration et confort, rien à redire, c'est moderne, lumineux et de bon goût, avec mention spéciale pour les salles de bains.

WASHINGTON SQUARE
B B2
103 Waverly Pl.
Tél. (212) 777 9515
www.washington squarehotel.com
Dans le plus pur style new-yorkais, cet hôtel de charme très Art déco se pare de photos de cinémas. Dans chaque chambre, des actrices légendaires veillent au sommeil des hôtes. Confort et équipement irréprochables, calme et service en font une excellente adresse, d'autant que le square tout proche est un vrai atout.

WEST ELEVENTH
B B1
278 W 11th St. (entre Bleecker et W 4th Sts.)
Tél. (212) 675 7897
www.west-eleventh.com
Pour ceux qui veulent vivre comme un véritable habitant (aisé !) du Village, cette belle demeure offre le choix entre cinq appartements et suites (tous de plus de 45 m^2) raffinés et ultra confortables. Tous ont une cuisine ou une kitchenette. Les bémols : pas d'enfant de moins de 10 ans et séjour minimum de trois nuits.

CHELSEA

▲ 219

CHELSEA PINES INN
B B1
317 W 14th St. (entre 8th et 9th Ave.)
Tél. (212) 929 1023
www.chelseapines inn.com
Plus pension de famille qu'hôtel, cette grande maison de 4 étages (sans ascenseur) propose 26 chambres de taille et de confort différents. Le thème de la décoration est le cinéma. Agréable jardinet et possibilité de prendre le petit déjeuner sur place.

CHELSEA SAVOY
B A1
204 W 23rd St. (angle 7th Ave.)
Tél. (212) 929 9353
www.chelsea savoynyc.com
Bien situé, bien desservi, bien équipé, voici un hôtel au décor très classique encore abordable pour New York. Les chambres les moins chères (le single bed est en fait un lit de 140) sont minuscules mais confortables. Les chambres doubles (lit de 150) sont plus grandes, avec un équipement similaire.

HILTON GARDEN INN
B A1-2
121 W 28th St. (entre 6th et 7th Ave.)
Tél. (212) 564 2181
www.chelsea.hgi.com
Sans surprise, cet établissement moderne est sans grand caractère mais fonctionnel, tout confort et bien desservi, dans la rue des marchands de fleurs. Wifi incluse, accès gratuit à une imprimante et laverie en self-service.

HÔTELS
⚀ < $ 250
⚁ $ 250-$ 350
⚂ > $ 350

⚁ **HOLIDAY INN EXPRESS MADISON SQUARE GARDEN**
B A1
232 W 29th St.
(entre 7th et 8th Ave.)
Tél. (212) 695 7200
www.hiexpress.com
Décor très neutre et impersonnel pour ce grand hôtel de style international, très bien situé pour explorer l'ensemble de la ville : le meilleur confort à prix compétitif dans cette catégorie. Selon le remplissage, les prix peuvent baisser de façon non négligeable. Wifi et petit déjeuner compris, accès gratuit au Business Center.

⚁ **HOTEL INDIGO**
B A1-2
127 W28th St.
(entre 6th et 7th Ave.)
Tél. (212) 973 9000
www.indigochelsea.com
Avec ses 120 chambres au design coloré, ses aménagements bien conçus et son bar sur le toit, cet hôtel moderne, bien desservi par les transports, offre un bon confort (excellente literie). Les prix varient en fonction de la fréquentation.

⚁ **INN ON 23RD**
B A1
131 W 23rd St.
(entre 6th et 7th Ave.)
Tél. (212) 463 0330
www.innon23rd.com
Un charme fou pour cette magnifique adresse, dont chacune des 14 chambres d'hôtes est aménagée et décorée dans un style original, fait de meubles chinés, de textiles raffinés et de notes de couleur. Le salon-bibliothèque qui accueille aussi le copieux petit déjeuner donne une idée du style américain, mélange de chic cosy et de décontraction.

⚁ **THE DESMOND TUTU CENTER**
B A1
180 10th Ave.
(angle 21st St.)
Tél. (212) 929 3888
www.acc-tutuconferencecenter.com
Cet établissement est installé dans les imposants bâtiments néogothiques d'un ancien séminaire du XIX*e siècle. Les 60 chambres, décorées très sobrement, sont dotées du meilleur confort. Bien qu'un peu excentré, il se rachète par son beau jardin et son cadre inattendu.*

⚁ **THE GEM HOTEL CHELSEA**
B A1
300 W 22nd St.
(angle 8th Ave.)
Tél. (212) 675 1911
www.thegemhotel.com
Installé dans un immeuble classique de Chelsea, cet hôtel au chic sobre très design est bien placé pour les transports en commun mais situé à un angle de rue passant. Les chambres sont, malgré tout, bien insonorisées, mais les moins chères sont très petites. Machine à café dans les chambres, wifi et appels locaux gratuits.

UNION SQUARE, FLATIRON DISTRICT ET GRAMERCY PARK

▲ 221

⚁ **ACE HOTEL**
B A2
20 W 29th St.
(entre 5th Ave. et Broadway)
Tél. (646) 214 5748
www.acehotel.com
Cet hôtel en vogue se distingue par son style industriel et techno. Le décor est très réussi dans le genre et la clientèle éclectique, car le concept veut que tous les niveaux de confort (et donc de prix) cohabitent. On trouve donc des chambres rudimentaires à lits superposés en métal, d'autres plus standard et des suites très luxueuses. Chacune des 160 chambres bénéficie quand même de tout le confort. Hélas, même basique, le fashion coûte cher !

⚀ **CLARION HOTEL PARK AVENUE**
B A2
429 Park Ave. South
(entre 29th et 30th Sts.)
Tél. (212) 532 4860
www.choicehotels.com
Agréablement aménagé et fort bien situé, voici un hôtel de chaîne qui offre du confort et un accueil très courtois. Les 60 chambres sont plutôt spacieuses pour les normes new-yorkaises.

⚀ **GERSHWIN HOTEL**
B A2
7 E 27th St.
(entre Madison et 5th Ave.)
Tél. (212) 545 8000
www.gershwinhotel.com
Ici, on affiche son goût pour le design et la mode dès la rue. La façade exubérante annonce un hall coloré. Le reste de l'hôtel est beaucoup plus discret, même si les chambres sont décorées avec goût et très confortables. En raison des prix très divers, la clientèle est très cosmopolite, des jeunes fashionistas aux bobos installés.

⚂ **GRAMERCY PARK HOTEL**
B A2
2 Lexington Ave.
(face au Gramercy Park)
Tél. (212) 920 3300
www.gramercyparkhotel.com
Décoré en 2006 par l'artiste Julian Schnabel, cet établissement de grand luxe est devenu une icône du design hôtelier avec, aux murs des parties communes, des œuvres de Basquiat, Warhol ou Hirst. Le concept se veut High Bohemian, un mariage baroque entre chandelier de cristal et design futuriste, entre textiles somptueux et tapis d'Aubusson, franges coquines et clins d'œil surréalistes. Très cher, très snob et très très hype ! Les 185 chambres sont, elles aussi, déclinées dans ce style exubérant et coloré. Le Rose Bar *est l'un des plus élégants bars de la ville.*

⚀ **PARK SOUTH HOTEL**
B A2
124 E 28th St.
(entre Park et Lexington Ave.)
Tél. (212) 448 0888
www.parksouthhotel.com
Il conjugue l'architecture classique d'un immeuble de 1906 et un design sobre et élégant. Tons pastel et acajou dans les chambres, dont certaines sont assez petites. Mais toutes disposent d'un réfrigérateur et de la wifi. Bar-restaurant dans l'hôtel et soirées jazz le week-end.

⚁ **THE MAVE HOTEL**
B A2
62 Madison Ave.
(à l'angle de 27th St.)

1 € = env. $ 1,30

Tél. (212) 532 7373
www.themavehotel.com
Design ultra moderne, tout en blanc et rouge, coursives dépouillées, exploitant des matériaux bruts, et 70 chambres, petites mais lumineuses et fonctionnelles : l'ensemble donne une impression impeccable et dynamique. Le confort des lits compense la petite taille des chambres. Wifi.

MIDTOWN EAST

▲ 235

BEDFORD HOTEL
C D3
118 E 40th St. (entre Park et Lexington Ave.)
Tél. (212) 697 4800
www.bedfordhotel.com
Près de la New York Library et à moins de cinq blocks de Times Square, voici une adresse à retenir. Le décor et le style général sont très traditionnels. Les 135 chambres sont équipées d'un réfrigérateur, d'une machine à café et d'un micro-ondes. Laverie en self-service à disposition et wifi gratuite. Discount important sur certaines dates.

MORGANS HOTEL
C D3
237 Madison Ave. (entre 37th et 38th Sts.)
Tél. (212) 554 6120
www.morganshotel.com
Décoré par Andrée Putman, cet hôtel de grand luxe se trouve tout près de l'exceptionnelle Morgan Library. Les 114 chambres sont spacieuses et claires (les plus petites font quand même plus de 20 m²), merveilleusement confortables.

RAMADA INN EASTSIDE
C D3
161 Lexington Ave. (entre 30th et 31st Sts.)
Tél. (212) 545 1800
www.applecorehotels.com
Bien que faisant partie d'une chaîne, voici un hôtel très agréable, servi par un personnel charmant. Les 95 chambres sont accueillantes et bien aménagées, dotées du meilleur confort. Pour une fois, elles ne sont pas non plus minuscules. Bon rapport qualité-prix.

MIDTOWN WEST

▲ 235

ALGONQUIN
D D3
59 W 44th St. (entre 5th et 6th Ave.)
Tél. (212) 840 6800
Auguste palace fondé en 1902, à l'époque où Midtown West devient le cœur culturel de la ville, l'Algonquin accueille alors le cercle littéraire de la Round Table, et compte parmi ses hôtes réguliers Douglas Fairbanks, Orson Welles ou Gertrude Stein. En 1950, William Faulkner y rédige son discours du prix Nobel... Boiseries patinées, cuivres rutilants, l'Algonquin a gardé son esprit d'origine, même si la récente rénovation des chambres n'est pas très réussie... Le luxe, tout de même, à des prix souvent abordables.

BRYANT PARK HOTEL
C D3
40 W 40th St. (Entre 5th et 6th Ave.)
Tél. (212) 869 0100
Rés. 877-640 9300
www.bryantparkhotel.com
Ouvert en 2001, très prisé du monde de la mode, cet hôtel demeure l'un des plus branchés. Et l'un des plus charmants ! Occupant le sublime Radiator Building, donnant sur Bryant Park, il compte 178 chambres et suites sur 25 étages. Mobilier design, équipement moderne, salles de bains en marbre et tapis tibétains, certaines chambres donnent sur les gratte-ciel – notamment les suites Park-view, avec terrasse privée.

HOTEL METRO
C D3
45 W 35th St.
Tél. (212) 947 2500
Rés. 800 356 3870
www.hotelmetronyc.com
Idéalement placé à deux pas de l'Empire State Building : la vue est magnifique du toit-terrasse ! La façade, avec ses enseignes au néon et son marquee (large auvent) noir et or, évoque les théâtres de Broadway et des portraits de Marlène Dietrich veillent sur le hall d'entrée. Chambres un peu démodées, mais plutôt spacieuses pour New York, avec une literie de qualité et des salles de bains modernes – demander une renovated room. *Petit déjeuner copieux et wifi gratuit. Salle de gym. Remises conséquentes sur le site.*

MANDARIN ORIENTAL
D A1
80 Columbus Circle (à l'angle de W 60th St.)
Tél. (212) 805 8800
www.mandarinoriental.com
Occupant les étages supérieurs du Time Warner Center, sur Columbus Circle, ce palace de 248 chambres est régulièrement élu meilleur hôtel de New York. Principal atout, les vues époustouflantes sur Central Park, les gratte-ciel de Manhattan ou l'Hudson river qu'offrent ses chambres dont les baies vitrées se déploient du sol au plafond. Piscine, gymnase et spa. Le restaurant du 35e étage, l'Asiate, est une adresse très courue, pour sa cuisine fusion et son panorama.

PLAZA
D A3
5th Avenue (à l'angle de Central Park South)
Tél. (212) 759 3000 ou 888 850 0909
www.theplaza.com
Inauguré en 1907, le Plaza s'impose alors comme le plus luxueux palace au monde. Ce bel édifice de 19 étages dominant la 5e Avenue et le sud de Central Park, immortalisé dans Gatsby le Magnifique *de Fitzgerald et* La Mort aux trousses *d'Hitchcock, n'a rien perdu de son cachet. Célébrités et grands de ce monde en font leur pied-à-terre. Ses chambres et suites immenses sont évidemment hors de prix !*

ROOM MATE GRACE
D C2
125 W 45th St. (entre 6th et 7th Ave.)
Tél. (212) 354 2323
www. room-matehotels.com
Ambiance originale et bon accueil. 139 chambres sur 16 étages, bien insonorisées, grandes douches à l'italienne et décoration seventies. Wifi, gymnase, bar, piscine. Offres intéressantes sur le site.

HÔTELS
⚀ < $ 250
⚁ $ 250-$ 350
⚂ > $ 350

UPPER EAST SIDE

▲ *308*

⚁ **GRACIE INN B&B**
E D4
502 E 81st St.
(à l'angle de York Ave.)
Tél. (212) 628 1700
ou 800 404 2252
www.gracieinnhotel.com
Adresse coup de cœur, dans un immeuble de 4 étages datant des années 1920, dans le quartier de Yorkville. Décoration à l'ancienne : papier peint rétro, gravures champêtres. 13 chambres et suites proprettes et confortables (literie neuve, télévision). Salles de bains exiguës, mais cuisine dans chaque chambre. Les meilleures (et plus onéreuses) sont situées aux étages supérieurs, notamment la Penthouse Suite avec sa terrasse privée sur le toit... 2 nuits minimum. Seul (petit) bémol : un peu loin du premier métro.

⚁ **HOTEL WALES**
E C3
1295 Madison Ave.
(entre E 92nd et E 93rd Sts.)
Tél. (212) 876 6000
Rés. 866 925 3746
www.hotelwalesnyc.com
Le charme à taille humaine (89 chambres), dans un immeuble centenaire en plein cœur de Carnegie Hill. La rénovation complète, achevée en 2010, a su préserver le style originel des lieux et notamment le superbe escalier de bois sombre, tout en assurant un confort optimum. Chambres élégantes : tons chauds, literie de qualité et linge raffiné, équipement dernier cri. Tarifs raisonnables pour le quartier. Toit-terrasse offrant de belles vues sur Central Park.

⚂ **THE PIERRE**
D A3
2 E 61st St.
(à l'angle de 5th Ave.)
Tél. (212) 838 8000
www.tajhotels.com
L'un des palaces mythiques de New York, superbe gratte-ciel de style georgien dressant sa masse de granite et de brique au coin de la 5e Avenue. Depuis 1930, il accueille les hôtes les plus glamour – Audrey Hepburn, Yves Saint Laurent... Ses cafés et restaurants demeurent le point de ralliement de la haute société, et sa salle de bal accueille de prestigieuses réceptions. 140 chambres toujours aussi chics et 49 suites fastueuses. Service sans égal.

UPPER WEST SIDE

▲ *342*

⚀ **DAYS INN BROADWAY**
E C1
215 W 94th St.
(entre Amsterdam Ave. et Broadway)
Tél. (212) 866 6400
www.dayshotelnyc.com
Ce bel immeuble en brique rouge, bien desservi par les transports en commun, abrite 250 chambres plutôt spacieuses, sans caractère particulier mais dotées de tout le confort nécessaire (machine à café, fer à repasser, wifi gratuite), dans un quartier riche en restaurants et commerces.

HARLEM

▲ *350*

⚁ **ALOFT HOTEL**
E A2
2300 Frederick Douglass Blvd.
(entre 123rd et 124th Sts.)
Tél. (212) 749 4000
www.alofthotels.com
Premier hôtel ouvert à Harlem depuis près d'un demi-siècle, cet établissement ultra moderne est à deux pas de l'Apollo Theater et du Studio Museum, dans un quartier largement reconstruit pour cause de nouvelle expansion urbaine. L'ensemble est high-tech, coloré et de grand confort, avec 124 chambres assez spacieuses.

⚀ **LA MAISON D'ART**
F D2
259 W 132nd St.
(entre Douglas Blvd. et 7th Ave.)
Tél. (917) 533 4605
www.lamaisondartny.com
Tout le charme de Harlem ! Dans une paisible rue bordée de brownstones*, ce lieu discret abrite depuis 2009 une galerie d'art réservée à des événements privés ainsi que 5 chambres d'hôtes (pour 2 ou 3 pers.) et un appartement pour 5 pers., tous élégants et confortables, décorés avec goût par Stéphanie, la propriétaire (française). Des toiles originales ornent les chambres climatisées et bien équipées : salles de bains et coins cuisine (évier, réfrigérateur, micro-ondes) – utiles pour le petit déjeuner (qui n'est pas proposé par la maison). Jardinet à l'arrière, cuisine et laverie à disposition au sous-sol. L'ambiance est familiale et décontractée.*

BROOKLYN

▲ *366*

⚁ **BED AND BREAKFAST ON THE PARK**
HORS PLAN
113 Prospect Park West
(entre 6th et 7th Sts.)
Tél. (718) 499 6115
www.bbnyc.com
Une maison d'hôtes située en face de Prospect Park, dans une demeure victorienne du XIXe siècle. Cinq chambres élégantes meublées d'antiques, décorées dans le style anglais, avec chacune son ample salle de bains. À savoir : 10 % de pourboire sont ajoutés à la note. Carte bancaire non acceptée.

⚀ **HOTEL LE JOLIE**
HORS PLAN
235 Meeker Ave.
Tél. (718) 625 2100
ou 866 526 4097
www.hotellejolie.com
Un des rares hôtels du quartier branché de Williamsburg, avec 54 chambres modernes et spacieuses : les City View offrent une vue époustouflante sur Manhattan ; celles côté rue sont déconseillées aux sommeils légers, malgré la bonne insonorisation.

⚁ **WYTHE HOTEL**
HORS PLAN
80 Wythe Ave. (à l'angle de N 11th St.)
Tél. (718) 460 8000
http://wythehotel.com
Ouvert en mai 2012 dans un quartier en pleine mutation, il occupe un ancien immeuble industriel de 1901 entièrement rénové. Une structure en verre coiffe maintenant les 4 étages en briques qui abritent des chambres pour 2, 4 ou 6 personnes, ainsi que des lofts avec lits kingsize*. Vers l'ouest, vue sur la skyline (chambres Manhattan View King). Moderne et design. Restaurant au rez-de-chaussée et bar sur le toit.*

1 € = env. $ 1,30

C D2 : coordonnées des cartes situées en fin de guide

LOWER MANHATTAN

▲ *135*

BARBARINI
A B4
225 Front St.
(entre Beekman St. et Peck Slip)
Tél. (212) 217 8890
À part la banquette de l'entrée, le cadre est celui d'une épicerie italienne, avec ses comptoirs de fromages et de charcuteries ou ses étagères garnies de pâtes et de bouteilles de vin. Pourtant, avec ses quelques tables et sa véranda à l'arrière, c'est aussi un petit restaurant pratique pour le déjeuner. De la soupe du jour aux plats plus élaborés, en passant par les pâtes, les salades et les sandwichs, les produits sont ultra frais et il y en a pour tous les goûts et tous les appétits. Idéal pour grignoter sur le pouce.

BRIDGE CAFE
A A4
279 Water St.
(à l'angle de Dover St.)
Tél. (212) 227 3344
Au pied du Brooklyn Bridge, cette institution de Lower Manhattan — l'immeuble date de 1794 — a servi tour à tour d'épicerie, de bar à bandits et fut même une maison close. C'est aujourd'hui un restaurant très comme il faut mais qui a su garder patine et caractère. On y mange des plats américains classiques comme les beignets de crevettes, le soft shell crab, *les* crab cakes *ou, bien sûr, l'incontournable* burger.

HARRY'S CAFE
A C3
1 Hanover Sq.
Tél. (212) 785 9200
Fermé dim.
Il faut descendre quelques marches pour pénétrer dans cette excellente steakhouse *qui se vante de restituer l'esprit d'une cave. Murs de briques peintes, plafonds bas et mobilier sombre composent un décor chic sans être coincé. Les viandes sont réputées, mais les produits de la mer et le reste de la carte sont tout aussi bons. Essayez le* crab cake *ou les pattes de crabe d'alaska et composez un menu de hors-d'œuvre.*

ZAITZEFF
A B3
72 Nassau St.
(à l'angle de John St.)
Tél. (212) 571 7272
Une petite salle blanche décorée d'une grande toile contemporaine et de sympathiques tables communes servent de cadre à ce petit fast-food de qualité. Burgers goûteux et salades bien assaisonnées, à manger sur place ou sur le pouce.

SOHO ET TRIBECA

▲ *203 et 206*

BALTHAZAR
B C2
80 Spring St.
(près de Crosby St.)
Tél. (212) 965 1414
Parmi les bistrots les plus populaires, celui-ci restitue à la perfection l'ambiance d'un établissement parisien, clientèle new-yorkaise chic en plus, sous les miroirs savamment patinés et les murs jaune moutarde. Au menu, les incontournables soupe à l'oignon, steak tartare, confit de canard et quelques autres plats français. Les sandwichs, les tartes salées et les desserts bénéficient du savoir-faire pâtissier de la Balthazar Bakery *voisine. Un peu moins cher à midi et très sympathique pour le petit déjeuner.*

BROOME STREET BAR
B C2
363 West Broadway
(à l'angle de Broome St.)
Tél. 212 925 2086
Ne cherchez pas ici une faune branchée, ni des fioritures dans l'assiette. Le vieux comptoir fatigué en a vu d'autres et n'est pas près de changer. Les clients sont des habitués et le menu ne propose que des grands classiques des bars américains. Soupes copieuses, burgers, sandwichs, et une atmosphère simplement décontractée. Que demander de plus ?

CORTON
B D2
239 W Broadway
(entre Walker et White Sts.)
Tél. (212) 219 2777
Fermé à midi et dim.
Le décor est absolument minimaliste, défini par la seule lumière. Les deux menus le sont tout autant, esquissés autour de plats subtils et parfaitement maîtrisés. Les produits varient tous les jours, en fonction des saisons, du marché et de l'imagination du chef, qui puise de toute évidence dans une cuisine française inventive et raffinée. Cher, mais réellement remarquable.

EAR INN
B C1
326 Spring St.
(entre Greenwich et Washington Sts.)
Tél. (212) 431 9750
L'adresse rêvée quand il fait gris ou froid, pour se réchauffer à l'ambiance qui vibre sous les plafonds bas, au son du blues ou du jazz. Un vrai pub à l'ancienne, avec ses collections de bouteilles, ses boiseries polies par des générations de coudes et ses plats simples et bien cuisinés. Pâtes ou plat du jour, vin au verre ou une belle variété de bières. Bon signe : la clientèle est fidèle.

HUNDRED ACRES
B C2
38 MacDougal St.
(près de Prince St.)
Tél. (212) 475 7500
L'élégante façade vert wagon cache un décor d'esprit bistrot, avec ses tables à plateau de marbre et son brouhaha. La musique rock jazzy et l'ambiance sont celles du décontracté chic. La cuisine américaine lorgne un peu vers la Méditerranée, et l'ensemble laisse la part belle aux produits du marché. La carte, sans être très fournie, change souvent. Attention à l'attente le soir et pour le brunch du week-end.

LANDMARC
B D2
179 West Broadway
(entre Leonard et Worth Sts.)
Tél. (212) 343 3883
L'une de ces adresses dont New York a le secret, qui conjugue avec équilibre une cuisine moderne et légère, d'inspiration franco-italienne, avec la grande tradition des steakhouses. *C'est bon, frais, et cuit à la perfection. Pour ne rien gâcher, le cadre est très réussi, mariage de brique brute, de bois*

RESTAURANTS
- ◘ < $ 20
- ◘ $ 20-$ 40
- ◘ $ 40-$ 60
- ◘ > $ 60

sombre et de métal. La carte des vins donne le tournis et l'ambiance est branchée sans être clinquante. Plats variés autour des produits du marché, pâtes et, à midi, salades complètes ou burgers.

LOCANDA VERDE
B D2
377 Greenwich St. (à l'angle de North Moore St.)
Tél. (212) 925 3797
Parmi les nombreux restaurants italiens de la ville, celui-ci dégage une atmosphère chaleureuse de décontraction élégante. Esprit bistrot, étagères généreusement garnies de bouteilles (superbe carte des vins), service impeccable et une carte resserrée autour des grands classiques de la cuisine rustique traditionnelle en font une adresse bien sympathique. Antipasti, *pâtes ou plats complets. Robert De Niro est l'un des partenaires de l'affaire...*

LUCKY STRIKE
B D2
59 Grand St. (entre West Broadway et Wooster St.)
Tél. (212) 941 0772
Le style simple et convivial d'un bistrot parisien, pour une cuisine franco-américaine sans chichi, à base de produits de qualité. Essayez par exemple le crab cake *et sa salade de concombre ou l'excellente salade dite «niçoise» avec son steak de thon mi-cuit à la perfection. Très bons burgers. Un peu bruyant mais très sympathique.*

LOWER EAST SIDE

▲ *189*

FALAI
B C3
68 Clinton St. (entre Stanton et Rivington Sts.)
Tél. (212) 253 1960
Fermé à midi
Très tendance, dans un décor blanc chicissime et dépouillé, voici une table italienne un peu à part. Son chef n'hésite pas à réveiller ses classiques de notes inattendues, comme les dattes et le foie de poulet sur la polenta ou les pâtes aux truffes. Les viandes, plus traditionnelles, sont toutefois préparées avec un grand raffinement. Desserts à la hauteur. Petite cour à l'arrière pour les beaux jours. Réservez, c'est souvent complet.

KATZ'S DELICATESSEN
B C3
205 E Houston St. (à l'angle de Ludlow St.)
Tél. (212) 254 2246
Véritable institution new-yorkaise, ce grand delicatessen *est resté inchangé depuis les années 1950 : photos de fête et de célébrités au mur, réclames en néons et panneau signalant la table où Meg Ryan simula son célèbre orgasme dans le film* Quand Harry rencontre Sally *(1989). Commande au comptoir ou service à table le long du mur, mais dans les deux cas, on paye en espèces, à la sortie. C'est bondé, ça peut avoir l'air confus, prenez donc votre temps pour étudier la carte avant de vous décider... Au menu, de simples bagels, une belle variété de sandwichs, au pastrami, au corned beef, à la saucisse, d'énormes assiettes de viande mais aussi des soupes, des ragoûts et des desserts honteusement riches.*

SPITZER'S CORNER
B C3
101 Rivington St. (à l'angle de Ludlow St.)
Tél. (212) 228 0027
Sympathique pub à l'américaine, servant une cuisine simple et fraîche, salades, burgers ou poisson grillé à la perfection. Le cadre rustique garde une touche industrielle. Quand il fait beau, les grandes baies s'ouvrent et on se retrouve comme en terrasse.

CHINATOWN, LITTLE ITALY ET NOLITA

▲ *190/196*

BALABOOSTA
B C2-3
214 Mulberry St. (entre Prince et Spring Sts.)
Tél. (212) 966 7366
Fermé lun. midi
Balaboosta *signifie «ménagère modèle» en yiddish et ce sont les recettes de base de la cuisine juive des familles que vous goûterez ici. À midi, on mange salades, sandwichs ou* schnitzels. *Le soir, c'est plus élaboré, avec les grands classiques que sont les falafels, houmous, pickles ou salade de quinoa, suivis de plats copieux et parfumés, comme le poulet «sous la brique» accompagné de couscous israélien. Côté décor, c'est chaleureux comme à la maison, avec étagères garnies de livres ou de bouteilles, portraits de famille et grandes tables communes.*

BREAD
B C3
20 Spring St. (entre Mott et Elizabeth Sts.)
Tél. (212) 334 1015
Une clientèle jeune fréquente cet établissement à la carte très futée. on peut manger des sandwichs copieux et originaux ou bien choisir entre les plats de pâtes, les grosses salades et les recettes de viandes ou de poisson. On aime aussi les petites salles en enfilade et le look industriel de briques et tuyaux peints en blanc.

LA ESQUINA
B C2
106 Kenmare St. (à l'angle de Lafayette St.)
Tél. (646) 613 1333
C'est la taqueria qui occupe l'angle de la rue et propose des snacks très bon marché jusque tard dans la nuit. Les repas plus formels se dégustent dans la «brasserie», au sous-sol (décoration très réussie) qu'on rejoint en passant par les cuisines... L'ensemble est très branché, le style mexicain, comme le nom le laisse supposer. Cocktails, plats plutôt soignés.

MALAYSIA RESTAURANT
B D3
46-48 Bowery St. (dans une galerie, entre Bowery et Elizabeth St.)
Tél. (212) 964 0284
Pour changer sans quitter l'Asie, ne passez pas à côté de ce restaurant malaisien, caché dans un étroit passage. Le détour en vaut la peine car les plats succulents jouent sur une large palette de saveurs exotiques. Les noodle soups *peuvent faire un repas léger, de même qu'un assortiment de hors-d'œuvre (essayez le satay ou*

1 € = env. $ 1,30

le crispy shrimp and taro roll*). Côté plats, le* beef in scallion and ginger *ou le spectaculaire* Sarang Burong *sont de bons choix.*

PEASANT
B C3
194 Elizabeth St. (entre Prince et Spring Sts.)
Tél. (212) 965 9511
http://peasantnyc.com
Fermé à midi et lun.
Ambiance zen relaxante et chic, musique jazz cool ou classique plaisamment discrète, sol en béton ciré, éclairage flatteur et longue table-bar au milieu de la pièce. Cuisine italienne classique, de qualité. Une adresse recherchée, où il faut réserver.

PEKING DUCK HOUSE
B D3
28 Mott St. (entre Mott et Mulberry Sts.)
Tél. (212) 227 1810
Nettement plus chic que la plupart des adresses du quartier, dans un cadre feutré et sobre, voici une excellente table qui reste très abordable. Si vous souhaitez manger du canard laqué, la grande spécialité de la maison, il vous faudra être au moins deux et commander à l'avance. Mais ne vous y limitez pas, le reste de la carte est savoureux aussi.

GREENWICH VILLAGE

▲ *210*

ANNISA
B B1
13 Barrow St. (près de W 4th St.)
Tél. (212) 741 6699
Régulièrement élu parmi les meilleures tables de la ville, voire du pays, ce restaurant au décor dépouillé propose une cuisine mariant subtilement les influences chinoise, française et américaine dans des plats légers et raffinés, d'une trompeuse simplicité. Réservation recommandée.

CAFÉ ASEAN
B B2
117 W 10th St. (entre 6th Ave. et Greenwich Ave.)
Tél. 212 633 0348
Une petite salle aux murs enduits ou de brique patinée, une décoration colorée laissant la part belle à la récup', une agréable véranda à l'arrière : le cadre est posé pour ce charmant restaurant asiatique. Les plats sont copieux et bons, inspirés des cuisines thaïe, malaisienne et indonésienne. Le service, bien qu'un peu lent, est aimable.

LITTLE OWL
B C1
90 Bedford St. (à l'angle de Grove St.)
Tél. (212) 741 4695
La petite salle d'angle, vitrée, dégage une atmosphère intime (28 couverts seulement) mais est un peu bruyante car les tables sont petites et très rapprochées. Le chef y prépare une cuisine américaine simple, teintée d'accents méditerranéens. Les ingrédients varient en fonction des saisons.

MARKET TABLE
B C1
54 Carmine St. (à l'angle de Bedtord St.)
Tél. (212) 255 2100
Murs en brique nue, grandes baies vitrées, éclairage tamisé très réussi déterminent d'emblée un cadre élégant mais décontracté. La carte est à la hauteur, proposant une nouvelle cuisine américaine d'excellente qualité, à base de produits soigneusement choisis et cuits selon les règles de l'art. Les hors-d'œuvre sont délicieux, comme le magret de canard au quinoa ou la salade au raisin et aux graines de potiron. Viandes et poissons sont présentés avec une belle simplicité. Moins cher à midi.

STANDARD GRILL
B B1
848 Washington St. (entre Little W 12th et W 13th Sts., sous la High Line)
Tél. (212) 645 4100
C'est surtout pour sa petite terrasse d'où l'on admire les passants que l'on aime cette adresse, au cœur du très branché Meatpacking District. La première salle, très claire dans le style Nouvelle-Angleterre, est plaisante elle aussi. Vers l'arrière, le décor se fait plus sombre, à l'image d'un club anglais. La table est américaine et de qualité, avec un soin plus particulier pour les grillades. L'addition est un peu élevée, mais on paye aussi pour le quartier... L'idéal est d'y déjeuner ou d'y dîner légèrement. Attention, en terrasse le service peut être lent.

CHELSEA

▲ *219*

COOKSHOP
B A1
156 10th Ave. (à l'angle de 20th St.)
Tél. (212) 924 4440
Toute la cuisine de ce restaurant à la grande salle lumineuse repose sur la qualité des produits, choisis parmi ce que le pays offre de meilleur. Les recettes sont inventives et bien confectionnées, en travaillant autour des bases de la table américaine. Moins cher à midi ou pour le brunch du week-end.

LE SINGE VERT
B A1
160 7th Ave. (entre 19th et 20th Sts.)
Tél. (212) 366 4100
Ce sympathique bistrot, très parisien avec son bar, ses petites tables et ses cloisons en verre, propose une cuisine de l'Hexagone (presque tout le personnel parle français) fraîche et réussie. on peut aussi commander un burger ou un steak tartare. Les recettes sont classiques sans être ennuyeuses et l'ambiance très chaleureuse. Menu pre-theatre *de bon rapport qualité/prix.*

UNION SQUARE, FLATIRON DISTRICT ET GRAMERCY PARK

▲ *221*

ABC KITCHEN
B A2
35 E 18th St. (entre Broadway et Park Ave., entrée secondaire par le magasin ABC)
Tél. (212) 475 5829
Très casual *chic, ce restaurant centré sur les produits bio et locaux est l'un des derniers bébés du chef alsacien Jean-Georges Vongerichten, gourou de la gastronomie new-yorkaise. La carte y est réduite, les plats simples et les prix encore abordables pour ce niveau de savoir-faire. Si votre budget est limité, essayez quand même le* chicken liver toast,

RESTAURANTS
< $ 20
$ 20-$ 40
$ 40-$ 60
> $ 60

une merveilleuse émulsion de foie de poulet parfumée à la sauge et au vinaigre balsamique... Intéressante formule lunch. Plus cher le soir.

ALDEA
B B2
31 W 17th St.
(entre 5th et 6th Ave.)
Tél. (212) 675 7223
Fermé dim.
Cuisine méditerranéenne dans un cadre design bleu, blanc et bois clair. Le chef, d'origine portugaise, a fait ses classes auprès des plus grands, notamment en France. Il propose des plats inventifs mais simples et élégants, tirant toute la saveur des produits de saison. Le menu lunch est une véritable aubaine. Le soir, menu dégustation.

CASA MONO
B B3
52 Irving Place
(à l'angle de 17th St.)
Tél. (212) 253 2773
L'ambiance particulièrement vivante de ce petit restaurant convivial est catalane, le chef étant originaire de Cadaqués. La cuisine est assortie et remarquablement juste, conjuguant de petites assiettes aux saveurs ibériques, à base de jambon, calmars, croquettes de morue, queue de bœuf farcie, palourdes au chorizo, joues de cabillaud... Attention, c'est tout petit et vite complet.

ELEVEN MADISON PARK
B A2
11 Madison Ave.
(près de 24th St.)
Tél. (212) 889 0905
Fermé sam. midi et dim.
Au rang des meilleures tables de New York, celle-ci tient le haut du pavé, unanimement vantée par les gastronomes et les critiques. Un cadre chicissime, plafonds hauts et flots de lumière naturelle, comme écrin pour une nouvelle cuisine américaine toute en subtilité. Les mariages de saveurs sont délicats, basés sur une simple liste de produits parmi lesquels le client choisit. Réservez au moins 10 à 15 jours à l'avance.

GRAMERCY TAVERN
B A2
42 E 20th St.
(entre Broadway et Park Ave.)
Tél. (212) 477 0777
Restaurant fermé sam. midi et dim. midi
Un décor élégant et intemporel pour un restaurant américain à deux facettes. La taverne, dont l'ambiance est chaleureuse et décontractée, située près du bar, propose une carte très complète de plats de saison. Plus chère et dans une atmosphère nettement plus formelle, la salle à manger sert de cadre à une cuisine plus élaborée, orientée vers les produits bio de la région, exécutée par un chef réputé.

THE BRESLIN
B A2
16 W 29th St.
(entre 5th Ave. et Broadway)
Tél. (212) 679 1939
Ce pub est une ode au génie new-yorkais de la décoration «faux ancien». On jurerait que l'on entre dans un vieux bar au plafond bas, où les box sont garnis de rideaux en tartan et ornés de gravures champêtres, où des gentlemen-farmers viennent cajoler un whisky... Pas du tout, le Breslin *est le bar très à la mode de l'*Ace Hotel*, ce qui se fait de plus design et branché en ville. Passé la belle surprise du décor et de l'ambiance vibrionnante, on s'attarde avec bonheur sur la carte, qui revisite les classiques, comme le merveilleux burger d'agneau à la feta, servi avec des frites gonflées par trois cuissons successives.*

UNION SQUARE CAFÉ
B B2
21 E 16th St.
(entre 5th et Union Sq. West)
Tél. (212) 243 4020
Dans la grande tradition du chic new-yorkais, décontracté juste ce qu'il faut, les tables de ce restaurant réputé sont garnies de fleurs fraîches et le service est impeccable. Cuisine américaine de grande qualité : les entrées sont parfaites, légères et inventives, mariant les saveurs avec justesse. Les pâtes sont agrémentées de sauces inédites. Viandes grillées excellentes, sans oublier les poissons et fruits de mer. Quelques plats moins chers à midi. Attention, venez tôt ou réservez, sinon l'attente est interminable.

EAST VILLAGE

▲ 224

IPPUDO NY
B B2
65 4th Ave.
(à l'angle de 10th St.)
Tél. (212) 388 0088
www.ippudony.com
L'un des japonais les plus réputés de New York, à juste titre. Passé l'entrée où l'on note votre nom (il y a souvent la queue !), on accède à une grande salle aux tables conviviales et aux banquettes plus intimistes – un konnitchiwa *! sonore vous accueille. Spécialité de* ramen *(nouilles japonaises) à tomber par terre, au bouillon délicatement relevé.* L'akamaru modern *(porc, choux, épices secrètes et beaucoup d'ail !) est la star du menu ! En entrée, essayez l'*edamame *(germes de soja à la vapeur) ou les* hirata pun *(beignets de porc ou de poulet, sauce pimentée). Un régal !*

PRUNE
B C3
54 E 1st St.
(entre 1st et 2nd Ave.)
Tél. (212) 677 6221
Une bonne table, fine sans ostentation, réputée pour sa cuisine familiale revue aux goûts cosmopolites du jour : côte de bœuf façon phô, salade de poulpe, poisson grillé dans sa croûte de sel... Belle carte des vins. Le brunch du week-end déplace les foules : plusieurs formules, dont le sausage and oysters *– saucisses d'agneau maison et huîtres ! Jolie salle, lumineuse et conviviale, tables de bistrot sous des miroirs aux cadres patinés. On peut aussi siroter un cocktail au bar en grignotant de bons en-cas.*

ZUM SCHNEIDER
B B4
107 Ave. C
(à l'angle de 7th St.)
Tél. (212) 598 1098

1 € = env. $ 1,30

Ouverte en 2000 par le Bavarois Sylvester Schneider, cette taverne allemande au cœur d'Alphabet City ne désemplit pas. Ambiance festive et conviviale, qui tourne à l'émeute les soirs de football et, surtout, lors des fêtes de la bière en octobre ! Excellentes bières à la pression, plats traditionnels – soupes roboratives, assortiments de saucisses, goulasch, salades – à déguster au comptoir, dans l'une des deux petites salles ou bien debout, sur le trottoir ! Pas de CB.

MIDTOWN EAST

▲ *235*

CHOLA
C B3
232 E 58th St.
(entre 2nd et 3rd Ave.)
Tél. (212) 688 4619
Si vous pensez que toutes les cuisines indiennes ont le même goût, il vous faut venir ici. Dans une petite salle chaleureuse et colorée, vous goûterez une variété de plats aux saveurs qui éclatent dans la bouche, parmi les meilleurs de New York. Si vous êtes plusieurs, n'hésitez pas à partager certains plats, car tout est très copieux. Buffet pour le déjeuner ; un peu plus cher à la carte.

P. J. CLARKE'S
C B3
915 3rd Ave.
(à l'angle de 55th St.)
Tél. (212) 317 1616
Une institution new-yorkaise que ce saloon aux boiseries fatiguées, fondé en 1884. Les plus grands laissèrent traîner leurs coudes sur le vénérable comptoir : Sinatra, Nat King Cole, Joan Crawford, Buddy Holly, qui y demanda sa femme en mariage... L'atmosphère y est toujours aussi vibrante et chaleureuse, pour dîner d'un simple burger ou, mieux, d'une Sheperd's pie, *de* baked macaroni *ou de* fish & chips.

SUSHIANN
C B3
38 E 51st St.
(entre Park et Madison Ave.)
Tél. (212) 755 1780
Fermé sam. midi et dim.
Demandez plutôt une place au comptoir de ce remarquable restaurant japonais pour bénéficier du spectacle des cuisiniers préparant votre commande. La spécialité, sushi *et* sashimi, *est servie en une étonnante variété de poissons et fruits de mer d'une fraîcheur et d'une qualité irréprochables. N'hésitez pas à suivre les suggestions du chef, revues quotidiennement en fonction des arrivages. Ultime bonheur, les délicieux desserts sont un atout inattendu pour un restaurant japonais. Commande minimum de $ 20 par personne ou $ 30 par table. Les amateurs doivent faire le détour.*

MIDTOWN WEST

▲ *235*

B-BAP FUSION RICE BAR
C B2
830 9th Ave. (entre 54th et 55th Sts.)
Tél. (212) 315 0033
Fermé dim.
Tenu par de jeunes Coréens, ce restaurant est spécialisé dans les bibimbap, *plats de riz accompagnés de viande ou de légumes, et relevés de savoureux condiments. Quelques tables et une longue tablette le long du mur, musique FM en fond sonore, bon accueil. Le* classic b-bap *(riz blanc, viande hachée, germes de haricots, légumes variés) est un incontournable. À moins de préférer une des recettes végétariennes, ou la formule* Design your own *: on sélectionne le type de riz (blanc, brun...) ou de nouilles, et l'accompagnement...*

BRYANT PARK GRILL
C D3
25 W 40th St.
(au sud-est de Bryant Park)
Tél. (212) 840 6500
*Installé dans Bryant Park, ce classique new-yorkais vaut d'abord pour son cadre exceptionnel, romantique en diable ! Surtout à la belle saison, avec son patio extérieur et son toit-terrasse. Mais la grande salle, à l'intérieur du pavillon de pierre, ne manque pas de charme, le soir, avec ses lumières tamisées et ses belles fresques. Côté cuisine, accents méditerranéens, notamment en entrée : salades, calamars grillés, tartare de courgettes... Mêmes influences pour les plats, entre filet de bar (*branzino*) au basilic et raviolis de chèvre servis avec des cœurs d'artichauts grillés... Le week-end, formules brunch. Réservation conseillée.*

CARNEGIE DELI
D B2
854 7th Ave.
(à l'angle de 55th St.)
Tél. (212) 757 2245
Une institution new-yorkaise depuis 1937. Il est vrai que les énormes sandwichs de pastrami ou de corned-beef (400 gr. de viande au bas mot) sont très savoureux, de même que son cheesecake. Le menu rend hommage aux habitués les plus prestigieux, tel Woody Allen, qui tourna ici une scène de Broadway Danny Rose *(1984) – le film donne son nom à un sandwich... Reste qu'il faudra faire la queue à toute heure pour accéder au comptoir d'inox puis aux tables, que l'accueil est industriel, et les prix plutôt élevés !*

GAZALA PLACE
D C1
709 9th Ave. (entre 48th et 49th Sts.)
Tél. (212) 245 0709
Un vrai coup de cœur, à deux pas des théâtres. Salle exiguë mais accueillante. Venue d'Israël, la charmante Gazala Halabi concocte de succulentes spécialités druzes, à commencer par les entrées froides. Les plats sont à la fois fins et copieux : kebabs aux parfums raffinés, servis avec riz et salade de saison, comme le kebab Halabi (bœuf, agneau, persil, pignons de pin et sauce tomate. Délicieux burekas, *feuilletés à la viande, au fromage ou aux légumes. Une rareté à New York : des desserts originaux, tel le* kenafi *maison, fine pâte surmontée d'une couche de pistaches fraîches nappée de fromage frais et de miel. À se damner ! Un restaurant BYoB : pas d'alcool à la carte, mais on peut*

RESTAURANTS
■ < $ 20
■ $ 20-$ 40
■ $ 40-$ 60
■ > $ 60

apporter son vin – plusieurs boutiques le long de la 9e Avenue.

■ KEENS STEAKHOUSE
C D3
72 W 36th St.
(entre 5th et 6th Ave.)
Tél. (212) 947 3636
Fermé sam. midi et dim. midi ; 25 déc.
À mi-chemin de l'Empire State Building et de Bryant Park. Auguste maison fondée en 1885, l'un des restaurants de viande les plus réputés de New York. Le cadre vaut à lui seul le détour, avec sa collection de pipes en argile (plus de 50 000 !) dont beaucoup ont appartenu à des célébrités. Grand classique maison, le mutton chop, *pièce d'agneau gargantuesque ou encore le* T-Bone steak, *vrai rêve de carnivore, mais aussi des plats de poisson, comme la traditionnelle* dover sole *(sole meunière), et des plateaux d'huîtres (*Lincoln's oysters, *par 30 ou 40 !). Le bar, magnifique, possède une extraordinaire collection de whiskies. À siroter sous le regard lascif de la voluptueuse «Miss Keens»...*

■ MANDOO BAR
C D3
2 W 32nd St.
(entre 5th Ave. et Broadway)
Tél. (212) 279 3075
Un vrai coup de cœur. Accueil et service excellents, ambiance tranquille pour le quartier, petite salle pleine de charme avec ses tons chauds et ses tables de bois espacées juste comme il faut. Surtout, on se régale ! La spécialité des lieux, ce sont les mandoos, *beignets coréens en demi-lune fourrés à la viande, aux légumes ou aux fruits de mer – on assiste à leur fabrication derrière la vitrine. En plat principal, ne pas manquer le* bulgogi dolsot bibimbap, *sublime riz coréen servi dans une marmite de terre brûlante, avec viande marinée, œuf, légumes asiatiques et autres ingrédients secrets. Le serveur mélangera pour vous les épices, selon vos goûts. Plusieurs plats végétariens.*

■ TAAM-TOV
D C3
41 W 47th St. - 2e ét.
(entre 5th et 6th Ave.)
Tél. (212) 768 8001
Fermé ven. soir, sam. et dim.
*Bien connue des employés de la rue du Diamant (Diamond District), à deux pas du Rockefeller Center, ce restaurant casher permet de goûter aux délices de la cuisine juive d'Ouzbékistan. Accès par un escalier dérobé, à l'arrière d'une bijouterie. Salle plaisante et calme au 2e étage, murs ornés de fresques évoquant les paysages de Boukhara. Le chou farci (*golubtsy*), délicatement épicé, est un classique maison, de même que le* bakhsh, *succulent riz pilaf à la coriandre ou le kebab d'agneau. Portions généreuses. Grand choix de salades et de soupes.*

■ THE MODERN
D B3
9 W 53rd St.
(entre 5th et 6th Ave.)
Tél. (212) 333 1220
Dining room fermé sam. midi et dim
Bar room Ouvert tlj.
Au rez-de-chaussée du MoMa – accès indépendant, à droite de l'entrée du musée. Une adresse chic et raffinée, avec à la baguette un chef alsacien, Gabriel Kreuther. Cadre romantique à souhait. La dining room, *au fond, ouvre sur le jardin de sculptures. En entrée, risotto de seiche, salade de homard à la vanille... En plat principal, confit de lotte à l'oseille, choucroute... Menus gastronomiques et formules lunch à midi en semaine. Grand choix de desserts, dont un alléchant plateau de chocolat. La* bar room *est moins formelle, avec une carte abordable : tarte flambée, médaillons de lotte grillés... Réservation conseillée.*

■ TOTTO RAMEN
D B1
366 W 52nd St.
(juste à l'est de 9th Ave.)
Tél. (212) 582 0052
Fermé sam. midi et dim. midi
*Divine surprise que ce restaurant japonais dissimulé dans une minuscule salle en contrebas de la rue – les places sont chères ! Au comptoir ou en salle, on contemple l'animation des joyeux cuistots devant leurs fourneaux. On vient pour les ramen, succulentes nouilles servies dans un bouillon roboratif, idéal après une longue journée de marche. Gare au nombre de piments dessinés à côté des plats, sur le menu : l'*extreme spicy, *qui en compte neuf, risque de vous enflammer la bouche ! Pas de CB.*

UPPER EAST SIDE
▲ 308

■ AGATHA & VALENTINA
E D3
1505 1st Ave.
(à l'angle de 79th St.)
Tél. (212) 452 0690
Cette épicerie italienne (tendance bio), doublée d'un traiteur séduit par la fraîcheur de ses produits et la qualité de leur préparation. Minuscule salle tout en inox, sans chichi, de quatre tables. Plusieurs formules petit déjeuner (dont de savoureux bagels), sandwichs au pain frais, délicieux plats chauds italiens sur place ou à emporter, salades et pâtisseries appétissantes...

■ DANIEL
C B3
60 E 65th St.
(entre Madison et Park Ave.)
Tél. (212) 288 0033
Fermé à midi et dim.
Fer de lance de l'empire culinaire bâti à New York (et ailleurs !) par le chef français Daniel Boulud, le Daniel *est l'une des plus fines tables de la ville. Cadre raffiné et romantique, entre colonnes néoclassiques, plafonds à caissons et design contemporain. Service impeccable. Cuisine française contemporaine aux accents cosmopolites : terrine de canard aux pistaches de Sicile, côtes d'agneau «Champs-Élysées» au confit de navet et houmous, bar sauce syrah au tempura de céleri... Un régal pour les yeux et les papilles ! Carte des desserts alléchante. Menu végétarien sur demande. Réservation indispensable.*

1 € = env. $ 1,30

UPPER WEST SIDE

▲ *342*

BAR BOULUD
C B2
1900 Broadway
(entre 63rd
et 64th Sts.)
Tél. (212) 595 0303
Face au Metropolitan Opera, ce restaurant sobre, dont la longue salle voûtée évoque une cave, est une table réputée, créée par le chef français Daniel Boulud et animée par un jeune chef américain. Même si le vin et la charcuterie sont à la base du concept, les quelques plats proposés par ailleurs sont travaillés, nettement inspirés par la gastronomie lyonnaise et provençale. Menu lunch, dîner pre-theatre *(3 plats).*

BARNEY GREENGRASS
E D1
541 Amsterdam Ave.
(entre 86th et 87th Sts.)
Tél. (212) 724 4707
Ouvert mar.-dim.
8 h 30-18 h
Ici, on se proclame «roi de l'esturgeon». Depuis plus d'un siècle, c'est l'adresse de référence du poisson fumé. On vient au comptoir pour acheter au détail toutes les spécialités, du modeste hareng mariné jusqu'au plus noble des caviars. Rien de snob, pourtant, et les gourmands de toutes catégories s'y côtoient sans façon. On peut aussi y manger copieusement dans un décor très années 1950 et une ambiance de delicatessen désuet. Salades de poisson, gravlax, foie de poulet haché, omelettes et œufs brouillés, énormes assiettes de dégustation.

COMMUNITY FOOD & JUICE
E B1
2893 Broadway
(entre 112th
et 113th Sts.)
Tél. (212) 665 2800
Orienté vers une nourriture équilibrée, des produits bio, locaux et de saison, ce restaurant reposant, au décor design tout en blondeur, mise sur les classiques traditionnels américains revisités par une touche orientale. C'est bon, sain et pas trop cher.

ZABAR'S
E D1
2245 Broadway
(à l'angle de 80th St.)
Tél. (212) 787 2000
Ouvert lun.-sam.
8 h-19 h 30,
dim. 9 h-18 h
Zabar, *c'est d'abord une épicerie juive légendaire à New York. Ensuite, juste à côté, c'est un fast-food directement hérité des delicatessen. On y commande à très bon marché soupes, sandwichs au corned-beef, au pastrami ou au saumon, bagels, pickles, salades,* rugelach *(petits gâteaux ashkénazes roulés et fourrés de fruits secs et de noix) pour le dessert.*

HARLEM

▲ *350*

DINOSAUR BBQ
F D1
700 W 125th St.
(à l'angle
de 12th Ave.)
Tél. (212) 694 1777
Ce grand classique d'Harlem est immensément populaire (Michelle Obama y emmène ses filles) et il faut se préparer à attendre, sauf à venir de bonne heure. Au menu, les spécialités au barbecue des États du Sud, notamment les pork ribs *(plats de côtes), le* catfish *mariné (poisson-chat), le chili, le tout à accompagner de frites de patate douce ou de haricots secs mijotés au barbecue. Régressif, roboratif et convivial. Musique live du jeudi au samedi.*

NEW LEAF CAFÉ
F B3
1 Margaret Corbin Dr.
Fort Tryon Park
Tél. (212) 568 5323
Fermé lun.
À 5 min à pied des Cloisters, au cœur de Tryon Park, ce charmant cottage en pierre abrite un bien sympathique restaurant. Aux beaux jours, la terrasse sous les frondaisons est un enchantement. La cuisine, légère et saine, joue à plein sur les produits de saison. Une adresse idéale pour déjeuner après la visite du musée, avant de redescendre dans Manhattan. Salades complètes, saumon grillé, burger, ravioli. Le soir, davantage de choix et plats plus élaborés.

BROOKLYN

▲ *366*

AL DI LÁ
HORS PLAN
248 5th Ave. (à l'angle
de Carroll St.)
Tél. (718) 783 4565
Fermé mar. midi
Sans doute le meilleur italien de Brooklyn, ce qui n'est pas rien ! Plafonds défraîchis, tableaux naïfs sur un vieux papier peint, bouteilles de vin alignées sur les étagères, serveurs de blanc vêtus aux petits soins. La carte, elle, enthousiasme : risotto nero *(à l'encre de seiche), lapin rôti aux olives, salade de céleri,* malfatti*... Le tout préparé d'une main experte. à midi, menu simplifié et meilleur marché : pâtes, salades, poisson du jour. Bonne carte des vins... italiens ! Arrivez tôt le soir : pas de réservation.*

CALEXICO CARNE ASADA
HORS PLAN
122 Union St.
(entre Columbia
et Hicks Sts.)
Tél. (718) 488 8226
L'une des meilleures taquerias *de la ville, ouverte par trois frères qui ont longtemps vendu leurs spécialités mexicaines dans l'un des nombreux* food carts *arpentant les rues de New York. Petite salle aux murs rouges : d'un côté, d'émouvants ex-voto mexicains ; de l'autre, un panneau routier en plein désert californien sur la route de Calexico. Musique folk, ambiance de quartier. Commander au comptoir, en priant qu'une table se libère ! Difficile de choisir :* burritos, quesadillas *et* tacos, *ainsi que les* specials *du jour, tout est bon et copieux... Pas de CB.*

CHEF'S TABLE AT BROOKLYN FARE
HORS PLAN
200 Schermerhorn
St. (près de Hoyt St.)
Tél. (718) 243 0050
Dîner uniquement,
deux services
(18h30 et 19h15)
Pour les New-Yorkais, qui aiment être dans la confidence, manger à la «table du chef» est une expérience inégalable.

◆ Sélection d'adresses Restaurants

RESTAURANTS
⚀ < $ 20
⚁ $ 20-$ 40
⚂ $ 40-$ 60
⚃ > $ 60

Aux manettes de ce restaurant étoilé, installé dans la cuisine inox du supermarché de quartier Brooklyn Fare, l'inspiré César Ramirez (ancien protégé de David Bouley) se produit devant ses convives. Les happy few *qui parviennent à réserver l'une des 18 places du comptoir sont aux premières loges pour assister à la préparation des 18-20 plats qui leur seront servis. Attention, réservation difficile, uniquement par téléphone, le lundi.*

⚁ **FETTE SAU**
Hors plan
354 Metropolitan Ave.
(entre Havemeyer et Roebling Sts.)
Tél. (718) 963 3404
Fermé lun.-ven. à midi
Un lieu comme seul Williamsburg sait en produire : un barbecue festif et convivial dans un ancien garage ! Guettez l'enseigne au néon rose et remontez l'étroite allée où sont installées de longues tables de pique-nique pour rejoindre le comptoir au fond. Bœuf Angus, agneau, côtes de porc, saucisses maison : tout est bon. À accompagner d'une barquette de légumes de saison et d'un grand pichet de bière.

⚁ **FRANNY'S**
Hors plan
295 Flatbush Ave.
Tél. (718) 230 0221
Fermé lun.-ven. à midi
Véritable coup de cœur que cette pizzeria dont les principes se résument en quelques mots : convivialité, qualité, développement durable. Vaste salle élégante, plancher ancien, briques apparentes, long comptoir animé et quelques tables au fond, devant le four à bois. En entrée, goûtez les crostini, *pain frais grillé garni d'ingrédients savoureux – foies de volaille,* bresaola. *Pâtes artisanales servies* al dente, *et des pizzas qui méritent amplement leur réputation grandissante : pâte croquante, garnitures variées et goûteuses. Bonne sélection de vins italiens au verre. Côté desserts, ne pas manquer l'excellent* cannolo.

⚂ **PETER LUGER STEAKHOUSE**
Hors plan
178 Broadway
(à l'angle de Driggs Ave.)
Tél. (718) 387 7400
Le restaurant de viande le plus célèbre de la ville, une institution fondée en 1887. Passé le bar où l'on prend un verre en attendant son tour (pensez à réserver sous peine de patienter une heure !), on accède à un dédale de salles rustiques, arpentées par une armée de serveurs assez crispés. Les steaks vieillis maison, tendres et juteux, sont hors de prix mais savoureux. En accompagnement, les creamy spinach *(épinards à la crème) sont délicieux. Les frites maison aussi ! Plats du jour plus abordables à midi. Pas de CB*

⚃ **RIVER CAFÉ**
Hors plan
1 Water St.
(juste au nord du Fulton Ferry Landing Pier)
Tél. (718) 522 5200
Niché au pied du Brooklyn Bridge, avec une vue sublime sur Manhattan, le River Café *est* the *adresse romantique. Salle littéralement posée sur l'eau, nappes blanches, serveurs en livrée : l'ambiance n'est pas à la décontraction – tenue correcte exigée et, pour les messieurs, veste obligatoire après 17 h... Il faut venir le soir, bien sûr, pour dîner au son du piano... À condition de réserver, et d'avoir les moyens. Plats à la fois classiques et inventifs :* ceviche *de saint-jacques, tartare de bœuf de Kobé et œuf de caille, belle carte de desserts. Liste des vins grandiose. Belle vue du bar – attention, consommations hors de prix !*

⚂ **SAUL**
Hors plan
140 Smith St.
Tél. (718) 935 9844
Fermé à midi
Sous la baguette d'un chef aguerri, Saul Bolton, cette bonne table ouverte en 1999 s'est vite taillé un franc succès sur la scène brooklynite. L'ambiance est intimiste, la lumière tamisée, les serveurs attentifs mais discrets. Un menu aux accents méditerranéens et asiatiques, qui change au fil des saisons : tagliatelles à l'encre de seiche, cabillaud de ligne rôti, saint-jacques caramélisées... En dessert, la baked Alaska *(sorte d'omelette norvégienne) fait mouche !*

⚂ **THE GOOD FORK**
Hors plan
391 Van Brunt St.
(entre Van Dyke et Coffey Sts.)
Tél. (718) 643 6636
Fermé à midi et lun.
Miracle que cette table fine installée dans une petite salle au plafond de bois voûté en coque de navire, chaleureuse et conviviale. Carte magnifique de qualité et de trouvailles, mêlant les produits frais de saison, un rien de French touch, *et l'héritage d'une chef coréenne, Sohui Kim. Entrées originales, telles que les* fried oysters *(huîtres frites). Côté plats, c'est l'apothéose : poulet rôti aux champignons shiitake, bar de ligne,* steak and eggs *à la coréenne, parpadelles au ragoût d'agneau... La tarte au citron maison (*Steve's Key Lime*) vaut le détour. Belle sélection de vins au verre et de cocktails.*

⚁ **TOTONNO'S**
Hors plan
1524 Neptune Ave.
(entre 15th et 16th Sts.)
Tél. (718) 372 8606
Coney Island Pizzeria légendaire ouverte en 1924 par le Napolitain Anthony «Totonno» Pero, et toujours tenue par la même famille. Au mur, une foule d'articles consacrés à la «pizza war», visant à désigner la meilleure pizza de la ville, et dont Totonno's *sort souvent gagnant... Deux formats de pizza :* large *(8 parts) et* small *(6 parts). Ajoutez les ingrédients de votre choix à la garniture tomate et fromage... À déguster avec un petit verre de chianti ou de valpolicella. Pas de CB.*

1 € = env. $ 1,30

C D2 : coordonnées des cartes situées en fin de guide

LOWER EAST SIDE

▲ *189*

CAKE SHOP
B C3
152 Ludlow St.
(entre Stanton & Rivington Sts.)
Tél. (212) 253 0036
http://cake-shop.com
Ouvert dim.-jeu. 9 h-2 h, ven.-sam. 9 h-4 h
Voilà un bar emblématique du tournant branché qu'a pris le quartier depuis 2004. Une décoration Do It Yourself *branquignole en bois de récup', un bac de vinyles mûrement sélectionnés et une population de* hipsters *à lunettes qui se pressent dans la cave surchauffée pour écouter le dernier groupe de rock expérimental de l'immeuble. Avec ses horaires de troquet parisien – ouverture dès 9h ! – et sa programmation pléthorique (lecture à l'heure de l'apéritif, trois concerts par soir), il est attachant ce* Cake Shop. *On peut y grignoter et profiter de la wifi tout en opérant une vraie plongée dans le bouillonnement de la jeunesse rock de la ville.*

CHINATOWN ET NOLITA

▲ *190*

BOWERY BALLROOM
B C3
6 Delancey St.
(à l'angle de Bowery)
http://bowery ballroom.com
Ouvert tlj. 20 h-0 h
Excellente salle de concerts, ni trop grande, ni trop petite, avec une acoustique aux petits oignons et une belle diversité dans le filon rock indé (Wire, The Go team...) côté programmation. Le bar du sous-sol se montre très accueillant. Si le concert était super, il y a de fortes chances que le groupe y descende...

BOWERY POETRY CLUB
B C3
308 Bowery
www.bowerypoetry.com
Ouvert en 2002, le Bowery Poetry Club *est un autre lieu d'expression de la scène poétique/slam...*

EPISTROPHY
B C3
200 Mott St.
(entre Kenmare St. et Spring St.)
Tél. (212) 966 0904
www.epistrophycafe.com
Ouvert tlj. 12 h-2 h
Un mignon gastropub de quartier. La décoration disparate mais soigneusement chinée, les briques apparentes et la bande-son jazz en font un bon endroit pour un brunch chic avant un commando shopping sur Broadway. En décembre, le patron, fou de musique (son bar porte le nom d'un classique de Thelonious Monk), organise un minifestival avec ses amis musiciens.

SOHO

▲ *203*

EAR INN
B C1
326 Spring St.
(entre Greenwich St. et Washington St.)
Tél. (212) 431 9750
www.earinn.com
Ouvert tlj. 12 h-4 h
Tout est prétexte à légende dans ce discret petit troquet encombré comme un garde-meubles. Son nom d'abord où le BAR aurait été transformé en EAR d'un coup de pinceau pour éviter d'avoir à déclarer une nouvelle enseigne. Ensuite, la vieille baraque aurait une hérédité bien chargée. Tout ce qui est sûr, maintenant, c'est qu'il y règne une atmosphère unique de bar dans son jus, fier de ses histoires. La clientèle plutôt âgée vient déguster aussi bien des pintes de Guinness, des plats honnêtes que des bœufs par les musiciens du quartier. Vue imprenable sur les couchers du soleil sur l'Hudson.

S.O.B'S
B C2
200 Varick St.
(à l'angle de W Houston St.)
Tél. (212) 243 4940
www.sobs.com
Ouvert tlj. 19 h-4 h
Curieux d'opter pour un décor sans âme de hall d'aéroport quand on organise les concerts les plus caliente de la ville. Le Sound of Brazil (S.O.B's ou «essobiz» pour les intimes) fait dans la world music de qualité depuis 1982, autant dire que toutes les légendes du genre (jazz, salsa, reggae, bossa nova...) sont passées par la petite scène : de Seu Jorge à Tito Puente en passant par le parrain dub *Buju Banton.*

TRIBECA

▲ *206*

ANOTHER ROOM
B D2
249 West Broadway
(entre Beach St. et White St.)
Tél. (212) 226 1418
www.anotheroom tribeca.com
Ouvert mar.-sam. 17 h-4 h, dim.-lun. 17 h-2 h
La richesse de ce petit bar, dont la jolie décoration fer et béton n'est certes pas la plus chaleureuse, se révèle dans une atmosphère ni trop bruyante (musique gentiment folk indé) ni trop lounge. Ce lieu a su distiller cette subtile alchimie propre aux bars qui ont une âme. Venez ici pour faire un break dans votre marathon de touriste et discuter un peu, voire croiser des gens du quartier mais pas pour en prendre plein les yeux. Si on était New-Yorkais, cet Another Room *aurait une bonne tête de QG.*

BRANDY LIBRARY
B D2
25 North Moore St.
(entre Varick St. et Hudson St.)
Tél. (212) 226 5545
www.brandylibrary.com
Ouvert lun.-mer. 17 h-1 h, ven.-sam. 17 h-4 h, dim. 17 h-2 h
Une bibliothèque d'eau-de-vie, c'est exactement ce qui vous attend ici : des rayonnages de bouteilles de whisky, cognac, armagnac jusqu'au plafond qui font baigner ce bar de gentlemen dans une lumière dorée assez irréelle. Le choix de la boisson dans l'épais classeur servant de carte se savoure aussi : allez-vous opter pour ce blended de 1960 ou un simple Macalan de 30 ans ? Discutez avec les barmans, leur flegme tout britannique n'a d'égal que leur connaissance encyclopédique des alcools et ils font goûter volontiers pour orienter votre choix.

GREENWICH VILLAGE

▲ *210*

BLUE NOTE
B C2
131 W 3rd St.
Tél. (212) 475 8592

www.bluenote.net
Ouvert lun.-ven. 18 h-0 h, sam. 18 h-3 h, dim. 11 h-0 h
Ouverte en 1981 au cœur du Village, cette boîte de jazz est curieusement plus célèbre que d'autres bien plus anciennes. Cela tient sans doute à la liste des pointures venues faire le bœuf au fil des ans (BB King, Charlie Watts, Dizzy Gillespie...). La configuration et la modestie du lieu permettent en outre d'être au plus prêt des virtuoses.

GOTTINO
B B1
52 Greenwich Ave. (croisement Perry St.)
Tél. (212) 633 2590
www. ilmiogottino. com
Ouvert lun.-ven. 8 h-2 h, sam.-dim. 11 h-2 h
Cette trattoria cosy s'impose comme une halte classe et bienfaitrice. Pas de bouteille de chianti pour faire chandelier ou de nappe à carreaux ici, mais un magnifique bar en marbre, des briques apparentes et une bande-son jazzy. La carte des vins est solidement charpentée, avec notamment un lambrusco excellentissime. Accompagné de bons petits aperitivo *(beignets de courgette par exemple), c'est le plan parfait avant d'aller écouter du jazz en amoureux au* Vanguard *voisin. Bonus appréciable au printemps, il y a une petite cour au frais.*

TOP OF THE STANDARD
B B1
Standard Hotel
848 Washington St. (à l'angle de 13th St.)
Tél. (212) 645 4646
www.standard hotels.com
Ouvert tlj. 12 h-22 h
Mettez-vous sur votre 31, car là c'est du lourd. Situé au 19e étage du nouvel hôtel Standard, *c'est sans conteste la plus belle vue à 360° de Manhattan englobant le New Jersey (venir absolument au coucher du soleil) et tout Downtown. Pour avoir une table au ras de la baie vitrée, il faut impérativement réserver. L'écrin est à la hauteur de la vue, avec un barfleur en bois clair et des tons crème déclinés de la moquette au billard et au piano en passant par la tenue des hôtesses. Ce luxe se ressent sur le prix des cocktails de haute volée et après 22 h, le bar devient le très sélect* Boom boom club.

VILLAGE VANGUARD
B B1
178 7th Ave. South (à l'angle de Perry St.) Tél. (212) 255 4037 http://village vanguard.com
Ouvert tlj. 20 h-1 h
En place depuis 1935, cette boîte de jazz légendaire continue comme au premier jour d'attirer des pointures (Chris Potter par exemple) et une clientèle de connaisseurs.

CHELSEA

▲ 219

HIGHLINE BALLROOM
B B1
431 W 16th St. (entre 9th and 10th Ave.)
Tél. (212) 414 5994
www.highline ballroom.com
Programmation très éclectique pour cette salle pouvant accueillir 500 personnes. Des groupes de rock (The Residents) mais aussi de blues ou de world (Yann Tiersen !) viennent profiter du son puissant et maîtrisé du lieu.

THE JOYCE THEATER
B A1
175 8th Ave. (entre 18th et 19th Sts.)
Tél. (212) 691 9740
www.joyce.org
à la frontière entre Chelsea et Greenwich Village, cet ancien cinéma est désormais exclusivement consacré à la danse contemporaine. Une annexe : Joyce SoHo *sur Mercer St.*

UNION SQUARE, FLATIRON DISTRICT ET GRAMERCY PARK

▲ 221

PETE'S TAVERN
B A2
129 E 18th St. (à l'angle d'Inving Pl.)
Tél. (212) 473 7676
http://petestavern.com
Ouvert mer.-sam. 11 h-4 h, dim.-mar. 11 h-2 h
Ce vieux troquet, l'un des plus anciens de la ville, n'a pas cessé son activité depuis 1864. Eh bien malgré son âge canonique, il reste vif ! Rien ne vient dissiper ce charme qui émane du comptoir en bois sombre poli par des générations de coudes, des tables en compartiments, où l'on imagine bien Tony Soprano régler ses affaires, ou du vieux barman qui conserve ses verres dans de la glace. Rien ne semble pouvoir briser la magie, ni la collection de photos de stars (Harrison Ford, Tim Burton, des équipes de baseball...) qui feraient ringardes ailleurs, ni les horribles écrans plasma bloqués sur le sport. Les habitué(e)s parlent de bières et le juke-box Wurlitzer expectore son rock FM. Comme dans 150 ans.

ROSE & JADE BAR
B A2
Gramercy Hotel
2 Lexington Ave. (à l'angle avec 21st St.)
Tél. (212) 920 3300
www.gramercy parkhotel.com
Jade Bar ouvert lun.-sam. 12 h-4 h
Rose Bar ouvert lun.-sam. 17 h-4 h
Le chic hôtel Gramercy *ne fait pas les choses à moitié quand il s'agit de (ses) bars. On peut s'asseoir au* Jade : *murs verts, décoration d'inspiration thaïe avec une touche de médiéval et d'art contemporain. Attenant, il y a aussi le grand* Rose Bar *avec ses 6 m sous plafond, son billard assorti à la peinture (rose donc), son lustre en nez de poisson-scie et son immense cheminée. En outre, l'accueil se montre très courtois et l'on sent que la liste des cocktails a été sérieusement réfléchie (celui à l'absinthe est une réussite). Lors de notre visite à l'heure de l'apéritif, c'était très calme mais, foi de barman, l'ambiance peut décoller sur les coups de 2 h.*

EAST VILLAGE

▲ 224

JOE'S PUB
B B2
425 Lafayette St. (entre E 4th St. et Astor Pl.)
Tél. (212) 539 8778
http://joespub.com
Ouvert tlj. 18 h-2 h
Tout en modestie et en élégance, il donne l'impression d'avoir toujours été là. Pourtant, c'est seulement depuis 1998 que le Joe's Pub *propose ses concerts tous azimuts sur sa miniscène : Bebel Gilberto, Keren Ann,*

1 € = env. $ 1,30

David Byrne, Mos Def... La liste impressionne tant par sa diversité que sa qualité. Pour profiter d'un précieux moment acoustique de haute volée dans une ambiance cosy, surveillez la programmation.

NUBLU
B C4
62 Ave. C
(entre 4th et 5th St.)
www.nublu.net
Le Nublu *offre une programmation musicale originale entre jazz contemporain et forró brésilien.*

NUYORICAN POETS CAFÉ
B C4
236 East 3rd St,
Tél. (212) 780 9386
www.nuyorican.org
Depuis 1973, le légendaire Nuyorican Poets Café *est un haut lieu de la poésie new-yorkaise. Les sessions slam du vendredi (22 h, arriver tôt !) sont d'une qualité exceptionnelle et la salle, étroite, pleine à craquer !*

PERFORMANCE SPACE 122
B B3
150 1st Ave.
(entre 9th et 10th Sts.)
Tél. (212) 477 5829
http://ps122gallery.org
Programmation de performances et de danse contemporaine.

THE STONE
B C4
Angle Ave. C et 2nd St.
www.thestonenyc.com
Ouvert par le saxophoniste John Zorn, The Stone *propose, dans une salle minuscule, des expériences fascinantes – jazz expérimental, musique japonaise, etc.*

MIDTOWN EAST

▲ 235

KING COLE BAR
C B3
St Regis Hotel
2 E 55th St.
(à l'angle 5th Ave.)
http://kingcolebar.com
Tél. (212) 339 6857
Ouvert lun.-jeu. 12 h-22 h, ven.-sam. 12 h-2 h, dim. 12 h-0 h
Attention : lieu de légende du monde des cocktails. Car c'est ici, dans les luxueuses boiseries du bar de l'hôtel Saint-Regis *qu'a été inventé le Bloody Mary, en 1934. Le barman vous racontera volontiers la version longue (en fait, le principe du cocktail a d'abord été réalisé à Paris, au* Harry's Bar*). Du coup, on est un peu déçu qu'il concocte le fameux breuvage en versant un mélange préparé à l'avance. Même délicieux et assez relevé, ça casse un peu le mythe ; heureusement, l'ambiance intemporelle et les superbes peintures murales font oublier ce petit bémol, et l'on paye l'addition sans sourciller en se prenant pour Gatsby le Magnifique.*

P.J. CLARKE'S
C B3
915 3rd Ave.
(à l'angle de 55th St.)
Tél. (212) 317 1616
www.pjclarkes.com
Ouvert tlj. 11 h 30-4 h
Ce bar centenaire tout en briques, bois lustré et nappe à carreaux, est une institution. Franck Sinatra était un habitué, Gene Hackman y déguste un hamburger dans French Connection *et plus récemment, il apparaît dans la série* Mad Men *(saison 1, épisode 8). Une institution. La foule se montre aussi typique que le décor, et ses dizaines de photos : à midi se pressent ici cols blancs en pause, touristes en goguette et retraités en promenade. C'est un peu l'équivalent de* La Coupole *à* Paris.

UPSTAIRS
C C3
The Kimberly Hotel
145 E 50th St.
(entre Lexington Ave. et 3rd Ave.)
Tél. (212) 253 7337
http://upstairsnyc.com/landing.html
Ouvert lun.-mar. 17 h-1 h, mer-ven. 17 h-2 h, sam. 18 h-2 h, dim. 19 h-1 h
Ce bar perché au 31e étage du très chic hôtel Kimberly *offre une vue imprenable sur les envolées Arts déco du Chrysler Building. Autant dire que voilà un très bon endroit pour prendre l'apéritif après avoir arpenté Midtown. Les cocktails y sont originaux et raisonnablement traîtres. Et la décoration, mêlant plantes et mobilier faussement carbonisé, se montre assez originale pour un lounge d'hôtel. En été, lorsque le toit rétractable s'ouvre et qu'on savoure son cocktail sous les petites guirlandes avec le plus bel immeuble de Manhattan en ligne de mire, le roi n'est pas notre cousin.*

MIDTOWN WEST

▲ 235

BARYSHNIKOV ARTS CENTER
C D2
450 W 37th St.
(entre 9th et 10th Ave.)
Tél. (646) 731 3200
www.bacnyc.org
La programmation est assurée par Mickail Baryshnikov, ancien danseur puis directeur artistique du New York City Ballet.

CARNEGIE HALL
C B2
154 W 57th St.
(à l'angle de 7th Ave.)
Tél. (212) 903 9765
www.carnegiehall.org
Box office : ouvert lun.-sam. 11 h-18 h, dim. 12 h-18 h ; juil.-août : lun.-ven. 11 h-18 h.
Salle de concerts et de récitals prestigieuse : musique classique mais aussi jazz, pop, world music.

MADISON SQUARE GARDEN
D B2
4 Pennsylvania Plaza
Tél. (212) 465 6741
www.thegarden.com
Complexe de loisirs géant abritant une salle de sport et de concerts de 20 000 places, un cinéma et un bowling.

NEW YORK CITY CENTER
D B2
131 W 55th St.
Tél. (212) 581 1212
www.nycitycenter.org
Ouvert tlj. 11 h-20 h
Très grande salle (2 750 places) de spectacles de danse et comédies musicales. S'y déroule un festival de danse contemporaine à l'automne.

ROSELAND BALLROOM
C C2
239 W 52nd St.
(entre Broadway et 8th Ave.)
Tél. 212 247 0200
www.roselandballroom.com
Cette immense salle (3 000 personnes y tiennent à l'aise) a vu se produire toutes les stars, de Madonna à Metallica en passant par Portishead.

C D2 : coordonnées des cartes situées en fin de guide

TOP OF THE STRAND
B D3
33 W 37th St.
(entre 5th et 6th Ave.)
Tél. (646) 368 6385
www.topofthestrand.com
Ouvert dim.-jeu. 17 h-0 h, ven.-sam. 17 h-1 h
Les portes de l'ascenseur s'ouvrent et là, en plein champ : l'Empire State Building. Ce petit bar de l'hôtel Strand *assez discret n'est certes pas le plus haut ni le plus branché des zincs d'altitude, mais il peut se vanter d'offrir la plus belle vue sur le gratte-ciel mythique. Pour se remettre de cette perspective incroyable, autant prendre un verre plus ou moins confortablement vautré dans les canapés bas en écoutant une bande-son new-wave assez décalée (on s'attend plutôt à du lounge pseudo-oriental qu'à Lloyd Cole !). À noter que l'été, le plafond vitré s'ouvre complètement pour un panorama encore plus ébouriffant.*

THEATER DISTRICT

▲ 258 **C** B-C-D2
Le Theater District réunit une quarantaine de salles entre la 40e et la 57e rue, la plupart à l'ouest de Broadway. Nombre d'entre elles sont des institutions centenaires, édifices néoclassiques aux intérieurs somptueux, qui, après des décennies d'abandon, ont été classés dans les années 1980 et restaurés à grands frais.

LES THÉÂTRES
La 42e rue, l'ancien Theater Row, *a été le lieu de renaissance de Broadway dans les années 1990, avec la rénovation, par Disney, du légendaire* **New Amsterdam Theater** *(1903, www.newamsterdamtheatre.net), à l'ouest de Times Square. Il appartenait au grand producteur Florenz Ziegfeld, créateur des* Ziegfeld Follies *;* Le Roi lion *ou* Mary Poppins *y triomphent aujourd'hui... En face, le* **New Victory Theater** *(1898, www.newvictory.org) produit également des spectacles pour enfants. À l'ouest de la 7e avenue, la 44e rue regroupe des théâtres prestigieux (www.shubertorganization.com) : au n° 221, le* **Shubert**, *créé par les frères Shubert en 1913 (leurs bureaux se trouvaient dans l'allée voisine, appelée Shubert Alley par les acteurs en quête de rôle qui y affluaient...), et le* **Broadhurst** *(1917), où Al Pacino a fait un tabac en 2010-2011 dans* Le Marchand de Venise, *puis le* **Majestic** *(1903), qui héberge le même* musical *depuis 1988 (record absolu de durée !) :* Le Fantôme de l'Opéra *a été vu ici par plus de... 13 millions de spectateurs ! Sur la 45e rue, à l'est de Times Square, le* **Lyceum**, *édifice Beaux-Arts de 1903, abrite le plus ancien théâtre de Broadway à n'avoir jamais fermé. Enfin, sur la 47e, à l'ouest de Broadway, se dresse le* **Barrymore** *(1928), où Marlon Brando brûla les planches en 1947 dans* Un tramway nommé désir...

LES SPECTACLES
Les spectacles sont classés selon leur potentiel commercial, leurs moyens et leur type de production, l'appellation Broadway étant réservée aux super-productions grand public (comédies musicales, pièces à succès avec des acteurs connus), toujours d'un grand professionnalisme.

UPPER WEST SIDE

BEACON THEATRE
C A1
2124 Broadway
(entre W 74th St. et W 75th St.)
Tél. (212) 465 6500
www.beacontheatre.com
Tout en dorures et velours pourpre, le Beacon Theatre au style rococo vaut le détour. Moins pour la programmation (variété ou grosses pointures du blues-rock) et les prix stratosphériques.

LINCOLN CENTER
▲ 305 **C** B1-2
Lincoln Center Plaza
Tél. (212) 239 62000
http://lc.lincolncenter.org
Immense centre culturel comprenant notamment le Metropolitan Opera (3 800 places), l'un des plus prestigieux opéras du monde, le David H. Kock Theater qui accueille le New York City Ballet et l'Avery Fischer Hall, résidence du New York Philharmonic Orchestra.

HARLEM

▲ 350

LENOX LOUNGE
E A2
288 Lenox Ave.
Tél. 212 427 0253
www.lenoxlounge.com
Ouvert tlj. 12 h-4 h
Ouvert dans les années 1930, le Lenox Lounge *a non seulement reçu son lot de légendes (Billie Holiday, Miles Davis...), mais en plus, son intérieur Art déco d'époque en met aussi plein les yeux (et le resto n'est pas mal dans le genre cuisine américaine). Même si la boîte ne se trouve plus tellement sur les tournées des grands noms actuels, aller écouter un petit bœuf dans la célèbre* Zebra Room, *c'est déjà tutoyer le mythe du jazz new-yorkais.*

BROOKLYN

▲ *366* HORS PLAN
BROOKLYN ACADEMY OF MUSIC
30 Lafayette Ave.
Tél. (718) 636 4100
www.bam.org
Créée en 1861, la BAM est à la fois la plus ancienne institution culturelle de New York et l'une des plus novatrices. La meilleure programmation expérimentale et d'avant-garde de New York – danse, théâtre, musique, 220 spectacles par an ! Les locaux de Lafayette Street abritent une grande salle de spectacles, un opéra, un cinéma multiplex (films récents ou d'art et d'essai), des salles de conférences et d'expositions. Ne manquez pas les concerts gratuits (R'nB, électro, folk...) du BAMCafé *les vendredi et samedi soir vers 21 h ! L'annexe du BAM Harvey Theater (651 Fulton St) est un théâtre de 900 places. Moment fort de l'année, de fin septembre à mi-décembre, le festival Next Wave est l'un des plus réputés de New York. Il met à l'honneur la nouvelle vague des artistes brooklynites, avec un seul mot d'ordre : «Présenter des artistes novateurs à un public audacieux» !*

1 € = env. $ 1,30

→ LES QUARTIERS

CHINATOWN
Canal Street est le marché de la contrefaçon (montres, stylos, sacs, chaussures, foulards, parfums…) où l'on achète et marchande à ses risques et périls. De multiples échoppes et bazars chinois sur Mott, Pell, Mulberry et Doyers Sts.

ORCHARD STREET
Le cœur du Lower East Side : magasins de vêtements de cuir, modèles de créateurs, linge de maison et bagages vendus à prix imbattables. Voir aussi les rues avoisinantes, Grand, Delancey, Bowery et Ludlow Sts. Certains magasins fermés le samedi mais ambiance très animée le dimanche.

NOLITA
Nolita (North of Little Italy), qui regroupe Lafayette, Mulberry, Mott et Elizabeth Sts., entre Spring et Houston Sts., est le nouveau paradis des boutiques de mode et de décoration insolites. La plupart n'ouvrent pas avant midi.

SOHO
Les magasins de fripes, de jeans, de prêt-à-porter, de produits cosmétiques, les designers, les boutiques de décoration, de meubles, les épiceries fines… Ce quartier s'est mué en un gigantesque centre commercial, jalonné de galeries d'art et de restaurants.

CHELSEA ET MEATPACKING DISTRICT
L'ancien Ladies' Mile a retrouvé tout son dynamisme : les grandes chaînes (Barnes & Noble, Bed Bath & Beyond, Pottery Barn, Old Navy, etc.) sur 6th Avenue, et le matériel électronique à petits prix entre 14th et 23rd Sts. Une poignée de boutiques de mode haut de gamme a fait son apparition sur 14th St. (Meatpacking District) : Jeffrey's, Alexander McQueen, Stella McCartney… Les anciens entrepôts à viande ont été reconvertis en boutiques de luxe.

GARMENT DISTRICT
7th Ave. (Fashion Avenue), entre 42nd et 34th Streets, est le «Sentier» de Manhattan. Vente d'échantillons dans les magasins et ateliers. Pour connaître les adresses, prendre les prospectus distribués sur l'avenue.

5TH AVENUE
Les magasins prestigieux (Tiffany, Saks, Chanel…) côtoient désormais les boutiques des grandes entreprises du spectacle, du sport et de l'électronique (Disney, Sony, Nike, NBA…).

MADISON AVENUE
Le petit monde de la haute couture et du prêt-à-porter de luxe, entre 57th et 79th Sts.

125TH STREET
Pour la mode hip-hop, les vêtements en tissus africains, les jeans, tee-shirts, etc. à tout petits prix.

→ HORAIRES

En général de 9 h à 18 h. Pour les achats de Noël (fin nov.-24 déc.), les magasins restent ouverts plus tard. Lower East Side et Diamond District sont fermés les vendredis après-midi et les samedis (Sabbat) et lors des autres fêtes juives. Les quartiers de Chelsea, SoHo et Greenwich ont des horaires beaucoup plus variables.

→ SOLDES

À l'occasion de divers jours fériés : President's Day (3e lundi de février), Memorial Day (dernier lundi de mai), Colombus Day (2e lundi d'octobre).

ACCESSOIRES

FABULOUS FANNY'S
B B3 EAST VILLAGE
335 E 9th St.
(entre 1st Ave. et 2nd Ave.)
Tél. (212) 533 0637
Rangées par époques, par styles et par couleurs dans de vieux meubles d'opticien, ces quelque 30 000 paires de lunettes old fashion méritent bien un coup d'œil !

KIEHL'S
B B3 EAST VILLAGE
109 3rd Ave.
(entre 13th et 14th Sts.)
Tél. (212) 677 3171
La boutique de cosmétiques préférée des New-Yorkaises, dans une vieille pharmacie du XIXe siècle. Des centaines de produits aux senteurs et aux textures plus originales les unes que les autres, dans un packaging à l'ancienne.

MANHATTAN PORTAGE
B C3 LITTLE ITALY ET NOLITA
258 Elizabeth St.
(près de E Houston St.)
Tél. (212) 226 9655
Des sacs de toutes les couleurs pour toutes les envies : sacs à dos, besaces, housses d'ordinateur…

PIPPIN VINTAGE JEWELRY & PIPPIN HOME
B B2 CHELSEA
112 & 112 1/2 W 17th St.
(entre 7th et 6th Ave)
Tél. (212) 505 5199
Un trésor de thrift store *! C'est l'endroit le plus couru de New York pour les bijoux vintage (années 1950 à 1970).*

ANTIQUITÉS

OLDE GOOD THINGS
B A2 CHELSEA
124 W 24th St.
(près de 6th Ave.)
Tél. (212) 989 8401
Cet antiquaire spécialisé dans la récup' d'éléments d'architecture new-yorkaise se visite comme un musée. D'autres adresses dans la ville.

ARTS DE LA MAISON DÉCORATION

ABC CARPET & HOME
B A2 GRAMERCY AREA
881-888 Broadway
(19th St.)
Tél. (212) 473 3000
Extraordinaire bric-à-brac de meubles et objets de la maison. Ne pas manquer une visite au Parlor Café et à son épicerie fine.

ANTHROPOLOGIE
B C2 SOHO
375 W Broadway
(Spring St.)
Tél. (212) 343 7070
Dans un superbe espace, des accessoires sobres et rustiques.

BED, BATH & BEYOND
B A2 CHELSEA
620 Ave. of the Americas
(18th St.)
Tél. (212) 255 3550
Grand choix de linge dans un magnifique building.

HOUSING WORKS
E D3 UPPER EAST SIDE
202 E 77th St
(entre 2nd et 3rd Aves.)
Tél. (212) 772 8461
AIDS vend de formidables meubles (et vêtements) d'occasion pour aider les malades du sida.

BIJOUTERIES

TIFFANY & CO
▲*296* **D** A3
MIDTOWN EAST

727 5th Ave.
(57th St.)
Tél. (212) 755 8000
Incontournable en matière de bijouterie. Petit rayon souvenirs également.

CADEAUX SOUVENIRS

METROPOLITAN MUSEUM OF ART SHOP
D C2-3 MIDTOWN WEST
Rockefeller Center
15 W 49th St.
(entre 5th et 6th Aves.)
Tél. (212) 332 1360
Dans le MET :
5th Ave. (82nd St.)
Tél. (212) 570 3894
Reproductions d'objets des collections du musée. Prix abordables.

MOMA DESIGN STORE
D B3 MIDTOWN WEST
44 W 53rd St.
(entre Ave. of the Americas et 5th Ave.)
Tél. (212) 767 1050
Du plus design au plus toqué ; du plus poétique au plus kitsch... Une mine intarissable qui se prolonge en face, au Moma Bookstore, où puiser parmi une excellente sélection de livres consacrés à l'art urbain, de DVD...

CHAUSSURES

STEVE MADDEN
B C2 SOHO
540 Broadway
(entre Prince St. et Spring St.)
Tél. (212) 343 1800
Chaîne new-yorkaise de chaussures pour hommes et femmes.

COSMÉTIQUES

FRESH
B B1 GREENWICH VILLAGE
388 Bleecker St.
(près de Perry St.)
Tél. (917) 408 1850
Crèmes pour les mains au sucre roux, exfoliant au soja, huile pour le bain au saké, les New-Yorkaises raffolent de cette marque de produits de beauté à base d'ingrédients naturels et d'huiles essentielles au packaging ravissant.

RICKY'S
B C2 SOHO
590 Broadway
(entre W Houston St. et Prince St.)
Tél. (212) 226 5552
L'une des très nombreuses adresses new-yorkaises de cette chaîne américaine de produits de beauté qui fait fureur aux États-Unis. Pour Halloween, près d'un tiers de la boutique est consacré aux déguisements.

DISQUAIRES

A1 RECORDS
B B3 EAST VILLAGE
439 E 6th St.
(1st Ave.)
Tél. (212) 473 2870
Magasin spécialisé dans la musique funk et électronique. Parrainé par Fatboy Slim.

JAZZ RECORD CENTER
B A1-2 CHELSEA
236 W 26th St.
(entre 7th et 8th Aves.)
8e étage
Tél. (212) 675 4480
Des raretés, des inédits, des collectors et des vendeurs incollables. Autre adresse, le Village Jazz Shop *(163 W 10th St.) mérite le détour.*

TURNTABLE LAB
B B3 EAST VILLAGE
120 E 7th St.
(entre Ave. A et 1st Ave.)
Tél. (212) 677 0675
Avec de vrais DJ aux platines, ce lieu dispose d'un choix très pointu de vinyles neufs et d'éditions limitées, ainsi que d'une petite sélection de 33 tours d'occasion et de CD. Et bien sûr, tout l'équipement du parfait DJ.

ÉPICERIES

CITARELLA
B B2 GREENWICH VILLAGE
424 6th Ave.
(9th St.)
Tél. (212) 874 0383
L'adresse Downtown de l'épicerie fine italienne qui ouvrit son premier magasin à Harlem en 1912.

DYLAN'S CANDY BAR
C B3 UPPER EAST SIDE
1011 3rd Ave.
(près de 60th St.)
Tél. 646 735 0078
Une confiserie de rêves. Sucettes géantes, escalier lumineux aux marches incrustées de friandises multicolores... Un décor sirupeux à souhait, pour vous faire saliver devant 5 000 variétés de candies *à acheter en vrac ou dans des bocaux à votre nom.*

ECONOMY CANDY
B C3 LOWER EAST SIDE
108 Rivington St.
(près d'Essex St.)
Tél. (212) 254 1531
Des piles de paquets de bonbons pour unique décoration : cette banale échoppe qui regorge de confiseries a vu défiler plusieurs générations d'enfants depuis son ouverture en... 1937 !

GROM
D A1 MIDTOWN WEST
1796 Broadway
(entre 58th et 59th Sts.)
Tél. (212) 974 3444
Ce fameux glacier de Turin offre de nombreux parfums au choix, tous alléchants, comme la glace au chocolat noir. Ne pas manquer les sorbets aux fruits bio, ainsi que les granitas. Chocolat chaud à l'italienne.

ZABAR'S
E D1 UPPER WEST SIDE
2245 Broadway
(80th St.)
Tél. (212) 787 2000
Une épicerie juive légendaire (voir «Restaurants»). À ne pas manquer, ne serait-ce que pour l'atmosphère et les odeurs.

GRANDS MAGASINS

BERGDORF GOODMAN
▲ *297* **D** A3
MIDTOWN EAST
754 5th Ave.
(58th St.)
Tél. (800) 558 1855
Le plus prestigieux magasin pour femmes de New York. Le magasin pour hommes fait face au bâtiment principal.

BLOOMINGDALE'S
▲ *311* **C** B3
MIDTOWN EAST
1000 3rd Ave.
(près de 59th St.)
Tél. (212) 705 2000
On trouve de tout chez «Bloomie's» : vêtements pour hommes et femmes, parfums et cosmétiques, articles de literie et accessoires pour la maison.

CENTURY 21 DEPARTMENT STORE
A B2 DOWNTOWN
22 Cortland St.
(Trinity Place)
Tél. (212) 227 9092
Trois étages de fins de série et de produits démarqués : un grand magasin très fréquenté.

HENRI BENDEL
D B3 MIDTOWN EAST
712 5th Ave.
(56th Sts.)
Tél. (212) 247 1100
Toutes les collections des jeunes créateurs avant-gardistes américains.

MACY'S
▲ *249* **C** D2
MIDTOWN WEST
151 W 34th St.
(Herald Square)
Tél. (212) 695 4400
Le plus grand des grands magasins du monde.

1 € = env. $ 1,30

SAKS FIFTH AVENUE
▲ *282* **D** C3
MIDTOWN EAST
611 5th Ave.
(49th St.)
Tél. (212) 753 4000
Le fin du fin du luxe new-yorkais, sobre et élégant.

TARGET
E A4 HARLEM
517 E 117th St.
(près de Pleasant Ave.)
Tél. (212) 835 0860
Ce mégastore (mode, déco, jouets, cosmétiques, alimentation, électronique, sport, puériculture...) attire le tout Manhattan, ravi de ne plus avoir à traverser le pont de Brooklyn pour se rendre dans ce temple du cheap and chic *!*

TOPSHOP
B C2 SOHO
478 Broadway
(près de Broome St.)
Tél. (212) 966 9555
Quatre étages dévolus à la mode femme et un pour les hommes. Soldes tous les trois mois.

INFORMATIQUE PHOTO - VIDÉO

APPLE STORE
D A3 MIDTOWN WEST
767 5th Ave.
(près de 59th St.)
Tél. (212) 336 1440
Ouvert 24 h/24
C'est sous un immense cube de verre de 9 m de haut que se cache la boutique Apple la plus convoitée de la Grosse Pomme.

KIM'S VIDEO
B B3 EAST VILLAGE
124 First Ave.
Tél. (212) 533 7390
Ce magasin tout en longueur foisonne de DVD souvent introuvables ailleurs, et d'une bonne sélection de CD et de vinyles neufs ou d'occasion.

JOUETS

F.A.O. SCHWARZ
D A3 MIDTOWN EAST
767 5th Ave.
(58th St.)
Tél. (212) 644 9400
Le plus chic de tous les magasins de jouets.

KIDDING AROUND
B B2 UNION SQUARE
W 15th St.
(près de 6th Ave.)
Tél. (212) 645 6337
Le meilleur magasin de jouets indépendant selon l'hebdomadaire New York Magazine.

LEGO STORE
D C3 MIDTOWN WEST
620 5th Ave.
Tél. (212) 245 5973
Outre les grands classiques, ce magasin inauguré en septembre 2010 vend quelques modèles 100 % new-yorkais, comme les kits «Big Apple» ou «Empire State Building».

TOYS "R" US
C C2 MIDTOWN
1514 Broadway
(et 44th St.)
Tél. (646) 366 8800
Le plus grand magasin de jouets et de jeux vidéo du monde.

LIBRAIRIES

MIDTOWN COMICS
C D2 MIDTOWN WEST
200 W 40th St.
(près de 7th Ave)
Tél. (212) 302 8192
C'est la librairie culte des fans de comics depuis 1997. Au 2e étage, un vaste rayon de produits dérivés.

STRAND BOOKSTORE
B B2 GREENWICH VILLAGE
828 Broadway
(12th St.)
Tél. (212) 473 1452
Un rêve de bibliophile : c'est la plus ancienne, mais aussi la plus fascinante des librairies new-yorkaises depuis 1927, avec ses «30 km d'ouvrages neufs et anciens» alignés sur des étagères à perte de vue.

MARCHÉ AUX PUCES

HELL'S KITCHEN FLEA MARKET
C D1 MIDTOWN WEST
406 W 39th St.
(entre 9th et 10th Aves.)
Tél. (212) 243 5343
Ouvert sam.-dim.
9 h-18 h
Le plus important marché aux puces de la ville.

THE ANTIQUES GARAGE FLEA MARKET
B A2 CHELSEA
112 W 25th St.
(entre 6th et 7th Ave)
Tél. 212 243 5343
Sur deux niveaux, un marché aux puces installé dans un ancien parking couvert.

SPORTS

NIKETOWN
D A3 UPPER EAST SIDE
6 E 57th St.
(entre 5th et Madison Aves.)
Tél. (212) 891 6453
Un temple dédié à la marque Nike. Décor et animation.

PARAGON
B A2 GRAMERCY AREA
867 Broadway
(18th St.)
Tél. (212) 255 8036
Trois étages consacrés aux sports.

SUPREME
B C2 SOHO
274 Lafayette St.
(entre Prince St. et E Houston St.)
Tél. (212) 966 7799
Une référence en matière de culture skate.

YANKEE'S CLUBHOUSE SHOP
D A4 MIDTOWN EAST
110 E 59th St.
(Park et Lex. Aves.)
Tél. (212) 758 7844
Magasin de la fameuse équipe de base-ball de New York. Vend aussi tee-shirts et casquettes des autres équipes. On peut acheter des tickets pour les matchs.

TABAC

NAT SHERMAN
C C3 MIDTOWN
12 E 42nd St.
(et 5th Ave.)
Tél. (212) 764 5000
Le plus célèbre débit de tabac de la ville. Réputé pour ses mélanges américains traditionnels, ses accessoires de fumeur et ses alignements de boîtes de cigares.

VÊTEMENTS FEMMES

DIANE VON FURSTENBERG
B B1 GREENWICH VILLAGE
874 Washington St.
(près de W 14th St.)
Tél. 646 486 4800
Véritable légende outre-Atlantique, cette créatrice de mode belgo-américaine s'est fait connaître dans les années 1970 avec sa première wrap dress *(robe cache-cœur), toujours aussi tendance quarante ans plus tard.*

KAIGHT
B C3 LOWER EAST SIDE
83 Orchard St.
(près de Broome St.)
Tél. (212) 680 5630
C'est LA référence new-yorkaise en matière de mode – pointue – bio et responsable.

MADEWELL
B B2 SOHO
486 Broadway
(près de Broome St.)
Tél. (212) 226 6954
Vêtements, chaussures et accessoires dans l'air du temps.

VICTORIA'S SECRET
D A3 MIDTOWN EAST
34 E 57th St.
(entre Madison

et Park Aves.)
Tél. (212) 758 5592
Lingerie attrayante et bon marché. Dessous en soie à des prix très intéressants.

VÊTEMENTS HOMMES

BROOKS BROTHERS
D B2 MIDTOWN WEST
1270 6th Ave
(51st St.)
Tél. (212) 247 9374
Pour les chemises.

JOHNVARVATOS
B C3 EAST VILLAGE
315 Bowery
(près de Bleecker St.)
Tél. (212) 358 0315
En l'espace de dix ans, cet ancien de Ralph Lauren et Calvin Klein a fait de son nom la griffe d'une discrète élégance urbaine (pour hommes).

VÊTEMENTS MIXTES

ADIDAS SPORT PERFORMANCE STORE
B C2 SOHO
610 Broadway
(Houston St.)
Tél. (212) 529 0081
Chaussures et accessoires pour le football, le base-ball, le basket, le tennis et la course à pied.

BANANA REPUBLIC
D B3 MIDTOWN
626 5th Ave.
(50th St.)
Tél. (212) 974 2350
L'une des chaînes de vêtements décontractés et à la mode.

BARNEY'S
C B3 UPPER EAST SIDE
660 Madison Ave.
(entre 60th St. et 61st St.)
Tél. (212) 826 8900
Ce temple du luxe fondé en 1923 est le meilleur endroit pour admirer les collections des plus grands noms de la mode internationale.

CALVIN KLEIN
D A3 UPPER EAST SIDE
654 Madison Ave.
(60th St.)
Tél. (212) 292 9000
Vêtements et accessoires provenant des collections haut de gamme du maître.

CENTURY 21
A B2 DOWNTOWN
22 Cortland St.
(Trinity Place)
Tél. (212) 227 9092
La Mecque des vêtements design. Réductions de 70 % fréquentes.

CLUB MONACO
D A3 MIDTOWN
6 W 57th St.
(entre 5th et 6th Ave.)
Tél. (212) 459 9863
Marque canadienne de vêtements.

DIESEL
D B3 MIDTOWN WEST
685 5th Ave
(53rd et 54th St.)
Tél. (212) 755 3555
B C2 EAST VILLAGE
1 Union Square W.
(14th St.)
Tél. 646 336 8552
Une boutique très branchée.

GAP
C D2 MIDTOWN
60 W 34th St.
(Broadway et Herald Square)
Tél. (212) 760 1268
Le plus grand Gap de Manhattan. Comprend également un Gap Kid et un Baby Gap.

J. CREW MEN'S SHOP AT THE LIQUOR STORE
B D2 TRIBECA
235 West Broadway
(près de White St.)
Tél. (212) 226 5476
Célèbre marque américaine de vêtements chic et décontractés.

ORIGINAL LEVI'S STORE
D A4 UPPER EAST SIDE
750 Lexington Ave.
(entre 59th et 60th Sts.)
Tél. (212) 826 5957
Des Levi's du sol au plafond.

MARC BY MARC JACOBS
B C2 GREENWICH VILLAGE
Women :
403-405 Bleecker St.
(W 11th St.)
Tél. (212) 924 0026
B B1 GREENWICH VILLAGE
Men :
301 W 4th St.
(près de Perry St.)
Tél. (212) 929 0304
Une collection élégante et décontractée du couturier new-yorkais qui attire aussi bien les rock stars que les businessmen non conformistes. Prix astronomiques mais démarques spectaculaires pendant les soldes. Boutique femmes à proximité.

PRADA
B C2 SOHO
575 Broadway
(Prince St.)
Tél. (212) 334 8888
La grande marque italienne de luxe. Une collection de vêtements et d'accessoires pour hommes et femmes, dans l'ancien Guggenheim de SoHo, bijou d'architecture. Hors de prix.

RALPH LAUREN
▲ *309* **C** A3
UPPER EAST SIDE
867 Madison Ave.
(72nd St.)
Tél. (212) 606 2175
Vêtements élégants et décontractés dans un splendide building.

STEVEN ALAN OUTPOST
E D1 UPPER WEST SIDE
465 Amsterdam Ave.
(près de 82nd St.)
Tél. (212) 595 8451
Le magasin de déstockage du créateur new-yorkais, au style sage et épuré.

VÊTEMENTS ENFANTS

BU AND THE DUCK
B D2 TRIBECA
106 Franklin St.
(entre West Broadway et Church St.)
Tél. (212) 431 9226
Robes victoriennes, salopettes à rayures... Susan Lane revisite la mode enfantine d'autrefois.

VÊTEMENTS À PRIX RÉDUITS

INA
B C3 NOLITA
21 Prince St. (près de Elizabeth St.)
Tél. (212) 334 9048
Dépôt-vente de vêtements de marque pour femme : Jean-Paul Gaultier, Chanel, Yves Saint Laurent...

OLD NAVY
B C2 SOHO
503 Broadway
Tél. (212) 226 0838
Vêtements jeunes et décontractés.

De nombreux musées sont fermés le lundi et certains le mardi. Les fermetures pour «jours fériés» varient également d'un établissement à l'autre. Il est donc toujours prudent de téléphoner à l'avance pour vérifier les horaires. Les étages indiqués ci-dessous sont à l'américaine : 1er étage pour rez-de-chaussée, 2e étage pour 1er étage…

MANHATTAN		
ABYSSINIAN BAPTIST CHURCH 132 Odell Clark Place (entre Adam Clayton Powell Jr. et Malcom X blvds.) Tél. (212) 862 7474	*Offices le dimanche avec gospel à 9 h et à 11 h. Memorial Room en souvenir d'Adam Clayton Powell Jr.*	**F** C2 ▲ *359*
ALLAN STONE GALLERY 5 E 82nd St. Tél. (212) 987 4997	*Ouvert été (sauf août) : mar.-jeu. 12 h-17 h, ven. 12 h-16 h ; reste de l'année : mer.-sam. 12 h-17 h. Expositions-rétrospectives d'art moderne.*	**E** D4
AMERICAN ACADEMY OF ARTS AND LETTERS 633 W 155th St. (Audubon Terrace) Tél. (212) 368 5900	*Ouvert lors des expositions et sur rdv. mi-mars-mi-avr. et mi-mai-mi-juin : jeu.-dim. 13 h-16 h.*	**F** B1 ▲ *361*
AMERICAN FOLK ART MUSEUM 2 Lincoln Square (Colombus Ave. et 65th St.) Tél. (212) 595 9533	*Ouvert mar.-sam. 12 h-19 h 30, dim. 12 h-18 h. Musée consacré aux arts populaires américains. Annexe de Lincoln Square (Eva & Morris Feld Gallery) : ouvert mar.-sam. 12 h-19 h 30, dim. 12 h-17 h.*	**C** B2 ▲ *343*
AMERICAN MUSEUM OF NATURAL HISTORY Central Park W et 79th St. Tél. (212) 769 5100	*Ouvert tlj. 10 h-17 h 45. Fermé Thanksgiving et 25 déc. Rose Center for Earth and Space et Hayden Planetarium : mêmes horaires.*	**E** D2 ▲ *347*
APPELATE DIVISION COURTHOUSE 27 Madison Ave. (Madison Square) Tél. (212) 340 0400	*Ouvert lun.-ven. 9 h-17 h. Le lobby et la salle du tribunal se visitent.*	**B** A2 ▲ *234*
ARTISTS' SPACE 38 Greene St. (3e ét.) Tél. (212) 226 3970	*Ouvert mer.-dim. 12 h-18 h. Association bénévole exposant des œuvres d'avant-garde. Des expositions thématiques y sont également organisées.*	**B** C2
THE ASIA SOCIETY MUSEUM 725 Park Ave. (70th St.) Tél. (212) 288 6400	*Ouvert mar.-jeu. et sam.-dim. 11 h-18 h, ven. 11 h-21 h (18 h du 1er juillet au Labor Day : 1er lun. de sep.). Spectacles, conférences, colloques et expositions d'art asiatique.*	**C** A3 ▲ *311*
BARBARA GLADSTONE GALLERY 515 W 24th St. (entre 10th et 11th Aves.) Tél. (212) 206 9300	*Ouvert mar.-sam. 10 h-18 h. Les maîtres d'œuvre les plus radicaux de l'art conceptuel (Acconci, Faigenbaum, Holzer, Mullican, Trockel…).*	**B** A1
BUDDHIST CHURCH OF NEW YORK 331-332 Riverside Drive (106th St.) Tél. (212) 678 0305	*Ouvert dim. 11 h 30-13 h pour les offices.*	**E** B1
CARNEGIE HALL ET ROSE MUSEUM 154 W 57th St. (7th Ave.) Tél. (212) 903 9765	*Musée : ouvert tlj. 11 h-16 h 30 et le soir pour les spectacles. Visites guidées lun.-ven. à 11 h 30, 12 h 30, 14 h et 15 h, sam. 11 h 30 et 12 h 30, dim. 12 h 30.*	**C** B2 ▲ *301*
CASTLE CLINTON NATIONAL MONUMENT Battery Park Tél. (212) 344 7220	*Ouvert tlj. 8 h 30-17 h. Fermé j. fér. Ancien fort où s'achètent les billets pour la statue de la Liberté et Ellis Island Immigration Museum.*	**A** D2 ▲ *143*
CATHEDRAL CHURCH OF ST. JOHN THE DIVINE 1047 Amsterdam Ave. (112th St.) Tél. (212) 932 7347	*Ouvert lun.-sam. 7 h-18 h, dim. 7 h-19 h. Offices chantés le dim. à 11 h et 18 h. Visites guidées mar.-sam. à 11 h et 13 h, dim. à 13 h. Visite guidée du clocher et du toit sam. à 12 h et 14 h.*	**E** B1 ▲ *354*
CENTRAL PARK ★ **ZOO WILDLIFE CENTER** 5th Ave. (E 64th St.) Tél. (212) 439 6600	*Ouvert oct.-avr. : lun.-ven. 10 h-17 h, sam.-dim. 10 h-17 h 30 ; nov.-mars : tlj. 10 h-16 h 30.*	**C – E** ▲ *314*
BELVEDERE CASTLE E 79th St. Tél. (212) 772 0288	*Ouvert tlj. 10 h-17 h.*	
CHARLES A. DANA DISCOVERY CENTER À la hauteur de 110th St. Tél. (212) 860 1370	*Ouvert avr.-oct. : mar.-dim. 10 h-17 h ; nov.-mars : mer.-dim. 10 h-17 h.*	
DAIRY VISITOR CENTER 65th St. (au sud du parc) Tél. 212 974 6564	*Ouvert tlj. 10 h-17 h.*	

▲ renvoie à la partie «Itinéraires»
C D2 : coordonnées des cartes situées à la fin du guide
★ À ne pas manquer

NORTH MEADOW RECREATION CENTER 97th St. Tél. (212) 348 4867	*Ouvert juil.-août : mar.-jeu. 10 h-20 h, ven. 10 h-18 h, sam.-dim. 10 h-17 h ; avr.-juin et sep.-oct. : mar.-ven. 10 h-18 h, sam.-dim. 10 h-17 h ; nov.-mars : mar.-dim. 10 h-17 h.*	
WOLLMAN RINK East Side entre 62nd et 63rd Sts. Tél. (212) 439 6900	*Patinoire de mi-oct. à mi-avr. et piste de rollers d'avr. à oct. Location de rollers pour se promener dans le parc. Ouvert tlj. à partir de 10 h, jusqu'à 23 h ven.-sam.*	
CENTRAL SYNAGOGUE 123 E 55th St. (entre Park et Lexington Aves.) Tél. (212) 838 5122	*Ouvert seulement pour les offices : ven. 18 h et sam. 9 h 30.*	**D** B4
CHAPEL OF ST. LORENZO RUIZ 378 Broome St. Tél. (212) 925 2428	*Office dim. matin. Visite interdite pendant les offices.*	**B** C2 ▲ 199
CHILDREN'S MUSEUM OF MANHATTAN 212 W 83rd St. (entre Broadway et Amsterdam Ave.) Tél. (212) 721 1223	*Ouvert mar.-ven. et dim. 10 h-17 h, sam. 10 h-19 h. Fermé j. fér. Des expositions destinées aux enfants. On peut toucher à tout, s'amuser et comprendre.*	**E** D1
CHURCH OF OUR LADY OF THE ROSARY Shrine of St. Elizabeth Seton 7 State St. Tél. (212) 269 6865	*Ouvert tlj. 8 h-17 h. Offices lun.-ven. à 7 h, 8 h, 12 h 15 et 13 h, sam. à 12 h, dim. à 11 h.*	**A** D3 ▲ 157
CHURCH OF THE ASCENSION 5th Ave. et 10th St. Tél. (212) 254 8620	*Ouvert lun.-sam. 12 h-14 h, dim. pour les offices de 9 h, 11 h et 18 h.*	**B** B2 ▲ 218
CHURCH OF THE ST. LUKE IN THE FIELDS 487 Hudson St. Tél. (212) 924 0562	*Ouvert lors des offices. Jardin ouvert lun.-ven. de 9 h au coucher du soleil.*	**B** C1 ▲ 214
CITY HALL City Hall Park (entre Broadway et Park Row) Tél. (212) 788 3000	*Se renseigner pour les visites.*	**A** A3 ▲ 168
THE CLOISTERS MUSEUM ★ Fort Tryon Park 99 Margaret Corbin Drive Tél. (212) 923 3700 *Par le bus M4 sur Madison Ave.*	*Ouvert mars-oct. : mar-dim. 9 h 30-17 h 15 ; nov.-fév. : mar.-dim. 9 h 30-16 h 45. Fermé j. fér. Billet combiné (le même jour) avec le Metropolitan Museum.*	**F** B3 ▲ 362
COLUMBIA UNIVERSITY 116th St. et Broadway Tél. (212) 854 1754	*Visites guidées : sur rdv. lun.-ven. Départ du Visitor Center : 213 Low Library et 2960 Broadway à 13 h.*	**E** A-B1 ▲ 352
CONGREGATION SHEARITH ISRAEL 8 W 70th St. (Central Park West) Tél. (212) 873 0300	*Visites guidées sur rdv.*	**C** A2 ▲ 344
COOPER-HEWITT NATIONAL DESIGN MUSEUM 2 E 91st St. (entre Madison et 5th Aves.) Tél. (212) 849 8400	*Ouvert lun.-ven. 10 h-17 h, sam. 10 h-18 h, dim. 11 h-18 h. Fermé j. fér. Les espaces d'exposition peuvent être affectés par la rénovation en cours jusqu'à fin 2014.*	**E** C3 ▲ 320
D. C. MOORE GALLERY 535 W 22nd St. (2e ét.) Tél. (212) 247 2111	*Ouvert mar.-sam. 10 h-18 h. Vaste galerie présentant les œuvres d'artistes majeurs du XXe siècle.*	**D** A1
DYCKMAN FARMHOUSE MUSEUM 4881 Broadway (204th St.) Tél. (212) 304 9422	*Ouvert ven.-dim. 11 h-17 h.*	▲ 361
ELDRIDGE STREET SYNAGOGUE 12 Eldridge St. Tél. (212) 219 0302	*Visites guidées (1 h) toutes les 30 min : lun.-jeu. et dim. 10 h-17 h, ven. 10 h-15 h.*	**B** C3 ▲ 193
ELLIS ISLAND IMMIGRATION MUSEUM New York Harbor Tél. (877) 523 9849	*Ouvert tlj. 9 h-17 h (horaires plus étendus en été). Fermé 25 déc. Ferry toutes les 20 à 45 min au départ de Battery Park (jusqu'à 15 h 30 et 16 h 30 en été).*	**A** D1 ▲ 148
EMPIRE STATE BUILDING OBSERVATORY ★ 350 5th Ave. (34th St.) Tél. (212) 736 3100	*Ouvert tlj. 8 h-2 h (dernier ascenseur à 1 h 15).*	**C** D3 ▲ 242

FEATURE GALLERY 131 Allen St. Tél. (212) 675 7772	*Ouvert mer.-dim. 12 h-18 h.* *Un groupe d'artistes très caractéristiques, dont les œuvres vont des installations conceptuelles au dessin expressif.*	**B** C3
FEDERAL HALL NATIONAL MEMORIAL 26 Wall St. (Nassau St.) Tél. (212) 825 6990	*Ouvert lun.-ven. 10 h-17 h.*	**A** C3 ▲ *162*
FEDERAL RESERVE BANK OF NEW YORK 33 Liberty St. Tél. (212) 720 6130	*Expositions : visite libre lun.-ven. 10 h-15 h.* *Chambre forte : visite guidée sur réservation (toutes les heures) lun.-ven. 9 h 30-15 h 30.*	**A** B3 ▲ *158*
FORBES GALLERIES 62 5th Ave. (12th St.) Tél. (212) 206 5548	*Ouvert mar.-mer. et ven.-sam. 10 h-16 h.* *Visites guidées le jeu. sur rdv. (un mois à l'avance).*	**B** B2 ▲ *219*
FORD FOUNDATION ATRIUM 320 E 43rd St. (entre 1st et 2nd Aves.) Tél. (212) 573 5000	*Horaires, se rens.*	**C** C4 ▲ *265*
FRAUNCES TAVERN MUSEUM 54 Pearl St. Tél. (212) 425 1778	*Ouvert lun.-sam. 12 h-17 h.* *Fermé j. fér.*	**A** C3 ▲ *166*
FRENCH EMBASSY CULTURAL SERVICES 972 5th Ave. (78th St.) Tél. (212) 439 1400	*Lobby ouvert lun.-ven. 9 h-17 h 30.*	**C** A3 ▲ *320*
THE FRICK COLLECTION ★ 1 E 70th St. (5th Ave.) Tél. (212) 288 0700	*Ouvert mar.-sam. 10 h-18 h, dim. 11 h-17 h.* *Fermé j. fér.* *Enfants de moins de 10 ans non admis.*	**C** A3 ▲ *322*
GAGOSIAN GALLERY 980 Madison Ave. (76th St.) Tél. (212) 744 2313 555 W 24th St. Tél. (212) 741 1111 522 W 21st St. Tél. (212) 741 1717	*Ouvert mar.-sam. 10 h-18 h.* *Cette galerie expose des artistes contemporains établis, ainsi que des œuvres de maîtres comme Beckmann ou Giacometti.*	**E** D3
GALERIE SAINT-ÉTIENNE 24 W 57th St. (8e ét.) (entre 5th et 6th Aves.) Tél. (212) 245 6734	*Ouvert mar.-sam. 11 h-17 h.* *Galerie spécialisée dans l'expressionnisme allemand et autrichien et le folk art américain.*	**D** A2-3
GENERAL GRANT NATIONAL MEMORIAL GRANT'S TOMB Riverside Drive (122nd St.) Tél. (212) 666 1640	*Ouvert lun. et jeu.-dim. 9 h-17 h.*	**E** A1 ▲ *357*
GENERAL THEOLOGICAL SEMINARY 440 W 21st St. Tél. (212) 243 5150	*Horaires, se rens.*	**B** A1 ▲ *220*
GOETHE INSTITUTE NEW YORK 72 Spring St. (11e ét.) Tél. (212) 439 8700	*Ouvert lun.-ven. 9 h-17 h.* *Bibliothèque ouverte lun. et ven. 12 h-17 h, mar.-jeu. 13 h-18 h 30.* *Téléphoner pour le programme des expositions et des conférences.*	**E** D3 ▲ *320*
GRACIE MANSION 88th St. et East End (dans Carl Schurz Park) Tél. 311	*Visites guidées mer. à 10 h, 11 h, 13 h et 14 h sur réservation.*	**E** C4 ▲ *313*
GRAND CENTRAL TERMINAL 42nd St. (entre Park et Lexington Aves.) Tél. (212) 340-234	*Visite guidée organisée par la Municipal Art Society tlj. à 12 h 30 (tél. (212) 935 3960). Rendez-vous sous l'horloge centrale du «main concourse».*	**D** D4 ▲ *236*
GREENACRE REFERENCE LIBRARY 111 W 57th St Tél. (212) 935 3960	*Ouvert lun.-mer. et ven.-sam. 11 h-17 h.* *Le siège de la Municipal Art Society, qui organise des visites thématiques de la ville, a quitté Madison Avenue pour le Steinway Building. Il abrite la librairie, dans laquelle on trouve de nombreux ouvrages sur New York.*	**D** C3 ▲ *285*
GREENE NAFTALI GALLERY 526 W 26th St. (8e ét.) (entre 10th et 11th Aves.) Tél (212) 463 7770	*Ouvert mar.-sam. 10 h-18 h.* *Vastes locaux et vue superbe. La jeune avant-garde de New York, Londres, Los Angeles est présentée ici.*	**B** A1

▲ renvoie à la partie «Itinéraires»
C D2 : coordonnées des cartes situées à la fin du guide
★ À ne pas manquer

GREY ART GALLERY 100 Washington Square East Tél (212) 998 6780	*Ouvert mar., jeu.-ven. 11 h-18 h ; mer. 11 h-20 h et sam. 11 h-17 h.* *Galerie d'art contemporain située à l'intérieur du bâtiment principal de l'université de New York.*	**B** C2
GUGGENHEIM MUSEUM ★ 1071 5th Ave. (89th St.) Tél. (212) 423 3500	*Ouvert lun.-mer., ven. et dim. 10 h-17 h 45, sam. 10 h-19 h 45.*	**E** C3 ▲ *338*
HAMILTON GRANGE NATIONAL MEMORIAL W 141st St. (au coin de Saint-Nicholas Park) Tél. (646) 548 2310 (Visitor Center)	*Ouvert mer.-dim., horaires se rens.* *Une maison de campagne datant de l'époque où Harlem était un village.*	**F** C2 ▲ *360*
HISPANIC SOCIETY OF AMERICA Broadway et 155th St. (Audubon Terrace) Tél. (212) 926 2234	*Musée ouvert mar.-sam. 10 h-16 h 30, dim. 10 h-16 h.* *Fermé j. fér.*	**F** B2 ▲ *361*
INTERNATIONAL CENTER OF PHOTOGRAPHY 1133 6th Ave. (43rd St.) Tél. (212) 857 0000	*Musée ouvert mar.-jeu. 10 h-18 h, ven. 10 h-20 h, sam.-dim. 10 h-17 h.*	**D** D2 ▲ *254*
INTREPID SEA, AIR, SPACE MUSEUM Pier 86 12th Ave. et W 46th St. Tél. (212) 245 0072	*Ouvert avr.-oct. : lun.-ven. 10 h-17 h, sam.-dim. et j. fér. 10 h-18 h ;* *nov.-mars : mar.-dim. 10 h-17 h.*	**C** C1 ▲ *257*
ISLAMIC CULTURAL CENTER OF NEW YORK 1711 3rd Ave. (97th St.) Tél. (212) 722 5234	*Ouvert tlj. 9 h-17 h.* *Téléphoner pour les visites.* *La mosquée de New York.*	**E** C3
JACOB K. JAVITS CONVENTION CENTER 655 W 34th St. (11th Ave.) Tél. (212) 216 2000	*Horaires variables selon les expositions.*	**C** D1 ▲ *248*
JEFFERSON MARKET LIBRARY – NEW YORK PUBLIC LIBRARY 425 Ave. of the Americas (10th St.) Tél. (212) 243 4334	*Ouvert lun., mer. 10 h-20 h, mar., jeu. 11 h-18 h, ven.-sam. 10 h-17 h.*	**B** B2 ▲ *211*
JEWISH MUSEUM 1109 5th Ave. (92nd St.) Tél. (212) 423 3200	*Ouvert lun.-mar. et dim. 11 h-17 h 45, mer. 11 h-15 h, jeu. 11 h-20 h, ven. 11 h-16 h.* *Fermé j. fér. et fêtes religieuses juives.*	**E** C3 ▲ *321*
JOHN STREET METHODIST CHURCH 44 John St. Tél. (212) 269 0014	*Musée ouvert lun., mer., ven. 11 h-17 h.*	**A** B3 ▲ *158*
JUDSON MEMORIAL BAPTIST CHURCH 55 Washington Square South Tél. (212) 477 0351	*Ouvert lun.-ven. 10 h-18 h.*	**B** C2 ▲ *200*
LEO CASTELLI GALLERY 18 E 77th St. (entre 5th et Madison Aves.) Tél. (212) 249 4470	*Ouvert mar.-sam. 10 h-18 h.* *La galerie de celui qui fit connaître Rauschenberg, Lichtenstein, Warhol, etc. et a imposé sa vision de l'art contemporain.*	**C** A3
LINCOLN CENTER Lincoln Center Plaza http://new.lincolncenter.org	*Visites guidées : tél. (212) 875 5350.* *Art and Architecture ; Jazz at Lincoln Center ; Radio City Combo Tour.*	**C** B1 ▲ *305*
THE LOCK COLLECTION 20 W 44th St. (5th et 6th Aves.) Tél. (212) 840 1840	*Ouvert uniquement sur rdv.*	**D** D2-3 ▲ *250*
LOWER EAST SIDE TENEMENT MUSEUM 108 Orchard St. Tél. (212) 431 0233	*Visite guidée sur réservation tlj. 10 h 30-18 h (dernière visite à 17 h).* *Immeuble de logements pour immigrants dans le Lower East Side. www.tenement.org*	**B** C3 ▲ *194*
THE LOWER EAST SIDE VISITOR CENTER 54 Orchard St. (entre Orchard et Allen Sts.) Tél. (212) 226 9010	*Ouvert lun.-ven. 9 h 30-17 h 30, sam.-dim. 9 h 30-16 h.*	**B** C3 ▲ *190*
MADAME TUSSAUDS 234 W 42nd St. (entre 7th et 8th Ave.) Tél. (212) 512 9600	*Ouvert lun.-jeu. et dim. 10 h-20 h, ven.-sam. 10 h-22 h.*	**C** C2 ▲ *255*

MADISON SQUARE GARDEN 7th Ave. (entre 31st et 33rd Sts.) Tél. (212) 465 6741	*Stade des équipes de basket et de hockey de New York. Accueille d'autres événements sportifs, des spectacles et des concerts. Possibilité de visite guidée de la salle et des vestiaires.*	**C** D2 ▲ **249**
MARIAN GOODMAN GALLERY 24 W 57th St. (4e ét.) (entre 5th et 6th Aves.) Tél. (212) 977 7160	*Ouvert lun.-sam. 10 h-18 h. Sorte de panthéon du mouvement conceptuel américain et européen.*	**D** A2-3
MARINER'S TEMPLE 3 Henry St. Tél. (212) 233 0423	*Ouvert mar.-jeu. 10 h-18 h. Office avec gospel le dim. à 11 h (10 h en été).*	**B** D3 ▲ **193**
MARLBOROUGH GALLERY - 40 W 57th St. (2e ét.) (5th Ave., Midtown) Tél. (212) 541 4900 - 545 W 25th St. Tél. (212) 463 8634	*Midtown : ouvert lun.-sam. 10 h-17 h 30. Chelsea : mêmes horaires. La galerie expose des peintres, des sculpteurs et des photographes importants : Henry Moore, Brassaï. Y aller pour l'espace et pour la terrasse ornée de sculptures sur la 57th St.*	**D** A2-3 **B** A1
MARY BOONE GALLERY - 745 5th Ave. (58th St.) - 541 W 24th St. Tél. (212) 752 2929	*5th Ave. : mar.-ven. 10 h-18 h, sam. 10 h-17 h. 24th St. : mar.-sam. 10 h-18 h. Mary Boone a lancé les artistes les plus marquants des années 1980 : Eric Fischl, Ross Bleckner, Barbara Kruger, David Salle, Julian Schnabel et bien d'autres.*	**C** B3 **B** A1
MATTHEW MARKS GALLERY - 502 W, 522 W et 526 W 22nd St. - 523 W 24th St. (entre 10th et 11th Aves.) Tél. (212) 243 0200	*Ouvert mar.-sam. 10 h-18 h. Parmi les plus importantes galeries de Chelsea. Des artistes tels que Willem de Kooning, Lucian Freud, Brice Marden, Nan Goldin, Terry Winters, y sont présentés.*	**B** A1
MAX PROTETCH GALLERY 300 W 23rd St. (entre 10th et 11th Aves.) Tél. (212) 226 9636	*Horaires, se rens. Art contemporain : peinture, sculpture, céramiques, photo, vidéo, dessins et éléments d'architecture.*	**B** A1
MERCHANT'S HOUSE MUSEUM 29 E 4th St. (entre Lafayette St. et Bowery) Tél (212) 777 1089	*Ouvert lun. et jeu.-dim. 12 h-17 h.*	**B** C2-3 ▲ **227**
METROPOLITAN MUSEUM OF ART ★ 1000 5th Ave. (82nd St.) Tél. (212) 535 7710	*Ouvert mar.-jeu. et dim. 9 h 30-17 h 30, ven.-sam. 9 h 30-21 h. Ouvert certains lun. fér.*	**E** D3 ▲ **328**
MICHAEL WERNER 4 E 77th St. (2e ét.) (5th Ave.) Tél. (212) 988 1623	*Ouvert lun.-sam. 10 h-18 h. Des artistes européens contemporains, surtout allemands, et des œuvres plus anciennes de maîtres du XXe siècle.*	**E** D3
MORGAN LIBRARY AND MUSEUM 225 Madison Ave. (et 36th St.) Tél. (212) 685 0008	*Ouvert mar.-jeu. 10 h 30-17 h, ven. 10 h 30-21 h, sam. 10 h-18 h, dim. 11 h-18 h. Fermé j. fér.*	**C** D3 ▲ **241**
MORRIS-JUMEL MANSION MUSEUM 65 Jumel Terrace, (angle W 160th St. et Edgecombe Ave.) Tél. (212) 923 8008	*Ouvert mer.-dim 10 h-16 h, lun.-mar. sur rdv. Visites guidées sam. à 12 h.*	**F** B2 ▲ **361**
MOUNT VERNON HOTEL MUSEUM AND GARDENS 421 E 61st St. (1st Ave.) Tél. (212) 838 6878	*Ouvert mar.-dim. 11 h-16 h. Concerts 18 h-21 h le mar. en été.*	**C** B4 ▲ **311**
MUSEO DEL BARRIO 1230 5th Ave. (104th St.) Tél. (212) 831 7272	*Ouvert mar-dim. 11 h-18 h. Fermé j. fér.*	**E** B3 ▲ **321**
MUSEUM FOR AFRICAN ART 1280 5th Ave. (angle 5th Ave. et 110th St.) Tél. 718 784 7700	*Ouvert avr.-août : lun.-ven. 9 h 30-17 h, sam.-dim. 10 h-18 h ; sep.-mars : mar.-ven. 9 h 30-17 h, sam.-dim. 10 h-18 h. Fermé Labor Day, Thanksgiving et 25 déc.*	**E** B3 ▲ **321**
MUSEUM OF AMERICAN FINANCE 48 Wall Street Tél. (212) 908 4110	*Ouvert mar.-sam. 10 h-16 h. Fermé j. fér. Musée consacré à l'histoire financière des États-Unis.*	**A** C2 ▲ **160**
MUSEUM OF ARTS & DESIGN 2 Columbus Circle Tél. (212) 299 7777	*Ouvert mar.-dim. 11 h-18 h, jeu. 11 h-21 h. Fermé lun.*	**D** A1 ▲ **304**

▲ renvoie à la partie «Itinéraires»
C D2 : coordonnées des cartes situées à la fin du guide
★ À ne pas manquer

MUSEUM OF CHINESE IN AMERICA 215 Centre St. Tél. (212) 619 4785	*Ouvert mar.-mer. et ven.-dim. 11 h-18 h, jeu. 11 h-21 h.* *Fermé j. fér.*	**B** D2 ▲ *192*
MUSEUM OF JEWISH HERITAGE A LIVING MEMORIAL TO THE HOLOCAUST 36 Battery Place Battery Park City Tél. (646) 437 4200	*Ouvert lun.-mar., jeu. et dim. 10 h-17 h 45 (17 h en été), mer. 10 h-20 h, ven. et veille de fêtes juives 10 h-15 h.* *Fermé sam., fêtes juives et Thanksgiving.*	**A** D2 ▲ *142*
MUSEUM OF MODERN ART (MOMA) ★ 11 W 53rd St. Tél. (212) 708 9400	*Ouvert lun.-jeu. et sam.-dim. 10 h 30-17 h 30, ven. 10 h 30-20 h.* *Fermé Thanksgiving et 25 déc.*	**C** C3 ▲ *290*
MUSEUM OF THE CITY OF NEW YORK 1220 5th Ave. (103rd St.) Tél. (212) 534 1672	*Ouvert mar.-dim. 10 h-17 h.*	**E** B3 ▲ *321*
NATIONAL ACADEMY MUSEUM 1083 5th Ave. (entre 88th et 89th Sts.) Tél. (212) 369 4880	*Ouvert mer.-dim. 11 h-18 h.*	**E** C3 ▲ *320*
NATIONAL MUSEUM OF THE AMERICAN INDIAN Smithsonian Institution 1 Bowling Green Tél. (212) 514 3700	*Ouvert tlj. 10 h-17 h (20 h le jeu.).* *Fermé le 25 déc.*	**A** C3 ▲ *157*
NATIONAL SEPTEMBER 11 MEMORIAL 1 Albany St. (angle Albany et Greenwich Sts.) Tél. (212) 266 5211	*Ouvert mi-mars-fin sep. : tlj. 10 h-20 h ; fin sep.-fin déc. : tlj. 10 h-18 h (dernière entrée 1 h avant fermeture).* *Accès sur présentation d'un Visitor Pass (rens. par tél. ou reservations@911memorial.org).*	**A** B2 ▲ *139*
NEUE GALERIE 1048 5th Ave. (86th St.) Tél. (212) 628 6200	*Ouvert lun. et jeu-dim. 11 h-18 h.* *Café viennois : ouvert lun., mer. 9 h-18 h, jeu.-dim. 9 h-21 h.*	**E** D3 ▲ *320*
NEW MUSEUM OF CONTEMPORARY ART 235 Bowery (Prince St.) Tél. (212) 219 1222	*Ouvert mer. et ven.-dim. 11 h-18 h, jeu. 11 h-21 h.* *Fermé j. fér.*	**B** C3 ▲ *190*
NEW YORK CITY FIRE MUSEUM 278 Spring St. (entre Varick et Hudson Sts.) Tél. (212) 691 1303	*Ouvert mar.-sam. 10 h-17 h, dim. 10 h-16 h.*	**B** C2-3 ▲ *205*
NEW YORK CITY POLICE MUSEUM 100 Old Slip St. (entre Water et South Sts.) Tél. (212) 480 3100	*Ouvert lun.-sam. 10 h-17 h.*	**A** C4 ▲ *155*
NEW YORK HISTORICAL SOCIETY 170 Central Parc West Tél. (212) 873 3400	*Musée : mer.-jeu. et sam. 10 h-18 h, ven. 10 h-20 h, dim. 11 h-17 h.* *Bibliothèque : mar.-ven. 9 h-15 h.*	**E** D2 ▲ *346*
NEW YORK PUBLIC LIBRARY HUMANITIES AND SOCIAL SCIENCES 5th Ave. et 42nd St. Tél. (212) 269 6975	*Ouvert lun., jeu.-sam. 10 h-18 h, mar.-mer. 10 h-20 h, dim. 11 h-17 h.* *Visites guidées lun.-ven. à 11 h et 14 h.*	**D** D3 ▲ *252*
NEW YORK SKYRIDE Dans l'Empire State Building Tél. (212) 279 9777	*Ouvert 8 h-22 h.* *Grâce à un simulateur de vol, pour effectuer une traversée aérienne de New York un peu folle sans bouger de son siège.*	**C** D3
NEW YORK STOCK EXCHANGE (NYSE) 8 Broad St. Tél. (212) 283 2062	*Ne se visite pas.*	**A** C3 ▲ *163*
PACE WILDENSTEIN GALLERY - 32 E 57th St. (2e ét.) Tél. (212) 421 3292 - 534 W 25th St. (Chelsea) Tél. (212) 929 7000	*Ouvert mar.-sam. 10 h-18 h.* *Une étape obligée sur le marché de l'art contemporain.* *Après avoir exposé Picasso, Noguchi ou Joseph Cornell, Pace a fait incursion dans l'art contemporain avec Martin, Richard Serra et Louise Nevelson.*	**D** A3 **B** A1
PALEY CENTER FOR MEDIA 25 W 52nd St. (5th Ave.) Tél. (212) 621 6600	*Ouvert mer., ven.-dim. 12 h-18 h, jeu. 12 h-20 h.*	**D** B2-3 ▲ *288*

PAULA COOPER GALLERY - 534 W 21st St. (entre 10th et 11th Aves.) - 521 W 21st St. (entre 10th et 11th Aves.) Tél. (212) 255 1105	*Ouvert lun.-ven. 10 h-17 h.* *Galerie spécialisée dans l'art conceptuel et minimaliste. Représente des artistes tels que Donald Judd, Tony Smith, Jonathan Borofsky, Dan Walsh, Zeo Leonard.*	**B** C2 **B** A1
PEN & BRUSH CLUB 22 E 22nd St. Tél. (212) 475 3669	*Ouvert lun.-ven. 10 h-17 h.* *Expositions des œuvres des membres du club. Appeler pour avoir le programme.*	**B** B2 ▲ *218*
RADIO CITY MUSIC HALL 1260 Ave. of the Americas (50th St.) Tél. (212) 247 4777	*Ouvert tlj. 11 h 30-18 h.*	**D** C3 ▲ *277*
ROBERT MILLER GALLERY 524 W 26th St. (10th Ave.) Tél. (212) 366 4774	*Ouvert été : lun.-ven. 10 h-18 h (août sur rdv.) ; reste de l'année : mar.-sam. 10 h-18 h.* *Une galerie à l'atmosphère «downtown», malgré son emplacement.* *Peintres, sculpteurs et photographes américains contemporains y sont exposés.*	**B** A1
ROCKEFELLER CENTER 5th et 6th Aves. 48th et 51nd Sts. Tél. (212) 332 6868	*Visites guidées de la Municipal Art society : tél. (212) 935 3960 pour réserver.* *Départ : NBC Experience Store.*	**D** C2 ▲ *274*
ROOSEVELT ISLAND TRAMWAY 2nd Ave. et 60th St. Tél. (212) 832 4555	*Départs réguliers de la «Tram Plaza» tlj. 6 h-2 h 30 (3 h 30 le week-end).*	**C** B-C4 ▲ *311*
RUBIN MUSEUM OF ART 150 W 17th St. (7th Ave.) Tél. (212) 620 5000	*Ouvert lun. et jeu. 11 h-17 h, mer. 11 h-19 h, ven. 11 h-22 h, sam.-dim. 11 h-18 h.*	**B** B1 ▲ *220*
ST. BARTHOLOMEW'S CHURCH 325 Park Ave. Tél. (212) 378 0222	*Ouvert tlj. 9 h-18 h.* *Offices le dim. à 8 h, 9 h, 11 h et 17 h.*	**D** B4 ▲ *285*
ST. JAMES CHURCH 23 Oliver St. Tél. (212) 233 0161	*Ouvert lors des offices uniquement.*	**B** D3 ▲ *193*
ST. JAMES EPISCOPAL CHURCH 865 Madison Ave. (71st St.) Tél. (212) 774 4200	*Ouvert la journée.*	**C** A3 ▲ *309*
ST. MALACHY ROMAN CATHOLIC CHURCH 239-245 W 49th St. (entre Broadway et 8th Ave.) Tél. (212) 489 1340	*Ouvert la journée.*	**D** C1-2 ▲ *300*
ST. MARK'S CHURCH IN THE BOWERY 131 E 10th St. (2nd Ave.) Tél. (212) 674 6377	*Ouvert pour les offices.* *L'église sert aussi de salle de spectacles, Poetry Project (tél. 212-674 0910) et Dance Space Project (tél. 212-674 8112).*	**B** B3 ▲ *224*
ST. PATRICK'S CATHEDRAL 460 Madison Ave. Tél. (212) 753 2261	*Ouvert tlj. 6 h 30-20 h 45.* *Superbe messe chantée le dimanche.*	**D** C3 ▲ *283*
ST PATRICK'S OLD CATHEDRAL Angle Mott et Prince St. Tél. (212) 226 8075	*Ouvert lun.-ven. 8 h-17 h.*	**B** C3 ▲ *196*
ST. PAUL'S CHAPEL Broadway et Fulton St. Tél. (212) 233 4164	*Ouvert lun.-sam. 10 h-18 h, dim. 7 h-18 h.* *Concerts et opéras lun. à 13 h.*	**A** B2 ▲ *176*
ST. PETER'S CHURCH 22 Barclay St. Tél. (212) 233 8355	*Ouvert la journée.*	**A** A2 ▲ *178*
ST. THOMAS CHURCH 1 W 53rd St. (5th Ave.) Tél. (212) 757 7013	*Ouvert lun.-ven. 9 h-17 h 30, sam. matin et après-midi, dim. matin.*	**D** B3 ▲ *288*
SALMAGUNDI CENTER FOR AMERICAN ART 47 5th Ave. (12th St.) Tél. (212) 255 7740	*Ouvert tlj. 13 h-17 h.* *Expositions des œuvres des membres du club.*	**B** B2 ▲ *218*

▲ renvoie à la partie «Itinéraires»
C D2 : coordonnées des cartes situées à la fin du guide
★ À ne pas manquer

SCHOMBURG CENTER FOR RESEARCH IN BLACK CULTURE 515 Malcolm X Blvd (135th St.) Tél. (212) 491 2200	*Ouvert mar.-jeu. 12 h-20 h, ven.-sam. 10 h-18 h.*	**F** D2 ▲ *359*
SEVENTH REGIMENT ARMORY 643 Park Ave. (67th St.) Tél. (212) 616 3930	*Visites guidées sur rdv.*	**C** B3 ▲ *310*
SKYSCRAPER MUSEUM 39 Battery Place Tél. (212) 968 1961	*Ouvert mer.-dim. 12 h-18 h.*	**A** C2
SONNABEND GALLERY 536 W 22nd St. Tél. (212) 627 1018	*Ouvert mar.-sam. 10 h-18 h.* *L'une des galeries historiques de SoHo, qui a déménagé à Chelsea.*	**B** A1
SONY PLAZA 550 Madison Ave. entre 55th et 56th Sts.) Tél. (212) 833 8800	*Boutique Sony ouverte mar.-sam. 10 h-17 h, dim. 11 h-18 h.* *Sony Wonder Technology Lab (entrée gratuite) : ouvert mar.-sam. 9 h 30-17 h 30.*	**D** B3
SONY THEATER 1998 Broadway (68th St.) Tél. 888 262 4386	*Exposition sur les nouvelles technologies.* *Sept salles de cinéma avec un superbe décor et la salle IMAX (écran géant et films en relief).*	**C** A2 ▲ *289*
SOUTH STREET SEAPORT MUSEUM 12 Fulton St. et entre Piers 16 et 17 Tél. (212) 748 8725	*Galeries ouvertes jan.-mars : jeu.-dim. 10 h-17 h ; avr.-déc. : mar.-dim. 10 h-18 h.* *Navires ouverts jan.-mars : jeu.-dim. 12 h-16 h ; avr.-déc. : mar.-dim. 10 h-18 h.* *Les navires sont ouverts en fonction des travaux de restauration réguliers dont ils font l'objet.*	**A** B4 ▲ *172*
SPERONE WESTWATER GALLERY 257 Bowery Tél. (212) 999 7337	*Ouvert hiver : mar.-sam. 10 h-18 h ;* *Expose de grands noms américains et internationaux.*	**B** B2
STATUE OF LIBERTY ★ Liberty Island New York Harbor Tél. 877 523 9849	*Ouvert tlj. 9 h-17 h (horaires plus étendus en été).* *Billetteries à Castle Clinton, dans Battery Park.* *Départ ferries de Battery Park toutes les 20 à 45 min selon la période. Durée de la visite : 4 h.* *Très fréquentée en été et w.-e.*	▲ *144*
STUDIO MUSEUM IN HARLEM 144 W 125th St. (entre Lenox et 7th Aves.) Tél. (212) 864 4500	*Ouvert jeu.-ven. 12 h-21 h, sam. 10 h-18 h, dim. 12 h-18 h.*	**E** A2 ▲ *351*
TEMPLE EMANU-EL 1 E 65th St. (5th Ave.) Tél. (212) 744 1400	*Horaires, se rens.* *Fermé pendant les fêtes juives.*	**C** B3 ▲ *311*
THEODORE ROOSEVELT'S BIRTHPLACE 28 E 20th St. (entre Broadway et Park Ave.) Tél.(212) 260 1616	*Ouvert mar.-sam. 9 h-17 h.*	**B** A2 ▲ *233*
TONY SHAFRAZI GALLERY 544 W 26th St. (10th Ave.) Tél. (212) 274 9300	*Ouvert sur rdv.* *Tony Shafrazi se fit arrêter et connaître pour avoir tagué Guernica de Picasso au musée d'Art moderne. Aujourd'hui assagi, il expose des artistes contemporains dont certains (Basquiat, Keith Haring ou Scharf) commencèrent précisément par des graffitis.*	**B** A1
TRANSFIGURATION CATHOLIC CHURCH 29 Mott St. Tél. (212) 962 5157	*Ouvert la journée.*	**B** D3 ▲ *192*
TRIBUTE WTC VISITOR CENTER 120 Liberty St. (entre Greenwich et Church Streets) Tél. (866) 737 1184	*Ouvert lun.-sam. 10 h-18 h, dim. 10 h-17 h.* *Petit musée dédié aux victimes du 11 septembre 2001, créé par la September 11th Families' Association. Parcours autour du site ; expositions de documents et de photos. En collaboration avec le futur National September 11 Museum.*	
TRINITY CHURCH Broadway et Wall St. Tél. (212) 602 0800	*Église : lun.-ven. 7 h-18 h, sam.-dim. 7 h-16 h.* *Musée : lun.-ven. 9 h-11 h 45 et 13 h-17 h 30, sam.-dim. 9 h-15 h 45.*	**A** C2 ▲ *154*
UKRAINIAN INSTITUTE OF AMERICA 2 E 79th St. (5th Ave.) Tél. (212) 288 8660	*Visites sur rdv. ou lors d'expositions.* *Se renseigner pour les programmes.*	**C** A3 ▲ *312*

UKRAINIAN MUSEUM 222 E 6th St. (entre 2nd et 3rd Aves.) Tél. (212) 228 0110	*Ouvert mer.-dim. 11 h 30-17 h.*	**B** B3 ▲ ***225***
UNITARIAN CHURCH OF ALL SOULS 1157 Lexington Ave. Tél. (212) 535 5530	*Visites sur rdv. ou lors d'expositions.* *Se renseigner pour les programmes.*	**C** A3 ▲ ***312***
UNITED NATIONS 405 E 42nd St. (1st Ave.) Tél. (212) 963 4475/8687 Visite guidée : Tél. (212) 963 7539	*Parties publiques : tlj. 9 h-17 h.* *Salles de conférences : visite guidée (30 min)* *lun.-ven. 9 h 45-16 h 45.*	**C** C4 ▲ ***264***
WHITNEY MUSEUM OF AMERICAN ART ★ 945 Madison Ave. (75th St.) Tél. (212) 570 3600	*Ouvert mer.-jeu. et sam.-dim. 11 h-18 h,* *ven. 13 h-21 h.*	**E** D3 ▲ ***326***
BRONX		
BARTOW-PELL MANSION 895 Shore Road Pelham Bay Park Tél. (718) 885 1461 *Métro : ligne 6, station Pelham Bay Park, puis bus Bx45 jusqu'à Bartow-Pell*	*Ouvert mer., sam.-dim. 12 h-16 h.* *Fermé 1er jan., 4 juil., Thanksgiving et 25 déc.* *L'un des rares manoirs du XIXe siècle (1842) de la ville de New York accessible au public. La résidence de campagne d'une riche famille new-yorkaise. Beau jardin en terrasses ouvert tlj. 8 h 30-tombée de la nuit.*	
BRONX MUSEUM OF THE ARTS 1040 Grand Concourse (165th St.) Tél. (718) 681 6000	*Ouvert jeu.-dim. 11 h-18 h (20 h ven.).* *Fermé 25 déc. et 1er jan.* *Musée d'œuvres d'artistes contemporains issus notamment du Bronx.*	
BRONX ZOO, NEW YORK ZOOLOGICAL PARK 22-25 Jackson Ave. Tél. (718) 220 5100 *Bus : Bxm sur Madison Ave. jusqu'au 1er arrêt dans le Bronx.* *Métro : ligne 2 ou 5, station E. Tremont Ave./West Farm Sq.*	*Ouvert nov.-mars : tlj. 10 h-16 h 30 ;* *avr.-oct. : lun.-ven. 10 h-17 h, sam.-dim. et vacances 10 h-17 h 30.*	
NEW YORK BOTANICAL GARDEN Bronx River Parkway (Fordham Road) Tél. (718) 817 8700 *Métro : ligne D ou 4, station Bedford Park Blvd, puis bus Bx26* *Train : MTA à Grand Central Terminal, station Botanical Garden*	*Ouvert lun. férié, mar.-dim. 10 h-18 h.* *Visites guidées tlj.*	
POE COTTAGE – BRONX HISTORICAL SOCIETY Poe Park, Grand Concourse & Kingsbridge Road 3309 Bainbridge Ave. Tél. (718) 881 8900 *Métro : ligne D ou 4, station Kingsbridge Road* *Bus : Bx12, station Grand Concourse ; Bx34, Bx26 ou Bx9 jusqu'à 194th St.*	*Ouvert sam. 10 h-16 h et dim. 13 h-17 h.* *Visites guidées, se rens.* *Petite maison de campagne où Edgar Allan Poe finit ses jours.*	
WAVE HILL W 249th St. et Independence Ave. Tél. (718) 549 3200 *Métro : ligne 1 jusqu'au terminus puis navette jusqu'à 242nd St.* *Train : MétroNorth à Grand Central Terminal, station Riverdale*	*Ouvert 15 mars-31 oct. : mar.-dim. 9 h-17 h 30 (mer. 20 h 30 en juin et juil.) ;* *1er nov.-14 mars : mar.-dim. 9 h-16 h 30.* *Un parc et centre culturel, dans un site exceptionnel, en bordure de l'Hudson. Agréable cafétéria en plein air en été.*	
YANKEE STADIUM E 161st St. et River Ave. Tél. (718) 293 6000 (informations) Tél. (718) 293 4300 (billets) *Métro ligne 3, D ou 4, station 161st./Yankee Stadium*	*Le stade de l'équipe de base-ball des Yankees.* *Billetterie en ligne : http://newyork.yankees.mlb.com.*	**F** B3

▲ renvoie à la partie «Itinéraires»
C D2 : coordonnées des cartes situées à la fin du guide
★ À ne pas manquer

BROOKLYN		
BROOKLYN ACADEMY OF MUSIC 30 Lafayette Ave. Tél. (718) 636 4100 *Navette au départ de Manhattan (départ de 120 Park Ave. et 42nd St.)*	*Propose des soirées théâtrales et musicales et des spectacles de danse réputés.*	
BROOKLYN BOTANIC GARDEN 990 Washington Ave. (Prospect Park) Tél. (718) 623 7200 *Métro : ligne 2 ou 3, station Grand Army Plaza*	*Ouvert mars-oct. : mar.-ven. 8 h-18 h, sam.-dim. 10 h-18 h ; nov.-fév. : mar.-ven. 8 h-16 h 30, sam.-dim. 10 h-16 h 30.* *Jardin botanique à l'intérieur d'un immense parc. Serres. Cafétéria.*	▲ 368
BROOKLYN CHILDREN'S MUSEUM 145 Brooklyn Ave. (St. Mark's Ave.) Tél. (718) 735 4400	*Ouvert mar.-dim. 10 h-17 h.* *Films et spectacles présentés gratuitement aux enfants pour les initier aux sciences naturelles.*	
BROOKLYN HISTORICAL SOCIETY 128 Pierrepont St. Tél. (718) 222 4111 *Métro : ligne 2, 3, 4 ou 5 station Brooklyn Museum*	*Musée : mer.-sam. 12 h-17 h.* *Bibliothèque : mer.-ven. 13 h-17 h.*	▲ 366
BROOKLYN MUSEUM 200 Eastern Parkway Tél. (718) 373 5862 *Métro : ligne 2, 3, 4 ou 5 station Brooklyn Museum*	*Ouvert mer. et ven.-sam. 11 h-18 h, jeu. 11 h-22 h. Fermé Thanksgiving, Noël et 1er jan.* *Le 2e musée de New York par sa taille. Réputé pour son département d'antiquités égyptiennes. La collection permanente inclut des œuvres de Rodin, Toulouse Lautrec, Modigliani, Chagall.*	▲ 368
LUNA PARK CONEY ISLAND 1000 Surf Ave. Tél. (718) 373 5862 *Métro : ligne F ou D, station W 8th St. ; ligne B, N ou Q, station Stillwell Ave.*	*Parc d'attractions ouvert ; activités ouvertes selon les saisons. Se renseigner avant par téléphone.*	▲ 368
NEW YORK AQUARIUM W 8th St. et Surf Ave. Coney Island Tél. (718) 265-FISH *Métro : ligne F ou Q, station W 8th St.*	*Ouvert tlj. 10 h-17 h (souvent fermé plus tôt l'hiver et plus tard l'été).* *Musée aquatique donnant sur le célèbre boardwalk de Coney Island. Requins, baleine beluga et spectacles de dauphins tous les jours.*	
NEW YORK TRANSIT MUSEUM Boerum Place et Schermerhorn St. (Brooklyn Heights) Tél. (718) 694 1600	*Ouvert mar.-ven. 10 h-16 h, sam.-dim. 11 h-17 h.* *Histoire des transports en commun de New York. Galerie-boutique, annexe du musée à Grand Central Terminal ouvert lun.-ven. 8 h-20 h, sam.-dim. 10 h-18 h (tél. 212-878 0106).*	
PROSPECT PARK 95 Prospect Park West *Métro : ligne 2 ou 3, station Grand Army Plaza*	*Hot line (programme des événements) : tél. (718) 965 8999.*	▲ 368
QUEENS		
JAMAICA BAY WILDLIFE REFUGE Cross Bay Blvd. Tél. (718) 318 4340 *Métro : ligne A, station Broad Channel, puis bus Q21 jusqu'à Wildlife Refuge*	*Ouvert tlj. 8 h 30-17 h.* *Un sanctuaire naturel au bord de l'océan. Sentiers de promenade et d'observation de la faune et de la flore.*	
LOUIS AMSTRONG HOUSE MUSEUM 34-56 107th St. Tél. (718) 478 8274	*Ouvert mar.-ven. 10 h-17 h, sam.-dim. 12 h-17 h. Concerts en été dans le jardin.* *La maison où Louis Armstrong passa 28 ans à la fin de sa vie.*	
MOMA PS1 22-25 Jackson Ave. Long Island City Tél (718) 784 2084 *Métro : ligne E ou V, station 23rd/Ely St. ; ligne 7, station Courthouse Sq./45th Road*	*Ouvert lun., jeu.-dim. 12 h-18 h.* *Fermé 1er jan., Thanksgiving et 25 déc.* *Dans une école désaffectée (Public School n° 1), ce centre d'art contemporain, ouvert en 1976, a fusionné avec le MoMA en 2010.*	▲ 291

MUSEUM OF THE MOVING IMAGE 35th Ave. et 37th St. Astoria Tél. (718) 777 6800 *Métro : ligne R, station Steinway St.* *Bus : Q101 jusqu'à Steinway St.*	*Ouvert mer.-jeu. 10 h 30-17 h, ven. 10 h 30-20 h (gratuit après 16 h) et sam.-dim. 11 h-18 h 30. Fermé Thanksgiving et 25 déc. Passionnant musée sur l'histoire et les techniques du cinéma et de la télévision.*
NEW YORK HALL OF SCIENCE 47-01 111th St. Flushing Meadows Corona Park Tél. (718) 699 0005 *Métro : ligne 7, station 111th St.*	*Ouvert sep.-juin : mar.-jeu. 9 h 30-14 h, ven. 9 h 30-17 h, sam.-dim. 10 h-18 h ; juil.-août : lun.-ven. 9 h-17 h, sam.-dim. 10 h-18 h. Musée scientifique installé dans un ancien pavillon de la World Fair de 1964, à Corona Park.*
NOGUCHI MUSEUM 9-01 33rd Rd. (Vernon Blvd.) Long Island City Tél. (718) 204 7088 *Métro : ligne N ou W, station Broadway. Navette le w.-e. de Manhattan (angle Park Ave. et 70th St.).*	*Ouvert mer.-ven. 10 h-17 h, sam.-dim. 11 h-18 h. 250 œuvres du sculpteur Isamu Noguchi.*
SCULPTURE CENTER 44-19 Purves St. Long Island City Tél. (718) 361 1750 *Métro : ligne E ou V, station 23rd/Ely St.*	*Ouvert lun., jeu.-dim. 11 h-18 h. Expositions de sculptures contemporaines.*
SHEA STADIUM 126-01 Roosevelt Ave. Flushing Meadows Corona Park Tél. (718) 507-METS *Métro : ligne 7, station Willets Pt-Shea Stadium*	*Le stade de l'équipe de base-ball des New York Mets. Saison avr.-oct.*
SOCRATES SCULPTURE PARK Broadway et Vernon Blvd. Long Island City Tél. (718) 956 1819 *Métro ligne N ou W, station Broadway*	*Ouvert tlj. 10 h-coucher du soleil. Adjacent au Isamu Noguchi Museum, ce parc de sculptures géantes présente les œuvres d'artistes new-yorkais et internationaux. Les expositions sont renouvelées deux fois par an (printemps et automne).*
STATEN ISLAND	
ALICE AUSTEN HOUSE MUSEUM 2 Hylan Blvd. Tél. (718) 816 4506 *Staten Island Ferry, puis bus S51 jusqu'à Hylan Blvd.*	*Ouvert mar.-dim. 11 h-17 h. Fermé jan.-fév. Cottage victorien ayant appartenu à la photographe Alice Austen. Exposition permanente de ses reportages sur New York. La maison donne sur la plage. Très belle vue sur le détroit de New York.*
HISTORIC RICHMOND TOWN 441 Clarke Ave. Tél. (718) 351 1611 *Staten Island Ferry, puis bus S74 jusqu'à Richmond Road / St Patrick's Place.*	*Ouvert mer.-dim. 13 h-17 h. Visite guidée mer.-ven. à 14 h 30, sam.-dim. à 14 h et 15 h 30. Le seul village historique de New York. Vingt-huit maisons construites entre le XVIIe siècle et le début du XXe siècle. Des figurants en costume réinterprètent la vie d'autrefois.*
STATEN ISLAND BOTANICAL GARDEN 1000 Richmond Terrace Tél. (718) 448 2500 *Staten Island Ferry, puis bus S40 jusqu'à Snug Harbor*	*Ouvert tlj. du lever au coucher du soleil. Jardin botanique intégré au Snug Harbor Cultural Center (tél. 718-448 2500), un important centre aménagé dans les bâtiments d'un hospice marin, fondé en 1801. Le centre abrite le Staten Island Children's Museum (tél. 718-273 2060).*
TIBETAN MUSEUM, JACQUES MARCHAIS MUSEUM OF TIBETAN ARTS 338 Lighthouse Ave. Tél. (718) 987 3500 *Staten Island Ferry, puis bus S74 jusqu'à Lighthouse Ave.*	*Ouvert avr.-nov. : mer.-dim. 13 h-17 h ; déc.-mars : ven.-dim. 13 h-17 h. Insolite musée consacré à l'art et l'ethnographie tibétains.*

◆ NOTES

GÉNÉRALITÉS

◆ *Cartoville New York*, Gallimard, 2013
◆ *GEOGuide New York*, Gallimard, 2013
◆ *New York mode d'emploi*, Gallimard, 2011
◆ BASCHET (E.) : *Les Grands Dossiers de l'illustration. Les États-Unis d'Amérique. Histoire d'un siècle 1843-1944*, Le Livre de Paris, 1987
◆ BOORSTIN (D.) : Histoire des Américains, Laffont, Paris, 1991
◆ BURGESS (F.) (sous la direction de) : *America, le rêve blessé, Autrement, Paris, 1992*
◆ CHARYN (J.) : *New York, Découvertes*, Paris, 1994
◆ DELANEY (T.), LOCKWOOD (CH.), ROOS (G.) : *Greenwich Village a Photographic Guide*, Dover Publications, Inc., New York, 1984
◆ DOWNSON (K.) : *The Industrial Revolution*, Pan Books Ltd, Londres, 1972
◆ FRIEDMAN (J.) : *New York imprévu*, Flammarion, Paris, 1992
◆ GOLD (J.) : *From Windmills to the World Trade Center*, Joyce Gold, New York, 1988
◆ GRAFTON (J.) : *New York in the Nineteenth Century*, Dover Publications, Inc., New York, 1980
◆ HARRIS (B.) : *The History of the City of Manhattan*, Portland House, New York, 1989
◆ HORNUNG (C. P.) : *The Way it Was, New York, 1850-1890*, Schocken Books, New York, 1977
◆ LEEDS (M.) : *Passport Guide to Ethnic New York*, Passport Books, Lincolnwood (Chicago), 1991
◆ MORIN (E.), APPEL (K.) : New York, Galilée, Paris, 1984
◆ MUHLSTEIN (A.) : *Manhattan*, Grasset, Paris, 1986
◆ NORA (D.) : *Les Possédés de Wall Street*, Gallimard, Paris, 1989
◆ ROZENSZTROCH (S.), SLESIN (D.) : *L'Art de vivre à New York*, Flammarion, Paris, 1993
◆ SPERO (J.), GILON (E. V. JR.) : *The Great Sights of New York*, Dover Publ., Inc., 1991
◆ TRACHTENBERG (A.) : *The American Image Photographs from the National Archives 1860-1960*, Pantheon Books, New York, 1979
◆ TURIN (M.) : *La Bourse*, Gallimard, Paris, 1993
◆ WALLOCK (L.) : *New York 1940-1965*, Seuil, Paris, 1988

ARCHITECTURE

◆ ALPERN (A.) : *New York's Fabulous Luxury Apartments*, Dover Publ., Inc., New York, 1975
◆ BADGER (D. D.) : *Badger's Illustrated Catalogue of Cast-Iron Architecture*, Dover Publ., Inc., New York, 1981
◆ BOYER (C. M.) : *Manhattan Manners Architecture and Style 1850-1900*, Rizzoli, New York, 1985
◆ DOLKART (A. S.) : *Forging a Metropolis Walking Tours of Lower Manhattan Architecture, Whitney* Museum of American Art, New York, 1990 ; The Picture of Tribeca, Tribeca Community Association, New York, 1989
◆ DUNLAP (D. W.) : *On Broadway, a Journey Uptown Over Time*, Rizzoli, New York, 1992
◆ GILLON (E. V. JR.), REED (H. HOPE) : *Beaux-Arts Architecture in New York*, Dover Publications, Inc., New York, 1988
◆ GOLDBERGER (P.) : The Skyscraper, Alfred A. Knopf, New York, 1989
◆ HAWES (E.) : *New York, New York*, Alfred A. Knopf, New York, 1993
◆ IRACE (F.) : *Emerging Skylines, the New American Skyscrapers*, Whitney Library of Design, New York, 1990
◆ MACKAY (D. A.) : *The Buildings of Manhattan*, Harper & Row, Publishers, Inc.,1989
◆ MCKIM, MEAD & WHITE : *The Architecture of McKim Mead & White, Dover* Publications, Inc., New York, 1990
◆ ROSEN (L.) : *Top of the City*, Thames and Hudson, Londres, 1982
◆ SILVER (N.) : *Lost New York*, Schoken Books, New York, 1967
◆ SHAPIRO (M. J.) : *A Picture History of the Brooklyn Bridge*, Dover Publications, Inc., New York, 1983
◆ STERN (R. A. M.), GILMARTIN (G.), MASSENGALE (J.) : *New York 1900, Rizzoli, New York, 1992*
◆ STERN (R. A. M.), GILMARTIN (G.), MELLINS (T.) : *New York 1930*, Rizzoli, New York, 1988
◆ WILLENSKY (E.), WHITE (N.), NEW YORK CHAPTER, AMERICAN INSTITUTE OF ARCHITECTS : *AIA Guide to New York City*, Harcourt Brace Jovanovich, Publishers, New York, 1988
◆ ZIGA (CH. J.) : *New York Landmarks*, Dorset Press, New York, 1991

ARTS

◆ BERGEROT (F.), MERLIN (A.) : *L'Épopée du jazz*, t.1, Gallimard, Paris, 1992
◆ *La Statue de la Liberté*, exposition du centenaire, Musée des Arts décoratifs/Sélection du Reader's Digest, 1986
◆ NOOTER (M. H.) : *Secrecy : African Art That Conceals and Reveals*, The Museum for African Art, New York, 1993
◆ TULARD (J.) : *Guide des films*, 2 vol., Laffont, Paris, 1990

LITTÉRATURE

◆ AUSTER (P.) : *La Cité de verre, Actes Sud*, Arles, 1987 ; Trilogie new-yorkaise, Actes Sud, Arles, 1991
◆ BALDWIN (J.) : *Harlem Quartet, Stock, Paris, 1991*
◆ BELLOW (S.) : *Au jour le jour*, Gallimard, Paris, 1983
◆ BOURGEADE (P.) : *New York Party*, Gallimard, Paris, 1969
◆ CARTANO (T.) : Broadway, *Julliard, Paris, 1992*
◆ CHARYN (J.) : *Metropolis*, Bourgois, Paris, 1991
◆ CÉLINE (L. F.) : *Voyage au bout de la nuit*, Gallimard, Paris, 1952
◆ CHESBRO (G.) : *Bone*, Rivages, Paris, 1993
◆ DONLEAVY (J. P.) : *Un conte de fées new-yorkais*, Gallimard, Paris, 1988
◆ DOS PASSOS (J.) : *Manhattan Transfer*, Gallimard, Paris, 1992
◆ EDMISTON (S.), CIRINO *(L. D.) : Literary New York. A History and Guide*, Gibbs-Smith, New York, 1991
◆ ELLISON (R.) : *Homme invisible pour qui chantes-tu ?*, Grasset, Paris, 1985
◆ HIMES (CH.) : *Tout pour plaire*, Gallimard, Paris, 1959 ; *La Reine des pommes*, Gallimard, Paris, 1991
◆ JAMES (H.) : *La Scène américaine*, La Différence Éditions, Paris, 1993
◆ KAFKA (F.) : *L'Amérique*, Gallimard, Paris, 1992
◆ MELVILLE (H.) : *Pierre ou les ambiguïtés*, Gallimard, Paris, 1964
◆ MORAND (P.) : *New York*, Flammarion, 1988
◆ WESTLAKE (D.) : *Drôles de frères, Rivages*, Paris, 1987

PEINTURE

◆ COOPER (M.), CHALFANT (H) : *Subway Art*, Thames and Hudson Ltd, 1984
◆ *LA PEINTURE AMÉRICAINE*, T.1 PROWN (J. D.), T. 2 ROSE (B.), SKIRA, GENÈVE, 1987 ET 1986
◆ *L'Amérique vue par l'Europe*, Catalogue d'exposition du Grand Palais, Musées nationaux, Paris, 1976
◆ *Paris New York 1908-1968*, Éditions du centre Pompidou, Paris, 1991

FILMOGRAPHIE

◆ *Cœur d'Apache*, D. W. GRIFFITH, 1912
◆ *Regeneration*, R. WALSH, 1915
◆ *Charlot émigrant*, C. CHAPLIN 1917
◆ *King Kong, M.* Cooper, et E. Schroedsack, 1933
◆ *Cinquième Colonne Saboteur*, HITCHCOCK, 1942
◆ *L'Horloge*, V. Minelli, 1945
◆ *Un Jour à New York*, G. Kelly, S. Donen, 1949
◆ *Sur les Quais*, E. Kazan, 1954
◆ *Un Homme dans la foule*, E. Kazan, 1957
◆ *La Mort aux trousses*, Hitchcock 1959
◆ *West Side Story*, R. Wise 1961
◆ *America America*, E. Kazan, 1963
◆ *Macadam Cow Boy*, J. Schlesinger, 1968
◆ *Pieds nus dans le parc*, A. Hiller, 1970
◆ *Panique à Needle Park*, J. Schatzberg, 1971
◆ *Meanstreets*, M. Scorsese, 1973
◆ *Taxi driver*, M. Scorsese, 1975
◆ *Annie Hall*, Woody Allen, 1977
◆ *Hair, M.* Forman, 1979
◆ *Manhattan*, Woody Allen, 1979
◆ *Il était une Fois en Amérique*, Sergio Leone, 1984
◆ *L'Année du dragon*, M. Cimino, 1985
◆ *Hannah et ses Sœurs*, Woody Allen, 1986
◆ *After Hours*, M. Scorsese, 1986
◆ *Do The Right Thing*, Spike Lee, 1989
◆ *Les Affranchis*, M. Scorsese, 1990
◆ *Gangs of New York*, M. Scorsese, 2002
◆ *New York, I love you* collectif, 2009

Liste des abréviations utilisées pour les crédits iconographiques :
MCNY = Museum of The City of New York ;
MMA = The Metropolitan Museum of Art ;
MoMA = Museum of Modern Art ;
MP = Magnum, Paris ;
OT = Office du tourisme des États-Unis à Paris ;
RB = Richard Berenholtz ;
Sch C = Schomburg Center for Research in Black Culture, The New York Public Library ;
SC = Steven L. Cohen ;
SD = Seymour Durst Old York Library ;
TH = Ted Hardin.

Couverture : illustration P.-M. Valat **Garde 1 :** *Williamsburg* © Bertrand Rieger/Hémisphères. *Manhattan vu de Brooklyn.* Explorer, Paris. *White Horse Tavern.* Cl. TH. NYCVB et Battman (top). *Times Square.* Cl. B. Lévy/N. Christitch. *Broadway Boogie Woogie,* Piet Mondrian, 1942-43 (127 X 127), détail © SPADEM. *Pelouse de Central Park.* Cl. É. Courtade. Metropolitan Museum of Art. Salomon R. Guggenheim Foundation-D. M. Heald. *Rue de Harlem.* MP. Carte infographique, Édigraphie/Gallimard Loisirs. **1** *New York la nuit,* détail, huile de Stephen J. Card. Coll. part. **10** *"Theoline", Pier 11, East River,* photo 1936. Berenice Abbott/ Commerce Graphics. **12** *Bowery, sous le métro aérien de 3rd Ave.,* photo vers 1940, Andreas Feininger. **14** *Intérieur de la station du El (Columbus Ave./ 72nd Street),* photo 1936. Berenice Abbott/ Commerce Graphics. **16** *Tempête de neige,* gravure XIXe. DR. Ill. P. Biard. DR. **16-17** Carte P. Coulbois. DR. Dessins T. Sarg. SD. **17** *L'Hudson pris dans les glaces,* photo L. Freed. MP. *Midtown Garment District, sous la pluie,* photo T. Hoepker. MP. *Canicule,* photo B. Keystone, Paris. *Woolworth Building,* photo. DR. *Upper West Side, sous la neige,* photo. DR. *Dépression sur la côte Est,* photo satellite, NASA. **18** *Rive au nord de Manhattan,* photo S. Horenstein. **18-19** Ill. J. Torton et G. Houbre. DR. **19** *Affleurement de marbre, à Isham Park,* photo S. Horenstein. **20** *Esturgeon sautant, en baie d'Hudson,* gravure XIXe. SD. Jetée réhabilitée sur l'Hudson, © Joseph Olmstead Holmes. Ill. F. Desbordes. DR. **22** Ill. F. Desbordes et P. Merienne. DR. **23** *Cardinal rouge,* photo P. Dubois. DR. **24** ill. J. Chevallier, B. Duhem, J. Wilkinson et F. Desbordes. DR. **25** *Centenaire de l'évacuation de New York par les Anglais,* affiche de Joseph Koehler, 1883. Coll. of the New York Historical Society. **26** *Indigènes algonquins, gravure,* de Théodore de Bry. DR. *Bernardo da Verrazzano,* gravure 1767. DR. *Peter Minuit achète l'île de Manhattan aux indigènes,* gravure. Library of Congress. **27** *Armes de la ville de New York,* gravure. SD. *Entrée de Washington dans New York, 1783,* lithographie. Archives du Federal Hall, NYC. *Raffinerie fédérale de sucre,* gravure. Old Print Shop. **28** *Départ pour la guerre civile,* gravure. New York Bound. *Avis de recherche de William Tweed, 6 décembre 1875.* DR. *Flatiron Building.* DR. **29** *Panique à Wall Street,* gravure. SD. *Einstein et La Guardia en 1936,* Bettmann/UPI, New York. **30** *La Nouvelle Hollande,* gravure de Joost Hartgers, 1651. Coll. of the New York Historical Society. Barry Faulkner, détail de peinture murale (Commerce de fourrures). Washington Irving High School, aimable autorisation de la NYC Art Commission. *King's College, 1790,* gravure. SD. **30-31** *Vue de Fort George à New York,* gravure, 1731-1736. SD. **31** Nouvelle Amsterdam, gravure, Nicholas Visscher, 1651-55. SD. *Entrée de l'armée de Peter Stuyvesant dans La Nouvelle-Amsterdam,* huile de W. Mulready, in *Valentine's Manual, 1859.* SD. *Trinity Church in 1737,* gravure G. Hayward, in *Valentine's Manual* 1859. SD. **32** *Carte de l'attribution des parcelles d'origine de La Nouvelle-Amsterdam par la Compagnie hollandaise des Indes orientales à ses habitants,* gravure, in Valentine's Manual, 1857. SD. **32-33** *Carte de la ville de New York, XIXe. SD. Commissioners' Mapof New York City.* SD. **33** *Boulevard le long de l'Hudson River.* DR. *Plan du sud de Manhattan.* DR. *Plan de Central Park, XIXe.* SD. **34** *Policier new-yorkais. In Fortune,* juillet 1939. *Reservoir Croton,* photo XIXe, Mary Black. DR. *Officier de la police montée métropolitaine,* gravure. *In Harper's Weekly, 31 mai 1884. Allumeur de réverbères.,* lithographie. SD. **34-35** *Enterrement des câbles téléphoniques et des fils électriques.* In *Frank Leslie's Illustrated Newspaper,* 29/01/1887. **35** *Coupe du sous-sol new-yorkais.* In *Fortune,* juillet 1939. *Intérieur d'ambulance,* gravure in *Harper's Weekly,* 24 mai 1884. *Public School à New York,* gravure fin XIXe. DR. **36** *Embarcadère de ferries sur l'East River, à la hauteur de 26th St.,* lithographie. SD. *Fiacre,* gravure XIXe, publicité. DR. *Les premiers taxis jaunes du New York des années 1970.* Cl. TH. **36-37** *Taxi jaune* © Bertrand Rieger/Hémisphères **37** *Courbe du métro aérien, sur 110th St.* DR. *Bowery et son métro aérien.* DR. *Station de métro de City Hall.* DR. **38** *Détail de façade de caserne de pompiers new-yorkais.* DR. *Incendie de la Triangle Waist Company,* peinture de Victor J. Gatto. MCNY. *Voiture du Fire Department.* DR. **39** *Incendie du Crystal Palace, gravure. SD. Incendie du siège de la compagnie d'assurances Equitable, à Broadway, en mars 1908.* DR. *Escaliers de secours.* Cl. R. Arroche. DR. **40** *Lucky Luciano.* New York City Municipal Archives. *Poste de police de W. 47th Street,* par Robert Riggs. In Fortune, juillet 1939. DR *Affiche du film «Mean Streets».* Ciné plus. *Arrestation du "Boss Tweed",* gravure. New York Bound. *Destruction de 10 000 gallons de liqueurs et d'alcools, par la police de New York, en 1937,* photo. Coll. Roger Viollet, Paris. **40-41** *L'arme du crime,* photo de Weegee. Shirmer Mosel, Munich. **41** *Procès de Gotti, dessin. AP/Wide World Photos. Titre de couverture du «Times» du 25 juillet 1977. Titre du «Times» de décembre 1980. Enquête de police, dans la communauté asiatique.* Cl. F. Dannen. **42** *Péniches à Coenties Slip,* gravure. In *Harper's Weekly,* 16 février 1884. **42-43** *La pointe sud de Manhattan.* Ill. in *King's Views of New York. Débardeurs déchargeant un navire,* gravure. In *Harper's Weekly,* 14 juillet 1877. **43** *Vue du port de New York sur l'East River, et construction du pont de Brooklyn,* photo fin XIXe. DR. *Vue satellite de Manhattan.* Archives et cl. NASA. *Paquebot dans le port de New York.* SD. *Queen Mary 2* © Joseph Olmstead Holmes. **44** *Carte postale de la Saint-Patrick.* Coll. Gallimard. *Atelier de confection dans le quartier juif,* photographie de Jacob Riis. DR. *Marchand de chaussures juif.* SD. *Scène de rue à Chinatown.* DR. **45** *Brasserie allemande dans le quartier de Bowery, XIXe,* gravure, par J. R. Brown. *In The London Graphic,* 10 février 1877. *La boulangerie Vesuvio, 160 Prince Street. Cl. RB. Scène de rue à Harlem. Sch C.* **46** *Attentat* © Seth Maccallister-STR/AFP. *Piétons qui courent sur Church street* © Susan Meiselass/Magnum Photos. **47** *Pompiers devant les débris* © Doug Kanter-STR/AFP. *Un rescapé* © Stan Honda-STR/AFP. *Funérailles du père Mychal Judge* © Paul Fusco/Magnum Photos. **48** *«We speak French etc»,* photo. SD. Logo de "Big Apple". *Rue de Chinatown.* DR. **49** *Ill. de mode,* aquarelle de Benegni, pour Femina, Noël 1928. Bibliothèque des Arts décoratifs, Charmet, Paris. **50** *Sainte Elizabeth Seton,* gravure XIXe. DR. *Saint Patrick Cathedral,* photo. OT. *Magazines des témoins de Jéhovah.* DR. Gravure protestante anti-catholique, in *Harper's Weekly,* 30 septembre 1871. DR. **50-51** *Deux juifs hassidiques, marchands de diamants sur 47th St/5th Ave.,* photo R. Burri. MP. **51** *Islamic Cultural Center.*© Joseph Olmstead Holmes. *Mariage Moon,* photo. AP/Wide World Photos. *Statue de Shinran-Shonin,* photo. DR. *Gospel à Harlem,* photo Leonard Freed. MP. **52** *Thanksgiving Greetings.* DR. *Marquis de La Fayette,* gravure. DR. Pavoisement à la fin de la

Cl. Reinhart Wolf. **134** *3 Park Avenue.* Cl. R. Wolf. *Le Waldorf Astoria.* Cl. RB. *135 Wall Street.* DR. **136-137** *Vue générale de Manhattan* © Yann Arthus-Bertrand / Altitude **138** *Extrémité de Courtland Street, sur le site actuel de WTC,* gravure XIXe. SD. *Embarcadères sur l'Hudson, site actuel de WTC (entre Fulton et Cortlandt St.).* Ill. in *King's Views of New York.* DR. **139** *Ground Zero, 2002* © Peter Marlow/Magnum. *Les twin Towers* © Photodisque. **140** *90 West Street.* DR. *Intérieur du New York Telephone Building,* photo. Aimable autorisation de American Architecture Archives. *Panneau de rues.* Dessin Mark Lacaze. *West Street, vers Liberty Street, 1900,* photo coloriée. Library of Congress. **141** *Battery Park City* © Bertrand Rieger/Hémisphères. *«On The Waterfront», film d'E. Kazan :* titrage et scène avec Marlon Brando. Cinémathèque, Paris. **142** *Vue du port de New York,* gravure. SD. *Naufrage,* sculpture de Marisol sur le Pier A, 1991. Cl. TH © ADAGP. **142-143** *Vue générale de la Battery.* Ill. in *King's Views of New York.* DR. **143** *Première apparition de Jenny Lind à Castle Garden, 1850,* gravure. Coll. Federal Hall National Memorial. *Intérieur de l'aquarium de Battery Park, début du siècle.* DR. **144** *Érection de la statue de la Liberté à Paris,* photo. Musée Bartholdi, Colmar. Cl. Ch. Kempf. *Oncle Sam félicite Miss Liberty,* gravure. In *World,* 16 mai 1885. *Portrait de Frédéric-Auguste Bartholdi,* peinture de J. Frappe. Musée Bartholdi, Colmar. Cl. Ch. Kempf. **144-145** *Vue éclatée de la statue de la Liberté,* dessin D. Grant. DR.
145 *Visage de la statue de la Liberté, suspendu dans un cadre de bois, photo,* 1885-86. Coll. A. J. Spano. *Portrait de Charlotte Batholdi,* peinture de Ary Scheffer. Musée Bartholdi, Colmar, cl. Ch. Kempf. *Vue intérieure du visage de la statue de la Liberté, suspendu dans un cadre de bois,* photo, 1885-86. Coll. A. J. Spano. **146** *Croquis expliquant le système d'ancrage de l'armature de la statue de la Liberté.* In *Scientific American,* 13 juin 1885. *Montage de la statue de la Liberté à Paris, 1884,* peinture Victor Dargaud. Musée Carnavalet. Cl. Musées de la Ville-de-Paris © SPADEM. *Modelage de la tête de la statue de la Liberté à Paris, dans les ateliers Monduit et Bechet,* gravure, 1878. *Fondations du piédestal de la statuede la Liberté,* gravure. In *Harper's Weekly,* 12 juillet 1884. **146-147** *Étiquettes de produits de la fin du XIXe. DR. Modelage de la main de la statue, à Paris,* photo de P. Petit. Musée Bartholdi, Colmar. Cl. Ch. Kempf. **147** *Inauguration de la statue de la Liberté, 28 octobre 1886,* peinture d'Edward Moran. Coll J. Clarence Davies, MCNY. *Armature intérieure.* DR. *Restauration de la statue.* Cl. René Burri, MP. **148** *Immigrants à Ellis Island, vers 1900,* photo. Coll. Roger Viollet, Paris. *La Baie et le Port de New York,* peinture de Samuel Waugh. MCNY. **149** *Vue éclatée du bâtiment d'Ellis Island,* dessin V. Stetten. DR. **150** *Pavillon d'entrée de Ellis Island.* DR. *Examen médical d'immigrantes,* photo début XIXe. DR. *Immigrants arrivant aux États-Unis, 1914,* photo. Coll. Roger Viollet, Paris. *Sac de bagages d'immigrant.* Musée d'Ellis Island. Cl. TH. **150-151** *Bâtiment d'Ellis Island, au début du siècle,* dessin H. Goger. DR. **151** *Salle de triage d'Ellis island.* DR. *Albert Einstein à son arrivée à New York, le 27 octobre 1933,* photo. Keystone. **152** *Double Check,* sculpture de J. Seward Johnson. DR. *Singer Building.* DR. **153** *East River Savings Bank.* DR. *Le "Sky Lobby" de l'Equitable Building.* DR. *Sculpture au 140 Broadway,* par Naguchi. Cl. SC. *Equitable Building, 1914.* Ill. in *King's Views of New York.* DR. **154** *Trinity Building,* dessin humoristique. SD. *Intérieur de l'Irving Trust Building.* Cl. RB. *Trinity Church, 1916,* photo. Édimédia, Paris. **155** *Vue ancienne de Trinity Church,* gravure. SD. *Panneau de rues.* Dessin Mark Lacaze. *Plafonds du Cunard Building.* Cl. TH. **156** *Government House,* gravure, 1797. Old Print Shop. *Standard Oil Building.* SD. *Le Taureau de Bowling Green,* sculpture d'Arturo di Modica, 1989. Cl. SC. **157** *Sculptures du Custom House, représentant l'Amérique, l'Europe, l'Afrique et L'Asie.* DR. *US Custom House.* DR. *Portrait de sainte Elizabeth Seton,* peinture de Joseph Dawley. Coll. Chapel of Our Lady of The Rosary. *Battery Maritime Building.* DR. **158** *Financial District, 1908,* ill. in *King's Views of New York.* DR. *Federal Reserve Bank, dans le film de S. Leone : «Il était une fois l'Amérique».* Cinémathèque, Paris.
159 Publicité parue dans *Harper's Weekly. Liberty Tower,* début XXe. SD. *Groupe de quatre arbres,* sculpture de Jean Dubuffet. Cl. SC © ADAGP.
160 *Détail de la porte du 20 Exchange Place. DR. Lobby du 60 Wall Street.* DR. *55 Wall Street.* Cl. SC. **161** *Bank of Manhattan Building, 1928,* gravure Hugh Ferriss. MCNY. *Exchange place vue de Broadway,* photo. Berenice Abbott/ Commerce Graphics. **162** *Federal Hall, anciens coffres du Sub-Treasury.* Cl. Robert D. Rubic. *Ancien Sub-Treasury, discours du Président Harrison en 1880.* SD. *Custom House, gravure,* 1834. SD.
163 *Fronton du New York Stock Exchange.* DR. *Portrait de Hetty Green.* Library of Congress. *Bankers' Trust Building.* Ill. in *King's Views of New York.* DR. **164** *Panique boursière au XIXe à Wall Street,* deux gravures tirées du *Frank Leslie's Illustrated Newspaper. Agents de change en 1899, au New York Stock Exchange. DR. Marché de la rue ("Curb Market") sur Broad Street, 1918,* photo. Coll. Roger Viollet, Paris. **164-165** *Chez un agent de change,* photo. Rapho, Paris. **165** *Combat des ours et des taureaux à Wall Street,* peinture de William H. Beard, 1879. Coll. of The New York Historical Society. *Titres du «New York Times» du 25 octobre 1929. Agents de change en 1992, au New York Stock Exchange,* photo. Rapho, Paris.
166 *Vietnam Memorial.* Cl. SC. *Détail de la façade du 67 Broad Street.* DR. *Enseigne de la Fraunces Tavern.* DR. *India House, 1984,* aquarelle d'A. Troubetzkoy. DR. **167** *Civic Center.* DR. **168** *City Hall,* gravure, 1826. SD. *Façade du City Hall.* Cl. RB. *Intérieur de la coupole du City Hall,* photo. Cl. RB. *Coupole du City Hall,* photo. Aimable autorisation de American Architecture Archives.
170 *Fontaine de City Hall, à l'emplacement de l'ancienne poste, avant 1875.* SD. *Construction de l'ancienne poste devant City Hall.* SD. *Newspaper Row, 1900,* photo coloriée. Library of Congress.
171 *Émeute réprimée par la police devant le «Tribune Building»,* gravure in *Harper's Weekly,* 1er août 1863. *Park Row Building en construction,* photo XIXe. New York Bound. **172** *Marchand d'huîtres,* gravure. SD. *Silhouettes de navires : le «Peking» 1911, le «Lettie G. Howard» 1893, le «Pioneer» 1885 et le «Wavertree» 1885.* South Street Seaport Museum. **172-173** Dessin Donald Grant. DR. **173** *Musée des chantiers navals de South St. Seaport.* DR. **174** *South Street Seaport en 1900, photo coloriée. Library of Congress. Chantier naval de Smith & Dimon,* huile de James Pringle, 1833. New York State Historical Association, Cooperstown. *Navire de guerre U.S.S. Maine, gravure. DR. Combat naval entre les cuirassés "Monitor" (deux canons) et "Merrimac" (dix canons),* gravure. DR. *Carriole sur le port.* DR.
175 *Vitrine à Fulton Street.* DR. *Enseigne du 11 Fulton Street.* DR. *Enseigne.* DR. *Cahute du New York Central n° 31.* DR. *Mur du marché aux poissons.* DR. *Maquettes à l'intérieur du marché aux poissons.* © Sophie Lenormand. *Façade du musée du South Street Seaport.* DR. **176** *195 Broadway, détail.* DR. *«Lobby» du 195 Broadway.* DR. **176-177** *Saint Paul Chapel,* peinture de Saul Berman, 1940. Coll. of The New York Historical Society. *Saint Paul Chapel, intérieur.* Cl. RB. *Cimetière de la Saint Paul Chapel.* DR. **178** *20 Vesey Street.* DR. *Federal Office Building.* DR.
179 Tampon postal. DR. Aigles. Cl. SC, DR, DR, DR, DR, SC, SC, DR, SC, DR, RB. **180** *Lobby du Woolworth Building.* Cl. RB. *Détail de console dans le lobby du Woolworth Building,* photo de

◆ TABLE DES ILLUSTRATIONS

Illustrations NATURE : Gilbert Houbre, Jean Torton, Jean Chevallier, Bernard Duhem, Jean Wilkinson, François Desbordes, Philippe Biard, Patrick Mérienne ART DE VIVRE : Pierre-Marie Valat ARCHITECTURE : Bruno Lenormand, Claude Quiec, Jean-Marie Guillou, Valérie Malpart Itinéraires : Bruno Lenormand, Donald Grant, Philippe Biard, Marc Lacaze, Hubert Gauger, Pierre-Marie Valat CARTOGRAPHIE : Bruno Lenormand et Olivier Verdy. Catherine Totems, Christine Adam, Claire Cormier, Jean-Claude Senec, Stéphanie Devaux
Infographie : Paul Coulbois
Cartographie infographique : Touring Club Italiano, Édigraphie

Nous tenons à remercier les personnes suivantes pour leur aide : Seymour Durst, *Old York Foundation ;* Gordon MacCollum, *American Architecture Archives ;* Luis Cancel, *former commissioner of the New York City Department of Cultural Affairs ;* Deborah Bershad, Margaret Hammerle, *Art Commission of the City of New New York ;* Idilio Gracia-Pena, *commissioner of the New York City Department of Records and Information Services ;* Kenneth Cobb, *NYC Municipal Archives ;* Jane Harris, *Manhattan Sites*Jane Hausen, *The NYC Landmarks Preservation Commission ;* Dr. Sherrill Wilson, Tuesday Brooks, *The Office of Public Education and Interpretation ;* Cathy del Priori, *Betsy Becker, Madison Square Garden ;* Robert M. Browning, *National Baseball Hall of Fame and Museum ;* Anne Marie Gilmartin, *N. Y. Rangers ;* Paul Spinelli, Lisa Shulman, Frank Ramos, *Jets NFL Properties ;* Ro Lohin, *The New York Studio School ;* Nancy Cricco, *New York University ;* Kathleen Goncharov, *The New School for Social Research ;* Janet Parks, *Avery Library Columbia University ;* Robert MacDonald, Leslie Nolan, Marguerite Lavin, Tony Piasani, Terry, Ariano, Peter Simmons, Billie Heller, Marty Jacobs, *Museum of the city of New York ;* Alison Whiting, Mary Beth Betts, *The New York Historical Society ;* Diana Pardue, Jeffrey S. Dosik, Geraldine Santoro, Kevin Daley, *Ellis Island Immigration Museum*Amy Hines, Neil Calvanese, Sarah Cedar Miller, *Central Park Conservancy ;* Tom Ching, *Parks Holticulture*Barbara Treitel, *The Jewish Museum ;* The Jewish ForwardLori Duggan Gold, *Brooklyn Botanic Garden ;* Karen L. Saber, *New York Botanical Gardens ;* Linda Corcoran, *NYZS The Wildlife Conservation Society Harry Hunter, National Museum of American History Smithsonian Institution ;* Mary Ison, *Prints and Photographs Division, Library of Congress ;* Michelle Saffir, *Asia Society ;* Susan George, *Fraunces Tavern ;* Charles Juno, *Empire State ;* Patty Schickram, *Macy's ;* James Reed, Celeste Torello, *Rockefeller Group ;* Joe Grabowski, Ken Walmsley, *The Woolworth Corporation ;* Geraldine Barnett, *US Post Office Bowling Green Station ;* Lisa Berlin, *US Post Office ;* Steve Gilkenson, *McAuley Mission ;* Mons Anthony Dalla Villa, Thomas Young, *St. Patrick's Cathedral ;* The Very Rev. James P. Morton, William Logan, *The National Cathedral of St. John The Divine ;* Rebecca Carlisle Blind, *St. James Episcopal Church ;* Joan Baachus-Patterson, *Riverside Church ;* Eric Hilton, *First Prebysterien Church ;* Sister Rita King Sister Margarita Smith Anthony Bellov, *Abigail Adams Smith Museum ;* Paul Glassman, *Morris Jumel Mansion ;* Kathy Stocking, *New York State Historical Association ;* Aldon James, Carol Lowrey, *The National Arts Club ;* Tom Gilbert, *AP Wide World Photos-Inc.* Helaine Pardo, *Commerce Graphics ;* Dan May, Karl Nemchek, *Met Life ;* Barbara Cohen, Judith Stonehill, Francis Morrone, *New York Bound Bookshop ;* Mike Regan, *World Trade Center ;* Leon Haft, *Marshall Chelsa Club ;* Ian Ginsberg, *Bigelow Pharmacy* Major Waddington, *Salvation Army ;* Melissa ; L. Burian, *US Dept. of Commerce ;* Lloyd Morgan, *Morgan Press ;* Don Luck, Ester Smith, *Institute of Jazz Studies ;* Donna Walker Collins, *Dance Theater of Harlem ;* Nancy Lassale, Steve Miller, *New York City Ballet ;* James Johnson, *Martha Graham ;* Yee Chan, *Alvin Ailey ;* Ellen Jacobs, *Merce Cunninggham* Nicole Vandestienne, *Paul Taylor Dance Company RCA Archives ;* Azita Corton, *CBS ;* Scott Fain, Carol Brokaw, *ABC ;* Betty Hudson, *NBC ;* Lida Lauffer, *HBO ;* Richard Betz, La Verne J. Carter, Stacey Friedman, *MTV Networks ;* Mark Magner, Kingson Chou, Richard Termini, *Children's Television Workshop ;* William L. NobleWalter GasnickRev. Stephen S. Garney

Les textes sont traduits de l'anglais par : Pierre Alferi, Florence Austin, Danièle Berdoux, Bruno Krebs, Jean-Claude Garcia, Janine Hérisson, Jean-Marie Laclavetine, Gabriel Laculli, Catherine Nusbaum, Mona de Pracontal

T

U

V

W

Y

ÉDIFICES CIVILS

ÉDIFICES RELIGIEUX

MUSÉES

◆ INDEX

Comment trouver la rue la plus proche par rapport à un numéro d'avenue
Ôter le dernier chiffre ; diviser par 2 et ajouter le chiffre clé ci-dessous. Le résultat donne la rue.
Exemple
500 Fifth Avenue. Enlever le dernier 0, diviser 50 par 2, ajouter le résultat (25) au chiffre clé (17). La rue la plus proche est 42nd Street.

Avenue A	3
Avenue B	3
Avenue C	3
Avenue D	3
First Avenue	3
Second Avenue	3
Third Avenue	10
Fourth Avenue	8
Fifth Avenue (inf. à 200)	13
Fifth Avenue (200-400)	16
Fifth Avenue (400-600)	17
Fifth Avenue (600-1500)	45
Fifth Avenue (1500-2000)	24
Sixth Avenue	ôter 30
Seventh Avenue (au sud de Central Park)	12
Seventh Avenue (au-delà de 110th Street)	20
Eighth Avenue (au sud de Central Park)	10
Ninth Avenue	13
Tenth Avenue	14
Eleventh Avenue	15
Lexington Avenue	22
Madison Avenue	26
Park Avenue	35
Columbus Avenue	60
Amsterdam Avenue	60
Broadway (au-delà de 23rd Street)	ôter 30

A

B

C

Y

MANHATTAN
145 St A·B·C·D
137 St City College 1
135 St B·C
135 St 2·3
125 St 1
125 St A·B·C·D M60 LaGuardia Airport
125 St 2·3 M60 LaGuardia Airport
125 St 4·5·6
116 St Columbia University 1
116 St B·C
116 St 2·3
116 St 6
Cathedral Pkwy (110 St) 1
Cathedral Pkwy (110 St) B·C
Central Park North (110 St) 2·3
110 St 6
103 St 1
103 St B·C
103 St 6
96 St 1·2·3
96 St B·C
96 St 6
86 St 1
86 St B·C
86 St 4·5·6
81 St–Museum of Natural History B·C
79 St 1
77 St 6
72 St 1·2·3
72 St B·C
68 St Hunter College 6
66 St Lincoln Center 1
59 St Columbus Circle A·B·C·D·1
Lexington Av/63 St F
Lexington Av/59 St N·R·W
5 Av/59 St N·R·W
59 St 4·5·6
57 St-7 Av N·Q·R·W
57 St F
7 Av B·D·E
Lexington Av/53 St E·V
5 Av/53 St E·V
51 St 6
50 St C·E southbound only
50 St 1
49 St N·R·W n-bound
47–50 Sts Rockefeller Ctr B·D·F·V S
42 St Port Authority Bus Terminal A·C·E
Times Sq 42 St N·Q·R·S·W·1·2·3·7
42 St Bryant Pk B·D·F·V
5 Av 7
Grand Central 42 St S·4·5·6·7·Metro-North
34 St Penn Station 1·2·3
34 St Penn Station A·C·E
34 St Herald Sq B·D·F N·Q·R·V·W
33 St 6
28 St 1
28 St N·R·W
28 St 6
23 St C·E
23 St 1
23 St F·V
23 St N·R·W
23 St 6
18 St 1
14 St A·C·E
8 Av L
14 St 1·2·3
14 St F·V
14 St-Union Sq L·N·Q·R·W·4·5·6
3 Av L
1 Av L
8 St NYU N·R·W
Astor Pl 6
W 4 St Wash Sq A·B·C·D·E·F·V
Christopher St Sheridan Sq 1
Bleecker St 6
B'way-Lafayette St B·D·F·V
Lower East Side 2 Av
Houston St 1
Prince St N·R·W
Spring St C·E
Spring St 6
Delancey St Essex St F·J·M·Z
Canal St 1
Canal St A·C·E
Canal St J·M·N·Q R·W·Z·6
Bowery J·M·Z
East Broadway F
Franklin St 1
Chambers St 1·2·3
Chambers St A·C
City Hall R·W
Chambers St J·M·Z
Brooklyn Bridge City Hall 4·5·6
Park Place 2·3
World Trade Center E
WTC Site
Cortlandt St (Temporarily Closed)
Cortlandt St R·W s-bound
Fulton St Broadway-Nassau A·C·J·M·Z 2·3·4·5
Wall St 4·5
Wall St 2·3
Rector St 1
Rector St R·W
Broad St J·M·Z
Bowling Green 4·5
South Ferry 1
Whitehall St South Ferry R·W
138 St-Grand Concourse 4·5
3 Av 138 St 6
Brook Av 6
Cypress Av 6
E 143 St St Mary's St 6
Roosevelt Island F
21 St Queensbridge F
Queensboro Plaza N·W·7
23 St–Ely Av E·V
45 Rd Court House Sq 7
21 St G
Vernon Blvd Jackson Av 7
HARLEM
EAST HARLEM
UPPER WEST SIDE
UPPER EAST SIDE
WEST SIDE
CHELSEA
GREENWICH VILLAGE
EAST VILLAGE
NOHO
SOHO
LITTLE ITALY
LOWER EAST SIDE
TRIBECA
CHINATOWN
FINANCIAL DISTRICT
BATTERY PARK CITY
BROOKLYN HEIGHTS
LONG ISLAND CITY
GREENPOINT
RANDALLS ISLAND
ROOSEVELT ISLAND
GOVERNORS ISLAND
CENTRAL PARK
METROPOLITAN MUSEUM OF ART
UNITED NATIONS
WASHINGTON SQUARE PARK
EAST RIVER PARK
HUDSON RIVER PARK
QUEENS MIDTOWN TUNNEL
QUEENSBORO BRIDGE
WILLIAMSBURG BRIDGE
MANHATTAN BRIDGE
BROOKLYN BRIDGE
BROOKLYN-BATTERY TUNNEL
ROBERT F KENNEDY BRIDGE
TRAMWAY
M60 LGA Airport
Hunters Point
Ferries: E34 St Hunters Point
rush hours
Part-time line extension
Local service only
All trains stop (local and express service)
Free subway transfer
Free out-of-system subway transfer (excluding single-ride ticket)
Station Name
Police
Full time service
Part time service
6 Normal service
Additional express service
Terminal
Commuter rail service
Bus or AIRTRAIN to airport
Accessible station

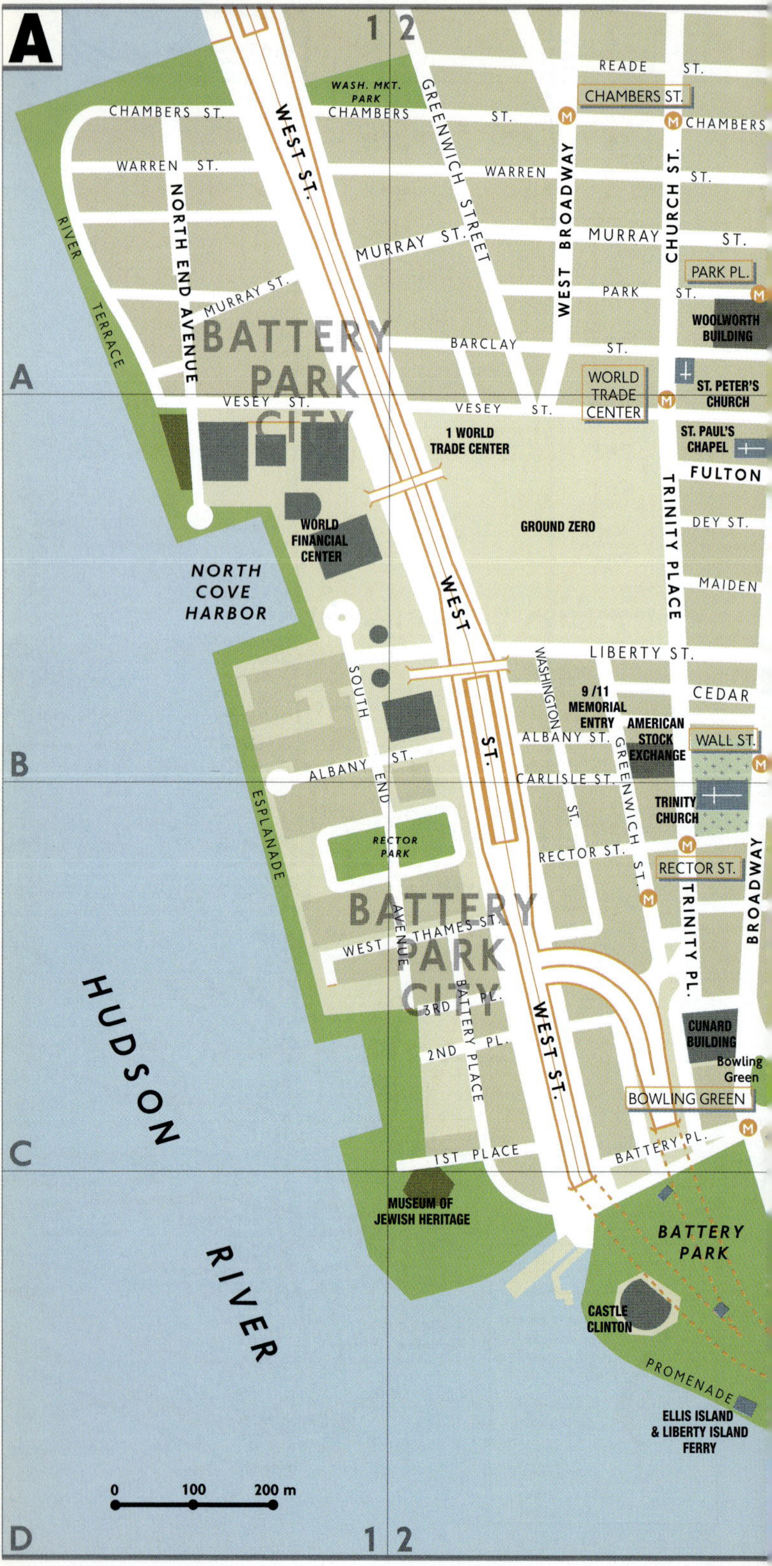
A
1 2
CHAMBERS ST.
WARREN ST.
WASH. MKT. PARK
CHAMBERS ST.
READE ST.
CHAMBERS ST.
CHAMBERS
WARREN
WEST ST.
GREENWICH STREET
WEST BROADWAY
CHURCH ST.
ST.
MURRAY ST.
MURRAY ST.
PARK PL.
PARK ST.
WOOLWORTH BUILDING
RIVER TERRACE
NORTH END AVENUE
MURRAY ST.
BATTERY PARK CITY
BARCLAY ST.
WORLD TRADE CENTER
ST. PETER'S CHURCH
VESEY ST.
VESEY ST.
1 WORLD TRADE CENTER
ST. PAUL'S CHAPEL
FULTON
TRINITY PLACE
GROUND ZERO
DEY ST.
WORLD FINANCIAL CENTER
NORTH COVE HARBOR
WEST
MAIDEN
LIBERTY ST.
CEDAR
SOUTH END
WASHINGTON
9/11 MEMORIAL ENTRY
AMERICAN STOCK EXCHANGE
ALBANY ST.
WALL ST.
ST.
ALBANY ST.
CARLISLE ST.
GREENWICH ST.
TRINITY CHURCH
ESPLANADE
RECTOR PARK
RECTOR ST.
RECTOR ST.
BATTERY PARK CITY
AVENUE
WEST THAMES ST.
TRINITY PL.
BROADWAY
HUDSON
3RD PL.
BATTERY PLACE
WEST ST.
CUNARD BUILDING
Bowling Green
2ND PL.
BOWLING GREEN
1ST PLACE
BATTERY PL.
MUSEUM OF JEWISH HERITAGE
BATTERY PARK
RIVER
CASTLE CLINTON
PROMENADE
ELLIS ISLAND & LIBERTY ISLAND FERRY
0
100
200 m
B
C
D

CHAMBERS ST.
Foley Square
U.S. COURTHOUSE
BROADWAY
SURROGATE'S COURT
Police Plaza
PARK ROW
PEARL
POLICE HEADQUARTERS
ST. JAMES PLACE
ST.
N.Y. CITY COURTHOUSE
MUNICIPAL BUILDING
MADISON ST.
CIVIC CENTER
BROOKLYN BRIDGE CITY HALL
CITY HALL
AVENUE OF THE FITNESS
CITY HALL
CITY HALL PARK
PACE UNIVERSITY
FRANKFURT ST.
Wagner Pl.
BROOKLYN BRIDGE
SPRUCE ST.
BEEKMAN ST.
GOLD ST.
EARL ST.
DOVER ST.
ANN ST.
NASSAU ST.
FULTON ST.
WATER ST.
FRONT ST.
JOHN ST.
FULTON ST.
MUSEUM
WILLIAM ST.
CLIFF ST.
LANE
CHAMBER OF COMMERCE
FEDERAL RESERVE BANK
PLATT
GOLD
PEARL ST.
JOHN ST.
SOUTH STREET
PIER 17 PAVILLON
LIBERTY ST.
MARINE MIDLAND BANK
CHASE MANHATTAN BANK
MAIDEN LANE
FLETCHER ST.
SOUTH STREET SEAPORT MUSEUM
WALL ST.
PINE ST.
FED. HALL NAT. MEM.
PINE ST.
BANK OF NEW YORK
FINANCIAL DISTRICT
WALL ST.
N.Y.S.E.
BROAD ST.
CITIBANK
FRANKLIN DELANO ROOSEVELT DRIVE
EXCHANGE ST.
NEW ST.
BROAD
BEAVER
Hanover Square
INDIA HOUSE
WALL ST. FERRY LANDING
SOUTH
NATIONAL MUSEUM OF AMERICAN INDIANS
STONE ST.
FRAUNCES TAVERN
Vietnam Veterans Plaza
EAST RIVER
BRIDGE ST.
WHITEHALL
BROAD ST.
WATER ST.
DOWNTOWN MANHATTAN HELIPORT
PEARL
WHITEHALL ST.
STATE ST.
STREET
SOUTH FERRY
STATEN ISLAND FERRY
MUNICIPAL FERRY TERMINAL
BROOKLYN-BATTERY TUNNEL
3
4
A
B
C
D

B
1 2
A
B
C
D
WEST 30TH ST.
WEST 29TH ST.
WEST 28TH ST.
CHELSEA PARK
WEST 26TH ST.
WEST 25TH ST.
WEST 24TH ST.
WEST 23RD ST.
28TH STREET
28TH STREET
28TH STREET
BROADWAY
NEW YORK LIFE INSURANCE BUILDING
APPELLATE COURT
MADISON SQUARE PARK
METROPOLITAN LIFE TOWER
23RD STREET
23RD STREET
23RD STREET
23RD STREET
FLATIRON BUILDING
CHELSEA HOTEL
GENERAL THEOLOGICAL SEMINARY
GRAMERCY PARK
WEST 20TH ST.
WEST 19TH ST.
CHELSEA
T. ROOSEVELT BIRTHPLACE
PARK AVE SOUTH
SEVENTH AVE
RUBIN MUSEUM OF ART
(SIXTH AVE)
FIFTH AVE
EIGHTH AVE
NINTH AVE
TENTH AVE
WEST 17TH ST.
PORT AUTHORITY UNION ISLAND TERMINAL
UNION SQUARE PARK
CONSOLIDATED EDISON BUILDING
14TH ST.
6TH AVE.
WEST 14TH ST.
14TH ST.
14TH ST.
8TH AVENUE
MEATPACKING DISTRICT
WEST 13TH ST.
GANSEVOORT ST.
HORATIO ST.
JANE ST.
WASHINGTON
GREENWICH AVE
WEST 12TH ST.
WEST 11TH ST.
WEST 10TH ST.
WEST 9TH ST.
WEST 8TH ST.
University Place
4TH AVE
ST. JOHN'S CHURCH
EIGHTH
WEST 11TH ST.
SEVENTH
GREENWICH VILLAGE
ASTOR PLACE
8TH ST.
CHRISTOPHER ST.
Waverly Place
WASHINGTON ARCH
WASHINGTON SQUARE PARK
COLONNADE ROW
NEW YORK UNIVERSITY
LAFAYETTE ST.
BANK ST.
GREENWICH
HUDSON STREET
BLEECKER ST.
WEST 4TH ST.
WEST 4TH ST.
PERRY ST.
CHARLES ST.
WEST 10TH ST.
CHRISTOPHER
WEST STREET
ST. LUKE'S CHAPEL
BEDFORD ST.
AVE SOUTH
BARROW ST.
MORTON ST.
LEROY ST.
BLEECKER ST.
LA GUARDIA PL.
BROADWAY
BOND
BLEECKER ST.
HOUSTON ST.
WEST HOUSTON ST.
MCDOUGAL ST.
AMERICAS
B'WAY
KING ST.
CHARLTON ST.
VANDAM ST.
VARICK
SULLIVAN ST.
THOMPSON ST.
WEST BROADWAY
WOOSTER ST.
GREENE ST.
MERCER
PRINCE
PRINCE ST.
SPRING ST.
SPRING
SPRING ST.
SPRING ST.
THE
OF
BROOME ST.
HAUGHWOUT BUILDING
HUDSON
CANAL
ST.
SOHO
GRAND
MUSEUM OF HOLOGRAPHY
CROSBY ST.
LAFAYETTE ST.
HOLLAND TUNNEL
WATTS
HUDSON STREET
CANAL ST.
ST.
AVENUE
STREET
CANAL ST.
WEST ST.
LAIGHT
HUBERT ST.
GREENWICH
CIVIC CENTER SYNAGOGUE
NORTH MORE ST.
FRANKLIN ST.
LEONARD ST.
HARRISON ST.
WORTH ST.
THOMAS ST.
DUANE ST.
READE ST.
CHURCH
BROADWAY
CIVIC CENTER
Foley Square
U.S. COURTHOUSE
MUNICIPAL BUILDING
CENTRE
RIVER
HUDSON
0 210 420 m
CHAMBERS ST.
CHAMBERS ST.
CHAMBERS ST.

3 4
EAST RIVER
FRANKLIN DELANO ROOSEVELT DRIVE
AST 30TH ST.
AST 29TH ST.
AST 28TH ST.
AST 27TH ST.
AST 26TH ST.
AST 25TH ST.
AST 24TH ST.
TWENTY FOURTH STREET PARK
EAST 23RD ST.
THIRD AVE
SECOND AVE
FIRST AVE
EAST 20TH ST.
A
STUYVESANT TOWN
JOHN J. MURPHY PARK
ST. GEORGE'S CHURCH
STUYVESANT SQUARE
CONS. EDISON ENERGY MUSEUM
ST. MARY
1ST AVENUE
EAST 14TH ST.
3RD AVENUE
EAST 13TH ST.
UKRAINIAN MUSEUM
EAST 12TH ST.
EAST 11TH ST.
EAST VILLAGE
EAST 10TH ST.
ST. NICHOLAS
AVENUE A
AVENUE B
AVENUE C
AVENUE D
TOMPKINS SQUARE PARK
COOPER UNION FOUNDATION
ST. MARKS PLACE
EAST 7TH ST.
ASTOR LIBRARY
EAST 6TH ST.
ALPHABETVILLE
B
EAST RIVER PARK
OLD MERCHANT'S HOUSE
EAST 3RD ST.
BOWERY
ST.
2ND AVENUE
HOUSTON
HAMILTON FISH PARK
COLUMBIA ST.
LUDLOW ST.
ESSEX ST.
NORFOLK ST.
SUFFOLK ST.
CLINTON ST.
ATTORNEY ST.
RIDGE ST.
PITT ST.
EAST
ST. PATRICK'S OLD CATHEDRAL
SARA DELANO ROOSEVELT STREET
CHRYSTIE
STANTON
LOWER EAST SIDE
RIVINGTON
ESSEX ST.
THE NEW MUSEUM OF CONTEMPORARY ART
DELANCEY ST.
BOWERY ST.
DELANCEY ST.
KENMARE ST.
BIALYSTOKER SYNAGOGUE
BROOME ST.
LOWER EAST SIDE TENEMENT MUSEUM
BETH HAMEDRASH HAGODOL SYNAGOGUE
GRAND ST.
POLICE HEADQUARTERS
GRAND
C
LITTLE ITALY
HESTER ST.
ELDRIGE ST.
ALLEN ST.
ORCHARD ST.
W. H. SEWARD PARK
BROADWAY
HENRY
MADISON
VLADECK PARK
WATER ST.
Straus Sq.
CANAL ST.
MOTT ST.
ELISABETH ST.
BAXTER
MULBERRY ST.
Confucius Plaza
CONGREGATION K'HAL ADATH JESHURUN
EAST BROADWAY
CHINATOWN
PIKE ST.
CHERRY
Chatham Square
CHURCH OF TRANSFIGURATION
EAST
ROW
PARK
MANHATTAN SAVINGS BANK
MARKET ST.
St. James Pl.
MADISON
CATHERINE ST.
N.Y. COUNTY COURTHOUSE
NEW YORK POST
SOUTH F. D. ROOSEVELT DRIVE
MANHATTAN BRIDGE
Police Plaza
POLICE HEADQUARTERS
D

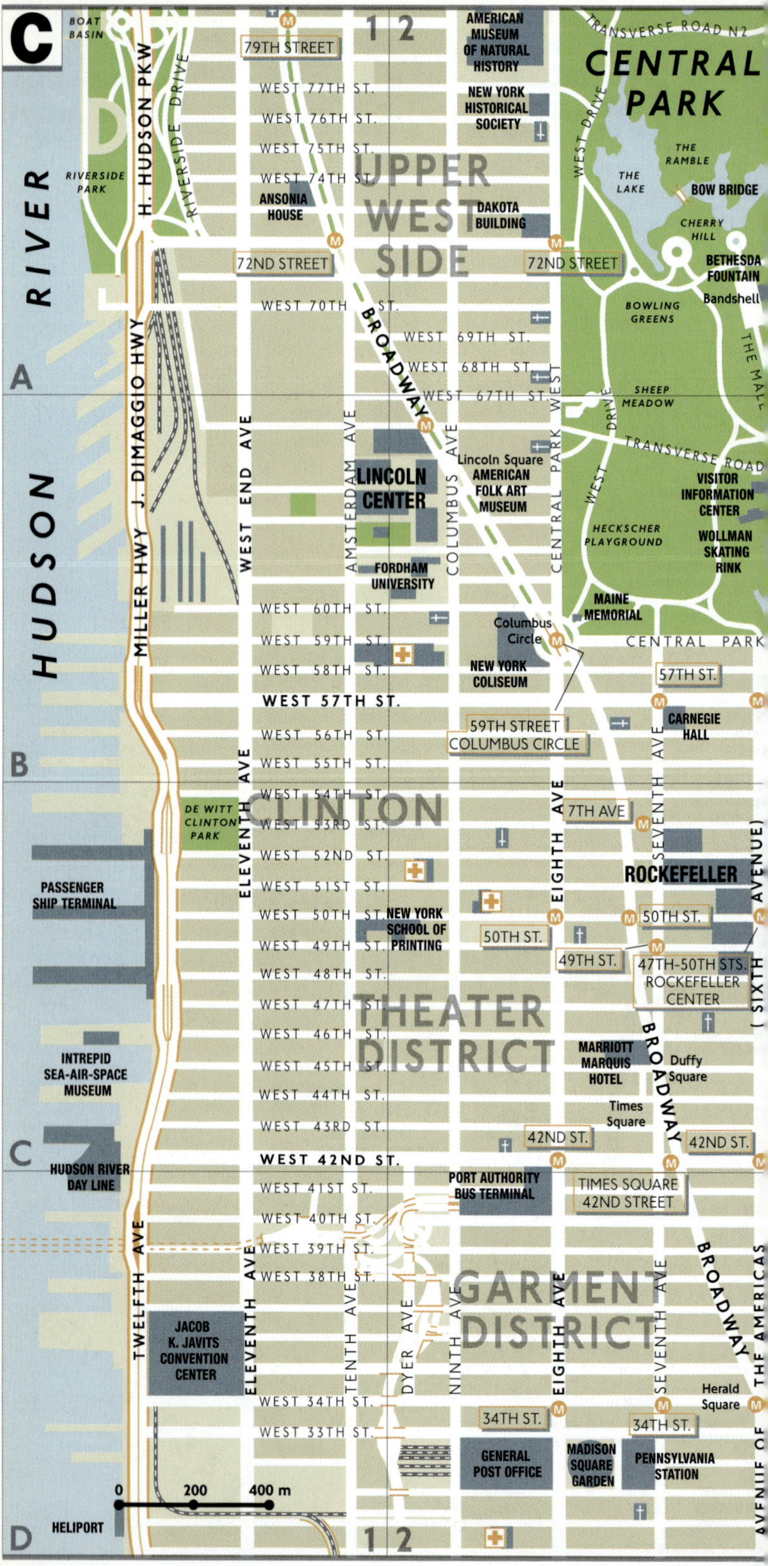
C
BOAT BASIN
79TH STREET
AMERICAN MUSEUM OF NATURAL HISTORY
TRANSVERSE ROAD N2
CENTRAL PARK
NEW YORK HISTORICAL SOCIETY
UPPER WEST SIDE
RIVERSIDE PARK
H. HUDSON PKW
RIVERSIDE DRIVE
WEST 77TH ST.
WEST 76TH ST.
WEST 75TH ST.
WEST 74TH ST.
ANSONIA HOUSE
DAKOTA BUILDING
THE RAMBLE
THE LAKE
BOW BRIDGE
CHERRY HILL
BETHESDA FOUNTAIN
Bandshell
72ND STREET
72ND STREET
WEST 70TH ST.
WEST 69TH ST.
WEST 68TH ST.
WEST 67TH ST.
BROADWAY
BOWLING GREENS
SHEEP MEADOW
THE MALL
WEST DRIVE
HUDSON RIVER
A
MILLER HWY J. DIMAGGIO HWY
WEST END AVE
AMSTERDAM AVE
COLUMBUS AVE
CENTRAL PARK WEST
LINCOLN CENTER
Lincoln Square
AMERICAN FOLK ART MUSEUM
TRANSVERSE ROAD
VISITOR INFORMATION CENTER
HECKSCHER PLAYGROUND
WOLLMAN SKATING RINK
FORDHAM UNIVERSITY
MAINE MEMORIAL
WEST 60TH ST.
WEST 59TH ST.
Columbus Circle
CENTRAL PARK
WEST 58TH ST.
NEW YORK COLISEUM
57TH ST.
WEST 57TH ST.
CARNEGIE HALL
59TH STREET COLUMBUS CIRCLE
WEST 56TH ST.
WEST 55TH ST.
B
WEST 54TH ST.
CLINTON
DE WITT CLINTON PARK
WEST 53RD ST.
7TH AVE
ELEVENTH AVE
EIGHTH AVE
SEVENTH AVE
WEST 52ND ST.
PASSENGER SHIP TERMINAL
WEST 51ST ST.
ROCKEFELLER
(SIXTH AVENUE)
WEST 50TH ST.
NEW YORK SCHOOL OF PRINTING
50TH ST.
50TH ST.
WEST 49TH ST.
49TH ST.
47TH-50TH STS. ROCKEFELLER CENTER
WEST 48TH ST.
WEST 47TH ST.
THEATER DISTRICT
WEST 46TH ST.
INTREPID SEA-AIR-SPACE MUSEUM
MARRIOTT MARQUIS HOTEL
Duffy Square
WEST 45TH ST.
WEST 44TH ST.
Times Square
WEST 43RD ST.
42ND ST.
42ND ST.
C
HUDSON RIVER DAY LINE
WEST 42ND ST.
PORT AUTHORITY BUS TERMINAL
TIMES SQUARE 42ND STREET
WEST 41ST ST.
WEST 40TH ST.
WEST 39TH ST.
WEST 38TH ST.
TWELFTH AVE
GARMENT DISTRICT
BROADWAY
JACOB K. JAVITS CONVENTION CENTER
TENTH AVE
DYER AVE
NINTH AVE
AVENUE OF THE AMERICAS
WEST 34TH ST.
Herald Square
34TH ST.
34TH ST.
WEST 33TH ST.
GENERAL POST OFFICE
MADISON SQUARE GARDEN
PENNSYLVANIA STATION
0
200
400 m
HELIPORT
D
1 2

3 4
CEDAR HILL
UKRAINIAN INSTITUTE OF AMERICA
77TH ST.
UPPER EAST SIDE
THE GLADE
EAST DRIVE
CONSERVATORY POND
PILGRIM HILL
WHITNEY MUSEUM OF AMERICAN ART
FRICK COLLECTION
ASIA SOCIETY
EAST 79TH ST.
EAST 76TH ST.
EAST 75TH ST.
EAST 73RD ST.
EAST 72ND ST.
EAST 70TH ST.
EAST 69TH ST.
EAST 68TH ST.
EAST 67TH ST.
EAST 66TH ST.
68TH STREET HUNTER COLLEGE
EAST GREEN
TEMPLE EMANU-EL
ARSENAL
ZOO
DAIRY
CHINA HOUSE
FIFTH AVE
MADISON AVE
PARK AVE
LEXINGTON AVE
THIRD AVE
SECOND AVE
FIRST AVE
YORK AVE
EAST RIVER
A
FRANKLIN DELANO ROOSEVELT DRIVE
E. 63RD ST. FERRY LANDING
METROPOLITAN CLUB
Grand Army Plaza
EAST 60TH ST.
LEXINGTON AVE
MOUNT VERNON MUSEUM AND GARDENS
QUEENSBORO BRIDGE
5TH AVE
SOUTH
THE PLAZA HOTEL
GENERAL MOTORS BUILD.
59TH ST.
ROOSEVELT IS. TRAMWAY
BLOOMINGDALE'S
EAST 57TH ST.
57TH ST.
TRUMP TOWER
SONY BUILD.
GOLDWATER MEMORIAL HOSPITAL
Sutton Place
EAST 55TH ST.
B
THE MUSEUM OF MODERN ART
EAST 54TH ST.
LEXINGTON AVE
CITICORP CENTER
ROOSEVELT ISLAND
SEAGRAM BUILD.
EAST 52ND ST.
CENTER
PARK AVENUE PLAZA
51ST ST.
CITY HOSPITAL
GENERAL ELECTRIC BUILD.
EAST 50TH ST.
RCA BUILD.
ST. PATRICK'S CATHEDRAL
EAST 48TH ST.
MIDTOWN
EAST 47TH ST.
EAST 46TH ST.
EAST 45TH ST.
GRAND CENTRAL TERMINAL
CHRYSLER BUILD.
FORD FOUNDATION BUILD.
UNITED NATIONS HEADQUARTERS
RIVER
C
EAST 42ND ST.
BRYANT PARK
N.Y. PUBLIC LIBRARY
GRAND CENTRAL
DAILY NEWS BUILDING
QUEENS-MIDTOWN TUNNEL
PARK AVE SOUTH
MURRAY HILL
EAST SIDE AIRLINES TERMINAL
ST. GABRIEL PARK
EAST
E 34TH ST. FERRY LANDING
34TH ST.
HELIPORT
EAST 34TH ST.
EMPIRE STATE BUILDING
33RD ST.
EAST 32ND ST.
EAST 31ST ST.
EAST 30TH ST.
D

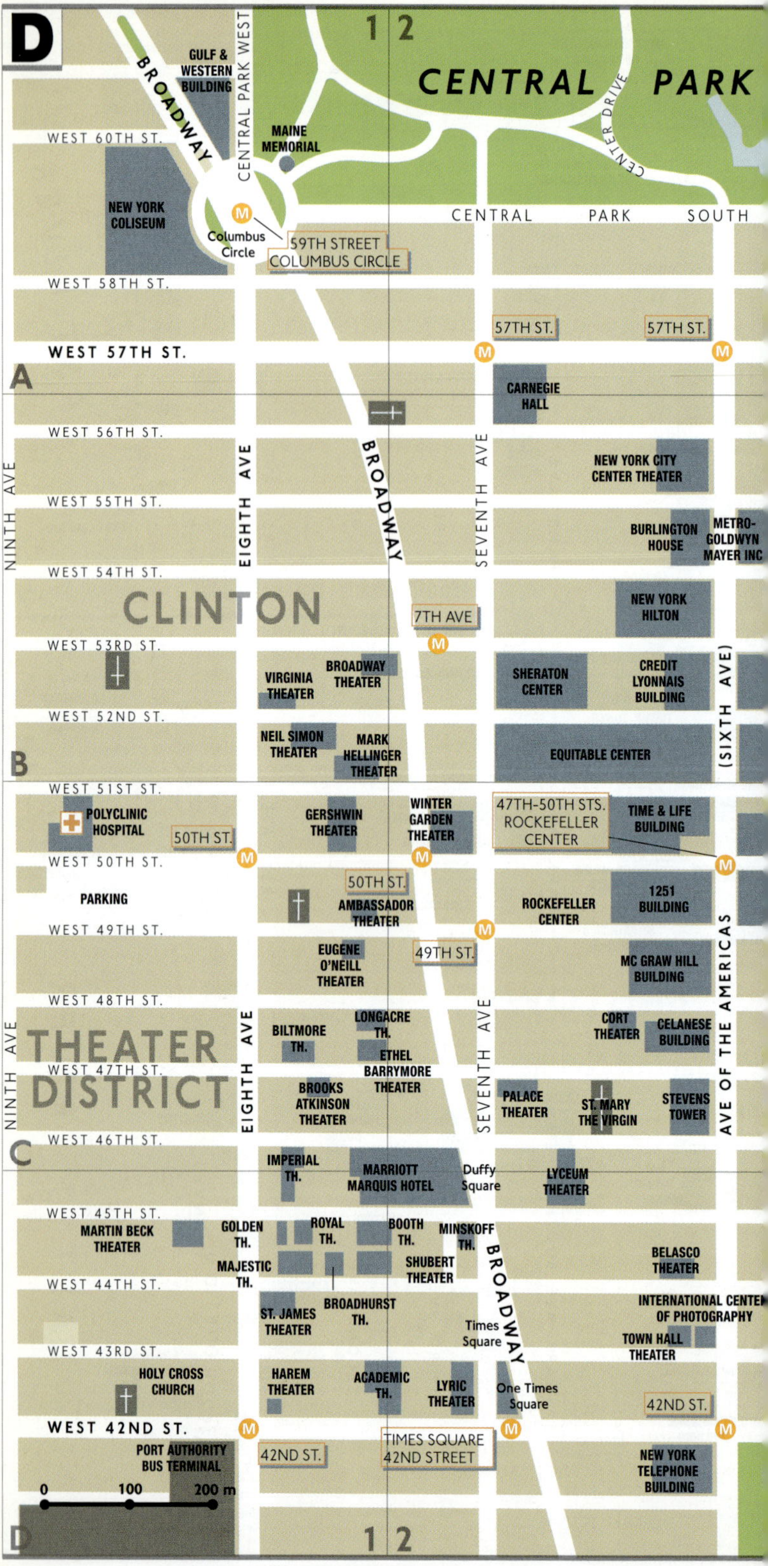
D
1 2
CENTRAL PARK
CENTER DRIVE
GULF & WESTERN BUILDING
BROADWAY
CENTRAL PARK WEST
MAINE MEMORIAL
WEST 60TH ST.
NEW YORK COLISEUM
Columbus Circle
59TH STREET COLUMBUS CIRCLE
CENTRAL PARK SOUTH
WEST 58TH ST.
57TH ST.
57TH ST.
WEST 57TH ST.
A
CARNEGIE HALL
WEST 56TH ST.
NEW YORK CITY CENTER THEATER
NINTH AVE
EIGHTH AVE
SEVENTH AVE
WEST 55TH ST.
BURLINGTON HOUSE
METRO-GOLDWYN MAYER INC
WEST 54TH ST.
CLINTON
NEW YORK HILTON
7TH AVE
WEST 53RD ST.
VIRGINIA THEATER
BROADWAY THEATER
SHERATON CENTER
CREDIT LYONNAIS BUILDING
(SIXTH AVE)
WEST 52ND ST.
NEIL SIMON THEATER
MARK HELLINGER THEATER
EQUITABLE CENTER
B
WEST 51ST ST.
POLYCLINIC HOSPITAL
50TH ST.
GERSHWIN THEATER
WINTER GARDEN THEATER
47TH-50TH STS. ROCKEFELLER CENTER
TIME & LIFE BUILDING
WEST 50TH ST.
PARKING
50TH ST.
AMBASSADOR THEATER
ROCKEFELLER CENTER
1251 BUILDING
WEST 49TH ST.
EUGENE O'NEILL THEATER
49TH ST.
MC GRAW HILL BUILDING
AVE OF THE AMERICAS
WEST 48TH ST.
THEATER DISTRICT
BILTMORE TH.
LONGACRE TH.
ETHEL BARRYMORE THEATER
CORT THEATER
CELANESE BUILDING
WEST 47TH ST.
BROOKS ATKINSON THEATER
PALACE THEATER
ST. MARY THE VIRGIN
STEVENS TOWER
WEST 46TH ST.
C
IMPERIAL TH.
MARRIOTT MARQUIS HOTEL
Duffy Square
LYCEUM THEATER
WEST 45TH ST.
MARTIN BECK THEATER
GOLDEN TH.
ROYAL TH.
BOOTH TH.
MINSKOFF TH.
MAJESTIC TH.
SHUBERT THEATER
BELASCO THEATER
WEST 44TH ST.
ST. JAMES THEATER
BROADHURST TH.
Times Square
INTERNATIONAL CENTER OF PHOTOGRAPHY
TOWN HALL THEATER
WEST 43RD ST.
HOLY CROSS CHURCH
HAREM THEATER
ACADEMIC TH.
LYRIC THEATER
One Times Square
42ND ST.
WEST 42ND ST.
TIMES SQUARE 42ND STREET
42ND ST.
PORT AUTHORITY BUS TERMINAL
NEW YORK TELEPHONE BUILDING
0
100
200 m
D

KNICKERBOCKER CLUB
3 4
EAST DRIVE
THE POND
EAST 61ST ST.
HOTEL PIERRE
METROPOLITAN CLUB
LEXINGTON AVE
EAST 60TH ST.
BLOOMINGDALE'S STORE
Grand Army Plaza
5TH AVE
EAST 59TH ST.
59TH ST.
THE PLAZA HOTEL
GENERAL MOTORS BUILDING
WEST 58TH ST.
EAST 58TH ST.
RIZZOLI
WEST 57TH ST.
EAST 57TH ST.
TIFFANY
TRUMP TOWER
A
WEST 56TH ST.
EAST 56TH ST.
FIFTH AVENUE PRESBYTERIAN CHURCH
SONY BUILD.
FIFTH AVE
MADISON AVE
PARK AVE
LEXINGTON AVE
WEST 55TH ST.
EAST 55TH ST.
CENTRAL SYNAGOGUE
WEST 54TH ST.
EAST 54TH ST.
THE MUSEUM OF MODERN ART
ST. THOMAS' CHURCH
LEVER HOUSE
ST. PETER'S CHURCH
CITICORP CENTER
5TH AVE
WEST 53RD ST.
EAST 53RD ST.
CBS BUILDING
TISHMAN BUILDING
PARK AVENUE PLAZA
SEAGRAM BUILDING
LEXINGTON AVE
WEST 52ND ST.
EAST 52ND ST.
SPERRY RAND BUILDING
OLYMPIC TOWER
ST. BARTHOLOMEW'S CHURCH
51ST ST.
B
WEST 51ST ST.
EAST 51ST ST.
RADIO CITY MUSIC HALL
INTERNATIONAL BUILDING
ATLAS
PAL. D'ITALIA
ST. PATRICK'S CATHEDRAL
GENERAL ELECTRIC BUILDING
WEST 50TH ST.
EAST 50TH ST.
BRITISH EMP. BUILDING
ERAL ELECTRIC BUILDING
Lower Plaza
PROMENADE
WALDORF--ASTORIA HOTEL
WEST 49TH ST.
EAST 49TH ST.
MAISON FRANÇAISE
EASTERN AIRLINES
WESTVACO BUILDING
WEST 48TH ST.
EAST 48TH ST.
270 PARK AVENUE
CHEMICAL BANK BUILDING
WEST 47TH ST.
EAST 47TH ST.
WEST 46TH ST.
EAST 46TH ST.
C
HELMSLEY BUILDING
MIDTOWN
WEST 45TH ST.
EAST 45TH ST.
GRAND CENTRAL POST OFFICE
MET LIFE BUILDING
VANDERBILT AVE.
WEST 44TH ST.
EAST 44TH ST.
GRAND CENTRAL TERMINAL
WEST 43RD ST.
EAST 43RD ST.
GRACE BUILDING
CITY UNIVERSITY GRADUATE SCHOOL
GRAND HYATT HOTEL
CHRYSLER BUILD.
WEST 42ND ST.
EAST 42ND ST.
GRAND CENTRAL
PHILIP MORRIS HEADQUARTERS
CHANIN BUILDING
MOBIL BUILDING
BRYANT PARK
NEW YORK PUBLIC LIBRARY
EAST 41ST ST.
3 4
D

E
St. Clair Pl.
WEST 125TH ST.
125TH STREET
1
2
ST. NICHOLAS PARK
APOLLO THEATER
HARLEM
ADAM CLAYTON POWELL JR BLVD
LENOX AVE
MALCOLM X BLVD
Riverside Dr. West
CLAREMONT AVE.
BROADWAY
LA SALLE ST.
GRANT'S TOMB
RIVERSIDE CHURCH
MORNINGSIDE AVENUE
MORNINGSIDE DRIVE
MORNINGSIDE PARK
MANHATTAN AVE
ST. NICHOLAS AVE.
FREDERICK DOUGLASS BLVD
WEST 123RD ST.
WEST 122ND ST.
WEST 121ST ST.
WEST 120TH ST.
WEST 119TH ST.
WEST 118TH ST.
RIVERSIDE PARK
BARNARD COLLEGE
LOW MEMORIAL LIBRARY
COLUMBIA UNIVERSITY
CASA ITALIANA
Phillip Randolph Square
116TH ST.
116TH STREET
A
WEST 115TH ST.
WEST 114TH ST.
WEST 113RD ST.
WEST 112ND ST.
WEST 111ST ST.
ST. LUKE'S HOSPITAL
CATHEDRAL CHURCH OF ST. JOHN THE DIVINE
Frederick Douglass Circle
CENTRAL PARK NORTH
CATHEDRAL PARKWAY
RIVER
HENRY HUDSON PARKWAY
DRIVE
RIVERSIDE
WEST 109TH ST.
WEST 108TH ST.
WEST 107TH ST.
WEST 108TH ST.
THE CLIFF
HARLEM MEER
THE MOUNT
THE GREAT HILL
WEST DRIVE
THE LOCH
EAST DRIVE
WEST END AVE
AMSTERDAM AVE
COLUMBUS AVE
103RD ST.
103RD STREET
B
CENTRAL PARK
THE POOL
NORTH MEADOW
EAST MEADOW
FIREMAN'S MEMORIAL
WEST 100TH ST.
WEST 97TH ST.
TRANSVERSE ROAD N 4
WEST 96TH ST.
96TH STREET
TENNIS COURTS
HUDSON
UPPER WEST SIDE
WEST 94TH ST.
WEST 93RD ST.
WEST 92ND ST.
WEST 91ST ST.
WEST 90TH ST.
WEST 89TH ST.
WEST 88TH ST.
CENTRAL PARK WEST
RESERVOIR
SOLDIERS' AND SAILORS' MONUMENT
C
86TH STREET
WEST 86TH ST.
TRANSVERSE ROAD N 3
86TH ST.
WEST 85TH ST.
PINETUM
SUMMIT ROCK
THE METROPOLITAN MUSEUM OF ART
THE GREAT LAWN
81ST ST. MUSEUM OF NATURAL HISTORY
RIVERSIDE PARK
RIVERSIDE DRIVE
BELVEDERE CASTLE
TURTLE POND
CLEOPATRA'S NEEDLE
BOAT BASIN
WEST 79TH ST.
AMERICAN MUSEUM OF NATURAL HISTORY
79TH STREET
WEST 78TH ST.
CEDAR HILL
WEST 77TH ST.
NEW YORK HISTORICAL SOCIETY
WEST 76TH ST.
0
250
500 m
WEST 75TH ST.
THE LAKE
THE RAMBLE
THE GLADE
D

HARLEM RIVER DRIVEWAY
3 4
WILLIS AVENUE BRIDGE
HARLEM RIVER
RANDALLS ISLAND PARK
MADISON AVE
PARK AVE
EAST 127TH ST.
EAST 126TH ST.
LOUIS GUVILLIER PARK
EAST 125TH ST.
125TH ST.
TRIBOROUGH BRIDGE
RANDALLS ISLAND
PALADINO AVE.
EAST 123RD ST.
EAST 122ND ST.
EAST 121ST ST.
EAST 120TH ST.
EAST 119TH ST.
EAST 118TH ST.
EAST 117TH ST.
EAST HARLEM
J.J. DOWNING STADIUM
PLEASANT AVE.
EAST 116TH ST.
116TH STREET
A
OUR LADY OF MOUNT CARMEL
JEFFERSON PARK
ROOSEVELT DRIVE
EAST 112TH ST.
MUSEUM FOR AFRICAN ART
Frawley Circle
110TH STREET
EAST 110TH ST.
EAST 109TH ST.
PSYCHIATRIC CENTER
WARDS ISLAND
LEXINGTON AVE
THIRD AVE
SECOND AVE
FIRST AVE
EL MUSEO DEL BARRIO
MUS. OF THE CITY OF NEW YORK
103RD STREET
FOOT BRIDGE
WARDS ISLAND PARK
B
N. Y. ACADEMY OF MEDICINE
EAST 102ND ST.
HELL GATE
MOUNT SINAI HOSPITAL
EAST 99TH ST.
FRANKLIN DELANO
LIGHT
MILL ROCK PARK
EAST 97TH ST.
EAST 96TH ST.
96TH STREET
EAST 95TH ST.
EAST 94TH ST.
EAST 93RD ST.
EAST 92ND ST.
EAST 91ST ST.
EAST 90TH ST.
EAST 89TH ST.
EAST 88TH ST.
JEWISH MUSEUM
COOPER-HEWITT MUSEUM
SOLOMON R. GUGGENHEIM MUSEUM
EAST RIVER
GRACIE MANSION
C
YORKVILLE
CARL SCHURZ PARK
86TH STREET
EAST 86TH ST.
EAST 85TH ST.
LIGHT
YIVO INSTITUTE FOR JEWISH RESEARCH
(EAST RIVER DRIVE)
COLER MEM. HOSPITAL AND HOME
YORK AVE
EAST END AVE
ROOSEVELT ISLAND
EAST 79TH ST.
UKRAINIAN INSTITUTE OF AMERICA
UPPER EAST SIDE
77TH ST.
EAST 77TH ST.
EAST 76TH ST.
EAST 75TH ST.
EAST 74TH ST.
JOHN JAY PARK
FRANKLIN DELANO ROOSEVELT DRIVE
WHITNEY MUSEUM OF AMERICAN ART
3 4
D

F
1 2
HUDSON RIVER
G. WASHINGTON BRIDGE
HENRY HUDSON PARKWAY
FORT WASHINGTON PARK
CABRINI BLVD
BROADWAY
WEST 185TH ST.
WEST 186TH ST.
181ST ST.
BUS STADIUM
175TH ST.
FORT WASHINGTON AVE
ST. NICHOLAS AVE
AUDUBON AVE
AMSTERDAM AVE
HIGH BRIDGE PARK
HARLEM RIVER DRIVEWAY
MORRIS HEIGHTS
WASHINGTON BRIDGE
CROSS BRONX EXPRES
A. HAMILTON BRIDGE
EDWARD L. GRANT
KING J. BLVD
SEDGWICK
MAJOR DEEGAN EXPRESSWAY
OGDEN AVE
HIGH BRIDGE
SEDGWICK AVE
WEST 170TH ST.
168TH ST.
RIVERSIDE DRIVE
MEDICAL CENTER
WEST 165TH ST.
163RD ST.
WEST 164TH ST.
DALAFIELD HOSPITAL
MOTHER CABRINI MEM. HOSPITAL
WEST 160TH ST.
WEST 159TH ST.
WEST 158TH ST.
157TH ST.
WEST 157TH ST.
WEST 156TH ST.
155TH ST.
HARLEM
HARLEM RIVER
WASHINGTON HEIGHTS MUSEUM GROUP
TRINITY CHURCH
WEST 155TH ST.
155TH ST.
WEST 153RD ST.
WEST 151ST ST.
WEST 150TH ST.
J. ROBINSON PARK
148TH ST.
RIVERSIDE PARK
WEST 147TH ST.
WEST 146TH ST.
145TH ST.
145TH ST.
WEST 145TH ST.
CONVENT AVE
WEST 144TH ST.
WEST 143RD ST.
WEST 142ND ST.
HAMILTON PL.
WEST 141ST ST.
WEST 140TH ST.
WEST 139TH ST.
WEST 138TH ST.
CITY UNIVER. OF N.Y. THE CITY COLLEGE
WEST 137TH ST.
137TH ST.
ST. NICHOLAS PARK
WEST 136TH ST.
WEST 135TH ST.
135TH ST.
CONVENT AVENUE
FREDERICK DOUGLASS BLVD
ADAM CLAYTON POWELL JR. BLVD
St. Clair Pl.
125TH ST.
WEST 125TH ST.
WEST 127TH ST.
HARLEM
APOLLO THEATER
RIVERSIDE DR. WEST
CLAREMONT AVE
LA SALLE ST.
GRANT'S TOMB
MORNINGSIDE AVE
MORNING-SIDE PARK
ST. NICHOLAS AVE
WEST 120TH ST.
RIVERSIDE CHURCH
0 275 550 m
A
B
C
D